Reiner Bröckermann

Personalwirtschaft

Arbeitsbuch für das praxisorientierte Studium

Wirtschaftsverlag Bachem Köln

Die Deutsche Bibliothek – CIP-Einheitsaufnahme

Bröckermann, Reiner:
Personalwirtschaft : Arbeitsbuch für das praxisorientierte Studium /
Reiner Bröckermann. – Köln : Wirtschaftsverlag Bachem, 1997
    ISBN 3-89172-320-2 kart.
    ISBN 3-89172-327-X geb.

© Wirtschaftsverlag Bachem GmbH, Köln 1997
Einbandentwurf: Bettina Dyhringer, Köln
Gesamtherstellung: Druckerei J. P. Bachem GmbH & Co. KG Köln
Printed in Germany
ISBN 3-89172-320-2
ISBN 3-89172-327-X

Vorwort

Es geht um die **Personalwirtschaft,** und zwar um alle Aspekte, von der Personalbeschaffung bis hin zum Personalabbau. Allerdings müssen die Ausführungen immer noch zwischen zwei Buchdeckeln Platz haben. Folglich können nicht alle Aspekte bis in die letzte Verästelung geschildert werden. Am Ende eines jedes Kapitels wird jedoch auf weiterführende Literatur verwiesen. Diese Werke können die Leserinnen und Leser zur Hand nehmen, wenn sie an einer Vertiefung des Stoffs interessiert sind.

Der Untertitel **Arbeitsbuch** ist als Aufforderung zu verstehen, sich mit dem Stoff aktiv auseinanderzusetzen. Deshalb beginnt jedes Kapitel mit Leitfragen, die auf das Wissen und die Erfahrungen anspielen, die nahezu jeder mit personalwirtschaftlichen Themen gemacht hat. Durch die Beantwortung dieser Leitfragen können die Leserinnen und Leser ihre eigenen Erfahrungen wachrufen. Sie finden so einen besseren Einstieg in die Thematik des jeweiligen Kapitels. Und sie können an die Ausführungen kritisch und mithin wach herangehen. Das erhöht die Aufnahmebereitschaft und den Lerneffekt. Der Lerneffekt wird außerdem durch die Beantwortung der Arbeitsaufgaben am Ende eines jeden Kapitels gefördert. Auch die Gliederung der Inhalte und die Schaubilder zielen darauf ab, personalwirtschaftliche Sachverhalte trotz ihrer Vielgestaltigkeit verständlich und einsichtig darzustellen. Um die Lesbarkeit nicht zu gefährden, wurde auf Zitate und Fußnoten verzichtet. Die Quellen sind allerdings alle unter der weiterführenden Literatur aufgeführt.

Das Buch orientiert sich an der **Praxis** der Personalwirtschaft. Deswegen werden Theorien, Modelle und wissenschaftliche Ansätze nur punktuell und lediglich in dem Umfang dargestellt, der ihrer Tragweite in der Praxis entspricht. Im Vordergrund stehen die immer wieder packenden, anregenden und manchmal auch aufregenden Abläufe und Ereignisse, mit denen man es in der Personalwirtschaft zu tun hat. Denn die Personalwirtschaft beschäftigt sich mit Menschen. Manch andere Abhandlung über Personalwirtschaft läßt das fast vergessen.

Vor diesem Hintergrund werden Leserinnen und Leser angesprochen, die ein **praxisorientiertes Studium** absolvieren, wie es etwa an Fachhochschulen, Verwaltungs- und Wirtschafts-Akademien und Berufsakademien, aber auch an Gesamthochschulen sowie hie und da an Universitäten betrieben wird. Dieses Buch kann sie auf ihrem Weg durch alle personalwirtschaftlichen Veranstaltungen ihres Grund- und Hauptstudiums begleiten. Zugleich sind alle angesprochen, die in irgendeiner Weise mit der Personalwirtschaft in Kontakt kommen und einfach nur wißbegierig sind, all jene, die erfahren wollen, was beispielsweise die eine oder andere Formulierung in ihrem Arbeitszeugnis bedeutet oder wie eine Bewerbung und ein Vorstellungsgespräch ausgewertet werden.

Mönchengladbach, Dezember 1996

Inhaltsverzeichnis

Vorwort	3
Inhaltsverzeichnis	4
1. Aufgabenfelder der Personalwirtschaft	11
A. Leitfragen	11
B. Sachanalyse	11
1. Personal, Arbeitgeber und Unternehmen	11
1.1. Personal	11
1.2. Arbeitgeber	15
1.3. Unternehmen	15
2. Personalwesen, Personalwirtschaft und Personalpolitik	15
2.1. Personalwesen	15
2.2. Personalwirtschaft	16
2.3. Personalpolitik	18
2.4. Übersicht	19
3. Von der Personalbeschaffung bis zum Personalabbau	20
4. Arbeitsrecht	26
5. Personalarbeit	27
C. Arbeitsaufgaben	29
D. Weiterführende Literatur	30
2. Personalbeschaffung	31
A. Leitfragen	31
B. Sachanalyse	32
1. Überblick	32
2. Planung der Personalbeschaffung	33
2.1. Personalbestandsplanung	33
2.2. Personalbedarfsplanung	35
2.2.1. Bruttopersonalbedarf	35
2.2.2. Nettopersonalbedarf	37
2.2.3. Qualitative Planung	38
2.3. Personalbedarfsmeldung	42
3. Arbeitsmarktforschung	44
4. Beschaffungswege	46
4.1. Interne Beschaffungswege	46
4.1.1. Versetzungen	46
4.1.2. Personalentwicklung	49
4.1.3. Innerbetriebliche Stellenausschreibung	50
4.1.4. Vor- und Nachteile	51
4.2. Externe Beschaffungswege	52
4.2.1. Stellenanzeige	52
4.2.2. Kommunikationsmedien	55
4.2.3. Goodwill	56
4.2.4. Arbeitsvermittlung	56
4.2.5. Personalberatung	57
4.2.6. Hochschulmarketing	58
4.2.7. Personalleasing	59
4.2.8. Vor- und Nachteile	60

- 5. Auswahl 61
  - 5.1. Analyse der Bewerbung 62
    - 5.1.1. Mündliche und schriftliche Bewerbung 62
    - 5.1.2. Anschreiben 63
    - 5.1.3. Lebenslauf 64
    - 5.1.4. Foto 65
    - 5.1.5. Ausbildungs- und Arbeitszeugnisse 66
    - 5.1.6. Referenzen 71
    - 5.1.7. Arbeitsproben 72
    - 5.1.8. Auswertung 72
  - 5.2. Fragebogen 74
    - 5.2.1. Personalfragebogen 75
    - 5.2.2. Biographische Fragebogen 76
  - 5.3. Vorstellungsgespräch 78
    - 5.3.1. Informationsmöglichkeiten des Unternehmens 78
    - 5.3.2. Gesprächsvorbereitung seitens des Unternehmens 78
    - 5.3.3. Vorstellungskosten 79
    - 5.3.4. Strukturierung des Gesprächs 80
    - 5.3.5. Gesprächsteilnehmer 81
    - 5.3.6. Fragen 81
    - 5.3.7. Thematischer Aufbau des Gesprächs 82
    - 5.3.8. Gesprächsauswertung 85
    - 5.3.9. Dokumentation 89
  - 5.4. Testverfahren 90
    - 5.4.1. Leistungs- und Fähigkeitstests 90
    - 5.4.2. Intelligenztests 91
    - 5.4.3. Persönlichkeitstests 91
    - 5.4.4. Kritik 92
  - 5.5. Situative Verfahren 92
  - 5.6. Assessment Center 98
    - 5.6.1. Vorauswahl 98
    - 5.6.2. Prinzipien des Assessment Centers 99
    - 5.6.3. Assessorenschulung 100
    - 5.6.4. Durchführung des Assessment Centers 101
    - 5.6.5. Kritik 102
  - 5.7. Graphologische Gutachten 103
  - 5.8. Ärztliche Eignungsuntersuchung 104
- 6. Entscheidung 106
  - 6.1. Profilabgleich 106
  - 6.2. Urteilsfindung 107
  - 6.3. Mitbestimmung durch Personal- bzw. Betriebsrat 108
  - 6.4. Zusage und letzte Absage 109
- 7. Arbeitsvertrag 109
  - 7.1. Rechtsvorschriften 110
  - 7.2. Inhalt des Arbeitsvertrages 112

C. Arbeitsaufgaben 114

D. Weiterführende Literatur 115

3. Personaleinsatz 117

A. Leitfragen 117

B. Sachanalyse 117

- 1. Aufgaben, Maximen und Restriktionen 117
  - 1.1. Aufgaben 117
  - 1.2. Maximen 119
  - 1.3. Restriktionen 119

2.	Verfahren des Personaleinsatzes	120
3.	Einarbeitung	122
	3.1. Gründe	122
	3.2. Ablauf	124
	3.2.1. Bestandteile der Einarbeitung	124
	3.2.2. Ablauf der Einarbeitung	127
4.	Stellenzuweisung	128
	4.1. Einsatzplanung	129
	4.2. Maßnahmen	132
5.	Stellenanpassung	135
	5.1. Arbeitsstrukturierung	136
	5.2. Arbeitsplatzgestaltung	139
6.	Zeitwirtschaft	141
	6.1. Rahmenbedingungen	142
	6.2. Arbeitszeitmodelle	144
	6.3. Urlaub	151

C. Arbeitsaufgaben ... 152
D. Weiterführende Literatur ... 153

4. Personalbeurteilung ... 155

A. Leitfragen ... 155
B. Sachanalyse ... 155

1. Intention ... 155
2. Formen der Personalbeurteilung ... 159
   - 2.1. Systematik ... 159
   - 2.2. Turnus ... 159
   - 2.3. Beurteilungskriterien ... 160
   - 2.4. Differenzierung der Kriterien ... 160
     - 2.4.1. Summarische Personalbeurteilung ... 161
     - 2.4.2. Analytische Personalbeurteilung ... 161
     - 2.4.3. Personalbeurteilungsverfahren ... 163
   - 2.5. Zuständigkeit ... 168
     - 2.5.1. Mitarbeiterbeurteilung ... 168
     - 2.5.2. Selbstbeurteilung ... 169
     - 2.5.3. Kollegenbeurteilung ... 169
     - 2.5.4. Vorgesetztenbeurteilung ... 169
     - 2.5.5. Bewerberauswahl ... 170
     - 2.5.6. Beurteilung durch Externe ... 170
   - 2.6. Personenkreis ... 170
   - 2.7. Zeithorizont ... 170
   - 2.8. Übersicht ... 172
3. Planung ... 173
4. Durchführung ... 178
   - 4.1. Beobachtung ... 179
   - 4.2. Beschreibung ... 180
   - 4.3. Bewertung ... 180
   - 4.4. Beurteilungsgespräch ... 180

C. Arbeitsaufgaben ... 184
D. Weiterführende Literatur ... 184

5. Entgelt ... 185

A. Leitfragen ... 185
B. Sachanalyse ... 186

1. Entgeltfibel ... 186

2. Rechtliche Aspekte 188
   2.1. Europäisches Recht, Grundgesetz, Länderverfassungen 189
   2.2. Gesetze 189
   2.3. Tarifverträge 190
   2.4. Betriebs- oder Dienstvereinbarungen 191
   2.5. Betriebliche Übung 192
   2.6. Arbeitsverträge 192
3. Grundvergütung 193
   3.1. Profil der Grundvergütungen 193
   3.2. Zeitlohn 193
   3.3. Gehalt 200
   3.4. Ausbildungsvergütung 201
   3.5. Honorar 202
   3.6. Akkordlohn 202
        3.6.1. Voraussetzungen 202
        3.6.2. Ermittlung des Akkordlohnes 203
        3.6.3. Formen der Akkordentlohnung 209
        3.6.4. Vor- und Nachteile 211
4. Zusätzliche Vergütung 211
   4.1. Aufriß der zusätzlichen Vergütungen 211
   4.2. Lohn- und Gehaltszuschlag 213
   4.3. Sonderzahlung und Gratifikation 214
   4.4. Prämie, Pensumentgelt und Provision nach Leistungsziffern 216
   4.5. Zulage laut Leistungsbeurteilung 219
   4.6. Erfolgsbeteiligung 220
5. Sicherung des Arbeitsentgelts 225
   5.1. Arbeitsentgelt ohne Arbeitsleistung 225
   5.2. Schutz gegenüber Gläubigern 228
6. Personalzusatzkosten 229
   6.1. Statistisches Bundesamt 229
   6.2. Institut der Deutschen Wirtschaft 231
   6.3. Bewertung 231
7. Kassensturz 231
   7.1. Hintergründe 231
   7.2. Abrechnung 233
        7.2.1. Bruttorechnung 234
        7.2.2. Nettorechnung 234
        7.2.3. Zahlungsrechnung 236
        7.2.4. Auswertungsrechnung 238

C. **Arbeitsaufgaben** 239

D. **Weiterführende Literatur** 240

6. Personalführung 241

A. **Leitfragen** 241

B. **Sachanalyse** 241

1. Wer führt wen oder was? 241
2. Gestaltungsfelder und Gestaltungsempfehlungen 245
3. Persönlichkeit, Autorität, Macht und Manipulation 247
   3.1. Persönlichkeit 247
   3.2. Macht und Autorität 249
   3.3. Manipulation 252
4. Ziele, Planung, Delegation, Realisierung und Kontrolle 253
   4.1. Führung durch Zielvorgaben 253
   4.2. Wissenschaftliche Betriebsführung 255
   4.3. Delegation 256

4.4. Kontrolle ... 257
 5. Partizipation, Kooperation, Koordination, Information und Kommunikation ... 258
  5.1. Partizipation, Kooperation und Koordination ... 258
  5.2. Information ... 259
  5.3. Kommunikation ... 259
 6. Motivation ... 262
  6.1. Grundeinstellung ... 262
  6.2. Inhalte und Prozeßfolge der Motivation ... 263
  6.3. Valenz, Instrumentalität und Erwartung ... 265
  6.4. Balance von Einsatz und Ergebnis ... 266
  6.5. Bedürfnisse ... 267
  6.6. Zufriedenheit und Unzufriedenheit ... 270
  6.7. Umsetzung ... 271
 7. Gruppen, Situationen, Rollen, Führungsverhalten und Führungsstile ... 272
  7.1. Gruppen ... 272
  7.2. Situationen ... 275
  7.3. Rollen ... 276
  7.4. Führungsverhalten und Führungsstile ... 277
 8. Konflikte und Ängste ... 281
  8.1. Konflikte ... 281
  8.2. Wechselseitige Beeinflussung ... 285
  8.3. Ängste ... 286
  8.4. Unbewußte Prozesse ... 288
 C. **Arbeitsaufgaben** ... 290
 D. **Weiterführende Literatur** ... 290

7. Personalbetreuung ... 293
 A. **Leitfragen** ... 293
 B. **Sachanalyse** ... 293
 1. Sozialklimbim? ... 293
 2. Rund um das Arbeitsverhältnis ... 297
  2.1. Bescheinigungen ... 297
  2.2. Beschwerden ... 298
  2.3. Beratung und Information ... 298
  2.4. Statussymbole und Titel ... 299
 3. Gesundheitswesen ... 300
  3.1. Verpflegung ... 300
  3.2. Arbeitshygiene ... 300
  3.3. Betriebsarzt und Sozialstation ... 301
  3.4. Unfallschutz und Arbeitssicherheit ... 302
  3.5. Suchtbekämpfung ... 304
  3.6. Freizeit und Erholung ... 308
  3.7. Betriebssport ... 308
  3.8. Betriebskrankenkasse ... 309
 4. Vergünstigungen ... 310
  4.1. Betriebsfeste ... 310
  4.2. Belegschaftsverkauf und Deputate ... 310
  4.3. Beihilfen ... 311
  4.4. Wohnungswesen ... 311
  4.5. Darlehen ... 312
  4.6. Interessengemeinschaften ... 313
  4.7. Betriebskindergarten ... 313
  4.8. Ausleihe ... 313
 C. **Arbeitsaufgaben** ... 314
 D. **Weiterführende Literatur** ... 314

8. Personal- und Organisationsentwicklung ... 315
A. Leitfragen ... 315
B. Sachanalyse ... 315
1. Definitions- und Funktionsmerkmale der Personalentwicklung ... 315
   - 1.1. Interessen ... 316
   - 1.2. Inhalte ... 319
   - 1.3. Maßnahmen ... 320
     - 1.3.1. Berufsvorbereitende Qualifizierung ... 321
     - 1.3.2. Berufsbegleitende Qualifizierung ... 323
     - 1.3.3. Berufsverändernde Qualifizierung ... 325
   - 1.4. Ablauf ... 325
   - 1.5. Beteiligte ... 326
2. Ermittlung des Personalentwicklungsbedarfs ... 329
   - 2.1. Personalentwicklungsbedarf aus Unternehmenssicht ... 330
     - 2.1.1. Keine Veränderung ... 330
     - 2.1.2. Neue Aufgaben ... 334
     - 2.1.3. Technische und organisatorische Änderungen ... 337
   - 2.2. Personalentwicklungsbedarf der Beschäftigten ... 339
   - 2.3. Partizipative Bildungsbedarfsanalyse ... 342
   - 2.4. Personalentwicklungsdatei ... 343
3. Planung der Personalentwicklung ... 344
   - 3.1. Sujets ... 345
   - 3.2. Kollektive, individuelle und Standard-Personalentwicklungspläne ... 346
4. Umsetzung der Personalentwicklung ... 348
   - 4.1. Methode der Qualifizierung ... 349
   - 4.2. Externe und interne Durchführung ... 350
5. Kontrolle der Personalentwicklung ... 352
   - 5.1. Kostenkontrolle ... 353
   - 5.2. Erfolgskontrolle ... 354
   - 5.3. Rentabilitätsrechnung ... 355
6. Brückenschlag zwischen Personal- und Organisationsentwicklung ... 356
7. Organisationsentwicklung ... 358
   - 7.1. Ansätze der Organisationsentwicklung ... 358
   - 7.2. Leitbild der Organisationsentwicklung ... 360
   - 7.3. Phasenmodell der Organisationsentwicklung ... 361
C. Arbeitsaufgaben ... 364
D. Weiterführende Literatur ... 365

9. Fluktuation und Personalabbau ... 367
A. Leitfragen ... 367
B. Sachanalyse ... 367
1. Beendigung und Umgestaltung von Arbeitsverhältnissen ... 367
2. Kündigung ... 368
   - 2.1. Einseitige empfangsbedürftige Willenserklärung ... 368
   - 2.2. Kündigungsfristen und -termine ... 371
   - 2.3. Kündigungsschutz bei Entlassungen ... 373
     - 2.3.1. Allgemeiner Kündigungsschutz ... 373
     - 2.3.2. Sonderregelungen ... 376
   - 2.4. Kündigungstypen ... 378
   - 2.5. Mitbestimmung bei Entlassungen ... 379
   - 2.6. Abwicklung samt Outplacement ... 381
     - 2.6.1. Abwicklung der Kündigung ... 381
     - 2.6.2. Outplacement ... 385
   - 2.7. Kündigungsschutzklage bei Entlassungen ... 387

	3. Fluktuation	388
	4. Personalabbau	395
	4.1. Notwendigkeiten und Möglichkeiten	395
	4.2. Personalveränderungsplanung	397
	4.3. Personalabbau der Stammbelegschaft	399
	4.4. Personalabbau mit Erhalt der Stammbelegschaft	405
	4.5. Vorbeugung	411
C.	Arbeitsaufgaben	411
D.	Weiterführende Literatur	412

10. Personalmanagement ... 413

A.	Leitfragen	413
B.	Sachanalyse	413
	1. Der wirtschaftliche Aspekt der Personalwirtschaft	413
	2. Gegenstände des Personalmanagements	414
	2.1. Personalstruktur	414
	2.2. Personalereignisse	415
	2.3. Personalaufwand	416
	2.4. Sozialaufwand	417
	2.5. Wirtschaftlichkeit des Personalwesens	418
	3. Ermittlung von Befunden	418
	3.1. Ziele und Zuständigkeit	419
	3.2. Basisdaten	419
	3.3. Bezugswerte	421
	3.4. Vergleich	422
	4. Formen des Personalmanagements	424
	4.1. Personalplanung	425
	4.2. Personalwirtschaftliches Rechnungswesen	427
	4.2.1. Abrechnung der Entgelte	428
	4.2.2. Personal- und Sozialkostenplanung und -budgetierung	428
	4.2.3. Gesellschaftsbezogene Unternehmensrechnung	429
	4.2.4. Personalvermögensrechnung	429
	4.3. Personalstatistik	429
	4.4. Benchmarking	430
	4.5. Personalcontrolling	432
	4.6. Organisation des Personalwesens	435
	4.6.1. Gliederung des Personalwesens	436
	4.6.2. Eingliederung des Personalwesens	438
C.	Arbeitsaufgaben	439
D.	Weiterführende Literatur	439

Sachregister ... 440

1. Aufgabenfelder der Personalwirtschaft

A. Leitfragen

1 Die meisten Unternehmen verfügen über eine Personalabteilung. Sicherlich wissen Sie, daß dort die Arbeitsentgelte abgerechnet werden.
- Welche weiteren Aufgaben haben die Beschäftigten in der Personalabteilung?
- Mit welchen Aufgaben macht sich die Personalabteilung bei der Belegschaft beliebt, mit welchen unbeliebt?

2 Wahrscheinlich setzen Sie für Ihre Zwecke einen Personalcomputer und diverse Software ein.
- Welche Software ist auch für personalwirtschaftliche Zwecke geeignet?
- Wie können Sie mit Ihrer Software die Personalarbeit unterstützen?

B. Sachanalyse

1. Personal, Arbeitgeber und Unternehmen

1.1. Personal

Im Zentrum der Personalwirtschaft steht das Personal. Das Personal oder die Belegschaft ist die Gesamtheit der Beschäftigten eines Unternehmens. Häufig bezeichnet man diesen Personenkreis auch als Mitarbeiterinnen und Mitarbeiter. Damit soll ein partnerschaftliches Verhältnis betont werden.

Personal

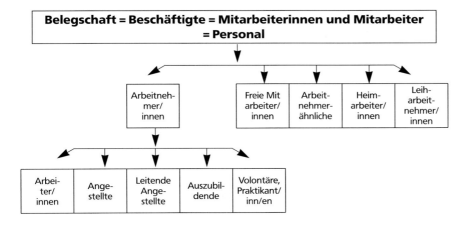

Abb. 1.1. Personal

Arbeitnehmer/innen

Arbeitnehmer/innen

Zum Personal zählen zunächst die Arbeitnehmerinnen und Arbeitnehmer, also Personen, die

- auf privatrechtlicher Grundlage, dem **Arbeitsvertrag,**
- von einem anderen, dem **Arbeitgeber,**
- gegen die Zusage einer Gegenleistung, dem **Arbeitsentgelt,**
- beschäftigt werden, also für ihn **Arbeit** verrichten, und
- zu diesem Arbeitgeber in einem **persönlichen Abhängigkeitsverhältnis** stehen. Die persönliche Abhängigkeit zeigt sich zum einen in der Übernahme fremdgeplanter, fremdnütziger und von fremder Risikobereitschaft getragener Arbeit. Zum anderen wird sie durch die Eingliederung in einen fremden Produktionsbereich ausgedrückt.

Arbeitnehmerinnen und Arbeitnehmer sind entweder

Arbeiter/innen

○ **Arbeiterinnen und Arbeiter,** auch gewerbliche Mitarbeiterinnen und Mitarbeiter genannt, die eine überwiegend körperliche Tätigkeit ausüben, oder

Angestellte

○ **Angestellte,** das heißt kaufmännische und technische Mitarbeiterinnen und Mitarbeiter, die vornehmlich geistige Tätigkeiten verrichten.

Diese Unterscheidung, die im Einzelfall nur schwer nachzuvollziehen ist, ist nach mehreren Entscheidungen des Bundesverfassungsgerichts zur Gleichbehandlung und aufgrund einer Vielzahl von tarifvertraglichen Regelungen rechtlich von untergeordneter Bedeutung. Allerdings genießen Angestellte immer noch ein höheres Ansehen.

Leitende Angestellte

○ Eine spezielle Gruppe der Angestellten, die **leitenden Angestellten,** sind ebenfalls Arbeitnehmerinnen oder Arbeitnehmer. Nach § 5 des Betriebsverfassungsgesetzes ist leitende Angestellte oder leitender Angestellter, wer nach Arbeitsvertrag und Stellung im Unternehmen oder im Betrieb

- zur selbständigen Einstellung und Entlassung von im Betrieb oder in der Betriebsabteilung beschäftigten Arbeitnehmerinnen und Arbeitnehmern berechtigt ist oder
- Generalvollmacht respektive Prokura besitzt, wobei die Prokura auch im Verhältnis zum Arbeitgeber nicht unbedeutend sein darf, oder
- regelmäßig sonstige Aufgaben wahrnimmt, die für den Bestand und die Entwicklung des Unternehmens oder eines Betriebes von Bedeutung sind. Dabei muß die Erfüllung jener Aufgaben besondere Erfahrungen und Kenntnisse voraussetzen. Zudem sind nur solche Personen leitende Angestellte, die ihre Entscheidungen im wesentlichen frei von Weisungen treffen oder sie maßgeblich beeinflussen können.

Da diese Umschreibung sehr unbestimmt ist, hat der Gesetzgeber in der besagten Vorschrift eine weitere Entscheidungshilfe gegeben. Wenn nach Ausschöpfung aller Erkenntnismöglichkeiten im Einzelfall noch immer Zweifel bestehen, ist leitende Angestellte oder leitender Angestellter, wer

- aus Anlaß der letzten Wahl des Betriebsrats, des Sprecherausschusses oder von Aufsichtsratsmitgliedern der Arbeitnehmerschaft respektive durch rechtskräftige gerichtliche Entscheidung den leitenden Angestellten zugeordnet worden ist oder

- einer Leitungsebene angehört, auf der in dem Unternehmen überwiegend leitende Angestellte vertreten sind, oder
- ein regelmäßiges Jahresarbeitsentgelt erhält, das für leitende Angestellte in dem Unternehmen üblich ist, oder,
- falls immer noch Zweifel bleiben, ein regelmäßiges Jahresarbeitsentgelt erhält, das das Dreifache der Bezugsgröße nach § 18 des Vierten Buches des Sozialgesetzbuches überschreitet. Zur Zeit macht das etwa 150 000 DM aus.

  Auf die leitenden Angestellten finden nur die wenigen Vorschriften des Betriebsverfassungsgesetzes Anwendung, in denen dies ausdrücklich bestimmt ist. Ansonsten trifft das Sprecherausschußgesetz spezielle Regelungen.

○ Auch **Auszubildende** sind Arbeitnehmerinnen und Arbeitnehmer. Von den anderen Arbeitnehmerinnen und Arbeitnehmern unterscheidet sie die Tatsache, daß sie zum Zwecke der Ausbildung auf der Basis eines Ausbildungsvertrages beschäftigt werden. *(Auszubildende)*

○ Das gleiche gilt für **Volontäre sowie Praktikantinnen und Praktikanten,** die sich regelmäßig gegen ein nur geringes Entgelt in die Praxis eines kaufmännischen oder journalistischen Berufs einarbeiten. *(Volontäre Praktikant/inn/en)*

Freie Mitarbeiter/innen

Im Gegensatz zu Arbeitnehmerinnen und Arbeitnehmern stehen freie Mitarbeiterinnen und Mitarbeiter zu ihrem Vertragspartner **in keinem persönlichen Abhängigkeitsverhältnis.** Trotzdem zählen sie zu den Beschäftigten. Sie werden aufgrund von freien Dienstverträgen tätig, mit denen sie sich verpflichten, bestimmte Dienstleistungen zu erbringen. *(Freie Mitarbeiter/innen)*

Hierbei kann es sich um Leistungen aller Art handeln, etwa die Rechts- und Unternehmensberatung oder ärztliche Dienste. Deshalb sind auch die **Handelsvertreterinnen und Handelsvertreter** im Sinne des § 84 des Handelsgesetzbuches freie Mitarbeiterinnen und Mitarbeiter, das heißt Beschäftigte. Handelsvertreterinnen und Handelsvertreter sind selbständige Gewerbetreibende, die für ihren Auftraggeber Geschäfte vermitteln oder in dessen Namen abschließen.

Werden die Dienstleistungen ständig erbracht, kann die Entscheidung, ob Dienstleistende Arbeitnehmer oder freier Mitarbeiter sind, problematisch sein. Keine freien Mitarbeiterinnen und Mitarbeiter sind Personen,
- die vorwiegend fremdbestimmte, fremdnützige Arbeit leisten und
- sowohl persönlich als auch fachlich weisungsgebunden sind,
- deren Arbeitsort und Arbeitszeit vom Auftraggeber festgelegt,
- deren Arbeitsleitung kontrolliert und
- denen eine unverzichtbare und eingeplante Dienstbereitschaft abverlangt wird,
- die mit anderen Dienstpflichtigen zusammenarbeiten und
- sich einem fremden Produktionsplan unterordnen müssen,
- die ihre Tätigkeit nicht als Unternehmer selbst bestimmen und
- einzelne Aufträge nicht ablehnen können.

Sprechen einige Merkmale für ein Arbeitsverhältnis, andere für ein freies Mitarbeiterverhältnis, so wird abgewogen, welche Umstände in ihrer Gesamtheit gewichtiger erscheinen. Ergibt sich kein Übergewicht, soll der Wille der Vertragspartner gelten.

Arbeitnehmerähnliche Personen

Arbeitnehmerähnliche

Beschäftigte, die zwar als freie Mitarbeiterinnen und Mitarbeiter, Handelsvertreterinnen und Handelsvertreter bezeichnet werden, aber in die wirtschaftliche Abhängigkeit eines Auftraggebers geraten, sind als arbeitnehmerähnliche Personen anzusehen. Das ist der Fall,

- wenn sie vertraglich nur für einen Unternehmer tätig werden dürfen oder
- nach Art und Umfang der von ihnen verlangten Tätigkeit nur für einen Unternehmer tätig sein können, und
- wenn sie während der letzten 6 Monate des Vertragsverhältnisses im Durchschnitt monatlich nicht mehr als 2000 DM an Vergütung bezogen haben.

Auf die arbeitnehmerähnlichen Personen sind nach § 5 des Arbeitsgerichtsgesetzes bestimmte arbeitsrechtliche Vorschriften anwendbar.

Heimarbeiter/innen

Heimarbeiter/innen

Die Heimarbeiterinnen und Heimarbeiter sind keine Arbeitnehmerinnen und Arbeitnehmer, obwohl sie sich im Auftrag von Gewerbetreibenden gewerblich betätigen. Ihre Arbeitsstätte ist jedoch unabhängig vom Auftraggeber, in dessen Betrieb sie folglich nicht eingegliedert werden. Überdies unterliegen sie keineswegs dem Weisungsrecht dieses Auftraggebers. Da sie ihm aber die Verwertung der aus Roh- und Hilfsstoffen gefertigten Arbeitserzeugnisse überlassen, sind sie seine Beschäftigten. Regelmäßig stehen Heimarbeiterinnen und Heimarbeiter in einer wirtschaftlichen Abhängigkeit zum Auftraggeber. Deshalb legt das Heimarbeitsgesetz zu ihrem Schutz unabdingbare Mindestbedingungen fest.

Leiharbeitnehmer/innen

Leiharbeitnehmer/innen

Die Leiharbeitnehmerinnen und Leiharbeitnehmer gehören sehr wohl der Arbeitnehmerschaft an, aber nicht der des Unternehmens, in dem sie tätig werden, sondern der eines gewerbsmäßigen Verleihers von Personal. Trotzdem sind sie Beschäftigte des Unternehmens, in dem sie tätig werden, denn sie stellen jenem Unternehmen ihre Arbeitskraft zur Verfügung.

Beamte

Beamte

Neben vielen Arbeitnehmerinnen und Arbeitnehmer sind Beamte im öffentlichen Dienst tätig. Im Unterschied zu den Arbeitnehmerinnen und Arbeitnehmern im öffentlichen Dienst werden Beamte durch einen staatlichen Hoheitsakt ernannt. Beamte verrichten ihre Arbeit also nicht auf privatrechtlicher, sondern auf öffentlich-rechtlicher Grundlage. Aus diesem Grund sind sie **keine Arbeitnehmerinnen und Arbeitnehmer, wohl aber Beschäftigte.** Angesichts der diversen speziellen gesetzlichen Regelungen verbietet sich eine weitere Erörterung des Beschäftigungsverhältnisses von Beamten im Rahmen der Personalwirtschaft.

Familienrechtliche Mitarbeit

Familienrechtliche Mitarbeit

Wer aufgrund einer familienrechtlichen Pflicht für ein Familienmitglied Arbeitsleistungen erbringt, leistet sogenannte familienrechtliche Mitarbeit, **ohne Beschäftigter** des Familienmitgliedes oder des Auftraggebers der Arbeitsleistungen **zu werden.** Das schließt jedoch nicht aus, daß trotzdem ein Arbeitsverhältnis begründet wird.

1.2. Arbeitgeber

> Arbeitgeber sind alle natürlichen oder juristischen Personen und Körperschaften des öffentlichen Rechts, die mindestens eine Person beschäftigen, der sie für ihre Tätigkeit eine Gegenleistung versprochen haben.

Arbeitgeber werden häufig als Unternehmer bezeichnet. Das ist nicht ganz exakt. *Arbeitgeber*

- Auch der **Staat** ist ein Arbeitgeber. Er ist aber nur dann ein Unternehmer, wenn er wirtschaftlich tätig wird.
- Außerdem sind Manager sogenannte **Auftragsunternehmer,** die zwar als leitende Angestellte mit unternehmerischen Funktionen betraut, aber nicht Eigentümer der Unternehmung sind.
- Nur die sogenannten **Eigentümerunternehmer** sind zugleich Arbeitgeber. Sie sind einerseits die Vertragspartner der Beschäftigten. Andererseits übernehmen sie als Allein- oder Miteigentümer das Risiko für das haftende Kapital.

1.3. Unternehmen

> Viele arbeitsrechtliche Regelungen und Definitionen knüpfen, wie die oben erwähnten, an die gesetzlich nicht definierten Begriffe Betrieb und Unternehmen an.

- Strenggenommen ist der **Betrieb** die organisatorische Einheit, innerhalb derer der Unternehmer mit Hilfe von Beschäftigten, sachlichen und immateriellen Mitteln bestimmte arbeitstechnische Zwecke verfolgt. *Betrieb*
- Das **Unternehmen** ist eine organisatorische Einheit, die aus einem oder mehreren Betrieben besteht. Das Unternehmen dient wirtschaftlichen Zwecken. *Unternehmen*

2. Personalwesen, Personalwirtschaft und Personalpolitik

2.1. Personalwesen

> Das Personalwesen ist die Sektion eines Unternehmens, die sich federführend den personalwirtschaftlichen Aufgaben widmet. *Personalwesen*

- Die personalwirtschaftlichen Aufgaben werden in **kleinen Unternehmen vom Eigentümer oder Führungskräften** mit Personalkompetenz mit übernommen.
- Bereits in **mittelständischen Unternehmen** wird eine **Stelle** namens **Personalwesen** geschaffen. Die Stelleninhaberin oder der Stelleninhaber nimmt dann einige oder den Großteil der personalwirtschaftlichen Aufgaben wahr.
- **In größeren Unternehmen** ist das Personalwesen eine **Personalabteilung oder gar Hauptabteilung Personal** mit mehreren Fachgebieten oder Fachgruppen wie zum Beispiel Personalbeschaffung und Personaleinsatz.
- Im übrigen hat es sich **nicht** als **sinnvoll** erwiesen, **eine Trennung zwischen Personal- und Sozialwesen vorzunehmen.** Beide Aufgabenbereiche sind ineinander verwoben.

Selbst wenn das Personalwesen organisatorisch im Unternehmen verankert ist, werden dort nicht alle personalwirtschaftlichen Aufgaben erledigt. **Personalwirtschaft ist immer auch eine Angelegenheit der Unternehmens- beziehungsweise Geschäftsleitung, der Führungskräfte, der Belegschaftsvertretung und schließlich aller Beschäftigten.**

Personalorganisation

Das Personalwesen ist folglich eine Sektion in der Aufbauorganisation des Unternehmens. Die Schaffung und Modifikation dieser Aufbauorganisation nennt man **Personalorganisation.** Hier wird die Unternehmensstruktur bestimmt. Zugleich werden die Beschäftigten, abhängig von ihrer qualitativen und quantitativen Leistungsfähigkeit, in die Unternehmensstruktur eingegliedert.

- Die Personalorganisation wird von allen Bereichen des Unternehmens festgelegt. Beim **Personaleinsatz und der Organisationsentwicklung,** denen jeweils ein Kapitel dieses Buches gilt, spricht die Personalwirtschaft ein gewichtiges Wort mit.
- Allein die **Organisation des Personalwesens** ist vorrangig eine personalwirtschaftliche Aufgabe. Sie wird im Kapitel Personalmanagement diskutiert.

2.2. Personalwirtschaft

Personalwirtschaft

Die Personalwirtschaft ist eine betriebswirtschaftliche Funktion mit den klassischen Funktionsbereichen

○ Planung, inklusive Zielfindung und Entscheidung,

○ Realisierung, inklusive Steuerung und Ausführung, sowie

○ Kontrolle,

die auf eine Vielzahl von Instrumenten zugreifen kann. Ihr Aufgabenfeld ist das Personal, also Menschen. Das hebt diese betriebswirtschaftliche Funktion scharf von anderen ab.

Wirtschaftliche Aspekte

Wirtschaftliche Aspekte

Wie für alle betriebswirtschaftlichen Funktionen sind auch für die Personalwirtschaft zunächst wirtschaftliche Aspekte ausschlaggebend. Das Personal soll demnach entweder

- nach dem **Maximumprinzip,** mit einem gegebenen Input, das heißt zu im voraus festgelegten Kosten, einen größtmöglichen Output, oder
- nach dem **Minimumprinzip,** einen bestimmten Output mit geringstmöglichem Input, das heißt zu geringstmöglichen Kosten, erwirtschaften.

Gefordert sind **wirtschaftliches Handeln, Aktualität und Aussagekraft.** Klassisch kommt der Personalwirtschaft also die Aufgabe zu, das Personal an die zuvor personalunabhängig entworfenen Arbeits- und Entgeltstrukturen anzupassen. Die einzelnen Unternehmensbereiche melden ihren jeweiligen Personalbedarf, demzufolge die personellen Ressourcen bereitgestellt werden müssen. Spannt man den Bogen weiter, so muß das Personal den gegenwärtigen, möglichst auch den zukünftigen, quantitativen, qualitativen, zeitlichen und lokalen Erfordernissen des Unternehmens genügen.

> Mit dem Begriff Personalmanagement wird speziell dieser wirtschaftliche Aspekt der Personalwirtschaft betont. Beim Personalmanagement steht die Steuerung des Personals als rechenbare Größe im Mittelpunkt.

Personalmanagement

In diesem Sinne wird das **Personalmanagement** im gleichnamigen Kapitel dieses Buches thematisiert. Das Personalmanagement widmet sich der Personalstruktur, den Personalereignissen, dem Personal- und Sozialaufwand sowie der Wirtschaftlichkeit des Personalwesens.

Hier werden Befunde sowohl ermittelt als auch umgesetzt, und zwar in Form der **Personalplanung**, des **personalwirtschaftlichen Rechnungswesens**, der **Personalstatistik**, des **Benchmarking** und des **Personalcontrolling**. Diese Teilgebiete des Personalmanagements werden auch als **Personalberichtswesen** bezeichnet. Allerdings ist der Begriff Personalberichtswesen irreführend, denn er suggeriert, hier würde lediglich berichtet. Zumindest das Personalcontrolling ist hingegen auch und besonders darauf ausgerichtet, Aktionen zu veranlassen.

Außerdem ist die **Organisation des Personalwesens** eine Form des Personalmanagements, da sie der Sicherung oder gar Verbesserung der Wirtschaftlichkeit der Personalwirtschaft dient.

Soziale Aspekte

Die Beschreibung des wirtschaftlichen Aspektes der Personalwirtschaft läßt fast vergessen, daß es sich beim Personal um Menschen handelt. Ein Unternehmen kann es sich aber nicht leisten, dies zu vergessen. Wer Menschen wie Maschinen oder Rechengrößen behandelt, kann nicht davon ausgehen, daß sie sich voll einsetzen. Deshalb sind in der Personalwirtschaft, anders als bei vielen anderen betriebswirtschaftlichen Funktionen, auch soziale Aspekte maßgeblich, hinter denen freilich wiederum ein wirtschaftliches Kalkül steht.

Soziale Aspekte

Die sozialen Aspekte beziehen sich auf die Erwartungen, Bedürfnisse und Interessen der Beschäftigten. Man bemüht sich um materielle und immaterielle Fortschritte mit Mitteln wie

- einem anforderungs-, leistungs- und marktgerechten Entgelt,
- angemessenen Arbeitszeitregelungen,
- der Sicherung der Arbeitsplätze und
- der Altersversorgung,
- einer menschengerechten Gestaltung der Arbeitsplätze und des Umfeldes,
- der Reduzierung von Belastungseinflüssen,
- einer ansprechenden Gestaltung der Arbeitsinhalte und -organisation,
- dem verstärkten Schutz der Gesundheit,
- der Verbesserung der sozialen Kontakte, auch zu Führungskräften, und
- der Mitbestimmung sowie
- guter Chancen durch die Personalentwicklung.

Da hinter jedem Vorgang in der Personalwirtschaft ein Mensch mit seinem Schicksal steht, können Mißverständnisse, Fehler und Verletzungen der Vertraulichkeit schwerwiegende Auswirkungen haben. Deswegen muß man gerade angesichts des sozialen Aspekts der Personalwirtschaft bestrebt sein, **Transparenz** zu gewährleisten, die **Vertraulichkeit** zu wahren und **Fehler vermeiden**.

Rechtliche Aspekte

Rechtliche Aspekte

Neben den wirtschaftlichen und sozialen Aspekten muß die Personalwirtschaft auch rechtliche Aspekte berücksichtigen, also die Rechtssicherheit auf dem Gebiet des Arbeitsrechts.

Organisatorische Aspekte

Organisatorische Aspekte

Außerdem hat die Personalwirtschaft organisatorische Aspekte mit dem Personaleinsatz, der Organisationsentwicklung und der Organisation des Personalwesens, die bereits angesprochen wurden.

Arbeitsmarktpolitische Aspekte

Arbeitsmarktpolitische Aspekte

Letztlich geht es um arbeitsmarktpolitische Aspekte, die Vermeidung von Arbeitslosigkeit.

Konflikte?

Die einzelnen Aspekte der Personalwirtschaft können

- unverbunden nebeneinander stehen oder
- sich ergänzen, vor allem in Phasen des wirtschaftlichen Aufschwungs.
- Sie können aber auch in Konflikt zueinander geraten, besonders in Phasen der Rezession mit Kurzarbeit und Entlassungen, Erscheinungen also, die den sozialen Aspekten diametral entgegenstehen.

Human Resource Management

Angesichts der anhaltenden weltweiten Rezession und der dadurch vermehrt auftretenden Konflikte hat in der jüngeren Literatur und in den Unternehmen eine Neuorientierung stattgefunden. Personalwirtschaft reduziert sich nicht mehr nur auf die bloße Anwendung von Personaltechniken. Personalwirtschaft wird vielmehr als umfassende Managementaufgabe verstanden.

Human Resource Management

> Das an den US-Business-Schools entwickelte Human Resource Management propagiert die Integration von Personal und Arbeit bei allen unternehmerischen Entscheidungen. Das Personal wird als entscheidender Wettbewerbsfaktor betrachtet. In den Funktionsbereichen der Unternehmen wandelt sich die Personalwirtschaft von einer Hilfsfunktion zu einem Human Resource Management als integriertem Bestandteil der Unternehmenspolitik.

2.3. Personalpolitik

Unternehmen werden durch ihre Aufgaben und Ziele bestimmt.

- **Aufgaben** sind Arbeitsaufträge der Unternehmenseigner, beispielsweise die Fertigung und der Vertrieb von Produkten, Beratungs- und Dienstleistungen.
- **Ziele** sind Vorstellungen, was mit der Aufgabenerledigung erreicht werden soll, beispielsweise die Erzielung von Gewinnen.

Unternehmenspolitik

Mit der **Unternehmenspolitik** wird festgelegt, **in welcher Weise die Aufgaben erledigt und wie die angestrebten Ziele erreicht werden sollen.** Im Rahmen der Unternehmenspolitik müssen bestimmt werden:

- **Teilziele** für die einzelnen Unternehmensbereiche, also auch für die Personalwirtschaft, und Zwischenziele zur Erreichung der Endziele,

- **Handlungsarten,** die zur Aufgabendurchführung und zur Zielerreichung einzuhalten sind, beispielsweise Strategien und Taktiken, Techniken und Verfahrensarten, Methoden und Vorgehensweisen,
- **Verhaltensnormen** für die Beschäftigten.

> Die Personalpolitik ist ein Teil der Unternehmenspolitik, die sie in sich aufnimmt, an der sie sich ausrichtet, die sie aber auch, im Rahmen des Human Resource Management, mitbestimmt. Die Personalpolitik umfaßt alle Grundsatzentscheidungen eines Unternehmens für die Personalwirtschaft im Hinblick auf Aufgaben, Ziele, Handlungsarten und Verhaltensnormen, also

Personalpolitik

- **allgemeine Grundsätze für alle Bereiche des Unternehmens,** beispielsweise das Prinzip der internen Aufstiegsbesetzung, der repräsentativen Meinungsermittlung und der Mitarbeiterbeteiligung,
- **Grundsätze für Vorgesetzte,** etwa das Prinzip der offenen Tür, der Mitarbeiterbeurteilung und der Mitarbeiterförderung,
- **allgemeine Grundsätze für die Personalwirtschaft,** zum Beispiel das Prinzip der kooperativen Führung und Zusammenarbeit, der Information und Weiterbildung, der Gleichbehandlung und das Leistungsprinzip,
- **Grundsätze für personalwirtschaftliche Teilaufgaben,** etwa über ein leistungsgerechtes Entgelt, die Personalentwicklung, die Flexibilisierung der Arbeitszeiten, für Versetzung und Aufstieg, für die Entlassung und zur Altersvorsorge.

Personalpolitik reicht demzufolge **über die Zielplanung hinaus** und umfaßt **auch die Grundsätze für den Einsatz von Instrumenten** in der Personalwirtschaft. Eine realistische Zielplanung muß nämlich immer zugleich das verfügbare Instrumentarium in die Überlegungen einbeziehen, um so der Durchsetzbarkeit Rechnung zu tragen.

Die Personalpolitik eines Unternehmens kann nur dann das tägliche Handeln bestimmen, wenn sie das **Ergebnis kollektiver Entscheidungsprozesse aller Beschäftigten** ist, in die zahlreiche individuelle Wertprämissen und Gruppeninteressen einfließen. Einsame personalpolitische Beschlüsse des Managements oder des Eigentümers verstauben in den Schubladen.

Personalpolitische Grundsätze können **in unterschiedlicher Weise** kursieren:

- im Rahmen einer **Unternehmenssatzung oder Grundsatzerklärung,**
- in **Ordnungen,** beispielsweise Geschäfts-, Betriebs- oder Arbeitsordnungen,
- in **Arbeitsanweisungen oder Organisationsrichtlinien** und
- in **mündlicher Form,** etwa als Tradition des Unternehmens oder als selbstverständliche Haltung der Beschäftigten, speziell der Führungskräfte.

Da es keine Personalpolitik per se gibt, sondern nur die Personalpolitik eines Unternehmens, wird auf weitere Erläuterungen in diesem Buch verzichtet.

2.4. Übersicht

Zusammenfassend kann man also festhalten, daß die Personalwirtschaft vor allem in der Sektion Personalwesen der Unternehmen betrieben wird. Sie richtet sich an der Personalpolitik und die wiederum an der Unternehmenspolitik des jeweiligen Unternehmens aus.

Übersicht

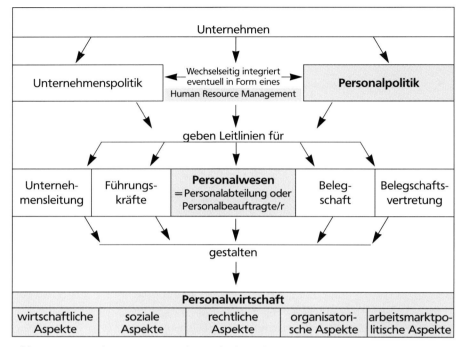

Abb. 1.2. Personalwesen, Personalwirtschaft und Personalpolitik

3. Von der Personalbeschaffung bis zum Personalabbau

Neben dem bereits angesprochenen Personalmanagement nimmt sich die Personalwirtschaft einer Vielzahl weiterer Aufgaben an.

Personalbeschaffung und -marketing

Personalbeschaffung
> Die Personalbeschaffung zielt darauf ab, freie Stellen zeitlich unbefristet oder doch zumindest für einige Zeit neu zu besetzen.

Die Personalbeschaffung will zunächst in Form einer **Personalbestands-, Personalbedarfs- und Personalbeschaffungsplanung** vorbereitet werden. Eine **Arbeitsmarktforschung** ist für die Personalbeschaffung außerhalb der täglichen Routine vonnöten. Es folgen die **Wahl eines Beschaffungsweges** und der **Auswahlprozeß**. Nach der Entscheidung für eine Bewerberin oder einen Bewerber wird schließlich ein **Arbeitsvertrag** formuliert und unterzeichnet.

Personalmarketing
> Aufgrund des Mangels an qualifiziertem Personal hat sich im deutschsprachigen Raum etwa in der zweiten Hälfte der sechziger Jahre der Begriff des Personalmarketing etabliert. Ziel des Personalmarketings ist es, nicht nur qualifiziertes Personal anzuwerben, sondern es auch langfristig an das Unternehmen zu binden. Dabei werden unterschiedliche Ansätze diskutiert:

- Das **Internal Marketing** erklärt den externen Kunden zum Orientierungspunkt der Austauschprozesse im Unternehmen. Die Beschäftigten und die Arbeitsplätze sollen sich am externen Kunden ausrichten und so den Bestand des Unternehmens und die Arbeitsplätze sichern.

- Das **Arbeitsplatzmarketing** setzt auf eine Intensivierung der Aktivitäten bei der Personalbeschaffung, um einer Verknappung des Arbeitskräfteangebots die Stirn zu bieten. Die Attraktivität der Arbeitsplätze soll mittels Personalwerbung und eines adäquat gestalteten Images den derzeitigen und den potentiellen Beschäftigten vermittelt werden. Dazu dienen:
  - Arbeitsmarkt- und Berufsforschung,
  - Personalbedarfsplanung,
  - Werbung,
  - Public Relations, also das bewußte und dauernde Bemühen, gegenseitiges Verständnis und Vertrauen in der Öffentlichkeit aufzubauen und zu pflegen,
  - Internal Relations, das heißt die positive Beeinflussung der Beziehung zwischen dem Unternehmen und der Belegschaft, sowie
  - Personaleinsatzplanung.

- Der **Ansatz der Mitarbeiterorientierung** folgt der Maxime, daß Unternehmen den Beschäftigten gegenüber eine Dienstleistungsfunktion zu erfüllen haben. Alle Aktivitäten sollen bewußt daraufhin überprüft werden, ob sie den Erwartungen und Interessen der Belegschaft entgegenkommen. Sie reichen von der Personalforschung und der Personalführung über die Verantwortungsbereiche, den Personaleinsatz und das Arbeitsentgelt bis hin zur Personalentwicklung, den Arbeitsbedingungen und der Personalverwaltung.

- Der **Personalmarketing-Mix** umfaßt alle Bemühungen des Arbeitsanbieters, also eines Unternehmens, eine vorhandene oder eine noch zu erzeugende Erwartungshaltung derzeitiger oder zukünftiger Beschäftigter, der Abnehmer, durch eine entsprechende marktkonforme Leistung zu befriedigen. Dies erfordert neben den angesprochenen Maßnahmen die Abstimmung der Personalpolitik mit der Unternehmenspolitik, ihre schriftliche Formulierung, langfristige Fixierung und Bekanntgabe an alle Beschäftigten.

Damit wird deutlich, daß das Personalmarketing zwar seinen Schwerpunkt in der Personalbeschaffung hat, aber praktisch alle anderen Aufgaben der Personalwirtschaft anbelangt. Im Rahmen dieses Buches werden Ansätze des Personalmarketing deshalb im Zusammenhang mit diesen Aufgaben angesprochen.

Personaleinsatz

> Der Personaleinsatz steht vor der Aufgabe, für die optimale Eingliederung der Beschäftigten in den Arbeitsprozeß zu sorgen.

Personaleinsatz

Die **Einarbeitung** stellt sicher, daß die Mitarbeiterinnen und Mitarbeiter ihre Aufgaben kennen, akzeptieren und erlernen sowie in die soziale Struktur der Belegschaft integriert werden. Durch eine **Stellenzuweisung** werden die Personen den Stellen zugeordnet. Die **Stellenanpassung** arbeitet mit den Instrumenten der Arbeitsstrukturierung und Arbeitsplatzgestaltung. Die Beeinflussung der Arbeits- und Urlaubszeiten ist Thema der **Zeitwirtschaft**.

Personalbeurteilung

> Personalbeurteilung

Bei Personalbeurteilungen geht es um die Einschätzung von Personen. Man beurteilt die Beschäftigten, Bewerberinnen und Bewerber vorrangig hinsichtlich ihrer Leistung und ihres Verhaltens.

Personalbeurteilungen unterscheiden sich in ihrer Systematik, im Turnus, innerhalb dessen die Beurteilungen stattfinden, in ihren Beurteilungskriterien, der Differenzierung dieser Kriterien, der Zuständigkeit, dem Personenkreis, der zur Beurteilung ansteht, und in ihrem Zeithorizont. Sie bedürfen eines **Beurteilungsverfahrens,** an dem sich die Beteiligten orientieren können. Deshalb muß einer Personalbeurteilung ein **Planungsprozeß** vorangestellt werden. Für die **Durchführung** empfehlen sich folgende Schritte: Beobachtung, Beschreibung, Bewertung und schließlich das Beurteilungsgespräch.

Entgelt

> Entgelt

Das Entgelt ist die materielle Gegenleistung eines Unternehmens für die Leistungen jener Personen, die sich dem Unternehmen vertraglich verpflichtet haben, diese Leistungen zu erbringen.

Man unterscheidet **Arbeitsentgelte,** also Zeit- und Akkordlöhne sowie Gehälter und Ausbildungsvergütungen, von **Honoraren,** den Entgelten der freien Mitarbeiterinnen und Mitarbeiter. Das Entgelt setzt sich regelmäßig zusammen aus einer **Grundvergütung und zusätzlichen Vergütungen** in verschiedensten Formen, etwa als Zulage, Prämie, leistungs- oder erfolgsabhängiger Entgeltbestandteil. Gesetze, Tarifverträge, Betriebs- und Dienstvereinbarungen sowie Arbeitsverträge sehen eine Vielzahl von Regelungen vor, die den Beschäftigten für verschiedene Anlässe **auch dann ein Arbeitsentgelt zusichern, wenn sie gar keine Arbeitsleistung erbracht haben**. Außerdem hat der Gesetzgeber zur **Sicherung des Arbeitsentgelts** mehrere Regelungen getroffen. Grundsätzlich **rechnet man die Entgelte** wie folgt **ab**: Auf eine Bruttorechnung folgt die Nettorechnung. Mit der Zahlungsrechnung erfolgen die Überweisungen auf die Konten der Entgeltempfänger. Die Auswertungsrechnung dient der Verarbeitung der Abrechnungsdaten.

Personalführung

> Personalführung

Personalführung ist der auf das Personal bezogene Teilbereich der Unternehmensführung, mit dessen Hilfe die Unternehmensziele verfolgt werden. Personalführung ist ein gleichermaßen personen- wie aufgabenbezogener Prozeß, der darauf gerichtet ist, das Personal zielorientiert zu beeinflussen.

Analog zur Unternehmensführung beinhaltet die Personalführung die **Prozeßfolge** von Zielsetzung, Planung, Entscheidung, Realisierung und Kontrolle. Als **Erfolgskriterien** gelten die Leistungen der Mitarbeiterinnen und Mitarbeiter sowie ihre Zufriedenheit. Betrachtet man die Prozeßfolge und die Erfolgskriterien, wird deutlich, daß Personalführung kein organisatorisch abgegrenztes Aufgabenfeld des Personalwesens ist. Vielmehr sind **alle Beschäftigten in die Personalführung eingebunden**, an erster Stelle die Führungskräfte. Die **Gestaltungsfelder** der Personalführung sind nahezu unüberschaubar. Folgende Begriffe lassen sich nennen:

- Persönlichkeit, Autorität, Macht und Manipulation,
- Ziele, Planung, Delegation, Realisierung und Kontrolle,
- Partizipation, Kooperation, Koordination, Information und Kommunikation,
- Motivation,
- Gruppen, Situationen, Rollen, Führungsverhalten und Führungsstile,
- Konflikte und Ängste umschreiben.

Personalbetreuung

> Bei der Personalbetreuung handelt es sich um zusätzliche, oft freiwillige Leistungen,
> - die ein Unternehmen seinen derzeitigen und im Einzelfall ehemaligen Mitarbeiterinnen und Mitarbeitern sowie deren Angehörigen einräumt,
> - die mehrheitlich weder gesetzlich noch tarifvertraglich vorgeschrieben sind und
> - auch nicht Arbeitsentgelt, Erfolgsbeteiligung oder Personalentwicklung darstellen.

Personalbetreuung

Die Personalbetreuung hat **Leistungen rund um das Arbeitsverhältnis** zum Gegenstand, wie Bescheinigungen, Beschwerden, Beratungen und Informationen, Statussymbole und Titel, aber auch das **Gesundheitswesen,** also Verpflegung, Arbeitshygiene, Betriebsarzt und Sozialstation, Unfallschutz und Arbeitssicherheit, Suchtbekämpfung, Freizeit und Erholung, Betriebssport sowie Betriebskrankenkasse. Diverse **Vergünstigungen** zählen ebenfalls zur Personalbetreuung, etwa Betriebsfeste, der Belegschaftsverkauf und Deputate, Beihilfen, das Wohnungswesen, Darlehen, Interessengemeinschaften, ein Werkskindergarten und eine Ausleihe.

Personal- und Organisationsentwicklung

> Die Personalentwicklung dient der Vermittlung jener Qualifikationen, die zur optimalen Verrichtung der derzeitigen und der zukünftigen Aufgaben in einem Unternehmen erforderlich sind. Sie umfaßt die Bildungsarbeit, das heißt die Aus- und Weiterbildung von Beschäftigten, aber auch deren Förderung.

Personalentwicklung

Dazu muß man den **Personalentwicklungsbedarf ermitteln**. Dadurch werden eine **Entwicklungsplanung** und ihre **Umsetzung** in konkrete Qualifizierungsmaßnahmen möglich. Mit einer abschließenden **Kosten-, Erfolgs- und Rentabilitätskontrolle** überprüft man, ob beziehungsweise inwieweit die angestrebten Ziele erreicht wurden.

Organisations-entwicklung

Die Organisationsentwicklung führt die Personalentwicklung mit der Organisationsplanung zusammen. Organisationsentwicklung ist ein allumfassender Entwicklungs- und Veränderungsprozeß von Organisationen und den in diesen Organisationen tätigen Menschen. Die Betroffenen sind maßgeblich sowohl in die Ursachenforschung von Problemen als auch in die Suche und Verwirklichung von Lösungen eingebunden.

Für die Umsetzung empfiehlt sich ein Vorgehen in Phasen. Man beginnt mit einer **Kontaktaufnahme** zwischen dem Klienten und internen oder externen Beraterinnen respektive Beratern. Es folgen **Vorgespräche,** eine **Vereinbarung** und eine **Datensammlung**. Daran schließen sich ein **Datenfeedback** und eine **Diagnose** an. Die **Maßnahmenplanung und -durchführung** beruhen auf dieser Diagnose. Eine **Erfolgskontrolle** dient der Auswertung des meist mehrere Jahre dauernden Prozesses.

Fluktuation und Personalabbau

Fluktuation

Die Beendigung von Arbeitsverhältnissen ist einerseits eine Erscheinung im Rahmen des tagtäglichen Betriebsablaufs. In diesem Fall spricht man von Fluktuation.

Die Fluktuation tritt infolge des Todes von Beschäftigten ein, infolge von Ruhestandsvereinbarungen, der Verpflichtung als Berufssoldat oder -soldatin und einer Vertragsauflösung durch das Arbeitsgericht, aber auch infolge des Zeitablaufs oder der Zweckerreichung laut Arbeitsvertrag, durch Aufhebungsverträge, Kündigungen seitens der Beschäftigten und Entlassungen seitens des Arbeitgebers.

Personalabbau

Andererseits bringt eine Vielzahl von Sachverhalten Unternehmen immer wieder dazu, Überlegungen anzustellen, wie das in Zukunft zu erwartende Auftragsvolumen kostengünstig oder kostengünstiger als bisher bewältigt werden kann. Derartige Anlässe sind periodische Schwankungen des Personalbedarfs, technische Innovationen, die starke Konkurrenz der Anbieter von Produkten auf den Absatzmärkten, aber auch die ebenso starke Konkurrenz der Arbeitskräfte auf internationalen Arbeitsmärkten sowie Rezessionsphasen. Hier bietet sich ein Personalabbau an, der aber nicht nur auf das letzte Mittel, die Beendigung von Arbeitsverhältnissen, beschränkt ist.

Der Personalabbau stützt sich auf eine **Personalveränderungsplanung.** Muß oder soll demnach die **Stammbelegschaft abgebaut** werden, kommen als Maßnahmen der Vorruhestand, initiierte Eigenkündigungen der Beschäftigten, Aufhebungsverträge, betriebsbedingte Entlassungen, Massenentlassungen und Betriebsänderungen in Betracht. Soll die **Stammbelegschaft erhalten** werden, empfehlen sich vor allem Kurzarbeit, Versetzungen, Veränderungen der Arbeitszeiten, der Urlaubsplanung und -abwicklung, Abbau von Mehrarbeit, ein Einstellungsstop, die Aufgabe auslaufender Verträge sowie die Rücknahme von Fremdaufträgen.

Personalmanagement

Den Begriff Personalinformationswirtschaft kann man auf der einen Seite als Synonym zum eingangs erwähnten Begriff Personalberichtswesen verstehen. Auf der anderen Seite ist mit Personalinformationswirtschaft die Aufgabe angesprochen, das Personal zu informieren.

Personalinformationswirtschaft und -berichtswesen

Man muß den Beschäftigten jene Informationen zur Verfügung stellen, ohne die eine interne Personalbeschaffung, der Personaleinsatz, eine Personalbeurteilung, die Bestimmung von Arbeitsentgelten, die Personalführung, eine fundierte Personalbetreuung, die Personal- und gerade die Organisationsentwicklung, aber auch eine einvernehmliche Mitbestimmung und der Personalabbau zum Scheitern verurteilt sind. In diesem Sinne ist die Personalinformationswirtschaft ein wichtiger Bestandteil aller personalwirtschaftlichen Aufgabenfelder.

Die Personalplanung ist einerseits ein Bestandteil des Personalmanagements, andererseits die Grundlage für die anderen Aufgaben der Personalwirtschaft. Gegenstand der Personalplanung ist nicht nur die Ermittlung des künftigen Personalbedarfs und nicht nur die Wahl der Beschaffungswege. Mit der Personalplanung werden alle zukünftigen personalwirtschaftlichen Erfordernisse eines Unternehmens ermittelt und Maßnahmen für die Zukunft festgelegt.

Personalplanung

Für jede personalwirtschaftliche Aktivität ist ein **Teilbereich der Personalplanung** zuständig. Dazu gesellt sich eine **Metaplanung** zur Strukturierung, Gestaltung und Koordination der Personalplanungsprozesse.

Überblick

Die genannten Aufgabenfelder der Personalwirtschaft sind, weit mehr als es in dem folgenden Schaubild zum Ausdruck kommt, **miteinander verwoben und voneinander abhängig**.

Aufgabenfelder

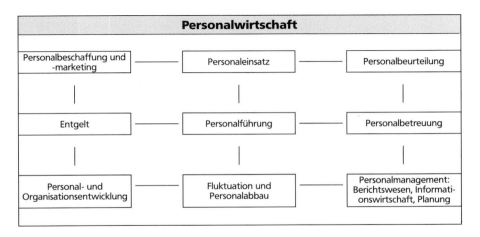

Abb. 1.3. Aufgabenfelder der Personalwirtschaft

4. Arbeitsrecht

Arbeitsrecht

Das Arbeitsrecht hat nachhaltigen Einfluß auf nahezu alle personalwirtschaftlichen Aufgaben. Grundsätzlich sind folgende Wirkungskreise zu unterscheiden:

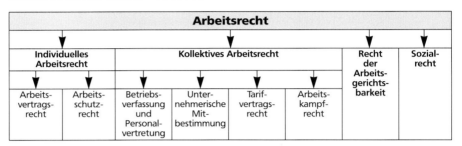

Abb. 1.4. Arbeitsrecht

○ Das **individuelle Arbeitsrecht** regelt das Arbeitsverhältnis zwischen dem einzelnen Arbeitgeber und der einzelnen Arbeitnehmerin beziehungsweise dem einzelnen Arbeitnehmer. Es gliedert sich in
  – das **Arbeitsvertragsrecht** und
  – das **Arbeitsschutzrecht** einschließlich des Kündigungsschutzes.

○ Das **kollektive Arbeitsrecht** normiert die Beziehungen zwischen den Sozialpartnern:
  – Das **Betriebsverfassungsgesetz,** das Sprecherausschußgesetz, diverse Wahlordnungen sowie die **Personalvertretungsgesetze** des Bundes und der Länder beinhalten Vorschriften zur Wahl und zu den Aufgaben des Personalrates, des Betriebsrates und des Sprecherausschusses.
  – Rechtsvorschriften zur **unternehmerischen Mitbestimmung** finden sich im Betriebsverfassungsgesetz von 1952, im Montan-Mitbestimmungsgesetz und im Gesetz über die Mitbestimmung der Arbeitnehmer. Die rechtlichen Möglichkeiten einer Arbeitnehmervertretung in den Gesellschaftsorganen reicht, abhängig von der Belegschaftsstärke und der Rechtsform, von Null über ein Drittel bis zur leicht eingeschränkten Parität.
  – Das Tarifvertragsgesetz hat das **Tarifvertragsrecht** zum Inhalt, also Regelungen über die Vertragsvereinbarungen zwischen Arbeitgeber- und Arbeitnehmervereinigungen.
  – Artikel 9 Absatz 3 des Grundgesetzes gibt den Gewerkschaften das Recht, für die Durchsetzung ihrer Forderungen über Lohn- und Arbeitsbedingungen einen **Arbeitskampf** durchzuführen. Bevor es aber beim Scheitern von Tarifverhandlungen zum Streik kommt, setzt ein Schlichtungsverfahren ein, bei dem ein Gremium von Arbeitgeber- und Gewerkschaftsvertretern unter einem neutralen Vorsitzenden versucht, eine Einigung zu erarbeiten. Führt auch die Schlichtung nicht zum Erfolg, können die Gewerkschaften unter bestimmten Voraussetzungen einen Streik beschließen. Ein Streikbeschluß wird in der Regel durch eine sogenannte Urabstimmung herbeigeführt, bei der alle Mitglieder befragt werden. Die Streikenden erhalten weder Lohn noch Arbeitslosenunterstützung. Lediglich

die Gewerkschaftsmitglieder werden von der Gewerkschaft unterstützt. Eine Waffe der Arbeitgeberseite im Arbeitskampf ist die Aussperrung, mit der arbeitswilligen Beschäftigten das Betreten der Betriebe und damit die Aufnahme der Arbeit verwehrt wird.

- Das Arbeitsgerichtsgesetz behandelt das **Recht der Arbeitsgerichtsbarkeit**. Gegenüber den ordentlichen Gerichten ist das Verfahren wegen der kürzeren Fristen rascher und wegen der niedrigeren Gerichtskosten billiger. Die Arbeitsgerichtsbarkeit wird durch Arbeitsgerichte, Landesarbeitsgerichte und das Bundesarbeitsgericht ausgeübt. Zuständig sind die Arbeitsgerichte für Streitigkeiten
    - zwischen einzelnen Arbeitgebern und Arbeitnehmern, die aus dem Arbeits- oder Berufsausbildungsvertrag und aus unerlaubten Handlungen resultieren,
    - zwischen Tarifvertragsparteien,
    - zwischen Arbeitnehmern aus gemeinsamer Arbeit und wegen unerlaubter Handlungen,
    - aus dem Betriebsverfassungsrecht sowie
    - um die unternehmerische Mitbestimmung.

Jede Partei kann sich selbst vertreten oder vertreten lassen, vor dem Landes- und Bundesarbeitsgericht aber nur durch Rechtsanwälte oder Verbandsvertreter. Der Gesetzesauftrag lautet, eine gütliche Erledigung des Rechtsstreites herbeizuführen.

- Die Normen, die auf die soziale Gerechtigkeit abzielen, nennt man **Sozialrecht**. Soziale Gerechtigkeit wird in der Hauptsache durch die Gewährung von Sozialleistungen gewährleistet. Die Personalwirtschaft wird vor allem durch die sozialrechtlichen Vorschriften zur Sozialversicherung tangiert. Sie ist weiten Bevölkerungskreisen zur Pflicht gemacht, und soll die Versicherten vor Bedürftigkeit bei Krankheit, Erwerbsunfähigkeit, Arbeitslosigkeit und Unfall schützen und ihnen einen Lebensabend ohne materielle Not ermöglichen.

5. Personalarbeit

Als Personalarbeit oder auch Personaladministration beziehungsweise Personalverwaltung bezeichnet man die Abwicklung der aufgezeigten Aufgaben der Personalwirtschaft. Diese Tätigkeiten sind

Personalarbeit

- teils **ordnender Natur**. So müssen beispielsweise Formulare und Unterlagen für die Personalplanung und die Personalentwicklung erstellt und zusammengestellt werden.
- Teils sind sie **verwaltender** Natur, wie die Bearbeitung der Änderungen persönlicher Daten der Beschäftigten.
- Außerdem ist eine Reihe von Vorgängen kontinuierlich zu **überwachen**, beispielsweise Fluktuation, Krankenstand, geleistete Mehrarbeit und Inanspruchnahme des Urlaubs. Dazu gehören aber auch Termine wie der Ablauf von Aufenthaltsgenehmigungen bei ausländischen Beschäftigten.
- Schließlich handelt es sich um **Meldeaufgaben** für innerbetriebliche und externe Zwecke. Externe Meldungen sind beispielsweise die Nachweise von Vakanzen für

das Arbeitsamt, die Entgeltnachweise für die Berufsgenossenschaften und Sozialversicherungen sowie Lohnsteueranmeldungen beim Finanzamt. Interne Meldungen beziehen sich etwa auf den Ablauf von Probezeiten, Geburtstage und Jubiläen.

Diese Tätigkeiten sind **immer umfangreicher** geworden,

- da die Rechtsvorschriften dem Personalwesen mehr und mehr Aufgaben aufbürden,
- ebenso wie Tarifverträge, Betriebs- und Dienstvereinbarungen,
- Sozialversicherungsträger wie auch
- Verbände, und
- da das Management, die Personalleitung, Abteilungsleiterinnen und Abteilungsleiter,
- aber auch die Beschäftigten höhere Anforderungen an die Personalwirtschaft stellen.

Computergestützte Personalarbeit

Deshalb kann Personalarbeit vernünftigerweise nur noch mit Hilfe der elektronischen Datenverarbeitung als **computergestützte Personalarbeit** geleistet werden.

○ Die **konventionelle Personalarbeit** anhand von Personalkarteien und Lohnkontoblättern muß angesichts des erheblichen Personal- und Zeitaufwands sowie der Fehlerträchtigkeit der Vergangenheit angehören. Das gilt um so mehr, als Personalarbeit ohnehin eine typische Datenverarbeitungsaufgabe ist und sowohl Massendaten als auch individuelle Daten verwerten muß.

○ Computergestützte Personalarbeit war ursprünglich nur als **arbeitsteilige Personalarbeit** organisiert. Dabei werden die Personaldaten zunächst gesammelt, auf Erfassungsformularen erfaßt und dann manuell in Personaldateien eingegeben und gespeichert. Gerade die manuelle Eingabe ist zeitaufwendig, fehlerträchtig und kostenintensiv, wenn auch nicht im gleichen Maße wie die konventionelle Personalarbeit. Der Computer übernimmt die Massendatenverarbeitung sowie die Speicherung und Selektion von Daten, also Melde- und Statistikaufgaben sowie die Lohn- und Gehaltsabrechnung. Die Ergebnisse werden in Listenform ausgedruckt und gegebenenfalls korrigiert, indem eine erneute Eingabe vorgenommen wird.

○ Der Einsatz von Mikrocomputern, Terminals und entsprechender Software ermöglicht eine **Personalarbeit im Dialog**. Die Sachbearbeiterinnen und Sachbearbeiter geben hier die Daten und Anweisungen an ihrem Computer oder Computerterminal über Bildschirmmasken ein. Die eingesetzte Software antwortet ebenfalls über den Bildschirm und gibt die Ergebnisse aus. Fehlerhafte Eingaben werden sofort angezeigt und können korrigiert werden, bevor eine Weiterverarbeitung erfolgt. Das erlaubt eine schnelle Erledigung der Arbeitsaufgaben. Außerdem sind die gespeicherten Daten immer aktuell und können auch von anderen Stellen verwendet werden. Viele Formulare und Listen werden so entbehrlich. Mit Ausnahme der Personalakte bedarf es beim Einsatz der Dialogverarbeitung für die Personalverwaltung keiner weiteren Unterlagen. Voraussetzung für die Dialogverarbeitung ist eine Personaldatenbank, mit der die Personaldaten archiviert und verwaltet sowie nach unterschiedlichen Kriterien für Auswertungen unmittelbar zur Verfügung gestellt werden können. Solche Personaldatenbanken mit integrierten Verwaltungssystemen bezeichnet man als **Personalinformationssystem**.

○ Eine Reihe von Routine-, Informations, Melde- und Kontrollaufgaben kann als **automatisierte Personalarbeit** selbsttätig von der eingesetzten Software abgewickelt werden. Dabei werden Ergebnisse ohne das Eingreifen der Sachbearbeiterinnen und Sachbearbeiter durch Programmabläufe in definierten, regelmäßigen zeitlichen Abständen erzeugt.

Die computergestützte Personalarbeit ist der konventionellen Personalarbeit aber nur überlegen, wenn einige Vorbedingungen erfüllt sind: *Vorbedingungen*

- Die Personaldaten sollen nur jeweils einmal gespeichert werden. Durch diese **redundanzfreie Speicherung** wird sichergestellt, daß die Personaldaten zu geringen Kosten und änderungsfreundlich verwaltet werden.
- Die Personaldaten sollten unabhängig von der jeweils anstehenden Aufgabe und Auswertung verwaltet werden. Gefordert ist also eine **Datenunabhängigkeit**.
- Autorisierten Personen muß ein **direkter Zugriff** auf die Personaldaten möglich sein.
- Personaldaten verlangen einen besonderen **Schutz** und spezielle **Sicherungseinrichtungen**. Das betrifft einerseits den Schutz vor dem unberechtigten Zugriff und vor fatalen Datenänderungen sowohl durch Beschäftigte als auch durch Externe. Dieser Schutz kann durch die Vergabe von Zugriffs- und Veränderungscodes gewährleistet werden. Andererseits sind auch nach dem Bundesdatenschutzgesetz Maßnahmen zum Schutz vor dem Mißbrauch personenbezogener Daten zu treffen, die in Dateien gespeichert sind und maschinell sortiert und ausgewertet werden können. Die Zielgruppen dieses Gesetzes sind die öffentliche Verwaltung, Unternehmen, die Personaldaten maschinell verarbeiten, und Unternehmen, die dies für fremde Zwecke tun. Das Bundesdatenschutzgesetz fordert die Sicherung der Privatsphäre der Beschäftigten, das Bewahren der Vertraulichkeit der Personaldaten und das Verhüten des Mißbrauchs dieser Daten mittels einer Vielzahl detailliert beschriebener Maßnahmen. Zudem müssen die Unternehmen einen Datenschutzbeauftragten benennen. Über den Datenschutz wachen Aufsichtsbehörden der Länder und des Bundes.

C. Arbeitsaufgaben

1. Was macht Beschäftigte zu Arbeitnehmerinnen und Arbeitnehmern?
2. Unter welchen Voraussetzungen kann man Angestellte als leitende Angestellte bezeichnen?
3. Was unterscheidet freie Mitarbeiterinnen und Mitarbeiter von der Arbeitnehmerschaft?
4. Was ist das Personalwesen, was die Personalwirtschaft?
5. In welcher Weise können personalpolitische Grundsätze im Unternehmen im Umlauf sein?
6. Beschreiben Sie fünf personalwirtschaftliche Aufgaben in kurzen Worten.
7. Beschreiben Sie die Wirkungskreise des Arbeitsrechts.
8. Warum wird Personalarbeit kaum noch ohne die Hilfe der EDV geleistet?

D. Weiterführende Literatur

Bellgardt, P. (Herausgeber), EDV-Einsatz im Personalwesen, Heidelberg 1990.

Brede, G. und G. **Etzel**, Arbeitsrecht, 7. Auflage, Herne; Berlin 1995.

Miles, R., Theories of Management, New York 1975.

Mülder, W. und D. **Seibt** (Herausgeber), Methoden- und computergestützte Personalplanung, 2. Auflage, Köln 1994.

Schmalen, H., Grundlagen und Probleme der Betriebswirtschaft, 10. Auflage, Köln 1996.

Schneider, H. (Herausgeber), Mensch und Arbeit, 9. Auflage, Köln 1992.

Wagner, D., E. **Zander** und C. **Hauke** (Herausgeber), Handbuch der Personalleitung, München 1992.

Weber, W., W. **Mayrhofer** und W. **Nienhüser**, Grundbegriffe der Personalwirtschaft, Stuttgart 1993.

2. Personalbeschaffung

A. Leitfragen

1 Sie sind in einem Unternehmen für die Personalbeschaffung zuständig. Ein Fachvorgesetzter fordert sie auf, für seine Abteilung umgehend mehrere Beschäftigte einzustellen.
- Warum können Sie seine Forderung nicht ungeprüft erfüllen?
- Was müssen Sie prüfen?

2 Ihre Nachforschungen ergeben, daß die Forderung des Fachvorgesetzten berechtigt ist.
- Was müssen Sie wissen, um mit der Personalbeschaffung beginnen zu können?
- Wo können Sie Interessenten für die offenen Stellen finden?
- Wie wollen Sie die Interessenten erreichen und ansprechen?

3 Aufgrund Ihrer Aktivitäten sind Ihnen viele Bewerbungen zugegangen.
- Wie werten Sie die Bewerbungen aus?
- Wie gehen Sie nach der Auswertung der Bewerbungen weiter vor?

4 Eine Bewerbung beinhaltet unter anderem ein Zeugnis folgenden Inhalts:
„Herr Peter Müller, geboren am 12. 12. 19..., wohnhaft in Erlangen, war in unserem Unternehmen vom 1. 1. bis 23. 5. 19... als Verkäufer und Kassierer beschäftigt. Er war in dieser Zeit zum Auffüllen der Regale und Kassieren der Waren eingesetzt. Herr Müller erledigte die ihm übertragenen Arbeiten zu unserer Zufriedenheit. Er war ehrlich, fleißig und pünktlich. Seine Kassierleistungen waren zufriedenstellend. Im Umgang mit der Kundschaft war Herr Müller freundlich und aufmerksam. Sein Verhalten gegenüber den Kollegen war einwandfrei. Das Arbeitsverhältnis wurde zum 23. 5. 19... im gegenseitigen Einvernehmen aufgelöst. Wir wünschen Herrn Müller für die Zukunft viel Glück."
- Wie beurteilen Sie dieses Zeugnis?
- Würden Sie Herrn Müller allein aufgrund dieses Zeugnisses einstellen?

5 Ein Auswahlverfahren im Rahmen der Personalbeschaffung ist das Vorstellungsgespräch.
- Wie würden Sie auf seiten des Unternehmens dieses Gespräch gestalten?
- Wie wünschen Sie sich das Vorstellungsgespräch als Bewerberin bzw. Bewerber?

6 Letztlich haben Sie sich für eine Bewerberin oder einen Bewerber entschieden.
- Wer sollte die Entscheidung mit Ihnen gemeinsam treffen?
- Was ist im Anschluß an die Entscheidung zu tun?

7 Nehmen Sie sich eine illustrierte Zeitschrift zur Hand und betrachten Sie die Bilder von Personen, die Sie noch nie zuvor gesehen haben. Versuchen Sie, dabei weder auf die Bildunterschrift noch auf den nebenstehenden Artikel zu achten.
- Mit welcher der Personen würden Sie gern zusammenarbeiten, mit welcher nicht?
- Begründen Sie Ihre Entscheidung.
- Müssen Sie Ihr Urteil revidieren, nachdem Sie den Artikel gelesen haben?

B. Sachanalyse

1. Überblick

> Sowohl die Personalbeschaffung als auch der Personaleinsatz sind Aktivitäten eines Unternehmens, die dazu dienen, daß Personal in der erforderlichen Anzahl mit der erforderlichen Qualifikation zu dem für die Erstellung der betrieblichen Leistung notwendigen Zeitpunkt und an dem jeweiligen Einsatzort verfügbar ist.
>
> Dabei ist die Personalbeschaffung darauf ausgerichtet, freie Stellen zeitlich unbefristet oder doch zumindest für einige Zeit neu zu besetzen. Allerdings sind die Grenzen zwischen Personalbeschaffung und Personaleinsatz im Einzelfall fließend.

Ablauf der Personalbeschaffung

Wer Personal beschaffen will, muß zunächst planerisch ermitteln, was die erforderliche Anzahl und Qualifikation, der notwendige Zeitpunkt und der jeweilige Einsatzort sind. Eine fundierte Personalbeschaffung muß noch einen Schritt weiter gehen. Sie sollte sich an den Realitäten des Arbeitsmarktes orientieren, der nicht immer das hergibt, was das Unternehmen gerne hätte. Eine Arbeitsmarktforschung ist allerdings nicht für jeden Beschaffungsvorgang vonnöten. Wichtig ist sie für die Personalbeschaffung außerhalb der täglichen Routine und bei gravierenden Änderungen im Umfeld. Danach geht man zur Wahl eines Beschaffungsweges über. Es folgt der häufig sehr aufwendige Auswahlprozeß, der in eine Entscheidung für eine Bewerberin oder einen Bewerber und die Unterzeichnung eines Arbeitsvertrages mündet.

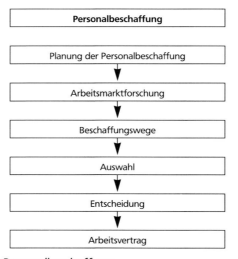

Abb. 2.1. Ablauf der Personalbeschaffung

2. Planung der Personalbeschaffung

> Durch die Planung der Personalbeschaffung will man ermitteln, wer, wann und wo eingesetzt werden soll.

Dazu muß man zunächst den aktuellen und künftigen Personalbestand kennen: Wer wird zur Zeit und in Zukunft wann und wo eingesetzt? Der künftige Personalbestand bildet die Grundlage für die Bestimmung des künftigen Personalbedarfs. Die Planung der Personalbeschaffung endet mit einer genauen Beschreibung dessen, was die Personalverantwortlichen für die Beschaffung wissen müssen, der Personalbedarfsmeldung.

Ablauf der Planung

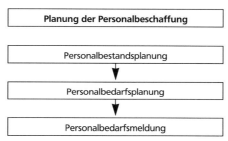

Abb. 2.2. Ablauf der Planung der Personalbeschaffung

Der Gesetzgeber hat in den einschlägigen Vorschriften bestimmt, daß der Betriebs- bzw. Personalrat, gleichfalls der Sprecherausschuß der leitenden Angestellten, über die Personalplanung und die daraus folgenden Maßnahmen rechtzeitig und umfassend zu unterrichten ist. Gegebenenfalls sollen Vorschläge von dieser Seite einfließen und Beratungen stattfinden. Außerdem ist der Wirtschaftsausschuß nach § 106 Betriebsverfassungsgesetz in Unternehmen mit mehr als einhundert ständigen Beschäftigten über die Auswirkungen wirtschaftlicher Angelegenheiten auf die Personalplanung zu unterrichten.

Mitbestimmung

2.1. Personalbestandsplanung

> Die Personalbestandsplanung ermittelt den aktuellen Personalbestand und die Personalveränderungen. Schließlich ergründet sie auf dieser Grundlage – stichtagsbezogen – den künftigen Personalbestand. Der gewählte Stichtag ist meist der 1.1. eines Jahres.

Für die Ermittlung des **aktuellen Personalbestandes** muß zunächst festgelegt werden, was unter einer Arbeitskraft rein zahlenmäßig zu verstehen ist. Das erscheint auf den ersten Blick kurios. Und doch ist eine Definition vonnöten, ob Teilzeitbeschäftigte als eine Person oder nur mit ihrem Anteil an der betriebsüblichen Wochen- bzw. Monatsarbeitszeit zählen. Dasselbe gilt für Beschäftigte, die nach anderen, von der üblichen Arbeitszeit abweichenden Arbeitszeitmodellen arbeiten, etwa im Job-Sharing. Unumgänglich ist weiterhin ein Übereinkommen, wie man es mit der Zählung von weiteren Arbeitnehmergruppen hält, wie beispielsweise langfristig Kranken, Perso-

Aktueller Personalbestand

nen im Erziehungsurlaub, Wehr- und Ersatzdienstleistenden sowie mit Leiharbeitnehmern.

Stellenbesetzungsplan

Danach kann man zum **Stellenbesetzungsplan** übergehen. Er basiert auf dem Stellenplan, der lediglich die benötigten und genehmigten Stellen aufführt, gegliedert nach Unternehmensbereichen, Abteilungen und ähnlichen Kriterien. Der Stellenbesetzungsplan beinhaltet darüber hinaus für jede Stelle den Namen des jeweiligen Stelleninhabers. Üblich ist hier nicht die tabellarische Form, sondern die graphische Darstellung, wie im Beispiel von *Goossens (Personalleiter-Handbuch).*

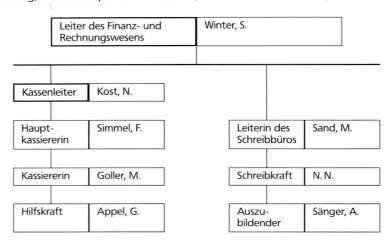

Abb. 2.3. Stellenbesetzungsplan

Damit ist der aktuelle Personalbestand bekannt, übersichtlich orientiert an den Stellen, die zugleich auch den oder die Einsatzorte definieren.

Fluktuation

Dieser aktuelle Stellenbesetzungsplan hat aber sicherlich nicht lange Bestand. Recht bald werden sich Veränderungen im Personalgefüge ergeben, die man auch als **Fluktuation** bezeichnet. Es werden **autonome Personalveränderungen** zu verzeichnen sein, das heißt solche, auf die das Unternehmen keinen oder nur bedingten Einfluß hat:

○ Zugänge, beispielsweise aufgrund früher abgeschlossener Arbeitsverträge, durch die Rückkehr von der Bundeswehr, dem Zivildienst oder aus dem Erziehungsurlaub sowie durch die Wiederaufnahme der Beschäftigung nach einer langfristigen Krankheit oder einem langfristigen Urlaub,

○ Abgänge, zum Beispiel durch Kündigungen seitens der Arbeitnehmer, durch Ruhestandsvereinbarungen, Todesfälle oder die Einberufung zum Wehr- bzw. Ersatzdienst.

Weiterhin sind **initiierte Personalveränderungen** zu berücksichtigen, das heißt vom Unternehmen ausgelöste oder zumindest beeinflußte Personalveränderungen:

○ Zugänge, etwa aufgrund der Übernahme der Absolventen einer Ausbildung in ein Arbeitsverhältnis,

○ Abgänge, beispielsweise durch Kündigungen seitens des Unternehmens.

Künftiger Personalbestand

Diese Personalveränderungen werden, soweit absehbar, in den Stellenbesetzungsplan eingearbeitet. Der gibt damit bezogen auf die jeweiligen Stellen und die unterschiedlichen Zu- und Abgangstermine den **künftigen Personalbestand** wieder.

	Materialbeschaffung	Fertigung	Vertrieb	Gesamt
Personalbestand 01.01.	013	193	025	231
Autonomer Zugang	+ 001	+ 007		+ 008
Initiierter Zugang	+ 001	+ 002	+ 002	+ 005
Autonomer Abgang	– 002	– 009	– 002	– 013
Initiierter Abgang		– 001	– 001	– 002
Personalbestand 31.12.	013	192	024	229

Abb. 2.4. Personalbestandsveränderungen

2.2. Personalbedarfsplanung

Man könnte nun meinen, mit einem Stellenbesetzungsplan, der absehbare Personalveränderungen berücksichtigt, sei die Planung der Personalbeschaffung erledigt. Dem ist aber bei weitem nicht so, denn er macht keinerlei Aussagen über den Personalbedarf. Der Personalbedarf ergibt sich keineswegs aus dem Personalbestand. Vielmehr soll umgekehrt der Personalbestand dem Personalbedarf angeglichen werden.

2.2.1. Bruttopersonalbedarf

> Der Personalbedarf, genauer der Bruttopersonalbedarf, ergibt sich – wiederum stichtagsbezogen – aus dem gesamten Arbeitszeitbedarf, der erforderlich ist, um die geplanten Absatzmengen oder Dienstleistungen zu erstellen. Dazu gehört auch der Arbeitszeitbedarf in den administrativen Bereichen des Unternehmens.

Der Bruttopersonalbedarf beinhaltet zunächst den **Einsatzbedarf**, das heißt die Anzahl von Arbeitskräften, die für die künftigen Aufgaben exakt notwendig ist. Auf den ersten Blick scheint es einfach, diesen Einsatzbedarf zu bestimmen: Man teilt den Arbeitszeitbedarf durch die von den Arbeitskräften vertraglich zu leistenden Arbeitsstunden und erhält so die Anzahl der notwendigen Mitarbeiterinnen und Mitarbeiter. So einfach ist es aber leider nicht. Aufgrund von Änderungen der geplanten Absatzmengen, der Produktionsmethoden, des Technikeinsatzes, der Arbeitsorganisation, der Betriebszeiten und der Arbeitszeitformen ändert sich der künftige Arbeitszeitbedarf des Unternehmens. Es entstehen neue Stellen, alte werden verändert, zusammengeführt oder gestrichen.

Einsatzbedarf

Für die Erfassung dieser Veränderungen steht eine ganze Anzahl von Verfahren zur Verfügung:

Verfahren

Abb. 2.5. Verfahren zur Bestimmung des Personalbedarfs

○ In der Praxis wird häufig die **Stellenmethode** angewandt, die, falls genaue Informationen über die genannten Änderungen zur Verfügung stehen, zu exakten Ergebnissen führt. Man zeichnet die Veränderungen im Stellengefüge, soweit absehbar, stichtagsbezogen etwa in folgender Form auf:

	Materialbeschaffung	Fertigung	Vertrieb	Gesamt
Stellenbestand 01.01.	013	193	025	231
Einführung Produkt A		+ 005	+ 001	+ 006
Neue Vertriebsniederlassung			+ 002	+ 002
Neues Fertigungsverfahren		– 010		– 010
Zentralisierung der Beschaffung	– 002			– 002
Stellenbestand 31.12.	011	188	028	227

Abb. 2.6. Stellenmethode

Es wird deutlich, daß die Streichung von Stellen oftmals durch neue Stellen in der gleichen oder einer anderen Abteilung ausgeglichen wird. Gerade die Stellenmethode legt es nahe, diese Veränderungen in einen stichtagsbezogenen Stellenbesetzungsplan einzuarbeiten. Stehen die exakten Daten nicht zur Verfügung, kann man sich anderer Verfahren bedienen.

○ **Schätzverfahren und Expertenbefragungen** beruhen auf subjektiven Urteilen der zuständigen Führungskräfte bzw. Experten. Die Antworten auf eine schriftliche oder mündliche Befragung werden den Befragten anonym zurückgemeldet, von ihnen erneut überprüft, zusammengefaßt, auf ihre Plausibilität geprüft und – falls erforderlich – berichtigt. Stimmige Ergebnisse sind nur zu erwarten, wenn für die Befragung einheitliche Maßstäbe angelegt werden und die Befragten alle Gegebenheiten berücksichtigen.

○ **Arbeitswissenschaftliche Methoden** basieren auf der Ermittlung von Zeiten. Sie beginnen mit der Zerlegung von Arbeitsabläufen in Arbeitsvorgänge. Es folgt die Messung der Zeit für jeden Arbeitsvorgang und die Ermittlung des durchschnittlichen Leistungsfaktors aller Arbeitskräfte. Die Summe der errechneten Ausführungszeiten plus der Rüst-, Bereitschafts-, Wege- und Erholzeiten ist dann die Basis des Personalbedarfs. Diese Methoden werden überwiegend im Fertigungsbereich angewandt.

○ Soweit man den Personalbedarf für die Fertigung mit Hilfe von Arbeitsplänen oder arbeitswissenschaftlichen Methoden exakt ermitteln kann, dient er im Rahmen der **Kapazitätsbedarfsrechnung** als Basis für eine Hochrechnung auf andere Abteilungen oder das gesamte Unternehmen.

○ **Kennzahltechniken** unterstellen eine stabile Beziehung zwischen dem Personalbedarf und seinen Einflußgrößen, den produzierten oder abgesetzten Mengen, dem Technisierungsgrad, dem Fertigungsprogramm usw. Diese Beziehung wird in Kennzahlen formuliert. Aus der Veränderung einer oder mehrerer der genannten Determinanten kann man dann den Personalbedarf bestimmen. Soweit die Kennzahlen aktuell und empirisch überprüft sind, kommt man zu guten Ergebnissen.

○ Möglich ist auch eine Bestimmung des Bedarfs mit **Trendverfahren**. Zunächst werden Zusammenhänge, Abhängigkeiten oder auch Kennzahlen ermittelt, die Einflüsse auf den Personalbedarf dokumentieren. Dann verfolgt man die Entwicklung dieser Größen von der Vergangenheit in die Gegenwart. Den Trend dieser Entwicklung schreibt man schließlich für die Zukunft fort. Dazu bedient man sich mathematischer Verfahren. Die Voraussetzung für stimmige Ergebnisse ist die Gültigkeit der vergangenen und derzeitigen Verhältnisse für die Zukunft.

○ **Multivariable Methoden** analysieren und prognostizieren den Personalbedarf als mathematisch-statistische Funktion mehrerer Einflußfaktoren wie Umsatz oder Verkaufsfläche mit Hilfe mathematisch-statistischer Verfahren. Im Prinzip ist dieser Ansatz eine Erweiterung des Verfahrens zur Ermittlung der Trendfunktion, wobei nun anstelle der Zeit mehrere Einflußgrößen berücksichtigt werden. Bei der Korrelationsrechnung etwa besteht mit um so größerer Wahrscheinlichkeit eine funktionale Beziehung, je näher der Korrelationsfaktor bei 1 liegt. Bei der Regressionsrechnung, einer anderen multivariablen Methode, muß die Regressionsfunktion angesetzt und untersucht werden. Ökonometrische Modelle bauen meist auf Korrelations- und Regressionsanalysen auf. Hier werden zahlreiche Variablen aufgrund empirischer Ergebnisse oder theoretischer Einsichten miteinander verknüpft. In der Folge werden die Entwicklungsverläufe einzelner Variablen in Abhängigkeit von äußeren Einflußgrößen wie dem Verhalten der Kunden simuliert. Diese Verfahren sind sehr aufwendig und erfordern hochqualifiziertes Personal. Das macht sie nur für große Unternehmen interessant.

○ Letztlich können auch **Expertensysteme** Anwendung finden, also komplexe computergestützte Verfahren, die Regeln und Wissensbausteine über den Personalbedarf und seine Einflußgrößen enthalten. Das Wissen von kompetenten Fachkräften und Experten wird in Schätzverfahren und Expertenbefragungen gesammelt und dann formal, das heißt mathematisch-statistisch strukturiert, gespeichert. Allerdings steigt der Rechenaufwand sprunghaft mit der Anzahl der zu verarbeitenden Bausteine. Andererseits ist gerade eine große Anzahl von Bausteinen notwendig, um zu verläßlichen Ergebnissen zu kommen. Außerdem müssen die einzelnen Bausteine ständig aktualisiert werden. Daher werden Expertensysteme zur Zeit kaum für die Personalbedarfsplanung eingesetzt.

Der Bruttopersonalbedarf beinhaltet aber nicht nur den Einsatzbedarf, sondern auch den **Reservebedarf**. Wenn auf dem Papier für eine Stelle ein Arbeitnehmer vorgesehen ist, so ist er doch lange noch nicht immer anwesend. Er kann und wird in Urlaub fahren, er wird möglicherweise erkranken und er könnte in anderen Abteilungen aushelfen. Das Unternehmen muß also eine Personalreserve einplanen.

Reservebedarf

> **Stichtag X:**
> **Bruttopersonalbedarf = Einsatzbedarf + Reservebedarf**

Bruttopersonalbedarf

Der Reservebedarf kann ebenfalls durch die genannten Verfahren ermittelt und in einen stichtagsbezogenen Stellenbesetzungsplan eingearbeitet werden.

2.2.2. Nettopersonalbedarf

> Den Nettopersonalbedarf erhält man nun, indem man – bezogen auf einen Stichtag – vom Bruttopersonalbedarf den Personalbestand abzieht.

Nettopersonalbedarf

Diese Rechnung kann auch einen Personalüberhang zum Ergebnis haben, der im Prinzip eine Personalbeschaffung erübrigt und zum Personalabbau führt.

> **Stichtag X:**
> **Bruttopersonalbedarf**
> **− Personalbestand**
> **= Nettopersonalbedarf** (bzw. Personalüberhang)

Ersatz- und Neubedarf

Beim Nettopersonalbedarf kann man den Ersatzbedarf und den Neubedarf unterscheiden. Der **Ersatzbedarf** entsteht allein durch Abgänge, der **Neubedarf** durch neue Stellen etwa aufgrund der Ausweitung der Kapazitäten.

Aber selbst ein Nettopersonalbedarf gleich Null oder ein überschaubarer Personalüberhang führen noch nicht dazu, von Beschaffungsaktivitäten Abstand zu nehmen. Es mag vorkommen, daß rein von der Zahl her ausreichend Personal zur Verfügung steht, daß die einzelne Arbeitskraft aber eine andere Aufgabe übernehmen müßte, zu deren Bewältigung sie zumindest zur Zeit gar nicht in der Lage ist. Das Unternehmen muß in einem solchen Fall entweder eine Personalentwicklung in Betracht ziehen oder trotz des Personalüberhangs neues Personal beschaffen.

2.2.3. Qualitative Planung

Qualitative Planung

> Damit kommt der letzte Faktor ins Spiel, der durch die Personalbedarfsplanung erfaßt werden muß und die meiste Mühe macht. Es handelt sich um die Qualifikation des benötigten Personals.

Stellenbeschreibung

Um diese abschätzen zu können, bedarf es genauer Informationen über die Aufgaben, die innerhalb einer Stelle wahrgenommen werden. Diese Informationen liefern **Stellenbeschreibungen**. Sie beinhalten neben Hinweisen auf die Einordnung der Stelle in die Organisationsstruktur auch umfassende Angaben über die Stellenziele sowie die Aufgaben, Rechte und Pflichten des Stelleninhabers. Stellenbeschreibungen werden im übrigen nicht nur für die Personalbeschaffung benötigt. Sie dienen als Hilfsmittel zur Bewältigung vieler anderer personalwirtschaftlicher Aufgaben, zum Beispiel der Personalbeurteilung, der Personalentwicklung und des Personaleinsatzes. Über den Inhalt von Stellenbeschreibungen gehen die Meinungen auseinander. Auf der folgenden Seite ist die übliche Gliederung einer Stellenbeschreibung in der Form wiedergegeben, die *Kador (Instrumente der Personalarbeit)* empfiehlt.

In manchen Unternehmen sind die Stellenbeschreibungen aufgrund des großen Informationsbedürfnisses sehr voluminös geworden. Davon kann nur abgeraten werden, weil einerseits zu viele Informationen eher verwirren und andererseits der unbedingt notwendige Änderungsdienst zu aufwendig wird. Stellenbeschreibungen sollten nämlich regelmäßig überarbeitet werden, damit sie stets den aktuellen Stand abbilden.

Die erstmalige Einführung von Stellenbeschreibungen erfordert einen großen Arbeitsumfang. Deshalb beschränkt man sich hie und da auf Schlüsselpositionen. Sie beginnt mit der Ermittlung der derzeitigen Situation durch Gespräche mit Stelleninhabern oder Selbstaufschreibung bzw. Fragebogen. Nach einer Analyse der Ergebnisse werden Aufgaben- und Kompetenzüberschneidungen, unklare Aufgabenabgrenzungen, unzweckmäßige Arbeitsabläufe und weitere Ungereimtheiten in Abstimmung mit den Beteiligten beseitigt. Danach wird die Stellenbeschreibung meist durch Unterschriften in Kraft gesetzt.

Stellenbeschreibung	
1. Stellenbezeichnung:	2. Rangstufe:
3. Ziel der Stelle bzw. Kurzbeschreibung des Aufgabengebietes:	
4. Stellenbezeichnung des direkten Vorgesetzten:	5. Stelleninhaber erhält zusätzlich fachliche Weisungen von:
6. Stellenbezeichnung und Anzahl der direkt unterstellten Mitarbeiter:	7. Der Stelleninhaber gibt zusätzlich fachliche Weisungen an:
8. Der Stelleninhaber vertritt:	9. Der Stelleninhaber wird vertreten von:
10. Spezielle Vollmachten und Berechtigungen, die nicht in einer allgemeinen Regelung festgehalten sind:	
11. Beschreibung der Tätigkeiten, die der Stelleninhaber selbständig durchführt:	
Die dargestellten Tätigkeiten werden – soweit nicht schon geschehen – spätestens nach 12 Monaten seit Einführung der Stellenbeschreibung übernommen.	
Datum, Unterschrift Stelleninhaber	
Datum, Unterschrift unmittelbarer Vorgesetzter	
Datum, Unterschrift nächsthöherer Vorgesetzter	
Datum, Unterschrift einführende Stelle	
Änderungsvermerke:	

Abb. 2.7. Stellenbeschreibung

Anforderungs-profil

Die Stellenbeschreibung selbst gibt aber noch keine Auskunft über die erforderliche Qualifikation des benötigten Personals, das heißt über das **Anforderungsprofil,** dem der Stelleninhaber genügen muß. Und die Kenntnis der Anforderungen jedes Arbeitsplatzes ist eine notwendige Voraussetzung für eine optimale Stellenbesetzung. Sie beruht auf einem Vergleich der Anforderungen mit den Fähigkeiten der Bewerberinnen und Bewerber. Die Stellenbeschreibung ist aber die Grundlage für die Ermittlung des Anforderungsprofils, denn sie enthält Angaben über die Aufgaben, die der Stelleninhaber wahrzunehmen hat.

Um ein Anforderungsprofil zu erstellen, ist eine Anforderungsanalyse vorzunehmen. Man ermittelt, welche Faktoren und Verhaltensweisen bei der Aufgabenerfüllung mehr oder weniger erfolgversprechend sind. Für die Anforderungsanalyse müssen Anforderungskriterien definiert werden. Grundsätzlich sind hier zwei Verfahren denkbar: Entweder wird für alle oder zumindest für übereinstimmende Gruppen von Stellen ein fester, gleichbleibender Katalog von Anforderungskriterien festgelegt, oder es werden für jede Stelle die jeweils typischen Kriterien bestimmt. Die benötigten Informationen werden in der Regel von der Personalabteilung in Zusammenarbeit mit den Fachvorgesetzten ermittelt, und zwar in Form von Beobachtungen oder mündlichen respektive schriftlichen Befragungen. Die Aussagefähigkeit der Ergebnisse hängt in hohem Maße von der Bereitschaft der Betroffenen zur Mitwirkung ab, also der ehemaligen oder derzeitigen Stelleninhaber, der Kolleginnen und Kollegen und der Führungskräfte, hie und da auch der Kunden und Lieferanten, mit denen der Stelleninhaber Kontakt halten muß. Es ist üblich, jedes Anforderungskriterium durch mindestens drei bis sechs Merkmale zu charakterisieren. In Anlehnung an das Beispiel von *Mentzel (Unternehmenssicherung durch Personalentwicklung)* könnte ein **typischer Anforderungskatalog** etwa wie in Abb. 2.8. abgebildet aussehen.

Nach der Erstellung des Anforderungskataloges und der Festlegung der einzelnen Merkmale ist es wichtig, die Merkmale entsprechend ihrer Bedeutung zu gewichten. Man muß festlegen, in welcher Ausprägung das jeweilige Anforderungsmerkmal vorhanden sein sollte. Nur durch eine eindeutige Gewichtung wird der Maßstab für den späteren Vergleich mit den korrespondierenden Fähigkeiten von Bewerbern geschaffen. Die Ausprägung eines Merkmals sollte der durchschnittlichen Berufsgruppe in dieser Funktion entsprechen und mit den spezifischen Erfahrungswerten des Unternehmens abgeglichen werden. Sie wird entweder in Form einer Notenskala, in abgestuften Verbalinformationen oder in Plus- und Minuszeichen festgehalten, wie in dem Anforderungsprofil von *Mentzel (Unternehmenssicherung durch Personalentwicklung),* das in Abb. 2.9. in abgewandelter Form wiedergegeben wird.

1. Identifizierende Merkmale	6. Arbeitsverhalten
1.1. Stellennummer	6.1. Konzentration
1.2. Stellenbezeichnung	6.2. Einsatzbereitschaft
1.3. Abteilung	6.3. Sorgfalt
1.4. Kostenstelle	6.4. Problembewußtsein
1.5. Vergütungsgruppe	6.5. Entscheidungsvermögen
2. Allgemeine Anforderungen	6.6. Vielseitigkeit
2.1. Alter	6.7. Zuverlässigkeit
2.2. Geschlecht	6.8. Selbständigkeit
3. Kenntnismerkmale	6.9. Ergebnisverantwortung
3.1. Schule und Studium	6.10. Verhandlungsgeschick
3.2. Berufliche Bildung	6.11. Verantwortungsbereitschaft
3.3. Fachwissen	7. Sozialverhalten
3.4. Sprachen	7.1. Anpassungsvermögen
3.5. Berufs-, Branchen- und Firmenerfahrung	7.2. Kontaktfähigkeit
4. Körperliche Anforderungen	7.3. Kooperationsbereitschaft
4.1. Muskelbelastung	7.4. Teamorientierung
4.2. Körperhaltung	7.5. Durchsetzungsvermögen
4.3. Manuelle Geschicklichkeit	7.6. Kommunikationsbereitschaft
4.4. Belastung der Sinne und Nerven	7.7. Hilfsbereitschaft
4.5. Umgebungseinflüsse	7.8. Toleranz
5. Geistige Anforderungen	8. Führungsqualifikationen
5.1. Auffassungsvermögen	8.1. Zielsetzung
5.2. Analytisches Denkvermögen	8.2. Planung
5.3. Gedächtnis	8.3. Organisation
5.4. Urteilsfähigkeit	8.4. Kontrolle
5.5. Kreativität und Phantasie	8.5. Informationsbereitschaft
5.6. Lernbereitschaft	8.6. Delegation
5.7. Sprachliches Ausdrucksvermögen	8.7. Administrative Befähigung
5.8. Technisches Verständnis	8.8. Befähigung zum Motivieren
5.9. Rechnerisches Denken	

Abb. 2.8. Anforderungskatalog

Anforderungsprofil						
Stelle	Personalentwicklungsbeauftragte/r					
	Stellennummer 1234					
	Abteilung Personal					
Schul- u. Berufsausbildung	Abgeschlossenes Fachhochschul- oder Hochschulstudium in					
	einem wirtschafts- oder sozialwissenschaftlichen Fachbereich					
	bzw. gleichwertiges Qualifikationsniveau					
Berufliche Fortbildung	Berufs- und arbeitspädagogische Qualifikation					
	gemäß § 2 AEVO					
Fachwissen	– Planung und Organisation					
	– Methoden der Personalführung					
	– Grundzüge der Betriebspsychologie und					
	– Betriebssoziologie					
	– Arbeitsrecht					
Berufserfahrung	Im Anschluß an das Studium mindestens 6 Jahre praktische					
	Berufserfahrung, davon nach Möglichkeit einige Jahre im					
	Personalwesen					
		Ausprägungsgrad				
		–	-	±	+	++
Geistige Anforderungen	Analytisches Denken			x		
	Urteilsfähigkeit					x
	Kreativität				x	
	Sprachlicher Ausdruck				x	
Verhaltensmerkmale	Problembewußtsein			x		
	Entscheidungsvermögen				x	
	Selbständigkeit				x	
	Kontaktfähigkeit					x

Abb. 2.9. Anforderungsprofil

Man kann die Anforderungen noch differenzieren in notwendige, die also für die Aufgabenerfüllung unabdingbar sind, und wünschenswerte.

Damit ist die Personalbedarfsplanung abgeschlossen, denn nunmehr sind die erforderliche Anzahl und Qualifikation, der notwendige Zeitpunkt und der jeweilige Einsatzort des zu beschaffenden Personals bekannt.

2.3. Personalbedarfsmeldung

Eingangs dieses Kapitels wird bereits darauf hingewiesen, daß das Ergebnis der Planung der Personalbeschaffung und damit der Einstieg in den Beschaffungsvorgang die Personalbedarfsmeldung ist.

Auch wenn statt Personalbedarfsmeldung häufig die Bezeichnung Personalanforderung verwendet wird, darf sie nicht mit dem Anforderungsprofil verwechselt werden.

> Die Personalbedarfsmeldung beinhaltet vielmehr nur die wichtigsten Anforderungen, darüber hinaus aber eine Beschreibung all dessen, was die Personalverantwortlichen für die Beschaffung wissen müssen.

Sie wird schriftlich fixiert. Die Verantwortlichen verbürgen sich durch ihre Unterschriften für ihren Inhalt. So lassen sich Mißverständnisse und Fehlinformationen ausschließen. Und so wird sichergestellt, daß die Anforderung gemäß den unternehmensspezifischen Regelungen freigegeben ist und der Beschaffungsvorgang eingeleitet werden kann. Es empfiehlt sich, innerhalb des Unternehmens ein einheitliches Formular einzusetzen.

Personalbedarfsmeldung
☐ Besetzung einer Stelle   ☐ Genehmigung und Besetzung einer neuen Stelle
In der Abteilung .... soll die Stelle Nr. ....   eine neue Stelle mit der Bezeichnung .... und der Nr. ....   ab .... besetzt werden,
☐ befristet bis ....   ☐ unbefristet.
Eine Stellenbeschreibung und ein Anforderungsprofil   ☐ liegen vor mit der Nr. ....   ☐ liegen nicht vor.
Die Stellenbesetzung ist zum vorgesehenen Termin notwendig, weil ....
Die Bewerberin bzw. der Bewerber soll vor allem über folgende Eignung verfügen: (Nennung der wichtigsten Anforderungen, wenn möglich aus dem Anforderungsprofil)   ....
Entgeltrahmen: .... DM Zeitlohn/Akkordrichtsatz/Gehalt/sonstige Entgeltform   .... DM zusätzliche – u. U. leistungsbezogene – Vergütung
Unterschriften/Genehmigung   Fachabteilung ....   Personalabteilung ....   Geschäftsleitung ....

Abb. 2.10. Personalbedarfsmeldung

Entgeltrahmen

Das angegebene Formular verdeutlicht, daß die Personalbedarfsmeldung eine weitere, äußerst wichtige Information enthält, auf die zum Zwecke der Personalbeschaffung nicht verzichtet werden kann: den Entgeltrahmen. Das mögliche Entgelt muß natürlich in das Lohn- und Gehaltsgefüge des Unternehmens passen. Ein zu niedriges oder zu hohes Entgelt führt zu Konflikten, die schwerlich zu bereinigen sind. Das Arbeitsentgelt wird anhand der Lohn- und Gehaltsgruppen im Tarifvertrag oder anhand einer Arbeitsbewertung bestimmt, die wiederum auf der Stellenbeschreibung und dem Anforderungsprofil basiert. Mögliche zusätzliche Vergütungen sind einerseits tarifvertraglich vorgeschrieben, oder sie beruhen auf einer individuellen Leistungsbewertung des Stelleninhabers. Hier könnte man sich an der Leistungsbewertung der Vorgängerin oder des Vorgängers ausrichten. Es empfiehlt sich, zur Bestimmung des Entgeltrahmens eine Checkliste ähnlich der von *Kador (Instrumente der Personalarbeit)* zu verwenden:

- Wie ist die Einstufung der Stelle laut Tarifvertrag oder Arbeitsbewertung?
- Kommen zusätzliche Vergütungen laut Tarifvertrag hinzu?
- Sind außertarifliche Zahlungen notwendig, um ein anforderungs-, leistungs- und marktgerechtes Entgelt sicherzustellen?
- Beinhaltet das Entgelt eine leistungsbezogene Komponente und wie haben die bisherigen Stelleninhaber bei der Leistungsbewertung abgeschnitten?
- Sind Lohn- bzw. Gehaltsbandbreiten für derartige Stellen im Unternehmen definiert?
- Wie ist schließlich der Verhandlungsspielraum für das Gespräch über das Entgelt?
- Mit welchen Zusatzleistungen können höhere Einkommenswünsche gegebenenfalls kompensiert werden?

Jedes Unternehmen kennt nun individuelle Bearbeitungsschritte, die in Dateien und Akten dokumentiert werden. Diese Bearbeitungsschritte entsprechen im großen und ganzen dem weiteren Aufbau dieses Kapitels.

3. Arbeitsmarktforschung

Wie bereits eingangs dieses Kapitels gesagt, muß sich die Personalbeschaffung an den Realitäten des Arbeitsmarktes orientieren.

> Eine Arbeitsmarktforschung kann nie schaden. Unverzichtbar wird sie immer dann,
> - wenn die Personalbeschaffung den Rahmen des Üblichen sprengt oder
> - bei gravierenden Änderungen im Umfeld, etwa außergewöhnlichen Tariferhöhungen.

Im ersten Fall dient sie der Einschätzung, wer für die Stelle überhaupt in Betracht kommt. Im zweiten Fall sind grundsätzliche Überlegungen angebracht, ob die Stelle ausgeschrieben werden soll.

Personalforschung

Die **betriebliche Arbeitsmarktforschung**, die sogenannte **Personalforschung**, hat die im Unternehmen tätigen Arbeitskräfte zum Gegenstand. Während die Fluktuations- und die Abwesenheitsrate sowie die Altersstruktur der Belegschaft schon innerhalb der Personalplanung berücksichtigt werden, sind hier von besonderer Bedeutung:

○ der Grad der **Mitarbeiterzufriedenheit** und das interne Firmenimage, um abschätzen zu können, ob interne Bewerbungen zu erwarten sind, und um gegebenenfalls einer verstärkten Fluktuation und Abwesenheit vorbeugen zu können, sowie

○ das interne **Beschaffungspotential**, also die Anzahl der Mitarbeiterinnen und Mitarbeiter, die nach quantitativen, qualitativen, räumlichen und zeitlichen Gesichtspunkten für die Stelle in Frage kommen. Die Bestimmung des internen Beschaffungspotentials ist eine komplexe Aufgabe. Sie mündet zumeist in Maßnahmen, die der Anpassungs- und Aufstiegsqualifikation dienen. Deshalb seien die Leser diesbezüglich auf das Kapitel Personalentwicklung verwiesen.

2. Personalbeschaffung

Die Aufgabe der **überbetrieblichen Arbeitsmarktforschung** ist die Beobachtung der Konstellationen auf den für das Unternehmen wichtigen Segmenten jenes Marktes vor den Werkstoren, auf dem sich Angebot und Nachfrage nach Arbeitskräften treffen.

Überbetriebliche Arbeitsmarktforschung

Man spricht von Segmenten oder Teilarbeitsmärkten, da keine Rede von einem einheitlichen Angebot von Arbeitskräften sein kann, dem eine ebenso einheitliche Nachfrage gegenübersteht. Die Berufsbilder und Tätigkeitsfelder sind keineswegs austauschbar, und die Arbeitskräfte sind auch nicht uneingeschränkt mobil, sondern nicht selten an ihren Wohnsitz gebunden. Deshalb kann und muß zum Zwecke der Personalbeschaffung nicht der gesamte Arbeitsmarkt analysiert werden. Man grenzt vielmehr den für die anstehende Personalbeschaffung unter quantitativen, qualitativen, räumlichen und zeitlichen Gesichtspunkten interessanten Teilarbeitsmarkt ab. Man betrachtet zum Beispiel

– die Höhe der Nachfrage nach einer kaufmännischen Ausbildung (quantitativer Gesichtspunkt)
– durch Schulabgänger mit einem qualifizierten Zeugnis (qualitativer Gesichtspunkt)
– im näheren Einzugsgebiet des Unternehmens (räumlicher Gesichtspunkt)
– für den Ausbildungsbeginn im Herbst des nächsten Jahres (zeitlicher Gesichtspunkt),

um die Beschaffungsaktivitäten auf einen etwaigen Bewerbermangel oder einen möglichen Bewerberüberhang abzustimmen.

Die Teilarbeitsmärkte werden, jeder für sich, nicht nur von konjunkturellen, sondern auch von saisonalen und sogar demographischen Entwicklungen beeinflußt, die das **externe Beschaffungspotential** festlegen. Als **offenes Beschaffungspotential** bezeichnet man Arbeitskräfte, die einen Arbeitsplatz einnehmen können, ohne daß ein anderer Arbeitsplatz dadurch frei wird, also Arbeitslose und Personen, die in das Erwerbsleben eintreten. Dagegen werden Arbeitskräfte, die gewillt sind, ihren jetzigen Arbeitsplatz aufzugeben und einen neuen Arbeitsplatz zu suchen, zum **latenten Beschaffungspotential** gezählt. Zu diesem Bereich rechnet man darüber hinaus Personenkreise, die erst für den Arbeitsmarkt erschlossen werden müssen, so etwa Hausfrauen, die folgenschwer seit eh und je als „industrielle Reservearmee" gelten.

Beschaffungspotential

Die gewünschten Informationen über den Teilarbeitsmarkt, der für die anstehende Personalbeschaffung relevant ist, können eigene Erhebungen, private oder öffentliche Personalforschungsinstitute und Hochschulen, Personalberatungen, Personalvermittlungen und vor allem das Arbeitsamt vor Ort mit seinen Verbindungen zum Institut für Arbeitsmarkt und Berufsforschung der Bundesanstalt für Arbeit, außerdem die Industrie- und Handelskammern sowie die zuständigen Arbeitgeberverbände und Branchenvereinigungen liefern.

Der Konjunkturverlauf, Veränderungen der Strukturen der Absatzmärkte, das Verhalten der Konkurrenz, technische Entwicklungen und die Daten, die die Wirtschaftspolitik setzt, haben Auswirkungen auf die **Tarifpolitik.** Die wiederum beeinflußt maßgeblich die Personalkosten und damit die Vorstellungen der Unternehmen, welcher Personalbestand verkraftet werden kann. Im Rahmen der Arbeitsmarktforschung sind mithin Informationen über die genannten Faktoren ebenfalls unabdingbar. Diese Informationen kann das Unternehmen selbst oder eine der genannten öffentlichen und privaten Institutionen durch Trendanalysen, Schätzungen, Marktanalysen und die Untersuchung der wirtschaftspolitischen Daten beibringen.

Tarifpolitik

4. Beschaffungswege

Die Möglichkeiten der Personalbeschaffung sind vielfältig. In der Praxis greift man trotzdem immer wieder auf einige wenige, aber sehr bewährte Methoden wie die Stellenanzeige zurück. Eine ausgewogene, zugleich kostenorientierte Personalbeschaffung wird indes die Vor- und Nachteile der Beschaffungswege im Einzelfall abwägen.

> Grundsätzlich werden zwei Beschaffungsmärkte unterschieden: der interne, gemeint sind die Arbeitskräfte, die bereits im Unternehmen tätig sind, und der externe. Ebenso kann man interne und externe Beschaffungswege unterscheiden.

4.1. Interne Beschaffungswege

> Es erweist sich immer als vorteilhaft, vor einer Stellenbesetzung zu prüfen, ob und inwieweit im Unternehmen vorhandene Arbeitskräftereserven genutzt werden können.

Folgende Verfahrensweisen stehen zur Verfügung:

Abb. 2.11. Interne Personalbeschaffungswege

4.1.1. Versetzungen

Versetzung

Versetzungen kann man zur internen Personalbeschaffung zählen. Wenn in der einen Werkstatt eine Mechanikerin Leerlauf hat, in der anderen aber gerade eine Mechanikerin ausgeschieden ist, bietet sich geradezu eine Versetzung an.

Grundsätzlich versteht man unter Versetzung **jede Änderung des Aufgabenbereichs nach Art, Ort und Umfang der Tätigkeit**.

Versetzung durch Weisung

Weisung

Der Arbeitgeber hat die Möglichkeit, diesen **Aufgabenbereich einseitig durch eine Weisung zu verändern**, aber nur, **wenn**

- dieses **Recht nicht durch Tarifverträge respektive Betriebs- oder Dienstvereinbarungen eingeschränkt wird**, die der Arbeitgeber beachten muß, und wenn
- der **Arbeitsvertrag mit der oder dem Beschäftigten dies zuläßt**, wenn also
  - die zugewiesenen Arbeiten innerhalb der fachlichen Umschreibung der Tätigkeit liegen und üblicherweise in dem betreffenden Beruf geleistet werden,
  - die zugewiesenen Arbeiten allgemein umschrieben sind sowie bei Vertragsschluß voraussehbar waren und nicht willkürlich angeordnet wurden,
  - der Ort der Leistung im Arbeitsvertrag nicht auf den gegenwärtigen Ort beschränkt ist, sondern eine Versetzung aus bestimmten Gründen allgemein oder unter Nennung bestimmter Orte, einer bestimmten Region oder eines bestimmten Umkreises vereinbart ist, oder wenn

- der Arbeitsvertrag eine allgemeine Widerrufsklausel beinhaltet, das heißt eine Formulierung, die vorsieht, daß der Arbeitgeber die Art, den Ort respektive den Umfang der Tätigkeit einseitig ändern darf.
- **In keinem Fall** darf der Arbeitgeber dem Arbeitnehmer einen **Arbeitsplatz mit geringerem Arbeitsentgelt zuweisen**. Dies ist selbst dann nicht möglich, wenn er sich dies arbeitsvertraglich vorbehalten hat.
- Und trotz einer vertraglich vereinbarten Versetzungsklausel kann sich bei **langandauernder Beschäftigung** des Arbeitnehmers auf einem bestimmten Arbeitsplatz eine **Beschränkung der Versetzungsbefugnis** für den Arbeitgeber ergeben.
- **Unabhängig** davon, ob eine Versetzung durch eine einseitige Weisung des Arbeitgebers aus den genannten Gründen möglich ist, **muß geklärt werden, ob der Arbeitgeber die Zustimmung der Belegschaftsvertretung benötigt. § 95 Absatz 3 des Betriebsverfassungsgesetzes definiert jene Versetzungen, die der Zustimmung der Belegschaftsvertretung bedürfen**, als
  - Zuweisung eines anderen Arbeitsbereiches, das heißt einer anderen Aufgabe, Verantwortung, Art der Tätigkeit oder Einordnung in den betrieblichen Arbeitsablauf, die
  - **voraussichtlich die Dauer von einem Monat überschreitet** oder
  - **mit einer erheblichen Änderung der Umstände verbunden** ist, unter denen die Arbeit zu leisten ist. Gemeint ist auch ein geringeres Arbeitsentgelt.

Gerade diese Fälle, bei denen es ja um eine zumindest mittel-, möglicherweise aber auch langfristige Besetzung einer anderen Stelle geht, sind Thema der Personalbeschaffung. Und gerade in diesen Fällen muß die Belegschaftsvertretung angehört werden. Bei einer Weisung ohne Anhörung hat die Belegschaftsvertretung einen Anspruch auf Aufhebung der Maßnahme. Wird sie hingegen angehört, so kann sie einer weisungsbedingten Versetzung ausdrücklich zustimmen. Sie kann die Anhörungsfrist von einer Woche verstreichen lassen, ohne zu reagieren. In diesem Fall gilt die Zustimmung als erteilt. Und schließlich kann die Belegschaftsvertretung der Versetzungsanordnung unter Angabe der Gründe widersprechen, die in § 99 des Betriebsverfassungsgesetzes genannt sind:
- Verstoß gegen Gesetze, Verordnungen, Tarifverträge oder andere Normen,
- Verstoß gegen eine Auswahlrichtlinie,
- Besorgnis der Kündigung oder Benachteiligung anderer Arbeitnehmer,
- Benachteiligung des betroffenen Arbeitnehmers, ohne daß dies aus betrieblichen oder persönlichen Gründen gerechtfertigt ist,
- Unterlassen einer betriebliche Stellenausschreibung, falls sie zuvor vom Betriebs- oder Personalrat verlangt wurde oder
- Störung des Betriebsfriedens durch die versetzten Beschäftigten.

Auf diese Gründe wird später unter der Überschrift Entscheidung noch genauer eingegangen. Verweigert der Betriebsrat seine Zustimmung, so kann der Arbeitgeber dagegen im arbeitsgerichtlichen Verfahren vorgehen und die Versetzung mittlerweile vorläufig vollziehen, soweit sie aus sachlichen Gründen dringend erforderlich ist.

Versetzung durch Änderungsvertrag

Ist eine einseitige Versetzungsanordnung aus einem der vielen genannten Gründe nicht möglich, kann sich der Arbeitgeber bemühen, sein Ziel per **einvernehmlichem Änderungsvertrag** zu erreichen. Er kann der Arbeitnehmerin beziehungsweise dem

Änderungsvertrag

Arbeitnehmer ein Angebot unterbreiten, den Arbeitsvertrag in einigen Punkten zu ändern. Die betroffenen Beschäftigten müssen auf dieses Angebot aber nicht eingehen.

Versetzung durch Änderungskündigung

Änderungs-
kündigung

Denkbar ist in diesem Fall, wenn also alle Mittel, die den Bestand des Arbeitsverhältnisses unberührt lassen, nicht zum Erfolg führen, eine **Änderungskündigung**. Sie besteht nach § 2 des Kündigungsschutzgesetzes aus dem Angebot, das Arbeitsverhältnis unter geänderten Arbeitsbedingungen fortzusetzen, und, soweit zulässig, einer Kündigung bei Ablehnung des Änderungsangebotes. Für die Änderungskündigung gelten die allgemeinen Grundsätze der Beendigungskündigung, also die Kündigungsfristen, die Vorschriften des Kündigungsschutzes sowie die Mitbestimmungsrechte der Belegschaftsvertretungen. Demnach gibt es

- ordentliche personenbedingte Änderungskündigungen, wenn die Eignung für den bisherigen Arbeitsplatz etwa infolge gesundheitlicher Gründe entfallen ist,
- ordentliche verhaltensbedingte Änderungskündigungen im Regelfall nur nach vorheriger Abmahnung,
- ordentliche betriebsbedingte Änderungskündigungen, etwa aus Gründen der Aufgabe von Teilen der Produktion,
- Massenänderungskündigungen und
- sehr selten außerordentliche Änderungskündigungen, wenn die Fortsetzung des Arbeitsverhältnisses im Sinne des § 626 des Bürgerlichen Gesetzbuches unter den bisherigen Bedingungen unzumutbar ist.
- Wie bei allen Kündigungen ist der Betriebs- oder Personalrat beziehungsweise der Sprecherausschuß auch vor der Änderungskündigung zu hören. **Eine Änderungskündigung ohne Anhörung der Belegschaftsvertretung ist unwirksam.** Der Arbeitgeber muß der Belegschaftsvertretung das Änderungsangebot und die Gründe für die beabsichtigte Änderung der Arbeitsbedingungen mitteilen. Zugleich muß er verdeutlichen, daß er im Fall der Ablehnung des Änderungsangebotes die Beendigungskündigung beabsichtigt. Die Belegschaftsvertretung kann der Änderungskündigung ausdrücklich zustimmen. Sie kann die Anhörungsfrist verstreichen lassen, ohne zu reagieren. In diesem Fall gilt die Zustimmung als erteilt. Sie kann der Versetzungsanordnung aus den oben angeführten Gründen widersprechen. Und schließlich kann sie Bedenken äußern und der Änderungskündigung unter Angabe der Gründe widersprechen, die im § 102 des Betriebsverfassungsgesetzes und in den analogen Vorschriften des Bundespersonalvertretungsgesetzes genannt sind:
  – Keine oder keine ausreichende Berücksichtigung sozialer Gesichtspunkte,
  – Verstoß gegen eine Auswahlrichtlinie,
  – generelle Weiterbeschäftigungsmöglichkeit,
  – Weiterbeschäftigungsmöglichkeit nach Umschulung oder Fortbildung oder
  – Weiterbeschäftigungsmöglichkeit unter geänderten Vertragsbedingungen, zu denen die oder der Betroffene zugestimmt hat.

  Verweigert der Betriebsrat seine Zustimmung, so kann der Arbeitgeber dagegen im arbeitsgerichtlichen Verfahren vorgehen und die Versetzung mittlerweile vorläufig vollziehen, soweit sie aus sachlichen Gründen dringend erforderlich ist.
- Für die betroffenen Beschäftigten gibt es mehrere Möglichkeiten, auf die ordentliche Änderungskündigung zu reagieren. Davon wiederum hängen die Konsequenzen der Änderungskündigung ab.

- Sie nehmen das Änderungsangebot vorbehaltlos an. Das Arbeitsverhältnis besteht dann unter den angebotenen Änderungen fort, und zwar mit Wirkung ab Ablauf der Kündigungsfrist.
- Sie lehnen das Änderungsangebot ab. In diesem Fall läuft das Arbeitsverhältnis nach Ablauf der Kündigungsfrist aus, es sei denn, es bestünde ein Anspruch auf Weiterbeschäftigung. Die Änderungskündigung kann mit der Kündigungsschutzklage angegriffen werden.
- Sie nehmen das Änderungsangebot unter dem Vorbehalt der Sozialwidrigkeit der Änderung der Arbeitsbedingungen an und erklären den Vorbehalt innerhalb einer Frist von drei Wochen nach Zugang der Änderungskündigung dem Arbeitgeber. Hier wird das Arbeitsverhältnis nach Ablauf der Kündigungsfrist zu den angebotenen Bedingungen fortgesetzt. Bei rechtzeitiger Kündigungsschutzklage entscheidet sich die endgültige Rechtswirksamkeit der Änderungskündigung im Kündigungsschutzprozeß. Obsiegt die oder der Beschäftigte, wird sie oder er nach rechtskräftigem Urteil zu den alten Arbeitsbedingungen weiterbeschäftigt.
- Sie reagieren nicht und lassen die Klagefrist von drei Wochen verstreichen. Das führt zur Wirksamkeit der Kündigung, sofern die Änderungskündigung nicht aus anderen Gründen, wie etwa Schwangerschaft, unwirksam ist.

Versetzung in der Praxis

Sinnvoll sind die genannten mittel- und langfristigen Versetzungen nur für qualitative Notlagen, und dies auch nur, wenn die Betroffenen tatsächlich über die benötigte Qualifikation verfügen. Man hat zum Beispiel eine Stelle mehrfach ausgeschrieben. Qualifizierte Bewerberinnen oder Bewerber melden sich jedoch nicht. Andererseits muß die Stelle unbedingt besetzt werden, und qualifiziertes Personal ist im Unternehmen vorhanden. Ist die Ausgangslage dagegen ein quantitatives Manko, steht nicht genügend Personal zur Verfügung, kann man das Problem mit mittel- und langfristigen Versetzungen nicht lösen. Man würde lediglich ein Loch stopfen, um ein anderes aufzureißen.

4.1.2. Personalentwicklung

Sollte sich bei einer Versetzung ein qualitatives Manko bei den Betroffenen herausstellen, sollte mithin eine **Anpassungsqualifikation** anstehen, so ist an Maßnahmen der Personalentwicklung zu denken, aber nicht nur dann. Die Personalentwicklung, auf die im gleichnamigen Kapitel umfassend eingegangen wird, umfaßt zudem in der Hauptsache

Personalentwicklung

- die **Berufsausbildung**,
- das **Anlernen** von unqualifizierten Arbeitskräften,
- die Vermittlung von **Aufstiegsqualifikationen** und
- die berufliche Neuorientierung durch **Umschulung**.

Diese Bausteine der Personalentwicklung können alle der internen Personalbeschaffung zugerechnet werden. So kann die Absolventin einer beruflichen Ausbildung vom Unternehmen übernommen werden und eine vakante Position übernehmen. Der Lagerarbeiter mag nach einer Einarbeitung als Pförtner tätig werden und die Buchhalterin im Rahmen einer Nachfolgeregelung zur Leiterin der Buchhaltung avancieren. Die Vorteile der Personalentwicklung liegen auf der Hand. Die betroffenen Arbeitskräfte kennen das Unternehmen, ein Faktum, das eine schnelle und reibungslose Einarbeitung erwarten läßt. Und das Unternehmen kennt die Betroffenen, was Fehlgriffe sehr in Grenzen hält, die ansonsten bei der Personalbeschaffung nicht zu vermeiden sind. Allerdings erfordert Personalentwicklung lange und (kosten-)intensive Vorarbeit. Sie kann ebenfalls in der Regel nur den qualitativen, nicht aber den quantitativen Personalbedarf decken.

4.1.3. Innerbetriebliche Stellenausschreibung

Innerbetriebliche Stellenausschreibung

Die innerbetriebliche Stellenausschreibung gilt als eines der Instrumente zur Ermittlung des Eignungspotentials und der Entwicklungsbedürfnisse für Zwecke der Personalentwicklung. Zugleich gilt sie als Synonym für die interne Personalbeschaffung, weil sie sehr häufig durchgeführt wird. Das wiederum ist unter anderem auf die gesetzliche Regelung des § 93 des Betriebsverfassungsgesetzes und der analogen Regelung der Personalvertretungsgesetze des Bundes und der Länder zurückzuführen. Danach kann der Betriebs- bzw. Personalrat verlangen, daß entweder alle oder im Einzelfall spezifizierte Arbeitsplätze, die besetzt werden sollen, vor ihrer Besetzung zunächst innerhalb des Unternehmens ausgeschrieben werden. Ausgenommen hiervon sind die Positionen leitender Angestellter. Kommt das Unternehmen dem Verlangen des Betriebs- oder Personalrates nicht nach, so kann dieser die notwendige Zustimmung zur Einstellung verweigern. Allerdings besagen die Vorschriften nicht, daß interne Bewerbungen Vorrang vor externen hätten.

Die innerbetriebliche Stellenausschreibung sollte alle für die potentiellen Bewerber wichtigen Informationen enthalten. Durch die Verwendung einheitlicher Formulare, etwa ähnlich dem Muster von *Mentzel (Unternehmenssicherung durch Personalentwicklung),* wird die Berücksichtigung der wesentlichen Details sichergestellt.

Innerbetriebliche Stellenausschreibung
Stelle Nr. ....
In der Abteilung .... ist ab .... folgende Stelle zu besetzen: ....
Aufgaben: ....
Lohn-/Gehaltseinstufung: ....
Anforderungen: .... Ausbildung: .... Berufserfahrung: .... Spezielle Kenntnisse: .... Sonstiges: ....
Bewerbungsunterlagen: Anschreiben, Lebenslauf, Foto, Ausbildungs- und Arbeitszeugnisse sind bis ....einzureichen bei ....
Datum .... Unterschrift ....

Abb. 2.12. Innerbetriebliche Stellenausschreibung

Wird die Stelle zugleich über eine Anzeige ausgeschrieben, bietet es sich an, eine Kopie des Inserats zu verwenden.

Bei der innerbetrieblichen Stellenausschreibung muß der Grundsatz der Gleichbehandlung von Männern und Frauen beachtet werden, der im Grundgesetz und im Bürgerlichen Gesetzbuch verbrieft ist.

Es muß sichergestellt werden, daß die Ausschreibung den Mitarbeiterinnen und Mitarbeitern bekannt wird. Deshalb sollte sie in Rundschreiben, in der Werkszeitschrift, am schwarzen Brett, über Datennetze oder in sonstiger Form verbreitet werden. Ein Formular für die innerbetriebliche Bewerbung, das der Ausschreibung beigefügt wird, kann Hemmschwellen abbauen und der besseren Vergleichbarkeit der Bewerbungen dienen. Es sollte auf die Belange des Unternehmens abgestellt sein.

Für die Auswertung der internen Bewerbungen gelten die Regeln, die im folgenden für externe Bewerbungen aufgezeigt werden. Zusätzlich ist darauf zu achten, daß abgelehnte Bewerber keine Nachteile erleiden, und daß sie trotz der Ablehnung weiterhin motiviert bleiben. Das kann zum Beispiel durch individuelle Fördermaßnahmen und durch die Information über eine Speicherung der Bewerbung zum Abgleich für weitere Vakanzen, das heißt freie Stellen geschehen. Sollte hingegen eine interne Bewerbung das Rennen machen, dürfen die notwendigen Qualifizierungsmaßnahmen nicht in Vergessenheit geraten. Außerdem muß gegebenenfalls die Stimmungslage der ehemaligen Kolleginnen und Kollegen aufgearbeitet werden.

Der Vorteil der innerbetrieblichen Stellenausschreibung ist identisch mit dem der Personalentwicklung als Instrument der Personalbeschaffung: Die betroffenen Arbeitskräfte kennen das Unternehmen, und das Unternehmen kennt die Betroffenen. In der Regel kann aber auch durch eine innerbetriebliche Stellenausschreibung der quantitative Personalbedarf nicht ausgeglichen werden. Dazu kommt die angesprochene Gefahr der Demotivation bei Absagen.

4.1.4. Vor- und Nachteile

Allen internen Beschaffungswegen gemeinsam ist die **Gefahr der Betriebsblindheit**. Wer den Arbeitgeber wechselt, stellt schnell fest, wieviel ihm im neuen Unternehmen unerwartet gut und sinnvoll erscheint, wieviel aber auch unnötig kompliziert, bürokratisch und überholt ist. Wer im Unternehmen bleibt, kann diese Eindrücke nicht gewinnen und auch nicht mit ihnen arbeiten. Er wird betriebsblind und kann dem Unternehmen die neuen Impulse, die aus der Kenntnis der Andersartigkeit entstehen, nicht vermitteln. Weiterhin kann ein Automatismus der internen Personalbeschaffung zu nachlassender Leistungsbereitschaft führen. Und letztlich sind die Maßnahmen der **Personalentwicklung** für interne Bewerber häufig **aufwendiger** als für externe, die ähnliche Aufgaben bereits bei anderen Arbeitgebern wahrgenommen haben. Deshalb sollte man nicht ausschließlich auf interne Beschaffungswege setzen, obwohl für sie neben den genannten Vorteilen auch die **kürzere Beschaffungs- und Einarbeitungszeit** sowie **geringere Beschaffungskosten** sprechen. Außerdem liegen die **Lohn- und Gehaltsvorstellungen** der internen Bewerber oftmals unter denen externer Bewerber, die sich den Wechsel auch finanziell versüßen lassen wollen.

Vor- und Nachteile

Manche Unternehmen lehnen es ab, Führungspositionen mit internen Bewerberinnen und Bewerbern zu besetzen. Sie befürchten Neid und Frustration im ehemaligen Kollegenkreis, aber auch eine mangelnde Durchsetzungsfähigkeit auf seiten der neuen Führungskräfte. Selbst wenn diese Befürchtungen im Einzelfall berechtigt sein mögen, so kann man ihnen doch mit Führungsseminaren und durch das fortgesetzte Angebot von Aufstiegschancen den Boden entziehen.

4.2. Externe Beschaffungswege

Mit den externen Beschaffungswegen geht man den Teil des Arbeitsmarktes an, der außerhalb des Unternehmens liegt und dem auch das Augenmerk der überbetrieblichen Arbeitsmarktforschung gilt. Externe Beschaffungswege werden immer dann genutzt, wenn die interne Personalbeschaffung keinen Erfolg verspricht oder fehlgeschlagen ist. Manche Unternehmen beschränken sich wegen der genannten Nachteile der internen Beschaffungswege auch gänzlich auf die externe Personalbeschaffung.

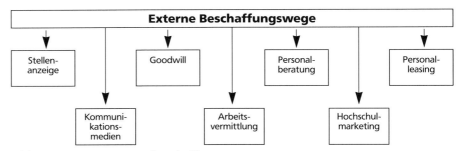

Abb. 2.13. Externe Personalbeschaffungswege

4.2.1. Stellenanzeige

Stellenanzeige

Der externe Personalbeschaffungsweg per se ist die Stellenanzeige, da sie nicht nur die Möglichkeit gibt, eine breite Zielgruppe anzusprechen, sondern darüber hinaus noch einen werbewirksamen Effekt hat: Das Unternehmen kann sich der Öffentlichkeit gegenüber ins rechte Licht rücken.

Die Bezeichnung Stellenanzeige ist nicht exakt. Gemeint ist nämlich das Stellenangebot, das man vom Stellengesuch unterscheiden muß. Stellengesuche werden von Bewerbern aufgegeben, die eine Arbeitsstelle suchen. Stellenangebote sind dagegen Inserate von Unternehmen, die potentielle Bewerberinnen und Bewerber auf dem externen Arbeitsmarkt auf eine Vakanz aufmerksam machen.

Hinter jedem Stellenangebot steht eine Investition von durchschnittlich ca. 100.000 DM, rechnet man

– die Kosten der Anzeige,

– die Kostenerstattung für das Vorsprechen beim Unternehmen,

– etwaige Kosten für Vermittlungsaktivitäten,

– den geldwerten Zeitaufwand von Führungskräften und der Personalabteilung sowie

– die Produktivitätseinbußen während der Einarbeitung unter Berücksichtigung des durchschnittlichen Entgelts samt Lohn- bzw. Gehaltsnebenkosten zusammen.

Die Anzeige wird von einer mehr oder weniger großen Leserschaft zur Kenntnis genommen. Unter den Lesern befinden sich sowohl potentielle Interessenten von heute und morgen als auch Beschäftigte, Kunden, Lieferanten und Konkurrenten. Die Selektionskraft einer Anzeige steigert die Qualität der Bewerbungen und vermindert deren Zahl. Das spart Zeit und Geld und reduziert die Anzahl der notwendigen Absagen. Man vermeidet damit unnötig hohe Zahlen von enttäuschten Bewerbern und das damit verbundene Negativimage des Unternehmens. All dies spricht dafür, auf die Gestaltung und Positionierung große Aufmerksamkeit zu lenken.

Voraussetzung für den Erfolg des Stellenangebotes ist zunächst eine zielgruppengerechte Auswahl des **Anzeigenträgers**. Die gesuchten Arbeitskräfte müssen Leser des Pressemediums sein, in dem die Anzeige erscheint. Informationsmaterialien der jeweiligen Medien geben die Möglichkeit, das Profil der Leserschaft genauer zu bestimmen. Regionale Tageszeitungen werden zumeist für Arbeitskräfte der unteren bis mittleren Hierarchieebenen gewählt, da man hier von einer eingeschränkten räumlichen Mobilität ausgeht. Arbeitskräfte der höheren bis obersten Hierarchieebenen werden hingegen überwiegend in überregionalen Tages- und Wochenzeitungen gesucht. Sind Spezialkenntnisse gefragt, empfehlen sich Fachzeitschriften, deren Leser nicht selten dem Anforderungsprofil der Vakanz nahekommen, deren Streuverlust also gering ist. Sie haben zudem durch ihre mehrwöchige Erscheinungsfrequenz eine längere Wirkungsdauer. Für Fachzeitschriften sprechen gleichfalls die relativ kostengünstigen Anzeigenpreise.

Anzeigenträger

Auch der **Anzeigentermin** will überlegt sein. Ist das ausgewählte Pressemedium eine Tageszeitung, kommt der Mittwoch oder der Samstag in Frage, da die Leser an allen anderen Wochentagen üblicherweise nicht mit Stellenangeboten rechnen. Am Mittwoch lenkt die Anzeige mehr Aufmerksamkeit auf sich, da der Anzeigenteil an diesem Tag traditionell kleiner ist. Am Samstag wird die Zeitung auch von Personen gekauft und gelesen, die sie nicht abonniert haben. Das sind nicht selten Leser, die sich gerade wegen der Anzeigen zum Kauf entschließen. Zu Recht sind Stellenangebote in der Urlaubszeit und zwischen den Feiertagen rar, da viele Leser, aber auch die Personalverantwortlichen in dieser Zeit nicht präsent sind. Wenn die Stelle erstmals besetzt wird und es nicht primär auf eine schnelle Besetzung ankommt, sollte man diese Termine meiden. Dasselbe gilt, wenn die Vakanz langfristig absehbar ist, etwa wegen der Pensionierung des Stelleninhabers. Bei Stellenausschreibungen für Berufsanfänger scheiden jene unglücklichen Termine gleichermaßen aus, es sei denn, es handelt sich um typische Stichtage des Ausbildungsabschlusses. Alle anderen Empfehlungen gehen zumeist ins Leere, da man in der Praxis davon ausgehen muß, daß die Kündigungsfrist der derzeitigen Stelleninhaber ganz ähnlich der der potentiellen Bewerber ist. So sind die Unternehmen dazu genötigt, möglichst unverzüglich zu inserieren.

Anzeigentermin

Die Anzeige muß nicht unbedingt den Namen des inserierenden Unternehmens enthalten. Man unterscheidet folgende **Anzeigenarten:**

Anzeigenart

Offene Stellenanzeigen, bei denen die Unternehmen offen firmieren, Chiffreanzeigen und Anzeigen über Personalberater.

Die **Chiffreanzeige** ist nach der Kennziffer benannt, unter welcher eine Bewerbung an die Zeitung zu adressieren ist. Sie gibt nicht preis, welcher Arbeitgeber die Stelle zu vergeben hat,

– weil die Position zur Zeit noch besetzt ist und der Stelleninhaber von der Ausschreibung nichts wissen soll,

– weil der Konkurrenz keine Informationen über betriebliche Vorhaben offenbart werden sollen

– oder weil verhindert werden soll, daß Bewerber mit guten Beziehungen zum Unternehmen, beispielsweise Verwandte von Führungskräften, diese Beziehungen aktivieren.

Erfahrungsgemäß schrecken Chiffreanzeigen jene, oft gerade besonders qualifizierte Interessenten ab, die Wert auf eine offene Informationspolitik legen oder befürchten, der Inserent könne ihr derzeitiger Arbeitgeber sein. Um diese Bewerberinnen und Bewerber bei der Stange zu halten, aber nicht nur deswegen, kann man Personalberater einschalten.

Bei **Anzeigen über Personalberater** verhindert der sogenannte Sperrvermerk (zum Beispiel ein Umschlag mit der Aufschrift: „Bitte nicht an ... weiterleiten") die Peinlichkeit der Bewerbung beim eigenen Arbeitgeber. Sperrvermerke werden aber auch von den Zeitungsverlagen beachtet. Die Personalberatung kann indes zudem ihr Renommee auf die ausgeschriebene Position übertragen, mit ihrer Erfahrung die Anzeigengestaltung optimieren und durch ihre ständigen Geschäftsbeziehungen Preisnachlässe offerieren.

Zur Anzeigenart gehört auch die Entscheidung für ein Satzverfahren.

○ Die sogenannten **Wort-, Fließsatz-, Klein-, oder Gelegenheitsanzeigen** sind einspaltig und werden im laufenden Text abgesetzt. Ihr Preis orientiert sich nur an der Zahl der enthaltenen Worte. Sie zielen auf Bewerberinnen und Bewerber ab, die sich durch aufwendig gestaltete Anzeigen nicht angesprochen fühlen. Allerdings können sie leicht überlesen werden. Sie haben keinerlei Werbewirksamkeit und entsprechen regelmäßig nicht dem Unternehmensimage.

> **Zuverlässige** Mitarbeiter (30 – 50 Jahre), für Kontroll- und Ordnungsdienst an Sonn- und Feiertagen (ca. 4 Std. nachmittags) gesucht. Bewerbungen telefonisch ...

Abb. 2.14. Fließsatzanzeige

○ Die **gestalteten Anzeigen**, die mehrspaltig sein können und – teuer – auf der Grundlage eines Spaltenpreises pro Millimeter berechnet werden, verfügen nicht über diese Mankos.

> Wir sind ein mittelständisches Unternehmen mit 70 Beschäftigten. In den Abteilungen Färberei, Druckerei, Appretur bearbeiten wir Stoffe im Schwerpunkt für DOB. Wir suchen zum baldmöglichen Eintritt eine(n)
>
> # Leiter(in) der Arbeitsvorbereitung
>
> Kenntnisse über die Abläufe in einem Veredlungsbetrieb sind Voraussetzung. Erfahrungen im Bereich Disposition/AV und im Umgang mit einem PC sind wünschenswert.
>
> Wenn Sie Interesse an dieser abwechslungsreichen Aufgabe haben, senden Sie uns bitte Ihre Unterlagen an ...

Abb. 2.15. Gestaltete Anzeige

Wie schon der Name sagt, wird hier großer Wert auf die **Anzeigengestaltung** gelegt. Das betrifft zunächst den **Inhalt**, also klare und informative Auskünfte

- zum Unternehmen: Firmenname und -logo, Branche, Erzeugnisse, Standorte mit ihren Vorteilen, Größe, Mitarbeiterzahl, Zukunftsaussichten usw.,
- zur freien Stelle, zum Beispiel zur Aufgabenumschreibung, zum Verantwortungsumfang, zu Entwicklungschancen und zum Besetzungstermin,
- zum Anforderungsprofil, etwa die Berufsbezeichnung, die erforderliche Ausbildung, die notwendigen Kenntnisse und Fähigkeiten, die gewünschte Berufserfahrung, das Alter,
- zu besonders hervorzuhebenden Leistungen des Unternehmens, wie einer zusätzlichen Krankenversicherung und Altersvorsorge, einer Erfolgsbeteiligung oder der Hilfe bei der Wohnungssuche, sowie
- zu den einzureichenden Bewerbungsunterlagen, insbesondere wenn etwas anderes als die übliche Mappe mit Anschreiben, Lebenslauf, Lichtbild und Zeugnissen gefordert ist.

Angaben zum Entgelt enthalten nur die wenigsten Anzeigen. Man will einerseits Bewerberinnen und Bewerber mit höheren oder auch niedrigeren Vorstellungen nicht abschrecken und den Entgeltverhandlungen nicht vorgreifen. Andererseits will man Unruhe in der Belegschaft verhindern. Letztlich stellt man in Rechnung, daß die Konkurrenz mitliest.

Auch für Stellenanzeigen gilt der Grundsatz der Gleichbehandlung von Männern und Frauen, der im Grundgesetz und im Bürgerlichen Gesetzbuch verbrieft ist.

Bei der **Aufmachung** der Anzeige achten die meisten Unternehmen auf ein einprägsames, einheitliches Erscheinungsbild, von der Größe der Anzeige über die Plazierung des Namens und Firmenlogos bis hin zur Verwendung von Graphiken und Fotos, zur Typographie und zur Verwendung von Schlagzeilen. Der Text sollte einfach, kurz und prägnant sein. Erfolgreich sind übersichtliche Anzeigen, die den Leser persönlich ansprechen. Zu guter Letzt zeigt auch die **Plazierung** Wirkung. Hier streiten sich allerdings die Fachleute, ob Anzeigen in der Tat immer dann besonders aufmerksam gelesen werden, wenn sie sich auf einer der ersten rechten Seiten rechts oben finden.

Die Kosten einer Stellenanzeige von der Größe eines Briefumschlages in der Gesamtausgabe einer Tageszeitung können schnell mehr als 10.000 DM ausmachen. Daher ist es durchaus angebracht, eine **Erfolgskontrolle** durchzuführen. Hier werden die Kosten der Anzahl der Bewerbungen insgesamt und der qualifizierten Bewerbungen gegenübergestellt. Zudem werden die Bewerberinnen und Bewerber gezielt befragt. Beides kann den Verantwortlichen Hinweise für die Optimierung von Anzeigenträger, -termin, -art und -gestaltung geben.

4.2.2. Kommunikationsmedien

Ganz ähnlich der Beschaffung über Stellenanzeigen ist die Beschaffung über andere Kommunikationsmedien.

Zunächst ist die **Rundfunk- und Fernsehwerbung** zu nennen, die durch die Schaffung des Lokalrundfunks und -fernsehens einen großen Aufschwung genommen hat. Werbeminuten sind hier schon zu relativ erschwinglichen Preisen zu erwerben. Dasselbe gilt für die **Kinowerbung**. Bekannt sind Werbespots für Ausbildungsplätze im Bäcker- und Bauhandwerk. Allerdings sollte man abwägen, ob es der Vakanz nicht abträglich ist, wenn für sie zwischen Produkten für die Körperhygiene und Katzenstreu geworben wird.

Zu denken ist auch an den **Bildschirmtext**, von dem die Arbeitsämter bereits Gebrauch machen, und an **Datennetze**, in die man sich per Computer über das Telefonnetz einschalten kann. Beide Medien haben zur Zeit noch den Nachteil, daß die Anzahl der Nutzer relativ gering ist bzw. die Nutzer sich zu einem angeschlossenen Terminal begeben müssen. Vorteilhaft ist das progressive Image dieser Medien, an dem das suchende Unternehmen partizipieren kann.

Möglich ist auch die **Plakatierung** vor allem in Verkehrsmitteln, an Haltestellen, in Bahnhöfen, an Plakatwänden und an Litfaßsäulen. Für eine einzelne offene Stelle ist die Plakatierung nicht üblich. Man bekäme eher den Verdacht, daß alle anderen Wege aus gutem Grund nicht gefruchtet haben. Bekannt sind dagegen wiederum Werbeaktionen von Branchenvereinigungen. Nicht mehr so recht zeitgemäß, aber nicht unbedingt ohne Wirkung, ist ein **Aushang am Werkstor**. Soweit man sich bei der Stellenbesetzung mit zufälligen und folglich nicht speziell qualifizierten Passanten zufriedengeben kann, ist eine große, gut sichtbare und attraktiv aufgemachte Tafel durchaus erfolgversprechend. Über die von einigen Lehrbuchautoren immer noch propagierten Handzettel ist hingegen die Zeit hinweggegangen.

Hinsichtlich Träger, Termin, Art, Inhalt, Aufmachung, Plazierung und Erfolgskontrolle gilt für die genannten Kommunikationsmedien analog das, was bereits zur Stellenanzeige gesagt wurde. Die Kriterien müssen lediglich auf die spezifische Eigenart des jeweiligen Mediums abgestellt werden.

4.2.3. Goodwill

Goodwill

Gleichfalls eher mit den Mitteln des Marketing arbeitet man bei einer Personalbeschaffung über den Goodwill, den guten Ruf des Unternehmens. Sie zeigt jedoch nur langfristig Wirkung. Für eine dringende Stellenbesetzung ist dieser Beschaffungsweg daher nicht geeignet, wohl aber für eine vorausschauende, dauerhafte Strategie. Die in diesem Sinne effektivste Form der Personalbeschaffung ist die sogenannte **Mundwerbung**. Man geht zu Recht davon aus, daß der Werbende, sei es ein Mitarbeiter, ein Kunde, ein Lieferant oder die Hausbank, von den positiven Entwicklungsmöglichkeiten des Unternehmens überzeugt ist und so gezielt Arbeitskräfte anspricht. Die Mundwerbung kann durch Informationen über freie Stellen, etwa in der Werkszeitschrift, oder durch die Gewährung einer Anwerbeprämie unterstützt werden. Leicht kommt man dabei allerdings in einen rechtlich zweifelhaften Bereich. Ist gegen eine bloße Empfehlung noch nichts einzuwenden, so kann die Abwerbung aus einem Konkurrenzunternehmen gegen Entgelt unter Umständen bereits als Verstoß im Sinne des Gesetzes gegen den unlauteren Wettbewerb gewertet werden, der Schadensersatzansprüche nach den Vorschriften des Bürgerlichen Gesetzbuches auslöst.

Der Goodwill steht auch bei der **Öffentlichkeitsarbeit** im Vordergrund. Über Vorträge, Filme, Informationsmaterial und Betriebsführungen, beispielsweise an einem Tag der offenen Tür, zeigt sich das Unternehmen in einem günstigen Licht. So wird eine positive Stimmung geschaffen, die ausgeschriebene Stellen attraktiv macht.

4.2.4. Arbeitsvermittlung

Arbeitsvermittlung

Kurzfristige Wirkung kann man hingegen erreichen, wenn man eine Arbeitsvermittlung einschaltet. Arbeitsvermittlung ist nach dem Arbeitsförderungsgesetz eine Tätigkeit, die darauf ausgerichtet ist, Arbeitsuchende mit Arbeitgebern zur Begründung von Arbeitsverhältnissen zusammenzuführen.

Arbeitsverwaltung

Die bekannteste Arbeitsvermittlung betreibt die **Arbeitsverwaltung**, also die Bundesanstalt für Arbeit und die ihr zugehörigen Einrichtungen. Der Arbeitsschwerpunkt der regionalen **Arbeitsämter** liegt insbesondere bei hoher Arbeitslosigkeit eher bei

Tätigkeiten ausführender Art. Aufgrund der Vielzahl der Arbeitsuchenden bleibt wenig Zeit für die aufwendigere Vermittlung von höher qualifizierten Arbeitskräften. Die Klage mancher Personalverantwortlicher, über das Arbeitsamt würden ihnen zu wenige geeignete Bewerberinnen und Bewerber vermittelt, ist kaum berechtigt. Es kommt vielmehr auf eine gute Zusammenarbeit an. Der zuständigen Arbeitsvermittlerin bzw. dem Arbeitsvermittler sollte, etwa in Form einer Betriebsbesichtigung, die Möglichkeit gegeben werden, die fraglichen Stellen und die betrieblichen Zusammenhänge kennenzulernen. Weiterhin sollte die Personalabteilung dem Arbeitsamt die relevanten Daten aus der Stellenbeschreibung und dem Anforderungsprofil der Vakanz zuleiten. Und schließlich darf sich die Personalabteilung nicht scheuen, dem Arbeitsamt ausführlich Auskunft über die Personen zu geben, die ihr zur Vermittlung genannt wurden: Haben sie sich gemeldet? Haben sie vorgesprochen? Zeigten sie sich interessiert? Wurden sie eingestellt? Warum wurden sie nicht eingestellt? Das hilft dem Arbeitsamt, die Stellen, aber auch die Arbeitsuchenden besser einschätzen zu können.

Unter diesen Vorzeichen kann die Arbeitsvermittlung durch die Arbeitsämter sehr erfolgreich sein. Zudem fallen für die Unternehmen keinerlei Kosten an. Vielmehr können die Arbeitsämter eine Reihe von Förderungsmöglichkeiten nach dem Arbeitsförderungsgesetz anbieten, die bei der Beschaffung und Eingliederung spezieller Arbeitnehmergruppen gewährt werden.

Unter denselben Vorzeichen kann sich die Personalabteilung an andere Einrichtungen der Bundesanstalt für Arbeit wenden. Die **Landesstellen für Arbeitsvermittlung** und die **Fachvermittlungsstellen** bemühen sich um die Vermittlung von Fachschul-, Fachhochschul- und Universitätsabsolventen sowie von besonders qualifizierten Fach- und Führungskräften, auch durch Stellenanzeigen in Zeitungen. Hie und da wurde die Zuständigkeit direkt auf die regionalen Arbeitsämter verlagert. Die **Zentralstelle für Arbeitsvermittlung** veröffentlicht darüber hinaus einen zentralen Stellenanzeiger. Weiterhin ist sie zuständig für die Vermittlung ins Ausland. Die Unternehmen scheuen sich freilich, auf diese Vermittlungsangebote einzugehen. Man geht davon aus, daß Hochschulabsolventen und qualifizierte Fach- und Führungskräfte ohne die Hilfestellung der Arbeitsverwaltung dazu in der Lage sein müßten, sich auf eine Stelle zu bewerben. Wer das nicht könne, sei auch nicht genügend qualifiziert. Trotzdem wenden sich viele Arbeitsuchende aus diesem Bewerberkreis ans Arbeitsamt, da sie ansonsten unter Umständen auf Arbeitslosengeld, Krankenversicherungsschutz, Rentenanwartschaften und den Ersatz der Bewerbungskosten durch die Arbeitsverwaltung verzichten müßten.

Neben der staatlichen Arbeitsvermittlung existiert auch eine ganze Reihe **privater Arbeitsvermittler**, die aufgrund einer behördlichen Genehmigung tätig sind. Sie haben sich zumeist auf spezifische Qualifikationen spezialisiert. Hier liegt auch der Vorteil der Privaten. Ferner arbeiten sie kundenorientiert und sind mithin auf erfolgreiche Vermittlungen angewiesen. Die Kehrseite der Medaille ist der Nachteil, daß das auftraggebende Unternehmen, der Kunde, die Kosten der Vermittlung trägt.

Private

4.2.5. Personalberatung

Eine Genehmigung zur privaten Arbeitsvermittlung haben gleichfalls einige Personalberatungen eingeholt. Der Schwerpunkt der reinen Personalberatung liegt aber nicht auf der Vermittlung, sondern auf der Beratung des beauftragenden Unternehmens. Gerade bei der Personalbeschaffung werden die Dienste von Personalberatungen gerne in Anspruch genommen, da sie über für diese Zwecke qualifiziertes Personal und einige Erfahrung verfügen. Das Aufgabenspektrum reicht von der

Personalberatung

- Abwicklung der Personalplanung samt der
- Erstellung von Stellenschreibungen und
- Anforderungsprofilen, über die
- Gestaltung und Positionierung von Stellenanzeigen sowie die
- Auswertung der Bewerbungen bis hin zur
- Mitwirkung bei der Bewerberauswahl,
- der Entscheidung und der
- Festlegung der Vertragsmodalitäten.

Wie bereits erwähnt, kann die Personalberatung gerade bei Stellenanzeigen ihr Renommee auf die ausgeschriebene Position übertragen, mit ihrer Erfahrung die Anzeigengestaltung optimieren und durch ihre ständigen Geschäftsbeziehungen Preisnachlässe offerieren. Personalberater sind Experten in der Personalbeschaffung vor allem von Führungskräften. Viele haben sich auf bestimmte Branchen oder Berufsgruppen bzw. Regionen spezialisiert. Dadurch verfügen sie über Informationen und Kontakte, die sich das Unternehmen ansonsten nicht nutzbar machen könnte. Die Einschaltung einer Personalberatung ist unumgänglich, wenn die Personalabteilung die Beschaffung nicht selbst bewältigen kann, wie das in kleinen Unternehmen der Fall sein kann. Nachteilig ist das Faktum, das die Anzahl der Zuschriften auf Anzeigen, die über Personalberatungen geschaltet werden, oftmals geringer ist als auf Anzeigen, in denen das suchende Unternehmen ausschließlich selbst auftritt. Ferner entstehen Kosten, die sich zumeist aus Posten für die diversen Dienstleistungen wie Anzeigengestaltung, Anzeigenpreis, gesichtete Bewerbungen usw. sowie einem Prozentsatz vom Jahreseinkommen der gesuchten Kandidaten zusammensetzen.

Headhunting

Eine sehr spezielle Dienstleistung, die von einigen wenigen Personalberatungen angeboten wird, ist das sogenannte **Headhunting,** zu deutsch die Abwerbung. Das Headhunting ist immer dann unzulässig, wenn Beschäftigte zum Vertragsbruch verleitet werden. In diesem Fall können die bereits erwähnten Schadensersatzansprüche nach dem Bürgerlichen Gesetzbuch und dem Gesetz gegen den unlauteren Wettbewerb entstehen. Das reine Vertragsangebot, das Beschäftigte zur ordentlichen Beendigung ihres Arbeitsverhältnisses veranlaßt, ist jedoch rechtlich unbedenklich, solange keine unlauteren Mittel eingesetzt werden.

4.2.6. Hochschulmarketing

Hochschulmarketing

Selten über Personalberatungen, häufiger durch die Unternehmen selbst, wird der Kontakt mit Bildungseinrichtungen gesucht, deren Absolventinnen und Absolventen als zukünftige Fach- und Führungskräfte eingesetzt werden können. Man bezeichnet diese Kontakte als Hochschulmarketing oder **Campus Recruiting.** Die Unternehmen bieten zu diesem Zweck Informationsmaterialien, Praktika, Ferienjobs, praxisbezogene Diplomarbeitsthemen und sogar Stipendien an. Bekannt sind auch die Absolventenkongresse, die neben Firmenvorträgen und Seminaren auch die Möglichkeit des Kennenlernens in Informationszentren der Unternehmen bieten. **Scouting** nennt man die Personalbeschaffung in Bildungseinrichtungen, beispielsweise durch Vorträge von Personalverantwortlichen mit der anschließenden Aufforderung zur Bewerbung. Das Hochschulmarketing von seiten der Hochschulen ist ein neuer Zweig der Personalbeschaffung. Sogenannte **Absolventenkataloge** mit übersichtlich aufbereiteten Lebensläufen samt Bildungsweg, Bewerbungsfoto und Berufswunsch bieten die Möglichkeit eines gezielten Abgleichs von Anforderungs- und Eignungsprofil. Dadurch wird die Vorauswahl verkürzt. Überdies ist ein direkter und schneller Kontakt möglich.

4.2.7. Personalleasing

Ein letzter externer Beschaffungsweg ist das Personalleasing, das sich freilich deutlich von den anderen Beschaffungswegen unterscheidet. Hier wird die Stelle nicht durch jemanden besetzt, der mit dem Unternehmen einen Arbeitsvertrag hat oder abschließt. Das suchende Unternehmen tritt vielmehr als Auftraggeber, das heißt Entleiher, an einen Verleiher heran, welcher diesem Entleiher Arbeitskräfte zeitweilig gegen eine Leihgebühr überläßt. Der Gesetzgeber nennt diese Vertragsbeziehung Arbeitnehmerüberlassung. Synonyme Begriffe sind Zeitarbeit und Leiharbeit. Das Arbeitnehmerüberlassungsgesetz beinhaltet eine Lizenzpflicht. Die Verleiher müssen über eine Erlaubnis vom zuständigen Landesarbeitsamt bzw. von der Bundesanstalt für Arbeit verfügen.

Stopp (Betriebliche Personalwirtschaft) verdeutlicht die rechtlichen und wirtschaftlichen Beziehungen der Beteiligten übersichtlich anhand eines Schaubilds, auf das die folgende Abbildung Bezug nimmt:

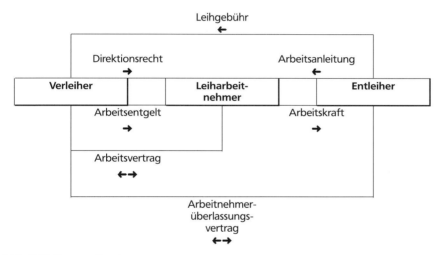

Abb. 2.16. Personalleasing

Zwischen dem Verleiher und dem Leiharbeitnehmer besteht ein Arbeitsvertrag. Dieser Arbeitsvertrag muß grundsätzlich unbefristet sein, es sei denn, die Gründe der Befristung lägen in der Person des Arbeitnehmers. Für das Arbeitsverhältnis gelten die üblichen arbeits-, sozial- und steuerrechtlichen Rahmenbedingungen. Daher führt der Verleiher Steuern und Sozialabgaben ab und zahlt dem Leiharbeitnehmer das vereinbarte Arbeitsentgelt. Der Verleiher ist es auch, der dem Leiharbeitnehmer Weisungen erteilen kann und wird. Der Verleiher hat also das sogenannte Direktionsrecht. Der Leiharbeitnehmer ist folglich in der Verleihfirma wahlberechtigt und wählbar für den Betriebsrat.

Wird die Höchstdauer für den Verleih einer Arbeitskraft von neun Monaten überschritten, fingiert das Gesetz ein Arbeitsverhältnis zwischen dem Entleiher, also dem Auftraggeber, und der betreffenden Arbeitskraft. Um diese ungewollte Folge zu vermeiden, muß der Entleiher auf die Höchstdauer des Verleihs achten. Er sollte sich gleichfalls kundig machen, ob der Verleiher seinen Zahlungsverpflichtungen hinsichtlich der Sozialversicherungen nachkommt. Wäre das nicht der Fall, müßte der Entleiher für diese Verpflichtungen wie ein selbstschuldnerischer Bürge haften. Der Entleiher muß aus diesem Grunde jedes Personalleasing der zuständigen Krankenkasse anzeigen. Der Betriebsrat des Entleihers hat beim Einsatz der Leiharbeitnehmer ein Mitbestimmungsrecht.

Zwischen dem Entleiher und dem Leiharbeitnehmer besteht kein Vertragsverhältnis. Trotzdem stellt der Leiharbeitnehmer dem Entleiher seine Arbeitskraft zur Verfügung und der Entleiher gibt dem Leiharbeitnehmer Arbeitsanleitungen. Wohl aber besteht zwischen dem Verleiher und dem Entleiher ein Vertragsverhältnis, der Arbeitnehmerüberlassungsvertrag, der den Entleiher zur Zahlung der vereinbarten Leihgebühr und den Verleiher zur Bereitstellung des vereinbarten Personals verpflichtet.

Der große Vorteil des Personalleasing ist die kurzfristige Wirksamkeit. Ein Anruf genügt, jedenfalls wenn der Verleiher über genügend qualifiziertes Personal verfügt und gut mit dem Entleiher zusammenarbeitet. Außerdem räumen die Verleiher dem Entleiher regelmäßig das Recht ein, einen Leiharbeitnehmer ohne Angabe von Gründen während der ersten Stunden nach Arbeitsaufnahme abzulehnen. Das mindert das Risiko eines Fehlgriffs. Das Personalleasing bietet sich auch zum Abdecken von Arbeitsspitzen an. Der Entleiher muß seinen Personalbestand nicht so weit ausbauen, daß er zu jeder Zeit und bei jeder Auftragslage genügend Personal zur Verfügung hat. Er kann es bei einem Personalbestand belassen, mit dem er im Jahresdurchschnitt zurechtkommt. Zudem entfallen die Personalbeschaffungs- und Einarbeitungskosten, sofern sich für ein kurzfristiges, befristetes Arbeitsverhältnis überhaupt geeignete Interessenten finden würden. Allerdings liegen die Kosten für den Leiharbeitnehmer höher als die für einen eigenen Arbeitnehmer, selbst wenn man in Rechnung stellt, daß der Verleiher die gesamten Personalnebenkosten trägt. Da die Verleiher ebenfalls Probleme haben, besonders qualifizierte Fach- und Führungskräfte zu rekrutieren, ist das Personalleasing für diese Personengruppe wenig aussichtsreich und daher eher die Ausnahme.

Nicht mehr zur Personalbeschaffung zählt die Vergabe einer Aufgabe an eine Fremdfirma, etwa weil die eigenen Kapazitäten erschöpft sind und alle Aktivitäten der Personalbeschaffung nicht fruchten.

4.2.8. Vor- und Nachteile

Vor- und Nachteile

Die externen Beschaffungswege verfügen gegenüber den internen über den Vorteil einer **größeren Auswahlmöglichkeit**. Die externe Personalbeschaffung **gleicht den quantitativen Personalbedarf aus**. Externe bringen **neue Impulse** ins Unternehmen ein. Und die Maßnahmen der **Personalentwicklung** für externe Bewerberinnen und Bewerber sind regelmäßig **weniger aufwendig** als für interne. Viele Nachteile der externen Beschaffungswege korrespondieren mit Vorteilen der internen: die – abgesehen vom Personalleasing – längere Beschaffungs- und Einarbeitungszeit, die höheren Beschaffungskosten, die höheren Lohn- und Gehaltsvorstellungen der externen Bewerber und besonders die größere Gefahr eines Fehlgriffs, weil man externe Bewerber weniger gut kennt als die eigenen Mitarbeiterinnen und Mitarbeiter. Eine hohe externe Einstellungsquote wirkt schließlich fluktuationsfördernd. Die Belegschaft wird demotiviert, da sie wenig Aufstiegschancen sieht. Das kann negative Folgen für das Betriebsklima und die Produktivität haben. Deshalb sollte man nicht ausschließlich auf externe Beschaffungswege setzen.

5. Auswahl

> Die Auswahl hat zum Ziel, die für die Position geeignetste Person zu ermitteln. Dazu muß man die Eignung aller Bewerberinnen und Bewerber für die vakante Position feststellen.

Die Auswahl wird in der Regel federführend von der Personalabteilung, aber in enger Zusammenarbeit mit der betreffenden Fachabteilung, durchgeführt.

Nach dem Betriebsverfassungsgesetz kann der Betriebsrat in Betrieben mit einer Belegschaft von mehr als eintausend Personen die Aufstellung von Richtlinien über die personelle Auswahl bei Einstellungen, aber auch bei Versetzungen, Umgruppierungen und Kündigungen verlangen. Auch wenn das Unternehmen weniger Beschäftigte hat, können derartige Richtlinien erstellt werden, bedürfen aber der Zustimmung des Betriebsrates. *(Mitbestimmung)*

Die Auswahl interner Bewerberinnen und Bewerber stützt sich neben der Bewerbung in erster Linie auf bereits vorliegende Daten, zum Beispiel aus Personalbeurteilungen, und auf die Bewährung auf ehemaligen und derzeitigen Stellen. Diese Daten werden etwa im Rahmen der Personalentwicklung gewonnen, der eines der folgenden Kapitel dieses Buches gilt. Eine Bewerbung setzt hier lediglich die Auswahl in Gang. *(Interne Bewerbungen)*

Bei der Auswahl externer Bewerberinnen und Bewerber steht hingegen immer zunächst die Analyse der Bewerbung im Mittelpunkt des Interesses, gleich in welcher Form sie den Unternehmen zugegangen sein mag. Erst danach und für Bewerbungen, die dieser Analyse standgehalten haben, kommen weitere Verfahren in Frage. *(Externe Bewerbungen)*

Die weiterführenden Verfahren werden in der Praxis alternativ oder kombiniert angewandt. Das sogenannte Assessment Center faßt die meisten Verfahren zusammen. Die Auswahl endet mit einer ärztlichen Eignungsuntersuchung.

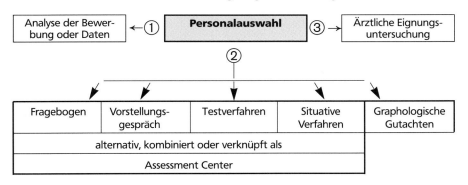

Abb. 2.17. Personalauswahl

Sehr viele Unternehmen belassen es bei der Analyse der Bewerbungen und Vorstellungsgesprächen.

5.1. Analyse der Bewerbung
5.1.1. Mündliche und schriftliche Bewerbung

Mündliche Bewerbungen

Bei weitem nicht alle Bewerbungen sind **schriftlich** abgefaßt. Auf der einen Seite fordern manche Unternehmen und Personalberatungen zunächst zum telefonischen Kontakt auf, um im Laufe der Telefonate die Anzahl der schriftlichen Bewerbungen schon im Vorfeld zu reduzieren. Auf der anderen Seite ist es für viele Stellen gerade im gewerblichen Bereich nicht von Belang, ob der Stelleninhaber sich problemlos und flüssig schriftlich äußern kann. Für diese Stellen macht es keinen Sinn, auf einer schriftlichen Bewerbung zu bestehen. Man müßte sogar damit rechnen, daß sich zu wenige und vielleicht auch überqualifizierte Interessenten melden würden.

Im Fall der mündlichen Bewerbung bittet man um einen **Anruf** oder eine **persönliche Vorstellung**. Im Verlauf des Gesprächs hält man dann die Angaben der Bewerberinnen oder Bewerber zu ihrer Interessenlage in Bezug auf die Stelle und zu ihren Lebenslaufdaten einschließlich der schulischen und beruflichen Laufbahn schriftlich fest. Wenn die Interessenten diese Angaben nicht oder nicht in ausreichendem Maße machen können, mag das ein Kriterium für eine Absage sein. Ansonsten werden die Angaben nach den gleichen Vorgaben analysiert wie schriftliche Bewerbungen. Die notwendigen Belege wie Zeugnisse können gegebenenfalls nachgefordert werden.

Soweit das betreffende Anforderungsprofil fordert, daß der Stelleninhaber lesen, schreiben und rechnen kann, sollte man zurückhaltend und in freundlicher Form im persönlichen Gespräch nach einem Anlaß suchen, anhand dessen diese Fähigkeiten unter Beweis gestellt werden können. Man könnte zum Beispiel die Entfernung zwischen Wohnung und Arbeitsplatz unbeholfen mehrfach falsch ausrechnen und darum bitten, den Namen und die Adresse aufzuschreiben.

Initiativbewerbungen

Den Unternehmen gehen Bewerbungen häufig auch dann zu, wenn sie gar nicht darum gebeten haben. Die klassische und allgemein akzeptierte Form einer solchen **unaufgeforderten Bewerbung** ist die Kurzbewerbung. Sie wird auch als Initiativ-, Aktiv- oder Blindbewerbung bezeichnet und beinhaltet lediglich ein Anschreiben, einen Lebenslauf und gegebenenfalls ein Foto. Im Anschreiben fragt die Bewerberin oder der Bewerber an, ob das Unternehmen zur Zeit oder später eine Stelle mit einem mehr oder weniger genau umrissenen Anforderungsprofil zu vergeben hat, und weist auf eine entsprechende Eignung hin. Das Unternehmen kann nun bei Bedarf ausführliche Unterlagen anfordern. Andernfalls erfolgt eine Mitteilung über den gegenwärtig nicht vorhandenen Bedarf mit der Bitte um erneute Bewerbung zu einem späteren Termin oder eine Absage.

> Abgesehen von der mündlichen und der Initiativbewerbung erfolgt die Bewerbung schriftlich und nach Aufforderung. Sie enthält dann üblicherweise
>
> – ein Anschreiben,
>
> – einen Lebenslauf,
>
> – ein Foto,
> je nach dem Ausbildungsstand und der beruflichen Laufbahn
>
> – Ausbildungszeugnisse und
>
> – Arbeitszeugnisse
> sowie eventuell
>
> – Referenzen und
>
> – Arbeitsproben.

Soweit das Unternehmen über eine **Bewerberverwaltung** verfügt, werden die Bewerbungen, noch bevor die Analyse beginnt, in eine Bewerberdatei oder -kartei aufgenommen. Das erleichtert die Ausfertigung später anzufertigender Schreiben und die Kontrolle des Erfolgs der gewählten Beschaffungsmethode. Weiterhin ermöglicht sie den Rückgriff auf qualifizierte Bewerbungen, falls später ähnliche Vakanzen auftreten. Dabei ist das Bundesdatenschutzgesetz zu beachten, wonach für eine dauerhafte Speicherung der Daten über die normale Bearbeitungsdauer von ungefähr drei Monaten hinaus prinzipiell die Genehmigung des Betroffenen verlangt wird.
Bewerberverwaltung

Weiterhin muß für die Dauer des Verbleibs der Bewerbungen im Unternehmen sichergestellt sein, daß sie **sorgfältig und sicher aufbewahrt** werden. Sie dürfen nur den Personalverantwortlichen und den ansonsten mit der Stellenbesetzung befaßten Mitarbeiterinnen und Mitarbeitern zugänglich sein, keinesfalls jedoch unternehmensfremden Personen oder anderen Unternehmen ausgehändigt werden.

Die erste Analyse besteht in einer raschen, **groben Durchsicht** der Bewerbungen. Es handelt sich um eine Prüfung, ob die Bewerberinnen und Bewerber den Mindesterwartungen und **Mindestanforderungen** gerecht werden. Auf der Grundlage des weiter oben wiedergegebenen Anforderungsprofils für Personalentwicklungsbeauftragte würde es sich beispielsweise um die dort zitierte Schul- und Berufsbildung, die berufliche Fortbildung und das Fachwissen handeln. Bei der Berufserfahrung wäre man sicherlich flexibel.
Erste Durchsicht

Bei dieser Durchsicht können nur wenige Minuten pro Bewerbung aufgewendet werden. Deshalb konzentriert man sich auf das Anschreiben und den Lebenslauf. Bewerbungen, die hier nicht stringent aufgebaut sind, haben in der Regel keine Chance.

Zu den Mindestanforderungen zählt eine ansprechende **Form** der Bewerbung, die ja die erste und zu der Zeit einzige Arbeitsprobe ist. Die Ansichten, was denn ansprechend sei, unterscheiden sich naturgemäß sehr. Verschmutzte oder mehrfach verwendete Unterlagen, fehlende Unterlagen, Adressen und Unterschriften, unsaubere Kopien, lose Blätter, Tippfehler sowie die Verwendung von feucht-fröhlichen Urlaubs- und Privatfotos sind jedenfalls immer inakzeptabel.
Form

Danach können die **ersten Absagen** erfolgen, die aber möglichst nicht vor Ablauf von zwei Wochen zugestellt werden sollten. Die Betroffenen bekommen sonst den Eindruck, sie seien dem Unternehmen nichts wert oder die Stellenausschreibung sei aus unerfindlichen Gründen nur fingiert. Und jedes Schreiben, das ein Unternehmen verläßt, ist ein Stück Öffentlichkeitsarbeit.
Absagen

Vor diesem Hintergrund ist es gleichfalls erforderlich, allen Bewerberinnen und Bewerbern, die die erste Hürde der groben Durchsicht erfolgreich genommen haben, binnen zwei Wochen eine **Eingangsbestätigung** zu schicken. Hier bittet man um Geduld und verweist auf die Bearbeitung der Bewerbungen, die nun in Form einer Analyse jeder verbliebenen Bewerbung einzeln und Schritt für Schritt vorgenommen wird. Bei einer längeren Bearbeitungsdauer ist es angebracht, einen Zwischenbescheid ähnlichen Inhalts zu erteilen. Den Eingangsbestätigungen und Zwischenbescheiden sollte nach Möglichkeit Informationsmaterial über das Unternehmen beigefügt werden.
Eingangsbestätigung

5.1.2. Anschreiben

Das Anschreiben muß den üblichen formalen Kriterien genügen. Es darf mithin in der Regel nicht länger als eine Seite sein. Ansonsten unterstellt man fehlendes analytisches Denken und Weitschweifigkeit. Aus denselben Gründen erwartet man eine klare Gliederung und ordentliche Gestaltung. Das Anschreiben muß den Namen, die An-
Anschreiben

Form

schrift und die Telefonnummer der Bewerberin bzw. des Bewerbers beinhalten, damit man mit ihnen in Kontakt treten kann. Die Bezugnahme auf den Anlaß der Bewerbung, etwa ein Stellenangebot in einer Zeitung, darf nicht fehlen, um dem Unternehmen eine Zuordnung zu ermöglichen.

Text — Im **Text** soll das Interesse an der Vakanz mit dem Informationsbedürfnis des Unternehmens verknüpft werden, das an Schlüsselbegriffen aus der Ausschreibung festgemacht werden kann. Ist zum Beispiel Durchsetzungsvermögen gefordert, so sind Angaben über berufliche oder private Aktivitäten angebracht, die Rückschlüsse auf ein selbstbewußtes, sicheres Auftreten erlauben. Ein Hinweis auf ein bestehendes gekündigtes oder ungekündigtes Beschäftigungsverhältnis, den frühesten Eintrittstermin und gegebenenfalls auch die Nennung des Arbeitgebers werden regelmäßig erwartet. Die Bewerberinnen und Bewerber müssen nicht befürchten, daß ihr derzeitiger Arbeitgeber auf die Bewerbung angesprochen wird und ihnen so möglicherweise Unannehmlichkeiten ins Haus stehen. Ein derartiges Vorgehen der Personalverantwortlichen des suchenden Unternehmens würde sich schnell herumsprechen und das Vertrauensverhältnis außerhalb und innerhalb des Unternehmens zerstören.

Im Text des Anschreibens sollten ebenso Aussagen zum momentanen Tätigkeitsfeld und zu den Fähigkeiten bzw. zur Bewältigung ähnlicher Aufgaben gemacht werden. Soweit in der Stellenausschreibung gewünscht, ist die Angabe der Einkommenserwartungen erforderlich.

Stil — Der **Stil** des Anschreibens sollte informativ sein. Übersteigerte Selbstdarstellungen werden ebenso negativ gewertet wie über die Maßen zurückhaltende Äußerungen.

5.1.3. Lebenslauf

Lebenslauf — Im Lebenslauf geben die Bewerberinnen und Bewerber Aufschluß über ihre persönliche und berufliche Entwicklung. Er beginnt mit **Angaben zur Person,** also dem Namen, der Adresse, dem Geburtsdatum und dem Familienstand. Je nach Arbeitgeber werden weitere Angaben wie beispielsweise die Konfession erwartet.

Form — Der Lebenslauf sollte in **tabellarischer Form** abgefaßt sein. Ein handschriftlicher Lebenslauf ist gegebenenfalls zusätzlich beizufügen, wenn er in der Ausschreibung gefordert wird. Er bildet dann die Grundlage einer graphologischen Analyse, von der später die Rede sein wird. Übersichtliche und gut auswertbare Lebensläufe werden grundsätzlich positiv gewertet. Sie enthalten in einer Spalte links die jeweiligen Datumsangaben, üblicherweise nur den Monat und das Jahr. Rechts daneben finden sich die entsprechenden Ereignisse in Stichworten. Ob eine Gliederung in schulische und berufliche Ausbildung sowie beruflichen Werdegang positiver zu werten ist als ein rein chronologischer Aufbau, kommt darauf an, ob die Darstellung im Ergebnis übersichtlich ist, oder ob der Leser wegen paralleler Ereignisse in verschiedenen Lebenssituationen eher verwirrt wird. Lebensläufe enden häufig mit der Erwähnung von Hobbys. Empfehlenswert im Sinne einer erfolgversprechenden Analyse ist das nur, wenn die Hobbys in einer Beziehung zur ausgeschriebenen Stelle oder dem Unternehmen stehen. Sie lassen zudem Rückschlüsse auf das Kontaktverhalten der Bewerberinnen und Bewerber zu.

Zeitfolgeanalyse — Im Rahmen einer **Zeitfolgeanalyse** wird der Lebenslauf auf Lücken, den Ausbildungsgang und Arbeitsplatzwechsel untersucht. Von Bedeutung sind dabei die Häufigkeit des Wechsels von Ausbildungen und Arbeitsplätzen, das Alter, der Beruf, die Branchen und die Karriere. Ein häufiger Wechsel in oder kurz nach der Probezeit wirft kein gutes Licht auf die Bewerbung. Auch ansonsten kann ein häufiger Wechsel auf ein problematisches Persönlichkeitsbild hindeuten. Bei kreativen Berufen ist das allerdings anders zu beurteilen. Der Arbeitsplatzwechsel in überschaubarem zeitlichem Rahmen wird dagegen fast immer positiv bewertet, besonders, wenn er mit einem Aufstieg verbunden ist.

Der berufliche Auf- und Abstieg sind Gegenstand der **Positionsanalyse**, die außerdem den Wechsel des Berufs oder des Arbeitsgebietes thematisiert. Dabei wird natürlich jede Wendung zum Besseren positiv beurteilt. Ein Abstieg bzw. ein unvorteilhafter Wechsel des Berufs oder des Arbeitsgebietes sind jedoch immer erklärlich, wenn sie auf einer ungünstigen konjunkturellen Lage oder einer besonderen Lebenssituation fußen.

Positionsanalyse

Die **Firmen- und Branchenanalyse** dient der Beurteilung, ob eine Bewerberin oder ein Bewerber aufgrund der bisherigen Arbeitgeber für die Stellenbesetzung geeignet ist. Für manche Stellen sind vertiefte Branchenkenntnisse eine unabdingbare Voraussetzung. Für andere erscheint es dagegen wünschenswert, daß Erfahrungen aus anderen Branchen oder sogar von Zulieferern respektive Kunden eingebracht werden. Von Interesse ist auch die Frage, ob die bisherigen Arbeitgeber vorwiegend oder ausschließlich Klein- oder Großbetriebe waren. Beschäftigte aus Großbetrieben sind nicht selten einen relativ engen Kompetenz- und Aufgabenrahmen gewohnt, verfügen dafür aber in diesem Rahmen über aktuelle Kenntnisse. Arbeitskräfte aus Kleinbetrieben kennen dagegen häufig eine recht breites Aufgabenfeld, dies jedoch nicht so detailliert.

Firmen- und Branchenanalyse

Eine abschließende **Kontinuitätsanalyse** faßt die gewonnenen Einsichten zusammen und beurteilt den Aufbau der gesamten beruflichen Entwicklung. Hier wird nach einem roten Faden gesucht, also nach einem Moment der Stetigkeit und Geradlinigkeit, das den Lebenslauf ausmachen sollte. Unsichere, wechselhafte Charaktere bergen für die Unternehmen ein großes Risiko einer Fehlbesetzung in sich, dem man nach Möglichkeit aus dem Wege gehen möchte.

Kontinuitäts-
analyse

5.1.4. Foto

Alle Ansätze der physiognomischen Deutung sind zum Scheitern verurteilt. Wer von den mimischen Zügen, dem Gesichtsausdruck und der äußeren Erscheinung eines Menschen auf seine Intelligenz, seine Leistungsfähigkeit und seine charakterliche Grundhaltung schließen will, bewegt sich auf der Ebene von Vorurteilen, aber nicht auf der Ebene wissenschaftlicher Erkenntnisse. Trotzdem gehört das Foto zu den unverzichtbaren Bestandteilen einer Bewerbung. Es zeigt, wie die Bewerberin oder der Bewerber gern gesehen werden möchte, und sei es auch nur in puncto Kleidung und Frisur. Auf diese Weise vermittelt das Foto doch einen nicht unwichtigen Eindruck von der **Ausstrahlung** eines Menschen. Genau aus diesem Grunde sind die bereits erwähnten feucht-fröhlichen Urlaubs- und Privatfotos inakzeptabel.

Foto

Von besonderer Bedeutung ist das Foto, wenn der künftige Stelleninhaber das Unternehmen in der Öffentlichkeit repräsentiert – etwa im Kundenkontakt – oder in der Branche Äußerlichkeiten eine besondere Rolle spielen, wie das für den Bereich Mode gilt.

Man erwartet ein aktuelles, professionelles Foto, wie es in der Regel nur ein Fotograf machen kann. Üblich sind Farbfotos in der Größe eines Paßbildes. Traditionell findet sich das Foto in der rechten oberen Ecke des Lebenslaufs. Je nach der Eigenart der Stelle oder des Unternehmens kann von diesem Standard abgewichen werden. So mag es durchaus angemessen sein, wenn ein Bewerber um die Position des Leiters der Werbeabteilung in einem Modehaus ein schwarzweißes Ganzkörperfoto, das ihn in einem modisch geschnittenen Anzug in entspannter Haltung zeigt, als Blickfang an den Anfang seiner Bewerbung plaziert.

5.1.5. Ausbildungs- und Arbeitszeugnisse

Zeugnisse

Zeugnisse stellen ein wichtiges Auswahlkriterium dar, seien es nun Ausbildungs- oder Arbeitszeugnisse.

Ausbildungszeugnisse

Ausbildungszeugnisse sind von großer Bedeutung vor allem bei der Bewerbung zum Berufseinstieg. Mangels anderer Unterlagen werden sie in diesem Fall recht genau untersucht. Erfahrungsgemäß ermöglichen sie zwar kein objektives Urteil. Sowohl Schul- und Hochschulzeugnisse als auch betriebliche Ausbildungszeugnisse werden vom allgemeinen Niveau der Bildungseinrichtung und vielen anderen Details beeinflußt. Zudem beweisen sich schlechte Schülerinnen und Schüler oft gerade in der beruflichen Praxis. Trotzdem sind gerade bei Vorliegen mehrerer Ausbildungszeugnisse einige Schlußfolgerungen möglich. Sind auf einem Gebiet vermehrt schlechte Noten zu verzeichnen, deutet das zumindest auf Desinteresse, wenn nicht gar auf mangelndes Talent hin. Mit guten Noten auf einem Gebiet, das mit dem Aufgabenfeld der ausgeschriebenen Stelle verwandt ist, empfehlen sich die Bewerberinnen und Bewerber hingegen. Und im Zweifel entscheidet sich sicherlich fast jeder bei ansonsten gleichen Voraussetzungen für die Bewerbungen mit den besseren Noten.

Bei Vorliegen einiger Berufserfahrung verblaßt die inhaltliche Bedeutung der Ausbildungszeugnisse allerdings und tritt hinter die Dokumentationsfunktion zurück. Ausbildungszeugnisse dienen dann nur noch dem Beleg der Daten aus dem Lebenslauf und beweisen, daß die behauptete Ausbildung tatsächlich absolviert wurde.

Arbeitszeugnisse

Nach § 630 des Bürgerlichen Gesetzbuches, § 73 des Handelsgesetzbuches und § 113 der Gewerbeordnung müssen bei oder nach Beendigung eines Arbeitsverhältnisses **Arbeitszeugnisse** ausgestellt werden. Man bezeichnet sie als **Abgangszeugnisse**. Möglich sind aber auch vorläufige Zeugnisse oder **Zwischenzeugnisse** vor Beendigung eines Arbeitsverhältnisses. Ein Rechtsanspruch auf die Ausfertigung eines Zwischenzeugnisses besteht allerdings nicht, es sei denn, ein für Arbeitgeber und Arbeitnehmer bindender Tarifvertrag besagt etwas anderes.

Arbeitsbescheinigungen

Arbeitszeugnisse haben gleichfalls die erwähnte Dokumentationsfunktion. Die einfachen Zeugnisse oder **Arbeitsbescheinigungen** haben sogar nahezu ausschließlich eine Dokumentationsfunktion. Sie beinhalten zuerst einmal den Ausstellungsort und das Ausstellungsdatum sowie die Unterschrift des Arbeitgebers bzw. der Personalleitung oder eines Vorgesetzten. Besonders wichtig sind Angaben über die Person sowie die Art und Dauer der Beschäftigung, beispielsweise in folgender Formulierung:

ABC GmbH

Adresse

Arbeitsbescheinigung

Herr Peter Müller, geboren am 2. 2. 1970 in Rosenheim, war in der Zeit vom 1. 5. 19… bis 31. 12. 19… als Lagerarbeiter in unserem Unternehmen beschäftigt.

München, den 1. 1. 19…

Unterschrift

Abb. 2.18. Arbeitsbescheinigung

Hinter der Dokumentationsfunktion der Arbeitsbescheinigung verbirgt sich eine weitere Aussage. Die Arbeitnehmerin bzw. der Arbeitnehmer hat nicht auf ein qualifiziertes Zeugnis bestanden. Die Beschäftigten und Auszubildenden eines Unternehmens haben nämlich einen Rechtsanspruch auf die Ausstellung eines Arbeitszeugnisses, der mit dem Ausspruch der Kündigung gleich von welcher Seite entsteht. Die einschlägigen Vorschriften besagen zwar, daß eine Arbeitsbescheinigung bzw. für betriebliche Auszubildende eine Ausbildungsbescheinigung ausgestellt werden muß, falls die Betreffenden nicht ein qualifiziertes Zeugnis mit weitergehenden Angaben verlangen. In der Praxis stellt man jedoch regelmäßig ein qualifiziertes Zeugnis aus, wenn die Betreffenden nicht ausdrücklich nur ein einfaches Zeugnis wünschen. Angesichts dieser Fakten müssen sich die Personalverantwortlichen logischerweise fragen, wieso nur eine Arbeitsbescheinigung vorgelegt wird. Da liegt die Vermutung nahe, daß weitergehende Angaben etwas Negatives offenbart hätten.

Auch das **qualifizierte Zeugnis** enthält zunächst einmal Ausstellungsort und -datum sowie die Unterschrift des Arbeitgebers bzw. der Personalleitung oder eines Vorgesetzten. Es beginnt mit einer Überschrift wie Zeugnis, Dienstzeugnis oder Arbeitszeugnis und einem Eingangssatz, der etwa der Formulierung über die Person sowie Art und Dauer des Arbeitsverhältnisses in der Arbeitsbescheinigung entspricht. Es folgt eine Positions- und Aufgabenbeschreibung verbunden mit der Dauer der Beschäftigung in den jeweiligen Aufgabengebieten. Das Augenmerk liegt vor allem auf der Beurteilung der Leistung, gegebenenfalls des Erfolges und des Sozialverhaltens. Eine Auskunft zum Termin und Grund der Beendigung des Arbeitsverhältnisses und ein Schlußsatz runden den Eindruck ab. Ein kurz gehaltenes qualifiziertes Zeugnis hat etwa folgenden Wortlaut:

Qualifizierte Zeugnisse

Buchhandlung XY

Adresse

Zeugnis

Herr Alfred Maier, geboren am 3. 3. 1970 in Flensburg, war in unserer Buchhandlung in der Zeit vom 1. 4. 19… bis zum 30. 9. 19… als Verkäufer tätig.

Zu seinem Aufgabengebiet gehörten im einzelnen

– die Kontrolle des Wareneingangs,

– das Einräumen des Wareneingangs,

– das Ausräumen und Remittieren der unverkauften Ware,

– das Verkaufen und Kassieren sowie

– die selbständige Abrechnung der Tageskasse.

Die Herrn Maier übertragenen Aufgaben führte er zu unserer vollsten Zufriedenheit aus. Das Verhalten gegenüber Kollegen, Vorgesetzten und Kunden war stets einwandfrei.

Herr Maier scheidet auf eigenen Wunsch aus unserem Unternehmen aus.

Wir danken für seine geleistete Arbeit und wünschen ihm für seinen weiteren Berufs- und Lebensweg alles Gute.

Kiel, den 1. 10. 19…

Unterschrift

Abb. 2.19. Qualifiziertes Arbeitszeugnis

Dieses qualifizierte Zeugnis wurde in der Tat von einer hier nicht genannten Buchhandlung für einen Verkäufer anderen Namens abgefaßt. Die seltsam geschraubten Formulierungen sind durchaus üblich. Für die Analyse des Arbeitszeugnisses ist es unumgänglich, sich die Gründe für diese Formulierungen zu vergegenwärtigen, um sie auf diesem Hintergrund einigermaßen zuverlässig bewerten zu können.

Grundsätze der Zeugnisformulierung

○ Zunächst muß bei der Erstellung eines Arbeitszeugnisses der **Grundsatz der Zeugniswahrheit** beachtet werden. Ein Arbeitszeugnis sollte also im Prinzip sowohl berechtigte günstige als auch berechtigte ungünstige Aussagen enthalten. Die betroffen Arbeitnehmer können aber auf die Erteilung eines richtigen Zeugnisses klagen und bei schuldhafter Verletzung der Zeugnispflicht vom Arbeitgeber entsprechenden Schadensersatz verlangen. Ferner können sie, notfalls auf dem Klagewege, die Berichtigung eines fehlerhaften Zeugnisses verlangen. Das bedingt bereits eine gewisse Vorsicht bei der Formulierung ungünstiger Aussagen, denn diese müssen auch vor dem Arbeitsgericht Bestand haben. Und schließlich werden ungünstige Aussagen durch ein Grundsatzurteil des Bundesgerichtshofes zu einem kaum lösbaren Problem. Dieses Urteil besagt, Zeugnisaussagen sollten immer „vom verständigen Wohlwollen für den Arbeitnehmer getragen sein und ihm sein weiteres Fortkommen nicht erschweren."

○ Nach dem **Grundsatz der Wahrung des Interesses Dritter** müssen möglichen nachfolgenden Arbeitgebern durch das Arbeitszeugnis wahrheitsgemäße Auskünfte erteilt werden. Deshalb dürfen Zeugnisse keine unwahren Aussagen enthalten. Andererseits sind wahre Tatsachen und Beurteilungen nur insoweit in das Zeugnis aufzunehmen, als ein künftiger Arbeitgeber hieran ein berechtigtes Interesse hat. Ein späterer Arbeitgeber kann bei einem unrichtig ausgestellten Arbeitszeugnis vom Aussteller Schadensersatz verlangen, wenn dieser vorsätzlich in einer gegen die guten Sitten verstoßenden Weise gehandelt hat.

○ Der **Grundsatz der Zeugniseinheit** besagt, daß ein qualifiziertes Zeugnis sich stets auf das Sozialverhalten und die Leistung zu erstrecken hat. Mit anderen Worten muß also auch dann etwas zur Leistung bzw. zum Sozialverhalten gesagt werden, wenn hier eigentlich nur Negatives zu vermerken ist.

Indirekte Zeugnisaussagen

Um diese widersprüchlichen arbeitsrechtlichen Auflagen einhalten zu können, bedient man sich indirekter Zeugnisaussagen, die ungünstige Vorkommnisse verschlüsselt ausweisen. In der betrieblichen Praxis sind vor allem drei Arten indirekter Zeugnisaussagen üblich:

○ die **Formulierungsskala** der Arbeitsgemeinschaft selbständiger Unternehmer,

○ bestimmte **Spezialformulierungen** und

○ die **Methode des vielsagenden Verschweigens**.

Zum Zwecke der Analyse eines Arbeitszeugnisses ist folglich eine Übersetzung der Zeugnisaussagen vonnöten.

Die folgende Übersicht soll einen Überblick über die Formulierungsskala und die Spezialformulierungen geben:

Zeugnistext zur Leistung	Bedeutung
stets zu unserer vollsten Zufriedenheit	sehr gute Leistungen
stets zu unserer vollen Zufriedenheit	gute Leistungen
zu unserer vollen Zufriedenheit	befriedigende Leistungen
zu unserer Zufriedenheit	ausreichende Leistungen
im großen und ganzen zu unserer Zufriedenheit	mangelhafte Leistungen
hat sich bemüht	ungenügende Leistungen
hat die ihr/ihm übertragenen Aufgaben ... erledigt	nur diese Aufgaben, sonst nichts
war für diese Position die ideale Besetzung	sehr gute Eignung
beherrschte sein Arbeitsgebiet entsprechend den Anforderungen	ausreichendes Fachwissen
hatte immer ausgezeichnete Ideen und gab wertvolle Anregungen	sehr gute Leistungsbereitschaft und Initiative
führte seine Aufgaben mit Umsicht, Wissen und Engagement aus	befriedigende Leistungsbereitschaft
war wechselnden Beanspruchungen gewachsen und hielt jedem Termindruck stand	gute Ausdauer und Belastbarkeit
bevorzugte eine gleichbleibende Tätigkeit	schlechte Ausdauer und Belastbarkeit
wir konnten ihr/ihm jederzeit unser volles Vertrauen schenken	sehr vertrauenswürdig
war insgesamt vertrauenswürdig und übernahm ab und zu Verantwortung	Zuverlässigkeit, Vertrauen und Verantwortungsbereitschaft befriedigend
nutzte jede Chance, das ohnehin hervorragende Fachwissen weiterzuentwickeln	sehr gute Entwicklung
das Fachwissen entsprach der Aufgabe und wurde weiterentwickelt	ausreichende Entwicklung

Zeugnistext zum Erfolg	Bedeutung
zeichnete sich durch ein hohes Maß an Selbständigkeit aus und erzielte stets optimale Lösungen	sehr gute Arbeitsweise mit sehr gutem Erfolg
bemühte sich stets, den gestellten Anforderungen gerecht zu werden	die Bemühungen führten nicht zum Erfolg

Zeugnistext zum Sozialverhalten	Bedeutung
das Verhalten bei der Führung der Mitarbeiter war stets vorbildlich; verstand es, zu motivieren und Leistung zu erreichen	hervorragende Führungskraft
das Verhalten gegenüber Vorgesetzten und im Kollegenkreis war jederzeit vorbildlich	sehr gutes Sozialverhalten
das Verhalten gegenüber Vorgesetzten und im Kollegenkreis war tadellos	gutes Sozialverhalten
Vorgesetzte und Kollegen schätzten die sachliche Zusammenarbeit	befriedigendes Sozialverhalten
ein kritischer Mitarbeiter	ein Nörgler
das Verhalten im Kollegenkreis war tadellos	Streit mit Vorgesetzten
für die Belegschaft zeigte sie/er großes Einfühlungsvermögen	Liebschaften
ihre/seine gesellige, freundliche Art war geschätzt	übermäßiger Alkoholgenuß
verstand es, die Aufgaben mit vollem Erfolg zu delegieren	war faul und ließ andere darunter leiden
wußte sich gut zu verkaufen	tat selbst nicht zu viel, schmeichelte sich aber bei Vorgesetzten mit den Erfolgen anderer ein

Zeugnistext zum Grund des Ausscheidens	Bedeutung
auf eigenen Wunsch	Kündigung durch den/die Arbeitnehmer/in
im beiderseitigen Einverständnis	auf der Grundlage eines Aufhebungsvertrages, also in der Regel auf Wunsch des Arbeitgebers nachdem es zu Störungen im Arbeitsverhältnis gekommen war
aus organisatorischen Gründen	regelmäßig ein vorgeschobener Grund, hinter dem sich Probleme im Arbeitsverhältnis verbergen
das Arbeitsverhältnis endet umgehend mit dem heutigen Tage	außerordentliche, fristlose Kündigung durch den Arbeitgeber

Schlußsatz des Zeugnisses	Bedeutung
wir bedauern, diese/n tüchtige/n Mitarbeiter/in zu verlieren und wünschen für die Zukunft alles Gute	war für das Unternehmen sehr wertvoll, zudem keine Trennung im Streit
wir danken für die Mitarbeit und wünschen für die Zukunft alles Gute	war für das Unternehmen wertvoll, zudem keine Trennung im Streit
wir wünschen für die Zukunft alles Gute	neutrale Formulierung
wir wünschen für die Zukunft alles Gute, vor allem Gesundheit	war dauernd krank
wir wünschen für die Zukunft viel Glück	es gab Probleme in der Zusammenarbeit; das Glück wird sie/er wohl dringend benötigen

Abb. 2.20. Zeugnistexte und ihre Bedeutung

Gemäß einem Urteil des Bundesarbeitsgerichtes ist die Verwendung derartiger verschlüsselter Formulierungen, die wohlwollender klingen, als sie gemeint sind, zulässig.

Die außerdem genannte **Methode des vielsagenden Verschweigens** besteht im Verschweigen wichtiger und Hervorheben unwichtiger Vorfälle und Beurteilungen. Wird etwa das Verhalten gelobt, während die Leistungsbeurteilung spärlich ausfällt, deutet das auf unzureichende Leistungen hin. Und wenn jemandem Qualifikationen attestiert werden, die selbstverständlich sind, wie technisches Verständnis bei einem Ingenieur, gibt es wohl sonst nichts Positives. Und das besondere Hervorheben der Pünktlichkeit, Ordentlichkeit und Genauigkeit bei der Beurteilung einer Werbetexterin wäre dann eine bewußte Abwertung, wenn Aussagen über die für ihre Funktion unerläßliche Kreativität fehlen.

Die Methode des vielsagenden Verschweigens wird auch für die **Positions- und Aufgabenbeschreibung** angewandt. Fehlt die Erwähnung wichtiger Tätigkeitsbereiche, die normalerweise aufgeführt werden, ist zu vermuten, daß die Leistungen oder die Qualifikationen nicht ausreichend waren. Aus den Formulierungen gehen überdies oft die Anforderungshöhe und der Grad der Selbständigkeit bzw. Verantwortung hervor.

Die Analyse der **Tätigkeitsdauer** sollte sich einmal auf die gesamte Dauer der Beschäftigung, zum zweiten auf die Dauer der Beschäftigung mit einem bestimmten Arbeitsgebiet erstrecken. Ein rascher Wechsel ohne einen Aufstieg deutet auf ein Scheitern an den Aufgaben hin.

Neben den genannten Formulierungen zum Grund des Ausscheidens gibt der **Termin der Beendigung des Arbeitsverhältnisses** Aufschlüsse. War er nicht mit dem Abschluß der üblichen Kündigungsfrist identisch, muß davon ausgegangen werden, daß der ehemalige Arbeitgeber aufgrund schwerwiegender Vorfälle auf eine unverzügliche Beendigung des Arbeitsverhältnisses gedrungen hatte.

Trotz der Fülle von Interpretationsregeln läßt die Analyse von Arbeitszeugnissen **keine eindeutigen Urteile** zu. Zwar kann man regelmäßig davon ausgehen, daß größere Unternehmen die Formulierungsskala, Spezialformulierungen und die Methode des Verschweigens und Hervorhebens bewußt verwenden. Bei kleineren, gegebenenfalls auch mittelständischen Unternehmen kann es jedoch sein, daß Formulierungen uneinheitlich verwendet werden oder ihre Bedeutung überhaupt nicht bekannt ist. Hier kann nur der Vergleich mehrerer zeitlich nacheinander liegender Arbeitszeugnisse helfen. Dadurch wird es möglich, Fehldeutungen teilweise einzuschränken.

Grenzen der Analyse

Auch die Kritik, Arbeitszeugnisse spiegelten wegen der subjektiven Einflüsse weniger die Leistung als vielmehr das Wohlverhalten im Betrieb wider, ist nicht ganz unberechtigt. Auf der anderen Seite ist aber gerade dieses Wohlverhalten, verbunden mit einer durchschnittlichen Leistungsfähigkeit und Leistungsbereitschaft, eine mögliche Voraussetzung für eine erfolgreiche Eingliederung in ein anderes Unternehmen.

5.1.6. Referenzen

Referenzen werden, wenn überhaupt, erst eingeholt, wenn Bewerberinnen oder Bewerber um bedeutendere Positionen in die engere Wahl genommen wurden. Die Möglichkeit, eine Referenz einzuholen, ist gegeben, wenn die Betreffenden in ihrem Anschreiben Personen nennen, die auf Anfrage Aussagen zu ihnen machen können.

Referenzen

Die **Aussagekraft** von Referenzen ist zumeist recht gering. Zunächst machen Referenzen nur Sinn, wenn die möglichen Aussagen auf einer längeren Zusammenarbeit oder besonderen Verbindung beruhen. Weiterhin entspricht es den Gepflogenheiten, daß Referenzen nur dann in einer Bewerbung angeführt werden, wenn die Bewerber vorher das Einverständnis zu ihrer Nennung eingeholt haben. Aber niemand wird eine Auskunftsperson benennen, von der zu erwarten ist, daß sie sich negativ äußert. So nehmen viele Unternehmen davon Abstand, von den genannten Referenzen Gebrauch zu machen.

Allerdings ist die Tatsache, wer als Referenz genannt wird, von einer gewissen Aussagekraft. Die Angabe von Auskunftspersonen, die nur wegen ihres klingenden Namens aufgeführt werden, aber im Grunde genommen wenig über die berufliche Qualifikation sagen können, gilt als sogenannte Renommier- oder Gefälligkeitsreferenz, die negativ beurteilt wird. Andererseits ist es für einen Lobbyisten sicherlich unverzichtbar, die richtigen Leute zu kennen.

Referenzen können einer Bewerbung auch in Form einer schriftlichen Äußerung, einer Art Gutachten, beigefügt werden. Sie sind in der gleichen Weise zu beurteilen.

Zulässig ist auch das **Einholen von Auskünften** bei früheren Arbeitgebern ohne die Zustimmung der Bewerberin respektive des Bewerbers und ohne Referenzangabe, nicht jedoch beim derzeitigen Beschäftigungsunternehmen, solange das Arbeitsverhältnis ungekündigt ist. Die früheren Arbeitgeber sind unter zwei Voraussetzungen berechtigt, aber nicht verpflichtet, Auskünfte zu erteilen:

Auskünfte

– Sie haben sich nicht zur Unterlassung solcher Auskünfte verpflichtet, beispielsweise im Rahmen eines Vergleichs vor dem Arbeitsgericht.
– Das anfragende Unternehmen macht ein berechtigtes Interesse geltend, von dem bei Vorliegen einer Bewerbung immer auszugehen ist.

Auch hier ist die Aussagekraft gering. Der frühere Arbeitgeber darf zwar wahrheitsgemäße, damit theoretisch auch negative Auskünfte geben. Er muß aber bei negativen Äußerungen Schadensersatzansprüche des ehemaligen Arbeitnehmers in Betracht ziehen. Denen könnte er nur dadurch begegnen, daß er Belege für Vorgänge

5.1.7. Arbeitsproben

Arbeitsproben

Soweit einer Bewerbung Arbeitsproben beigefügt werden, sollen sie einen unmittelbaren Eindruck über die Qualifikation vermitteln. Arbeitsproben sind besonders angebracht oder gar gefordert, wenn die Stelle vor allem kreative Aufgaben beinhaltet. Das gilt etwa für Designer und Journalisten, die ihren Bewerbungen beispielsweise Veröffentlichungen, Entwürfe, Texte oder Bilder beifügen. Auch ein Auszug aus einer betriebswirtschaftlichen Diplomarbeit kann opportun sein, wenn die Arbeit wichtige Bereiche aus dem Aufgabenfeld der offenen Stelle thematisiert. Völlig unangebracht sind interne Unterlagen des derzeitigen Arbeitgebers. Sie wecken nur den Verdacht, daß sich ein derartiger Vertrauensbruch wiederholen könnte, wenn es zu einer Einstellung käme.

Arbeitsproben dürfen weder im Format noch im Umfang zu sehr aus dem Rahmen fallen. Die Personalverantwortlichen tendieren ansonsten dazu, die sperrigen Unterlagen durch eine Absage loszuwerden.

Arbeitsproben, die unter Aufsicht im Unternehmen durchgeführt werden, rechnet man eher zu den Testverfahren, die später Erwähnung finden. Gemeint sind zum Beispiel Übersetzungen oder Übungen am Arbeitsplatz.

5.1.8. Auswertung

Auswertungsbogen

Für die Dokumentation der Analyse der verbliebenen Bewerbungen ist die Verwendung eines **Auswertungsbogens** sehr empfehlenswert. Er ermöglicht es, eine Systematik in die Analyse zu bringen, die allzu subjektive Urteile verhindert. Möglich wäre zum Beispiel der in Abb. 2.21. dargestellte Aufbau.

Dabei schafft im Auswertungsbogen eine freie, verbale Beschreibung mehr Freiräume, auf die Besonderheiten des Einzelfalls einzugehen. Eine ausschließliche oder zusätzliche Bewertung etwa in Form von Noten oder Plus- und Minuszeichen erleichtert indessen den Vergleich der Bewerberinnen und Bewerber.

Für jede Bewerbung sollte ein gesonderter Bogen verwendet werden. Der Aufbau müßte jedoch für jede Bewerbung immer derselbe sein, um wiederum eine Vergleichbarkeit sicherzustellen.

Eignungsprofil

Die im Auswertungsbogen zusammengefaßten Erkenntnisse aus der Analyse der Bewerbung werden nun in ein **Eignungsprofil** der Bewerberin bzw. des Bewerbers übersetzt. Dieses Eignungsprofil sollte im Aufbau dem des zuvor erstellten Anforderungsprofils entsprechen, um einen Profilabgleich zu ermöglichen. Orientiert an dem weiter oben angeführten Anforderungsprofil sähe es für eine fiktive Bewerberin etwa wie in Abb. 2.22. beschrieben aus.

Auswertungsbogen		
Stelle		Personalentwicklungsbeauftragte/r
Bewerber/in		Susi Schmitz
Bewertungsbasis	Bewertungskriterium	Bewertung
Form	Sauber	ja
	Komplett	Diplomzeugnis fehlt
	Besonderheiten	keine
Anschreiben	Adresse, Telefon	ja
	Länge	eine Seite
	Gliederung	übersichtlich
	Gestaltung	ansprechend
	Text informativ	ja
	Schlüsselbegriffe bearbeitet	ja
	Derzeitger Arbeitgeber	keiner: Studium
	Gekündigt/Ungekündigt	Studium
	Derzeitige Tätigkeit	Studium
	Stil	ansprechend
Lebenslauf	Angaben zur Person	geb. 1.1.70, ledig
	Form	tabellarisch, chronologisch
	Übersichtlich	ja
	Besonderheiten (Hobbys)	Hobby Bergführerin
	Zeitfolgeanalyse	o.k.
	Positionsanalyse	o.k.
	Firmen-/Branchenanalyse	nur Praktika, aber im Personalwesen
	Kontinuitätsanalyse	o.k.
Foto	Ausstrahlung	positiv
Zeugnisse	Ausbildungszeugnisse	
	– Abitur	Note 2,0; schwach in Chemie
	– Studium	laut Statusbogen gut, aber keine
		„Planung und Organisation"
	Arbeitszeugnisse	nur Praktika, die aber gut bis sehr gut
		Schwächen in der Arbeitsorganisation
Referenzen	Aussagekraft	keine erwähnt
	Auskünfte	keine erwähnt
Arbeitsproben	Aussagekraft	Auszug Diplomarbeit zur Personalent-
		wicklung zeigt Fachwissen
Gesamturteil	Schwächen	Praxis, Arbeitsorganisation, Planung
	Stärken	Fachwissen, Verhaltensmerkmale
	Gesamteindruck	gut, aber keine Berufserfahrung
Fortgang	Aktion	Verfahrensweise
	Absage	nein
	Reserve	nein
	Einladung	ja
	Unterlagen nachfordern	Diplomzeugnis
	Offene Fragen	Qualifikation Planung und Organisation

Abb. 2.21. Auswertungsbogen

Eignungsprofil		
Stelle	Personalentwicklungsbeauftragte/r	
Bewerber/in	Susi Schmitz	
Bewertungsbasis	Anforderung	Eignung
Schul- und Berufsbildung	wirtschafts- oder sozialwissenschaftliches Hochschulstudium oder vergleichbare Ausbildung	*Dipl.-Betriebswirtin* *FH Niederrhein*
Berufliche Fortbildung	Ausbildereignung	*vorhanden*
Fachwissen	Planung und Organisation	*keine Kenntnisse*
	Personalführung	*Studienleistung: sehr gut*
	Betriebspsychologie	*Studienleistung: gut*
	Betriebssoziologie	*Studienleistung: gut*
	Arbeitsrecht	*Studienleistung: gut*
Berufserfahrung	6 Jahre Berufserfahrung	*keine*
	möglichst im Personalwesen	*Praktika*
Geistige Faktoren	± Analytisches Denkvermögen	++ *Zeugnisse, Anschreiben*
	++ Urteilsfähigkeit	+ *Zeugnisse, Anschreiben*
	+ Kreativität	++ *Form der Bewerbung*
	+ Sprachlicher Ausdruck	+ *Anschreiben*
Verhaltensmerkmale	± Problembewußtsein	+ *Anschreiben*
	+ Entscheidungsvermögen	++ *Anschreiben*
	+ Selbständigkeit	++ *Hobby Bergführerin*
	++ Kontaktvermögen	++ *Praktikumszeugnis*
	++ Kooperationsbereitschaft	++ *Anschreiben*
	+ Durchsetzungsvermögen	++ *Hobby Bergführerin*

Abb. 2.22. Eignungsprofil

Die Verwendung von Formularen für den Auswertungsbogen und das Eignungsprofil kann bereits als Richtlinie über die personelle Auswahl im Sinne des Betriebsverfassungsgesetzes und der Personalvertretungsgesetze verstanden werden, die der Zustimmung des Betriebs- oder Personalrates bedarf.

Weitere Auswahlverfahren? Bei großen Diskrepanzen zwischen dem Anforderungs- und dem Eignungsprofil kann oder muß man an diesem Punkt erneut Absagen erteilen. Besonders, wenn man es nach wie vor mit einer großen Anzahl von Bewerbungen zu tun hat, die die erste, grobe Durchsicht überstanden hatten, ist eine Reduzierung unumgänglich.

Vorläufiges Eignungsprofil Für alle anderen Bewerbungen ist das ermittelte Eignungsprofil nur ein vorläufiges. Weitere Auswahlverfahren dienen nun der genaueren Erfassung der Eignung für die ausgeschriebene Stelle.

5.2. Fragebogen

Aus der Vielzahl möglicher Arten von Fragebogen sind für die Auswahl von Bewerberinnen und Bewerbern zwei von besonderem Interesse:

– die Personalfragebogen und

– die biographischen Fragebogen.

5.2.1. Personalfragebogen

Immer mehr Unternehmen gehen dazu über, als Ergänzung zu den sonstigen Bewerbungsunterlagen ausgefüllte Personalfragebogen zu verlangen. Sie sollen die aus der Sicht der Unternehmen wichtigen persönlichen und beruflichen Daten in systematischer und auf einfache Weise auswertbarer Form darstellen. Diese Unternehmen senden den Bewerberinnen und Bewerbern, etwa in Verbindung mit einer Eingangsbestätigung oder einem Zwischenbescheid, einen entsprechenden Vordruck mit der Bitte um Rücksendung zu. Bei mündlichen oder telefonischen Bewerbungen ist der Personalfragebogen mitunter die einzige schriftliche Bewerbungsunterlage. Soweit die betreffenden Bewerberinnen und Bewerber des Schreibens unkundig sind und die ausgeschriebene Stelle auch mit Analphabeten besetzt werden kann, wird der Personalfragebogen mit Hilfe von Personalverantwortlichen ausgefüllt.

Personalfragebogen

Ein einheitlicher Personalfragebogen für alle Gruppen von Beschäftigten erleichtert die Auswertung, insbesondere für Statistiken und beim unerläßlichen Einsatz von Computerunterstützung. Die **Auswertung** erfolgt durch einen Vergleich mit den Daten des Lebenslaufs. So lassen sich Widersprüche und Abweichungen aufdecken. Außerdem erlaubt die Systematik des Personalfragebogens eine einfachere Zeitfolge- und Positions-, Branchen- und Kontinuitätsanalyse. Ein Auswertungsbogen ist nicht notwendig, da die Fragen in Reihenfolge und Inhalt selbst schon in Hinsicht auf die Auswertung formuliert sind.

Auswertung

Der **Inhalt** eines Personalfragebogens muß auf die Erfordernisse des Unternehmens abgestimmt sein. In der Regel werden folgende Bereiche abgefragt:

– Angaben zur Person,

– Ausbildung,

– Berufstätigkeit,

– Kenntnisse und Erfahrungen,

– Erfindungen, Patente, Veröffentlichungen und

– Angaben für die Einstellung.

Das Unternehmen darf zu diesen Bereichen aber nur Daten erheben, die für die ausgeschriebene Position von Bedeutung sind. **Zulässig** sind demnach beispielsweise Fragen

Zulässige Fragen

– zum beruflicher Werdegang,

– zu einer Schwerbehinderung, da sie möglicherweise die Ausübung der Tätigkeit verhindert,

– zu Krankheiten, wenn eine Krankheit die Eignung für die Tätigkeit ausschließt, eine Gefährdung der übrigen Arbeitskräfte oder der Kunden mit sich bringt respektive eine Arbeitsunfähigkeit zum Arbeitsantritt oder direkt danach bedingt,

– zum bisherigen Entgelt nur, wenn die ausgeschriebene Stelle der jetzigen entspricht und deshalb das frühere Entgelt Bedeutung für das künftige Entgelt hat,

– zum Vorliegen einer Schwangerschaft, wenn Frauen Arbeiten verrichten sollen, die von Schwangeren nicht ausgeübt werden dürfen oder wenn sich nur Frauen auf die Stelle bewerben,

– zu den Vermögensverhältnissen, wenn die Tätigkeit ein besonderes Vertrauensverhältnis zum Arbeitgeber fordert,

– zu Vorstrafen, wenn sie in einer direkten Beziehung zur künftigen Arbeit stehen oder falls eine bestimmte Vorstrafe die Arbeitsausübung ausschließt, und

– zur politischen, gewerkschaftlichen oder konfessionellen Zugehörigkeit nur bei politisch, gewerkschaftlich oder konfessionell gebundenen Arbeitgebern.

Beantworten Bewerberinnen und Bewerber zulässige Fragen unwahr oder unvollständig, kann das Unternehmen den Arbeitsvertrag anfechten. Möglich sind auch eine Kündigung und sogar ein Schadensersatzanspruch. Um dies deutlich zu machen, enden die meisten Personalfragebogen mit der Unterschrift der Betroffenen unter Formulierungen wie:

„Ich versichere, daß die vorstehenden Angaben der Wahrheit entsprechen und vollständig sind. Es ist mir bekannt, daß wegen wissentlich unwahrer Angaben oder wegen Verschweigens wesentlicher Tatsachen der Arbeitsvertrag angefochten bzw. gekündigt werden kann."

Die unwahre oder unvollständige Beantwortung von unzulässigen Fragen hat jedoch keinerlei nachteilige Folgen für die Betreffenden.

Ob denn ein Personalfragebogen absolut unverzichtbar ist, will angesichts dieser Rechtslage gut überlegt sein.

Offenbarungspflicht

Gegen Personalfragebogen spricht weiter, daß Bewerberinnen und Bewerber grundsätzlich immer eine **Offenbarungspflicht** haben, die spätestens im persönlichen Gespräch zum Zuge kommt. Auch ohne gefragt worden zu sein, müssen sie alle Informationen geben, die für das Arbeitsverhältnis wichtig sind. Das betrifft vor allem Informationen über alle Umstände, die der vereinbarten Aufnahme der Tätigkeit entgegenstehen, wie beispielsweise über Krankheiten, geplante Kuren, eine Schwerbehinderung und ein Wettbewerbsverbot. Genügt der Bewerber seiner Offenbarungspflicht nicht, hat das die gleiche Wirkung, als wenn er zulässige Fragen falsch beantwortet.

Auch angesichts der Tatsache, daß es relativ aufwendig ist, die Daten aus den Lebensläufen vieler Bewerbungen in einer einheitliche Systematik aufzunehmen, ist es doch ein Faktum, daß gute Lebensläufe ohnehin die wichtigsten Daten enthalten. Deshalb sollte man zumindest auf detaillierte Fragen aus dem persönlichen Bereich verzichten.

Ferner ist es für Bewerberinnen und Bewerber äußerst unangenehm, ja sogar abschreckend, wenn sie von einer Organisation detailliert und anonym ausgefragt werden, die sie kaum kennen. Man ist eher dazu bereit, Fragen im persönlichen Gespräch zu beantworten.

Mitbestimmung

Schließlich bedarf die Einführung eines Personalfragebogens nach § 94 Betriebsverfassungsgesetz und den entsprechenden Vorschriften der Personalvertretungsgesetze des Bundes und der Länder der Zustimmung des Betriebs- bzw. Personalrates. Der kann und wird Einfluß auf den Inhalt des Personalfragebogens nehmen, hat aber keine Möglichkeit, die Einführung und Verwendung zu erzwingen.

5.2.2. Biographische Fragebogen

Biographische Fragebogen

Biographische Fragebogen erheben Lebenslaufdaten einer Person, etwa:

– zum Elternhaus,
– zur familiären Situation,
– zur Schulzeit,
– zur Ausbildung,
– zum Berufswahlverhalten,
– zu den bisherigen Arbeits- und Berufserfahrungen,
– über die Leistungsbereitschaft,

– über die Einstellung zur Arbeit,

– zu Interessen und Aktivitäten,

– über die Kontaktfähigkeit und -bereitschaft sowie

– die Fähigkeit, die persönlichen finanziellen Angelegenheiten zu regeln.

Die Daten werden durch sogenannte **Mehrfachauswahlfragen** erhoben. Die Befragten haben also die Möglichkeit, eine von mehreren vorgegebenen Antworten anzukreuzen. Zum Teil können sie auch auf der Grundlage einer Frage ihr Verhalten, ihre Einstellungen usw. frei beschreiben. Durch die Kombination der Fragen und die für die Befragten nicht direkt ersichtliche Wiederholung von Fragen und Antwortsegmenten wird im Ansatz sichergestellt, daß ehrliche Antworten erfolgen. Aufgrund der in den Antworten erkennbaren Verhaltensmuster und Werteinstellungen wird auf das zukünftige Arbeits- und Berufsverhalten der Person geschlossen.

Die **Auswertung** im Rahmen der Personalbeschaffung geschieht durch den **Vergleich der Ergebnisse** von Bewerberinnen und Bewerbern **mit denen** bereits **erfolgreicher Mitarbeiterinnen und Mitarbeiter** mittels mathematisch-statistischer Methoden, meist per Computer. Biographische Fragebogen müssen deshalb immer eigens für die Organisation entwickelt werden, in der sie angewandt werden sollen. | Auswertung

Dabei wird jedoch auf empirisch bewährte Vorgaben zurückgegriffen, das heißt auf ein abstraktes Auswahlsystem mit diversen Kriterien, denen jeweils eine Anzahl von Merkmalen zugeordnet ist. Das gewählte abstrakte Auswahlsystem wird nun durch eine Befragung im Unternehmen mit Leben gefüllt. Man ermittelt, welche Antworten von erfolgreichen Stelleninhabern gegeben werden, also welche Verhaltensmuster und Werteinstellungen sie haben.

Im Anschluß daran wird der biographische Fragebogen Bewerberinnen und Bewerbern vorgelegt. Meist führt man mit ihnen zunächst ein Gespräch vor Ort, um zu klären, ob gewisse unabdingbare Voraussetzungen erfüllt sind. Nur jenen, für die das gilt, wird dann der Fragebogen vorgelegt, den sie gleichfalls in der Regel vor Ort in einer vorgegebenen Zeit ausfüllen sollen. So kann man mögliche Verzerrungen verhindern, die sich ergäben, wenn der Bogen mit Hilfe von Freunden oder der Familie ausgefüllt würde.

Wissenschaftliche Untersuchungen haben bewiesen, daß die **Vorhersagegenauigkeit** biographischer Fragebogen **sehr hoch** und weit über der anderer Auswahlverfahren liegt. Trotzdem werden sie **selten eingesetzt**. Das mag daran liegen, daß dieses Auswahlverfahren noch nicht genügend bekannt ist. Möglicherweise ist aber auch die fehlende theoretische Begründung abschreckend. Die wissenschaftlich belegbare Aussage, das vergangene Verhalten lasse die besten Vorhersagen für künftiges Verhaltens zu, gilt nämlich für biographische Fragebogen nur zu einem geringen Teil. Sie beziehen sich größtenteils nicht auf konkretes vergangenes Verhalten, sondern vielmehr auf Einstellungen, Bewertungen und Beweggründe für individuelles Verhalten. Ferner ist gerade der biographische Fragebogen ein für Bewerberinnen und Bewerber äußerst unangenehmes Instrument. Hier werden recht intime Bereiche von einer Organisation, die sie kaum kennen, detailliert durchleuchtet.

Weiterhin bedarf die Einführung eines biographischen Fragebogens nach § 94 Betriebsverfassungsgesetz und den entsprechenden Vorschriften der Personalvertretungsgesetze des Bundes und der Länder gleichfalls der Zustimmung des Betriebs- bzw. Personalrates. | Mitbestimmung

Und schließlich ist eine grundlegende **Kritik** angebracht. Mit Hilfe eines biographischen Fragebogens werden Unternehmen dazu verleitet, ihre Belegschaft immer | Kritik nach den gleichen, in der Vergangenheit und Gegenwart sicherlich erfolgversprechenden Kriterien zusammenzusetzen. Das ist auf die Dauer nicht nur recht eintönig. So geht auch die unbedingt notwendige Flexibilität verloren, auf Änderungen im Umfeld zu reagieren.

Soweit man durch die Auswertung von Fragebogen zu neuen Einsichten gekommen ist, werden diese im Eignungsprofil dokumentiert.

5.3. Vorstellungsgespräch

> Neben der Analyse der Bewerbungsunterlagen zählt das Vorstellungsgespräch zu den Auswahlverfahren, die sehr häufig angewandt werden. So gut wie keine Personalauswahl geht ohne ein oder mehrere Gespräche zwischen Bewerbern und Personalverantwortlichen vonstatten.

5.3.1. Informationsmöglichkeiten des Unternehmens

Informationsmöglichkeiten

Aus Sicht der Unternehmen bietet das Vorstellungsgespräch folgende Informationsmöglichkeiten:

○ Die Bewerberinnen und Bewerber können einen persönlichen Eindruck vom Unternehmen, seiner Belegschaft und der ausgeschriebenen Position gewinnen und so eine sicherere Entscheidung für oder gegen die offerierte Stelle treffen. Das verringert die Fluktuation.

○ Die Verantwortlichen im Unternehmen gewinnen gleichfalls einen persönlichen Eindruck von den Bewerberinnen und Bewerbern. Aufgrund dieses Eindrucks fällt es leichter, die Integrationsfähigkeit zu beurteilen, also die Fähigkeit, sich in die Arbeitsgruppe einzuordnen.

○ Fehlende Daten, etwa zur Person, zum Leistungsstand und zur Einsatzfähigkeit, können problemlos erfragt werden.

○ Im Gespräch ergeben sich häufig weitere, für die Auswahlentscheidung wertvolle Informationen, beispielsweise über die Motivation zum Stellenwechsel, das derzeitige Arbeitsumfeld und die Zielvorstellungen für die Zukunft.

○ Das Vorstellungsgespräch ermöglicht eine Überprüfung der schriftlichen Angaben durch einen Vergleich mit den mündlichen Aussagen. Eventuelle Differenzen können gleich vor Ort geklärt werden.

Ebenso unüblich wie rechtlich und moralisch zweifelhaft sind sogenannte Belastungs- oder Streßgespräche. Hier soll das Vorstellungsgespräch dafür herhalten, zu überprüfen, wie sich Personen unter Belastung verhalten und wo die Belastungsgrenze liegt. Die Ergebnisse sind kaum brauchbar, da sich die Belastung im Vorstellungsgespräch doch sehr stark von der im beruflichen Alltag unterscheidet. Weitere Einsichten sind im Streßgespräch nicht zu gewinnen, da sich die Gesprächspartner in hohem Maße verschließen. Zudem gewinnen sie einen schlechten Eindruck vom Unternehmen und werden dies publik machen.

5.3.2. Gesprächsvorbereitung seitens des Unternehmens

Vorbereitung

Erfolgreich können Vorstellungsgespräche nur dann ablaufen, wenn sie von den Gesprächspartnern aus dem Unternehmen **sorgfältig vorbereitet** werden. Dazu gehört:

– die genaue Kenntnis der Stellenbeschreibung und des Anforderungsprofils der vakanten Position sowie des Arbeitsumfeldes, der Vorgesetzten und des Kollegenkreises,

- die ebenfalls genaue Kenntnis des möglichen Entgeltrahmens, der Kompetenzen, Befugnisse und Entwicklungsmöglichkeiten,
- die Überprüfung der schriftlichen Angaben aus der Bewerbung auf Vollständigkeit und Klarheit sowie die schriftliche Fixierung festgestellter Lücken und Unklarheiten,
- die Vorbereitung von Informationsmaterial, falls das den Bewerberinnen und Bewerbern nicht schon im vorhinein zugesandt wurde, sowie die Vorbereitung auf mögliche spezielle Fragen,
- die rechtzeitige Information aller Gesprächsteilnehmerinnen und -teilnehmer aus dem Unternehmen sowie die Fixierung eines Termins und einer geeigneten Räumlichkeit, so daß keine Störungen zu erwarten sind, und
- eine rechtzeitige schriftliche Einladung an die Bewerberinnen und Bewerber. Sie sollte eine genaue Termin- und Ortsangabe beinhalten bzw. Informationen über die Anreise, gegebenenfalls die Übernachtungsmöglichkeiten und die Kostenerstattung.

5.3.3. Vorstellungskosten

Zu den Vorstellungskosten, die nicht nur bei Vorstellungsgesprächen, sondern auch bei anderen Auswahlverfahren anfallen, zählen insbesondere

Vorstellungskosten

- die Fahrtkosten,
- eventuelle Übernachtungskosten und
- mögliche Verpflegungskosten.

Ist in einer Stellenanzeige nur ein Termin genannt, zu dem Repräsentanten des Unternehmens für Gespräche zur Verfügung stehen, oder stellen sich Interessenten aufgrund eines Hinweises des Arbeitsamtes respektive auf eigene Initiative vor, besteht keine Erstattungspflicht.

Eine Rechtspflicht zum Ersatz von Vorstellungskosten liegt jedoch vor, wenn ausdrücklich zum Gespräch eingeladen wurde und in der Einladung nicht darauf hingewiesen wurde, daß eine Erstattung ausgeschlossen sei. Dabei ist es völlig unerheblich, ob das Gespräch zum Abschluß eines Arbeitsvertrages führt. Freilich besagt die Rechtsprechung lediglich etwas über den Ersatz angemessener Vorstellungskosten. Die Höhe der Erstattung ist demnach nicht genau bestimmt. Die Bewerberinnen und Bewerber sind aber gehalten, den Vorstellungstermin auf die kostengünstigste Weise wahrzunehmen. Sie können dann in der Regel davon ausgehen, daß ihnen zumindest Beträge in Höhe der Kosten einer Bahnfahrkarte zweiter Klasse und der steuerlichen Übernachtungs- und Verpflegungspauschalen ersetzt werden, soweit sie vor Ort übernachten müssen und nicht im Unternehmen essen können.

Um das Gespräch nicht mit einer unnötigen Verunsicherung zu befrachten, sollte bereits in der Einladung auf die Höhe der Erstattung hingewiesen werden. Falls eine Übernachtung nötig ist, sollte das Unternehmen ein Zimmer buchen und bezahlen und darüber gleichfalls in der Einladung informieren. Die Rückforderung der gezahlten Vorstellungskosten im Falle des Nichtantritts oder eines Vertragsbruchs ist nicht möglich, wohl aber ein Vertragspassus, der für diese Fälle die Zahlung einer Vertragsstrafe vorsieht.

Bewerberinnen und Bewerbern, die sich aus einem bestehenden Arbeitsverhältnis heraus um eine neue Stelle bemühen, können für die Zeit, in der sie sich bei einem anderen Unternehmen vorstellen, ihrer Arbeit nicht nachkommen. Das Unternehmen, in dem sie sich vorstellen, trifft keine Pflicht zur Erstattung des möglichen Verdienstausfalls. Ihr derzeitiger Arbeitgeber muß sie aber laut § 629 des Bürgerlichen Gesetzbuches zu diesem Zweck auf Verlangen beurlauben, falls sie

- in einem unbefristeten Arbeitsverhältnis stehen,
- dessen Ende absehbar ist,
- also, wie es die zitierte Vorschrift sagt, nach der Kündigung
- oder, analog dieser Vorschrift, wenn ein Aufhebungsvertrag geschlossen wurde bzw. der derzeitige Arbeitgeber Bewerbungen bei anderen Unternehmen empfohlen hat.

Natürlich muß der Zeitpunkt der Beurlaubung rechtzeitig angemeldet werden und darf nicht mit den betrieblichen Interessen kollidieren. Das Arbeitsentgelt wird im übrigen für eine angemessene Zeit weitergezahlt. Nach der arbeitsrechtlichen Rechtsprechung gilt als Maßstab dafür die Dauer des derzeitigen Arbeitsverhältnisses.

5.3.4. Strukturierung des Gesprächs

Strukturierung

Je nach der Bedeutung der Position und ihrer Einbindung in die Organisation und je nach den Gepflogenheiten des Unternehmens können Vorstellungsgespräche auf verschiedene Weise durchgeführt werden. Das betrifft zuerst die Strukturierung der Gespräche. Zu unterscheiden sind folgende Formen:

- standardisierte Vorstellungsgespräche,
- situative Interviews,
- strukturierte Vorstellungsgespräche sowie
- freie Vorstellungsgespräche.

Beim **standardisierten Vorstellungsgespräch** sind Gesprächsinhalt und -verlauf genau vorgegeben. Dadurch ist die Auswertung, vor allem eine statistische Auswertung, recht einfach. Mehrere Vorstellungsgespräche können gut miteinander verglichen werden. Ferner ist der oft unerwünschte Einfluß des Gesprächsführers aus dem Unternehmen gering, da die Gesprächssituation gut kontrollierbar ist. Auch die Möglichkeit, viele Fragen in kurzer Zeit zu stellen, wird oft als Vorteil gesehen. Nachteilig ist jedoch der unflexible und starre Gesprächsverlauf. Die Bewerberinnen und Bewerber fühlen sich eher ausgefragt und bemühen sich deshalb um kontrollierte Antworten. Antworten sind außerdem nur zu den abgefragten Sachverhalten zu erwarten. Möglicherweise ist aber gerade etwas von Interesse für das Unternehmen, was abseits dieser Sachverhalte liegt.

Situative Interviews bestehen aus einer Mischung von standardisierten Teilen des Vorstellungsgesprächs, Fragen aus einem biographischen Fragebogen, die im Verlauf des Gesprächs zu beantworten sind, und Elementen von situativen Verfahren, von denen später noch die Rede sein wird. Hier müssen Bewerberinnen und Bewerber mit Situationen umgehen, die typisch für die spätere Arbeitstätigkeit sind. Im Frageteil sind die situativen Interviews ebenso starr und unflexibel wie die standardisierten Vorstellungsgespräche. Hinzu kommt die Testphase, die nur mit großer Anspannung bewältigt werden kann. Daher sind gleichfalls nur sehr kontrollierte Reaktionen zu erwarten. Positiv ist allerdings die gute Vergleichbarkeit und Auswertbarkeit der Ergebnisse.

Beim **strukturierten Vorstellungsgespräch** ist lediglich ein Gesprächsrahmen vorgegeben, der sich regelmäßig auf einen Katalog von unbedingt zu klärenden Fragen beschränkt. Ansonsten sind Gesprächsinhalt und -verlauf nicht festgelegt. Hier ist die Auswertung aufwendiger. Auch kann der Gesprächsführer ungewollt oder gewollt größeren Einfluß auf sein Gegenüber nehmen und so die Antworten verfälschen. Sehr vorteilhaft ist aber die Chance, auf den Gesprächspartner einzugehen.

Beim **freien Vorstellungsgespräch** sind weder der Gesprächsinhalt noch der Gesprächsablauf im vorhinein festgelegt. Die Fragestellungen können dem Gesprächsverlauf flexibel angepaßt werden. Besonders viele Informationen liefern Gespräche, in denen der Gesprächsführer nur einen Anstoß gibt, auf den sein Gegenüber eingeht. Dem inneren Zwang folgend, sich begreiflich zu machen und eine Argumentationskette durch eine weitere und noch eine weitere zu untermauern, offenbaren sich Bewerberinnen und Bewerber in solchen Gesprächen recht weitgehend und vielleicht mehr als beabsichtigt. Die große Einflußmöglichkeit des Gesprächsführers kann sich jedoch nachteilig auswirken. Fälschlicherweise lassen sich manche Repräsentanten von Unternehmen hier zu einer weitschweifigen Darstellung des Unternehmens oder, noch schlimmer, zu einer umfassenden Selbstdarstellung hinreißen. Damit vergeben sie sich jede Chance, etwas von ihrem Gegenüber zu erfahren. Die Auswertung, die ohnehin beim freien Vorstellungsgespräch individuell erfolgen muß, verkommt damit zu einer Entäußerung von Vorurteilen.

Ohne eine fundierte Schulung oder einige Erfahrung in Sachen Gesprächsführung verspricht das standardisierte Vorstellungsgespräch noch den meisten Erfolg. Nach einer Schulung oder mit zunehmender Erfahrung gewinnen die Vorteile des freien Vorstellungsgesprächs an Gewicht.

5.3.5. Gesprächsteilnehmer

Die **Zahl** der Personen, die das Vorstellungsgespräch auf seiten des Arbeitgebers führen, kann ebenfalls unterschiedlich sein. *Gesprächsteilnehmer*

Beim **dualen Vorstellungsgespräch** haben die Bewerber es nur mit einem Repräsentanten des Unternehmens zu tun, in der Regel einem Mitglied der Personalabteilung oder einer respektive einem Fachvorgesetzten. Dadurch wird das Gespräch persönlicher, und es kann ein Vertrauensverhältnis aufgebaut werden. So werden unter Umständen auch Fragen beantwortet, bei denen ansonsten eine gewisse Scheu oder ein ausweichendes Verhalten gezeigt wird. Es besteht jedoch die Gefahr einer großen Subjektivität, da das Gespräch nur von einer Person gesteuert und bewertet wird.

Im **Doppelinterview** befragen und beobachten zwei Personen, etwa aus der Personal- und der Fachabteilung, abwechselnd. Dadurch werden das Rollenverhalten und die Einordnungsfähigkeit von Bewerbern recht deutlich. Ferner wird die Subjektivität der Auswertung etwas eingeschränkt. Allerdings gewinnt das Gespräch einen Prüfungscharakter. Dadurch neigen die Befragten eher dazu, sich zu verschließen.

Beim **Board-Interview** oder Multiple Interview befragen mehrere Personen eine Bewerberin oder einen Bewerber zusammen respektive hintereinander. Wenn die Gespräche nicht nacheinander stattfinden, kann auch hier wieder der Eindruck einer Prüfung erweckt werden. Dadurch können Antworten provoziert werden, die nicht der tatsächlichen Befindlichkeit der Befragten oder den Fakten entsprechen. Vorteilhaft ist bei dieser Form die Tatsache, daß sich viele der Betroffenen aus dem Unternehmen eine Meinung bilden können.

5.3.6. Fragen

Beim Vorstellungsgespräch sind, wie bei den Fragebogen, nur Fragen **zulässig,** deren Beantwortung für die ausgeschriebene Position von Bedeutung sind. In der Praxis wird diese Maxime im Rahmen von Vorstellungsgesprächen nicht ganz so ernst genommen wie im Rahmen von Fragebogen. Das Gespräch läßt nämlich eine Vielzahl von Formulierungen zu, die in schriftlicher Form im Fragebogen einen ganz anderen Eindruck hinterlassen. Zudem wird das Gespräch nicht in der gleichen Weise dokumentiert wie ein Fragebogen. *Zulässige Fragen*

Wenngleich zulässig, so verbieten sich doch Suggestivfragen, die dem Gegenüber eine bestimmte Antwort nahelegen. Der Informationsgewinn ist nämlich gleich Null. Ebenfalls zulässig aber wenig nützlich sind Fragen im Stile einer Prüfung. Hier kommt weniger das Fachwissen als Prüfungserfahrung zur Geltung. Fragen oder Äußerungen, die negative Werturteile über die Gesprächspartner beinhalten, stellen das Unternehmen in ein schlechtes Licht. Sie sind ebenfalls kaum geeignet, Informationen zu erhalten, und sollten deshalb unterbleiben.

Offenbarungspflicht

Gerade beim Vorstellungsgespräch ist die bereits erwähnte **Offenbarungspflicht** der Bewerberinnen und Bewerber von Bedeutung. Sie müssen, auch ohne gefragt worden zu sein, alle Informationen geben, die für das Arbeitsverhältnis wichtig sind. Ansonsten kann das Unternehmen den Arbeitsvertrag anfechten oder eine Kündigung aussprechen und unter Umständen sogar einen Schadensersatzanspruch geltend machen.

5.3.7. Thematischer Aufbau des Gesprächs

Thematischer Aufbau

Der thematische Aufbau von Vorstellungsgesprächen ist, unabhängig von ihrer Strukturierung und der Zahl der Gesprächsteilnehmer, recht ähnlich. Einerseits haben wir alle gewisse Gepflogenheiten im Umgang miteinander verinnerlicht, die auch im Vorstellungsgespräch zur Geltung kommen. Andererseits prägt die Absicht des Unternehmens, Informationen zu erlangen, das Gespräch ebenso wie die Absicht der Bewerber, sich gut zu verkaufen. So kann man in Vorstellungsgesprächen im allgemeinen acht Phasen erkennen.

Abb. 2.23. Thematischer Aufbau des Vorstellungsgespräches

1. Begrüßung

Die **erste Phase** ist die **Begrüßung**. Hier werden die üblichen, eigentlich nichtssagenden Floskeln ausgetauscht. Sie haben den Hintersinn, sich aufeinander einzustimmen und Freundlichkeit sowie die Bereitschaft zum Zuhören und Antworten zu signalisieren. Man wünscht sich einen guten Tag, stellt die Gesprächspartner vor, erkundigt sich nach der Anreise und dem Wohlbefinden und nimmt Platz.

Die **zweite Phase** gilt der **Ausbildung** der Bewerberinnen und Bewerber. Als Einstieg in die Überprüfung und das Hinterfragen der schriftlichen Angaben, aber auch als Einstieg in die Bestrebungen, sich ein Bild von der Persönlichkeit des Gegenübers zu machen, bietet sich dieser Lebensbereich geradezu an. Im Vergleich zu allen anderen Themen ist dieser Bereich noch der am wenigsten intime, hierüber kann man noch mit den wenigsten Vorbehalten frei sprechen. Wie **in allen** anderen **Gesprächsphasen** sollten sich die Gesprächspartner aus dem Unternehmen **vornehmlich auf das Zuhören konzentrieren**. Gegebenenfalls sind Gesten und Bemerkungen angebracht, um den Gesprächsfluß aufrechtzuerhalten. Möglich sind auch diverse Fragen, die einerseits das Informationsbedürfnis des Unternehmens stillen und andererseits den Bewerberinnen und Bewerbern Interesse an ihren Ausführungen signalisieren, so etwa:

2. Ausbildung

– Hatten Sie bereits während Ihrer Ausbildung ein Interesse für eine bestimmte Tätigkeit?
– Haben Sie neben Ihrer beruflichen Tätigkeit an Weiterbildungsmaßnahmen teilgenommen?
– Haben Sie Weiterbildungspläne?

In der **dritten Gesprächsphase** widmet man sich der **beruflichen Entwicklung**. Fragen könnten hier beispielsweise lauten:

3. Berufliche Entwicklung

– Wie läuft ein typischer Arbeitstag in Ihrer jetzigen Position ab?
– Was hat Ihnen an Ihrer letzten Stelle besonders gefallen und was nicht?
– Warum wollen Sie Ihre gegenwärtige Position aufgeben?
– Wie stellen Sie sich Ihre ideale Arbeitsumgebung vor?
– Was sind Ihre fünf hervorstechendsten Leistungen in Ihrer jetzigen Position?

Allerdings können die Gesprächspartner des Unternehmens auch erwarten, daß die Bewerberinnen und Bewerber selbst Informationen über das Unternehmen eingeholt haben und daß sie sich Gedanken über die offene Stelle gemacht haben. So wird in einer **vierten Phase** erkundet, wie sich **das Unternehmen und die Stelle, um die sie sich beworben haben, aus der Sicht der Bewerberinnen und Bewerber** darstellt, verbunden mit Fragen wie:

4. Sicht der Bewerber(in)

– Was wissen Sie über unser Unternehmen?
– Worauf beruht Ihr Interesse, bei uns zu arbeiten?
– Was reizt Sie an unserem Unternehmen, was erscheint Ihnen am wenigsten reizvoll?
– Wie würden Sie die Position beschreiben, um die Sie sich bewerben?
– Warum bewerben Sie sich auf diese Stelle?

Nach so vielen Fragen seitens der Gesprächspartner wird es Zeit, daß die Bewerberinnen und Bewerber ihrerseits Fragen stellen können, damit das Gespräch keinen zu einseitigen Verlauf nimmt. In der **fünften Gesprächsphase** können sie deshalb **Informationen über das Unternehmen und die offene Stelle** erfragen. Es ist vorteilhaft, wenn sie sich dabei auf Informationsmaterial beziehen können, daß ihnen bereits zugeschickt wurde oder ansonsten jetzt überreicht wird. Die Informationswünsche beziehen sich dann meist auf

5. Informationen

– die Unternehmensstruktur: Größe, Mitarbeiterzahl, Umsatz, Gewinn, Investitionen, Standorte,
– die Produkte: Produktpalette, Marktanteile, Kundenstrukturen,

- die betreffende Stelle: Aufgaben, Anforderungen, Arbeitsbedingungen, Arbeitszeitregelung, organisatorische Einbindung, Kooperation, Kontakte, Befugnisse, Vorgesetzte, Kollegen, Mitarbeiter, Führungsverantwortung, Einarbeitung,
- die Entwicklungsmöglichkeiten: Weiterbildung, Aufgabenwechsel, Laufbahnförderung, Beurteilung, und
- den Standort: Wohnungsmarkt, Infrastruktur, Freizeitangebot.

Den Wunsch auf Besichtigung des Arbeitsplatzes kann man in der Regel nicht erfüllen. Das brächte zuviel Unruhe ins Unternehmen.

6. Persönliche Situation

Gerade nach Fragen und Informationen über das Umfeld des Unternehmens, etwa über den Wohnungsmarkt und das Freizeitangebot, bietet sich die Gelegenheit, in der **sechsten Phase** auf den sensibelsten Lebensbereich der Bewerberin beziehungsweise des Bewerbers zu sprechen zu kommen, die **persönliche Situation**. Den einfachsten Einstieg bildet die Bitte: „Erzählen Sie über sich selbst". Besonders in dieser Phase ist es wichtig, gut und interessiert zuzuhören. Die Gesprächspartner können sich nur öffnen, wenn man ihnen die Freiheit läßt, den Gesprächsverlauf hier selbst zu gestalten. Beliebt sind auch folgende Fragen:

- Welche Meinung hat Ihr Lebenspartner über Ihren Stellenwechsel?
- Welches Buch haben Sie zuletzt gelesen, welchen Film gesehen?
- Welche Ziele haben Sie und wo wollen Sie in fünf Jahren beruflich stehen?
- Welche Stärken und Schwächen haben Sie?
- Wie ist Ihre gesundheitliche Verfassung?

7. Vorverhandlungen

Die **siebte Gesprächsphase** gilt den **Vertragsvorverhandlungen**. Man versucht, den Rahmen der möglichen Zusammenarbeit abzustecken. Dabei werden sicherlich die spezifischen Details der ausgeschriebenen Stelle angesprochen. Zudem wird der Entgeltrahmen thematisiert. Mögliche Fragen lauten:

- Wie hoch ist Ihr jetziges Einkommen?
- Was wollen Sie bei uns zu Anfang verdienen?
- Üben Sie Nebenbeschäftigungen aus und haben Sie Nebenämter?

Aber auch die Interviewten können in dieser Phase Fragen stellen: Sie erkundigen sich nach

- den Vertrags- und Kündigungsfristen,
- der Probezeit,
- vertraglichen Sonderklauseln,
- dem Urlaubsanspruch,
- einer betrieblichen Altersversorgung und Unfallversicherung,
- einer Umzugsbeihilfe und
- versuchen ihrerseits die Verdienstmöglichkeiten auszuloten.

Der Entgeltrahmen ist ein heikles Thema für die Gesprächspartner aus dem Unternehmen, aber auch für die Bewerberinnen und Bewerber. Letztere müssen befürchten, daß sie durch zu hohe Forderungen ihre Chancen zunichte machen oder sich durch zu niedrige Forderungen um einen finanziellen Gewinn bringen. Aus Sicht des Unternehmens wäre eine hohe Forderung im Einzelfall finanziell sicherlich tragbar. Man wird sie trotzdem nicht erfüllen, da die Sorge besteht, daß eine überhöhte Einstufung im Wege informeller Kommunikation bekannt werden könnte. Dadurch würde in der Belegschaft allenthalben der Wunsch nach einem höheren Entgelt laut, ein

Wunsch, der nicht erfüllt werden könnte und deshalb zu Unzufriedenheit und Fluktuation führen kann. Eine zu niedrige Forderung läßt hingegen Zweifel am Selbstvertrauen und der Qualifikation des Betreffenden aufkommen.

Die **achte** und letzte **Phase** des Vorstellungsgesprächs ist die **Verabschiedung**. Da das Vorstellungsgespräch nur eines in einer Reihe von Gesprächen mit den Bewerberinnen und Bewerbern der engeren Wahl ist, kann und darf zu diesem Zeitpunkt noch keine Zu- oder Absage erfolgen. Man sollte hingegen den ungefähren Termin einer erneuten Kontaktaufnahme nennen und auf Wunsch auch einen ersten Gesprächseindruck wiedergeben. Außerdem sollte spätestens an dieser Stelle zum Ersatz von Vorstellungskosten Stellung genommen werden, soweit das nicht schon im Einladungsschreiben geschehen ist.

8. Verabschiedung

5.3.8. Gesprächsauswertung

Die **Auswertung** des Vorstellungsgesprächs ist recht **problematisch**, da sie einer Reihe von subjektiven Einflüssen unterliegt. Sehr schnell und unbemerkt können sich **Beobachtungs- und Beurteilungsfehler** einschleichen. Die Aussagekraft von Vorstellungsgesprächen ist daher wissenschaftlich umstritten.

Fehler

> Diese Fehler beruhen generell auf Fehleinschätzungen, die sich niemals völlig vermeiden lassen. Man kann sie zurückführen auf
> - die Person des Beobachters und Beurteilers, also intrapersonelle Einflüsse,
> - die Beziehung zwischen ihm und den Beurteilten oder ihm und den anderen Beobachtern und Beurteilern, mithin interpersonelle Einflüsse,
> - momentan wirksame situative Faktoren und
> - das Beurteilungsverfahren.

Ursachen für Beobachtungs- und Beurteilungsfehler			
Intrapersonelle Einflüsse	Interpersonelle Einflüsse	Situative Faktoren	Beurteilungsverfahren
Selektive Wahrnehmung	Sympathie und Antipathie	Einflüsse der Situation	Nicht exakt bestimmte Kriterien
Vorurteile	Der erste Eindruck und Kontakt-Effekt	Einflüsse außerhalb der Situation	Unzureichende Übung
Statusfehler	Halo-Effekt		
Persönliches Wertesystem	Reihenfolge-Effekt		
Beurteilertyp	Andorra-Phänomen		
Egoismus	Dominanz		

Abb. 2.24. Ursachen für Beobachtungs- und Beurteilungsfehler

Intrapersonelle Einflüsse

Zu den **Fehlern, die auf die Person des Interviewers zurückzuführen sind**, zählt zunächst die **selektive Wahrnehmung**. Aus der Vielzahl der Informationen wählt der Interviewer bewußt oder unbewußt aufgrund

Intrapersonelle Einflüsse

– seiner persönlichen Situation,
– seiner Interessen,

– Einstellungen und
– Bedürfnisse

nur einen begrenzten Ausschnitt heraus und macht diese wenigen Informationen zur Grundlage seines Urteils. Eine bewußt selektive Wahrnehmung praktiziert etwa ein Förderer eines Bewerbers, der dessen Vorzüge und zugleich die Nachteile der Konkurrenten hervorhebt. Ein Beispiel für die unbewußt selektive Wahrnehmung gibt Orgon in der Komödie Tartuffe, der den Titelhelden, einen religiösen Heuchler, liebgewonnen hat und wider alle berechtigten Einwände als „armen Mann" bezeichnet.

Auch **Vorurteile** sind Fehleinschätzungen des Interviewers. Sie beruhen auf

– eigenen Persönlichkeitstheorien,
– positiven oder negativen Erfahrungen mit anderen Personen, die er als ähnlich einschätzt,
– bereits vorliegenden Urteilen oder
– der kritiklosen Übernahme der Aussagen Dritter oder der herrschenden Meinung.

Der Interviewer versäumt es, eine tatsächliche Analyse vorzunehmen, wenn er etwa vom Namen eines Bewerbers, seiner Sprachgewandtheit oder seines Akzents auf seine Nationalität und darüber auf seine Intelligenz und Leistungsfähigkeit schließt.

Ein **Statusfehler** liegt vor, wenn Bewerberinnen und Bewerber, die bereits zu Rang und Namen gekommen sind, allein aufgrund dieser Tatsache tendenziell besser beurteilt werden. Ein Statusfehler ist ebenfalls zu verzeichnen, wenn jemand nur deshalb schlechter beurteilt wird, weil er seit längerer Zeit keine beruflichen oder persönlichen Fortschritte gemacht hat.

Der Gesprächspartner kann ebenso durch sein **persönliches Wertesystem** zu einer Fehleinschätzung der Bewerberinnen und Bewerber kommen. Maßgeblich für sein Urteil sollte nämlich nicht die eigene, vielleicht besonders hervorragende Leistungsfähigkeit sein, sondern die Leistungsfähigkeit eines durchschnittlichen Beschäftigten.

Ganz ähnlich verhält es sich mit der Grundeinstellung des Gesprächspartners in Bezug auf die Beurteilung. Man spricht in diesem Zusammenhang von **Beurteilertypen**.

– Der sogenannte objektive Beurteiler wägt ab und scheut sich nicht, wo es angebracht ist, die besten oder die schlechtesten Urteile abzugeben.
– Der nachsichtige Beurteiler setzt die Anforderungen zu niedrig, oder er hat nicht den Mut, schwächere Bewerberinnen und Bewerber auch schlechter zu beurteilen.
– Der scharfe Beurteiler hält gute Leistungen für selbstverständlich, so daß bei ihm mittlere und schlechte Beurteilungen vorherrschen.
– Der vorsichtige Beurteiler legt sich nicht fest. Daher tendieren seine Urteile deutlich zur Mitte.
– Der extreme Beurteiler tendiert zu positiven und negativen Extremwerten. Er kennt nur wenige durchschnittliche Beurteilungen.

Egoismen können die Einschätzung von Bewerberinnen und Bewerbern zur Farce machen. Ursachen liegen vornehmlich im intra-, aber auch im interpersonellen Bereich. Es handelt sich zum Beispiel um

– Begünstigungsabsichten, die sogenannte Protektion,
– den Wunsch, unbequeme Mitarbeiterinnen oder Mitarbeiter wegzuloben,
– Schädigungsabsichten, Rache und Vergeltungssucht sowie
– eigene Schwächen, die durch bewußtes Abwerten anderer Personen vertuscht werden sollen.

Interpersonelle Einflüsse

Interpersonelle Einflüsse machen sich häufig als **Sympathie und Antipathie** bemerkbar. Sie wirken aus dem Unterbewußten auf das Urteil ein und lassen sich nie völlig ausschließen. Je nachdem, ob der Interviewer sein Gegenüber sympathisch oder unsympathisch findet, wird die gesamte Beobachtung und Beurteilung positiv oder negativ beeinflußt.

Besonders bedeutsam ist gerade bei Vorstellungsgesprächen der **erste Eindruck.** Wer einen fremden Menschen beurteilen soll, begibt sich auf fremdes Gelände und sucht nach Ähnlichkeiten, um einen Überblick zu gewinnen und um sich Sicherheit in einer unsicheren Situation zu verschaffen. Menschen neigen also ganz allgemein dazu, sich von einem anderen in relativ kurzer Zeit, nach dem ersten Eindruck eben, eine positive oder negative Vorstellung zu bilden und an dieser Vorstellung, auch bei gegenteiliger Erfahrung, festzuhalten. Die unmittelbare Nähe zu der oder dem Fremden schafft auch auf seiten des Interviewers beim Vorstellungsgespräch eine unbewußt besonders gespannte Situation, der er durch ein schnell gefaßtes Urteil entgehen kann. Der erste Eindruck wird durch alle fünf Sinne, besonders aber durch

– das Aussehen,
– das gesprochene Wort,
– die Stimmlage,
– den Akzent,
– die Sprechgeschwindigkeit,
– die Haltung,
– die Gestik und
– die Mimik geprägt,

also eine Vielzahl von Faktoren, deren Zusammenspiel dem Interviewer regelmäßig nicht bewußt ist.

Andererseits haben diverse Untersuchungen bewiesen, daß die Beurteilung von Menschen um so besser ausfallen, je öfter man Kontakt mit ihnen hatte. Dieser **Kontakt-Effekt** beruht wohl darauf, daß die zunächst fremden Gesprächspartner durch häufigere Begegnungen, etwa ein zweites und drittes Vorstellungsgespräch, vertrauter werden. Sie verlieren mithin ihre zunächst leicht beängstigende „Fremdheit". Das kann zwar einen negativen ersten Eindruck abmildern, ihn aber nicht ins Gegenteil verkehren.

Auch hinter dem **Halo-Effekt** steht die Tendenz, das Urteil auf wenige anfängliche Beobachtungen zu stützen und unbewußt daraus ein hypothetisches Gesamtbild zu konstruieren. Der Interviewer macht den Fehler, von einer einzelnen auffallend guten oder schlechten Verhaltensweise oder Äußerung auf das Gesamtbild der Bewerberin bzw. des Bewerbers zu schließen. Deshalb auch die Benennung dieses Effekts nach dem altgriechische Wort Halo, das den Hof um eine Lichtquelle bezeichnet: Ins Auge fällt nur die Lichtquelle.

Ein weiterer interpersoneller Einfluß macht sich als **Reihenfolge-Effekt** bemerkbar. Damit ist das Phänomen angesprochen, daß Urteile nicht in bezug auf absolute Dimensionen getroffen werden, sondern in bezug auf andere Personen. Da gerade dem Vorstellungsgespräch wenige absolute Dimensionen zugrunde liegen, ist die Gefahr hier besonders groß. Im Ergebnis werden mittelgute Gesprächspartner, die das Glück haben, an einen Tag vorzusprechen, an dem nur tendenziell schlechtere Bewerberinnen und Bewerber eingeladen sind, besser beurteilt als gleichfalls mittelgute Kandidaten in einer Gruppe mit sehr guten Konkurrenten.

Paßt sich eine Person unbewußt der Vorstellung an, die sich ihr Gegenüber von ihr macht, spricht man vom **Andorra-Phänomen**, benannt nach einem Schauspiel von Max Frisch. Die Bewerberin oder der Bewerber schlüpft also in die Rolle, die der Interviewer von ihr oder ihm erwartet. Spricht beispielsweise in Norddeutschland ein Rheinländer vor, so erwartet man dort von ihm unter Umständen, er möge ein fröhlicher Karnevalist sein. Diese Erwartungshaltung kann durch subtile Gesten und Bemerkungen ausgedrückt werden, die der Bewerber wahrnimmt. Und um gut anzukommen, geht er möglicherweise auf die Erwartung ein und gibt sich fröhlicher, als er in Wirklichkeit ist.

Interpersonelle Einflüsse greifen aber auch in der Gruppe der Gesprächspartner auf seiten des Unternehmens. Da diese Gesprächspartner den Verlauf und das Ergebnis des Vorstellungsgesprächs gemeinsam diskutieren, kann die bewußte oder unbewußte **Dominanz eines Interviewers** zu einer Fehleinschätzung führen.

Situative Einflüsse

Situative Einflüsse

Sowohl die Gesprächspartner auf seiten des Unternehmens als auch die Bewerberinnen und Bewerber unterliegen situativen Einflüssen.

So hat die **Gesprächssituation** eine nachhaltige Wirkung. Ein Raum, der nur wenig Ruhe bietet oder zu heiß bzw. zu kalt ist, Gesprächspartner, die nicht ganz bei der Sache zu sein scheinen und vieles andere mehr können beide Seiten aus der Ruhe bringen und das Urteil verfälschen.

Einflüsse außerhalb der Gesprächssituation entziehen sich gänzlich der Beurteilung, sind aber möglicherweise entscheidend. Wenn die Gesprächsteilnehmer auf der einen oder der anderen Seite aus einer gespannten privaten respektive beruflichen Atmosphäre das Gespräch aufnehmen oder etwa erkältet sind, kann das nicht ohne Folgen auf das Gesprächsverhalten und die Beurteilung bleiben.

Beurteilungsverfahren

Beurteilungsverfahren

Letztlich können sich Beobachtungs- und Beurteilungsfehler im **Verfahren** selbst einschleichen. Beim Vorstellungsgespräch kommen besonders eine **unzureichende Gesprächserfahrung** und **unbestimmte Auswertungskriterien** in Frage. Das Vorstellungsgespräch ist eben nicht irgendeine belanglose Unterhaltung. Es will vielmehr gelernt sein. Und es muß vor Beginn des Gesprächs klar sein, welche Informationen von Interesse und wie auszuwerten sind.

Fehlerbegrenzung

Fehlerbegrenzung

Lassen sich einige **Fehlerquellen** noch recht gut **beseitigen**, beispielsweise durch die Bestimmung von Auswertungskriterien, Gesprächs- und Beurteilungserfahrung sowie eine angemessene Gesprächssituation, so sind andere nur schwer beherrschbar. Sicherlich ist es nützlich, ja sogar unumgänglich, Beobachtung und Beurteilung voneinander zu trennen, um nicht in vorschnelle Vorurteile zu verfallen. Und sicherlich ist ein zweiter Gesprächspartner beim dualen Vorstellungsgespräch, Doppelinterview oder Board-Interview ein gewisses Korrektiv. Letztendlich muß jeder Interviewer aber doch an sich arbeiten, um sich die unbewußten Einflüsse deutlich zu machen. Helfen können hier externe Experten oder Fragebogen zur Selbstdiagnose, die der Verdeutlichung möglicher Fehlerquellen dienen.

Fragebogen zur Selbstdiagnose		
Beurteiler/in:	Bewerber/in:	Datum:
Erster Eindruck: Was fällt mir an dem/der Bewerber/in auf, wofür halte ich sie/ihn, was empfinde ich?		
Hat das mein Urteil beeinflußt?		
Was bemerke ich Auffälliges an dem/der Bewerber/in? Positiv: Negativ:		
Hat das mein Urteil beeinflußt?		
Ist mir der/die Bewerber/in sympathisch bzw. unsympathisch und warum?		
Hat das mein Urteil beeinflußt?		
Könnte ich mit ihm/ihr zusammenarbeiten oder nicht, und warum?		
Hat das mein Urteil beeinflußt?		
Sind mir besondere Bemerkungen oder Gesten im Gespräch positiv oder negativ aufgefallen?		
Hat das mein Urteil beeinflußt?		
Wie beurteile ich seine/ihre äußere Erscheinung?		
Hat das mein Urteil beeinflußt?		
Spielen bei meinem Urteil persönliche oder private Interessen eine Rolle?		

Abb. 2.25. Fragebogen zur Selbstdiagnose

5.3.9. Dokumentation

Die Auswertung von Vorstellungsgesprächen ist aber nicht nur wegen der möglichen Beobachtungs- und Beurteilungsfehler problematisch. Gerade wenn der oder die Gesprächspartner auf seiten des Unternehmens sich intensiv aufs Zuhören konzentrieren, ist eine Dokumentation des Gesagten **nur in Ansätzen möglich,** am besten noch beim standardisierten Vorstellungsgespräch. Eine umfängliche Mitschrift oder gar einen Bandaufnahme würde beim Gegenüber auch Ängste wecken, die jene freien Äußerungen verhinderten, auf die es gerade ankommt. Deshalb sollte man die Eindrücke und Erkenntnisse aus dem Gespräch recht bald nach seinem Ende zu Papier bringen. Waren mehrere Personen auf seiten des Unternehmens anwesend, sollte das zunächst jeder für sich tun. Das verhindert, daß sich einer bereits in dieser Phase mit seiner Meinung durchsetzen kann. Die Bewertung der Fachkenntnisse obliegt dabei maßgeblich den Fachvorgesetzten. Daran anschließend sollte eine Abstimmung der Ergebnisse stattfinden.

Die Form der Dokumentation hängt von der Strukturierung des Gesprächs ab. Beim standardisierten Vorstellungsgesprächs sind Eintragungen zu den einzelnen Fragen laut Gesprächsleitfaden vorzunehmen. Das gilt auch für den standardisierten Teil des situativen Interviews und den Katalog von unbedingt zu klärenden Fragen beim strukturierten Vorstellungsgespräch. Für das freie Vorstellungsgespräch und die in Gesprächsinhalt und -verlauf nicht festgelegten Teile des strukturierten Vorstellungsgesprächs bietet sich hingegen nur eine Dokumentation in Form einer freien Schilderung der Eindrücke und Erkenntnisse an. Die für diesen Zweck erstellten Bewertungsbogen, die zahlreich in der personalwirtschaftlichen Literatur zitiert werden, versprechen kaum Erkenntnisgewinn. Hier wären Eintragungen zu Punkten wie unlebendige Reaktionsweise, zarte Bewegungen, heftige Unterstreichungsgesten, mono-

Dokumentation

tone Sprechweise usw. vorzunehmen, ohne das Klarheit darüber besteht, was man denn daraus folgern könnte.

Die abgestimmten **Ergebnisse** der Auswertung der Vorstellungsgespräche werden wiederum **in das Eignungsprofil der Betreffenden übertragen**. Das Eignungsprofil gewinnt dadurch an Kontur. Zum Beispiel sind nun Unklarheiten über die Schul- und Berufsausbildung wie auch die berufliche Fortbildung und das Fachwissen ausgeräumt. Ferner hat man einen Eindruck vom analytischen Denkvermögen, der Urteilsfähigkeit, dem Kontaktvermögen etc. erhalten, der die Erkenntnisse aus den Bewerbungsunterlagen bestätigt oder modifiziert.

5.4. Testverfahren

Testverfahren sind psychologisch-diagnostische Methoden. Sie gehören folglich in die Hände erfahrener Fachleute. Man unterscheidet:

Abb. 2.26. Testverfahren

Mitbestimmung

Da sie Auswahlrichtlinien und Beurteilungsgrundsätze beinhalten, bedarf ihr Einsatz nach den §§ 94 und 95 des Betriebsverfassungsgesetzes und den entsprechenden Vorschriften der Personalvertretungsgesetze des Bundes und der Länder der **Zustimmung des Betriebs- bzw. Personalrates**.

5.4.1. Leistungs- und Fähigkeitstests

Leistungs- und Fähigkeitstests

Leistungs- oder Fähigkeitstests dienen der Messung bestimmter Funktionsleistungen, zum Beispiel der Reaktionsgeschwindigkeit. Im Mittelpunkt des Interesses steht also die Fähigkeit, sich auf bestimmte Reize konzentrieren zu können und hierin über die Zeit wenig nachzulassen.

Für vorwiegend manuelle Tätigkeiten wird beispielsweise die Handgeschicklichkeit oder Fingerfertigkeit geprüft, also der Grad an Geschwindigkeit und Genauigkeit, mit dem bestimmte manuelle Tätigkeiten verrichtet werden. In diesem Bereich findet häufig die Drahtbiegeprobe Anwendung, bei der ein genormtes Stück Draht nach Anweisung in einer bestimmten Weise zu biegen ist. Die Auswertung orientiert sich an einer Liste von möglichen Ergebnissen, die mit Punktwerten versehen sind. Besser brauchbar und daher auch aussagekräftiger sind spezielle, auf das jeweilige Berufsfeld abgestimmte Tests, wie etwa normierte Nähproben für die Bekleidungsfertigung.

Testverfahren zum Fachwissen oder zum zahlengebunden Denken erfassen einen eng umgrenzten Bereich spezieller Arbeitsanforderungen.

Zur Prüfung der psychischen Leistungsfähigkeit müssen unter Zeitdruck schnell einfache Fehler aus Texten oder einfache Reizmuster erkannt werden. Beim oft verwendeten Pauli-Test sollen die Probanden über eine vorgegebene Zeit hinweg so schnell wie möglich einstellige Zahlen addieren. Im Rahmen der Auswertung läßt sich die Anzahl der Additionen, der nachträglichen Verbesserungen und der Fehler in Abhängigkeit vom Zeitverlauf in einer Kurve darstellen, aus der das Leistungsniveau und die Leistungsschwankungen ersichtlich sind.

5.4.2. Intelligenztests

Intelligenztests messen vor dem Hintergrund unterschiedlicher Intelligenztheorien die intellektuelle Leistungsfähigkeit. Untersucht wird entweder die allgemeine Intelligenz, also die allgemeine Fähigkeit zum abstrakten Denken und Problemlösen mit Faktoren wie

– Sprachbeherrschung,

– Rechengewandtheit,

– Denkfähigkeit,

– Kombinationsvermögen und

– Raumvorstellung,

oder eine spezielle Intelligenz, einer dieser oder ähnlicher Faktoren für sich.

Intelligenztests bestehen aus einer Reihe ähnlicher Aufgaben, die mittels weniger geistiger Operationen unter Zeitdruck gelöst werden sollen. Es geht um die Fortsetzung von Zahlenreihen, das Erkennen von Gemeinsamkeiten in vorgegebenen Begriffen, die Ergänzung von Sätzen, komplexe Rechenaufgaben und sogenannte Matrizenaufgaben, bei denen nach dem Analogie-Prinzip eine Figur zu ermitteln ist, die eine Reihe angegebener Figuren sinnvoll fortschreibt.

Wissenschaftliche Untersuchen kommen jedoch zu dem Ergebnis, daß zwischen der in Tests festgestellten Intelligenz und dem Berufserfolg kein merklicher Zusammenhang besteht. Selbst wenn jemand beispielsweise unübertroffen gut darin ist, zwischen vorgegebenen Begriffen unter Zeitdruck Gemeinsamkeiten herauszuarbeiten, wird dies nur wenig bei der Prognose helfen, ob er oder sie eine gute Führungskraft wäre. Überdies gibt es keine einheitliche Definition von Intelligenz. Deshalb muß kurioserweise immer das als Intelligenz gelten, was der jeweilige Test eben mißt. Auch aus diesem Grunde sind aus den Testergebnissen kaum Rückschlüsse auf den Erfolg in realen Problemsituationen möglich.

5.4.3. Persönlichkeitstests

Geht man davon aus, daß bestimmte berufliche Positionen bestimmte Persönlichkeitseigenschaften voraussetzen, und geht man weiter davon aus, daß Menschen über Persönlichkeitseigenschaften verfügen, also über die Zeit stabile Dispositionen zu bestimmten Verhaltensweisen, so scheint der Nutzen von Persönlichkeits- oder **Charaktertests** offensichtlich. Sie bezwecken die Messung der Persönlichkeitsstruktur, Charakterbilder, Interessen, Einstellungen und Wahrnehmungen. Dafür werden Situationen geschaffen, die Probanden dazu veranlassen sollen, möglichst ihrer Eigenart entsprechend zu reagieren. Sie sollen ihre persönlichen Einstellungen, Wertvorstellungen, Motive, ihr Temperament usw. offenlegen.

In der Praxis werden vor allem projektive Testverfahren angewandt. Sie erfassen die Persönlichkeit indirekt. Die Probanden werden aufgefordert, angefangene Geschichten zu ergänzen, verschwommene Bilder zu deuten oder dargestellte Szenen fortzusetzen. Bei der Auswertung geht man davon aus, daß die Probanden dabei im wesentlichen dazu neigen, ihre Gedanken und Vorstellungen in die Geschichten, Bilder und Szenen zu übertragen.

Die Verfahren sind nur wenig objektiv, methodisch schlecht abgesichert und verlangen für die Durchführung einen geübten Diagnostiker, der die Wechselwirkungen zwischen ihm und dem Probanden beherrschen kann. Zudem verstoßen umfassende Persönlichkeitstests regelmäßig gegen das allgemeine Persönlichkeitsrecht. Deshalb spricht sich die zuständige Sektion im Psychologenverband gegen diese Verfahren im Rahmen von eignungsdiagnostischen Maßnahmen aus.

5.4.4. Kritik

Kritik

Neben der bereits geäußerten Kritik an den einzelnen Verfahren ist eine grundsätzliche Kritik an allen Testverfahren, vielleicht mit Ausnahme der speziellen, auf das jeweilige Berufsfeld abgestimmten Leistungstests, angebracht. Es ist prinzipiell nicht möglich, Testmethoden zu entwickeln, mit denen sich sämtliche für die spätere berufliche Entwicklung bedeutsamen Merkmale erfassen lassen. Deshalb verwundert es nicht, wenn für die bislang verwendeten Tests ein eindeutiger Zusammenhang von Testergebnissen und Berufserfolg wissenschaftlich nicht belegt ist. Außerdem stimmt die Tatsache bedenklich, daß fast ausschließlich veraltete Testverfahren verwendet werden, die bei den diagnostisch tätigen Psychologen als längst überholt gelten. Letztlich läßt auch die Akzeptanz bei den Bewerberinnen und Bewerbern zu wünschen übrig. Verständlicherweise fühlen sie sich im Test eher wie eine Ratte im Versuchslabor und nicht wie ein zukünftiges, allseits akzeptiertes, eigenständiges neues Mitglied der Belegschaft.

> Ohnehin ist die Durchführung von Testverfahren rechtlich nur dann zulässig, wenn
>
> – die Kandidatinnen und Kandidaten über Inhalt und Reichweite unterrichtet wurden,
>
> – sie ihr Einverständnis gegeben haben und
>
> – sich der Test ausschließlich auf Merkmale des betreffenden Arbeitsplatzes bezieht.

5.5. Situative Verfahren

Situative Verfahren, auch Simulationen genannt, sind eine Art standardisierter Arbeitsproben. Wie *Obermann (Assessment Center)* feststellt, besteht die Kernidee darin, mit den Bewerberinnen und Bewerbern nicht nur über die kritischen Klippen der neuen Position zu sprechen, sondern diese **Aufgaben in der Form von Übungen tatsächlich zu leben**.

> Mit Hilfe der situativen Verfahren versucht man, Phänomene, die in der Praxis existieren, künstlich herzustellen. Dadurch lassen sich Einsichten in Zusammenhänge erzielen, die sich sonst vielleicht nicht erzielen ließen, weil die Manipulationsmöglichkeiten in der Realität nicht gegeben oder nicht wünschenswert sind. Entscheidend für die Brauchbarkeit dieser Methode ist, daß die Phänomene in der Simulation die gleichen oder zumindest ähnliche Strukturen aufweisen wie in der Praxis.

Die Verhaltensweisen und Fähigkeiten, die die Beurteilten im Rahmen der situativen Verfahren offenbaren, werden von speziell dafür vorbereiteten **Führungskräften und externen Fachleuten beobachtet und ausgewertet**. Man unterscheidet:

Einzelübungen	Rollenübungen	Gruppenübungen
Kurzfall	Kurzfall	–
Fallstudie	Fallstudie	Fallstudie
Videosimulation	Videosimulation	Videosimulation
Informationssuche	–	–
Wirtschafts- und Planspiele	Wirtschafts- und Planspiele	Wirtschafts- und Planspiele
Prüfen von Schriftstücken	–	–
Postkorb	–	–
Verfassen von Schriftstücken	–	–
Präsentation	–	–
Organisationsaufgabe	–	–
Selbsteinstufung	–	–
–	–	Gruppendiskussion
–	–	u.U. mit Peer-Ranking
–	–	u.U. mit Peer-Rating
–	–	u.U. mit Interaktionsanalyse

Abb. 2.27. Situative Verfahren

Die Einzel- und Rollenübungen können mit jeweils einer Bewerberin oder einem Bewerber durchgeführt werden. Die Rollenübungen unterscheiden sich von den Einzelübungen dadurch, daß der Teilnehmerin oder dem Teilnehmer durch eine schriftliche Vorinformation oder eine mündliche Instruktion eine Rolle vorgegeben wird, in die sie oder er hineinschlüpfen soll. Nach einer ausreichenden Vorbereitungszeit steht sie oder er in geeigneten Räumlichkeiten einem oder mehreren Rollenspielern gegenüber, die komplementäre Rollen in der vorgegebenen Situation übernehmen. Die Rollenspieler stammen entweder aus dem Unternehmen, oder sie werden speziell für diese Aufgabe verpflichtet. Gruppenübungen sind dagegen erst durchführbar, wenn zu einem Termin ein größerer Teilnehmerkreis eingeladen worden ist.

Kurzfälle sollten, wie etwa die Schilderung eines Produktionsausfalls, aus der Arbeitswelt stammen. Sie werden so konstruiert, daß mehrere, sozial gleichwertige Reaktions- und Verhaltensmuster möglich sind. Ein Kurzfall wird der oder dem Betreffenden in knapper Form vorgetragen oder schriftlich vorgelegt. Nach einer kurzen Vorbereitungszeit soll sie oder er dann möglichst spontan reagieren, das heißt darstellen, schildern oder in einer Rolle vorspielen, wie sie oder er mit der Situation umgehen würde. — Kurzfälle

Fallstudien unterscheiden sich von den Kurzfällen lediglich durch die Größenordnung und die Variationsbreite der Problemsituation. Aufgrund dessen sind sie auch dazu geeignet, in Gruppen bearbeitet zu werden. — Fallstudien

Videofilme können Kurzfälle und Fallstudien ergänzen oder plastischer machen. Man spricht dann von **Videosimulationen**. Die Videofilme zeigen entweder eine bestimmte Situation oder vorgegebene Antwortalternativen. — Videosimulationen

Bei der **Informationssuche** stehen die Teilnehmerinnen und Teilnehmer einzeln vor der Aufgabe, eine realistische Betriebs- oder Marktsituation zu analysieren und Lösungsalternativen zu erarbeiten. Anders als bei der Fallstudie ist hier jedoch die Analyse im Rahmen eines Gesprächs durchzuführen. Die Informationen sind ebenfalls nur im Gespräch durch die Befragung des Gegenübers zu erlangen. Den Gesprächseinstieg bilden relativ spärliche oder lückenhafte, schriftliche oder mündliche Hinweise zu einem Sachverhalt. — Informationssuche

Wirtschafts- und Planspiele	**Wirtschafts- und Planspiele** finden immer interaktiv statt. Die Fallgestaltung entspricht der bei Fallstudien, ist aber hie und da noch umfangreicher. In Wirtschaftsspielen wird eine bestimmte wirtschaftliche Situation abgebildet, die etwa mit den Mitteln des Marketings angegangen werden soll. In Planspielen wird meist ein Unternehmen oder gar ein Staat in seiner Gesamtheit modellhaft abgebildet, dessen Situation beeinflußt werden soll. Anders als bei Fallstudien bekommen die Teilnehmerinnen und Teilnehmer ständig Rückmeldungen über die Auswirkungen ihrer Aktionen und Reaktionen. Wirtschafts- und Planspiele können auch von einzelnen durchgeführt werden, und zwar auf einem Computer, der via Software zumindest Situationseinflüsse simulieren kann und Feedback zu den eingeleiteten Maßnahmen gibt.
Prüfen von Schriftstücken	Beim **Prüfen von Schriftstücken** geht es darum, Berichte und Unterlagen wie Konstruktionszeichnungen oder Bilanzen zielorientiert und zutreffend zu analysieren und zu bewerten.
Postkorb	Auch der **Postkorb** simuliert die Bearbeitung von Schriftstücken, mit denen es die Bewerberinnen und Bewerber tatsächlich zu tun haben könnten, wenn sie die betreffende Stelle bekämen. Angeboten werden auch standardisierte Postkörbe als Software für den Personalcomputer. Um die Schriftstücke wird zudem ein Szenario aufgebaut, das es notwendig macht, die Bearbeitung in einer vorgegebenen Zeit abzuschließen. Die Bearbeitung wird auf den Schriftstücken bzw. im Softwareprogramm fixiert oder den Beobachtern geschildert.
Verfassen von Schriftstücken	Beim **Verfassen von Schriftstücken** sollen die Kandidatinnen und Kandidaten mehr Zeit für die Formulierung verwenden als bei den kurzen Bearbeitungshinweisen im Rahmen des Postkorbs. Die Aufgabe lautet beispielsweise, einen Werbebrief oder ein Mitarbeiterrundschreiben zu erstellen.
Präsentation	Die Aufgabe, ein bestimmtes Thema oder vorgegebenes Material aufzubereiten, zu strukturieren und dann vor einer Gruppe vorzutragen, bezeichnet man als Präsentationsübung. Das Thema bzw. das Material sollte in einer engen Beziehung zur Zielposition stehen. Oft werden die Vortragenden nach der **Präsentation** mit vorbereiteten Fragen und Einwänden konfrontiert.
Organisationsaufgaben	Eine Führungskraft im Unternehmen muß zum Beispiel trotz einer Anzahl krankheits- und urlaubsbedingt fehlender Personen alle Aufgaben so auf die verbliebenen verteilen, daß sie bewältigt werden können. Beinhaltet die zu vergebende Position derartige Anforderungen, können **Organisationsaufgaben** angebracht sein, die derartige Konstellationen simulieren.
Selbsteinstufung	Für die **Selbsteinstufung** erhalten die Teilnehmerinnen und Teilnehmer ein Polaritätenprofil mit Eigenschaftspaaren wie zurückgezogen versus gesellig, entschlossen versus zögernd, impulsiv versus beherrscht usw. Sie haben die Aufgabe, sich anhand dieses Polaritätenprofils selbst einzuschätzen. Im Vergleich zu den Erkenntnissen aus anderen Auswahlverfahren will man feststellen, wie sie sich selbst sehen und ob sie sich realistisch einschätzen.
Gruppendiskussionen	**Gruppendiskussionen** sollen zeigen, wie die oder der einzelne in Arbeitssituationen mit anderen umgeht. Es geht also um die Fähigkeit, sich in eine Gruppe zu integrieren und gleichzeitig seine eigenen Impulse zu Inhalten oder zur Vorgehensweise zu setzen. Es geht weiter um die Tatkraft, die Energie und den Durchsetzungswillen, die Konkurrenz-, Kooperations- und Kompromißfähigkeit.
	Die Gruppe selbst liefert Anreize für bestimmte Verhaltensweisen. Und die Gruppenmitglieder lösen gegenseitig bestimmte Verhaltensweisen aus. So werden diverse Verhaltensbereiche durch die Gruppe maßgeblich beeinflußt, ein Phänomen,

das nur in Gruppen beobachtbar ist. Das macht die Gruppendiskussion zu einem unverwechselbaren und wertvollen situativen Auswahlverfahren.

Die Gruppe sollte mindestens vier, höchstens zwölf Personen umfassen und über die notwendigen Hilfsmittel wie etwa Moderationsmaterial verfügen können. Ihr werden mehrere Beobachter zugeteilt, die sich jeweils auf maximal zwei Gruppenmitglieder konzentrieren.

Im übrigen unterscheiden sich die Übungen, die unter dem Sammelbegriff Gruppendiskussion firmieren, inhaltlich und formal recht deutlich. Bei **Kooperationsübungen** haben die Teilnehmerinnen und Teilnehmer die Aufgabe, gemeinsam ein Produkt zu erstellen, zum Beispiel eine kleine Brücke aus bereitgestelltem Material. Bei **Entscheidungsübungen** wird die Gruppe vor ein Problem gestellt, daß sie durch eine Gruppenentscheidung lösen soll. Sie soll beispielsweise entscheiden, wer aus dem Teilnehmerkreis den neuen Dienstwagen bekommen soll. Bei Gruppendiskussionen **ohne Rollenvorgabe** bilden sich die Kandidatinnen und Kandidaten aufgrund der Gespräche eine eigene Position. Gruppendiskussionen **mit Rollenvorgabe** sehen eine feste Rollenverteilung vor. Bei **führerlosen Gruppendiskussionen** wird der Gruppe lediglich ein Thema bzw. ein Problem oder eine Aufgabe vorgegeben. Gruppendiskussionen **mit Diskussionsleiter** basieren darauf, daß eine Person aufgefordert wird, die Diskussion auf einem erfolgversprechenden Weg zu halten. Je nach Thema bzw. Aufgabe hat die Gruppendiskussion einen **Wettbewerbscharakter**. Möglich sind sogar Gruppendiskussionen **ohne Themenvorgabe**.

Man kann die Gruppendiskussion mit einem **Peer-Ranking** verbinden, das heißt der Bildung einer Rangreihe zu Fragen wie:

– Wer trug am meisten zur Effizienz der Gruppe bei?
– Wer war am kooperativsten?
– Wer war am aggressivsten?
– Wer hatte die kreativsten Ideen?
– Wer hat die Gruppe am meisten behindert?
– Wer hat für eine positive Stimmung in der Gruppe gesorgt?

Peer-Ranking

Beim **Peer-Rating**, das ebenfalls an eine Gruppendiskussion gekoppelt werden kann, erfolgt eine skalierte Einstufung. Die Teilnehmerinnen und Teilnehmer schätzen sich gegenseitig bezüglich bestimmter Kriterien ein. Als Einstufungsmerkmale können ähnliche Eigenschaftspolaritäten gewählt werden wie bei der oben erwähnten Selbsteinstufung.

Peer-Rating

Die **Interaktionsanalyse**, also die Untersuchung der Wechselbeziehungen der Gruppenmitglieder, beruht entweder auf den Einschätzungen der Gruppenmitglieder oder der Beobachter. Es handelt sich dabei um eine Einschätzung nach bestimmten, sensiblen Kriterien, die das soziale Beziehungsgeflecht offenbaren, etwa wer mit wem zusammenarbeitet und wer kaum Kontakte zu den anderen hat. Bei der Auswertung werden die einzelnen Gruppenmitglieder durch Kreise und Quadrate dargestellt, die untereinander mit Linien oder Pfeilen unterschiedlicher Länge verbunden sind. Die Länge der Linie oder des Pfeils zeigt die soziale Distanz zwischen zwei Personen an. Die Pfeile zeigen die Richtung der Interaktion an.

Interaktionsanalyse

Peer-Ranking, Peer-Rating und Interaktionsanalyse erfolgen nach der Diskussion, und zwar anonym. Die Beobachter fassen die Ergebnisse zusammen und teilen das Gesamtergebnis mit.

Zuordnung   Folgt man *Obermann (Assessment Center)*, kommt man etwa zu folgender Empfehlung, was die Zuordnung von situativen Verfahren zu verschiedenen Anforderungskriterien und -merkmalen anbelangt:

Situatives Verfahren	geeignet für die Anforderungskriterien und -merkmale
Kurzfall	Delegation, Kontrolle, Motivation, Sensibilität, Ausdruck, Entscheidungsfähigkeit, Analytik, Kreativität, Organisation
Fallstudie	Delegation, Kontrolle, Motivation, Sensibilität, Durchsetzung, Ausdruck, Entscheidungsfähigkeit, Ausdauer, Energie, Belastbarkeit, Analytik, Kreativität, Organisation, Werte, Selbstbild
Videosimulation	Sensibilität, Analytik, Kreativität, Organisation
Informationssuche	Sensibilität, Ausdruck, Entscheidungsfähigkeit, Überzeugung, Ausdauer, Zielsetzungen, Energie, Belastbarkeit, Leistungsmotivation, Analytik, Kreativität, Organisation
Wirtschafts- und Planspiele	Motivation, Sensibilität, Durchsetzung, Teamfähigkeit, Ausdruck, Entscheidungsfähigkeit, Überzeugung, Ausdauer, Zielsetzungen, Energie, Belastbarkeit, Leistungsmotivation, Analytik, Kreativität
Prüfen von Schriftstücken	Ausdruck, Analytik, Organisation
Postkorb	Delegation, Kontrolle, Entscheidungsfähigkeit, Ausdauer, Energie, Belastbarkeit, Analytik, Kreativität, Organisation
Verfassen von Schriftstücken	Ausdruck, Ausdauer, Belastbarkeit, Analytik, Kreativität, Organisation, Werte, Selbstbild
Präsentation	Ausdruck, Überzeugung, Energie, Belastbarkeit, Organisation
Organisationsaufgabe	Ausdauer, Zielsetzungen, Energie, Belastbarkeit, Analytik
Selbsteinstufung	Sensibilität, Teamfähigkeit, Entscheidungsfähigkeit, Belastbarkeit, Analytik, Werte, Selbstbild
Rollenübungen	Delegation, Kontrolle, Motivation, Sensibilität, Durchsetzung, Teamfähigkeit, Ausdruck, Entscheidungsfähigkeit, Überzeugung, Ausdauer, Zielsetzungen, Energie, Belastbarkeit, Organisation
Gruppendiskussion	Motivation, Sensibilität, Durchsetzung, Teamfähigkeit, Ausdruck, Überzeugung, Ausdauer, Zielsetzungen, Energie, Belastbarkeit, Werte
Peer-Ranking, Peer-Rating, Interaktionsanalyse	Sensibilität, Teamfähigkeit, Entscheidungsfähigkeit, Belastbarkeit, Analytik, Werte, Selbstbild

Abb. 2.28. Zuordnung situativer Verfahren

Keine Standardübungen   Die genannten **situativen Verfahren** dürfen nun keineswegs den diversen Standardsammlungen entnommen werden. Sie müssen vielmehr grundlegend **auf der Basis des Anforderungsprofils entwickelt** werden, wobei Standardübungen durchaus Anhaltspunkte liefern können. Auf der Grundlage des Anforderungsprofils, genauer der Anforderungskriterien und -merkmale, werden Verhaltensweisen für typische Arbeitssituationen beschrieben, die erfolgversprechend sind. Ein Versicherungsunternehmen hat zum Beispiel das Anforderungsmerkmal Kommunikationsfähigkeit wie folgt umgesetzt:

Kommunikationsfähigkeit	Die Fähigkeit, durch eigene Aktionen und Reaktionen eine vertrauensvolle Beziehung zum Gesprächspartner aufzubauen und weiterzuentwickeln.
Verhaltensbeispiele	– dem Gesprächspartner zugewandte Körperhaltung – sucht und hält Blickkontakt – zeigt seinem Gesprächspartner Wertschätzung – achtet die Person des anderen – stellt sich auf seinen Gesprächspartner ein – dokumentiert durch Fragen sein Interesse – läßt andere ausreden – bezieht passive Gesprächspartner in die Kommunikation ein – löst emotionale Spannungen im Gespräch auf

Abb. 2.29. Umsetzung eines Anforderungsmerkmals

Die typischen Arbeitssituationen werden in ein Übungsszenario umgesetzt, die erfolgversprechenden Verhaltensweisen in einen Katalog möglicher Bewältigungsstrategien. Aus diesen Bewältigungsstrategien leitet man nun Beobachtungskriterien und -merkmale ab. Das besagte Versicherungsunternehmen etwa konstruierte ein Szenario für ein Aquisitionsgespräch, bei dem die Bewerberin bzw. der Bewerber die Rolle des Außendienstmitarbeiters übernahm. Die Beobachter sollten die Kommunikationsfähigkeit letztlich mit den Noten eins bis vier beurteilen. Sie hatten sich dabei an folgender Unterlage zu orientieren: *(Beobachtungskriterien)*

Beobachtungskriterium	Inwieweit geht der/die Teilnehmer/in auf die Bedürfnisse des Kunden ein?
Beobachtungsmerkmale	– baut positive Atmosphäre auf – hört aktiv zu – hält Blickkontakt – achtet die Person des anderen – läßt den Kunden ausreden – zeigt seinem Gesprächspartner Wertschätzung

Abb. 2.30. Beobachtungskriterium und -merkmale

Derartige Beobachtungskriterien und -merkmale sind notwendig, weil definiert werden muß, was eigentlich beobachtet werden soll, um ein Mindestmaß an Objektivität sicherzustellen. Denn auch die situativen Verfahren sind anfällig für die erwähnten Beobachtungs- und Beurteilungsfehler.

Aus den einzelnen Beobachtungen entstehen zunächst undiskutierte Einzelurteile. Aus diesen Einzelurteilen wird ein **Gesamturteil zu einem Beobachtungs- und dann zu einem Anforderungskriterium oder -merkmal** entwickelt. Falls mehrere Beobachter tätig wurden, geschieht das etwa **in summarischer Form**, also durch eine freie Diskussion der Beobachter. Ein anderes Verfahren ist die **analytische Urteilsfindung**, bei der aufgrund einer zuvor festgelegten Benotungsskala rein mathematisch-statistisch ein Gesamturteil gebildet wird. *(Aus Einzelurteilen ein Gesamturteil)*

Das Gesamturteil zu einem Anforderungskriterium oder -merkmal wird dann **in das Eignungsprofil übertragen**.

Da die situativen Verfahren eine Art von Auswahlrichtlinie aufstellen, weil sie zugleich Auswahl- und Plazierungsentscheidungen maßgeblich beeinflussen, haben sie nach der Rechtsprechung den Charakter eines Personalfragebogens. Ihre Auswahl, Konstruktion und Durchführung ist folglich nach den §§ 94 und 95 des Betriebsverfassungsgesetzes und den entsprechenden Vorschriften der Personalvertretungsgesetze des Bundes und der Länder von der **Zustimmung des Betriebs- bzw. Personalrates** abhängig. *(Mitbestimmung)*

5.6. Assessment Center

Das Wort Assessment kann mit Beobachtung, Einschätzung oder Beurteilung übersetzt werden. Alle drei Begriffe sind einschlägig, denn die Teilnehmerinnen und Teilnehmer werden beobachtet, sie werden anschließend beurteilt und es wird eingeschätzt, ob sie bestimmte Aufgaben erfüllen können.

> In Anlehnung an eine Formulierung von *Obermann (Assessment Center)* kann man das Assessment Center definieren als ein
>
> – ein- bis dreitägiges Seminar
>
> – mit acht bis zwölf Teilnehmerinnen und Teilnehmern,
>
> – die von Führungskräften und Personalfachleuten,
>
> – gegebenenfalls auf der Grundlage von Fragebogen,
>
> – in Interviews,
>
> – unter Umständen auch in Testverfahren,
>
> – in der Hauptsache aber in Einzel-, Rollen- und Gruppenübungen
>
> – beobachtet und beurteilt werden.

Einzel-Assessment

Zur Auswahl von Bewerberinnen und Bewerbern um Spitzenpositionen wird häufiger ein sogenanntes **Einzel-Assessment** durchgeführt. Hier nehmen nur ein bis zwei Personen teil, und das Assessment Center dauert nur einen halben Tag, ausnahmsweise auch bis zu zwei Tagen. Im übrigen entspricht das Einzel-Assessment dem Assessment Center für einen größeren Personenkreis, mit den Ausnahmen, daß Gruppenübungen selbstverständlich entfallen und oftmals externe Fachleute als **Assessoren**, als **Beobachter und Beurteiler**, fungieren.

5.6.1. Vorauswahl

Vorauswahl

Einerseits ist ein Assessment Center, mit Ausnahme des Einzel-Assessments, nur dann sinnvoll, wenn genügend Kandidatinnen und Kandidaten für die zu besetzenden Stellen zur Verfügung stehen. Andererseits ist bei einer Vielzahl von Bewerbungen für eine Position eine Vorauswahl **unverzichtbar**, denn die Durchführung ist wegen

– der Notwendigkeit einer langwierigen, spezifischen Konstruktion von Übungen,

– der Schulung der Assessoren,

– des Einsatzes von Führungskräften über ein bis drei Tage,

– des möglichen Einsatzes von externen Fachleuten,

– der etwaigen Anmietung von Räumlichkeiten sowie

– der Reise- und Übernachtungskosten für den gesamten Teilnehmerkreis

recht **aufwendig** und somit **kostenträchtig**. Die Vorauswahl orientiert sich am Ergebnis der Analyse der Bewerbungen und kann durch Fragebogen sowie ein Vorstellungsgespräch ergänzt werden. Dadurch wird die Zahl der Teilnehmerinnen und Teilnehmer in überschaubaren Grenzen gehalten. Das Verhältnis zwischen offenen Stellen und dem Teilnehmerkreis sollte immer noch so günstig sein, daß sich der einzelne eine gute Chance ausrechnen kann. Ansonsten wird das gezeigte Verhaltensrepertoire sich in Richtung Dominanz und Konfliktorientierung verzerren. Die Vorauswahl stellt zugleich sicher, daß nur jene zum Assessment Center eingeladen werden, die bestimmte Minimalanforderungen erfüllen und somit für die Besetzung der offenen Stelle in Betracht kommen.

5.6.2. Prinzipien des Assessment Centers

Um ein verläßliches Urteil fällen zu können, müssen bei der Vorbereitung und Durchführung von Assessment Centern folgende Prinzipien beachtet werden:

Prinzipien

○ Das Prinzip der **Anforderungsanalyse**

Die Grundlage für das Assessment Center ist ein Anforderungsprofil der Zielposition, das in der weiter oben aufgezeigten Art und Weise ermittelt und umgesetzt wird. Aus dem Anforderungsprofil werden Verhaltensweisen abgeleitet, die bei der Bewältigung von Aufgaben im Rahmen der Zielposition mehr oder weniger erfolgversprechend sind.

○ Das Prinzip der **Simulation**

Dieses Prinzip weist auf den Einsatz von situativen Verfahren, die sogenannten Simulationen, hin. Man konzentriert sich auf das beobachtbare Verhalten in einer künstlich hergestellten Situation, die den Gegebenheiten am künftigen Arbeitsplatz in jeweils einigen wesentlichen Aspekten entsprechen soll.

Die Beobachtung und Beurteilung bezieht sich also auf eine Laborsituation, die, bezogen auf die konkrete Position im Unternehmen, so gestaltet werden muß, daß die wichtigen Aufgaben simuliert werden. Die Laborsituation soll die Bewährungssituation so realistisch wie eben möglich wiedergeben. Damit verbietet sich auch die Verwendung von Standardübungen.

Das Verhalten in der Laborsituation bildet dann die Grundlage für die Prognose der künftigen Eignung.

○ Das Prinzip der **Methodenvielfalt**

Das Assessment Center beinhaltet sowohl die bereits angesprochenen situativen Verfahren als auch nichtsituative Verfahren. Zu letzteren zählen die weiter oben angesprochenen Fragebogen, die ebenfalls schon diskutierten Testverfahren sowie das Interview, verstanden als eine Art Vorstellungsgespräch.

In ihrer Gesamtheit sollen die verwendeten Verfahren sicherstellen, daß die im Anforderungsprofil festgehaltenen Kriterien jeweils in unterschiedlichen Übungen mehrfach, unabhängig voneinander beobachtet und beurteilt werden.

○ Das Prinzip der **Transparenz**

Die Teilnehmerinnen und Teilnehmer sollen so umfassend wie möglich über den Inhalt und Ablauf des Assessment Centers informiert werden. Detailinformationen zu den einzelnen Bausteinen können regelmäßig nicht gegeben werden, da sie das Verhalten im vorhinein prägen würden. Andererseits ist eine Akzeptanz dieses nervenaufreibenden Verfahrens nur zu erreichen, wenn umfangreiche Informationen zur Verfügung gestellt werden. Daher wird dem Teilnehmerkreis häufig frühzeitig eine schriftliche Auskunft über die Auswahlkriterien zur Teilnahme, den Ablauf des Assessment Centers, die Vorbereitung der Assessoren und die Verwendung der Ergebnisse zugesandt. Überdies beginnen die Veranstaltungen oft mit einer Präsentation des Unternehmens sowie realitätsnahen Tätigkeitsinformationen wie einem Videofilm mit anschließender Diskussion und dem Angebot von Einzelgesprächen.

Außerdem erhalten alle Teilnehmerinnen und Teilnehmer am Ende des Assessment Centers durch die Assessoren eine Rückmeldung über ihre Stärken und Schwächen.

○ Das Prinzip der **Beobachtung durch Führungskräfte** aus dem Unternehmen

Niemand kann das Hineinpassen von Bewerberinnen und Bewerbern in die Kultur des Unternehmens und speziell einer Abteilung besser beurteilen als die Personen, die diese Kultur selbst mitprägen und von ihr geprägt wurden. Deshalb werden jene Führungskräfte wechselweise in unterschiedlichen Übungen als Assessoren eingesetzt. Sie werden in einem Training auf ihre Rolle vorbereitet und beobachten auf der Basis schriftlicher, vorher festgelegter Kriterien, die dem Anforderungsprofil folgen.

Viele Unternehmen sehen davon ab, die direkten Vorgesetzten als Assessoren einzusetzen, da ansonsten die Gefahr einer über die Maßen subjektiven Beurteilung besteht, einer Beurteilung, für die der Gedanke maßgeblich ist, welchen persönlichen Nutzen eine spezielle Bewerberin oder ein spezieller Bewerber verspricht. Andere Unternehmen setzen gerade auf die direkten Vorgesetzten, da eine gedeihliche Zusammenarbeit möglich ist, wenn zumindest keine Antipathie besteht.

Neben den Führungskräften werden auch externe Fachleute angefragt, die zumindest bei der erstmaligen Durchführung eines Assessment Centers, aber auch in der Folge, durch ihr Expertenwissen wertvolle Einsichten vermitteln können.

5.6.3. Assessorenschulung

Assessorenschulung

Es wurde bereits darauf hingewiesen, daß Testverfahren in die Hände von Fachleuten gehören. Und der Einsatz eines einzelnen situativen Verfahrens verlangt, daß die Assessoren aus dem Unternehmen gründlich auf ihre Aufgabe vorbereitet werden, indem man sie mit dem jeweiligen Verfahren vertraut macht. Das Prinzip der Beobachtung durch Führungskräfte aus dem Unternehmen, das für das Assessment Center mit seinen mannigfaltigen Verfahren maßgeblich ist, macht dagegen ein **gründliche Schulung der Assessoren** unverzichtbar. Die Assessoren müssen lernen, wie die Prozesse der Verhaltensbeobachtung ablaufen sollten, wie man Beobachtungen erfaßt, wie man sie dokumentiert und wie man schließlich eine Verhaltensbeobachtung in ein Urteil umsetzt, ohne Beobachtungs- und Beurteilungsfehler zu begehen.

Es hat sich als sinnvoll erwiesen, diese Schulung einige Wochen vor dem Assessment Center in Form eines **mindestens eintägigen Seminars** durchzuführen. Unmittelbar vor dem Assessment Center sollte den Assessoren darüber hinaus nochmals die Möglichkeit gegeben werden, aufgekommene Fragen aufzugreifen. Die Assessorenschulung könnte wie folgt aufgebaut sein:

○ Zunächst wird die **Zielsetzung** des anstehenden Assessment Centers angesprochen, zum Beispiel die Besetzung von mehreren Stellen für Führungsnachwuchskräfte. Dann werden die Assessoren anhand der Frage: „Wie beschreibt man die ideale Stellenbesetzung?" mit den jeweiligen Stellenbeschreibungen und Anforderungsprofilen vertraut gemacht.

○ Nach einer **Darstellung modellhafter Verfahren**, etwa durch Videoaufzeichnungen, werden in einem zweiten Schritt die **Übungen und die Gründe** für ihre Zuordnung zu Anforderungskriterien erläutert. Daran anschließend arbeitet man gemeinsam die Beobachtungskriterien und -merkmale sowie ihre Beziehung zu den Anforderungskriterien und -merkmalen detailliert heraus.

○ Danach wird, beispielsweise wiederum anhand von Videoaufzeichnungen einiger Übungen, demonstriert, wie vorteilhaft es ist, wenn sich die **Beobachtung allein auf** das tatsächlich gezeigte **Verhalten** bezieht. Eine **Beurteilung** sollte immer erst stattfinden, **nachdem die Beobachtung abgeschlossen** wurde. Es hat sich nämlich gezeigt, daß sich die Trennung von Beobachtung und Beurteilung positiv auf die Objektivität der Beurteilung auswirkt. Ungeschulte Assessoren neigen dazu, Verhaltensbeobachtungen direkt in Urteile umzusetzen und somit schon während der Übung die Richtung möglicher Beobachtung einzuschränken. In der Assessorenschulung wird angestrebt, zunächst nur Verhaltensweisen zu registrieren und die Umsetzung in Urteile erst nach der Übung vorzunehmen. Die Konzentration des Assessors wird hierbei allein auf die Aktionen der Teilnehmer fixiert, und eine Ablenkung durch Beurteilungsüberlegungen findet nicht statt. Außerdem wird illustriert, daß bei den verschiedenen Verfahren nur nach zwei bis drei Kriterien beobachtet werden kann. Mehr Kriterien stiften nur Verwirrung. Die Assessoren lernen überdies, daß diese Beurteilung vor dem Hintergrund des Anforderungsprofils stattfindet.

○ Es folgen Rollenspiele zur **Demonstration von Beobachtung und Beurteilung.** Hier stehen zunächst die – weiter oben im Rahmen des Vorstellungsgesprächs umschriebenen – Beobachtungs- und Beurteilungsfehler im Mittelpunkt. Die künftigen Assessoren übernehmen wechselweise die Rollen von Teilnehmern und Assessoren. So wird aufgezeigt, wie subjektive Interpretationen, Vorurteile und voreilige Beurteilungen das Ergebnis verzerren. Und so wird verdeutlicht, daß Verhalten auch immer eine Reaktion darstellt. Bestimmte Verhaltensweisen werden durch andere Personen ausgelöst und andere Verhaltensweisen aus demselben Grund gar nicht erst gezeigt. Die Assessoren werden dazu angehalten, möglichst nicht in dieser Weise auf die Teilnehmerinnen und Teilnehmer einzuwirken. Wichtig ist auch eine gemeinsame Sprachregelung der Assessoren. Die verwendeten Begriffe müssen definiert werden, damit auch jeder das gleiche damit bezeichnet. In dieser letzten Phase der Assessorenschulung wird die Zusammenfassung der Ergebnisse und die Erstellung eines Urteils diskutiert. Es werden Richtlinien für die Darstellung des Urteils zusammengetragen und Hinweise für die Führung des Abschlußinterviews gegeben.

5.6.4. Durchführung des Assessment Centers

Für die Durchführung eines Assessment Centers ist folgendes zu beachten: *Durchführung*

○ Der **Terminplan** sollte eine reibungslose Durchführung der Übungen und eine ebenso reibungslose Diskussion der Beobachtungen und Beurteilungen ermöglichen. So muß man etwa für eine Gruppendiskussion und einen Postkorb jeweils dreißig bis neunzig Minuten und für eine Rollenübung zwanzig bis vierzig Minuten einplanen. Nach jeder Übung sind zehn bis zwanzig Minuten für eine Besprechung der Assessoren vorzusehen. Der Kreis der Assessoren und der Kreis der Teilnehmer kann im Zeitplan rotieren, damit Zeit für die Auswertung der Beobachtungen und die Beurteilung vorhanden ist. Die Zeiträume, in denen die Assessoren zur Auswertung unter sich sind, dienen den Teilnehmern häufig zur Vorbereitung von Einzelarbeiten wie Fallstudien und Fragebogen. Zudem sind Essenszeiten und Getränkepausen vorzusehen. Erfahrungsgemäß verursachen zu große Pausen Streß und sind deshalb zu vermeiden. *Terminplan*

○ Die **Assessoren** müssen frühzeitig **ausgewählt und geschult** werden. *Schulung*

○ Es sollte ein zentraler Ansprechpartner, ein **Moderator**, bestimmt werden. Er leitet *Moderator* die anfängliche Informations- und Einstimmungsphase, er kann auf Fragen zum organisatorischen Ablauf eingehen, die Teilnehmer und Beobachter zur Einhaltung des Zeitplanes anhalten und Verschiebungen koordinieren. Außerdem beeinflußt er die Atmosphäre und leitet die Gruppenarbeitssituationen sowie die Abschlußphase. Letztlich trägt er die Beobachtungen und in der Folge die Urteile zusammen und moderiert ihre Koordination.

Räume ○ Es muß frühzeitig dafür Sorge getragen werden, daß die notwendigen **Räume**, das heißt ein Plenum und genügend Gruppenräume, angemietet werden oder zur Verfügung stehen. Die Räume müssen mit Pinnwänden, Overhead-Projektoren, Flip-charts, und ähnlichem ausgestattet sein und sollten nahe beieinander liegen. Findet das Assessment Center in einem Hotel statt, so muß Wert auf ein Bestätigungsschreiben des Hotels mit allen Vereinbarungen gelegt werden. Außerdem sollte dem Hotel ein Tagungsleiter genannt werden.

Einladungen ○ Die Teilnehmerinnen und Teilnehmer sollten mehrere Wochen vor Beginn schriftlich eingeladen werden. Zumeist werden mehr **Einladungen** ausgesprochen als Teilnehmerplätze vorhanden sind, um Absagen auszugleichen. Die Einladung beinhaltet regelmäßig die Nennung eines Ansprechpartners für Rückfragen, Angaben zur Regelung der Reisekosten, eine Anfahrtskizze und die Bitte um eine schriftliche Terminbestätigung.

Gruppen ○ Die einzelnen **Gruppen** während der Übungen sollten so **zusammengestellt** werden, daß sich die Teilnehmerinnen und Teilnehmer möglichst nicht kennen. Damit räumt man die Gefahr aus, daß sich einzelne durch ihre positiv oder negativ gefestigten Beziehungen untereinander beeinflussen. Die Teilnehmerinnen und Teilnehmer sollten weder zu oft noch zu selten der gleichen Gruppe angehören, die Assessoren möglichst gleich häufig mit allen anderen Assessoren zusammenarbeiten.

Damit ergibt sich ein **Terminplan für ein eintägiges Assessment Center,** wie er in Abb. 2.31. abgebildet ist.

Wie es auch bei Verwendung anderer Auswahlverfahren der Fall ist, werden die abgestimmten **Beurteilungen** der einzelnen Bewerberinnen und Bewerber nun in **deren Eignungsprofil übertragen.**

Durch die mehrfach abgestimmten Urteile etwa zur Delegationsfähigkeit, Kontrolle, Motivation, Sensibilität, zum Durchsetzungvermögen, zur Teamfähigkeit, zum schriftlichen und mündlichen Ausdruck, zur Entscheidungsfähigkeit, Überzeugungskraft, Ausdauer, Energie und Belastbarkeit wird das Eignungsprofil in einer Weise präzisiert, daß eine **exakte Prognose** des beruflichen Erfolgs nach fast einhelliger Meinung aller Fachleute und Wissenschaftler **möglich** ist. Empirische Untersuchungen bescheinigen Assessment Centern durch die Bank, daß sie die wissenschaftlichen Kriterien hervorragend erfüllen. Es handelt sich vor allem um die Kriterien Objektivität, Reliabilität und Validität, die im Kapitel Personalbeurteilung genauer erläutert werden. Nur eines dieser Kriterien, die **Ökonomie** des Verfahrens, wird **des öfteren in Zweifel gezogen**. Wie der Terminplan zeigt, ist der Zeit- und Kostenaufwand doch sehr hoch.

5.6.5. Kritik

Kritik Einige wenige Autoren bezweifeln auch die Vorhersagekraft der Assessment Center. Ihrer Meinung nach ist ein Grund für die relativ häufige Übereinstimmung von prognostiziertem und tatsächlichem Erfolg eine **Self Fulfilling Prophecy:** Die späteren Vorgesetzten kennen das Ergebnis der Assessment Center und fördern allein schon deshalb die gut beurteilten Teilnehmerinnen und Teilnehmer. Ein weiterer Grund sei

Vorarbeiten	
Termin	Aktion
5 – 6 Wochen vorher	Vorauswahl der Teilnehmerinnen und Teilnehmer
4 – 5 Wochen vorher	Auswahl der Verfahren, Übungen, Beobachtungs- und Beurteilungskriterien
	Auswahl der Assessoren sowie eines Moderators
	Terminabsprache
3 – 4 Wochen vorher	Reservierung der Räumlichkeiten
2 – 3 Wochen vorher	Einladung der Teilnehmerinnen und Teilnehmer
	Nach der Terminbestätigung Gruppen zusammenstellen
1 – 2 Wochen vorher	Mindestens eintägige Assessorenschulung
ein Tag vorher	Letzte Abstimmung der Assessoren

Durchführung		
Uhrzeit	Teilnehmer	Assessoren
9.00 - 9.20 Uhr	Begrüßung	Vorbereitung
9.20 - 10.00 Uhr	Gruppendiskussion	Beobachtung Gruppendiskussion
10.00 - 10.15 Uhr	Pause	Beurteilung Gruppendiskussion
10.15 - 11.00 Uhr	Rollenübung	Beobachtung Rollenübung
11.00 - 11.15 Uhr	Pause	Beurteilung Rollenübung
11.15 - 12.00 Uhr	Interview	Durchführung Interviews
12.00 - 13.00 Uhr	Mittagspause	Beurteilung Interviews und Mittagspause
13.00 - 14.00 Uhr	Präsentation	Beobachtung Präsentation
14.00 - 14.20 Uhr	Pause	Beurteilung Präsentation
14.20 - 15.20 Uhr	Kurzfall	Beobachtung Kurzfall
15.20 - 15.40 Uhr	Pause	Beurteilung Kurzfall
15.40 - 16.10 Uhr	Postkorb	Zwischenergebnis ermitteln
16.10 - 16.20 Uhr	Pause	Beurteilung Postkorb
16.20 - 16.50 Uhr	Test	Abendessen
16.50 - 18.00 Uhr	Abendessen	Beurteilung Postkorb und Zusammenfassung der Ergebnisse
18.00 - 19.00 Uhr	Rückmeldung der Ergebnisse	Gesprächsführung

Aufarbeitung	
Termin	Aktion
ein Tag danach	Berichte schreiben
zwei Tage danach	Persönliche und telefonische Gespräche mit den Teilnehmern

Abb. 2.31. Terminplan für ein eintägiges Assessment Center

das Verfahren der **Vorauswahl**. Die dort gesetzten Maßstäbe seien regelmäßig so streng, daß **ohnehin nahezu alle** ausgewählten Teilnehmerinnen und Teilnehmer am Assessment Center eine **erfolgreiche berufliche Laufbahn** vor sich hätten.

5.7. Graphologische Gutachten

Da vor allem Führungskräfte kaum davon zu überzeugen sind, sich Tests zu unterziehen, und da auch die Bereitschaft für situative Verfahren hie und da nicht vorhanden ist, greifen manche Unternehmen auf die recht antiquierte Graphologie zurück, um ihre Erkenntnisse aus den Bewerbungsunterlagen und einem etwaigen Vorstellungsgespräch abzusichern.

Grundlage und Rechtslage

Die Grundlage für ein graphologisches Gutachten ist eine **Schriftprobe**. Deshalb werden Bewerberinnen und Bewerber gebeten, neben dem tabellarischen einen handschriftlichen Lebenslauf einzureichen. Möglich ist auch die offene Aufforderung, eine Schriftprobe einzusenden, oder die Bitte, im Rahmen des Vorstellungsgesprächs ein bestimmtes Thema handschriftlich zu bearbeiten. Graphologische Gutachten dürfen zwar nur mit Einwilligung des Betroffenen angefertigt werden. Von der Einwilligung kann man nach der arbeitsrechtlichen Rechtsprechung aber immer ausgehen, wenn Bewerberinnen den genannten Bitten nachkommen, da die dahinter stehende Absicht offensichtlich ist.

> Die Graphologie ist eine spezielle Methode der Ausdruckspsychologie. Hier wird eine Gesamtbeurteilung der Bewerberinnen und Bewerber vorgenommen, die auf der Schrift, genauer dem Schriftfluß, Ober- und Unterlängen, dem Druck, mit dem der Stift geführt wird, etc. basiert.

Beurteilungskriterien

Ein graphologisches Gutachten erstreckt sich regelmäßig auf folgende **Beurteilungskriterien:**

– die Persönlichkeit, hier verbunden mit Begriffen wie Egoismus, Geduld, Heiterkeit, Kälte, Minderwertigkeitsgefühle, Rücksichtslosigkeit usw.,

– die Leistungsfähigkeit und -bereitschaft, etwa die Ablenkbarkeit, das Anpassungsvermögen, die Auffassungsgabe, Ausdauer, das Pflichtgefühl usw. und

– Leistungsstörungen, verstanden als Aggressivität, Arroganz, Nachlässigkeit, Nervosität, Pedanterie usw.

Kritik

Angesichts dieser Auflistung will es schon dem Laien nicht einleuchten, wie die Schrift derartige Aufschlüsse sicher ermöglichen soll. Auch wissenschaftlich läßt sich nicht belegen, daß dieser Methode irgendein Wert beigemessen werden kann. Zuverlässige empirische Erhebungen liegen nicht vor. Zudem werden graphologische Analysen nicht selten von den Personalverantwortlichen selbst vorgenommen, von Personen also, die in dieser Sache kaum oder gar nicht geschult sind. Soweit Graphologen tätig werden, ist ihnen meist wenig bis nichts über das Anforderungsprofil der betreffenden Stelle bekannt. Die Folge ist, daß sie ihre ohnehin fragwürdigen Gutachten sehr allgemein und damit durchaus mehrdeutig abfassen.

5.8. Ärztliche Eignungsuntersuchung

Während Fragebogen, Vorstellungsgespräche, Tests, situative Verfahren, Assessment Center und graphologische Gutachten im Einzelfall alternativ oder kombiniert als Auswahlverfahren verwendet werden, beginnt nahezu jede Personalauswahl mit der Analyse der Bewerbung und sie endet ebenso regelmäßig mit einer ärztlichen Eignungsuntersuchung.

Die ärztliche Eignungsuntersuchung ist zumeist kein Auswahlverfahren, sondern nur eine Art letzter Bestätigung. Zwar kann man, wenn körperliche Anforderungen entscheidend sind, einen größeren Bewerberkreis untersuchen lassen. In aller Regel wird eine ärztliche Eignungsuntersuchung aber nur für die Bewerberinnen und Bewerber angesetzt, die konkret für die Stellenbesetzung vorgesehen sind. Vorgeschrieben ist das lediglich für den öffentlichen Dienst und für Personen unter achtzehn Jahren.

Durch die Untersuchung soll festgestellt werden, ob und inwieweit die Betreffenden den **Belastungen ihrer künftigen Tätigkeit gewachsen** sind. Das verlangt die Kenntnis der Anforderungen, die der künftige Arbeitsplatz stellt. Falls das Unternehmen einen Betriebsarzt beschäftigt oder mit einem betriebsärztlichen Zentrum zusammenarbeitet, sollte der Arzt die Anforderungen aus eigener Anschauung recht gut kennen. Falls dem nicht so ist beziehungsweise der Hausarzt die Untersuchung durchführt, muß ihm entweder das Anforderungsprofil zugeleitet werden, was eher unüblich ist, oder es sollte ihm ein Untersuchungsleitfaden an die Hand gegeben werden, der auf den Stellenanforderungen basiert.

Zweck

Etwaige Fragen im Rahmen der Untersuchung müssen wahrheitsgemäß beantwortet werden, soweit sie nach den weiter oben angesprochenen Grundsätzen zulässig sind. Daneben gilt auch hier die Offenbarungspflicht, wonach auch unaufgefordert alle Gegebenheiten dargelegt werden müssen, die für das Arbeitsverhältnis wichtig sind.

Offenbarungspflicht

> Als Untersuchungsergebnis wird dem Unternehmen mitgeteilt, daß die Bewerberin oder der Bewerber für die Stelle
> - geeignet ist,
> - nur mit genauer spezifizierten Einschränkungen geeignet ist,
> - zur Zeit nicht geeignet ist,
> - dauerhaft nicht geeignet ist, gegebenenfalls mit einem Hinweis auf andere geeignete Stellen.

Möglicherweise wird noch auf die Notwendigkeit einer Nachuntersuchung und deren Terminierung hingewiesen. Weitergehende Mitteilungen macht der untersuchende Arzt in keinem Fall, denn das genaue Untersuchungsergebnis unterliegt der ärztlichen Schweigepflicht. Nur die Betroffenen selbst könnten ihn von seiner Schweigepflicht entbinden.

Ist das **Untersuchungsergebnis positiv**, so bildet es den **letzten Baustein des Eignungsprofils**. Ist es negativ, müssen andere Bewerberinnen oder Bewerber zum Zuge kommen. Deshalb sorgen viele Unternehmen dafür, daß die ärztliche Eignungsuntersuchung sich direkt an die anderen Auswahlverfahren anschließt. Alternativ kann auch ein Passus in den Arbeitsvertrag aufgenommen werden, der dessen Fortbestand an ein positives Ergebnis der Untersuchung koppelt. In diesem Fall kann die Untersuchung notfalls erst bei oder kurz nach der Arbeitsaufnahme durchgeführt werden. Bei einem negativen Ergebnis würde sich dann jedoch die Frage stellen, ob die anderen Bewerberinnen und Bewerber noch greifbar sind. Außerdem wollen Bewerberinnen und Bewerber unter diesen Voraussetzungen nur ungern ihr bestehendes Arbeitsverhältnis kündigen. Ihnen steht immerhin noch eine Untersuchung ins Haus, in deren Ergebnis es schlimmstenfalls lauten könnte, daß sie erstens krank sind und zweitens infolgedessen der neue Arbeitsvertrag hinfällig wäre.

6. Entscheidung

Im Anschluß an die Analyse der Bewerbungsunterlagen, im Anschluß auch an die weiterführenden Auswahlverfahren, an denen nur noch ein kleinerer Bewerberkreis teilgenommen hat, seltener erst im Anschluß an die ärztliche Eignungsuntersuchung, fällt die Entscheidung, wer für die Besetzung der Stelle in Frage kommt.

> An der Entscheidung sind in jedem Fall
> - Personalverantwortliche, also in der Regel Mitglieder der Personalabteilung,
> - künftige Vorgesetzte und
> - der Betriebs- bzw. Personalrat beteiligt.

- Externe Fachleute, etwa Personalberater bzw. Beobachter und Beurteiler bei situativen Verfahren oder Tests, können in die Entscheidungsfindung eingebunden sein. Ausschlaggebend ist jedoch das Urteil der ersten drei genannten Personengruppen.
- Kommen situative Verfahren für sich oder im Rahmen von Assessment Centern zum Einsatz, ist der Kreis der Entscheidungsträger noch größer und umfaßt Führungskräfte mehrerer Hierarchieebenen.
- Möglich ist auch die Beteiligung der künftigen Kolleginnen und Kollegen. Sie können über die fachliche Eignung urteilen. Besonders gefragt ist aber ihre Meinung über die Einbindung in die soziale Organisation und Gruppe.
- Hie und da behält sich ein Unternehmer oder Geschäftsführer noch das letzte Wort vor.

6.1. Profilabgleich

Während für die **künftigen Vorgesetzen** die fachliche und persönliche Eignung sowie die Verfügbarkeit zum erforderlichen Zeitpunkt im Vordergrund stehen, müssen die **Personalverantwortlichen** außerdem rechtliche und personalpolitische Gesichtspunkte beachten. Deshalb, aber nicht nur aus diesem Grunde, ist die Entscheidung nicht immer unproblematisch. Denn nach dem Abschluß der Auswahlverfahren stehen in der Regel mehrere Personen in der engsten Wahl.

Profilabgleich — Die erste von zwei Entscheidungsgrundlagen ist das **Anforderungsprofil** der vakanten Position. Wie weiter oben dargestellt, sind die im Anforderungsprofil erfaßten Anforderungskriterien und -merkmale fachlicher und persönlicher Art. Man differenziert zudem üblicherweise in wünschenswerte und notwendige Anforderungen. Letztere sind für die Aufgabenerfüllung unabdingbar.

Dem Anforderungsprofil der Position steht als zweite Entscheidungsgrundlage das **Eignungsprofil** der Bewerberin bzw. des Bewerbers gegenüber, also ein im Auswahlverfahren ermittelter Komplex unterschiedlichster Qualitäten für die Anforderungen der vakanten Position.

Die Entscheidung selbst beruht nun auf einem **Profilabgleich**, also der Feststellung, inwieweit sich das Anforderungsprofil der Position mit den Eignungsprofilen der Bewerberinnen und Bewerber deckt. Gefordert ist demnach eine präzise Gegenüberstellung der Anforderungskriterien und -merkmale des Arbeitsplatzes mit den unterschiedlichen Qualitäten der Betreffenden, genauer mit den unterschiedlichen Erfüllungsgraden hinsichtlich der Anforderungen der zu besetzenden Position.

> Aus dem Profilvergleich gewinnen die Entscheidungsträger zunächst undiskutierte Einzelurteile. Aus diesen Einzelurteilen muß dann ein Gesamturteil entwickelt werden. Dieser Prozeß ist sehr kompliziert, da mit einiger Sicherheit keine Bewerberin und kein Bewerber alle Anforderungen der Position voll erfüllen wird. Erfüllt jemand allerdings unabdingbare Anforderungen nicht, wird er aus dem weiteren Auswahlprozeß ausgeschlossen.

6.2. Urteilsfindung

Das Gesamturteil kann, wie bereits im Rahmen der situativen Verfahren erwähnt, in **analytischer Form** gefunden werden. Bei dieser sogenannten Entscheidungsanalyse, einer besonderen Form der Nutzwertanalyse, wird zunächst für die einzelnen Anforderungen eine analytische Arbeitsplatzbewertung durchgeführt. Deren Ergebnis sind sogenannte Anforderungsziffern von eins bis zehn, wobei der Wert eins eine äußerst niedrige Bedeutung ausdrückt, der Wert zehn eine äußerst hohe Bedeutung. Danach wird die Bewertung der jeweiligen Eignung, der sogenannten Qualitäten der Bewerberinnen und Bewerber in Qualitätsziffern von null bis zehn ausgedrückt, wobei der Wert null überhaupt keine Qualifikation meint, der Wert zehn dagegen die höchstmögliche Qualifikation. Inwieweit eine Person einer Anforderung genügt, ergibt sich aus der Multiplikation von Anforderungsziffer und Qualitätsziffer. Das Gesamturteil für diese Person drückt sich in der Summe der Ergebnisse dieser Multiplikationen für alle Anforderungen aus. Unter dem Strich hat dann die Bewerberin oder der Bewerber mit dem höchsten Gesamtergebnis das Rennen gemacht.

Analytische Urteilsfindung

Diese Form der Urteilsfindung läßt jedoch ein wichtiges Faktum unter den Tisch fallen. Aus der strengen Orientierung am Anforderungsprofil folgt nämlich, daß nicht immer die nach bestimmten Beurteilungskriterien Besten auch die für die freie Position Geeignetsten zu sein brauchen. Viele Positionen stellen an den Positionsinhaber nur durchschnittliche Anforderungen. Sie sollten also auch nur mit durchschnittlich befähigten Mitarbeiterinnen und Mitarbeitern besetzt werden, die zwar beispielsweise weniger Kreativität, Flexibilität und Eigeninitiative entwickeln, den rein ausführenden Aufgaben aber um so eher mit Geduld und Ausdauer gerecht werden.

Deshalb ist es oft besser, das Gesamturteil in **summarischer Form**, also durch die freie Diskussion der Entscheidungsträger zu gewinnen. In der Diskussion können alle Aspekte berücksichtigt werden, die sich der rein mathematischen Bewertung entziehen. Jene Aspekte sind eher subjektiver Natur. Diese Subjektivität wird jedoch von einigen wissenschaftlichen Studien, vor allem aber von der Praxis geschätzt. Die Entscheidungsträger haben nämlich ein recht genaues Bild des zukünftigen Belegschaftsmitgliedes vor Augen. Sie wollen nicht nur abstrakte Fähigkeiten überprüfen. Ebenso wichtig wie das formale Anforderungsprofil ist ihnen oftmals die Frage, ob die Bewerberin oder der Bewerber in das Unternehmen bzw. die Abteilung paßt. Anhand dieser Frage kann die Struktur und Verhaltensweise der Gruppe der künftigen Kolleginnen und Kollegen berücksichtigt werden. Denn nicht nur die Zeugnisnoten oder die fachlichen Qualifikationen entscheiden über den Erfolg. Bedeutsam ist gleichfalls eine Übereinstimmung mit der jeweiligen Unternehmenskultur. Obwohl die Subjektivität in der Entscheidungsfindung eigentlich nicht erwünscht sein sollte, ist dieser subjektive Faktor doch eine Grundlage für das Funktionieren eines jeden Unternehmens. Allerdings können sich gerade in einer freien Diskussion wieder massiv Beurteilungsfehler einschleichen.

Summarische Urteilsfindung

6.3. Mitbestimmung durch Personal- bzw. Betriebsrat

> Der Personal- bzw. Betriebsrat ist an der Entscheidung nur indirekt beteiligt. Der Betriebsrat muß in Betrieben mit in der Regel mehr als zwanzig wahlberechtigten Arbeitnehmern vor jeder Einstellung, Eingruppierung, Umgruppierung und Versetzung seine Zustimmung erteilen.

Mitbestimmung

Nach § 99 des Betriebsverfassungsgesetzes sind ihm deshalb **Auskünfte** über die Auswirkungen der geplanten Maßnahme sowie über den Arbeitsplatz und die vorgesehene Eingruppierung zu geben. Außerdem sind ihm die erforderlichen Bewerbungsunterlagen vorzulegen, nach herrschender Meinung allerdings nur die Unterlagen jener, die in der engeren Wahl stehen. § 105 des Betriebsverfassungsgesetzes besagt, daß für leitende Angestellte keine Zustimmung des Betriebsrates vonnöten ist. Trotzdem ist der Betriebsrat auch hier rechtzeitig zu informieren.

In der Regel leitet man dem Betriebsrat sowohl bei einer Neueinstellung als auch bei einer Personalbeschaffungsmaßnahme in Form einer Versetzung frühzeitig ein Formular zu, das Angaben zu folgenden Punkten enthält:

– Name,

– Geburtsdatum,

– Tätigkeit,

– vorgesehene Abteilung,

– Einstellung unbefristet, befristet bis oder befristet zur Probe bis,

– Ersatzeinstellung oder Zusatzeinstellung,

– Lohnempfänger, Angestellter im Tarif oder außertariflich, leitender Angestellter, Auszubildender,

– vereinbartes Arbeitsentgelt.

Man fügt diesem Formular dann gegebenenfalls den Personalfragebogen und die Bewerbung bei und bittet den Betriebsrat um Stellungnahme. Verweigert der Betriebsrat seine Zustimmung nicht innerhalb von einer Woche, so gilt die Zustimmung als erteilt. Der Betriebsrat kann seine **Zustimmung nur aus folgenden Gründen verweigern**:

– Die personelle Maßnahme verstößt gegen ein Gesetz, eine Verordnung, eine Unfallverhütungsvorschrift, eine Bestimmung in einem Tarifvertrag oder in einer Betriebsbeziehungsweise Dienstvereinbarung, eine gerichtliche Entscheidung oder eine behördliche Anordnung.

– Bei der Auswahl wurde gegen eine vereinbarte Auswahlrichtlinie verstoßen.

– Es besteht die begründete Besorgnis, daß bereits beschäftigten Arbeitnehmern wegen der Neueinstellung gekündigt wird oder sonstige Nachteile entstehen, ohne daß dies aus betrieblichen oder persönlichen Gründen gerechtfertigt ist.

– Der betroffene Arbeitnehmer wird durch die personelle Maßnahme, etwa eine Versetzung, benachteiligt, ohne daß dies aus betrieblichen oder in der Person des Arbeitnehmers liegenden Gründen gerechtfertigt ist.

– Obwohl der Betriebsrat auf einer innerbetrieblichen Stellenausschreibung bestanden hat, wurde diese unterlassen.

– Es besteht die Gefahr, daß der neue Arbeitnehmer durch gesetzwidriges Verhalten oder durch die grobe Verletzung des Grundsatzes der Gleichbehandlung aller Betriebsangehörigen den Betriebsfrieden stören wird.

Verweigert der Betriebsrat seine Zustimmung, so kann der Arbeitgeber beim Arbeitsgericht beantragen, die Zustimmung zu ersetzen.

6.4. Zusage und letzte Absagen

> Nachdem die Entscheidung gefallen ist und der Betriebsrat seine Zustimmung erteilt hat, erhält die betreffende Bewerberin bzw. der betreffende Bewerber eine Zusage. In sehr dringenden Fällen kann diese Zusage sogar telefonisch erfolgen. In der Regel wird sie jedoch schriftlich formuliert und beinhaltet eine Einladung zu Verhandlungen über die genauen Vertragsmodalitäten.

Zusage

In einigen Unternehmen gibt es ein unumstößliches Vertragswerk und ebenso unumstößliche Richtlinien über die Einstufung des Entgelts, die grundsätzlich nicht modifiziert werden. Diese Unternehmen verbinden die Zusage mit der Zusendung des Vertrages und der Bitte, ein unterschriebenes Exemplar bis zu einem bestimmten Zeitpunkt zurückzuschicken.

Manche Unternehmen sind bei der Formulierung der Zusage hingegen recht vorsichtig. Sie laden die Betreffenden lediglich zu einem weiteren Gespräch ein und verschweigen, daß eine Entscheidung bereits gefallen ist. Diese Vorsicht hat ihren Grund. Es ist nämlich durchaus noch möglich, daß sich die Betreffenden zwischenzeitlich für eine Position im bisherigen oder einem anderen Unternehmen entschieden haben, oder daß man in den Vertragsverhandlungen zu keiner Einigung kommt.

Auf jeden Fall ist Vorsicht bei den letzten Absagen angebracht. Eine einmal ausgesprochene Absage kann man nämlich schlecht wieder zurücknehmen. Die Betroffenen werden immer den Eindruck haben, sie seien nur zweite Wahl und nur deshalb ausgewählt worden, weil andere, vielleicht auch aus guten Gründen, in letzter Minute abgesprungen sind. Und damit haben sie dann ja auch recht! Man sollte deshalb mit den Absagen für jene, die nur knapp am Anforderungsprofil gescheitert sind, warten, bis der Arbeitsvertrag von der Bewerberin bzw. dem Bewerber der ersten Wahl unterschrieben ist und die ärztliche Eignungsuntersuchung ein positives Ergebnis erbracht hat.

Die letzten Absagen

Im übrigen gilt auch für diese Absagen das, was bereits für die ersten Absagen jenes Bewerberkreises gilt, der nach der Analyse der Bewerbungen ausgesondert wurde: Jedes Schreiben, das ein Unternehmen verläßt, ist ein Stück Öffentlichkeitsarbeit. Also sollte die Absage nicht verletzend, schroff oder nichtssagend formuliert werden, selbst wenn sie, wie üblich, aus standardisierten Textbausteinen besteht. Dem Absageschreiben sind sämtliche Bewerbungsunterlagen mit Ausnahme des Anschreibens und gegebenenfalls des Personalfragebogens beizufügen.

7. Arbeitsvertrag

> Arbeitsverhältnisse und auch die Arbeitsgerichte werden oft an sich völlig unnötig durch Streitigkeiten belastet. Viele dieser Streitigkeiten lassen sich durch eine eindeutige vertragliche Regelung der gegenseitigen Rechte und Pflichten vermeiden. Ein in allen Aspekten deutlich formulierter Arbeitsvertrag ist daher unverzichtbar.

Juristische Sicht

Aus **juristischer Sicht** ist der Arbeitsvertrag ein Dienstvertrag, der die Grundlage für die Beziehung von Arbeitgeber und Arbeitnehmer bildet. Mit ihm wird ein **Arbeitsverhältnis** begründet, das den **Arbeitnehmer** zu einer

– **weisungsgebundenen Tätigkeit** gegen Entgelt, die er **höchstpersönlich** vorzunehmen hat, und zur

– **Eingliederung in einen Betrieb** – im juristischen Sprachgebrauch zu Treue und Gehorsam – verpflichtet,

den **Arbeitgeber**

– zur **Zahlung des Arbeitsentgelts**

– zur **Gleichbehandlung**, zum **Schutz der Person, des Vermögens und des Fortkommens** – im juristischen Sprachgebrauch zur Fürsorge – und

– zur **Beschäftigung**.

Ansonsten liegt kein Arbeitsverhältnis vor, sondern eine anders geartete Beziehung, deren Grundlage beispielsweise ein Werk-, Gesellschafts- oder Dienstverschaffungsvertrag sein kann.

7.1. Rechtsvorschriften

Um im juristischen Sinne gültig zu sein, muß bei der Formulierung des Arbeitsvertrages eine Vielzahl von Rechtsvorschriften beachtet werden.

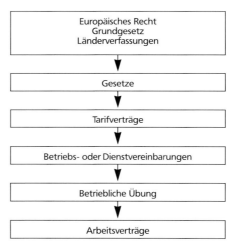

Abb. 2.32. Normenhierarchie

○ Das deutsche Recht, also auch das Vertragsrecht, wird daran gemessen, ob es im Gleichklang mit der Bundesverfassung, dem **Grundgesetz für die Bundesrepublik Deutschland**, steht. Soweit Regelungstatbestände der Hoheit der Bundesländer unterliegen, werden sie an den jeweiligen **Verfassungen der Länder** gemessen. Zudem dürfen sie nicht gegen zwingendes **Europäisches Recht** verstoßen.

○ Diverse **Gesetze** sehen Regelungen vor, von denen nicht einzelvertraglich abgewichen werden darf. Derartige Vorschriften beinhalten zum Teil die §§ 611 bis 630 des Bürgerlichen Gesetzbuches und eine Vielzahl spezieller Rechtsnormen.

○ **Tarifverträge** werden zwischen einer oder mehreren Gewerkschaften und einem

Arbeitgeberverband beziehungsweise einem einzelnen Arbeitgeber geschlossen. Soweit sie für beide Vertragspartner bindend sind, weil sie entweder diesen Organisationen angehören oder weil der Bundesminister für Arbeit und Sozialordnung respektive die oberste Arbeitsbehörde eines Landes einen Tarifvertrag für allgemeinverbindlich erklärt hat, legt der betreffende Tarifvertrag einen unabdingbaren Mindeststandard fest.

○ **Betriebs- oder Dienstvereinbarungen** können zwischen dem Arbeitgeber und dem jeweiligen Betriebs- oder Personalrat geschlossen werden. Sie ergänzen in der Regel tarifliche Vereinbarungen durch ein Regelwerk, das auf die betrieblichen Gegebenheiten abgestellt ist. Regelungstatbestände, die bereits durch Tarifverträge erfaßt werden, dürfen aber gemeinhin nicht Gegenstand von Betriebs- oder Dienstvereinbarungen sein. Die einzelnen Beschäftigten können auf jene Rechte, die ihnen durch Betriebs- oder Dienstvereinbarungen eingeräumt werden, auch arbeitsvertraglich nur mit Zustimmung des Betriebs- oder Personalrates verzichten.

○ Die **betriebliche Übung** ist eine Art Gewohnheitsrecht. Die Rechtsprechung geht davon aus, daß die Beschäftigten generell einen Rechtsanspruch auf den Einsatz von Regelungen haben, die seit längerem im betreffenden Unternehmen angewandt wurden.

Die genannten Rechtsquellen müssen genau in dieser Reihenfolge beachtet werden. **Die jeweils nachrangige Rechtsquelle hat sich an der jeweils höherrangigen zu orientieren.**

Davon abgesehen besteht grundsätzlich Vertragsfreiheit. Vertragsfreiheit bedeutet: Vertragsfreiheit

○ **Abschlußfreiheit**

Keine der beiden Seiten ist gezwungen, ein Vertragsverhältnis einzugehen. Der Arbeitsvertrag entsteht nach den Vertragsverhandlungen durch eine Einigung zwischen den Vertragsparteien.

Die Einigung muß sich aber grundsätzlich auf alle Vertragspunkte erstrecken, über die nach der Erklärung auch nur einer Partei eine Vereinbarung getroffen werden sollte. Ist das nicht der Fall, so gilt der Arbeitsvertrag im Zweifel als nicht geschlossen.

Minderjährige Arbeitnehmer brauchen die Zustimmung ihrer gesetzlichen Vertreter, in der Regel der Eltern.

○ **Formfreiheit**

Der Arbeitsvertrag kann prinzipiell auch mündlich geschlossen werden.

Gesetze, Tarifverträge, Betriebs- oder Dienstvereinbarungen können aber zwingend die Schriftform fordern, wie beispielsweise das Berufsbildungsgesetz, wonach das Unternehmen spätestens vor Beginn einer Berufsausbildung den wesentlichen Inhalt des Vertrages schriftlich niederlegen muß. Auch ein vertraglich vereinbartes Wettbewerbsverbot bedarf nach § 74 des Handelsgesetzbuches der Schriftform.

Allen Beteiligten ist es jedoch angeraten, den Arbeitsvertrag und alle Nebenabreden in jedem Fall schriftlich zu dokumentieren. Nur die Schriftform gewährleistet die notwendige Rechtssicherheit. Im übrigen fordert das Nachweisgesetz vom Arbeitgeber, spätestens einen Monat nach dem vereinbarten Beginn des Arbeitsverhältnisses – und auch bei wesentlichen Vertragsänderungen im laufenden Arbeitsverhältnis – die wesentlichen Vertragsbedingungen schriftlich niederzulegen, zu unterschreiben und den Beschäftigten auszuhändigen.

○ **Gestaltungsfreiheit**

Grundsätzlich sind die Vertragsparteien bei der zeitlichen und inhaltlichen Gestaltung des Arbeitsvertrages frei. Sie müssen jedoch die weiter oben genannten Vorschriften beachten, die im Einzelfall die Gestaltungsfreiheit beschränken.

Folgen von Mängeln

Entgegen den allgemeinen Regeln des Bürgerlichen Gesetzbuches führen Mängel beim Vertragsabschluß, zum Beispiel die fehlende Arbeitserlaubnis für ausländische Beschäftigte, grundsätzlich nicht zur Nichtigkeit des Arbeitsvertrages. Vielmehr bleiben die gegenseitigen Rechte für die Vergangenheit erhalten, wenn die Arbeit bereits geleistet ist. Für die Zukunft entfällt die Bindung an das Arbeitsverhältnis ohne Rücksicht auf kündigungsrechtliche Bestimmungen.

Nun kennen nicht alle Beteiligten alle einschlägigen Normen, und manchmal werden sie auch bewußt mißachtet. Dadurch enthalten manche Arbeitsverträge Formulierungen, die nicht rechtsgültig sind und so das gesamte Vertragswerk in Frage stellen. Solange beide Parteien aber keine Einwände erheben, halten sie sich auch an diese Formulierungen: Wo kein Kläger ist, da ist auch kein Richter.

Soweit die Arbeitsgerichte angerufen werden, nehmen sie bei inhaltlichen Mängeln des Arbeitsvertrages eine Auslegung vor. An die Stelle des unwirksamen Vertragsteiles tritt dann eine Regelung, die dem Willen der Vertragspartner entsprochen hätte, wenn sie die Rechtslage gekannt und berücksichtigt hätten.

7.2. Inhalt des Arbeitsvertrages

*Typische Regelungs-
tatbestände*

Ein typischer Arbeitsvertrag nimmt gemeinhin zu folgenden Punkten Stellung:

○ **Bezeichnung der Vertragsparteien**

Für den Arbeitgeber sind hier die Firma, die Rechtsform und der Sitz zu benennen, für den Arbeitnehmer der Vor-, Zu- und gegebenenfalls Geburtsname sowie zumindest die Anschrift.

○ **Vertragsbeginn** und **Dauer** des Arbeitsverhältnisses

Der Vertragsbeginn ist unmißverständlich zu nennen, in der Regel in Form eines Datums. Die Laufzeit des Vertrages kann nun sowohl unbefristet als auch befristet sein. Der Dauerarbeitsvertrag wird erst durch die Kündigung einer der beiden Vertragsparteien oder durch eine vertragliche Vereinbarung, den Aufhebungsvertrag, beendet. Befristete Arbeitsverträge enden hingegen zum vereinbarten Zeitpunkt. Das kann, wie bei den meisten Arbeitsverträgen, der Eintritt in den Ruhestand sein, aber auch ein bestimmtes Datum oder ein Projektende. Die Befristung kann, unter Berufung auf das Beschäftigungsförderungsgesetz, bis zu 24 Monaten ausmachen. Für Beschäftigte über 60 Jahren entfällt die Höchstbefristung. Denkbar sind auch andere Fristen, soweit für die Befristung ein sachlicher Grund gegeben ist.

○ **Probezeit**

Mögen die Auswahlverfahren auch noch so gründlich sein, ein stimmiges Bild von einer Person erhält man erst durch die Dauerbeobachtung. Darauf ist die allgemein geübte Praxis zurückzuführen, bei Einstellung eine angemessene Probezeit zu vereinbaren, mit der das Arbeitsverhältnis beginnt. Viele Tarifverträge befristen die Probezeit. Sie beträgt für gewerbliche Arbeitnehmer gewöhnlich vier Wochen und für Angestellte drei bis sechs Monate. Vorsichtige Unternehmen vereinbaren keine Probezeit, sondern ein Probearbeitsverhältnis, also ein befristetes Arbeitsverhältnis. Dieses endet entweder zum vereinbarten Termin, oder es wird zu diesem

Termin in ein Dauerarbeitsverhältnis umgewandelt. Nicht selten wird dabei Bezug auf das Beschäftigungsförderungsgesetz genommen und so dem eigentlichen Arbeitsverhältnis ein befristetes vorgeschaltet.

○ **Tätigkeitsbezeichnung**

Häufig sind Arbeitsverträge zu diesem Punkt recht ungenau, denn je weitreichender die Tätigkeitsbezeichnung ist, um so breiter ist das Spektrum der Leistungen, die der Arbeitgeber fordern kann. Entspricht die Tätigkeitsbezeichnung lediglich der üblichen Berufsbezeichnung, ist der Arbeitnehmer grundsätzlich zur Leistung aller dem betreffenden Berufsbild entsprechenden Arbeiten verpflichtet. Und behält sich der Arbeitgeber durch eine Klausel vor, dem Arbeitnehmer auch andere der Berufserfahrung und Ausbildung entsprechende Aufgaben zu übertragen, ist die Zuweisung solcher Aufgaben gleichfalls nicht von der Zustimmung der Betroffenen und des Betriebs- bzw. Personalrates abhängig.

○ **Arbeitsentgelt**

Hier wird die Entgeltform, die Höhe, die Fälligkeit und die Auszahlungsweise, eventuell auch die Steigerung des Arbeitsentgelts und die Vergütung von Mehr, Schicht-, Nacht-, Feiertags- und Sonntagsarbeit sowie gegebenenfalls der Anspruch und die Berechnung von leistungs- oder erfolgsbezogenen Komponenten geregelt. Wenn die Vertragsparteien an den einschlägigen Tarifvertrag gebunden sind, muß wenigstens die tarifliche Mindestvergütung gezahlt werden.

○ **Sozialleistungen**

Falls das Unternehmen Leistungen wie Dienstwagen, Umzugskosten, Gratifikationen, Vermögensbildung, Altersversorgung usw. in Aussicht stellt, sollte das im Arbeitsvertrag dokumentiert werden.

○ **Arbeitszeit**

Entweder wird auf den Tarifvertrag respektive eine Betriebs- oder Dienstvereinbarung Bezug genommen oder die regelmäßige Arbeitszeit unter Einschluß der Pausen genannt. Der Arbeitsvertrag beinhaltet oft auch die Verpflichtung zur Mehr-, Schicht-, Nacht-, Feiertags- und Sonntagsarbeit.

○ **Urlaub**

Soweit zu diesem Punkt keine Regelung getroffen wird, gilt entweder die tarifvertragliche oder gesetzliche Norm. Laut Bundesurlaubsgesetz beträgt der Mindesturlaub vierundzwanzig Werktage einschließlich des Samstags, denn der ist ein Werktag.

○ **Arbeitsversäumnis**

Regelungsbedürftig sind die Konsequenzen einer unverschuldeten Arbeitsverhinderung und die Nachweispflicht bei Erkrankungen. Wenn das Unternehmen über die gesetzliche Entgeltfortzahlung von sechs Wochen hinausgeht, wird das gleichfalls festgehalten.

○ **Kündigungsfrist**

Die Kündigungsfrist wird regelmäßig in den Arbeitsvertrag aufgenommen. Erfolgt keine Regelung, gelten entweder die Bestimmungen des einschlägigen Tarifvertrags oder die gesetzlich zulässigen Mindestkündigungsfristen des § 622 des Bürgerlichen Gesetzbuches.

○ **Sonstige Regelungen**

Manche Arbeitsverträge nehmen zur Geheimhaltungspflicht des Arbeitnehmers Stellung, die sich ohnehin aus der Treuepflicht ergibt. Einige Arbeitsverträge beinhalten Klauseln, die im Falle der Kündigung des Arbeitnehmers die Rückgabe des Arbeitsmaterials und vor allem die Rückzahlung von Seminargebühren und Umzugskostenerstattung vorsehen, die der Arbeitgeber übernommen hat. Nicht unüblich sind auch Regelungen für Diensterfindungen, Vereinbarungen in bezug auf Nebentätigkeiten und Gerichtsstandsklauseln. Hie und da sieht der Vertrag die Abtretung von Schadensersatzansprüchen an den zur Entgeltfortzahlung verpflichteten Arbeitgeber vor, die der Arbeitnehmer etwa aufgrund eines Unfalls gegen Dritte erwirbt.

Seltener wird eine Vertragsstrafe für Nichtantritt des Arbeitsverhältnisses und ein Wettbewerbsverbot vereinbart. Das Wettbewerbsverbot dient dazu, eine zeitnahe Tätigkeit des Arbeitnehmers nach Beendigung des Arbeitsverhältnisses bei der Konkurrenz zu verhindern. Nach den §§ 74 und 74a des Handelsgesetzbuches ist es auf maximal zwei Jahre begrenzt. Zudem muß für die Dauer des Wettbewerbsverbotes eine Entschädigung von mindestens der Hälfte der zuletzt bezogenen vertragsmäßigen Leistungen vorgesehen werden.

C. Arbeitsaufgaben

1. Beschreiben Sie den Ablauf der Personalbeschaffung.
2. Was sind autonome und was initiierte Personalveränderungen?
3. Was ist ein Stellenbesetzungsplan?
4. Erläutern Sie einige Methoden der Bestimmung des Einsatzbedarfs an Personal.
5. Wie errechnet man den Bruttopersonalbedarf und wie den Nettopersonalbedarf?
6. Wie bestimmt man die Qualifikation des benötigten Personals?
7. Was ist eine Stellenbeschreibung, was ein Anforderungsprofil?
8. Wie erstellt man Stellenbeschreibungen und wie Anforderungsprofile?
9. Welche Angaben sollte eine Personalbedarfsmeldung enthalten?
10. Wie bestimmt man das mögliche Entgelt für eine offene Stelle?
11. Wann führt man eine Arbeitsmarktforschung durch und was beinhaltet sie?
12. Wägen Sie die Vor- und Nachteile interner und externer Personalbeschaffungswege ab.
13. Was hat die Änderungskündigung mit der Personalbeschaffung zu tun?
14. Was müssen Sie bedenken, wenn Sie ein Stellenangebot in eine Zeitung setzen wollen?
15. Welche Kommunikationsmedien kann man für Stellenangebote einsetzen?
16. Wie kann man die Zusammenarbeit mit dem Arbeitsamt optimieren?
17. Welche Bestandteile hat eine gute Bewerbung?
18. Nach welchen Kriterien wird die Bewerbung analysiert?
19. Was sind Zeitfolge-, Positions-, Branchen- und Kontinuitätsanalysen von Lebensläufen?

20. Beschreiben Sie die Grundsätze für die Erstellung eines qualifizierten Arbeitszeugnisses.
21. Erläutern Sie die drei Arten indirekter Zeugnisaussagen bei Arbeitszeugnissen.
22. Nehmen Sie zu Vor- und Nachteilen des Einsatzes von Personalfragebogen Stellung.
23. Wie entwickelt man biographische Fragebogen?
24. Erläutern Sie die verschiedenen Gestaltungsformen von Vorstellungsgesprächen.
25. Wie sind Vorstellungsgespräche in der Regel thematisch aufgebaut?
26. Beschreiben Sie Beobachtungs- und Beurteilungsfehler.
27. Wie kann man Beobachtungs- und Beurteilungsfehler vermeiden?
28. Welche Testverfahren können für die Personalauswahl zum Einsatz kommen?
29. Beschreiben Sie je eine Einzel-, Rollen- und Gruppenübung für die Personalauswahl.
30. Wie kommt man bei situativen Personalauswahlverfahren zu Beobachtungskriterien?
31. Warum wird für Assessment Center eine intensive Vorauswahl durchgeführt?
32. Erläutern Sie die fünf Prinzipien, die für Assessment Center maßgeblich sind.
33. Erstellen Sie einen Ablaufplan für eine Assessorenschulung.
34. Entwickeln Sie ein Assessment Center für eine/n Außendienstmitarbeiter/in.
35. Welches Ziel hat die ärztliche Eignungsuntersuchung im Rahmen der Personalbeschaffung?
36. Wie kommt man letztlich zu einer Entscheidung über die Einstellung oder Absage?
37. Beschreiben Sie den Inhalt eines gängigen Arbeitsvertrages.

D. Weiterführende Literatur

Dittrich, H., Arbeitszeugnisse schreiben und verstehen, München 1988.

Frey, H., Handbuch der Personalbeschaffung, Frankfurt am Main 1980.

Goossens, F., Personalleiter-Handbuch, 7. Auflage, Landsberg am Lech 1981.

Kador, F., Instrumente der Personalarbeit, 7. Auflage, Köln 1997.

Kitzmann, A., Assessment Center, 3. Auflage, Bamberg 1990.

Knebel, H., Das Vorstellungsgespräch, 14. Auflage, Freiburg im Breisgau 1993.

Mentzel, W., Unternehmenssicherung durch Personalentwicklung, 6. Auflage, Freiburg im Breisgau 1994.

Mülder, W. und D. **Seibt** (Herausgeber), Methoden- und computergestützte Personalplanung, 2. Auflage, Köln 1994.

Obermann, C., Assessment Center, Wiesbaden 1992.

Schleßmann, H., Das Arbeitszeugnis, 14. Auflage, Heidelberg 1994.

Stopp, U., Betriebliche Personalwirtschaft, 20. Auflage, Renningen/Stuttgart 1995.

Strutz, H. (Herausgeber), Handbuch Personalmarketing, 2. Auflage, Wiesbaden 1993.

3. Personaleinsatz

A. Leitfragen

1 Sie arbeiten in der Personalabteilung eines Unternehmens. Zum nächsten Quartalsbeginn werden drei neue Beschäftigte die Arbeit aufnehmen. Sie sollen dafür sorgen, daß die Neuen sich gut ins Unternehmen einfinden.
- Was müssen Sie planen?
- Wen müssen Sie um Rat fragen, wen informieren?

2 Ein Fachvorgesetzter berichtet Ihnen, daß in seiner Abteilung zwei Beschäftigte krank sind und einer unentschuldigt fehlt. Er bittet Sie um Hilfe, da er die drei Fehlenden nicht ersetzen kann.
- Wie können Sie helfen?
- Welche Informationen benötigen Sie, um Maßnahmen planen zu können?

3 Bislang sind im Unternehmen Arbeitsbeginn, Arbeitsende und Pausen für alle Beschäftigten einheitlich vorgeschrieben. Die Angestellten sind damit nicht mehr zufrieden. Die Geschäftsleitung bittet Sie, ein Arbeitszeitmodell zu empfehlen.
- Welche Arbeitszeitmodelle kennen Sie?
- Welche kommen eher für Angestellte in Frage?
- Empfiehlt es sich, für Arbeiter und Angestellte unterschiedliche Modelle zu verwenden?

4 Sie beschäftigen sich zur Zeit allein oder zu mehreren mit diesem Buch. Der Ort, an dem Sie das tun, ist Ihr derzeitiger Arbeitsplatz.
- Wie könnte man diesen Arbeitsplatz verbessern?
- Wie arbeiten Sie mit den anderen Leserinnen und Lesern zusammen?

B. Sachanalyse

1. Aufgaben, Maximen und Restriktionen

1.1. Aufgaben

Der Personaleinsatz steht vor derselben Aufgabe wie die Personalbeschaffung: Personal soll in der erforderlichen Anzahl mit der erforderlichen Qualifikation zu dem für die Erstellung der betrieblichen Leistung notwendigen Zeitpunkt und an dem jeweiligen Einsatzort verfügbar sein.

Aufgaben

Die Personalbeschaffung ist darauf ausgerichtet, freie Stellen zeitlich unbefristet oder doch zumindest für einige Zeit neu zu besetzen. Bei der Personalbeschaffung steht also eine spezielle Mangelsituation im Mittelpunkt des Interesses. Aufgrund von Personalabgängen besteht ein Ersatzbedarf oder aufgrund der Ausweitung der Kapazitäten respektive ähnlichen Vorkommnissen ein Neubedarf.

> Beim Personaleinsatz geht es hingegen um das vorhandene Personal, also um die Aufgabe, für die optimale Eingliederung der Mitarbeiterinnen und Mitarbeiter in den Arbeitsprozeß zu sorgen. Mit anderen Worten sollen die Stellen und die Personen bestmöglich in Übereinstimmung gebracht werden.

Diese Aufgabe kann nicht in einem großen Wurf ein für allemal gelöst werden. Täglich und häufig unvorhersehbar ist das Unternehmen mit Tatbeständen konfrontiert, die eine **kurzfristige Reaktion** fordern, etwa

– Fehlzeiten,
– Freistellungen für Arztbesuche oder sonstige plötzliche Ereignisse und
– Schwankungen des Arbeitsanfalls.

Mittelfristig geht es darum,

– Änderungen des Arbeitsablaufs, der technischen Ausstattung oder der betrieblichen Organisation durch eine anforderungs- und eignungsgerechte Stellenbesetzung nachzuvollziehen,
– Projekte anforderungs- und eignungsgerecht zu besetzen,
– auch während des Urlaubs einzelner Mitarbeiterinnen und Mitarbeiter die betriebliche Leistung sicherzustellen bzw. einen Betriebsurlaub zu planen und
– absehbare Freistellungen beispielsweise wegen Mutterschaft, Erziehungsurlaub oder ähnlichem aufzufangen.

Langfristig stehen im Mittelpunkt des Interesses die

– Minimierung der Einarbeitungskosten,
– Minimierung der Lohn- und Gehaltskosten,
– Optimierung der Mengenleistung pro Arbeitsplatz und pro Abteilung sowie die
– Minimierung der Differenz zwischen Eignungs- und Anforderungsprofilen.

Diese langfristigen Aufgaben sind regelmäßig das Ergebnis der im Kapitel Personalbeschaffung diskutierten betrieblichen Arbeitsmarktforschung. Durch die betriebliche Arbeitsmarktforschung werden unter anderem die Auswirkungen des Konjunkturverlaufs, der Veränderungen der Strukturen der Absatzmärkte, das Verhalten der Konkurrenz, technische Entwicklungen und Daten der Wirtschaftspolitik auf die Tarifpolitik erforscht. Die Tarifpolitik wiederum beeinflußt maßgeblich die Personalkosten und damit die Vorstellungen der Unternehmen über den wirtschaftlich rentabelsten Personaleinsatz.

1.2. Maximen

Der Personaleinsatz erfolgt nach folgenden Maximen, die alle gleichermaßen wichtig sind:

Maximen

- ○ Die Belegschaft muß nach den betrieblichen Erfordernissen eingesetzt werden. Den in der Regel unterschiedlich geeigneten Mitarbeiterinnen und Mitarbeitern sollen bestimmte Tätigkeitsbereiche und Arbeitszeiten derart zugewiesen werden, daß ihr Einsatz **wirtschaftlich rentabel** ist, daß also eine optimale Relation von Personalkosten und Leistungsergebnis erreicht wird.

- ○ Das **betriebliche Leistungsergebnis** soll aber nicht nur in einer optimalen Relation zu den Personalkosten stehen. Es soll zudem **über einen längeren Zeitraum relativ verläßlich und stabil** sein. Beim Personaleinsatz muß also bedacht werden, welche Mitarbeiterinnen und Mitarbeiter eine Tätigkeit längerfristig und verläßlich ausüben können. Und es gilt zu berücksichtigen, wie die **Flexibilität** des Einsatzes gestärkt werden kann, damit jederzeit eine möglichst reibungslose Anpassung an geänderte betriebliche Anforderungen gewährleistet ist.

- ○ Wie bei der Auswahl von Mitarbeitern geht es auch beim Personaleinsatz darum, eine weitgehende Übereinstimmung des Eignungsprofils der Mitarbeiterinnen und Mitarbeiter mit den Anforderungen des jeweiligen Arbeitsplatzes zu erreichen. Eine **eignungs- und anforderungsgerechte Besetzung** der Arbeitsplätze bietet auch Gewähr dafür, daß die oder der einzelne mit seiner Arbeit **zufrieden** ist und seine volle Leistungskraft entfaltet.

- ○ Alle Maßnahmen des Personaleinsatzes müssen **rechtzeitig geplant** werden, soweit die Ereignisse, aufgrund derer die Maßnahmen notwendig werden, nicht eine umgehende Reaktion fordern. So bedürfen beispielsweise Versetzungen, Veränderungen der Arbeitszeit sowie die Arbeitsstrukturierung rechtzeitiger vorausschauender Überlegungen, wenn sie reibungslos verlaufen sollen und nicht zuletzt, um die Mitarbeiter so früh wie möglich über solche Veränderungen zu unterrichten.

- ○ Leistung kann nur erbracht und Arbeitszufriedenheit nur erreicht werden, wenn die Mitarbeiterinnen und Mitarbeiter ihre **Aufgaben kennen, akzeptieren und erlernt** haben, und wenn sie in die soziale Struktur der Belegschaft **integriert** werden.

1.3. Restriktionen

Zu beachten sind ferner einige sinnvolle Restriktionen, für die der Gesetzgeber verantwortlich ist.

Restriktionen

- ○ So beinhalten das Betriebsverfassungsgesetz und die Personalvertretungsgesetze des Bundes und der Länder die Forderung der **Gleichbehandlung aller Beschäftigten** und die Verpflichtung zur **Förderung der freien Entfaltung der Persönlichkeit** und zur Einhaltung der **Arbeitsschutzbestimmungen**.

- ○ Da der Personaleinsatz, sofern er geplant wird, Bestandteil der Personalplanung ist, finden die **Mitwirkungsrechte des Personal- bzw. Betriebsrates** bei der Personalplanung auch auf die Einsatzplanung Anwendung. Er wirkt bei der Erstellung von Personalfragebogen, Beurteilungsgrundsätzen und Auswahlrichtlinien mit. Bei der Durchführung des Personaleinsatzes sind ferner die Mitwirkungsrechte hinsichtlich der personellen Auswahl bei Versetzungen und Umgruppierungen zu beachten. Zu berücksichtigen ist außerdem das Mitbestimmungsrecht bei der Einführung von Mehrarbeit, bei der Bestimmung der Arbeitszeiten und Pausenrege-

lungen sowie bei der Aufstellung allgemeiner Urlaubsgrundsätze und des Urlaubsplans. Auch die Gestaltung der Arbeitsplätze, des Arbeitsablaufs und der Arbeitsumgebung ist mitbestimmungspflichtig. Der Personal- bzw. Betriebsrat kann eine innerbetriebliche Stellenausschreibung verlangen. Betriebsänderungen und Änderungen der Betriebsorganisation müssen mit dem Personal- oder Betriebsrat abgesprochen werden.
- Die **Beschäftigten** müssen vom Arbeitgeber über ihren Arbeitsplatz und die Möglichkeiten ihrer beruflichen Entwicklung unterrichtet werden. Sie haben zudem ein Anhörungs- und Erörterungsrecht beispielsweise hinsichtlich der Gestaltung ihres Arbeitsplatzes und das Recht auf Einsicht in ihre Personalakten.
- Weiterhin sind diverse **Schutzgesetze** zu beachten, die nicht nur die Sonderprobleme einzelner Beschäftigtengruppen regeln, sondern auch spezielle Regelungen über Arbeitszeiten, Pausenregelungen, Urlaubszeiten usw. enthalten.

2. Verfahren des Personaleinsatzes

Die Ansatzpunkte, Stellen und Personen bestmöglich in Übereinstimmung zu bringen, sind recht unterschiedlich:

- Eine fundierte Einarbeitung stellt sicher, daß die Mitarbeiterinnen und Mitarbeiter ihre Aufgaben kennen, akzeptieren und erlernen sowie in die soziale Struktur der Belegschaft integriert werden.
- Durch eine Stellenzuweisung werden die Personen den Stellen zugeordnet und eventuell durch Maßnahmen der Personalentwicklung auf diese Stellen vorbereitet.
- Andererseits kann man die Stellen in Hinsicht auf die physischen und psychischen Bedürfnisse der Beschäftigten modifizieren, also die Stellen den Personen anpassen, wie das bei der Arbeitsstrukturierung und Arbeitsplatzgestaltung der Fall ist.
- Und letztlich kann man eine Übereinstimmung mittels der Zeitwirtschaft angehen, indem man die Arbeits- und Urlaubszeiten der Beschäftigten beeinflußt.

Abb. 3.1. Verfahren des Personaleinsatzes

In diesem Zusammenhang muß auf verschiedene Gruppen von Beschäftigten besonderes Augenmerk gerichtet werden.

Besonders beachten:

○ Unter den Beschäftigten sind auch **Personen mit gewandelter bzw. eingeschränkter Leistungsfähigkeit**. Ihr Eignungsprofil entspricht nicht dem Optimum, denn sie verfügen über eine andersartige Leistungsfähigkeit, die beim Personaleinsatz zu berücksichtigen ist.

– Unternehmen müssen **Leistungsgeminderte** nach dem Schwerbehindertengesetz auf in der Regel mindestens sechs Prozent ihrer Arbeitsplätze beschäftigen. Andernfalls besteht eine gesetzliche Pflicht zu einer Ausgleichszahlung. Hier gilt es, das Eignungsprofil genauestens zu prüfen, um daraufhin eine geeignete Einsatzmöglichkeit zu finden. Auf der anderen Seite kann auch das Anforderungsprofil einer Stelle geändert werden. Eine Vielzahl von technischen Maßnahmen, die zum Teil von der öffentlichen Hand umfangreich gefördert werden, können die Stellenaufgabe so modifizieren, daß sie von Leistungsgeminderten ausgeübt werden kann.

Leistungsgeminderte

– **Ausländische Mitarbeiterinnen und Mitarbeiter**, insbesondere der ersten Zuwanderergeneration, haben vielfach Sprach- und Anpassungsschwierigkeiten. Daraus und aus dem unterschiedlichen sozio-kulturellen Hintergrund ergeben sich Einsatzprobleme. Prekär wird die Situation, wenn Zwistigkeiten aus den Herkunftsländern in das Unternehmen getragen werden, etwa zwischen Türken und Kurden, Türken und Griechen oder Serben und Kroaten. Neben Maßnahmen der Personalbetreuung und -entwicklung, wie Sprachkursen und Gesprächskreisen, muß auf diese Problemfelder auch beim Personaleinsatz Rücksicht genommen werden. So sollte auf die Einarbeitung besonderer Wert gelegt werden. Empfehlenswert wäre auch die längerfristige Zuordnung eines Mentors mit der gleichen Abstammung, der schon länger im Unternehmen tätig ist.

Ausländer

– Man zählt auch **ältere Arbeitnehmer** zur Gruppe derer mit gewandelter Leistungsfähigkeit, obwohl die Einschränkungen sicherlich nicht für alle gelten. Hie und da ist ihr Wissen veraltet und ihre Lernfähigkeit eingeschränkt. Das wird aber häufig durch Erfahrung aufgehoben. Andernfalls ist die horizontale berufliche Mobilität eingeschränkt, das heißt die Fähigkeit und der Wille, andere Tätigkeiten des gleichen Niveaus zu übernehmen. Leistungsunterschiede können sich durch ein geringeres Wahrnehmungstempo und ein Nachlassen der körperlichen Fähigkeiten ergeben. Hier sind technische Maßnahmen angebracht, die die Arbeit erleichtern, aber auch Maßnahmen der Personalentwicklung, die auf die Lernfähigkeit älterer Arbeitnehmer Rücksicht nehmen, und letztlich Arbeitszeitmodelle, die einen gleitenden Übergang in den Ruhestand ermöglichen.

Ältere

○ Besonderer Beachtung bedürfen auch Mitarbeiterinnen und Mitarbeiter im **Auslandseinsatz**. Bei der Auswahl für einen Personaleinsatz im Ausland sind die Anpassungsfähigkeit gegenüber der künftigen geographischen und sozio-kulturellen Umwelt, die Loyalität zum Stammhaus, die physische Konstitution und die Einstellung zur fremden Kultur ausschlaggebend. Der Auslandseinsatz darf die Entwicklungsmöglichkeiten nicht beschneiden. Er sollte ein Bestandteil der Karriereplanung sein. Die Einarbeitung muß eine interkulturelle Sensibilisierung beinhalten, also ein Grundwissen über die Gepflogenheiten im Zielland, die kulturelle Andersartigkeit und die Wirkungen des eigenen Verhaltens vermitteln. Der Auslandseinsatz muß zudem mit einer besonderen Vertragsgestaltung einhergehen. Bei einer

Auslandseinsatz

Vertragsbindung mit einer Auslandsgesellschaft gilt das deutsche Arbeitsrecht grundsätzlich nicht. Dadurch sind zusätzliche Vereinbarungen etwa über die Anrechnung von Dienstzeiten, eine Altersversorgung und eine Wiedereinstellungszusage angebracht. Relativ problemlos ist dagegen die arbeitsvertragliche Bindung an die deutsche Muttergesellschaft. Bei der Entlohnung sind steuerliche Aspekte besonders zu berücksichtigen, eventuell auch gewisse Sonderzahlungen neben dem Basisgehalt wie Verpflegungs- und Übernachtungspauschalen oder Länderzulagen. Während des Auslandseinsatzes muß ein regelmäßiger Kontakt und die wechselseitige Übermittlung von Informationen gewährleistet sein. Das betrifft auch den wirtschaftlichen Erfolg und die Zufriedenheit der Beschäftigten. Nach der Rückkehr ist eine erneute Einarbeitung unverzichtbar, bei der das Augenmerk auf der Wiedereingliederung liegt.

○ Für andere Beschäftigtengruppen gelten zum Teil **besondere gesetzliche Vorschriften**, die beachtet werden müssen.

Jugendliche und Auszubildende

– So werden die Arbeitszeit, die Pausenregelung und die Zulässigkeit diverser Tätigkeiten für **Jugendliche und Auszubildende** durch besondere Schutzvorschriften geregelt. Diese Beschäftigten befinden sich im Entwicklungsprozeß. Daher sollte ihre Gesamtbelastung geringer ausgelegt sein und ihrem Leistungsvermögen entsprechen. Gegebenenfalls ist eine Umstellung der Arbeitszeit und des Arbeitsumfeldes angebracht.

Frauen: Vorurteil?

– Wenn weibliche Arbeitskräfte zu dieser Beschäftigtengruppe gerechnet werden, beruht das häufig, aber nicht nur auf Vorurteilen. In der Tat dürfen Frauen nicht unter Tage eingesetzt werden. Und das Mutterschutzgesetz beinhaltet einige Vorschriften, die den Personaleinsatz von Schwangeren betreffen.

3. Einarbeitung

3.1. Gründe

Probleme zu Beginn und ihre Folgen

Die Erfahrungen aus der betrieblichen Praxis haben gezeigt, daß die **ersten Arbeitstage und -wochen ein wesentliches Kriterium für eine erfolgreiche Partnerschaft** zwischen den Beschäftigten und dem Unternehmen sind. Fehler und Unachtsamkeiten in dieser Phase sind nicht selten Auslöser für Unzufriedenheit, Demotivation, Desinteresse und in letzter Konsequenz die Kündigung in den ersten Monaten der neuen Tätigkeit.

Die **Ursache für diese Fehlentwicklung** kann darin liegen, daß eine **hohe Erwartungshaltung** der neuen Beschäftigten und die Realität vor allem der ersten Tage und Wochen stark auseinanderfallen. In der Tat werden häufig hohe Erwartungen geweckt. In ihren Gesprächen mit den zukünftigen Mitarbeiterinnen und Mitarbeitern, vor allem in den Vorstellungsgesprächen, tendieren die Gesprächspartner auf der Unternehmensseite nämlich zu einer sehr positiven Beschreibung der Stelle und des Arbeitsumfeldes. Ähnliche Beschreibungen haben möglicherweise auch Freunde und Kollegen gemacht. Zudem haben die neuen Beschäftigten gute oder schlechte Erfahrungen aus früheren Beschäftigungsverhältnissen. Und sie haben ihren früheren Arbeitsbereich mit all seiner Sicherheit und persönlichen Beziehungen aufgegeben. Sie erwarten mithin eine fachliche und persönliche Starthilfe, die es ihnen ermöglicht, möglichst bald selbständig zu arbeiten und sich in die Arbeitsgruppe zu integrieren.

Für die Unternehmen ist eine derartige Fehlentwicklung zu Beginn des Arbeitsverhältnisses aus mehreren Gründen fatal. Der gesamte Personalbeschaffungsprozeß ist recht zeit- und kostenintensiv. Bei einer Kündigung fällt dieser Zeit- und Kostenaufwand erneut an. Und in dem Zeitabschnitt zwischen innerer Kündigung und tatsächlichem Austritt liegt zumeist ein gestörtes Verhältnis von Personalkosten und Mitarbeiterleistung vor. Es ist also aus **wirtschaftlicher Sicht** im Interesse der Unternehmen, daß ihnen die neuen Beschäftigten erhalten bleiben, und daß sie schnell eigenständig Leistungen erbringen können sowie einen hohen Leistungsstand erreichen. Außerdem müssen neue Mitarbeiterinnen und Mitarbeiter, auf die kein besonderes Augenmerk gelenkt wird, häufig auf ihre Vorgesetzten und Kollegen zugehen, um die Informationen einzuholen, die sich oftmals problemlos zusammengefaßt vermitteln ließen. Dadurch können die Vorgesetzten und Kollegen nicht ihre normale Leistung erbringen. Letztlich bewirkt eine hohe Fluktuation von neuen Beschäftigten im gesamten Unternehmen aber auch bei Kunden ein negatives Image, das sich auf die Geschäftslage auswirken kann.

Auch **die neuen Beschäftigten leiden** unter der Unzufriedenheit, der Demotivation, dem Desinteresse und besonders unter einer möglichen Kündigung, die ihren Karriereweg negativ beeinflußt. Gerade wenn der Stellenwechsel mit einem Umzug verbunden war, ist die Kündigung für den Ehepartner, die Kinder und auch den Freundeskreis eine kaum erträgliche Härte.

Deshalb ist die Aufgabe der Personalbeschaffung durch den Abschluß des Arbeitsvertrages und die Zustimmung des Betriebsrates zur Einstellung noch nicht abgeschlossen. Eine Personalbeschaffung ohne **Personalbindung** macht keinen Sinn.

> Und der erste Schritt der Bindung neuer Mitarbeiterinnen und Mitarbeiter ist die Einarbeitung. Sie umfaßt sowohl die rein fachlichen wie auch die menschlichen Aspekte, also alle Aktivitäten, die zum Ziel haben, die Betreffenden in ihre betriebliche Umwelt einzugliedern.

Ein Teil dieser Einarbeitungsinhalte ist sogar **von der rechtlichen Seite her ein Muß**. § 81 des Betriebsverfassungsgesetzes besagt, daß der Arbeitgeber den Arbeitnehmer über dessen Aufgabe und Verantwortung sowie über die Art seiner Tätigkeit und ihre Einordnung in den Arbeitsablauf des Betriebs zu unterrichten hat. *Rechtslage*

Neue Mitarbeiterinnen und Mitarbeiter sind jedoch keineswegs nur die Beschäftigten, die zuvor noch nicht im Unternehmen tätig waren. **Auch versetzte oder abgeordnete Mitarbeiter**, die bereits einige Jahre dem Unternehmen angehören, bedürfen der Einarbeitung. Selbstverständlich ist ihre Einarbeitung in der Regel weniger umfangreich und zeitaufwendig wie die der Neueintritte. Wenn jemand beispielsweise lediglich die Abteilung wechselt, sein Aufgabengebiet aber beibehält, benötigt er sicherlich keine allzu umfangreiche Einarbeitung. War er indes zuvor für mehrere Jahre im Ausland eingesetzt, kann die Einarbeitung ebenso umfangreich sein wie die eines neu eingetretenen Mitarbeiters. *Nicht nur für Neueintritte*

3.2. Ablauf

3.2.1. Bestandteile der Einarbeitung

Gesprächsangebote — Die Einarbeitung ist sehr betreuungsintensiv. Speziell am Beginn des neuen Arbeitsverhältnisses suchen und benötigen die Beschäftigten den engen Kontakt zu ihren Vorgesetzten. Viele Fragen müssen geklärt werden und nahezu täglich kommen neue dazu. Völlig falsch wäre der Ansatz, die neuen Mitarbeiterinnen und Mitarbeiter erst einmal zur Ruhe kommen zu lassen oder die Einarbeitung zu delegieren. Vielmehr sollten die **Vorgesetzten und Personalverantwortlichen** ein generelles **Gesprächsangebot** machen und daneben die Vorgesetzten feste Termine für situations- und bedarfsorientierte Gespräche absprechen.

Informationen — **Informationen** finden erfahrungsgemäß große Aufmerksamkeit und erleichtern den Arbeitsbeginn, wenn sie vor Arbeitsantritt gegeben werden. Deshalb ist ein Schwerpunkt der Einarbeitung die mündliche oder schriftliche Information über alle relevanten Gegebenheiten. Derartige Auskünfte geben in schriftlicher Form gewöhnlich Firmenbroschüren, Geschäftsberichte, Organisationspläne, Werkszeitschriften, Arbeitsordnungen, Sicherheitsvorschriften und Unfallverhütungsregeln.

Unternehmensphilosophie — Parallel zu diesen relativ leicht vermittelbaren Themen muß den neuen Mitarbeiterinnen und Mitarbeitern von der Personalabteilung und den unmittelbaren Vorgesetzten das nahegebracht werden, was mit Begriffen wie **Unternehmensphilosophie, -kultur, -werte und -normen** bezeichnet wird. Sie sollen erfahren, wie die Ziele des Unternehmen umgesetzt werden, wie also etwa der Umgang miteinander ist, damit sie kulturkonform im Unternehmen handeln und arbeiten können. Sie befinden sich in einem Schwebezustand, in dem alles auf sie einen großen Eindruck macht. Die Arbeitsgruppe, in die sie eintreten, ist ihnen gegenüber nicht immer positiv eingestellt. Beide treten meist mit vorsichtiger Zurückhaltung auf. Die Neuen verändern, ob sie wollen oder nicht, die Struktur der Gruppe. Diesem sich anbahnenden und ablaufenden Strukturierungsprozeß stehen sie vorläufig noch etwas hilflos gegenüber. Man muß es ihnen also erleichtern, sich in die neue Umgebung einzufinden und einzuleben.

Tätigkeit — Ein weiterer Gegenstand der Einarbeitung ist der Arbeitsplatz bzw. die Aufgabe. Hier geht es um die zu verrichtende **Tätigkeit**, also etwa das Kennenlernen der Maschinen, Werkzeuge, Materialien, Handfertigkeiten oder der verwendeten Software, Listen und Formulare. Diese fachliche Einarbeitung wird in der Regel am Arbeitsplatz und von den unmittelbaren Vorgesetzten durchgeführt. Großunternehmen unterhalten mitunter für den gewerblichen Bereich gesonderte Anlernwerkstätten.

Eigeninitiative — Hie und da können die Betroffenen keinen Sinn in den einzelnen Abschnitten der Einarbeitung sehen, was zu einer mangelnden Akzeptanz führt. Dieses Problem läßt sich am besten dadurch beheben, daß sowohl die Ziele der Einarbeitung als auch die einzelnen Schritte zur Zielerreichung erläutert und diskutiert werden. Denn für die Einarbeitung ist durchaus die **Eigeninitiative** der neuen Mitarbeiterinnen und Mitarbeiter gefragt. Sie sollten aufgefordert werden, nicht nur das zu tun, was andere sagen, sondern den Ablauf und die Inhalte der Einarbeitung mitzugestalten, erkannte Defizite aufzuzeigen und eigene Ideen einzubringen.

Eignung — Die Einarbeitungszeit, die sich zeitlich meistens mit der Probezeit deckt, dient gleichzeitig dazu, den neuen Mitarbeiter zu beurteilen und seine **Eignung festzustellen**.

Was im einzelnen bei der Einarbeitung zu beachten ist, macht *Kador (Instrumente der Personalarbeit)* recht anschaulich anhand einer hier leicht modifizierten

Checkliste für die Einarbeitung
Vorbereitung
Arbeitsbeginn und Zeit für Einarbeitung vormerken
Arbeitsplatz vorbereiten
Arbeits- und Bewerbungsunterlagen überprüfen
Arbeitskollegen, Mitarbeiter/innen, Vorgesetzte und Belegschaftsvertretung unterrichten
Einarbeitungsplan erstellen
Soziale Integration übertragen an .... als Mentor
Hotelzimmer buchen oder Hilfe bei der Wohnungssuche stellen
Begrüßung
Persönliches Gespräch über den Terminplan für den ersten Tag führen
Hilfe für persönliche Probleme durch die Arbeitsaufnahme anbieten
Fehlende Mitarbeiterdaten aufnehmen
Unter Umständen ärztliche Eignungsuntersuchung
Schlüssel, Ausweise und ähnliches aushändigen
Information
Einarbeitungsplan
Unternehmen: Betriebsbesichtigung, Entwicklung, Ziele, Vertriebs- und Fertigungsprogramm
Organisation: hierarchischer Aufbau, Zuständigkeiten, Abläufe, betriebliche Einrichtungen
Stelle: Stellenbeschreibung, Aufgaben, Verantwortung, Bedeutung, Schnittstellen
Arbeitszeiten, Pausen, Urlaubsregelung und Entgeltzahlungstermin
Sicherheitsvorschriften und -einrichtungen, Sicherheitsbeauftragte
Unfall- und Gesundheitsgefahren sowie deren Abwehr und Vermeidung
Verhalten bei Unfall und Krankheit, Betriebsärztin oder -arzt
Datenschutzvorschriften und -einrichtungen, Datenschutzbeauftragte
Betriebliches Vorschlagswesen
Vorstellung
Vorgesetzte
Belegschaftsvertretung
Mentor
Kolleg/inn/en
Andere Beschäftigte
Orientierung
Arbeitsplatz
Betriebliche Umgebung: Umkleide-, Sanitärräume, schwarzes Brett, Sanitätsräume, Kantine
Soziale Integration
Offizielle und inoffizielle Spielregeln
Fachliche Einweisung und Kontrolle
Arbeitsunterlagen, Arbeitsabläufe, Befugnisse und Verantwortung erläutern
Schulungen
Arbeitsausführung und -ergebnisse prüfen und besprechen, Hilfestellung geben
Rückmeldung an das Personalwesen über Erfahrungen
Beurteilung
Eignung innerhalb der Probezeit feststellen
Entscheidung über Übernahme in unbefristetes Arbeitsverhältnis treffen

Abb. 3.2. Checkliste für die Einarbeitung

Vorbereitung Demnach muß das Personalwesen die **Vorbereitung** in die Hand nehmen und sich zunächst den Arbeitsbeginn und die Stelle vergegenwärtigen, die besetzt werden soll. Man muß dafür Sorge tragen, daß der Arbeitsplatz vorbereitet wird, und die Arbeits- und Bewerbungsunterlagen überprüfen. Mitunter finden sich Aufzeichnungen über Zusagen beispielsweise hinsichtlich der Ausstattung des Arbeitsplatzes mit Hard- oder Software.

Die Kolleginnen und Kollegen, die Mitarbeiterinnen und Mitarbeiter sowie die Vorgesetzten und die Belegschaftsvertretung müssen über die Person des neuen Beschäftigten, sein Eintrittsdatum, seine Aufgaben, seinen Arbeitsplatz, das Unterstellungsverhältnis und den Ablauf der Einarbeitung informiert werden. Zudem sind interne und externe Vorstellungs- und Kontaktgespräche zu vereinbaren, Seminare zu buchen und Besichtigungstermine anzusetzen.

Einarbeitungsplan Besonders empfiehlt sich die Erstellung eines exakten **Einarbeitungsplans,** der den organisatorischen Ablauf regelt und fachliche wie auch persönliche Aspekte berücksichtigt. Ein solcher Einarbeitungsplan kann nicht pauschalisiert werden. Er geht vielmehr auf die Person, die Qualifikation und die Tätigkeit ein. Er wird mit allen Betroffenen abgestimmt und gemeinsam mit den Vorgesetzten erarbeitet. Die Dauer der Einarbeitungszeit hängt wesentlich von der Position ab. Für angelernte Mitarbeiterinnen und Mitarbeiter mögen einige Tage oder Wochen ausreichen. Bei qualifizierten Beschäftigten kann die Einarbeitung sogar mehrere Monate ausmachen. Die Einarbeitungszeit auf die Probezeit zu beschränken, kann nicht richtig sein, da die Probezeit überwiegend nach rechtlichen Gesichtspunkten vereinbart wird.

Mentor Da die Eingliederung in eine in sich gefestigte und durch ein Gruppenbewußtsein gekennzeichnete Arbeitsgruppe oftmals schwierig und langwierig ist, empfiehlt sich der Einsatz eines **Mentors**. Er soll die neue Kollegin bzw. den neuen Kollegen auf dem Weg zur sozialen Integration begleiten und unterstützen. Der Mentor ist außerhalb der Fachthemen Ansprechpartner bei allen Fragen und Problemen im Betrieb. Die Auswahl des Mentors erfolgt in der Regel durch eine Konsensentscheidung zwischen Personalabteilung und Vorgesetzten nach folgenden Kriterien:

– Alter, Freizeitinteressen und Ausbildung sollten ähnlich sein.

– Vom Verhalten her darf es dem Mentor keine Schwierigkeiten machen, auf andere, ihm nicht bekannte Menschen zuzugehen und offen mit diesen über eigene und deren Probleme zu sprechen.

– Der Mentor sollte keine Rivalität gegenüber der bzw. dem neuen Beschäftigten haben,

– von den Aufgaben und der Notwendigkeit der Einarbeitung überzeugt sein, und

– seine Stelle sollte auf einer ähnlichen hierarchischen Ebene angesiedelt sein.

– Er sollte zwar einerseits erfahren und integriert sein, aber andererseits die Belange von neuen Mitarbeiterinnen und Mitarbeitern noch verstehen. Das ist bei einer Betriebszugehörigkeit zwischen drei und acht Jahren gegeben.

– Man wünscht sich einen motivierten Mentor, der sich mit dem Unternehmen identifiziert und gerne Zeit in die Einarbeitung investiert.

Wenn diese wesentlichen Voraussetzungen erfüllt sind, erfolgt ein Gespräch zwischen Personalabteilung und dem Mentor. Er muß frei entscheiden können, ob er diese verantwortungsvolle Aufgabe übernehmen möchte. Entscheidet er sich dafür, so ist er auf die Aufgabe vorzubereiten. Dies kann durch ein Seminar, einen Austausch mit erfahrenen Mentoren und durch das Bereitstellen geeigneter Hilfsmittel wie Formulare oder Checklisten geschehen.

Im Falle einer weiten Distanz zwischen Arbeits- und Wohnort muß, je nach Vereinbarung, auch an die Reservierung eines Hotelzimmers oder eine Unterstützung bei der Wohnungssuche gedacht werden.

3.2.2. Ablauf der Einarbeitung

Am ersten Arbeitstag beginnt die Einarbeitung mit einer **Begrüßung**, meist durch ein Mitglied der Personalabteilung. In einem Einstellungsgespräch, das nicht unter Zeitnot geführt werden sollte, bespricht man die Terminplanung für den Tag.

Begrüßung

Man bietet Hilfe für persönliche Probleme durch die Arbeitsaufnahme an und nimmt etwaige noch fehlende Mitarbeiterdaten auf. Danach erbittet man die üblichen Unterlagen wie Lohnsteuerkarte, Sozialversicherungsheft und -ausweis, Urlaubsbescheinigung, gegebenenfalls Arbeits- und Aufenthaltserlaubnis sowie Krankenkassenbescheinigung. Mit diesen Unterlagen werden dann Datensammlungen wie Personalakte, Personaldatei und Personalstammsatz angelegt und Anmeldungen etwa beim Ausländeramt, bei der Krankenkasse und einer Pensionskasse vorgenommen. Wenn eine ärztliche Eignungsuntersuchung noch nicht stattgefunden hat, muß sie spätestens zu diesem Zeitpunkt terminiert werden. Schließlich werden der Betriebs- oder Werksausweis, Garderobenschlüssel, Werkzeugmarken und ähnliches übergeben.

Danach werden der oder dem neuen Beschäftigten die weiter oben erwähnten **Informationen** in mündlicher oder besser schriftlicher Form gegeben. Nach einer Erläuterung sollte nun der Einarbeitungsplan ausgehändigt werden.

Information

Da neue Mitarbeiterinnen und Mitarbeiter häufig zu bestimmten einheitlichen Zeitpunkten ihre Arbeit aufnehmen, können die besagten Informationen durch eine gemeinsame Veranstaltung kostengünstig und wirksam durchgeführt werden. Hier bieten sich Betriebsbesichtigungen wie auch Vorträge und Filmvorführungen zur Bedeutung des Unternehmens, zur Geschichte und Entwicklung, zum organisatorischen Aufbau, zu den Unternehmenszielen, den Schwerpunkten der Aktivitäten sowie zum Vertriebs- und Fertigungsprogramm an.

Es folgt die **Vorstellung** bei der Belegschaftsvertretung und den Vorgesetzten. Damit geht die Einarbeitung in die Hände der Fachabteilung über. Die oder der direkte Vorgesetzte wird sodann den Kollegenkreis, den Mentor und andere Beschäftigte vorstellen, mit denen die neuen Stelleninhaber Kontakt haben werden.

Vorstellung

Der Mentor oder direkte Vorgesetzte werden im Anschluß daran eine erste **Orientierung** schaffen, also den Arbeitsplatz, die Garderobe, Sanitärräume, die Kantine und das schwarze Brett zeigen. Ein Hinweis auf die Sanitätsräume sollte auch nicht fehlen.

Orientierung

Der **Mentor** begleitet und unterstützt die neue Kollegin bzw. den neuen Kollegen auf dem Weg zur **sozialen Integration**. Er vermittelt vor allem die offiziellen und inoffiziellen Spielregeln.

Soziale Integration

Die nunmehr folgende **fachliche Einweisung** sprengt den Rahmen des ersten Arbeitstages. Hier geht es um das Erlernen und Trainieren von besonderen Techniken und Methoden sowie die Bedienung von Maschinen und Anlagen. Dabei werden Arbeitsunterlagen und Arbeitsabläufe erklärt. Die fachliche Einweisung findet am Arbeitsplatz statt oder auch im Rahmen von Schulungen. Die Einarbeitung kann also auch Maßnahmen der Personalentwicklung beinhalten. Der Lernprozeß muß so gestaltet werden, daß die verlangten Lernschritte in angemessenem Tempo, sinnvoller Reihenfolge und zweckmäßigen Größenordnungen stattfinden können. Die oder der Vorgesetzte sollte Hilfestellung geben und engen Kontakt zu dem Betreffenden halten, ihn über die Aufgaben informieren sowie den Sinn der Tätigkeit im Ganzen des Betriebes erklären.

Fachliche Einweisung

Kontrolle
: Die Arbeitsausführung ist zu **kontrollieren** und die Arbeitsergebnisse sind zu besprechen. Fortschritte sollten jederzeit anerkannt werden. Die oder der Vorgesetzte, die oder der neue Beschäftigte und gegebenenfalls der Mentor sollten sich regelmäßig zusammensetzen, um die bisherige Einarbeitung und die weiteren Maßnahmen zu diskutieren. Sie sollten sich fragen, inwieweit aus Unternehmens- und Mitarbeitersicht die gesetzten Ziele erreicht wurden, wie geeignet die Einarbeitungsmaßnahmen waren und welche unvorhergesehenen Schwierigkeiten auftauchten, um die Einarbeitung daraufhin zu optimieren. Zugleich muß die Personalabteilung Rückmeldung über die Erfahrungen bekommen, damit Fehlentwicklungen und -handlungen auch dort frühzeitig erkannt werden und gegebenenfalls Änderungen herbeigeführt werden können.

Probezeit
: **Vor Ablauf der Probezeit** ist von den Vorgesetzten eine **qualifizierte Beurteilung** einzuholen. Die Fach- und die Personalabteilung entscheiden auf dieser Grundlage gemeinsam, ob die oder der neue Beschäftigte in ein Dauerarbeitsverhältnis übernommen wird. Die Entscheidung sollte schriftlich mitgeteilt werden. Erfolgt keine Mitteilung, gilt die Probezeit als erfolgreich absolviert.

> Die Personalbindung ist aber keinesfalls nur ein letzter Vorgang der Personalbeschaffung, sondern eine Daueraufgabe. Sie beginnt zwar mit der Einarbeitung. Aber auch beim Personaleinsatz, bei der Personalbeurteilung, beim Entgelt, bei der Personalführung, der Personalbetreuung und der Personalentwicklung sollten alle Beteiligten darauf bedacht sein, die in einem mühevollen, zeit- und kostenaufwendigen Prozeß gewonnenen Belegschaftsmitglieder nicht wieder zu verlieren.

4. Stellenzuweisung

Wenn man auf Tatbestände reagieren muß, die eine **kurzfristige** Reaktion fordern, etwa

– Fehlzeiten,

– Freistellungen für Arztbesuche oder sonstige plötzliche Ereignisse und

– Schwankungen des Arbeitsanfalls,

wenn man **mittelfristig** zum Beispiel

– Änderungen des Arbeitsablaufs, der technischen Ausstattung oder der betrieblichen Organisation durch eine anforderungs- und eignungsgerechte Stellenbesetzung nachvollziehen will,

– Stellen und Projekte anforderungs- und eignungsgerecht besetzen will oder

– absehbare Freistellungen beispielsweise wegen Mutterschaft, Erziehungsurlaub oder ähnlichem auffangen will,

oder wenn man **langfristig**

– die Lohn- und Gehaltskosten minimieren und

– die Mengenleistung pro Arbeitsplatz und pro Abteilung optimieren will,

bietet sich zuallererst folgender Weg an:

> ○ Man weist den einzelnen Beschäftigten jeweils eine andere Stelle zu, und
> ○ man berücksichtigt die mittel- und langfristigen Ziele bei der Zuweisung von neugeschaffenen Stellen.

Wenn man Stellen zuweist, ohne die Konsequenzen zu bedenken, kann es leicht zu einem Dominoeffekt kommen: Ein Problem wird gelöst, aber die Lösung ruft neue Probleme hervor. Deshalb macht eine Stellenzuweisung ohne eine Einsatzplanung keinen Sinn. Erst danach kann man zu Maßnahmen kommen.

Abb. 3.3. Ablauf der Stellenzuweisung

4.1. Einsatzplanung

Durch die Einsatzplanung will man ermitteln, wer, wann und wo eingesetzt werden soll. Darin deckt sie sich mit der Planung der Personalbeschaffung. Und in der Tat ist die Einsatzplanung ohne eine Personalbestands- und Personalbeschaffungsplanung nicht denkbar. Die Daten dieser Planungsbereiche, die sich an den Vorgaben der Unternehmensplanung ausrichten, bilden die Grundlage für den Personaleinsatz. Weitere wichtige Orientierungsgrößen sind Vorstellungen über die realisierbaren Personalkosten sowie Daten aus dem Bereich Personalentwicklung. Eine enge Verzahnung dieser Bereiche ist daher Voraussetzung für eine erfolgreiche Einsatzplanung, die wie folgt abläuft:

Ziel

```
        Einsatzplanung
              ↓
        Aufgabenformulierung
              ↓
        Personalbestand
              ↓
        Quantitative Zuordnung
              ↓
        Qualitative Zuordnung
```

Abb. 3.4. Ablauf der Personaleinsatzplanung

Die Einsatzplanung setzt mit der Formulierung einer Aufgabe ein. Häufig ergibt sich das Erfordernis einer Einsatzplanung auch aus einer Personalbedarfsmeldung. Anders als bei der Personalbeschaffung liegt dieser Personalbedarfsmeldung hier ein Ereignis zugrunde, daß **vorrangig mit den Mitteln der eigenen Belegschaft**, auf keinen Fall aber mit neuen Dauerarbeitsverhältnissen angegangen werden soll.

Kein Dauerarbeitsverhältnis

Man kann einen anderen als den derzeitigen Personaleinsatz nur dann vorsehen, wenn man weiß, wer wo tätig ist. Die Einsatzplanung basiert folglich auf dem **Personalbestand,** und zwar dem **aktuellen,** wenn eine kurzfristige Reaktion gefordert ist.

Aktueller Personalbestand

Will man dagegen den Personaleinsatz mittel- oder langfristig optimieren, so werden die Maßnahmen kaum am gleichen Tage ergriffen, geschweige denn Wirkung zeigen. Hier ist also ein **künftiger Personalbestand** von Interesse, etwa bezogen auf einen

Künftiger Personalbestand

Quartals- oder Jahresbeginn. Man erhält einen stichtagsbezogenen Personalbestand, indem man die absehbaren Veränderungen im Personalgefüge, die Fluktuation, in den aktuellen Stellenbesetzungsplan einarbeitet. Der gibt damit, bezogen auf die jeweiligen Stellen und die unterschiedlichen Zu- und Abgangstermine, den künftigen Personalbestand wieder.

Quantitative Zuordnung

Die gestellte Aufgabe könnte nun theoretisch durch eine rein **quantitative Zuordnung** von Personal gelöst werden. Soll beispielsweise die Mengenleistung einer Abteilung gesteigert werden, so könnte man aus einer anderen Abteilung Personal abziehen und dieser Abteilung zur Verfügung stellen.

Einsatzbedarf

Wie im Kapitel Personalbeschaffung ausgeführt, ergibt sich der **Einsatzbedarf** dieser Abteilungen, das heißt die Anzahl von Arbeitskräften, die für die Aufgaben exakt notwendig ist, prinzipiell wie folgt: Man teilt den Arbeitszeitbedarf durch die von den Arbeitskräften vertraglich zu leistenden Arbeitsstunden und erhält so die Anzahl der notwendigen Mitarbeiterinnen und Mitarbeiter – und damit ein leider nur unzureichend abgesichertes Ergebnis.

Man muß nämlich in Rechnung stellen, daß der Arbeitszeitbedarf keine Konstante ist. Aufgrund von Änderungen der geplanten Absatzmengen, der Produktionsmethoden, des Technikeinsatzes, der Arbeitsorganisation, der Betriebszeiten und der Arbeitszeitformen unterliegt der Arbeitszeitbedarf der Abteilungen jeweils unterschiedlichen Veränderungen. Es entstehen neue Stellen, alte werden verändert, zusammengeführt oder gestrichen. Zur Ermittlung dieser Veränderungen dienen dieselben Verfahren wie zur Erfassung des Personalbedarfs, die im Kapitel Personalbeschaffung erläutert werden.

Abb. 3.5. Verfahren zur Ermittlung von Änderungen des Arbeitszeitbedarfs

Reservebedarf

Neben dem Einsatzbedarf ist zudem die Bestimmung eines **quantitativen Reservebedarfs** wichtig, um kurzfristigen Ereignissen begegnen zu können. Dieser Reservebedarf kann ebenfalls durch die genannten Verfahren ermittelt und in einen stichtagsbezogenen Stellenbesetzungsplan eingearbeitet werden.

Hat man sowohl den Einsatz- wie auch den Reservebedarf stichtagsbezogen ermittelt, so sind die Voraussetzungen für eine quantitative Zuordnung erfüllt.

Qualitative Zuordnung

Die rein quantitative Betrachtung hat aber ihre Grenzen. Um in dem genannten Beispiel zu bleiben: Die Mitarbeiter der Abteilung, die Personal abgeben könnte, sind von ihrer Qualifikation her den Aufgaben der Abteilung, die Personal benötigt, gar nicht gewachsen. Die quantitative Zuordnung würde also nicht greifen. Deshalb ist in aller Regel eine **qualitative Zuordnung** vonnöten. Als Maßstab für diese Zuordnung gilt die Übereinstimmung von Anforderungen der Arbeitsplätze mit den Eignungen und Neigungen der Beschäftigten.

Die Anforderungen des Arbeitsplatzes ergeben sich aus dem **Anforderungsprofil**, das im Kapitel Personalbeschaffung vorgestellt wird.

Profilvergleich

Die Eignung der Mitarbeiterinnen und Mitarbeiter ist zunächst das Ergebnis der Personalbeschaffung, das ebenfalls im Kapitel Personalbeschaffung vorgestellte **Eignungsprofil**. Dieses Eignungsprofil wird im Laufe der Betriebszugehörigkeit **ergänzt und aktualisiert,** denn die Beschäftigten sammeln Arbeits- und Betriebserfahrungen, sie nehmen unter Umständen an Personalentwicklungsmaßnahmen teil, sie werden beurteilt und eventuell ändert sich ihr Gesundheitszustand.

Es gilt ebenfalls, die **Neigungen** der betroffenen Arbeitskräfte zu berücksichtigen, denn es ist nicht sinnvoll, Arbeitskräfte an Arbeitsplätzen einzusetzen, an denen sie auf keinen Fall arbeiten wollen, oder zu Zeiten, die sie ablehnen. Da die Zufriedenheit der Beschäftigten und letztlich auch das Betriebsklima und der wirtschaftliche Erfolg des Unternehmens wesentlich davon abhängen, daß bei der Arbeit die persönlichen Neigungen des einzelnen Mitarbeiters weitgehend berücksichtigt werden, sollten sie bei der Einsatzplanung in Betracht gezogen werden. Dabei muß die Gleichbehandlung aller Mitarbeiterinnen und Mitarbeiter sichergestellt werden.

Neigungen

Die **notwendigen Daten** sind in der Regel dem unmittelbaren, für die Arbeitseinteilung zuständigen **Vorgesetzten** aufgrund der Zusammenarbeit und des persönlichen Kontaktes bekannt. Soweit die Angaben schriftlich fixiert sind, ergeben sie sich aus einer **Datenrecherche**. Die Personalakte bzw. ähnliche Dateien beinhalten gegebenenfalls Unterlagen über Personalbeurteilungen, den Gesundheitszustand und Maßnahmen der Personalentwicklung. Eignung und Neigungen können auch über **interne Ausschreibungen**, genauer innerbetriebliche Stellenausschreibungen, ermittelt werden, denn die Interessenten tun ja durch ihre Bewerbungen ihre Fähigkeiten und Wünsche kund. Globale Übersichten über die Präferenzen werden durch Mitarbeiterbefragungen im Rahmen der betrieblichen Arbeitsmaktforschung gewonnen, der sogenannten **Personalforschung**. Und schließlich eignen sich für die Ermittlung der Eignung und Neigungen fast alle im Kapitel Personalbeschaffung aufgeführten **Auswahlverfahren** einschließlich der **ärztlichen Eignungsuntersuchung**.

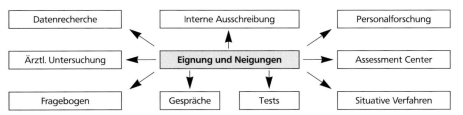

Abb. 3.6. Instrumente zur Ermittlung der Eignung und Neigungen

---

Im Ergebnis gibt die Einsatzplanung Auskunft über

– das Ist, also den Personalbestand, dessen unbefriedigende Ausgangslage den Grund zum Eingreifen bildet,

– das Soll, also die anstehende Aufgabe in allen ihren Aspekten, wie etwa dem Anforderungsprofil der tangierten Stellen, und

– den Rahmen für eine angemessene Reaktion

– unter Berücksichtigung der Eignungen und Neigungen der Beschäftigten.

4.2. Maßnahmen

Will man den Rahmen, der durch die Einsatzplanung gesetzt wird, mit Leben füllen, so kommen die folgenden Maßnahmen in Betracht. Sie sind den Leserinnen und Lesern zum Teil bereits als interne und externe Personalbeschaffungswege bekannt.

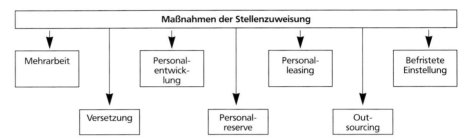

Abb. 3.7. Maßnahmen der Stellenzuweisung

Mehrarbeit

Mehrarbeit — Ist der Anlaß für die Umverteilung von Arbeitsaufgaben und -bereichen ein zeitlich absehbares quantitatives Manko, kann also das Arbeitsvolumen für eine begrenzte Zeit nicht mehr mit den vorhandenen Arbeitskräften zu den üblichen Bedingungen abwickeln werden, kommt die Mehrarbeit ins Spiel. Zwar wird den Beschäftigten durch Mehrarbeit keine andere oder neue Stelle zugewiesen. Das Unternehmen erlangt durch Mehrarbeit indes ein größeres Arbeitszeitvolumen, das ansonsten durch zusätzliche Arbeitskräfte abgedeckt werden müßte.

Überstunden — Man kann für einzelne, eine Abteilung oder gar das gesamte Unternehmen **Überstunden** anberaumen. Mehrarbeit im Sinne von Überstunden liegt vor, wenn die betriebsübliche Arbeitszeit vorübergehend verlängert wird. Dabei kann, unter Beachtung des Arbeitszeitgesetzes, entweder die tägliche Arbeitszeit unter bestimmten Voraussetzungen bis auf zehn Stunden heraufgesetzt werden, oder die personelle Kapazität wird durch einen zusätzlichen Arbeitstag erhöht. Dabei erlaubt das Arbeitszeitgesetz die Einbeziehung des Sonntags nur unter sehr strengen Voraussetzungen.

Nachteile — Überstunden sind für das Unternehmen sehr kostenträchtig, denn in der Regel sind, je nach Lage der zusätzlichen Arbeitszeit, fünfundzwanzig und mehr Prozent an Zuschlägen zu zahlen, zu denen sich aus Unternehmenssicht noch die Lohn- bzw. Gehaltsnebenkosten addieren. Durch flexible Arbeitszeitregelungen kann dieser Nachteil für die Unternehmen allerdings entfallen oder zumindest eingeschränkt werden. Aber keine Mitarbeiterin und kein Mitarbeiter kann in der achten und neunten Arbeitsstunde oder am sechsten Arbeitstag ebenso produktiv arbeiten wie zu Beginn der regelmäßigen Arbeitszeit. Es kommt hinzu, daß Überstunden mitbestimmungspflichtig sind. Wenn der Betriebs- bzw. Personalrat die Zustimmung gemäß § 87 Betriebsverfassungsgesetz respektive § 75 Bundespersonalvertretungsgesetz verweigert, bleibt dem Unternehmen nur die häufig nicht aussichtsreiche Anrufung einer Einigungsstelle.

Einigungsstelle — Die **Einigungsstelle** ist ein Organ, das nur in Aktion tritt, wenn es vom Arbeitgeber oder Betriebsrat laut §§ 76 ff. des Betriebsverfassungsgesetzes beziehungsweise vom Personalrat angerufen wird. Einigungsstellen werden bei Bedarf gebildet oder per

Betriebsvereinbarung respektive nach § 71 des Bundespersonalvertretungsgesetzes als ständige Einrichtung eingesetzt. Eine Einigungsstelle besteht aus mehreren Beisitzern, die je zur Hälfte vom Arbeitgeber und von der Belegschaftsvertretung bestellt werden, und einem unparteiischen Vorsitzenden. Sie hat in den gesetzlich vorgesehenen Fällen Meinungsverschiedenheiten zwischen Arbeitgeber und Belegschaftsvertretung in betrieblichen Angelegenheiten durch Spruch zu entscheiden. Der Spruch der Einigungsstelle ist gerichtlich überprüfbar und kann bei Verstoß gegen gesetzliche Vorschriften oder wegen Überschreitung der Grenzen des billigen Ermessens aufgehoben werden.

Trotz der erwähnten Nachteile bieten sich Überstunden gerade für die kurzzeitige Überbrückung eines Engpasses an, denn das Unternehmen kann ohne großen Zeitverzug und äußerst flexibel reagieren. Die Arbeitnehmerinnen und Arbeitnehmer beherrschen ihre Tätigkeit. Eine zeit- und kostenaufwendige Einarbeitung ist daher entbehrlich. Außerdem ist eine Neueinstellung trotz der Regelungen des Beschäftigungsförderungsgesetzes, die eine Befristung auch ohne Angabe von Gründen ermöglichen, ein recht sperriges Instrument. Denn vor Kündigungen, ob im Rahmen von befristeten Arbeitsverhältnissen oder bei unbefristeten Arbeitsverhältnissen, hat der Gesetzgeber hohe Hürden aufgebaut. *Vorteile*

Der längerfristige Einsatz von Überstunden macht dagegen keinen Sinn. Einerseits hätte dies eine sinkende Motivation und in der Folge schlechtere Leistungen zum Ergebnis. Andererseits sinkt notwendigerweise die Konzentration, was Unfälle und zusätzliche Arbeitsausfälle mit sich bringt.

Mehrarbeit meint aber nicht nur Überstunden. Auch – regelmäßig ebenfalls mitbestimmungspflichtige – **Urlaubsverschiebungen**, die **Umwandlung von Teilzeit- in Vollzeitarbeitsplätze** und die **Erhöhung der Arbeitsintensität** durch Rationalisierung bewirken eine bessere Bewältigung des Arbeitsvolumens ohne Neueinstellung. Die Umwandlung in Vollzeitarbeitsplätze und die Rationalisierung sind kostenintensive und langfristig wirkende Maßnahmen. Der große Vorteil, den Mehrarbeit ansonsten mit sich bringt, die Flexibilität, entfällt somit hier. Urlaubsverschiebungen sind zwar einerseits kostenneutral, soweit die betroffenen Beschäftigten nicht im Vertrauen auf einen zuvor genehmigten Urlaubsplan bereits Urlaubsreisen gebucht haben und nun Stornokosten anfallen, die in diesem Fall der Arbeitgeber tragen muß. Andererseits sind Urlaubsverschiebungen für die Betroffenen und ihre Familien nicht gerade motivierend. Außerdem muß der Urlaub eines Tages nachgeholt werden und führt dann wahrscheinlich zu einem erneuten Engpaß. *Urlaubsverschiebung, Teilzeit, Arbeitsintensität*

Versetzung

Die Versetzung ist die klassische Maßnahme der Stellenzuweisung, obwohl Versetzungen auch im Rahmen der Personalbeschaffung gute Dienste leisten. *Versetzung*

Die Versetzung im Rahmen der Personalbeschaffung meint jedoch ausschließlich jene Maßnahmen, die eine mittel- und langfristige Änderung der Art, des Orts und des Umfangs des Aufgabenbereichs bezwecken.

Versetzungen als Maßnahme des Personaleinsatzes sind dagegen in erster Linie jene Änderungen des Aufgabenbereichs, die nicht der Zustimmung der Belegschaftsvertretung bedürfen, die also *Kurzfristig*

– längstens einen Monat andauern und

– nicht mit einer erheblichen Änderung der Umstände verbunden sind, unter denen die Arbeit zu leisten ist. Gemeint ist auch ein geringeres Arbeitsentgelt.

- Auch in diesen Fällen darf die Versetzungsanordnung selbstverständlich nicht im Widerspruch zu bindenden Tarifverträgen und Betriebs- oder Dienstvereinbarungen, vor allem aber nicht im Widerspruch zu den arbeitsvertraglichen Vereinbarungen stehen.

Diese Versetzungen eignen sich besonders zur Bereinigung kurzfristiger – auch qualitativer – Notlagen. Zwar ist eine solche Versetzung auf Dauer keine Lösung, denn man verteilt die Not lediglich anders. Für den Moment kann diese Maßnahme aber durchaus sinnvoll sein, etwa wenn die Telefonzentrale eines Unternehmens plötzlich wegen der Erkrankung einer Mitarbeiterin unbesetzt ist.

Durchsetzung

- Ist der Arbeitsvertrag im Einzelfall so formuliert, daß eine Versetzung durch eine **Weisung des Arbeitgebers** nicht möglich ist,
- verweigert sich die Arbeitnehmerin beziehungsweise der Arbeitnehmer einer **Änderung des Arbeitsvertrages** und
- ist zugleich die Versetzung aus betrieblicher Sicht unumgänglich, so müßte prinzipiell eine **Änderungskündigung** erwogen werden. Die Änderungskündigung besteht nach § 2 des Kündigungsschutzgesetzes aus einem Angebot, das Arbeitsverhältnis unter geänderten Arbeitsbedingungen fortzusetzen, und einer Kündigung bei Ablehnung des Änderungsangebotes. Für die Änderungskündigung gelten die allgemeinen Grundsätze der Beendigungskündigung. Die Beendigungskündigung und damit auch die Änderungskündigung dürfte jedoch nur in den seltensten Fällen zulässig und angemessen sein, wenn es allein um eine kurzfristige Versetzung geht. Für die wenigen Konstellationen, in denen sie in Frage kommt, sei auf die Ausführungen zur Änderungskündigung im Kapitel Personalbeschaffung verwiesen.

Personalentwicklung

Personalentwicklung

Sollte sich bei einer Versetzung ein qualitatives Manko bei den Betroffenen herausstellen, sollte mithin eine **Anpassungsqualifikation** anstehen, so ist an Maßnahmen der Personalentwicklung zu denken, auf die im gleichnamigen Kapitel umfassend eingegangen wird. Ähnliches gilt, wenn Beschäftigten im Rahmen einer **Beförderung** höherwertige, anspruchsvollere Positionen übertragen werden. Hier müssen, möglichst schon im Vorfeld, **Aufstiegsqualifikationen** vermittelt werden.

Personalreserve

Personalreserve

Glücklich können sich die Abteilungsleiterinnen und Abteilungsleiter schätzen, deren Beschäftigungsunternehmen im Sinne einer vorausschauenden Einsatzplanung einen **quantitativen Reservebedarf** vorgesehen haben. Bei Notlagen können sie auf diese Personalreserve zugreifen, soweit die notwendige Qualifikation gegeben ist.

Um das sicherzustellen, bilden die Unternehmen häufig sogenannte Springer aus, Personen, die auf mehreren Stellen eingesetzt werden können und dies auch wollen. Häufig ist die Springertätigkeit höher entlohnt als eine vergleichbare Tätigkeit im normalen Betriebsablauf.

Personalleasing

Personalleasing

Läßt die Personaldecke des Unternehmens die angesprochenen Lösungen nicht zu, bietet sich das Personalleasing an. Man tritt an eine Verleihfirma heran, die qualifiziertes Personal auf Zeit gegen Entgelt überläßt und bereinigt das Problem damit umgehend. Allerdings liegen die Kosten für den Leiharbeitnehmer höher als die für die eigenen Arbeitnehmer, selbst wenn man in Rechnung stellt, daß der Verleiher die gesamten Personalnebenkosten trägt.

Outsourcing

Möglich ist auch das Outsourcing, die Vergabe der Aufgabe, die man beispielsweise aufgrund des Engpasses mit dem eigenen Personal nicht mehr bewältigen kann, an ein anderes Unternehmen. Durch eine derartige Auftragsvergabe begibt man sich indes in eine häufig unerwünschte Abhängigkeit von einem Dritten. Zudem muß man ihm Informationen über das Produkt und den Fertigungsprozeß geben.

Outsourcing

Befristete Einstellungen

Befristete Einstellungen erhöhen den Personalbestand und fallen damit eigentlich aus dem Rahmen des Personaleinsatzes. Sie sollen trotzdem an dieser Stelle erwähnt werden, da sie zur Überbrückung von Engpässen dienen können. Man greift am liebsten auf Personen zu, die keine Einarbeitung benötigen, da die Wirkung ansonsten verpuffen könnte. Begehrt sind deshalb für diese Zwecke ehemalige Beschäftigte, zum Beispiel ehemalige Auszubildende, die ein Studium aufgenommen haben, Rentnerinnen und Rentner oder Studierende, die den Unternehmen über das Hochschulmarketing, Praktika und Ferienjobs bekannt sind.

Befristete Einstellung

5. Stellenanpassung

Mit der Stellenanpassung beschreitet man einen anderen Weg, Personen und Stellen in Übereinstimmung zu bringen. Hier weist man dem Personal nicht einfach vorhandene oder geplante Stellen zu, sondern man **modifiziert die Stellen**.

> Die Stellenanpassung kann durch eine Arbeitsstrukturierung, das heißt die Gestaltung der Arbeitsinhalte und des Ausmaßes der Arbeitsteilung, sowie durch die Verbesserung der Bedingungen am Arbeitsplatz, die Arbeitsplatzgestaltung, angegangen werden.

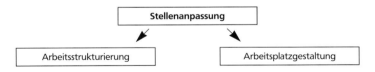

Abb. 3.8. Formen der Stellenanpassung

Dadurch will man erreichen, daß die Beschäftigten mit einer höheren Leistungsfähigkeit und Leistungsbereitschaft tätig werden können.

Die Stellenanpassung benötigt zumeist eine gewisse Zeit. Deshalb kommt sie für kurzfristige Reaktionen nur selten in Betracht. Will man jedoch mittelfristig beispielsweise

- Änderungen des Arbeitsablaufs, der technischen Ausstattung oder der betrieblichen Organisation durch eine anforderungs- und eignungsgerechte Stellenbesetzung nachvollziehen und

- Projekte anforderungs- und eignungsgerecht besetzen,

oder langfristig etwa

- die Lohn- und Gehaltskosten reduzieren respektive
- die Mengenleistung pro Arbeitsplatz und pro Abteilung optimieren,

ist es ratsam, die Stellen zu modifizieren.

Federführend: Fachabteilung

Bei der Stellenanpassung ist die Personalabteilung keinesfalls **federführend**, sondern die jeweilige Fachabteilung. Sie kennt die Arbeitsaufgaben und -bedingungen, die Anforderungen, die eine Veränderung wünschenswert machen und auch die praktischen Möglichkeiten der Veränderung sehr viel besser als die Personalabteilung. Andererseits ist in der Personalabteilung **organisationspsychologisches und arbeitswissenschaftliches Know-how** konzentriert, so daß sie regelmäßig intensiv in die Veränderungsprozesse eingebunden wird.

5.1. Arbeitsstrukturierung

> Traditionell hat die Arbeitsstrukturierung keinesfalls eine Anpassung der Stellen an die Beschäftigten zum Ziel. Üblicherweise steht vielmehr das Interesse im Vordergrund, den Fertigungsprozeß in einfache Teilaufgaben zu zerlegen, die routiniert und folglich ebenso schnell wie kostengünstig erledigt werden können. Man folgt dabei der Maxime, die Stückkosten seien um so niedriger, je länger und zahlreicher ein bestimmtes Produkt produziert wird und je einfacher die Teilaufgaben sind, wobei vertretbare Fehlerquoten in Kauf genommen werden.

REFA-System

Für gewöhnlich wird das **REFA-System** angewandt, benannt nach dem ehemaligen Reichsausschuß für Arbeitszeitermittlung, dem heutigen REFA-Verband für Arbeitsstudien und Betriebsorganisation, der dieses System entwickelt hat.

Arbeitsbeschreibung

○ Danach ist Grundlage für diese überkommene Arbeitsstrukturierung eine **Arbeitsbeschreibung**, eine Zustandsbeschreibung des Arbeitssystems und der Organisationsbeziehungen für einen Arbeitsplatz. Arbeitsbeschreibungen kann man, falls vorhanden, den Stellenbeschreibungen entnehmen. Ansonsten muß man sie nach einheitlichen Kriterien anfertigen.

Arbeitsstudie

○ Auf dieser Grundlage wird eine **Arbeitsstudie** vorgenommen, die auch als Arbeitsanalyse bezeichnet wird. Mittels der Arbeitsstudie werden die Arbeitsmethoden und die Arbeitsabläufe an den jeweiligen Arbeitsplätzen untersucht. Unter dem Arbeitsablauf wird die zeitliche Reihenfolge der einzelnen Tätigkeiten verstanden, die es zu optimieren gilt.

Dabei sind auch Zeiten für die Erholung und persönliche Bedürfnisse sowie für Unterbrechungen zu berücksichtigen. Das REFA-System kennt dafür folgende Ablaufgliederung:

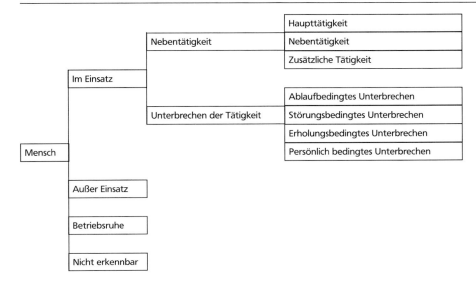

Abb. 3.9. Ablaufgliederung der Arbeitszeit des Menschen nach dem REFA-System

Neben dieser Ablaufgliederung der Arbeitszeit des Menschen kennt das REFA-System noch je eine Ablaufgliederung der Betriebsmittelzeit und der Werkstoffzeit.

Im Ergebnis ermöglicht die Arbeitsstudie Anhaltspunkte und Vorschläge zur Optimierung dieser Abläufe und angewandten Arbeitsmethoden.

Das besagte Verfahren geht mit einer hochgradigen Spezialisierung auf einfache Verrichtungen einher. Bei einer solchen Spezialisierung treten einseitige **Belastungen** auf, die zu starker Ermüdung führen. So wächst nicht nur der Bedarf an Erholung; es treten auch gesundheitliche Schäden auf, beides Faktoren, **die Kosten verursachen**. Insbesondere die Trennung von Arbeitsvorbereitung und -ausführung läßt geistige Fähigkeiten verkümmern. Damit sinkt auch die Anpassungsfähigkeit. Und durch die Monotonie der dauernden Wiederholung von Arbeitsverrichtungen geht der Sinnzusammenhang verloren. Im Ergebnis entstehen so Produktions- bzw. Qualitätsmängel, die oft erst nach abschließenden kostenintensiven Qualitätskontrollen behoben werden können.

Folgen

Dem **starken Wettbewerb** kann aber nur noch standhalten, wer Produkte zügig und unter Berücksichtigung der **Kundenwünsche** entwickelt und wer **hohe Produktivität bei gleichzeitiger hoher Qualität** sicherstellt. Das geht nur über die Einbindung sämtlicher Funktionsbereiche, über eine Beschleunigung der Entwicklungszeiten, das Simultaneous Engineering, über Informationsnetzwerke und über präventive Maßnahmen der Fehlervermeidung im Produktionsprozeß.

Fehlervermeidung!

> Damit sind jedoch gerade die geistigen Fähigkeiten der Beschäftigten, die Anpassungsfähigkeit und die Einsicht in die Sinnzusammenhänge gefordert, die die traditionelle Arbeitsstrukturierung verkümmern läßt. Deshalb sind unter Schlagworten wie

– Humanisierung der Arbeit und Verbesserung der Qualität des Arbeitslebens durch **Human Resource Management**, wie es im Kapitel Aufgabenfelder der Personalwirtschaft angesprochen wird,

- **Empowerment**, einem Ansatz der strategischen Neuverteilung der Verantwortlichkeiten sowie der Verbesserung und Demokratisierung der Arbeitsorganisation,
- **Lean Management** und **Lean Production**, verstanden als Reduzierung der Führungsspanne und Fertigungstiefe,
- **Business Reengineering**, der Konzentration der Kräfte auf die kritischen Erfolgsfaktoren eines Unternehmens durch eine Optimierung der gewachsenen Strukturen,
- **Total Quality Management**, einer systematischen Entwicklung von Qualitätsbewußtsein bei allen Beschäftigten und dessen Durchsetzung, sowie
- **Kaizen**, der ständigen und kontinuierlichen Verbesserung aller Bereiche eines Unternehmens in kleinen Schritten,

andere Formen der Arbeitsstrukturierung aufgekommen, die sowohl die einzelnen Stellen als auch das Stellengefüge verändern.

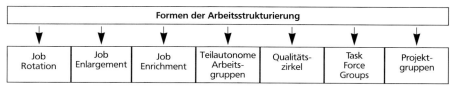

Abb. 3.10. Formen der Arbeitsstrukturierung

Andere Formen

○ Unter **Arbeitsplatzwechsel** oder **Job Rotation** versteht man den regelmäßigen und systematischen, planmäßigen Wechsel von Arbeitsplätzen und Arbeitsaufgaben der Beschäftigten untereinander. Dabei steht die Verringerung der Monotonie und der einseitigen Belastung im Vordergrund. Dadurch ändern sich der zeitliche und örtliche Personaleinsatz und die Aufteilung der Teilarbeiten.

○ Bei der **Aufgabenerweiterung,** dem **Job Enlargement,** wird der Grad der Arbeitsteilung vermindert. Man faßt mehrere strukturell gleichartige oder ähnliche Arbeitselemente verschiedener Arbeitsplätze an einem Arbeitsplatz zusammen. Dadurch wird der Arbeitsinhalt vergrößert und eine einseitige Belastung vermieden. Durch die Verlängerung der Arbeitszyklen wird der Sinnzusammenhang des gesamten Arbeitsablaufs eher erkennbar.

○ Beim **Job Enrichment**, der **Aufgabenbereicherung,** geht es vorrangig um eine Erweiterung des Entscheidungs- und Kontrollspielraums. Die Arbeitstätigkeit der Beschäftigten wird durch Hinzufügen verschieden schwieriger, aber dennoch zusammengehörender Arbeitselemente bereichert. Die Planung, Ausführung und Kontrolle werden zusammengelegt, womit die Eigenverantwortung wächst. Der Arbeitszyklus wird umfangreicher und die Anforderungen steigen.

○ Eine **teilautonome Arbeitsgruppe** ist eine betriebliche Arbeitsgruppe von drei bis zehn Personen, der eine Gesamtaufgabe übertragen wird, deren Ausführung von ihr eigenverantwortlich vorgenommen wird. Außer den übergeordneten Produktions- und Investitionsproblemen werden alle Entscheidungen der Planung, Ausführung und Kontrolle von der Arbeitsgruppe getroffen. Letztlich kann sogar die Institution des Vorgesetzten überflüssig werden. Die Gruppenmitglieder sollen möglichst alle Arbeiten der Gruppe beherrschen, um einen systematischen Arbeitsplatzwechsel, gegenseitiges Ablösen und gegenseitige Hilfe zu ermöglichen.

○ Die **Lernstatt** und **Qualitätszirkel** sind Gruppen von sechs bis zwölf Beschäftigten, meist aus einer Abteilung, die sich freiwillig in regelmäßigen Abständen treffen, um Qualitätsprobleme in ihrer Arbeitsumgebung zu lösen. Sie arbeiten hauptsächlich an Problemen, die unmittelbar mit der täglichen Arbeit in Zusammenhang stehen. Die Gruppe bestimmt aus ihren Reihen einen Moderator, der die Sitzungen des Qualitätszirkels plant und vorbereitet. Dieser Moderator übernimmt zudem die Gesprächsführung in Sitzungen und gewährleistet die Protokollierung der Ergebnisse.

○ Zur Lösung betrieblicher Probleme werden befristete Kleingruppen initiiert, sogenannte **Task Force Groups** oder **teilstrukturierte Problemlösungsgruppen**. Diese Teams werden von den betrieblichen Vorgesetzten aus erfahrenen Mitarbeiterinnen und Mitarbeitern zusammengesetzt und mit einer vorgegebenen Verbesserungsaufgabe betraut. Nach der Erledigung der Aufgabe löst sich die Gruppe wieder auf.

○ **Projektgruppen** werden gebildet, wenn ein neues Projekt oder ein Verfahren entwickelt werden soll. Man benötigt diese Gruppen insbesondere für die bereichsübergreifende Koordination bei organisatorischen Veränderungen. Projektgruppen werden meist auf Managementebene gebildet. Ein Projektleiter gewährleistet die ordnungsgemäße Durchführung und trägt Verantwortung für den gesamten Lösungsprozeß des zu bearbeitenden Problems sowie die praktische Umsetzung der Lösungen. Ihm werden für eine begrenzte Zeit die erforderlichen Mitarbeiterinnen und Mitarbeiter sowie Ressourcen zur Verfügung gestellt.

Für die mit diesen neuen Formen der Arbeitsstrukturierung erreichbaren Vorteile nimmt man Mehrinvestitionen je Arbeitsplatz, zusätzliche Kosten infolge von Personalentwicklung und eine höhere Entlohnung infolge eines höheren Qualifikationsniveaus in Kauf.

5.2. Arbeitsplatzgestaltung

> Die Leistungsfähigkeit und -willigkeit und damit die Höhe der Arbeitsleistung wird von den Bedingungen am Arbeitsplatz maßgeblich beeinflußt. Der Personaleinsatz kann folglich optimiert werden, wenn die Bedingungen am Arbeitsplatz verbessert werden.

Dieser Aufgabe widmet sich auf theoretischer Ebene die **Ergonomie**, die Wissenschaft von den Leistungsmöglichkeiten des arbeitenden Menschen und der wechselseitigen Anpassung zwischen dem Menschen und seinen Arbeitsbedingungen.

Ergonomie

In die betriebliche Praxis übersetzt ist also eine **ergonomische Arbeitsplatzgestaltung** gefordert, die folgende Dimensionen umfaßt:

Abb. 3.11. Dimensionen der ergonomischen Arbeitsplatzgestaltung

- Die **anthropometrische** Angleichung, das heißt die Anpassung des Arbeitsplatzes an die Maße des menschlichen Körpers:
  Hier geht es um eine zweckmäßige Gestaltung und Anordnung der Maschinen und Werkzeuge, mit denen ein Arbeitsplatz ausgestattet ist. Kador (Instrumente der Personalarbeit) gibt dafür einige Beispiele:
  - Verminderung körperlicher Belastungen durch Sitzgelegenheiten,
  - Arm- und Fußstützen,
  - individuell angepaßte Griffformen an Werkzeugen oder Bedienungselementen von Maschinen,
  - Haltevorrichtungen für Werkzeuge und Arbeitsgegenstände sowie
  - Umstellung der Bedienungselemente von Hand- auf Fußbedienung.
- Die **physiologische** Angleichung, also die Anpassung der Arbeitsmethode und Arbeitsbedingungen an den menschlichen Organismus und sein Leistungsvermögen:
  Mögliche Veränderungen betreffen die Bewegungsfreiheit, die Lichtverhältnisse, die Temperatur und Luftfeuchtigkeit, den Lärm und die Sauberkeit der Arbeitsräume. Wiederum gibt Kador (Instrumente der Personalarbeit) einige Beispiele:
  - Verminderung belastender Umgebungseinflüsse durch Staubmasken,
  - Schutzschilde,
  - Gehörschutzmittel,
  - Absaugvorrichtungen,
  - Fernsteuerung von Maschinen und Aggregaten,
  - Anpassung der Beleuchtung,
  - Hebevorrichtungen zum Bewegen schwerer Werkstücke,
  - Verwendung pneumatischer Futter zum Spannen der Werkstücke,
  - Verwendung von Transportwagen mit drehbarer Plattform,
  - Verwendung von Hubwagen zum Transportieren und Heben schwerer Lasten sowie
  - Verwendung von Rollbahnen.
- Die **psychologische** Anpassung in Hinsicht auf ein positives Betriebsklima und eine angenehme Arbeitsumwelt:
  Zu den wichtigsten Einflußfaktoren zählen neben persönlichen und familiären Sorgen auch die Schwierigkeiten im Verhältnis zu Vorgesetzten und Kollegen sowie die Arbeitsunzufriedenheit und Streß. Man strebt eine Partnerschaft aller Beschäftigten und weitreichende Mitbestimmungsmöglichkeiten an. Daneben haben freiwillige Sozialleistungen und eine ansprechende Farbgebung der Räume und Maschinen eine zwar weitaus geringere aber immerhin nennenswerte Bedeutung.
- Die **informationstechnische** Anpassung:
  Eine Verbesserung der Informationsmöglichkeiten, insbesondere durch Computerunterstützung, bildet die Grundlage für effektive Arbeitsabläufe und für jegliche Partnerschaft. Zusammenarbeit ist nur möglich, wenn man auch über die notwendigen Informationen verfügt. Daneben gilt es auch, Anzeigegeräte und -signale zu optimieren.
- Die sicherheitstechnische Anpassung, also **Unfallschutz und Arbeitssicherheit**:
  Ein Thema der Arbeitssicherheit und des Unfallschutzes ist die Erforschung der Ursachen von Arbeits- und Wegeunfällen und die Entwicklung von Maßnahmen zu

deren Verhütung. Ein weiteres Thema sind die Berufskrankheiten und deren vorbeugende Bekämpfung mittels einer Analyse der Arbeitsbedingungen und der Berücksichtigung individueller Dispositionen durch medizinische Untersuchungen. Die rechtlichen Grundlagen legen die Reichsversicherungsordnung, diverse Unfallverhütungsvorschriften, das Arbeitszeitgesetz, die Gewerbeordnung, das Arbeitssicherheitsgesetz, das Gesetz über technische Arbeitsmittel, die Arbeitsstättenverordnung und das Gesetz über Betriebsärzte, Sicherheitsingenieure und andere Fachkräfte für Arbeitssicherheit. Bei der Gestaltung des Arbeitsplatzes gilt es,

– arbeitshygienische Normen,
– Licht,
– Beleuchtung,
– Lärm,
– klimatische Bedingungen,
– Strahleneinwirkungen,
– toxische Gase,
– Dämpfe und Stäube,
– Raumluftbedarf,
– sanitäre und
– soziale Einrichtungen zu berücksichtigen.

6. Zeitwirtschaft

Ein letzter Ansatzpunkte, Stellen und Personen bestmöglich in Übereinstimmung zu bringen, ist die Beeinflussung der Arbeits-, Pausen- und Urlaubszeiten der Beschäftigten im Rahmen der Zeitwirtschaft.

Die Zeitwirtschaft hat zunächst einen Anknüpfungspunkt im eben erwähnten **Arbeits- und Gesundheitsschutz**. Je höher physische und psychische Belastungen sind, desto eher kommt es auch zu einer unfallfördernden Ermüdung. Der Arbeitszeit- und Pausenregelung ist daher besondere Beachtung zu schenken, um **Fehlzeiten und die Fluktuationsrate** zu **senken**.

Ziele der Arbeitgeber

Vor allem geht es den **Arbeitgebern** jedoch um die **Arbeitszeitflexibilisierung**, also um die Veränderung der Lage der Arbeitszeit, ihrer Chronologie, und ihrer Dauer, der Chronometrie. Die Unternehmen wollen die Arbeitszeiten ihrer Mitarbeiterinnen und Mitarbeiter besser ausnutzen, um einerseits **in Zeiten starker Auslastung genügend Personal** zur Verfügung zu haben, ohne teure Mehrarbeit ansetzen zu müssen. Andererseits soll die Betriebszeit ausgedehnt werden, damit der immer teurere Maschinenpark, an dem zugleich immer weniger Personal eingesetzt werden muß, sich besser und schneller rentiert. Kostengünstig kann eine derartige **Ausdehnung der Betriebszeiten** nur dann sein, wenn nicht neues Personal eingestellt wird, sondern das vorhandene Personal den Maschinenpark zeitversetzt und möglichst sieben Tage rund um die Uhr bedient. So empfehlen sich zeitwirtschaftliche Ansätze etwa

– zum Ausgleich von vermehrt auftretenden Fehlzeiten oder
– von Schwankungen des Arbeitsanfalls,
– bei Änderungen des Arbeitsablaufs, der technischen Ausstattung oder der betrieblichen Organisation,
– zur Sicherstellung der betrieblichen Leistung auch während der Urlaubszeit,

– zur Reduzierung der Lohn- und Gehaltskosten und

– zur Optimierung der Mengenleistung pro Arbeitsplatz und pro Abteilung.

Zudem verbessern attraktive Arbeitszeitmodelle das **Image** eines Unternehmens. Das wiederum zeitigt positive Wirkungen auf die Personalbeschaffung und sogar auf den Absatz.

Ziele der Beschäftigten

Den Beschäftigten geht es um eine **Individualisierung der Arbeitszeit**, das heißt größere Freiräume

– für sich selbst,

– für die Familie,

– für Freizeitinteressen,

– für Aus- und Weiterbildung oder gar

– für Nebenbeschäftigungen.

> Im Rahmen der Zeitwirtschaft haben die diversen Rahmenbedingungen wie die Modalitäten der Zeiterfassung und die gesetzlichen Arbeitszeitbestimmungen eine besondere Bedeutung. Sie müssen beachtet werden, wenn man Arbeitszeitmodelle und Urlaubsregelungen schafft.

Abb. 3.12. Modalitäten der Zeitwirtschaft

6.1. Rahmenbedingungen

Zeiterfassung

In den meisten Unternehmen kommt schnell und kaum bemerkt eine Vielzahl unterschiedlicher Arbeitszeitmodelle zum Einsatz. Zu den Rahmenbedingungen zählt folglich die Existenz einer fundierten, das heißt möglichst computergestützten **Zeiterfassung**.

Bei der Auswahl eines derartigen Systems stehen neben den fachlichen vor allem technische Fragen nach dem Rechner und den Terminals sowie deren Vernetzung, nach der Auswahl der richtigen Ausweise als Erfassungsmedium und Kompatibilität mit den organisatorischen Regelungen im Vordergrund.

Computergestützte Systeme stellen die Registrierung der An- und Abwesenheit an Zeiterfassungsgeräten sicher. Sie ermöglicht aber auch die häufig notwendige Korrektur und Umbuchung von Zeitdaten am Bildschirm durch die Personalabteilung oder Zeitbeauftragte in den Fachabteilungen. Daneben ist die Pflege von Personen- und Zeitstammdaten zum Aufbau von betrieblichen Zeitmodellen und Bewertungsvorschriften unumgänglich. Die Interpretation und Verarbeitung der registrierten Zeitdaten sollte anhand von Zeitregeln und Parametern durch das System vorgenommen werden. Üblich ist die Speicherung der Zeitdaten und Verarbeitungsergebnisse in einer Datenbank. Sie dient als Basis für flexible Abfrage- und Auswertungsmöglichkeiten und als Unterstützung für Planungen, etwa für Schichten und Urlaube. Über Schnittstellen wird der Datenaustausch mit anderen Systemen gewährleistet, beispielsweise mit der Personalabrechnung, der Betriebsdatenerfassung, der Zugangskontrolle und der Kantinenabrechnung.

Den gesetzlichen Arbeitszeitrahmen gibt vor allem das **Arbeitszeitgesetz** vor. Es gilt mit wenigen Ausnahmen für alle Arbeitnehmer in allen Beschäftigungsbereichen. Zu den Ausnahmen zählen beispielsweise leitende Angestellte. Für diverse Beschäftigtengruppen gelten speziellere und dadurch vorrangige gesetzliche Regelungen, wie für Kinder und Jugendliche oder für Beschäftigte im Einzelhandel.

Rechtlicher Rahmen

Die **Dauer der Arbeitszeit** wird durch den einschlägigen Tarifvertrag, eine Betriebs- respektive Dienstvereinbarung oder den Arbeitsvertrag festlegt. Das Arbeitszeitgesetz begrenzt die werktägliche Arbeitszeit jedoch grundsätzlich auf acht Stunden. Sie kann auf bis zu zehn Stunden verlängert werden, wenn diese Verlängerung innerhalb eines Ausgleichszeitraums von sechs Monaten bzw. vierundzwanzig Wochen auf durchschnittlich acht Stunden ausgeglichen wird. Unternehmen, die Arbeitnehmer länger als zehn Stunden pro Tag beschäftigen, begehen eine Ordnungswidrigkeit, die mit einer Geldbuße bis zu 30.000 DM geahndet werden kann.

Die werktägliche Arbeitszeit ist durch im voraus feststehende **Ruhepausen** zu unterbrechen. Bei einer Arbeitszeit von mehr als sechs bis zu neun Stunden müssen diese Ruhepausen dreißig Minuten umfassen, bei einer Arbeitszeit von mehr als neun Stunden fünfundvierzig Minuten. Sie können in einzelne Zeitabschnitte mit einer Mindestdauer von fünfzehn Minuten aufgeteilt werden.

Nach Beendigung der täglichen Arbeitszeit müssen die Arbeitnehmer eine ununterbrochene **Ruhezeit** von elf Stunden haben. In bestimmten Bereichen kann die Ruhezeit um bis zu eine Stunde verkürzt werden.

Die Arbeitszeit von Beschäftigten in der **Nachtschicht** muß innerhalb eines Ausgleichszeitraums von vier Wochen auf durchschnittlich acht Stunden pro Nachtschicht begrenzt werden. Auch bei Nachtarbeit ist die Verlängerung der Arbeitszeit auf zehn Stunden möglich. Jeder Nachtarbeitnehmer hat das Recht, sich in regelmäßigen Abständen auf Kosten des Arbeitgebers arbeitsmedizinisch untersuchen zu lassen. Zudem hat er einen Anspruch auf eine angemessene Zahl bezahlter freier Tage bzw. angemessene Zuschläge, soweit tarifvertragliche Ausgleichsregelungen nicht bestehen.

An **Sonn- und Feiertagen** dürfen Arbeitnehmerinnen und Arbeitnehmer grundsätzlich nicht in der Zeit von 0.00 bis 24.00 Uhr beschäftigt werden. In mehrschichtigen Betrieben kann Beginn oder Ende der betrieblichen Sonn- und Feiertagsruhe um bis zu sechs Stunden vor- oder zurückverlegt werden. Sechzehn Ausnahmetatbestände gelten kraft Gesetzes, beispielsweise für Not- und Rettungsdienste, die Reinigung und Instandhaltung von Betriebseinrichtungen und die Vorbereitung der Wiederaufnahme des vollen werktägigen Betriebs. Die Aufsichtsbehörden der Länder sollen darüber hinaus Genehmigungen erteilen, beispielsweise wenn bei einer weitgehenden Ausnutzung der gesetzlich zulässigen wöchentlichen Betriebszeiten und bei längeren Betriebszeiten im Ausland die Konkurrenzfähigkeit unzumutbar beeinträchtigt ist. Für die Beschäftigung am Sonn- oder Feiertag ist ein Ersatzruhetag zu gewähren, für Sonntage innerhalb von zwei Wochen, für Feiertage innerhalb von acht Wochen.

Aufgrund von **tarifvertraglichen Regelungen** kann von diesen Vorgaben in einem begrenzten Umfang abgewichen werden.

Tarifvertrag

Wie bereits eingangs dieses Kapitels erwähnt, unterliegen die Lage und Verteilung der Arbeitszeit sowie die Aufstellung allgemeiner Urlaubsgrundsätze und des Urlaubsplans dem **Mitbestimmungsrecht des Personal- bzw. Betriebsrates**. Er wird in der Regel – notfalls über eine Einigungsstelle – eine **Betriebs- oder Dienstvereinbarung** erwirken, deren Ausgestaltung er im Interesse der Beschäftigten beeinflußt.

Betriebsvereinbarung

Interessen der Beschäftigten

Die vielleicht wichtigste Rahmenbedingung setzt das verständliche **Interesse der Beschäftigten**, daß die Arbeits- und Urlaubszeiten ihnen die **Teilnahme am familiären und sozialen Leben** ermöglichen. Ferner haben sie selbstverständlich ein Anrecht darauf, daß ihre Arbeitszeiten den **biologischen Tagesrhythmus** des Menschen berücksichtigen. Die Leistungsbereitschaft und -fähigkeit ist periodischen Schwankungen unterworfen. So ist die Leistungskurve im Tagesablauf durch zwei Maxima gekennzeichnet, die zwischen 8.00 und 10.00 Uhr und um 18.00 Uhr liegen. Leistungstiefs liegen zwischen 13.00 und 15.00 Uhr und gegen 2.00 Uhr.

6.2. Arbeitszeitmodelle

Die Arbeitszeiten können mannigfach gestaltet werden. Man kann etwa
- von der allgemein üblichen Dauer einer Vollzeitbeschäftigung abweichen,
- die Möglichkeit einräumen, die Standardarbeitszeit zu über- oder unterschreiten,
- die Arbeitszeit variabel auf einen Tag, einen Monat, ein Quartal, ein Jahr oder das gesamte Erwerbsleben verteilen,
- die Länge und Lage der Arbeitszeit neu ordnen und
- diese wie auch andere Variationsmöglichkeiten kombinieren.

Die unterschiedliche Kombination dieser und weiterer Parameter führt zu bekannten, aber auch zu bisher noch nicht gebräuchlichen Arbeitszeitmodellen. Zur Zeit werden folgende Modelle praktiziert:

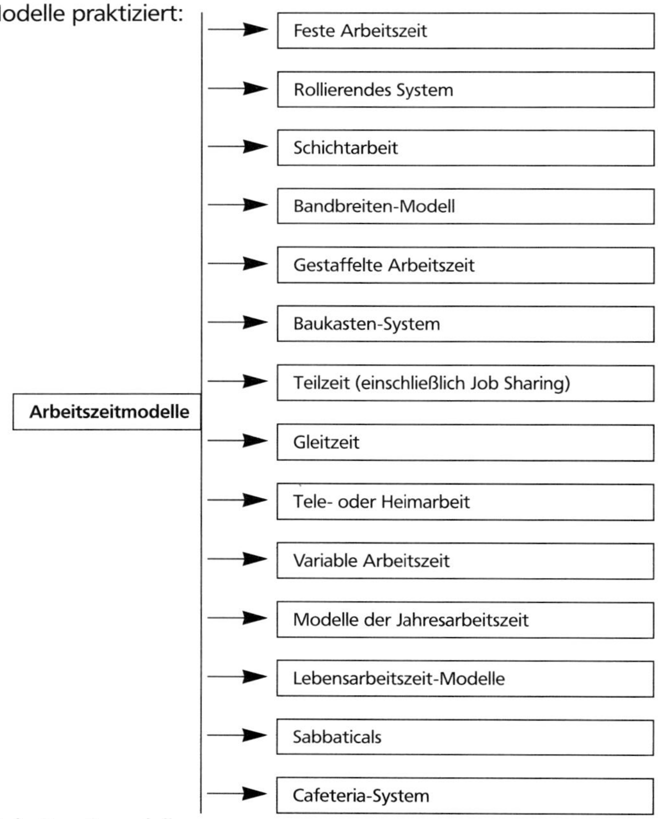

Arbeitszeitmodelle:
- Feste Arbeitszeit
- Rollierendes System
- Schichtarbeit
- Bandbreiten-Modell
- Gestaffelte Arbeitszeit
- Baukasten-System
- Teilzeit (einschließlich Job Sharing)
- Gleitzeit
- Tele- oder Heimarbeit
- Variable Arbeitszeit
- Modelle der Jahresarbeitszeit
- Lebensarbeitszeit-Modelle
- Sabbaticals
- Cafeteria-System

Abb. 3.13. Arbeitszeitmodelle

○ **Feste Arbeitszeit**

Bei der festen Arbeitszeit sind Arbeitsbeginn, Arbeitsende und Pausen grundsätzlich fixiert. Abweichungen ergeben sich nur durch betriebliche Festlegungen.

Feste Arbeitszeit

○ **Rollierendes System**

Beim rollierenden System besetzen beispielsweise fünf Beschäftigte vier Arbeitsplätze in einer Sechstagewoche, wobei sich für jeden Mitarbeiter eine Fünftagewoche ergibt.

Rollierendes System

○ **Schichtarbeit**

Als Schichtarbeit bezeichnet man eine Arbeit, die zu konstant ungewöhnlicher Arbeitszeit oder zu wechselnder Tageszeit an einem konstanten Betriebsmittelpotential vollzogen wird.

Schichtarbeit

Schichtarbeit bietet für den Personaleinsatz eher langfristige Alternativen. Man kann bei normaler Tagschichtarbeit eine zweite Schicht einführen, bei Zweischichtarbeit eine dritte Schicht bis hin zum kontinuierlichen Schichtbetrieb. Einführung wie Änderung und Abbau von Schichtarbeit unterliegen dem Mitbestimmungsrecht. Die arbeitszeitrechtlichen Rahmenbedingungen sind zu beachten.

Schichtmodelle werden hauptsächlich in der Produktion, der Qualitätssicherung und der Instandhaltung eingesetzt. Sie lassen sich durch folgende **Merkmale** beschreiben:

– Die **Schichtkontinuität** macht Aussagen über den durch das Schichtsystem abgedeckten Bereich. Diskontinuierliche Systeme schließen die Sonn- und Feiertagsarbeit aus. Bei kontinuierlichen Systemen wird auch an diesen Tagen gearbeitet.

– Die **Schichtlänge** ist die Dauer der Schicht in Zeiteinheiten.

– Die **Schichtwechselzeitpunkte** beziehen sich auf die Anfangs- und Endzeiten der Schichten.

– Die **Schichtfolge** gibt an, in welcher Reihenfolge Früh-, Spät- und Nachtschichtperioden aufeinander folgen. Bei einem Dreischichtbetrieb sind Vorwärts- und Rückwärtsrotation zu unterscheiden. Bei der Vorwärtsrotation erfolgt der Wechsel in der Reihenfolge Früh-, Spät-, Nachschicht, bei der Rückwärtsrotation in umgekehrter Reihenfolge.

– Die **Schichtwechselpolitik** beschreibt die Anzahl der gleichartigen nacheinander zu absolvierenden Schichten.

– Durch den **Schichtwechselrhythmus** wird das Gleichmaß der aufeinander folgenden Schichtwechselperioden bestimmt.

– Der **Schichtzyklus** ist die Dauer vom Beginn des Schichtplans bis zu dem Tag, an dem sich das Schichtsystem auf den Wochentag bezogen wiederholt.

– Hinzu kommt die **Verteilung von Freizeit** im Schichtsystem.

In der Praxis sind folgende **Varianten** häufig anzutreffen:

– **Permanente Schichtsysteme**: Dauerfrühschicht, Dauerspätschicht oder Dauernachtschicht,

– **Wechselschichtsysteme ohne Nachtarbeit**: Zweischichtarbeit mit oder ohne Wochenendarbeit,

– **Wechselschichtsysteme mit Nachtarbeit und ohne Wochenendarbeit**: Zwei- oder Dreischichtsysteme,

– **Kontinuierliche Schichtarbeit mit Wochenendarbeit**: Dreischichtsysteme für alle Wochentage mit drei bis sechs Schichtbelegschaften.

Aufgrund der Belastung durch die Verschiebung von Arbeits- und Schlafzeiten treten bei Schichtarbeit als Beanspruchungsfolgen hauptsächlich Schlafstörungen, Appetitstörungen, Leistungsbeeinträchtigungen sowie soziale Probleme auf. Bei der Erstellung der Schichtpläne sind deshalb neben betrieblichen Anforderungen die Belange der Beschäftigten zu berücksichtigen. Auch das Arbeitszeitgesetz bestimmt, daß die Arbeitszeit der Beschäftigten im Schichtbetrieb nach den gesicherten arbeitswissenschaftlichen Erkenntnissen über die menschengerechte Gestaltung der Arbeit festgelegt werden soll. Die **Arbeitswissenschaft empfiehlt**

– die **Reduzierung der Nachtarbeit** auf maximal drei hintereinanderliegende Nachtschichten,

– **geblockte Wochenendfreizeiten** von Samstag bis Sonntag, Freitag bis Samstag oder bis Sonntag und

– die **Vermeidung ungünstiger Schichtfolgen**, wie Nachtschicht, Freischicht, Frühschicht.

Böckly (Personalanpassung) stellt die folgenden vollkontinuierlichen Schichtplanbeispiele vor. Die Modelle 1 bis 4 werden von der Bayer AG praktiziert. Alle Modelle basieren auf jeweils fünf Belegschaftsgruppen und einer Systemzeit von 33,6 Stunden pro Woche. Der Schichtzyklus beträgt jeweils fünf Wochen. Die Frühschicht läuft von 6.00 – 14.00 Uhr, die Spätschicht von 14.00 – 22.00 Uhr und die Nachtschicht von 22.00 – 6.00 Uhr. Die Differenz der Systemzeit von 33,6 Stunden pro Woche zur tariflichen Arbeitszeit wird in Form von Ausgleichsschichten erbracht (vgl. Abb. 3.14.).

○ **Bandbreiten-Modell**

Ist die wöchentliche Arbeitszeit von zum Beispiel 38 Stunden viertel- oder halbjährlich respektive jährlich in einer Bandbreite von 32 bis 48 Stunden wählbar, spricht man vom Bandbreiten-Modell. Die Wahl trifft das Unternehmen nach der Auftragslage. Allerdings müssen die Wahlmöglichkeit und die Bandbreite zuvor in einem Tarifvertrag geregelt und in einer Betriebs- oder Dienstvereinbarung zwischen Betriebsrat und Arbeitgeber konkretisiert worden sein.

○ **Gestaffelte Arbeitszeit**

Auch die gestaffelte Arbeitszeit wird von den betrieblichen Instanzen festgelegt. Die Wahlmöglichkeit der Beschäftigten beschränkt sich auf die Entscheidung für eine der angebotenen Zeiten.

○ **Baukasten-System**

Im Baukasten-System können einzelne Mitarbeiterinnen und Mitarbeiter oder auch Gruppen vom Arbeitgeber vorgegebene Zeitmodule individuell zusammenstellen. Möglich sind tägliche, wöchentliche, monatliche oder jährliche Module.

○ **Teilzeit**

Wenn die Arbeitszeit kürzer ist als die betriebliche oder tarifliche Arbeitszeit der Vollzeitkräfte, handelt es sich laut Definition des Beschäftigungsförderungsgesetzes um Teilzeitarbeit.

Die Teilzeit läßt viele Möglichkeiten der Einteilung der Arbeitszeit zu. Teilzeitarbeit kann als feste Arbeitszeit aber auch als Gleitzeit ausgestaltet werden. Sie kann auch gleichmäßig oder ungleichmäßig, starr oder flexibel über die Woche, den Monat oder das Jahr verteilt werden. Selbst in der Schichtarbeit werden Teilzeitmodelle angewendet. In der Praxis ist die Form der halben Arbeitszeit am gebräuchlichsten.

Eine umstrittene Art der flexiblen Teilzeit ist die **kapazitätsorientierte variable Arbeitszeit**, auch **Arbeit auf Abruf** genannt. Hier werden nur die jährliche oder monatliche Arbeitszeit und das Entgelt festgelegt. Die Zeitsouveränität liegt beim Arbeitgeber. Er ruft die vereinbarte Arbeitszeit je nach Arbeitsanfall ab. Die Beschäftigten müssen also jederzeit abrufbereit sein.

Eine Sonderform der Teilzeit ist das **Job Sharing**, die Arbeitsplatzteilung eines Vollzeitarbeitsplatzes auf zwei oder mehrere Beschäftigte. Beim **US-amerikanischen Modell** wird der Arbeitsvertrag nicht zwischen jedem Beschäftigten und dem Arbeitgeber geschlossen, sondern zwischen dem Job-Sharing-Team und dem Arbeitgeber. Das Team verpflichtet sich, die anfallenden Arbeiten auszuführen und den Arbeitsplatz zu besetzen. Die Entscheidung, wer wann welche Arbeiten erledigt, treffen nicht die Vorgesetzen, sondern die Job-Sharing-Partner. Beim **deutschen Modell** tritt jeder Job-Sharing-Partner in eine arbeitsvertragliche Beziehung zum Arbeitgeber. Die Partner verpflichten sich, eine bestimmte Stundenanzahl pro Woche zu arbeiten, unter Umständen an festgelegten Wochentagen und zu bestimmten Uhrzeiten oder im Rahmen einer Gleitzeitregelung respektive eines Schichtsystems.

○ **Gleitzeit**

Die gleitende Arbeitszeit stellt es den Beschäftigten frei, den Beginn und das Ende der täglichen Arbeitszeit in einem vorgegebenen Rahmen selbst zu bestimmen. Die Gleitzeit kann nur mit Zustimmung des Betriebsrates eingeführt werden.

Gleitzeit

Beim **Grundmodell** ist die Stundenanzahl der Arbeitszeit festgelegt. Der Arbeitsbeginn ist in einer variablen Spanne vorgegeben. Die einmal festgelegte Arbeitszeitlage muß beibehalten werden.

Die Arbeitszeit beinhaltet bei der **einfachen Gleitzeit** eine Kernzeit, während der Anwesenheitspflicht besteht, und eine Gleitzeit, über die der Mitarbeiter oder die Mitarbeiterin bestimmen kann. Unter Berücksichtigung der Pausenzeiten kann die Kernzeit in zwei Hälften geteilt werden. Innerhalb dieser Vorgaben kann die Arbeitszeitlage täglich geändert werden. Das Arbeitszeitende ergibt sich jeweils aus dem Arbeitsbeginn plus der vertraglich festgelegten täglichen Arbeitszeitdauer.

Bei der **qualifizierten Gleitzeit** kann die tägliche Arbeitszeitlänge auf bis zu zehn Stunden ausgeweitet werden. Wenn daraus entstehende Zeitguthaben in festgelegten Zeiträumen abgebaut werden müssen, spricht man von **beschränkt qualifizierter Gleitzeit**. Hier können Zeitschulden entstehen, die durch Nacharbeiten auszugleichen sind. Die Regelungen der **unbeschränkt qualifizierten Gleitzeit** lassen es zu, Zeitguthaben oder -schulden in die nächste Abrechnungsperiode zu übertragen.

○ **Tele- oder Heimarbeit**

Bei der Tele- oder Heimarbeit sind die Beschäftigten durch Informationstechnologien mit dem Unternehmen verbunden. Sie können ganz oder teilweise zu Hause arbeiten und dort ihre Arbeitszeit individuell variieren.

Tele- oder Heimarbeit

	Modell 1	Modell 2	Modell 3	Modell 4	Modell 5
Montag	Spätschicht	Frühschicht	Frühschicht	Frühschicht	Frühschicht
Dienstag	Spätschicht	Frühschicht	Frühschicht	Frühschicht	Frühschicht
Mittwoch	Spätschicht	Frühschicht	Frühschicht	Nachtschicht	Frühschicht
Donnerstag	Frei	Frei	Frei	Nachtschicht	Spätschicht
Freitag	Nachtschicht	Spätschicht	Nachtschicht	Frei	Spätschicht
Samstag	Nachtschicht	Spätschicht	Nachtschicht	Frei	Spätschicht
Sonntag	Nachtschicht	Spätschicht	Nachtschicht	Frei	Frei
Montag	Frei	Nachtschicht	Frei	Spätschicht	Nachtschicht
Dienstag	Frei	Nachtschicht	Frei	Spätschicht	Nachtschicht
Mittwoch	Frei	Nachtschicht	Frei	Spätschicht	Nachtschicht
Donnerstag	Spätschicht	Frei	Frühschicht	Frei	Nachtschicht
Freitag	Spätschicht	Frei	Frühschicht	Frühschicht	Frei
Samstag	Spätschicht	Frei	Frühschicht	Frühschicht	Frei
Sonntag	Frei	Frei	Frei	Frühschicht	Frei
Montag	Frühschicht	Spätschicht	Spätschicht	Nachtschicht	Frei
Dienstag	Frühschicht	Spätschicht	Spätschicht	Nachtschicht	Frei
Mittwoch	Frühschicht	Spätschicht	Spätschicht	Frei	Frei
Donnerstag	Frühschicht	Spätschicht	Spätschicht	Frei	Frühschicht
Freitag	Frühschicht	Frei	Spätschicht	Frei	Frühschicht
Samstag	Frühschicht	Frei	Spätschicht	Frei	Frühschicht
Sonntag	Frühschicht	Frei	Frei	Frei	Frühschicht
Montag	Frei	Frei	Frei	Frei	Spätschicht
Dienstag	Frei	Frei	Frei	Frei	Spätschicht
Mittwoch	Frei	Frei	Frei	Frühschicht	Spätschicht
Donnerstag	Frei	Nachtschicht	Frei	Frühschicht	Frei
Freitag	Frei	Nachtschicht	Frei	Nachtschicht	Nachtschicht
Samstag	Frei	Nachtschicht	Frei	Nachtschicht	Nachtschicht
Sonntag	Frei	Nachtschicht	Frei	Nachtschicht	Nachtschicht
Montag	Nachtschicht	Frei	Nachtschicht	Frei	Frei
Dienstag	Nachtschicht	Frei	Nachtschicht	Frei	Frei
Mittwoch	Nachtschicht	Frei	Nachtschicht	Frei	Frei
Donnerstag	Nachtschicht	Frühschicht	Nachtschicht	Spätschicht	Frei
Freitag	Frei	Frühschicht	Frei	Spätschicht	Frei
Samstag	Frei	Frühschicht	Frei	Spätschicht	Frei
Sonntag	Frei	Frühschicht	Frühschicht	Frei	Frei

Abb. 3.14. Schichtpläne

○ **Variable Arbeitszeit**

Variable Arbeitszeit

Bei der variablen Arbeitszeit kann der Mitarbeiter über Dauer und Lage seiner Arbeitszeit selbst bestimmen. Kernzeiten existieren nicht. Bestimmen Arbeitsgruppen selbst über die Dauer und Lage ihrer Arbeitszeit, bezeichnet man sie als zeitautonome Gruppen.

○ **Jahresarbeitszeit**

Jahresarbeitszeit

Modelle der Jahresarbeitszeit beziehen die Regelarbeitszeit nicht auf einen Arbeitstag oder eine Woche, sondern auf ein Kalenderjahr. So wird zum Beispiel die jährliche Arbeitszeit bei Voll- oder Teilzeit für zweiundfünfzig Kalenderwochen abzüglich Feiertagen und sechs Wochen Urlaub berechnet. Die effektive Jahresarbeitszeit wird, meist vom Arbeitgeber je nach Arbeitsanfall, gleichmäßig oder ungleichmäßig auf das gesamte Jahr verteilt. Das ist bei Saisonbetrieben von Vorteil.

○ **Lebensarbeitszeit-Modelle**

Für Lebensarbeitszeit-Modelle legt das Unternehmen eine Gesamtlebensarbeitszeit fest, die abzuleisten ist. Das Modell ermöglicht eine gleitende Eintrittsphase ins Erwerbsleben, Unterbrechungen und eine flexible Pensionierung. *Lebensarbeitszeit*

Ein **gleitender Einstieg ins Berufsleben** wäre etwa dann gegeben, wenn das Unternehmen allen Absolventinnen und Absolventen einer beruflichen Ausbildung zunächst eine Beschäftigung auf Teilzeitbasis anbietet, statt nur die Hälfte des Ausbildungsjahrgangs zu übernehmen. Auf diesem Wege kann eine hohe Arbeitslosigkeit junger Menschen verhindert werden.

Den **flexiblen Einstieg ins Berufsleben** ermöglichen die Unternehmen selbst zumeist nicht. Hier wird der Staat tätig durch berufsbildende Maßnahmen nach Abschluß der Sekundarstufe, ergänzende berufsvorbereitende Maßnahmen im Rahmen der Jugendhilfe, die Erhöhung der Quote der Einberufungen zur Bundeswehr und zum zivilen Ersatzdienst und die Ausweitung des freiwilligen sozialen Jahres.

Flexible Pensionierung bedeutet eine Flexibilisierung der Altersgrenze. Bekannt ist vor allem die vorzeitige Pensionierung. Da die Altersgrenze für die Renten stufenweise, für Frauen und Männer unterschiedlich, auf die Vollendung des 65. Lebensjahres angehoben wird, ändert sich die Rechtslage jährlich. Wer in Zukunft vor dem **63. Lebensjahr** Rente beziehen muß oder will, muß pro Jahr vorgezogener Rente einen Abschlag von 3,6 Prozent, maximal 10,8 Prozent auf den ohnehin wegen der fehlenden Berufsjahre geringeren Rentenanspruch hinnehmen. Voraussetzung für diesen Rentenbezug ist,

– daß die Betreffenden eine fünfzehnjährige Versicherungszeit nachweisen können,
– daß sie in den letzten 10 Jahren mindestens 8 Jahre einer rentenversicherungspflichtigen Beschäftigung nachgegangen sind und
– daß sie in den letzten eineinhalb Jahren 52 Wochen **arbeitslos** waren **oder mindestens 2 Jahre nach dem Altersteilzeitmodell beschäftigt** waren.

Beschäftigte, die in Zukunft aus persönlichen Gründen oder betriebsbedingt in den Genuß einer flexiblen Pensionierung kommen wollen oder müssen, haben folglich zwei Möglichkeiten: Entweder scheiden sie mit 62 Jahren aus dem Arbeitsverhältnis aus und werden für ein Jahr arbeitslos. Das Arbeitslosengeld beträgt 63 Prozent vom letzten Nettogehalt. Wenn eine Frist von achtzehn Monaten abgelaufen ist, erhalten sie ihr Altersruhegeld. Die andere Möglichkeit ist der Eintritt in den Ruhestand mit frühestens 63 Jahren nach einer zumindest zweijährigen gleitenden Pensionierung.

Unter **gleitender Pensionierung** versteht man das sukzessive Ausscheiden aus dem Erwerbsleben. Für Beschäftigte, die ihre **Arbeitszeit vor dem Eintritt in den Ruhestand reduzieren** wollen, hat der Gesetzgeber die frühere Rechtsgrundlage, das ehemals zeitlich befristete **Altersteilzeitgesetz**, leicht modifiziert wieder in Kraft gesetzt. Demnach können ältere Mitarbeiterinnen und Mitarbeiter ihre Arbeitszeit in den Jahren vor der Pensionierung senken,

- vorausgesetzt der Arbeitgeber stimmt dem zu respektive die Tarifparteien haben dies vereinbart und
- vorausgesetzt die Betroffenen haben innerhalb der letzten 5 Jahre mindestens 3 Jahre in einer die Beitragspflicht begründenden Beschäftigung gestanden,
- wobei die vereinbarte Arbeitszeit der tariflichen regelmäßigen Arbeitszeit entsprach.

Sind diese Voraussetzungen erfüllt, haben die Beschäftigten ab dem vollendeten 55. Lebensjahr die Möglichkeit, ihre Arbeitszeit auf mindestens 18 Stunden pro Woche oder die Hälfte der regelmäßigen wöchentlichen Arbeitszeit zu reduzieren.

- Wenn der Arbeitgeber zugleich die freiwerdende halbe Stelle mit einem Arbeitslosen oder einem Ausgebildeten besetzt und
- das Teilzeitentgelt des Betroffenen in Altersteilzeit um 20 Prozent aufstockt,
- wenn der Arbeitgeber zusätzlich den Pflichtbetrag zur gesetzlichen Rentenversicherung in Höhe des Differenzbetrages zwischen 90 Prozent des Entgelts für Vollzeitarbeit und dem Entgelt der Altersteilzeit entrichtet, so erstattet ihm die Bundesanstalt für Arbeit diese finanziellen Zusatzaufwendungen.

Wollen Beschäftigte **nach dem Eintritt in den Ruhestand mit voller oder reduzierter Arbeitszeit tätig bleiben**, müssen sie sich zunächst mit ihrem Arbeitgeber einigen. Soweit dieser zustimmt, kann die Tätigkeit fortgesetzt werden. Möglich wäre auch die Aufnahme einer Beschäftigung bei einem anderen Arbeitgeber. Allerdings sind in beiden Fällen Hinzuverdienstgrenzen zu beachten, wenn die Rente vor Vollendung des 65. Lebensjahrs bezogen wird. In diesem Fall kann man sich auf eine seit Januar 1992 geltende Regelung berufen. Demnach kann jeder Versicherte entscheiden, ob er die ihm zustehende Altersrente als Vollrente erhalten will oder ob er zunächst nur eine Teilrente beansprucht und weiter arbeitet. Eine Teilrente kann in Höhe von entweder einem Drittel, der Hälfte oder von zwei Dritteln der zustehenden Vollrente bezogen werden. Je geringer der gewählte Anteil an der Vollrente ist, desto größer sind die Möglichkeiten des Zuverdienstes.

○ **Sabbaticals**

Sabbaticals sind Perioden der Nichterwerbstätigkeit bei bestehendem Arbeitsverhältnis. Es handelt sich also um Langzeiturlaube, die zur freien Verfügung genutzt werden können. Diese Urlaube gehen weit über die übliche Urlaubsdauer hinaus und umfassen, wenn sie denn gewährt werden, nicht selten bis zu einem Jahr. Sie haben deshalb auch einen Einfluß auf die Lebensarbeitszeit.

Sabbaticals sind mit vollem Entgeltausgleich möglich, etwa durch das Ansparen von Urlaubswochen. Dazu besagt das Bundesurlaubsgesetz, daß der Urlaub grundsätzlich im laufenden Kalenderjahr genommen werden muß. Wenn dringende betriebliche oder in der Person liegende Gründe es rechtfertigen, kann der Urlaub bzw. Resturlaub innerhalb der ersten drei Monate des Folgejahres gewährt und genommen werden. Danach verfällt er. Natürlich kann der Arbeitgeber davon absehen, den Urlaub verfallen zu lassen.

Sabbaticals mit teilweisem Entgeltausgleich dienen als Anreiz oder Belohnung. Hier ist ein Teil des Sabbaticals ein bezahlter, der andere Teil ein unbezahlter Sonderurlaub.

Sabbaticals ohne Entgeltzahlungen sind unbezahlte Sonderurlaube.

○ **Cafeteria-System**

Das Cafeteria-System ist eigentlich ein Entgeltmodell. Es erlaubt den Mitarbeiterinnen und Mitarbeitern, innerhalb eines bestimmten Budgets zwischen verschiedenen Leistungsangeboten, wie Gewinnbeteiligung, höheren Ruhegeldzahlungen, zusätzlichen Versicherungen oder zusätzlichem Urlaub zu wählen.

Cafeteria-System

6.3. Urlaub

Unternehmen sind grundsätzlich nicht verpflichtet, Sonderurlaub zu gewähren, es sei denn, ein für Arbeitnehmer und Arbeitgeber verbindlicher Tarifvertrag sieht freie Tage für bestimmte Anlässe vor. Auch wenn keine Verpflichtung besteht, gewähren Unternehmen hie und da Sonderurlaub unter dem Gesichtspunkt der Personalbetreuung, aber auch unter dem Gesichtspunkt des Personaleinsatzes. Sabbaticals und das Cafeteria-System können ebenso wie andere **Sonderurlaube geeignet** sein, vorübergehend entstehende **Personalüberhänge aufzufangen** bzw. abzumildern. Beschäftigte werden so dem Produktionsprozeß entzogen, wodurch die Kosten für die Bereitstellung der nicht benötigten Arbeitskraft vermieden werden.

Sonderurlaub

Auf die Gewährung von Sonderurlaub haben die Beschäftigten grundsätzlich keinen Anspruch, wohl aber auf den **Erholungsurlaub**. Die Rechtsgrundlage für den Erholungsurlaub ist neben tarif- und einzelvertraglichen Regelungen das **Bundesurlaubsgesetz**. Für bestimmte Beschäftigtengruppen, wie für Jugendliche und Schwerbehinderte, sind speziellere Vorschriften maßgeblich. Nach § 3 des Bundesurlaubsgesetzes beträgt der Mindesturlaub vierundzwanzig Werktage. Als Werktage gelten dabei alle Kalendertage, die nicht Sonn- oder gesetzliche Feiertage sind. Tarifverträge, Betriebs- oder Dienstvereinbarungen und einzelvertragliche Vereinbarungen gehen oft über den gesetzlichen Mindesturlaub hinaus.

Erholungsurlaub

> Die Erholung der Beschäftigten ist einerseits in ihrem eigenen Interesse. Andererseits haben auch die Unternehmen im Hinblick auf den Personaleinsatz ein Interesse daran, daß die Belegschaft die Arbeit erholt antritt. Für die Unternehmen beinhaltet der Urlaubsanspruch in puncto Personaleinsatz aber zugleich Gefahren und Möglichkeiten. Gingen alle Beschäftigten aus einer Abteilung zugleich in Urlaub, läge die Produktion brach. Dagegen bewirken Urlaubsverschiebungen eine bessere Bewältigung des Arbeitsvolumens ohne Neueinstellung.

Den oder die **Termine des Urlaubs legt** deshalb **prinzipiell der Arbeitgeber fest**. Er muß jedoch die **Wünsche der Mitarbeiterinnen und Mitarbeiter berücksichtigen** soweit

Mitbestimmung

– dringende betriebliche Erfordernisse dies zulassen oder
– andere Beschäftigte wegen ihrer sozialen Situation nicht Vorrang beanspruchen.

Kommt es zu keiner einvernehmlichen Lösung zwischen Arbeitgeber und Arbeitnehmer, hat der Betriebs- oder Personalrat auch im Einzelfall ein **Mitbestimmungsrecht**. Kommt es auch hier zu keinem Einvernehmen, entscheidet eine für diesen Fall zu bildende Einigungsstelle. Der oder dem Betroffenen steht es aber frei, unabhängig davon gegen die Festlegung des Urlaubs im Klagewege vorzugehen.

Ist der Urlaubswunsch eines Arbeitnehmers vom Arbeitgeber einmal ausdrücklich genehmigt worden oder hat der Arbeitgeber binnen angemessener Frist keine Einwände gegen die Eintragung in die **Urlaubsliste** erhoben, kann davon ausgegangen wer-

Urlaubsplanung

den, daß der angegebene Termin gültig ist. Zum Widerruf eines einmal erteilten Urlaubs ist grundsätzlich eine Vereinbarung beider Parteien erforderlich. Einseitig kann der Arbeitgeber den bereits zugesagten Urlaub nur bei unvorhergesehenen Ereignissen widerrufen.

Ein Beispiel dafür, wie die Unternehmen vorgehen, um alle genannten Eventualitäten zu berücksichtigen, gibt Kador (Instrumente der Personalarbeit) mit seinem **Ablaufschema für die Urlaubsplanung,** das hier leicht modifiziert wiedergegeben wird.

Aktivität	Zuständigkeit
Erfassung der Urlaubswünsche der Beschäftigten spätestens am Jahresbeginn	Fachabteilung
Prüfung der Urlaubsansprüche	Personalabteilung
Abstimmung der Urlaubswünsche innerhalb der einzelnen Abteilungen unter Berücksichtigung der betrieblichen und persönlichen Erfordernisse	Fachabteilung
Festlegung von eventuell notwendigen Vertretungen über den Stellenbesetzungsplan und Eignungsprofile	Fach- und Personalabteilung
Prüfung und Genehmigung der Urlaubs- und Vertretungsplanung	Fachabteilung
Information des Betriebsrats und Einholen seiner Zustimmung	Personalabteilung

Abb. 3.15. Ablaufschema für die Urlaubsplanung

Betriebsferien

Möglich ist auch die Festlegung von **Betriebsferien**. Im Interesse der Beschäftigten sollte jedoch nur in wirklich begründeten Fällen derart in die individuelle Dispositionsfreiheit eingegriffen werden. Unvermeidlich ist das bei der Fertigung von saisonabhängigen Produkten, etwa in der Bekleidungsindustrie.

Der Betriebs- oder Personalrat hat bei der Festlegung von Betriebsferien ein erzwingbares Mitbestimmungsrecht, das er notfalls vor einer Einigungsstelle durchsetzen kann. Regelmäßig einigt man sich aber gütlich. Die Betriebsferien werden dann in Form einer Betriebs- oder Dienstvereinbarung dokumentiert.

C. Arbeitsaufgaben

1. Vor welcher Aufgabe steht der Personaleinsatz?
2. Nach welchen Maximen erfolgt der Personaleinsatz?
3. Nennen Sie die vier Verfahren des Personaleinsatzes.
4. Auf welche Beschäftigtengruppen muß man beim Personaleinsatz besonders eingehen?
5. Welche Bedeutung hat die Einarbeitung?
6. Welche Aufgaben hat ein Mentor im Rahmen der Einarbeitung?
7. Warum ist die Personalbindung eine Daueraufgabe?

8. Welchen Ablauf hat die Einsatzplanung?
9. Was ist der Maßstab für die qualitative Zuordnung des Personals?
10. Beschreiben Sie vier Maßnahmen der Stellenzuweisung im Rahmen des Personaleinsatzes.
11. Wozu dient eine Arbeitsstudie?
12. Beschreiben Sie vier Formen der Arbeitsstrukturierung.
13. Nennen Sie die Dimensionen der ergonomischen Arbeitsplatzgestaltung.
14. Welche Rahmenbedingungen müssen bei der Zeitwirtschaft beachtet werden?
15. Beschreiben Sie fünf Arbeitszeitmodelle.
16. Geben Sie das Ablaufschema für die Urlaubsplanung wieder.

D. Weiterführende Literatur

Bardens, R., Einführung neuer Mitarbeiter, in: Bundesvereinigung der Deutschen Arbeitgeberverbände (Herausgeber), Leistung und Lohn, Nr. 252/253/254, Bergisch Gladbach 1992, S. 5–23.
Böckly, W., Personalanpassung, Ludwigshafen 1995.
Bundesministerium für Arbeit und Sozialordnung (Herausgeber), Mobilzeit, Bonn 1995.
Hentze, J., unter Mitarbeit von J. Metzner, Personalwirtschaftslehre, Band 1, 6. Auflage, Bern/Stuttgart/Wien 1994.
Kador, F., Instrumente der Personalarbeit, 7. Auflage, Köln 1997.
Kreuzhof, R., Arbeitswissenschaft, München 1990.
Mülder, W. und D. **Seibt** (Herausgeber), Methoden- und computergestützte Personalplanung, 2. Auflage, Köln 1994.
REFA, Verband für Arbeitsstudien und Betriebsorganisation e. V. (Herausgeber), Methodenlehre des Arbeitsstudiums: Anforderungsermittlung, 2. Auflage, München 1991.
REFA, Verband für Arbeitsstudien und Betriebsorganisation e. V. (Herausgeber), Methodenlehre des Arbeitsstudiums, Teil 1: Grundlagen, 7. Auflage, München 1984.
REFA, Verband für Arbeitsstudien und Betriebsorganisation e. V. (Herausgeber), Methodenlehre des Arbeitsstudiums, Teil 2: Datenermittlung, 7. Auflage, München 1992.
Rutenfranz, J. und P. **Knauth,** Schichtarbeit und Nachtarbeit, herausgegeben vom Bayerischen Staatsministerium für Arbeit und Sozialordnung, 2. Auflage, München 1987.
Schneider, H. (Herausgeber), Mensch und Arbeit, 9. Auflage, Köln 1992.
Wagner, D. (Herausgeber), Arbeitszeitmodelle, Göttingen 1995.

4. Personalbeurteilung

A. Leitfragen

1 Führen Sie sich Ihre drei besten Freundinnen oder Freunde vor Augen.
- Wie kommen Sie zu der Aussage, dies seien Ihre besten Freundinnen oder Freunde?
- Gibt es objektive Kriterien, nach denen Sie Ihre Beurteilung treffen können?
- Haben Sie objektive Kriterien angelegt?

2 Vergegenwärtigen Sie sich einen Menschen, den Sie sehr gut, und einen Menschen, den Sie nicht leiden können.
- Was schätzen Sie an dem Menschen, den Sie mögen, ganz besonders?
- Was mißfällt Ihnen an dem Menschen, den sich nicht mögen, ganz besonders?
- Warum ist Ihnen das eine wichtiger als das andere?

3 Wahrscheinlich sind Sie in der Schule, im Laufe einer Berufsausbildung oder während einer Berufstätigkeit aus Ihrer Sicht schon einmal unzutreffend oder ungerecht beurteilt worden.
- Inwiefern war diese Beurteilung unzutreffend oder ungerecht?
- Welche Bedingungen müssen erfüllt sein, damit solche Fehlurteile nicht vorkommen?

B. Sachanalyse

1. Intention

Beurteilung

> Grundsätzlich ist eine Beurteilung ein Vergleich einer Soll-Vorstellung mit einem Ist-Zustand. Dabei werden nach Möglichkeit alle relevanten Tatbestände sorgsam abgewogen. Aus der so eventuell festgestellten Abweichung des Ist-Zustandes von der Soll-Vorstellung werden dann Schlußfolgerungen gezogen.

Im Kapitel Personaleinsatz wird unter anderem die traditionelle Arbeitsstrukturierung vorgestellt. Die dort im Rahmen der Arbeitsstudie durchgeführte Untersuchung der Arbeitsmethode und der Arbeitsabläufe ist eine Beurteilung im oben genannten Sinne. Allerdings wird bei der Arbeitsstudie die Arbeit unabhängig von der ausführenden Person beurteilt. Es handelt sich folglich um keine Personalbeurteilung.

Personal-
beurteilung

> Bei Personalbeurteilungen geht es um die Einschätzung von Personen. Man beurteilt
> - die Beschäftigten, also jene Personen, die zur Zeit die Tätigkeiten im Unternehmen planen, durchführen und überwachen, oder
> - Bewerberinnen und Bewerber, also Personen, die in Zukunft im Unternehmen tätig sein sollen,
>
> vorrangig hinsichtlich zweier Aspekte, nämlich
> - hinsichtlich der Leistung und
> - hinsichtlich des Verhaltens beim Erstellen der Leistung, insbesondere des Verhaltens gegenüber Mitarbeiterinnen und Mitarbeitern, Kolleginnen und Kollegen sowie Vorgesetzten.

Alle im Kapitel Personalbeschaffung aufgeführten Verfahren der Personalauswahl und auch das ebenfalls dort angesprochene Arbeitszeugnis sind Personalbeurteilungen. Und da zum Beispiel

- weder Anerkennung oder Kritik noch eine leistungsgerechte Entgeltgestaltung,
- weder der Personaleinsatz oder die Personalentwicklung noch die Auswahl interner Bewerberinnen und Bewerber im Rahmen der Personalbeschaffung

ohne eine abgeschlossene Meinungsbildung über Leistung und Arbeitsverhalten des einzelnen möglich sind, werden in Unternehmen täglich Personalbeurteilungen vorgenommen. Dies ist nicht allen Beteiligten bewußt. Zudem werden nicht alle Personalbeurteilungen immer auch als solche bezeichnet. Mehr oder weniger gebräuchlich sind auch die Begriffe **Mitarbeiterbeurteilung, Auswahlverfahren, persönliche Beurteilung, Persönlichkeitsbeurteilung, Leistungs- und Verhaltensbewertung** sowie **Leistungsüberprüfung**.

Verwendungszwecke

Personalbeurteilungen haben eine **Vielzahl von Verwendungszwecken**. Die wichtigsten sind folgende:

○ **Verbesserung und Vereinheitlichung der Führungsqualität**

Führungskräfte und ihre Mitarbeiterinnen und Mitarbeiter sehen sich aufgrund der Personalbeurteilung gezwungen, sich mit den Führungsgegebenheiten auseinanderzusetzen. Um für die Zukunft etwaige Mißverständnisse und Mißstände zu vermeiden, um auch im Vergleich mit anderen Führungskräften oder Beschäftigten besser abzuschneiden, wird es als Folge einer Personalbeurteilung häufig in vielen Führungsbereichen zu Korrekturen der Verhaltensweisen beider Seiten kommen.

○ **Leistungsbezogene Lohn- und Gehaltsfindung**

Viele Unternehmen setzen auf leistungsbezogene Lohn- und Gehaltsbestandteile zur Förderung einer größeren Leistungsgerechtigkeit und zur Schaffung monetärer Leistungsanreize. Die Ermittlung zuverlässiger Grundlagen für eine leistungsbezogene Lohn- und Gehaltsfindung ist ohne Personalbeurteilungen unmöglich.

○ **Bessere Nutzung der Mitarbeiterpotentiale**

In den meisten Unternehmen hat sich die Einsicht durchgesetzt, daß die Belegschaft das wichtigste Potential darstellt, das bestmöglich zu nutzen und zu pflegen ist. Personalbeurteilungen leisten in diesem Zusammenhang gute Dienste:

- Die Beschäftigten werden durch Hinweise auf das Verhalten und konkrete Hinweise auf Stärken und Schwächen befähigt, ihre **Qualifikationen besser einzusetzen.** Personalbeurteilungen können ein Ansporn für die Beurteilten zu einem bewußten Leistungsverhalten sein. Die Bedeutung der Beurteilung für die Entgeltbemessung kann diese Motivation wesentlich verstärken, aber möglicherweise auch andere wichtige Ziele wie Zusammenarbeit und Arbeitsfreude gefährden.

- Personalbeurteilungen dienen der **Ermittlung des Entwicklungsbedarfs, der Entwicklungsbedürfnisse der Beschäftigten und der Erfolgskontrolle** durchgeführter Maßnahmen. Man stellt fest, wie gut die Beschäftigten ihre Aufgabenstellung auf ihrem derzeitigen Arbeitsplatz erfüllen, wer in der Lage ist, in absehbarer Zeit weitergehende Aufgabenstellungen zu übernehmen, welche Entwicklungsmaßnahmen gegebenenfalls erforderlich sind und welchen Erfolg die durchgeführten Maßnahmen hatten. Dadurch werden eignungsgerechte Qualifikationsverbesserungen möglich.

○ **Verbesserung der Selbsteinschätzung und der Laufbahnplanung der Beschäftigten**

Regelmäßige Personalbeurteilungen eröffnen den Beschäftigten die Möglichkeit, ihre Leistung und Fähigkeiten, Motive und Einstellungen sowie ihre Verdienstaussichten selbst besser einzuschätzen und ihre Laufbahnplanung danach auszurichten. Im Rahmen einer individuellen Beratung und Förderung durch die Führungskräfte können sie ihre eigenen Ziele mit den Unternehmenszielen der Personalentwicklung abstimmen.

○ **Grundlage für eine Vielzahl weiterer personalwirtschaftlicher Aufgaben**

Personalbeurteilungen werden in zunehmendem Maße in Tarifverträgen berücksichtigt. Die Tarifpartner wünschen eine weitgehende Objektivierung des gesamten Beurteilungsverfahrens. An die Stelle subjektiver Einschätzungen der Mitarbeiterinnen und Mitarbeiter durch die Vorgesetzten müssen demnach Verfahren treten, die auf einheitlichen, objektiven Kriterien beruhen. Diese Personalbeurteilungen sollen eine **objektive Vergleichsgrundlage für viele Bereiche des Personalwesens** liefern. Dieses Ziel ist allerdings sehr hoch gesteckt.

- Bei der **internen und externen Personalbeschaffung** ermöglichen Personalbeurteilungen die notwendigen Auswahlentscheidungen. Mit Hilfe der Personalbeurteilungen wird die Eignung für die jeweiligen Positionen festgestellt. Und Personalbeurteilungen können zur Überprüfung der Zuverlässigkeit und Gültigkeit der angewendeten Auswahlmethoden genutzt werden.

- Die Entscheidung über die **Beendigung oder** endgültige **Fortführung eines Arbeitsverhältnisses** vor Ablauf der Probezeit, die Entscheidung über die **Versetzung** oder **Entlassung** von Beschäftigten, die Formulierung von **Arbeitszeugnissen** und zahlreiche **Personaleinsatzentscheidungen,** etwa bei der Zusammenstellung neuer Arbeitsgruppen oder bei der Benennung von Stellvertretern, können nur dann zuverlässig getroffen werden, wenn fundierte Informationen über die bisherigen Leistungen der Beschäftigten vorliegen.

- Über die Richtigkeit von Personalentscheidungen, beispielsweise bei der Personalauswahl oder beim Personaleinsatz, kann vielfach erst eine Personalbeurteilung die notwendigen Aufschlüsse vermitteln. Personalbeurteilungen dienen folglich auch der **Kontrolle personalwirtschaftlicher Maßnahmen.**

In der Praxis **werden oft mehrere dieser Verwendungszwecke gleichzeitig verfolgt.** Ermittelt man zum Beispiel den Entwicklungsbedarf und die Entwicklungsbedürfnisse der Beschäftigten, so schließt das nicht aus,

- daß die gewonnenen Informationen gleichzeitig Anlaß für eine Korrektur des Arbeitsentgelts geben,
- daß Konsequenzen hinsichtlich einer falschen Personaleinsatzentscheidung gezogen werden oder
- daß besonders qualifizierte Leistungen auch sofort – unabhängig von eventuell beabsichtigten Personalentwicklungsmaßnahmen – durch entsprechende Anerkennung gewürdigt werden.

Dadurch entstehen freilich besondere Risiken. Wer zum Beispiel weiß, daß ein Eingeständnis diverser Mankos ihm nicht nur vorteilhafte Schulungsmaßnahmen sondern auch negative Konsequenzen für sein Arbeitsentgelt einbringen kann, der wird sich kaum noch offen äußern.

> Mithin ist es oft besser, Personalbeurteilungen auf einen Verwendungszweck zu konzentrieren.

Probleme

Überhaupt sind Personalbeurteilungen regelmäßig mit einigen **Problemen** behaftet:

○ **Arbeitsbelastung**

Für die Beobachtung, die Bewertung und die Formulierung einer Personalbeurteilung muß man einen Zeitbedarf von durchschnittlich ein bis zwei Stunden rechnen. Dazu kommt noch das Beurteilungsgespräch, daß mindestens eine halbe bis eine Stunde in Anspruch nimmt. Ein Vorgesetzter hat folglich eine wesentliche Arbeitsbelastung, wenn Personalbeurteilungen regelmäßig durchgeführt werden.

○ **Konfliktauslösung**

Latente – das heißt verdeckte – Konflikte und unterdrückte Frustrationen werden durch Personalbeurteilungen wachgerufen. Gerade Beurteilungsgespräche können in Auseinandersetzungen münden.

○ **Fehlerträchtigkeit**

Selbst die intensivsten Vorbereitungen und die ausgefeiltesten Beurteilungsverfahren schließen Beurteilungsfehler nicht gänzlich aus. Fehlerhafte Personalbeurteilungen haben falsche, manchmal schwerwiegende Personalentscheidungen und dauerhaft gestörte Beziehungen zur Folge.

2. Formen der Personalbeurteilung

Man kann Personalbeurteilungen anhand folgender Schlagworte kategorisieren:
- Systematik,
- Turnus, innerhalb dessen die Beurteilungen stattfinden,
- Beurteilungskriterien,
- Differenzierung der Kriterien,
- Zuständigkeit, also wer wen beurteilt,
- Personenkreis, der zur Beurteilung ansteht, und
- Zeithorizont

2.1. Systematik

Freie Personalbeurteilungen sind an kein Schema gebunden und haben mehr den Charakter eines Gutachtens. Sie überlassen dem Beurteiler die Wahl des Beurteilungsverfahrens, der Beurteilungskriterien und -merkmale, einer etwaigen Gewichtung und des Beurteilungsmaßstabs. Dadurch können sie gezielt auf den jeweiligen Anlaß und die individuelle Eigenart der Beurteilten abgestellt werden. Ein wesentlicher Nachteil der freien Personalbeurteilung liegt in der fehlenden Vergleichbarkeit verschiedener Beurteilungen untereinander, die für zahlreiche Personalentscheidungen sehr ratsam ist.

Freie Personalbeurteilung

Wie bereits erwähnt, sind die Tarifpartner, aber auch Personal- und Betriebsräte sowie die Arbeitgeber weithin der Meinung, daß systematische Verfahren die Personalbeurteilung erleichtern und versachlichen. **Gebundene Personalbeurteilungen** verlangen vom Beurteiler, daß er sich an ein vorgegebenes Beurteilungssystem hält. Beurteilungsverfahren, Beurteilungskriterien, Gewichtung und Beurteilungsmaßstab sind festlegt.

Gebundene Personalbeurteilung

2.2. Turnus

Regelmäßige Personalbeurteilungen werden kontinuierlich angewandt. Die Entscheidung über das Zeitintervall hängt von den konkreten Zielen der Beurteilung ab. Steht beispielsweise die Ermittlung von leistungsbezogenen Entgeltbestandteilen im Vordergrund, wird sich der Beurteilungszeitraum dem der Überprüfung des Arbeitsentgelts anpassen müssen. Die Mehrzahl der praktizierten Verfahren sieht Zeitspannen von einem bis zwei Jahren für die Beurteilung vor. Dabei kann es sinnvoll sein, für unterschiedliche Mitarbeitergruppen, etwa unterschiedliche Führungsebenen, abweichende Beurteilungszeiträume festzulegen.

Regelmäßige Personalbeurteilung

Anlaßbedingte Beurteilungen können aus verschiedenen Gründen erforderlich werden, beispielsweise beim Ablauf der Probezeit, bei Versetzungen und Beförderungen, bei Disziplinarmaßnahmen, bei der Bitte um Ausstellung eines Zwischenzeugnisses

Anlaßbedingte Personalbeurteilung

und beim Ausscheiden aus dem Unternehmen. Sie fallen immer nur für einzelne Personen an. Die angewandten Beurteilungsverfahren sind auf die jeweiligen Anlässe zugeschnitten.

2.3. Beurteilungskriterien

> Bezugsbasis einer Personalbeurteilung sind die Anforderungen, die eine Stelle an die Arbeitnehmerin oder den Arbeitnehmer stellt.

Anforderungskriterien und -merkmale

Wie im Kapitel Personalbeschaffung dargestellt, benötigt man für die Ermittlung der Anforderungen zunächst eine **Stellenbeschreibung**, denn sie enthält Angaben über die Aufgaben, die der Stelleninhaber wahrzunehmen hat. Sodann ermittelt man durch eine Anforderungsanalyse, welche Verhaltensweisen bei der Aufgabenerfüllung mehr oder weniger erfolgversprechend sind. Für die **Anforderungsanalyse** werden **Anforderungskriterien** definiert. Es ist üblich, jedes Anforderungskriterium durch mindestens drei bis sechs **Merkmale** zu charakterisieren. Ist das geschehen, muß man festlegen, in welcher Ausprägung das jeweilige Anforderungsmerkmal vorhanden sein sollte. Die **Ausprägung** eines Merkmals sollte der durchschnittlichen Berufsgruppe in dieser Funktion entsprechen und mit den spezifischen Erfahrungswerten des Unternehmens abgeglichen werden. Außerdem kann man die Anforderungen noch in notwendige, die für die Aufgabenerfüllung unabdingbar sind, und wünschenswerte differenzieren.

Unter Berücksichtigung des Beurteilungszwecks werden schließlich alle oder doch zumindest die wichtigsten dieser **Anforderungskriterien und -merkmale in Beurteilungskriterien und -merkmale** übersetzt.

Quantitative Personalbeurteilung

Bei der **quantitativen Personalbeurteilung** werden ausschließlich quantitative Kriterien wie die Leistungsmenge, die Zahl der bearbeiteten Vorgänge, der erreichte Umsatz oder der Leistungsgrad verwendet. Man kommt auf diesem Wege zu einer reinen Leistungsbeurteilung.

Qualitative Personalbeurteilung

Die **qualitative Personalbeurteilung** stützt sich auch, aber nicht vorrangig auf quantitative Kriterien. Im Vordergrund stehen qualitative Untersuchungsmerkmale wie Führungsverhalten, Zuverlässigkeit oder Initiative.

2.4. Differenzierung der Kriterien

Unter der Überschrift „Entscheidung" wird im Kapitel Personalbeschaffung ein analytisches Personalbeurteilungsverfahren zur Personalauswahl vorgestellt: die sogenannte Entscheidungsanalyse. Zugleich wurde aber auch auf die Nachteile dieses Verfahrens hingewiesen: Nicht immer sind die nach bestimmten Beurteilungskriterien Besten auch die für die freie Position Geeignetsten. Viele Positionen stellen an den Positionsinhaber nur durchschnittliche Anforderungen. Und viele Aspekte entziehen sich der rein analytischen Bewertung. Sie sind eher subjektiver Natur. Deshalb, so wurde in diesem Zusammenhang argumentiert, ist es oft besser, die Auswahlentscheidung in summarischer Form zu treffen.

2.4.1. Summarische Personalbeurteilung

Wenn nicht einzelne Beurteilungskriterien betrachtet werden, sondern der Gesamteindruck die Beurteilungsgrundlage bildet, spricht man von einer **summarischen Personalbeurteilung**. Anders als bei der freien Personalbeurteilung ist der Beurteiler bei der summarischen Personalbeurteilung an Beurteilungskriterien und die zugehörigen Merkmale gebunden. Er ist jedoch in der Wortwahl, der Formulierung und der Entscheidungsfindung frei.

Summarische Personalbeurteilung

Befürworter dieses Verfahrens sehen in dem aufgezeigten Freiraum die Chance, jeder und jedem Beurteilten individuell gerecht zu werden, spezifische Aussagen zu treffen und ganz gezielt die Stärken und Schwächen zu erfassen.

Gegner lehnen dieses Verfahren ab, weil es stark von der sprachlichen Ausdrucksfähigkeit und den ganz persönlichen Aspekten der Beurteiler abhängig ist. Hinzu kommen die Vielzahl möglicher Beurteilungsfehler und die fehlende Nachvollziehbarkeit.

2.4.2. Analytische Personalbeurteilung

In der Praxis dominiert die **analytische Personalbeurteilung,** weil man dort der Auffassung ist, daß sie zu größerer Objektivität führt. Ihr wird ein geringeres Fehlerrisiko als der Formulierung eines pauschalisierten Gesamturteils bescheinigt.

Analytische Personalbeurteilung

Eine analytische Personalbeurteilung erfolgt anhand einzelner Kriterien und der jeweils zugeordneten Merkmale. Die Beurteiler werden gezwungen, jedes Beurteilungsmerkmal einzeln zu durchdenken. Das Gesamtergebnis ergibt sich durch Ermittlung einer Wertsumme über alle Beurteilungskriterien und -merkmale.

Will man nun eine Wertsumme über alle Beurteilungskriterien und -merkmale bilden, erhebt sich sofort die **Frage, welche Bedeutung die einzelnen Kriterien und die jeweils zugeordneten Merkmale für das Gesamturteil haben.** Das Gewicht eines Kriteriums oder Merkmals ergibt sich daraus, in welchem Umfang es Leistung und Verhalten der Beschäftigten beeinflußt. *Mentzel (Unternehmenssicherung durch Personalentwicklung)* weist darauf hin, daß es für die Lösung dieses Problems keine wissenschaftlich begründbare Regel gibt. Es kann nur aufgrund der betrieblichen Situation und Zielsetzung entschieden werden, ob und gegebenenfalls wie eine Gewichtung vorzunehmen ist. *Mentzel* empfiehlt die Befolgung folgender Grundsätze:

Gewichtung

- Die leistungsorientierten oder die das Ergebnis unmittelbar beeinflussenden Kriterien und Merkmale sollten stärker gewichtet werden.

- Wenn zwischen zwei Kriterien oder Merkmalen eine starke wechselseitige Abhängigkeit, also eine Korrelation besteht, ist die Gefahr einer Doppelbewertung gegeben. In solchen Fällen sollte nur eines stark, das andere geringer gewichtet werden.
- Bei Führungskräften sollten die auf das Führungsverhalten abgestellten Kriterien und Merkmale besonders betont werden.

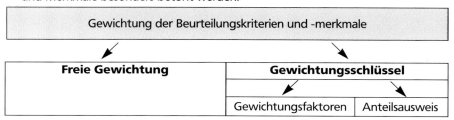

Abb. 4.1. Gewichtung der Beurteilungskriterien und -merkmale

Freie Gewichtung

Die Festlegung der Gewichtung kann dem jeweiligen Beurteiler überlassen bleiben. Diese freie Wahl der Gewichtung hat den Vorteil, daß bei jedem Arbeitsplatz der tatsächliche Einfluß der verschiedenen Kriterien oder Merkmale berücksichtigt werden kann, wie im hier auszugsweise wiedergegebenen Beispiel von *Mentzel (Unternehmenssicherung durch Personalentwicklung)*, stellt aber hohe Anforderungen an den Beurteiler:

	Zutreffendes ankreuzen	Punktzahl einkreisen
1. Leistungsmenge ist der quantitative Umfang der Arbeit	Dieses Beurteilungsmerkmal hat geringe mittlere große Bedeutung	Punkte min. → max. 1 2 3 4 5

Abb. 4.2. Freie Gewichtung

Gewichtungsschlüssel

Die meisten Unternehmen meiden das dadurch entstehende Risiko der Fehlbeurteilung und geben **einheitliche Gewichtungsschlüssel** vor, wie in einem anderen, in Abb. 4.3. auszugsweise wiedergegebenen Beispiel von *Mentzel (Unternehmenssicherung durch Personalentwicklung)*.

In der Regel werden die diversen Beurteilungskriterien oder -merkmale unterschiedlich gewichtet. Das kann mit unterschiedlichen **Gewichtungsarten** erfolgen:

- **durch Gewichtungsfaktoren**, die jedem Beurteilungskriterium wie in Abb. 4.3. als Multiplikationsfaktor zugeordnet werden,

Beurteilungsmerkmal	Arbeitsleistung, Arbeitstempo
Leistungsstufe	Beschreibung
5	**Hervorragend:** Arbeitet immer sehr schnell, Arbeitsleistungswert liegt immer über dem Durchschnitt
4	**Sehr gut:** Aus eigenem Antrieb liegen Arbeitstempo und Arbeitsleistung über dem Durchschnitt
3	**Gut:** Gutes Arbeitstempo, auch ohne ständige Aufsicht
2	**Verbesserungsbedürftig:** Unter Aufsicht zufriedenstellendes Arbeitstempo, entspricht nicht immer den Leistungsanforderungen
1	**Unzureichend:** Arbeitsleistung liegt deutlich unter dem Durchschnitt, Arbeitstempo ist unzureichend
Punktzahl	= Leistungsstufe • Gewichtungsfaktor
	= • 20

Abb. 4.3. Gewichtungsschlüssel mit Gewichtungsfaktoren

- **durch einen Anteilsausweis,** bei dem durch die Benutzung von Prozentanteilen ebenfalls eine Gewichtung der Beurteilungskriterien erfolgen kann.

2.4.3. Personalbeurteilungsverfahren

Die analytische Personalbeurteilung bezweckt eine Objektivierung der Verfahren. Allein durch die Festlegung der Gewichtung von Beurteilungskriterien und -merkmalen kann man dieses Ziel jedoch nicht erreichen. Durch die Festlegung der Gewichtung werden – abgesehen von der freien Gewichtung – zwar die Beurteilungsergebnisse vergleichbar. Aber erst ein einheitlicher **Beurteilungsmaßstab, der durch ein Beurteilungsverfahren vorgegeben wird,** beschränkt den persönlichen subjektiven Einfluß der Beurteiler auf das Beurteilungsergebnis auf ein Mindestmaß.

Verfahren

Viele Personalbeurteilungsverfahren sind den Leserinnen und Lesern dieses Buches als Auswahlverfahren im Rahmen der Personalbeschaffung bekannt:

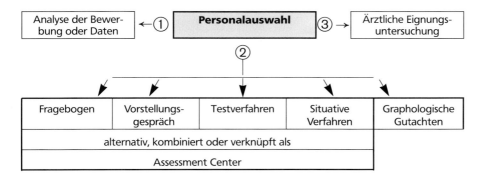

Abb. 4.4. Personalauswahl

Dabei ist die Analyse der Bewerbung ein speziell auf die Personalbeschaffung abgestimmtes Verfahren. Alle anderen Auswahlverfahren werden aber in der Tat auch für andere Beurteilungszwecke eingesetzt. Zumeist sind sie als Skalenverfahren – dazu weiter unten mehr – so ausgestaltet, daß man sie als analytische Personalbeurteilungen bezeichnen kann.

Generell kann man Personalbeurteilungsverfahren wie folgt klassifizieren:

Personalbeurteilungsverfahren			
Kennzeichnungs-verfahren	Skalenverfahren		Rangordnungs-verfahren
	Ordinale	Nominale	
Kritische Vorfälle Check-List-Verfahren	Skalenwertbeschreibung Verbale Skala Numerische Skala Graphische Skala Polaritätsprofil Verhaltensorientierte Beobachtungsskalen	Freie Beschreibung	Paarvergleiche Vorgabevergleich Verteilungsvorgabe

Abb. 4.5. Personalbeurteilungsverfahren

Kennzeichnungsverfahren

Eine Sonderstellung nehmen die **Kennzeichnungsverfahren** ein. Hier sind die Beurteiler aufgefordert, Vorfälle oder Verhaltensweisen der Beurteilten zu markieren.

○ Bei der recht selten angewandten **Methode der kritischen Vorfälle** werden zur Beurteilung einer Mitarbeiterin oder eines Mitarbeiters in einem festgelegten Zeitraum alle Vorfälle gesammelt und gezählt, die durch sie oder ihn verursacht oder beeinflußt wurden:

> Negative Vorfälle, beispielsweise Unpünktlichkeit oder die Verursachung von Fehlern
> Positive Vorfälle, beispielsweise Verhandlungserfolge oder Kostenverminderungen.

Abb. 4.6. Methode der kritischen Vorfälle

Aus dem Überwiegen der einen oder anderen Vorfallart kann ein quantitatives Ergebnis gewonnen werden. Durch eine Gewichtung können die betrachteten Vorfälle gemäß ihrer Bedeutung berücksichtigt werden.

○ Für das **Check-List-Verfahren** wird eine Liste von Eigenschaftswörtern oder kurzen Verhaltensbeschreibungen erstellt, die für eine spezifische Aufgabenerfüllung von Bedeutung sind. Der Beurteiler kreuzt in der Liste die zutreffenden oder die nicht zutreffenden Aussagen an. Aufwendig ist nicht nur die Auswertung, sondern auch die Konzeption und Zusammenstellung der Prüfliste.

Alle anderen Personalbeurteilungsverfahren definieren die Graduierungen, um dadurch die Möglichkeit zu schaffen, ein quantitatives Gesamturteil einheitlich, wenn möglich rechnerisch, zu ermitteln.

Skalenverfahren

Bei **Skalen- oder Einstufungsverfahren wird für jedes Beurteilungskriterium und -merkmal eine Beurteilungsskala** vorgegeben. Diese Skala definiert eine bestimmte Anzahl klar voneinander abgegrenzter Stufen, die auf jedes Beurteilungskriterium und -merkmal anzuwenden ist. Es kann aber auch mit besonderen Skalen für jedes Kriterium und Merkmal gearbeitet werden.

Viele tarifvertraglich vereinbarte Beurteilungssysteme enthalten jeweils fünf **Beurteilungsstufen** pro Beurteilungskriterium oder -merkmal. Bei einer geringeren Anzahl von Beurteilungsstufen geht die Trennschärfe verloren. Neunstufige Skalen eröffnen recht differenzierte Beurteilungsmöglichkeiten. Bei mehr als neun Beurteilungsstufen wird das Beurteilungsverfahren sehr unübersichtlich.

Der Beurteiler ist bei der Beurteilung aufgefordert, **einen der vorgegebenen Skalenwerte zu kennzeichnen** und damit seine Beurteilung abzugeben. Grundsätzlich unterscheidet man Nominal-, Ordinal-, Intervall- und Ratioskalen.

- **Nominalskalen** ermöglichen die Unterscheidung von Ausprägungen von Kriterien oder Merkmalen durch eine Benennung der einzelnen Ausprägungen, etwa des Familienstandes als ledig, verheiratet, geschieden oder verwitwet. Ein Nullpunkt existiert nicht, die Abstände zwischen den Werten sind nicht feststellbar und die Werte können nicht nach ihrer Wertigkeit geordnet werden.
- Eine derartige Ordnung nach Wertigkeit ermöglichen **Ordinalskalen**. Auch sie sehen eine Benennung vor, wobei es sich sowohl um Worte wie auch um Zahlen handeln kann. Gerade bei Zahlen ist Vorsicht geboten, denn Ordinalskalen liefern ebenfalls keine Informationen über den Abstand der einzelnen Werte zueinander.
- Bei **Intervallskalen** ist dagegen der Abstand zwischen zwei aufeinanderfolgenden Werte immer gleich groß, wie beispielsweise auf dem Thermometer.
- **Ratioskalen** sind nur dann zulässig, wenn ein natürlicher Nullpunkt nachweisbar ist, wie bei der Temperaturmessung nach Kelvin.

Für Personalbeurteilungen werden regelmäßig Ordinalskalen in folgenden Formen eingesetzt:

Ordinale Skalenverfahren

○ Bei der **Skalenwertbeschreibung** werden für jeden Skalenwert verbale Definitionen vorgegeben, die nach ihrer Wertigkeit geordnet sind.

Fehlerhäufigkeit		
Arbeitet ohne vermeidbare Fehler	Manchmal unterlaufen vermeidbare Fehler	Es werden häufig vermeidbare Fehler verursacht

Abb. 4.7. Skalenwertbeschreibung

○ Bei einer **verbalen Skala** verzichtet man auf textliche Beschreibungen und gibt die Skalendefinition mit einzelnen Begriffen vor.

Stets	Häufig	Manchmal	Selten	Nie

Abb. 4.8. Verbale Skala

○ Bei einer **numerischen Skala** werden unmittelbar zifferndefinierte Beurteilungswerte vorgegeben.

1...	2...	3...	4...	5...	6...	7...

Abb. 4.9. Numerische Skala

○ Bei einer **graphischen Skala** erfolgt eine bildhafte Darstellung, die in zwei Arten gestaltet werden kann, durch einen Skalenstrahl

Abb. 4.10. Graphische Skala als Skalenstrahl

oder durch Symbole.

☺ Gut	☺ Zufriedenstellend	☹ Schlecht

Abb. 4.11. Graphische Skala mit Symbolen

○ Beim **Polaritätsprofil** hat der Beurteiler für ein Beurteilungskriterium oder -merkmal zwei gegensätzliche Eigenschaftsbeschreibungen vor sich, zwischen denen diverse graduelle Unterschiede etwa durch Zahlenwerte angegeben sind. Der zutreffende Grad wird nun durch Ankreuzen vermerkt:

			Verhalten im Kollegenkreis							
freundlich	1	2	3	4	5	6	7	8	9	unfreundlich

Abb. 4.12. Polaritätsprofil

Werden die Kreuze mehrerer Kriterien oder Merkmale durch einen Linienzug verbunden, so ergibt sich das Polaritätsprofil. Eine sinnvolle Information ist dem Profil aber erst zu entnehmen, wenn ein Anforderungsprofil vorliegt. Der Vergleich zwischen dem Anforderungsprofil für die Position und dem in ein Eignungsprofil übersetzten Polaritätsprofil der oder des Beurteilten kann graphisch oder rechnerisch erfolgen.

○ **Verhaltensorientierte Beobachtungsskalen** haben nicht Beurteilungskriterien oder -merkmale zum Gegenstand, sondern Verhaltensbeschreibungen. Diese Verhaltensbeschreibungen werden durch systematische Untersuchungen empirisch ermittelt. Sie geben eine konkretes Verhalten wieder, das im Zusammenhang mit einem Beurteilungskriterium oder -merkmal beobachtet werden kann.

Arbeitsplanung und -organisation						
...						
4) Hielt Termine nicht ein oder verschob Termine						
Fast nie	1	2	3	4	5	Fast immer

Abb. 4.13. Verhaltensorientierte Beobachtungsskala

Die Erstellung derartiger Skalen ist sehr aufwendig.

Nominale Skalenverfahren

Überläßt man es hingegen im Rahmen des Skalenverfahrens dem Beurteiler selbst, den **Ausprägungsgrad jedes Kriteriums oder Merkmals in eigenen Worten situativ zu beschreiben**, so verzichtet man auf jene Objektivität, die eigentlich Ziel der analytischen Personalbeurteilung ist. *Mentzel (Unternehmenssicherung durch Personalentwicklung)* gibt ein Beispiel für ein solches **Nominalskalenverfahren**, das hohe Anforderungen an die Formulierfähigkeit der Beurteiler stellt:

Beurteilungskriterium	Kontrollspalte
Arbeitsgüte	a) Geschicklichkeit je nach Arbeitsplatz (z. B. Handfertigkeit, Verhandlungsgeschick, Organisationsgeschick, Geschick im Umgang mit Kunden); Sicherheit im Urteil; geistige Wendigkeit; Einsetzbarkeit an verschiedenen Arbeitsplätzen
	b) Zuverlässigkeit; Sorgfalt; Beachtung der Sicherheitsvorschriften, Anweisungen u. a.

Abb. 4.14. Nominalskalenverfahren

Selbstverständlich können auch mehrere dieser Skalenarten kombiniert werden.

Rangordnungsverfahren

Bei **Rangordnungs- oder Rangreihenverfahren** werden für die einzelnen Beurteilungskriterien und -merkmale Rangordnungen der Mitarbeiter gebildet.

○ Das erfolgt zumeist durch **Paarvergleiche**, beispielsweise

hinsichtlich der Initiative ist

Schmitz besser als Meier, Schmitz besser als Müller, Meier besser als Müller, folglich: 1. Schmitz, 2. Meier, 3. Müller.

Abb. 4.15. Paarvergleiche

Das Gesamturteil wird gebildet, indem man die Rangplätze einer oder eines Beurteilten für die einzelnen Beurteilungskriterien und -merkmale zusammenzählt.

○ Sind einer Mitarbeiterin oder einem Mitarbeiter quantitative Ziele vorgegeben, kann die Beurteilung der Mitarbeiter an der Erreichung der anzustrebenden Ziele erfolgen. Die Beurteilungsstufen sind für dieses **Vorgabevergleichsverfahren** in der Regel Prozentangaben für die Zielerreichung.

= 100 % : das vorgegebene Ziel wurde vollständig erreicht
< 100 % : Unterschreiten des vorgegebenen Ziels
> 100 % : Übererfüllung des vorgegebenen Ziels

Abb. 4.16. Vorgabevergleichsverfahren

Das Gesamturteil listet die erreichten Werte auf.

○ Üblicherweise wird davon ausgegangen, daß sich bei der Beurteilung einer größeren Zahl von Beschäftigten die Beurteilungsergebnisse entsprechend einer Normalverteilung verhalten: Um eine breite Mittelgruppe schart sich eine geringere Zahl besser und schlechter beurteilter Mitarbeiter. Um sicherzustellen, daß die Beurteilungsergebnisse immer in dieser Art und Weise ausfallen, erfolgt eine **Verteilungsvorgabe**, etwa durch Tabellenwerte:

Sehr gut	7,5 %	Gut	25 %	Befriedigend	35 %	Ausreichend	25 %	Mangelhaft	7,5 %

Abb. 4.17. Verteilungsvorgabe

Die Beurteiler sind gezwungen, diese Vorgaben mit ihren Beurteilungsergebnissen zu erfüllen.

Auch bei summarischen Personalbeurteilungen

Skalen- und Rangordnungsverfahren werden nicht nur bei analytischen, sondern auch bei summarischen Personalbeurteilungen angewandt. Allerdings **beziehen sich** die verwendeten Skalen beziehungsweise die gebildeten Rangordnungen **dann** nicht auf einzelne Beurteilungskriterien und -merkmale, sondern **auf die gesamte Person.**

2.5. Zuständigkeit

Zuständigkeit					
Mitarbeiter-beurteilung	Selbst-beurteilung	Kollegen-beurteilung	Vorgesetzten-beurteilung	Bewerber-auswahl	Beurteilung durch Externe
Beurteiler: Vorgesetzte(r)	Beurteiler: Mitarbeiter(in)	Beurteiler: Kolleg(inn)en	Beurteiler: Mitarbeiter (innen)	Beurteiler: Personalabt., Vorgesetzte, Betriebs-/ Personalrat, Kolleg(inn)en	Beurteiler: Externe Fachleute
Beurteilte: Mitarbeiter (innen)	Beurteilte: Mitarbeiter (in)	Beurteilte: Kollege/in	Beurteilte: Vorgesetzte (r)	Beurteilte: Bewerber (innen)	Beurteilte: Beschäftigte Bewerber (innen)

Abb. 4.18. Zuständigkeit

Gewöhnlich wird eine Personalbeurteilung **durch eine Person** vorgenommen. Seltener sind **Mehrfachbeurteilungen** durch mindestens zwei Beurteiler unabhängig voneinander.

Mitarbeiterbeurteilung

2.5.1. Mitarbeiterbeurteilung

In der Regel wird die Beurteilung von Mitarbeiterinnen und Mitarbeiter **durch** den direkten Vorgesetzten respektive die **direkte Vorgesetzte** vorgenommen. Haben Beschäftigte mehrere Vorgesetzte, ist eine gemeinsame Beurteilung durch alle Vorgesetzten üblich. Die direkten Vorgesetzten kennen

– die Aufgabenstellung,

– die Leistungsziele,

– die Art und Weise, wie ihre Mitarbeiterinnen und Mitarbeiter an die Erfüllung der Leistung herangehen und

– welche qualitativen und quantitativen Ergebnisse sie tatsächlich erbringen.

Die Beurteilung durch die direkten Vorgesetzten wird ihren jeweiligen Vorgesetzten im allgemeinen zur Kenntnisnahme vorgelegt. Diese erhalten dadurch einen Überblick über alle Beurteilungen in ihrem Verantwortungsbereich und können bei Meinungsverschiedenheiten zwischen Beurteilern und Beurteilten vermitteln. Sie können zugleich überprüfen, ob das Beurteilungsverfahren richtig angewendet wurde. Von Verfahrensfehlern abgesehen, dürfen sie jedoch nicht verlangen, daß die Beurteilung in ihrem Sinne geändert wird.

2.5.2. Selbstbeurteilung

Selbstbeurteilungen sind häufiger im Zusammenhang mit der Erteilung von Arbeitszeugnissen anzutreffen. Die Betroffenen werden von ihren Vorgesetzten oder der Personalabteilung aufgefordert, ihr Zeugnis vorzuformulieren. Ansonsten werden Selbstbeurteilungen in der Regel in der Form freier Personalbeurteilungen von allen Beschäftigten vorgenommen. Allerdings sind sie in der Praxis unüblich.

Selbstbeurteilung

2.5.3. Kollegenbeurteilung

Selten praktiziert werden auch die Kollegen- oder Gruppenbeurteilungen. Man befürchtet,

Kollegenbeurteilung

- die Kolleginnen und Kollegen hätten zu wenig Einblick in die Aufgabenfelder und die Persönlichkeit der Beurteilten und
- sie könnten sich durch persönliche Rivalitäten zu Fehlurteilen hinreißen lassen.
- Außerdem kann bei den Beurteilten ein Gefühl der ständigen Beobachtung aufkommen, das das Arbeitsklima belastet.

Entschließt man sich trotzdem zur Kollegenbeurteilung, erfolgt die Beurteilung entweder in Beurteilungskonferenzen, oder jeder einzelne Beurteiler gibt seine Beurteilung bei der oder dem Vorgesetzten respektive in der Personalabteilung ab.

2.5.4. Vorgesetztenbeurteilung

Vorgesetztenbeurteilungen zielen darauf ab, der oder dem Beurteilten

Vorgesetztenbeurteilung

- Informationen über ihr oder sein Verhalten und dessen Wirkung auf die Mitarbeiterinnen und Mitarbeiter zu liefern und
- konkrete Hinweise auf notwendige respektive aus der Sicht der Mitarbeiterinnen und Mitarbeiter wünschenswerte Änderungen des Führungsverhaltens zu geben.

Die Mitarbeiterinnen und Mitarbeiter sollen so die Führungsbeziehungen entscheidend mitgestalten.

Vorgesetztenbeurteilungen sind Verfahren, bei denen Mitarbeiterinnen und Mitarbeiter das Arbeits- und/oder Führungsverhalten sowie die Fähigkeiten und Kenntnisse ihrer direkten Vorgesetzten bewerten. Dabei sollen keinesfalls einzelne Vorgesetzte in die Enge getrieben werden. Deshalb sind Vorgesetztenbeurteilungen für gewöhnlich regelmäßige Beurteilungen aller Führungskräfte eines Unternehmens. Die – in der Regel qualitativen – Beurteilungskriterien entsprechen überwiegend denjenigen, die in traditionellen Beurteilungsverfahren für Führungskräfte zu finden sind:

- Art der Zielfindung,
- Planung und Entscheidung,
- der Delegation,
- Information,
- Förderung,
- Motivation,
- Konflikthandhabung und
- Kontrolle.

Zur Zeit ist die Vorgesetztenbeurteilung in der Praxis noch sehr umstritten. Man befürchtet, die Mitarbeiter könnten aus Rache oder Angst unangemessen negative oder positive Urteile abgeben. Dabei können gerade negative Urteile das Arbeitsklima belasten, selbst wenn sie durchaus zutreffend wären. Trotzdem liegen aus einer Reihe von Unternehmen und Behörden bereits positive Erfahrungen vor.

2.5.5. Bewerberauswahl

Bewerberauswahl

Auch die Auswahl von Bewerberinnen und Bewerbern ist eine Personalbeurteilung. Auf diese Form der Beurteilung und ihre Besonderheiten wird im Kapitel Personalbeschaffung umfassend eingegangen. Sie soll deshalb im folgenden nicht weiter behandelt werden.

2.5.6. Beurteilung durch Externe

Beurteilung durch Externe

Beurteilungen durch Externe sind Mitarbeiter- oder Vorgesetztenbeurteilungen respektive Expertisen zur Bewerberauswahl, die von externen Fachleuten oder mit ihrer Unterstützung vorgenommen werden. Solche Fachleute stellen zumeist Personalberatungen. Von Vorteil ist dabei das spezifische Fachwissen und die Erfahrung der Experten. Nachteilig sind unter Umständen die Kosten, aber auch die Tatsache, daß Externe die betrieblichen Gegebenheiten nicht genügend berücksichtigen können.

2.6. Personenkreis

Gesamtbeurteilung

Bei **Gesamtbeurteilungen** werden alle Mitarbeiterinnen und Mitarbeiter des Unternehmens oder einer Organisationseinheit einer Personalbeurteilung unterzogen. Für gewöhnlich finden Gesamtbeurteilungen regelmäßig statt.

Einzelbeurteilung

Einzelbeurteilungen beziehen sich auf einzelne Beschäftigte. In aller Regel sind Einzelbeurteilungen anlaßbedingte Personalbeurteilungen, zum Beispiel wegen Versetzungen oder Beförderungen. Eine Einzelbeurteilung kann ausnahmsweise notwendig werden, wenn die oder der Betreffende zur Regelbeurteilung nicht greifbar war, etwa wegen eines Auslandseinsatzes oder einer Krankheit.

2.7. Zeithorizont

Leistungsbeurteilung

Gegenstand der **Leistungsbeurteilung** ist die in der **Vergangenheit**, oftmals in einem bestimmten Zeitraum erbrachte Leistung. Man erfaßt und bewertet ausschließlich quantitative Kriterien, nämlich das Arbeitsergebnis, das Leistungsverhalten am Arbeitsplatz und das fachliche Können.

Diese vergangenheitsbezogenen Beurteilungen der Leistung werden in den meisten Unternehmen durchgeführt. Die Leistungsbeurteilung dient einer gerechten, differenzierten und leistungsbezogenen Lohn- und Gehaltsfindung. Und sie gibt Informationen über die Eignung der Beschäftigten für ihre derzeitige Aufgabenstellung oder gleichartige Positionen.

Potentialbeurteilung

Die **Potentialbeurteilung** dagegen soll klären, ob die Beschäftigten künftigen Anforderungen auf Basis ihrer gegenwärtigen Kenntnisse, Fähigkeiten und Verhaltensweisen gewachsen sind. Sie ist daher **zukunftsorientiert**. Ihr Ausgangspunkt ist jedoch stets eine vergangenheitsbezogene Leistungsbeurteilung. Im Mittelpunkt steht sowohl die Eignung für bestimmte Aufgaben als auch die Möglichkeiten zur weiteren beruflichen Entwicklung. Die Potentialbeurteilung findet demzufolge ihren Einsatz hauptsächlich im Bereich der Personalentwicklung und der Personalbeschaffung. So sind alle im Kapitel Personalbeschaffung aufgeführten Auswahlverfahren Potentialbeurteilungen.

Die Potentialbeurteilung dient der Feststellung von Qualifikationen und Eignungen. Sie zielt darauf ab, vorhandene geistige Fähigkeiten und Anlagen der Beurteilten zu erkennen, seien es nun Mitarbeiterinnen und Mitarbeiter oder Bewerberinnen und Bewerber. Daraus wird auf das künftige Verhalten in neuen Situationen geschlossen. Ist bei Beschäftigten oder Bewerberinnen und Bewerbern ein Defizit zwischen den Anforderungen und den Eignungen erkennbar, will man mit Hilfe der Potentialbeurteilung zu der Erkenntnis gelangen, ob das vorhandene, aber ruhende Potential genügend entwicklungsfähig ist. Die Potentialbeurteilung ist folglich eines der wichtigsten Informationsmittel für die Personalentwicklung.

○ Im Rahmen der **sequentiellen Potentialbeurteilung** versucht man, das Potential eines Beschäftigten für die nächsthöhere Hierarchieebene der Laufbahn zu bestimmen.

○ Bei der **absoluten Potentialbeurteilung** soll die realisierbare Breite der Entwicklungsmöglichkeiten einer Mitarbeiterin oder eines Mitarbeiters generell festgestellt werden. Die Auswahlverfahren im Kontext der externen Personalbeschaffung sind in der Regel absolute Potentialbeurteilungen.

Mentzel (Unternehmenssicherung durch Personalentwicklung) beklagt zu Recht, daß die Potentialbeurteilung in der betrieblichen Praxis, wenn überhaupt, so leider häufig nur am Ende eines Beurteilungsbogens mit wenigen Fragen berücksichtigt wird. Dabei erweise es sich für viele Vorgesetzte als besonders schwierig, über das erwartete Verhalten und die künftige Entwicklung der Beschäftigten eine Prognose abzugeben. *Mentzel* empfiehlt deshalb, dem Beispiel einiger Unternehmen nachzueifern, die deutlich zwischen der Leistungs- und Potentialbeurteilung zu trennen, indem sie für die beiden Beurteilungszwecke jeweils unterschiedliche Kriterien und Merkmale festgelegt haben. Auf diese Weise können die Vorgesetzten bei der Abgabe ihrer Beurteilung besser zwischen den unterschiedlichen Zielen der vergangenenheitsorientierten Leistungsbeurteilung und der in die Zukunft gerichteten Potentialbeurteilung differenzieren. *Mentzel* zitiert diesbezüglich auszugsweise den Beurteilungsbogen der Firma Beiersdorf:

Getrennte Leistungs- und Potentialbeurteilung

A.	**Leistungsbeurteilung**
A.1.	**Arbeitsergebnis**: Güte, Menge und Verwendbarkeit der geleisteten Arbeit, Zeitaufwand im Verhältnis zum Arbeitsergebnis
A.2.	**Anweisungsverhalten**: Beachten von Richtlinien, Arbeits- und Sicherheitsvorschriften sowie Anweisungen zum Erreichen des Arbeitsergebnisses
A.3.	**Fachliches Können**: Grad der Erfüllung der Anforderungen des Arbeitsplatzes in bezug auf Fachwissen, Fähigkeiten, Fertigkeiten, Spezialkenntnisse sowie praktische Erfahrungen

B.	**Potentialbeurteilung**
B.1.	**Urteilsfähigkeit und Initiative**: Fähigkeit, Aufgabenstellungen und Probleme im Sinne des gesteckten Zieles zu erkennen und zu analysieren, sich auf neue Situationen einzustellen und, ohne den Weg genau vorgezeichnet zu bekommen, Lösungen zu realisieren
B.2.	**Kostenwirksames Handeln**: Fähigkeit, das vorgegebene Ziel mit möglichst geringem Aufwand zu erreichen, Verlustquellen zu erkennen und zu beheben. Sinnvoller Gebrauch von Arbeitsmitteln bzw. Einsatz von Material
B.3.	**Zusammenarbeit**: Bereitschaft und Fähigkeit zur Zusammenarbeit mit anderen (Kollegen, Mitarbeitern und Vorgesetzten) und zur Mitwirkung bei gemeinsam zu leistenden Aufgaben, zur Entgegennahme und Weitergabe von Informationen
B.4.	**Führungsfähigkeit**: Fähigkeit, Entscheidungen zu treffen und Anweisungen zu geben, Mitarbeiter zielorientiert einzusetzen, sie zu motivieren und sie durch gezielte Förderung weiterzuentwickeln
B.5.	**Dispositionsvermögen und Kontrolle**: Fähigkeit, zu planen, Prioritäten zu setzen, methodisch anzugehen, Mitarbeiter und/oder Betriebsmittel entsprechend zu steuern sowie laufende Erfolgskontrolle der eigenen und/oder der Leistung der Mitarbeiter
B.6.	**Verantwortungsbereitschaft**: Bereitschaft, für übertragene Aufgaben Verantwortung zu übernehmen
B.7.	**Durchsetzungsvermögen und Überzeugungskraft**: Fähigkeit, sich eine eigene Meinung – basierend auf Fakten – zu bilden, diese verständlich darzustellen und auch gegen Widerstände und unter Inkaufnahme von Konflikten konsequent und mit überzeugenden Argumenten zu vertreten

C.	Zusammengefaßtes Urteil und ergänzende Kennzeichnung
D.	**Eignung und Verwendungsempfehlung**
D.1.	Halten sie die/den Beurteilte(n) für den gegenwärtigen Arbeitsplatz geeignet?
D.2.	Vorschläge, Stärken zu fördern
D.3.	Vorschläge, Schwächen zu beheben
D.4.	Welche sonstigen Fortbildungs- bzw. Förderungsmaßnahmen werden vorgeschlagen?
D.5.	Mit welchen anderen Aufgaben könnte der/die Mitarbeiter(in) betraut werden?
D.6.	Welche Fortbildungs- bzw. Förderungsvorstellungen hat der/die Mitarbeiter(in)?
D.7.	Welche anderen Aufgaben strebt er/sie an?

Abb. 4.19. Getrennte Leistungs- und Potentialbeurteilung

2.8. Übersicht

Systematik	Turnus	Kriterien	Differenzierung	Zuständigkeit	Personenkreis	Zeithorizont
Gebundene	regelmäßige	quantitative	summarische	Mitarbeiter- Kollegen-	Gesamt-	Leistungsbeurteilung
			analytische	Mitarbeiter- Kollegen-	Gesamt-	Leistungsbeurteilung
		qualitative	summarische	Mitarbeiter- Kollegen- Vorgesetzten-	Gesamt-	Potentialbeurteilung
			analytische	Mitarbeiter- Kollegen- Vorgesetzten-	Gesamt-	Potentialbeurteilung
	regelmäßige	quantitative	summarische	Mitarbeiter- Kollegen-	Einzel-	Leistungsbeurteilung
			analytische	Mitarbeiter- Kollegen-	Einzel-	Leistungsbeurteilung
		qualitative	summarische	Mitarbeiter- Kollegen-	Einzel-	Potentialbeurteilung
			analytische	Mitarbeiter- Selbst- Kollegen-	Einzel-	Potentialbeurteilung
Freie	regelmäßige			Mitarbeiter- Selbst- Kollegen-		Gesamtbeurteilung
	anlaßbedingte			Mitarbeiter- Kollegen-		Einzelbeurteilung

Abb. 4.20. Übliche Formen der Personalbeurteilung

Die Erläuterungen zu den sieben Kategorien verdeutlichen, daß sich die Ausprägungen dieser Kategorien zum Teil ergänzen, daß sie aber einander auch zum Teil ausschließen. Sie können also nicht beliebig miteinander kombiniert werden. **Die obige Abbildung zeigt auf, in welchen Formen Personalbeurteilungen in der Regel vorkommen.**

3. Planung

Alle gebundenen Personalbeurteilungen bedürfen eines Beurteilungsverfahrens, an dem sich die Beteiligten orientieren können. Das gilt sowohl für anlaßbedingte Personalbeurteilungen, bei denen das Verfahren auf den Anlaß zugeschnitten ist, als auch für regelmäßige Personalbeurteilungen, denen für gewöhnlich ein einheitliches Beurteilungsverfahren zugrunde liegt. In diesen Fällen sollte die Personalbeurteilung wie folgt geplant werden:

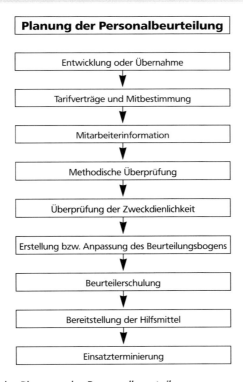

Abb. 4.21. Ablauf der Planung der Personalbeurteilung

Entwicklung oder Übernahme

Ein einheitliches Personalbeurteilungsverfahren

○ muß entweder **entwickelt werden,**
 – als **Eigenentwicklung** der Personalabteilung respektive
 – als **Auftragsentwicklung** durch geeignete Unternehmens- respektive Personalberatungen,

○ oder man **übernimmt Verfahren**, die bereits existieren und
- **in der Literatur veröffentlicht** sind respektive
- **von anderen Unternehmen** zur Verfügung gestellt werden.

Tarifverträge und Mitbestimmung

Tarifverträge und Mitbestimmung

Zunächst müssen bei der Entwicklung oder der Übernahme eines Personalbeurteilungsverfahrens die **einschlägigen Tarifverträge sowie die Mitbestimmungsrechte des Personal- beziehungsweise Betriebsrates beachtet** werden.

- Arbeitgeber sind grundsätzlich in ihrer Entscheidung frei, ob sie ein Personalbeurteilungsverfahren und damit Beurteilungsgrundsätze einführen wollen oder nicht. In Tarifverträgen können aber Regelungen über Personalbeurteilungen enthalten sein, die beachtet werden müssen, soweit das Unternehmen selbst Tarifpartner ist oder einem Verband angehört, der den Tarifvertrag ausgehandelt hat.
- Gemäß § 94 des Betriebsverfassungsgesetzes, §§ 75 und 76 des Bundespersonalvertretungsgesetzes und der entsprechenden Vorschriften der Personalvertretungsgesetze der Länder haben Betriebs- und Personalräte ein weitgehendes Mitbestimmungsrecht für die Aufstellung von Beurteilungsgrundsätzen. Deshalb ist eine frühzeitige Information und Absprache über die Verfahren vonnöten. Kommt keine Einigung zustande, so entscheidet die Einigungsstelle. Deshalb empfiehlt es sich, über die Einführung eines Personalbeurteilungsverfahrens und seine Durchführung eine **Betriebs- oder Dienstvereinbarung** abzuschließen.

Mitarbeiterinformation

Mitarbeiterinformation

Bereits in diesem Planungsstadium sollten die Beschäftigten gründlich und umfassend über die Planung informiert werden. Später kann und muß diese Information hinsichtlich des vorgesehenen Personalbeurteilungsverfahrens und seiner Hintergründe aktualisiert werden. Falls diese Mitarbeiterinformation nicht stattfindet und mithin nicht um Akzeptanz geworben wird, verfehlt das Verfahren seinen Zweck. Es werden Ängste geweckt, die alles andere als motivierend sind.

Methodische Überprüfung

Methodische Überprüfung

In jedem Fall müssen die Personalbeurteilungsverfahren im Rahmen der Entwicklung oder vor der Übernahme einer methodischen Überprüfung unterzogen werden. Etwas zu bewerten oder zu beurteilen, erscheint auf den ersten Blick nicht schwierig. Dort, wo nur mengenmäßige Feststellungen getroffen werden, mag das vielleicht zutreffen. Wenn das Verhalten von Menschen und ihre Eignung beurteilt werden sollen, so ist dies aufgrund einer Vielzahl von situativen und subjektiven Einflußfaktoren weitaus schwieriger. Daher müssen Personalbeurteilungsverfahren grundsätzlich folgende Gütekriterien erfüllen:

- **Relevanz**

  An den zu messenden Kriterien und Merkmalen muß ein praktisches Interesse bestehen. Sie müssen für das jeweilige Arbeitsfeld bedeutsam sein. Außerdem dürfen diese Kriterien und Merkmale nicht mit einem anderen Verfahren besser greifbar sein.

- **Vollständigkeit**

  Alle für das jeweilige Arbeitsfeld bedeutsamen Kriterien und Merkmale sind zu erfassen.

- **Trennschärfe**

  Die Beurteilungskriterien und -merkmale sollten möglichst eindeutig und unabhängig voneinander sein.

- **Verhaltensnähe**

  Die inhaltlichen Beschreibungen müssen situationsbezogen sein.

- **Normierung**

  Um die Beurteilungsergebnisse verschiedener Beschäftigter oder auch Bewerberinnen und Bewerber vergleichen zu können, muß jedes Beurteilungskriterium und -merkmal inhaltlich und in seinen Ausprägungsgraden genau beschrieben sein.

- **Differenzierung**

  Die Ausprägungen müssen die gesamte mögliche Streubreite erfassen. Eine Eichung ist also unverzichtbar, etwa an einer repräsentativen Stichprobe jener Population, für die das Verfahren gelten soll. Erst dadurch sind Aussagen über die individuelle Ausprägung möglich.

- **Vergleichbarkeit**

  Alle Personen, die beurteilt werden, müssen dieselben Bedingungen antreffen. Die Beurteilungssituation muß also für alle zu Beurteilenden bedingungsgleich sein.

- **Ökonomie**

  Das Verfahren darf nur eine relativ kurze Durchführungszeit beanspruchen und sollte wenig Material verbrauchen. Er muß einfach zu handhaben, das heißt verständlich und übersichtlich sowie schnell und bequem auswertbar sein.

- **Objektivität**

  Verschiedene Beurteiler müssen bei Verwendung desselben Verfahrens zu denselben Ergebnissen kommen. Bei der Anwendung und Auswertung der Beurteilung muß mithin subjektive Willkür ausgeschlossen sein.

- **Reliabilität**

  Wiederholungen des Verfahrens unter denselben Bedingungen müssen zu denselben Ergebnissen führen wie die erstmalige Durchführung. Abweichungen dürfen nicht auf Mängel des Beurteilungsverfahrens zurückzuführen, sondern nur in Veränderungen der Beurteilten begründet sein.

- **Validität**

  Die Prognose, die am Ende des Beurteilungsverfahrens über den künftigen Erfolg der Kandidatinnen und Kandidaten abgegeben wird, muß mit dem späteren Erfolg übereinstimmen.

Überprüfung der Zweckdienlichkeit

Und in jedem Fall muß das Verfahren, dessen Einsatz man in Erwägung zieht, **dem Zweck gerecht werden, für den es eingesetzt werden soll**.   *Zweckdienlich*

- Geht es also um eine Beurteilung aller Beschäftigten oder nur bestimmter Beschäftigtengruppen,
- geht es um die Beurteilung von Bewerberinnen und Bewerbern,
- um anlaßbedingte oder um regelmäßige Beurteilungen,
- soll eine Leistungs- oder Potentialbeurteilung durchgeführt werden,
- eine Einzel oder eine Gesamtbeurteilung,
- setzt man eher auf summarische oder auf analytische Verfahren,

– stehen qualitative oder quantitative Kriterien im Vordergrund und
– ist eine Mitarbeiter-, eine Selbst-, eine Kollegen- oder eine Vorgesetztenbeurteilung angemessen?

Je nach den in diesem Zusammenhang getroffenen Entscheidungen müssen sodann die **Beurteilungskriterien und -merkmale**

– bei der Entwicklung eines Verfahrens **entworfen und differenziert**,
– bei der Übernahme eines Verfahren **überprüft und angepaßt** werden.

Erstellung bzw. Anpassung eines Beurteilungsbogens

Beurteilungsbogen

Das Ergebnis einer Personalbeurteilung wird in einem **Beurteilungsbogen** festgehalten, es sei denn, es handelt sich um eine anlaßbedingte Beurteilung, die in einer anderen Weise dokumentiert wird, wie zum Beispiel das Arbeitszeugnis. Beurteilungsbogen sollten so gestaltet sein, daß sie problemlos von den Beurteilern eingesetzt werden können. Selbst für freie Personalbeurteilungen empfiehlt es sich aus Gründen der Übersichtlichkeit, sich an ein dem jeweiligen Beurteilungszweck entsprechendes Gliederungsschema zu halten.

Bei der Übernahme eines Beurteilungsverfahren muß der Bogen ebenfalls überprüft und gegebenenfalls angepaßt werden. Die Bogen neu entwickelter Personalbeurteilungsverfahren sollten folgende Komponenten berücksichtigen:

○ **Sachliche Angaben**

Ein Beurteilungsbogen sollte an erster Stelle folgende Angaben beinhalten:

– Personalnummer,
– Name und Vorname des Beurteilten,
– Geburtsdatum und -ort,
– Datum der Beurteilung,
– Zweck oder Anlaß der Beurteilung,
– Beurteilungszeitraum,
– Name des Beurteilers/der Beurteilerin bzw. der Beurteiler/innen
– Dienststellung des/der Beurteilten,
– Abteilung, Hauptabteilung, Unternehmensbereich,
– Aufgabenbereich,
– Dauer der Betriebszugehörigkeit,
– Dauer der Tätigkeit in der jetzigen Position,
– Aus- und Weiterbildung,
– Entgelt,
– Datum des Beurteilungsgesprächs.

Diese Angaben vermitteln die wichtigsten Personalien und erleichtern die Bearbeitung.

○ **Kurzbeschreibung der Aufgaben**

Diese Aufgabenbeschreibung sollte so kurz wie möglich gehalten werden, also keinesfalls die Stellenbeschreibung vollständig wiedergeben. Sie macht die Beurteiler auf den Maßstab ihrer Beurteilung aufmerksam und hindert sie, auf eine Idealvorstellung Bezug zu nehmen.

○ **Beurteilungskriterien und -merkmale sowie Gewichtung**

Um sicherzustellen, daß der Inhalt der Beurteilungskriterien und -merkmale durch die Beurteiler richtig interpretiert wird, können in den Beurteilungsbogen oder eine Begleitschrift Hinweise aufgenommen werden, wie die Ausprägung der einzelnen Kriterien und Merkmale im konkreten Fall festgestellt werden kann. Beispiele dafür finden sich unter Punkt 2 dieses Kapitels.

○ **Beurteilung**

Der Bogen muß geeignet sein, eine eindeutige Beurteilung aller Beurteilungskriterien und -merkmale etwa durch Beschreibungen oder Ankreuzen zu gewährleisten. Tunlichst sollten Überschneidungen zwischen quantitativen und qualitativen Beurteilungskriterien und -merkmalen sowie der vergangenheitsbezogenen Leistungs- und der zukunftsorientierten Potentialbeurteilung ausgeschlossen sein. Und der Bogen muß die Möglichkeit eröffnen, bestimmte Beurteilungskriterien und -merkmale nur bei den Mitarbeitergruppen zu berücksichtigen, für die sie bedeutsam sind, beispielsweise das Führungsverhalten für Führungskräfte. Neben der Einzelbeurteilung jedes Merkmals sollte der Beurteilungsbogen zusätzlich die Möglichkeit für eine zusammenfassende Gesamtbeurteilung vorsehen.

○ **Empfehlungen zur Förderung der Beurteilten**

Die Frage nach der Eignung und Entwicklungsfähigkeit der Beurteilten ist die Kernfrage der Personalentwicklung. Die Beurteiler sollen Gedanken über geeignete Förderungsmaßnahmen machen. Die Empfehlungen können sich sowohl auf den jetzigen Arbeitsplatz als auch auf mögliche künftige Aufgabenstellungen beziehen.

○ **Kenntnis- bzw. Stellungnahme der Beurteilten**

Die Beurteilungen sollten den Beurteilten grundsätzlich zur Kenntnis gebracht werden. Deshalb wird bei Mitarbeiter-, Kollegen- und Vorgesetztenbeurteilungen regelmäßig die Bestätigung der Kenntnisnahme durch die Betreffenden auf den Beurteilungsbogen ausgewiesen. Schließlich sollten Beurteilungsbogen auch Raum für eine Stellungnahme der oder des Beurteilten vorsehen, soweit es sich nicht um Bewerberinnen und Bewerber handelt. Zuvor muß Gelegenheit eingeräumt werden, die Beurteilung in einem Gespräch mit der Beurteilerin oder dem Beurteiler kennenzulernen und die eigenen Wünsche und Vorstellungen darzulegen.

Beurteilerschulung

Ohne eine Schulung der Beurteilerinnen und Beurteiler steht jede Personalbeurteilung auf dünnem Eis. Was für die spezielle Personalbeurteilung namens Assessment Center gilt, gilt auch generell: Eine Beurteilerschulung ist unverzichtbar. Wie im Kapitel Personalbeschaffung dargelegt, empfiehlt es sich, ein mindestens eintägiges Seminar mit folgenden Inhalten durchzuführen:

– **Zielsetzung** der Personalbeurteilung,

– **Darstellung** modellhafter Verfahren und **Erläuterung** der Beurteilungskriterien und -merkmale, ihrer Differenzierung und der Gründe für ihre Auswahl,

– **Ablauf** von Beobachtung, Beschreibung, Bewertung und Beurteilungsgespräch,

– Rollenspiele zur **Demonstration** und zum **Einüben**.

Beurteilerschulung

Bereitstellung der Hilfsmittel und Einsatzterminierung

Zu guter Letzt müssen die Hilfsmittel bereitgestellt werden, die zur Beurteilungsdurchführung erforderlich sind, also die Beurteilungsbogen, Arbeitsanweisungen und

Hilfsmittel

Einsatz-
terminierung

Beurteilungsunterlagen. Und schließlich wird der Einsatz terminiert, also der regelmäßige oder einmalige Beginn und das Ende der Personalbeurteilung.

4. Durchführung

Fehler

Im Zusammenhang mit der Personalauswahl wurde darauf hingewiesen, daß Beobachtungs- und Beurteilungsfehler die Urteile verfälschen können. Diese Fehler können folgende Ursachen haben:

Ursachen für Beobachtungs- und Beurteilungsfehler			
Intrapersonelle Einflüsse	**Interpersonelle Einflüsse**	**Situative Faktoren**	**Beurteilungs- verfahren**
Selektive Wahrnehmung	Sympathie und Antipathie	Einflüsse der Situation	Nicht exakt bestimmte Kriterien
Vorurteile	Der erste Eindruck und Kontakt-Effekt	Einflüsse außerhalb der Situation	Unzureichende Übung
Statusfehler	Halo-Effekt		
Persönliches Wertesystem	Reihenfolge-Effekt		
Beurteilertyp	Andorra-Phänomen		
Egoismus	Dominanz		

Abb. 4.22. Ursachen für Beobachtungs- und Beurteilungsfehler

Um eine Personalbeurteilung angemessen und unparteiisch durchzuführen, sollten die Beurteiler darauf achten, diese Beobachtungs- und Beurteilungsfehler zu vermeiden. Auf einige Möglichkeiten der Fehlerbegrenzung wurde schon im Rahmen der Auswertung von Vorstellungsgesprächen hingewiesen. Generell empfiehlt sich folgende Vorgehensweise:

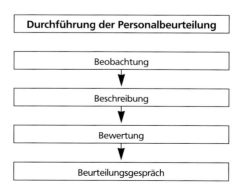

Abb. 4.23. Durchführung der Personalbeurteilung

4.1. Beobachtung

> Bei der Beobachtung tauschen sich Beobachter und Beobachtete keinesfalls wechselseitig aus. Vielmehr registriert der Beobachter die Aktivitäten der oder des Beobachteten.

Wenn auch kein wechselseitiger Austausch stattfindet, setzt eine Beobachtung doch voraus, daß **die Beobachteten Verständnis aufbringen und bereit sind, sich diesem Verfahren zu unterziehen**. Wird die Beobachtung dagegen hintergangen, sind die Ergebnisse kaum verwendbar. Die meisten Mißverständnisse basieren auf der Unkenntnis über die Ziele einer Beobachtung, so daß die Mitarbeiter dazu tendieren, sich selbst so ideal wie möglich darzustellen oder den Vorgang der Beobachtung zu sabotieren. Auch die Beobachtung durch abteilungsfremde Personen trägt häufig zu einer Ablehnung der Beobachtung bei.

Partizipation

Andererseits können sich auch die Beobachter in die zu beobachtende Situation einbringen, etwa bei der Kollegenbeurteilung. Man spricht dann von einer teilnehmenden Beobachtung mit einem hohen Partizipationsgrad. Trotzdem sollen die Beobachter möglichst wenig in das natürliche Geschehen eingreifen, also beispielsweise selber keine Reize setzen. Häufig ist jedoch nur eine geringe oder gar keine Partizipation vorgesehen. In diesem Fall bringen sich die Beobachter nicht ein wie bei der Mitarbeiterbeurteilung.

Unter Aktivitäten des oder der Beobachteten sind zum einen nonverbale Reaktionen zu verstehen, wie zum Beispiel Gesten, Reaktionen, manuelle Verrichtungen, und zum anderen komplexe Vorgänge, etwa die Entstehung und Veränderungen von Meinungen bei Diskussionen. Nun sind für eine Personalbeurteilung nicht alle Aktivitäten von Interesse.

Beobachtungsgegenstand

Die Beobachtung richtet sich hier auf **die regelmäßige Arbeitsleistung und das regelmäßige Arbeitsverhalten** der Beschäftigten. Es darf durch die Beobachtung weder zu einem Versagen unter Streßbelastung kommen, noch dürfen die Betroffenen zu einer intensiveren Arbeitsleistung als üblich veranlaßt werden. Anhaltspunkte,

– mit welcher Systematik,
– in welchem Turnus,
– was,
– wie differenziert,
– durch wen,
– bei wem,
– mit welchem Zeithorizont

beobachtet werden soll, geben der **Beurteilungsbogen oder andere Vorgaben, die das jeweils gewählte Beurteilungsverfahren macht**. Diese Vorgaben zielen darauf ab, die oben erwähnten Beobachtungsfehler nach Möglichkeit auszuschalten. Es handelt sich also um **Spielregeln, die helfen sollen, ein höheres Maß an Objektivität zu erreichen**. Aber auch bei Anwendung differenziertester Verfahren basieren sowohl die Beobachtung als auch der gesamte Beurteilungsvorgang letztlich auf subjektiven Wertungen.

Sinn der Beobachtung ist keineswegs eine systematische Fehlersuche. **Positive und negative Erscheinungen sind gleichermaßen zu registrieren**. Erst die spätere Gegenüberstellung einer Vielzahl von Einzelbeobachtungen erlaubt es, ein endgültiges Urteil zu fällen.

Beobachtungsprotokoll

Für die Beobachtung beziehungsweise die Beobachtungszeiträume sollen **Beobachtungsprotokolle** angefertigt werden. Sie verhindern, daß der Beobachter später aus dem Gedächtnis die Beobachtungen reproduzieren muß. Bei diesem Abrufen aus dem Gedächtnis ist die Gefahr groß, daß man wichtige Beobachtungsdetails falsch einschätzt oder einfach etwas vergessen hat. Die Aufzeichnung der Geschehnisse erfolgt oft mit technischen Hilfsmitteln.

4.2. Beschreibung

Die Beschreibung darf nicht mit der Bewertung verwechselt werden. Eine Beschreibung dient ausschließlich dazu, **Ordnung in die Einzelbeobachtungen zu bringen**.

> Gefordert ist eine möglichst wertungsfreie Wiedergabe der Beobachtungen und Systematisierung in bezug auf die Beurteilungskriterien und -merkmale. Dadurch werden Tendenzen feststellbar, die eine Bewertung ermöglichen.

4.3. Bewertung

> Bei der Bewertung wird ein geeigneter Maßstab an die systematisch beschriebenen Beobachtungen angelegt.

Diesen Maßstab gibt bei gebundenen Personalbeurteilungen das verwendete Beurteilungsverfahren vor. Der Beurteilungsbogen leistet hier regelmäßig Formulierungshilfe.

Bei freien Personalbeurteilungen muß sich die oder der Beurteiler generell auf die Eignung für eine ganz bestimmte Aufgabenstellung konzentrieren und einen Vergleich des beobachteten Verhaltens mit der Betriebsnorm ziehen.

4.4. Beurteilungsgespräch

Alle Beschäftigten, egal welcher Hierarchiestufe, sind verantwortungsbewußte, mündige Partner im Betrieb und wollen auch als solche behandelt werden. Das gilt auch und gerade im Personalbeurteilungsverfahren, dessen Eigenart es ja ist, daß sich andere Beschäftigte ein Urteil über die eigene Person erlauben. Ein Gespräch zwischen Beurteilern und Beurteilten sollte also eine Selbstverständlichkeit sein.

Überdies kann eine Personalbeurteilung, wie weiter oben angesprochen, nur dann Erfolg versprechen, wenn die Beurteilten Verständnis aufbringen und bereit sind, sich dem Verfahren zu unterziehen. Ansonsten besteht die Gefahr, daß die Beurteilung hintergangen wird.

Offenheit und Transparenz

> Deshalb sind Offenheit und Transparenz der Beurteilung unabdingbare Voraussetzungen. Um das Beurteilungsverfahren durchsichtig zu machen, müssen die Beurteiler also die Ergebnisse mit den Beurteilten einzeln durchsprechen.

Das **gilt in erster Linie für Mitarbeiterbeurteilungen und Beurteilungen durch Externe**. Bei Vorgesetzten-, Kollegen- und Selbstbeurteilungen sind besondere Regelungen notwendig:

- Die **Vorgesetztenbeurteilung** sollte grundsätzlich anonym erfolgen, um negative Sanktionen für die jeweiligen Mitarbeiterinnen und Mitarbeiter auszuschließen. Das **Ergebnis** kann den Vorgesetzten dann ebenso **anonym** zugeleitet werden oder es sollte den betroffenen Vorgesetzten von ihren jeweiligen Vorgesetzten präsentiert werden.
- Aus den gleichen Gründen sollte in der Regel **so auch mit Kollegenbeurteilungen verfahren** werden.
- Auch im Anschluß an **Selbstbeurteilungen** sollte ein Gespräch stattfinden, da das Urteil nicht der Weisheit letzter Schluß sein muß. Im Gespräch können **Fehlurteile relativiert** werden. Da hier Beurteiler und Beurteilter ein und dieselbe Person sind, könnte das Gespräch **mit der oder dem jeweiligen Vorgesetzten, aber auch mit einer oder einem Kollegen respektive einem in Personalbeurteilungen erfahrenen Mitglied der Personalabteilung** stattfinden.

Neben der Gewährleistung von Offenheit und Transparenz hat das Beurteilungsgespräch folgende Aufgaben:

Weitere Aufgaben

- **Information** über das Beurteilungsergebnis,
- **Besprechung** der erbrachten Leistungen und der gezeigten Verhaltensweisen anhand der einzelnen Beurteilungskriterien,
- **Anerkennung und Bestätigung** guter Leistungen und geschätzter Verhaltensweisen,
- **Kritik und Ursachenforschung** angesichts ungenügender Leistungen und bemängelter Verhaltensweisen, denn eine konstruktive und sachliche Kritik trägt dazu bei, die Ursachen bestehender Mängel zu ermitteln und Wege zu ihrer Behebung aufzuzeigen,
- Erläuterung der **Stärken und Schwächen**,
- **Motivation** zur Verbesserung der Leistung und des Arbeitsverhaltens, denn durch eine objektive Beurteilung sowie die faire Anerkennung guter Leistungen und positiven Verhaltens wird für künftiges Verhalten motiviert,
- **Stellungnahme der Beurteilten** zu den Ergebnissen der Beurteilung und zur Verdeutlichung der individuellen Erwartungen und Vorstellungen im Hinblick auf künftige Aufgabenstellungen und Entwicklungsmöglichkeiten,
- Diskussion und Festlegung **künftiger Aufgabenstellungen** (deshalb auch „Zielvereinbarungsgespräch") nach Rücksprache mit den Personalverantwortlichen,
- Aufzeigen von **Verbesserungs- und Förderungsmöglichkeiten** und
- gegebenenfalls Absprache von Maßnahmen der **Personalentwicklung** (deshalb auch „Beratungs- und Fördergespräch"), soweit diese Maßnahmen mit den Verantwortlichen für die Personalentwicklung abgesprochen sind.
- Beurteilungsgespräche haben zudem eine **Kontrollwirkung**, denn wer seine Beurteilung argumentativ belegen muß, wird kaum willkürliche Urteile formulieren.
- Schließlich können regelmäßige Beurteilungsgespräche das **Vertrauensverhältnis** fördern und stärken, soweit sie in der Tat über die reine Information hinausgehen.

Die Notwendigkeit und die Chancen eines Beurteilungsgesprächs hat auch der Gesetzgeber erkannt:

Rechtsvorschriften

- § 81 des Betriebsverfassungsgesetzes legt die **Unterrichtungs- und Erörterungspflicht des Arbeitgebers** fest. Unter anderem besagt diese Vorschrift, daß der Arbeitgeber mit den Beschäftigten erörtern muß, wie ihre Kenntnisse und Fähigkeiten im Rahmen der betrieblichen Möglichkeiten den künftigen Anforderungen angepaßt werden können. Zu diesem Gespräch können die Beschäftigten ein Betriebsratsmitglied hinzuziehen.

– Nach § 82 des Betriebsverfassungsgesetzes können einzelne Beschäftigte verlangen, daß mit ihnen die **Beurteilung** ihrer Leistung sowie die Möglichkeiten ihrer beruflichen Entwicklung im Betrieb **erörtert** werden. Auch zu diesem Gespräch können sie ein Mitglied des Betriebsrates hinzuziehen. Das Betriebsratsmitglied unterliegt absoluter Schweigepflicht über den Inhalt des Gesprächs, sofern ihn nicht der betroffene Arbeitnehmer oder die Arbeitnehmerin davon entbindet.

– Nach § 83 des Betriebsverfassungsgesetzes haben die Beschäftigten außerdem das Recht, **in ihre Personalakte Einsicht** zu nehmen. In aller Regel beinhaltet die Personalakte auch die Personalbeurteilungen.

– In den §§ 84–86 des Betriebsverfassungsgesetzes ist das **Beschwerderecht der Beschäftigten** geregelt. Sie haben das Recht, sich bei den zuständigen Stellen des Betriebes zu beschweren, wenn sie sich benachteiligt, ungerecht behandelt oder in sonstiger Weise beeinträchtigt fühlen. Und sie können wiederum ein Mitglied des Betriebsrates zur Unterstützung oder Vermittlung hinzuziehen. Hieraus dürfen ihnen keine Nachteile entstehen. Können Betriebsrat und Arbeitgeber sich nicht einigen, so kann der Betriebsrat die Einigungsstelle anrufen. Ergänzende Vereinbarungen über Einzelheiten können durch Tarifvertrag oder Betriebsvereinbarungen geregelt werden.

> Allein diese Rechtsvorschriften sind schon Grund genug für die Offenheit und Transparenz eines Beurteilungsverfahrens.

Vorbereitung

Ein Beurteilungsgespräch will gut vorbereitet sein, und zwar sowohl vom Beurteiler wie auch vom Beurteilten.

Die oder der **Beurteilte** kann sich nur dann vernünftig vorbereiten, wenn sie oder er rechtzeitig, unter Umständen sogar schriftlich eingeladen wurde. Inhaltlich sollten sich die Beurteilten **ihre eigene Einschätzung ihrer Leistungen und Verhaltensweisen sowie ihre Erwartungen und Vorstellungen für die Zukunft vergegenwärtigen**.

Den **Beurteilern** fällt die Aufgabe zu, den **Gesprächstermin** festzulegen und die **Einladung** auszusprechen. Sie müssen **genügend Zeit einplanen**, das heißt in der Regel ungefähr eine Stunde. Im Einzelfall kann auch wesentlich mehr Zeit notwendig sein. Schließlich ist ein **geeigneter Raum** auszuwählen, der es ermöglicht, das Gespräch frei von Störungen und unbeobachtet in einer angenehmen Atmosphäre zu führen. Vor allem müssen sich die Beurteiler die Beurteilung selbst vor Augen führen und sich überlegen, welche Ergebnisse aus ihrer Sicht besonders wichtig sind und auf welche Details es den Beurteilten besonders ankommen könnte.

Gesprächsdurchführung

Für die **Durchführung des Beurteilungsgesprächs** sollten einige **Faustregeln** beachtet werden, die sich in der Praxis bewährt haben:

– Um Vertraulichkeit und Offenheit zu gewährleisten, sollte das Gespräch **nach Möglichkeit unter vier Augen** geführt werden, es sei denn, die oder der Beurteilte wünscht die Teilnahme eines Betriebsratsmitglieds. Bei Meinungsverschiedenheiten könnte die oder der Vorgesetzte des Beurteilers respektive der Beurteilerin hinzugezogen werden. Besser wäre es jedoch, auch die Meinungsverschiedenheiten unter vier Augen zu klären.

- Die **Beurteilerin beziehungsweise der Beurteiler steuern den Gesprächsablauf**, da sie die Beurteilung verantworten. Um zu vermeiden, daß etwas vergessen wird, empfiehlt es sich, das **Gespräch in Abschnitte aufzuteilen**, die sich an den oben erwähnten Aufgaben orientieren. Dabei sollte **jedes Beurteilungskriterium und -merkmal einzeln durchgesprochen** werden, da ansonsten positive wie negative Einzelaspekte verlorengehen könnten.
- Es ist wichtig, gleich zu Beginn des Gesprächs einen **möglichst positiven Kontakt aufzubauen und** während des gesamten Ablaufs **beizubehalten**, selbst wenn die Beurteilung einen negativen Tenor hat. Das ist leichter gesagt als getan. Es mag aber schon helfen, wenn die Beurteiler nicht auf ihre zumeist höhergestellte Position pochen und wenn sie einen angenehmen Gesprächseinstieg finden.
- Bei der Besprechung der **Beurteilungskriterien und -merkmale** ist es angeraten, nicht der Reihenfolge im Beurteilungsbogen zu folgen, sondern **von den gut beurteilten zu den schlecht beurteilten Kriterien und Merkmalen überzugehen**. Bei letzteren kann man gegebenenfalls gleich auf **Förderungs- und Entwicklungschancen oder andere Verbesserungsmöglichkeiten** zu sprechen kommen. Verbesserungen gegenüber der letzten Beurteilung sollten stark hervorgehoben werden. **Und die Beurteiler sollten sich vergegenwärtigen, daß sie nicht die Person beurteilen, sondern ihre Leistungen und ihr Verhalten.**
- Die **Beurteiler dürfen** im Verlauf des Gesprächs **nichts versprechen, was sie nicht halten können,** denn wer einmal lügt, dem glaubt man nicht. Eine Erhöhung des Arbeitsentgelts oder eine Schulung müssen beispielsweise in aller Regel zunächst mit der Personalabteilung abgesprochen werden.
- **Die Beurteilten müssen zu Wort kommen,** denn das Beurteilungsgespräch darf kein Monolog der Beurteilerin oder des Beurteilers sein. Unter Umständen müssen die Beurteilten zu einer Stellungnahme aufgefordert werden.
- Das Beurteilungsgespräch sollte erst geführt werden, wenn man zu einem sicheren Urteil gekommen ist. **Falls** es sich dennoch im Verlauf des Gesprächs zeigt, daß **etwas unzutreffend beurteilt wurde, sollte das Urteil revidiert werden.**
- **Das Beurteilungsgespräch sollte, wenn eben möglich, nicht disharmonisch enden.** Selbst wenn die Beurteilung in vielen Punkten negativ ist, muß der oder dem Beurteilten ein Weg aufgezeigt werden, mit dem bessere Ergebnisse zu erzielen sind. Die Beurteiler können ihren Wunsch und ihre Hoffnung äußern, daß bei der nächsten Beurteilung derartige Ergebnisse besprochen werden. Hegt man hingegen keine Hoffnung auf Besserung, sollte kein Beurteilungsgespräch sondern ein Trennungsgespräch anberaumt werden.

Man sollte sich an diesen Faustregeln allerdings nicht festklammern, sondern auf jeden Gesprächspartner individuell eingehen. Spürt der Gesprächspartner, daß man lediglich routiniert Richtlinien abspult, kann das Beurteilungsgespräch seine Aufgaben nicht erfüllen.

C. Arbeitsaufgaben

1. Was unterscheidet eine Personalbeurteilung von anderen Beurteilungen?
2. Beschreiben Sie drei Verwendungszwecke von Personalbeurteilungen.
3. Mit welchen Problemen sind Personalbeurteilungen generell behaftet?
4. Anhand welcher Schlagworte kann man Personalbeurteilungen kategorisieren?
5. Wie kann man Beurteilungskriterien gewichten?
6. Beschreiben Sie ein Kennzeichnungsverfahren.
7. Beschreiben Sie ein Skalenverfahren.
8. Beschreiben Sie ein Rangordnungsverfahren.
9. Was ist eine Mitarbeiter-, eine Kollegen-, eine Selbst- und eine Vorgesetztenbeurteilung?
10. Wie unterscheiden sich die Leistungs- und die Potentialbeurteilung?
11. Nennen Sie die Planungsschritte für Personalbeurteilungen.
12. Welche methodischen Kriterien sollen Beurteilungen erfüllen?
13. Beschreiben Sie kurz die vier Stufen der Durchführung von Personalbeurteilungen.

D. Weiterführende Literatur

Curth, M. und B. **Lang,** Management der Personalbeurteilung, 2. Auflage, München/Wien 1991.

Kador, F., Instrumente der Personalarbeit, 7. Auflage, Köln 1997.

Knebel, H., Taschenbuch für Personalbeurteilung, 9. Auflage, Heidelberg 1995.

Mentzel, W., Unternehmenssicherung durch Personalentwicklung, 6. Auflage, Freiburg im Breisgau 1994.

Schuler, H. (Herausgeber), Lehrbuch Organisationspsychologie, 1. Auflage, Bern/Göttingen/Toronto/Seattle 1993.

Selbach, R. und K. **Pullig** (Herausgeber), Handbuch Mitarbeiterbeurteilung, Wiesbaden 1992.

5. Entgelt

A. Leitfragen

1 Sie kennen sicherlich mehrere Entgeltformen wie Zeitlohn, Akkordlohn, Gehalt und Honorar, entweder aus eigener Anschauung oder durch die Schilderungen von Bekannten und Verwandten.
- Welche Entgeltform ist Ihnen die liebste?
- Warum ist das so?
- Was hebt Ihre bevorzugte Entgeltform von den anderen ab?

2 Wenn Studentinnen und Studenten in den Semesterferien am Fließband arbeiten, werden sie wie Fließbandarbeiterinnen und -arbeiter entlohnt, obwohl sie doch für gewöhnlich über mehr Qualifikationen verfügen als ihre Kolleginnen und Kollegen am Fließband.
- Was ist also die Grundlage für die Entlohnung dieses Ferienjobs?
- Können sie aus dieser Erkenntnis eine Argumentation entwickeln, die rechtfertigt, warum ein Bundesligaprofi regelmäßig ein höheres Entgelt bekommt als ein Maurer?

3 Sie haben gewiß schon einmal in einer Gaststätte ein Trinkgeld gegeben. Für die Kellnerin oder den Kellner war dieses Trinkgeld eine zusätzliche Vergütung neben dem eigentlichen Arbeitsentgelt.
- Was wollten Sie mit dem Trinkgeld erreichen oder ausdrücken?
- Gesetzt den Fall, sie haben Ihr Ziel nicht oder nicht immer erreicht: Was ist schiefgegangen?

4 Das Bruttoentgelt ist in aller Regel deutlich höher als der Betrag, der schließlich ausgezahlt wird.
- Was wird aus welchen Gründen vom Bruttoentgelt abgezogen?
- An wen gehen diese Abgaben?
- Auf welche Leistung könnten und wollen Sie verzichten, um diese Abgaben zu senken?

B. Sachanalyse

1. Entgeltfibel

Bei Entgelten kann es sich um

Geldwerte und geldliche Leistungen

- **geldwerte Leistungen** handeln, also Sach- beziehungsweise Naturallöhne, die regelmäßig nur einen Teil der in Geld geschuldeten Arbeitsvergütung darstellen, wie eine mietfreie Dienstwohnung, Arbeitskleidung, Verpflegung oder auch ein privat nutzbares Dienstfahrzeug, und um
- **geldliche Leistungen**, das heißt die in Geld ausgedrückte Leistung des Unternehmens an die Mitarbeiterinnen und Mitarbeiter. Diese geldlichen Leistungen wiederum können prinzipiell als Brutto- oder Nettoentgelte vereinbart werden.
  - Die Vereinbarung eines **Bruttoentgelts** ist meist rechtlich zwingend und auch üblich. Von ihr ist auszugehen, wenn nur ein bestimmtes Entgelt ohne nähere Kennzeichnung ausgemacht wurde. Die Arbeitnehmerinnen und Arbeitnehmer erhalten dann den in der Hauptsache um die Lohnsteuer und den Arbeitnehmeranteil zur Sozialversicherung gekürzten Betrag als Nettoentgelt ausgezahlt.
  - Bei Einigung auf ein **Nettoentgelt** muß der Arbeitgeber den betreffenden Mitarbeiterinnen und Mitarbeitern das vereinbarte Entgelt in voller Höhe auszahlen und dazu noch die Lohnsteuer und gegebenenfalls den Arbeitnehmeranteil zur Sozialversicherung abführen.

Entgeltformen

Man unterscheidet folgende Entgeltformen, die auch als Entgeltgrundsätze bezeichnet werden:

- **Arbeitsentgelte**, also
  - die **Zeitlöhne** und
  - die **Akkordlöhne** der Arbeiterinnen beziehungsweise Arbeiter,
  - die **Gehälter** der Angestellten und
  - die **Ausbildungsvergütungen,**
- **Honorare,** die Entgelte der freien Mitarbeiterinnen und Mitarbeiter, sowie
- diverse **Formen** von Arbeitsentgelten und auch Honoraren, **die zusätzliche leistungsbezogene Komponenten beinhalten**, wie zum Beispiel der Prämienlohn.

Entgeltmethoden

Die Verfahren, nach denen diese Entgeltformen umgesetzt werden, nennt man Entgeltmethoden. So kann der Akkordlohn als Zeit- oder als Geldakkord realisiert werden.

Grundvergütung + zusätzliche Vergütung

Das Entgelt setzt sich regelmäßig zusammen aus

- einer **Grundvergütung,** etwa dem Tariflohn oder dem Tarifgehalt, und
- **zusätzlichen Vergütungen** in verschiedenster Form, etwa als Zulage, Prämie, leistungs- oder erfolgsabhängiger Entgeltbestandteil.

Einzel- oder Gruppenentgelt

Innerhalb der gewählten Entgeltform ist zu entscheiden,

- ob ein **Einzelentgelt** gezahlt werden soll, das heißt ob für die Höhe des Entgelts die Leistung einer einzelnen Person zugrundegelegt wird, oder
- ein **Gruppenentgelt** auf der Basis der Leistung einer Arbeitsgruppe.

Schließlich muß geregelt werden, — Auszahlung

○ **zu welchen Zeitpunkten das Entgelt auszuzahlen ist,** beispielsweise an einem bestimmten Tag des Monats oder der Woche, und

○ in welcher Form, **bar oder unbar.** Außer bei Tagelöhnern ist die Barauszahlung heutzutage absolut unüblich.

> Für das Unternehmen ist das Entgelt ein Kostenfaktor, während es für die Entgeltempfänger – in der Regel das einzige – Einkommen bedeutet. Das Entgelt ist die materielle Gegenleistung eines Unternehmens für die Leistungen jener Personen, die sich dem Unternehmen vertraglich verpflichtet haben, diese Leistungen zu erbringen.

Die Leistung der Belegschaft beziehungsweise des freien Mitarbeiterstamms **und die Gegenleistung** des Unternehmens **sollen sich grundsätzlich entsprechen.** Das ist leichter gesagt als getan.

In der Wissenschaft wird diesbezüglich die **Frage nach dem gerechten Entgelt** diskutiert. Im Ergebnis kann aber selbst die Wissenschaft nicht aufzeigen, wieviel irgendeine Arbeit zu irgendeiner Zeit gerechterweise wert ist und in welchem Verhältnis die Entgelte für verschiedene Tätigkeiten zueinander stehen müssen. — Entgeltgerechtigkeit

In der Praxis geht man mit dieser Problematik eher **pragmatisch** um. Da es keinen objektiven Maßstab für ein gerechtes Entgelt gibt, akzeptiert man die Ergebnisse der Entgeltverhandlungen zwischen den Arbeitgebern beziehungsweise Arbeitgeberverbänden auf der einen Seite und den Belegschaften beziehungsweise den Gewerkschaften oder den freien Mitarbeiterinnen und Mitarbeitern auf der anderen Seite.

Neben den Tarifverhandlungen sind jedoch im Spannungsfeld der Interessen laufend **Entscheidungen über die Höhe des Entgelts** zu treffen. Dabei ist man bemüht, ein anforderungs-, leistungs- und marktgerechtes Entgelt zu finden und allen Betroffenen die gleichen Chancen zu sichern. Man verwendet folgende Instrumente:

Zielvorgabe	→	Instrument
Anforderungsgerechtes Entgelt	→	Arbeitsbewertung
Leistungsgerechtes Entgelt	→	Leistungsbewertung
Marktgerechtes Entgelt	→	Entgeltvergleiche
Prinzip der Gleichbehandlung	→	Entgeltmatrix

Abb. 5.1. Zielvorgaben und Instrumente für ein gerechtes Entgelt

○ **Anforderungsgerechtes Entgelt**

Unterschiedliche Aufgaben sind regelmäßig auch durch einen unterschiedlichen Schwierigkeitsgrad, das heißt **unterschiedliche Anforderungen,** gekennzeichnet. Diese Anforderungen müssen sich im Entgelt niederschlagen. Um das zu gewährleisten, bedient man sich der **Arbeitsbewertung.** Sie bietet die Möglichkeit, Wertrelationen zwischen verschiedenen Tätigkeiten zu definieren. Auf der Grundlage der ermittelten Werte muß dann über die Anzahl der Entgeltgruppen entschieden werden. Sie wird durch das niedrigste und höchste Entgelt sowie den Abstand zwischen den Entgeltgruppen bestimmt. — Anforderungsgerechtes Entgelt

○ **Leistungsgerechtes Entgelt**

Jeder Entgeltgruppe wird anschließend eine Entgeltbandbreite zugeordnet. Diese Bandbreite dient der Differenzierung der individuellen Entgelte nach Leistung. Das — Leistungsgerechtes Entgelt

Ausmaß der Spanne zwischen Minimum und Maximum einer Entgeltbandbreite ist Ausdruck der Leistungsanreizpolitik eines Unternehmens. Innerhalb der jeweiligen Bandbreite sind exakte Regeln zu formulieren, etwa leistungsbezogene Stufen. In aller Regel sind diese Überlegungen bereits im jeweils einschlägigen Tarifvertrag umgesetzt. Die **Leistungsbewertung** soll ein **leistungsgerechtes Entgelt** und damit eine starke Leistungsmotivation der Beschäftigten sicherstellen. **In der Literatur und Praxis gehen die Meinungen über die Wirkung des Lohnes als motivierender Faktor recht weit auseinander.** Einerseits wird behauptet, ein leistungsgerechtes Entgelt veranlasse die Beschäftigten, ihre Leistungen zu steigern, um so zu einem höheren Entgelt zu kommen. Auf diesem Wege paßten sie sich in ihrem Leistungsverhalten den Zielsetzungen des Unternehmens an. Andererseits beweisen viele Forschungsergebnisse, daß monetäre Anreize zwar eine Rolle spielen, aber eben nur eine und vielleicht noch nicht einmal die entscheidende Rolle im Rahmen einer Vielzahl von Anreizen, die ein Unternehmen bieten kann. Es kommt vielmehr entscheidend auf die materiellen, sozialen und psychologischen Bedürfnisse des einzelnen an, inwieweit monetäre Anreize eine Leistungsmotivation wecken. Die Leistungsbewertung ist auf das vom Menschen bei der jeweiligen Arbeit beeinflußte Leistungsergebnis bezogen. Sie bedient sich der Messung oder Zählung des Leistungsergebnisses respektive der Leistungsbeurteilung.

○ **Marktgerechtes Entgelt**

Marktgerechtes Entgelt

Die Beschäftigten erwarten ein **marktgerechtes Entgelt**. Für die Entscheidung, in eben diesem Unternehmen zu arbeiten oder zu verbleiben, ist neben anderen Überlegungen ein Entgeltvergleich entscheidend. Man vergleicht das **Entgeltniveau des Beschäftigungsunternehmens mit dem anderer Unternehmen.** Es gilt heute als gesicherte Erkenntnis, daß für die Beschäftigten dabei die absolute Höhe ihres Entgelts von wesentlich geringerer Bedeutung ist als die für sie erkennbaren Relationen. Ein Unternehmen ist deshalb gut beraten, seinerseits **Entgeltvergleiche** anzustellen, um konkurrenzfähige Entgelte sicherzustellen. Gegebenenfalls sind Konjunktur- und Marktzuschläge angebracht.

○ **Prinzip der Gleichbehandlung**

Prinzip der Gleichbehandlung

Der angeführte Entgeltvergleich der Beschäftigten bezieht sich aber nicht nur auf das Entgeltniveau anderer Unternehmen. **Das eigene Entgelt wird auch mit dem anderer Beschäftigter im Unternehmen verglichen.** Dabei ist gleichfalls die absolute Höhe des Entgelts von wesentlich geringerer Bedeutung als die erkennbaren Relationen. Unternehmen müssen allein schon aus diesem Grunde konsequent das **Prinzip der Gleichbehandlung** verwirklichen, etwa in Form einer **Entgeltmatrix**. Eine Entgeltmatrix verbindet die Arbeitsbewertung sowie gegebenenfalls eine Leistungsbewertung und Marktzuschläge zu einem System. In diesem System sind für jede dieser Zielvorgaben einheitliche Grundsätze, Verfahren und Werte, also Entgeltmethoden definiert. Die Entgeltmatrix schließt Willkür weitestgehend aus. Zugleich stellt sie vernünftige und einsichtige Relationen zwischen den Entgelten sicher.

2. Rechtliche Aspekte

Normenhierarchie

Die Arbeitgeber und die Beschäftigten können das Entgelt für die geleistete Arbeit nicht völlig frei aushandeln. Gerade beim Entgelt muß die – den Leserinnen und Lesern aus dem Arbeitsvertragsrecht bekannte – **Normenhierarchie** beachtet werden.

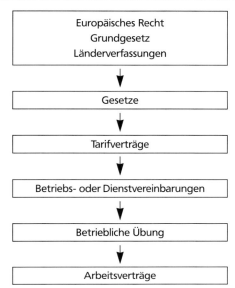

Abb. 5.2. Normenhierarchie

Diese Reihenfolge stellt zugleich auch eine Rangfolge der Rechtsquellen dar, wobei sich die jeweils nachrangige Rechtsquelle an den Forderungen der höherrangigen auszurichten hat.

2.1. Europäisches Recht, Grundgesetz, Länderverfassungen

Das Grundgesetz ist letztlich die Norm, an der sich alle anderen deutschen Rechtsvorschriften orientieren müssen. Wenn beispielsweise ein Gesetz den Gleichheitsgrundsatz nach Artikel 3 des **Grundgesetzes für die Bundesrepublik Deutschland** verletzt, so kann man gegen dieses Gesetz und die Entgeltregelungen vorgehen, die sich auf dieses Gesetz berufen. Manche Regelungstatbestände unterliegen dagegen der Hoheit der Bundesländer. Insoweit sind die jeweiligen **Verfassungen der Länder** die oberste Norm. Allerdings dürfen sowohl das Landes- wie auch das Bundesrecht nicht gegen zwingendes **Europäisches Recht** verstoßen, das es für die Bundesrepublik Deutschland als Mitglied der Europäischen Union zu beachten gilt.

Grundgesetz

Länderverfassungen

Europäisches Recht

2.2. Gesetze

Das Entgelt ist Gegenstand einer kaum überschaubaren Vielzahl von Vorschriften, die über eine ebensolche Vielzahl von Gesetzen verstreut sind. So bestimmt beispielsweise

Gesetze

- § 611 des Bürgerlichen Gesetzbuches, daß die vereinbarte Vergütung zu zahlen ist,
- § 612 Absatz 2 des Bürgerlichen Gesetzbuches, daß, soweit die Höhe der Vergütung nicht bestimmt ist, die übliche Vergütung als vereinbart gilt,
- § 59 des Handelsgesetzbuches, daß Handlungsgehilfen die dem Ortsgebrauch entsprechende Vergütung zusteht,

- § 115 der Gewerbeordnung, daß Gewerbetreibende verpflichtet sind, die Löhne ihrer Arbeitnehmer in Deutsche Mark zu berechnen,
- § 10 Absatz 2 des Berufsbildungsgesetzes, daß der Ausbildende den Auszubildenden eine angemessene Vergütung gewähren muß,
- § 87 Absatz 1 Ziffer 4 des Betriebsverfassungsgesetzes beziehungsweise § 75 Absatz 3 Ziffer 3 des Bundespersonalvertretungsgesetzes und analoge Vorschriften der Länder, daß der Betriebs- oder Personalrat über Zeit, Ort und Art der Auszahlung der Arbeitsentgelte respektive Dienstbezüge mitzubestimmen hat,
- § 196 Absatz 1 Ziffern 8 und 9, daß die Ansprüche auf Gehalt, Lohn oder andere Dienstbezüge spätestens nach zwei Jahren verjähren, und
- das Entgeltfortzahlungsgesetz regelt die Entgeltansprüche bei Krankheit und ähnlichen Arbeitsversäumnissen.

Diese Aufzählung ist keinesfalls abschließend. Sie gibt nur einen Einblick in die Vielfalt der gesetzlichen Vorschriften.

2.3. Tarifverträge

Tarifverträge

Mit den Tarifverträgen beschäftigt sich ein komplettes Gesetz, das Tarifvertragsgesetz. Tarifverträge dürfen im übrigen selbstverständlich auch nicht im Widerspruch zu allen anderen einschlägigen Gesetzen, Verfassungen und dem Europäischen Recht stehen.

Tarifverträge sind schriftliche Abmachungen zwischen einer oder mehreren Gewerkschaften und einem Arbeitgeberverband beziehungsweise einem einzelnen Arbeitgeber. Tarifverträge mit einem einzelnen Arbeitgeber nennt man **Firmen- oder Haustarifverträge,** solche mit einem Arbeitgeberverband als Vertragspartner der Gewerkschaft oder Gewerkschaften bezeichnet man als **Verbandstarifverträge.** Nach dem **Spezialitätsprinzip** hat der räumlich und fachlich nähere Tarifvertrag den Vorrang, beispielsweise der Haustarifvertrag vor dem Verbandstarifvertrag.

Tarifverträge regeln in einem **schuldrechtlichen Teil** die beiderseitigen Rechte und Pflichten, etwa die Friedenspflicht, das heißt ein Streikverbot während der Laufzeit. In ihrem **normativen Teil** werden arbeitsrechtliche Regelungen getroffen. Einer der wichtigsten Regelungstatbestände ist das Arbeitsentgelt.

Die konkreten Regelungen unterscheiden sich je nach Branche sehr. Neben recht vage formulierten Tarifverträgen gibt es solche mit detaillierten, umfassenden Regelungen, neben einheitlichen Vertragswerken zum Arbeitsentgelt auch Sammelsurien von Detailregelungen. Zum Teil sind die Regelungen über das Arbeitsentgelt in **Rahmen- oder Manteltarifverträgen** festgelegt, die verschiedene Rechte und Pflichten der Tarifparteien sowie den räumlichen und fachlichen Geltungsbereich meist über mehrere Jahre hinweg festlegen. In diesen Tarifverträgen werden vielfach die Lohn- und Gehaltsgruppen aufgeführt und beschrieben. Zudem finden sich in Manteltarifverträgen häufig Bestimmungen über Arbeitsbewertungsverfahren und die Leistungsentlohnung. **Lohn- und Gehaltstarifverträge** werden regelmäßig jedes Jahr neu geschlossen. Sie beinhalten zumeist die konkreten Lohn- und Gehaltssätze sowie Leistungszulagen.

Die Bestimmungen eines Tarifvertrages gelten gemäß §§ 3 und 4 des Tarifvertragsgesetzes **grundsätzlich nur für Arbeitsverträge mit beiderseits tarifgebundenen Vertragsparteien.** Tarifgebundene Arbeitgeber differenzieren aber in aller Regel nicht zwischen Gewerkschaftsmitgliedern und anderen Beschäftigten. Einerseits wäre das im Einzelfall bedenklich, da ein Verstoß gegen den Gleichbehandlungsgrundsatz aus Artikel 3 des Grundgesetzes vorliegen könnte. Anderseits würden noch am gleichen Tage alle Beschäftigten der Gewerkschaft beitreten, um ein höheres Arbeitsentgelt zu erlangen. Das wäre den Arbeitgebern aber nicht gerade angenehm. Deshalb orientieren tarifgebundene Arbeitgeber das Arbeitsentgelt auch für jene Beschäftigte, die nicht Mitglieder von Gewerkschaften sind, meistens am Tarifvertrag. Das ist durchaus zulässig, denn tarifliche Regelungen **können** durch einzelvertragliche Absprachen oder aufgrund betrieblicher Übung, von der noch die Rede sein wird, **auch auf nicht tarifgebundene Arbeitsverträge angewandt werden.**

Sind sowohl der Arbeitgeber als auch die betroffenen Beschäftigten tarifgebunden, gelten die **Rechtsnormen eines Tarifvertrages** unmittelbar und zwingend. Sie **sind unabdingbar.** Die Arbeitnehmer können auf ihre Rechte aus tarifvertraglichen Vereinbarungen nicht wirksam verzichten. Nach dem **Günstigkeitsprinzip** gemäß § 4 Absatz 3 des Tarifvertragsgesetzes ist es aber grundsätzlich erlaubt, im einzelnen Arbeitsvertrag günstigere Arbeitsbedingungen zu vereinbaren, als sie der Tarifvertrag enthält.

§ 5 des Tarifvertragsgesetzes bestimmt darüber hinaus, daß ein Tarifvertrag

– vom Bundesminister für Arbeit und Sozialordnung oder der obersten Arbeitsbehörde eines Landes
– im Einvernehmen mit einem aus je drei Vertretern der Spitzenorganisationen der Arbeitgeber und der Arbeitnehmer bestehenden Ausschuß
– auf Antrag einer Tarifvertragspartei

für allgemeinverbindlich erklärt werden kann. Im Falle einer derartigen **Allgemeinverbindlichkeit** gilt der Tarifvertrag dann unmittelbar und zwingend für alle Arbeitgeber und Arbeitnehmer einer bestimmten Branche in der betreffenden Region.

2.4. Betriebs- oder Dienstvereinbarungen

Gemäß § 87 Absatz 1 Ziffern 6, 10 und 11 des Betriebsverfassungsgesetzes beziehungsweise § 75 Absatz 2 Ziffern 4 und 17 des Bundespersonalvertretungsgesetzes und analoger Vorschriften der Länder hat der **Betriebs- oder Personalrat ein Mitbestimmungsrecht**

Betriebs- oder Dienstvereinbarungen

– bei der Einführung und Anwendung von technischen Einrichtungen, die dazu bestimmt sind, das Verhalten oder die Leistung der Arbeitnehmer zu überwachen,
– bei Fragen der betrieblichen Lohngestaltung, insbesondere bei der Aufstellung von Entlohnungsgrundsätzen und der Einführung und Anwendung neuer Entlohnungsmethoden sowie deren Änderung, und
– bei der Festsetzung der Akkord- und Prämiensätze sowie vergleichbarer leistungsbezogener Arbeitsentgelte.

Dieses Mitbestimmungsrecht wird gemeinhin durch **Betriebsvereinbarungen** wahrgenommen, die im öffentlichen Dienst als **Dienstvereinbarungen** bezeichnet werden. Betriebs- oder Dienstvereinbarungen sind schriftliche Abmachungen zwischen dem Betriebs- respektive Personalrat und dem jeweiligen Arbeitgeber. Sie **ergänzen in der Regel tarifliche Vereinbarungen durch ein Regelwerk,** das auf die betrieblichen Gegebenheiten abgestellt ist.

In puncto Arbeitsentgelt werden zum Beispiel die im Tarifvertrag nicht festgeschriebenen Einzelheiten betriebsbezogen in **Vollzugsordnungen** geregelt. Dabei müssen aber auf jeden Fall die tariflich vorgegebenen Verfahrensvorschriften und die Bestimmungen über die Lohn- und Gehaltshöhe ebenso beachtet werden wie die einschlägigen Gesetze, Verfassungen und das Europäische Recht.

Die **Zulässigkeit** von Betriebs- oder Dienstvereinbarungen wird durch § 77 Absatz 3 des Betriebsverfassungsgesetzes respektive § 75 Absatz 5 des Bundespersonalvertretungsgesetzes **eingeschränkt.** Danach können Arbeitsentgelte und sonstige Arbeitsbedingungen, die durch Tarifvertrag geregelt sind oder üblicherweise geregelt werden, nicht Gegenstand von Betriebs- oder Dienstvereinbarungen sein, es sei denn, ein Tarifvertrag läßt durch eine sogenannte Öffnungsklausel den Abschluß ergänzender Betriebs- oder Dienstvereinbarungen ausdrücklich zu. Enthält der Tarifvertrag eine solche Klausel nicht, so sind Betriebs- oder Dienstvereinbarungen auch dann unstatthaft, wenn sie günstigere Arbeitsbedingungen enthalten. § 4 Absatz 3 des Tarifvertragsgesetzes unterstreicht diese Regelung.

Werden den Beschäftigten durch eine Betriebs- oder Dienstvereinbarung Rechte eingeräumt, so ist ein **Verzicht** auf sie **nur mit Zustimmung des** Personal- oder **Betriebs- oder Personalrates zulässig.**

2.5. Betriebliche Übung

Betriebliche Übung

Die betriebliche Übung **ist eine Art Gewohnheitsrecht.** Die Rechtsprechung geht davon aus, daß zusätzliche finanzielle Leistungen eines Arbeitgebers an einzelne oder alle Beschäftigten nur bei der erstmaligen Gewährung wirklich freiwillig sind. Wird die betreffende Leistung indes **mehrmalig eingeräumt,** entsteht den betreffenden Mitarbeiterinnen und Mitarbeitern ein **Rechtsanspruch** selbst dann, wenn ihre Verträge kein derartiges Entgelt vorsehen. Die Arbeitgeber können demnach die zusätzliche finanzielle Leistung nicht mehr widerrufen, es sei denn,

- sie hätten die Leistungen jeweils in unterschiedlicher Höhe und
- jeweils mit einer anderen Begründung
- unter dem ausdrücklichen Vorbehalt der Einmaligkeit und Freiwilligkeit zugestanden.

2.6. Arbeitsverträge

Arbeitsverträge

Das Arbeitsentgelt kann schließlich insoweit Gegenstand von einzelnen Arbeitsverträgen sein, als

- Tarifverträge und Betriebs- oder Dienstvereinbarungen nicht zur Anwendung kommen,
- Tarifverträge respektive Betriebs- oder Dienstvereinbarungen sachlich nicht entgegenstehen und lediglich zugunsten der Beschäftigten abgewichen wird sowie
- gesetzliche Vorschriften, das Grundgesetz und das Europäische Recht beachtet werden.

Der Arbeitsvertrag wird im Kapitel Personalbeschaffung ausführlich thematisiert. Aus juristischer Sicht ist der Arbeitsvertrag ein **Dienstvertrag,** der die Grundlage für die Beziehung von Arbeitgeber und Arbeitnehmer bildet. Mit ihm wird ein Arbeitsverhältnis begründet, das den **Arbeitgeber unter anderem zur Zahlung des Arbeitsentgelts verpflichtet.**

Um im juristischen Sinne gültig zu sein, müssen bei der Formulierung des Arbeitsvertrages das Europäische Recht, das Grundgesetz, die Verfassungen der Länder, einschlägige Gesetze, Tarifverträge, Betriebs- oder Dienstvereinbarungen und gegebenenfalls die betriebliche Übung beachtet werden. Davon abgesehen besteht grundsätzlich **Vertragsfreiheit,** das heißt

- Abschlußfreiheit,
- Formfreiheit, es sei denn Gesetze, Tarifverträge oder Betriebs- beziehungsweise Dienstvereinbarungen fordern zwingend die Schriftform, die ohnehin angeraten ist, und
- Gestaltungsfreiheit.

In aller Regel nimmt der Arbeitsvertrag auch und vor allem zum Arbeitsentgelt Stellung. Hier werden die Art, Höhe, Fälligkeit und Auszahlungsweise, gegebenenfalls auch die Steigerung des Arbeitsentgelts und die Vergütung von Mehr, Schicht-, Nacht-, Feiertags- und Sonntagsarbeit sowie die Modalitäten für eine Gewinnbeteiligung geregelt. Wenn die Vertragsparteien an den einschlägigen Tarifvertrag gebunden sind, muß wenigstens die tarifliche Mindestvergütung gezahlt werden.

3. Grundvergütung

3.1. Profil der Grundvergütungen

Vielfach beinhaltet das Entgelt

○ eine **Grundvergütung,** die unabhängig von allen Eventualitäten gezahlt wird, und

○ eine **zusätzliche Vergütung** in verschiedenster Form, etwa als Zulage, Prämie, leistungs- oder erfolgsabhängigem Entgeltbestandteil.

Das Augenmerk soll zunächst der Grundvergütung gelten, die in folgenden Formen vorkommt:

Grundvergütungen

Abb. 5.3. Formen von Grundvergütungen

3.2. Zeitlohn

Beim Zeitlohn wird für eine bestimmte Zeiteinheit, also als
- Stunden-,
- Schicht-,
- Tage-,
- Wochen-,
- Dekaden-,
- Monats- oder
- Jahreslohn

ein fest vereinbarter Lohnsatz gezahlt. Üblich ist vor allem der Stundenlohn, in neuerer Zeit aber auch der Monatslohn, der nahezu dem Gehalt entspricht.

5. Entgelt

Nach Anwesenheit

Beim Zeitlohn wird nur die **Anwesenheitszeit abzüglich der unbezahlten Pausen** vergütet. So betritt etwa ein Arbeiter zum Beispiel um 7.15 Uhr das Werk und stempelt zur gleichen Zeit seine Stempelkarte ab. Um 15.45 Uhr verläßt er das Werk nach 8 Stunden und 30 Minuten wieder, nachdem er seine Stempelkarte abgestempelt hat. Aufgrund seines Arbeitsvertrages, einer einschlägigen Betriebsvereinbarung und des Tarifvertrages war er an diesem Tage in der Zeit von 7.00 Uhr bis 15.45 Uhr, also 8 Stunden und 45 Minuten, zur Anwesenheit verpflichtet. Innerhalb dieser Zeit lagen 15 Minuten unbezahlter Frühstückspause und 30 Minuten unbezahlter Mittagspause. Zu vergüten wären demnach 8 Stunden, wenn der Arbeiter sich nicht morgens um 15 Minuten verspätet hätte. Demnach bekommt er 7 Stunden und 45 Minuten vergütet.

Die **Anwesenheitszeit** wird **aber nur** vergütet, **soweit sie zur regelmäßigen Arbeitszeit zählt.** Stempelt der Arbeiter aus dem obigen Beispiel um 6.55 Uhr ein und um 15.50 Uhr aus, und war Mehrarbeit, also jeweils 5 Minuten vor und nach dem offiziellen Arbeitsbeginn und -ende, weder angeordnet noch genehmigt, so werden ihm nur die 8 Stunden regelmäßiger Arbeitszeit vergütet.

Ermittlung

Die **Ermittlung** des Zeitlohnes als Bruttolohn, das heißt ohne Berücksichtigung der Steuern, Sozialabgaben und sonstiger Be- und Abzüge, wird in folgender Weise vorgenommen:

> **Zeitlohn = Lohnsatz je Zeiteinheit • Anzahl der Zeiteinheiten**

Aufgrund der Arbeitszeit von 8 Stunden stünden dem Arbeiter aus dem letzten Beispiel bei einem Stundenlohn von 20 DM also 8 Stunden • 20 DM/Stunde = 160 DM brutto zu.

Kein unmittelbarer Leistungsbezug

Diese 160 DM brutto bekäme er, wenn er die allgemein erwartete Leistung von beispielsweise 30 Stück pro Stunde erbracht hätte, aber auch, wenn er nur 15 Stück pro Stunde gefertigt hätte. Die letzten Zahlen verdeutlichen, daß **beim Zeitlohn kein unmittelbarer Zusammenhang zwischen Lohnhöhe und erbrachter Leistung** besteht. Die Beschäftigten können folglich ohne einen besonderen Zeit- oder Sachzwang mit einem konstanten Lohn rechnen. Das bedeutet jedoch nicht, daß die bloße Anwesenheit am Arbeitsplatz vergütet werden soll. Vielmehr sind die Beschäftigten aufgrund ihres Arbeitsvertrages verpflichtet, eine allgemein erwartete Leistung zu erbringen. Der Arbeiter, der statt der allgemein erwarteten 30 Stück pro Stunde nur 15 Stück fertigt, muß also mit Konsequenzen rechnen, etwa einer Abmahnung oder bei fortgesetzter schlechter Leistung nach mehrfacher Abmahnung mit einer Kündigung. Abgesehen von ganz krassen Fällen, steht ihm bis dahin jedoch der volle Lohn zu.

Vor- und Nachteile

Das **Unternehmen trägt beim Zeitlohn** daher **allein das Risiko geringer Arbeitsleistung.** Zur Vermeidung dieses Risikos wird die Leistung bisweilen überwacht, was neben zusätzlichen Kosten zu Mißstimmungen in der Belegschaft führen kann. Die Tatsache, daß sich eine Mehrleistung beim Zeitlohn nicht in höherem Verdienst widerspiegelt, führt zudem **bei Beschäftigten mit überdurchschnittlicher Leistung** zu **Unzufriedenheit.** Dagegen bietet der Zeitlohn den Vorteil einer **einfachen, gut verständlichen Abrechnung.** Da Beschäftigte, die im Zeitlohn arbeiten, ohne besonderen Sach- und Zeitzwang arbeiten können, kann das **Augenmerk auf die Qualität gelenkt** werden. Zudem werden die **Betriebsmittel geschont.** Vor allem **kommt es so nicht zu besonderen Gesundheits- und Unfallgefahren.**

Wägt man Vor- und Nachteile gegeneinander ab, **empfiehlt sich der Zeitlohn** vor allem dort, *Anwendungsfelder*

- wo die **Lohnkosten** im Verhältnis zu anderen Kosten **gering** sind,
- wo **besondere Anforderungen an die Qualität der Arbeit** gestellt werden, die unter besonderen Sach- und Zeitzwängen kaum zu erfüllen sind,
- wo **erhebliche Unfallgefahren** bestehen und
- wo die **Beschäftigten den Arbeitsablauf nicht maßgeblich beeinflussen** können, etwa bei Überwachungstätigkeiten an vollautomatisierten Maschinen und Anlagen, bei nicht vorherbestimmbarer, quantitativ nicht meßbarer und schöpferisch-künstlerischer Arbeit.

Bleibt die Frage zu klären, wie man zu dem besagten Lohnsatz je Zeiteinheit, in der Regel zum Stundenlohn, **kommt.** Daß man diesen Stundenlohn dem Tarifvertrag entnehmen kann, reicht als Antwort nicht aus.

- Erstens müßte man darüber nachdenken, wie denn die Tarifpartner den Stundenlohn bestimmt haben.
- Zweitens müßte man offenlegen, warum man sich für welche Lohngruppe entschieden hat.
- Und drittens müßte ergründet werden, wie man vorgehen soll, wenn man einen höheren als den tarifvertraglich festgelegten Mindestlohn zahlen will oder muß.

Die **Grundlage zur Bestimmung eines Zeitlohnes** bildet stets die **anforderungsabhängige Entgeltdifferenzierung, die Arbeitsbewertung.** Die Arbeitsbewertung ist auch unter Begriffen wie Stellen-, Funktions- oder Positionsbewertung bekannt.

> Die Arbeitsbewertung ist ein Verfahren zur Untersuchung und zum bewertenden Vergleich von Arbeiten oder Arbeitsbereichen innerhalb eines Unternehmens oder Industriezweiges. Als Maßstab dienen der Arbeitsinhalt und die Arbeitsanforderungen.

Arbeitsbewertung

Die **Arbeitsbewertung ist eine Beurteilung,** allerdings keine Personalbeurteilung. **Beurteilt wird lediglich die Arbeitsverrichtung** als solche, ohne Berücksichtigung des jeweiligen Stelleninhabers und seiner Leistung. Es geht ausschließlich um die Anforderungen, die sich aus der Tätigkeit ergeben. Die ermittelten Kennzahlen, die in Lohngruppen, Arbeitswerten, Wertzahlsummen oder ähnlichen Daten ausgedrückt werden, beschreiben den Schwierigkeitsgrad der verschiedenen Tätigkeiten. Entsprechend diesem Schwierigkeitsgrad erfolgt schließlich die Zuordnung des Entgelts.

Wie bei der Personalbeurteilung unterscheidet man bei der Arbeitsbewertung **summarische und analytische Verfahren.** Und wie bei der Personalbeurteilung kann man bei beiden Verfahren jeweils nach zwei Prinzipien vorgehen: Nach dem **Prinzip der** Skalierung, auch Einstufung oder **Stufung** genannt, oder nach dem **Prinzip der** Rangordnung, auch Rangfolge, Rangreihe oder **Reihung** genannt. Die Kombination der beiden Bewertungsverfahren mit den Prinzipien der Reihung und Stufung ergibt vier Methoden der Arbeitsbewertung:

Methode der Quantifizierung	Methode der qualitativen Analyse	
	Summarisch	Analytisch
Reihung	Rangfolgeverfahren	Rangreihenverfahren
Stufung	Lohngruppenverfahren	Stufenwertzahlenverfahren

Abb. 5.4. Methoden der Arbeitsbewertung

Summarische Arbeitsbewertung

Summarische Arbeitsbewertung

Unter der summarischen Arbeitsbewertung werden Verfahren verstanden, bei denen die Arbeitsanforderungen einer Tätigkeit in ihrer Gesamtheit erfaßt werden. Man verzichtet hier auf die systematische Analyse der einzelnen Anforderungskriterien. Die Arbeitsschwierigkeit wird folglich global beurteilt. Das Ergebnis wird meist in Form der Eingruppierung in eine Lohn- oder Gehaltsgruppe ausgewiesen.

○ **Rangfolgeverfahren**

Rangfolgeverfahren

Beim Rangfolgeverfahren werden zunächst alle im Unternehmen vorkommenden Tätigkeiten aufgelistet. Dazu dienen Arbeitsbeschreibungen, also Zustandsbeschreibungen der Arbeitsaufgaben der jeweiligen Tätigkeiten, die man etwa den Stellenbeschreibungen entnehmen kann. Wie im Kapitel Personalbeschaffung beschrieben, definiert man auf dieser Grundlage Anforderungskriterien durch Beobachtungen oder Befragungen. Dann faßt man Arbeitsplätze mit gleichen Anforderungskriterien zu einer homogenen Gruppe zusammen. Die Gruppen werden nun nach Maßgabe der gesamten Arbeitsschwierigkeit verglichen und in eine Rangfolge gebracht. Das erfolgt zumeist durch Paarvergleiche, beispielsweise

> Arbeit A ist schwieriger als B, Arbeit A ist schwieriger als C,
> Arbeit B ist schwieriger als C,
> folglich: 1. Arbeit A, 2. Arbeit B, 3. Arbeit C

Abb. 5.5. Rangfolgeverfahren

Der Gruppe mit den geringsten Anforderungen, also dem geringsten Schwierigkeitsgrad, wird demnach eine niedrigere Lohngruppe, mithin ein geringerer Lohnsatz zugeordnet, wie der nächsten Gruppe mit höheren Anforderungen.

Das Rangfolgeverfahren ist vergleichsweise **einfach in der Anwendung** und deshalb recht **kostengünstig**. Zudem ist es allseits **leicht verständlich**. Allerdings ist die Beurteilung **subjektiv**. Zudem wird **nicht deutlich, wie groß die Abstände der Gruppen voneinander sind**. Und schließlich werden die **Anforderungskriterien nicht gewichtet**. Das kann zu Verzerrungen in der Lohnstruktur führen, soweit größere Unternehmen betroffen sind. In kleineren Unternehmen fallen derartige Verzerrungen schnell ins Auge und können deshalb vermieden werden.

○ **Lohngruppenverfahren**

Lohngruppenverfahren

Das Lohngruppenverfahren wird auch als Katalogverfahren bezeichnet. Hier definiert man aufgrund von Erfahrungswerten aus der Unternehmerschaft und den Belegschaften eine Anzahl von Lohngruppen, die unterschiedliche Schwierigkeitsgrade repräsentieren. Ein solcher Lohngruppenkatalog wird häufig durch eine Vielzahl von

Richtbeispielen komplettiert. Das Lohngruppenverfahren findet häufig in Tarifverträgen Anwendung. Die einzelnen Gruppen sind oftmals mit Prozentzahlen versehen, die Relationen der jeweiligen Gruppen zu einer ausgewählten Bezugsgruppe angeben. Diese Bezugsgruppe entspricht 100 % und wird als Eckgruppe bezeichnet. Unter einer **Ecklohngruppe** wird regelmäßig die Lohngruppe verstanden, die erstmals Facharbeiten ausweist. *Keller und Kurth (Grundlagen der Entlohnung)* zitieren einen beispielhaften Lohngruppenkatalog aus einem Tarifvertrag:

Gruppe	Lohngruppen-Definitionen	Lohnschlüssel
1	Arbeiten einfacher Art, die ohne vorherige Arbeitskenntnisse nach kurzer Anweisung ausgeführt werden können und mit geringen körperlichen Belastungen verbunden sind.	75 %
2	Arbeiten, die ein Anlernen von 4 Wochen erfordern und mit geringen körperlichen Belastungen verbunden sind.	80 %
3	Arbeiten einfacher Art, die ohne vorherige Arbeitskenntnisse nach kurzer Einweisung ausgeführt werden können.	85 %
4	Arbeiten, die ein Anlernen von 4 Wochen erfordern.	90 %
5	Arbeiten, die ein Anlernen von 3 Monaten erfordern.	95 %
6	Arbeiten, die eine abgeschlossene Anlernausbildung in einem anerkannten Anlernberuf oder eine gleichzuwertende Ausbildung erfordern.	100 %
7	Arbeiten, deren Ausführung ein Können voraussetzt, das erreicht wird durch eine entsprechende ordnungsgemäße Berufslehre (Facharbeiten). Arbeiten, deren Ausführung Fertigkeiten und Kenntnisse erfordert, die Facharbeiten gleichzusetzen sind.	108 %
8	Arbeiten schwieriger Art, deren Ausführung Fertigkeiten und Kenntnisse erfordert, die über jene der Gruppe 7 wegen der notwendigen mehrjährigen Erfahrung hinausgehen.	118 %
9	Arbeiten hochwertiger Art, deren Ausführung an das Können, die Selbständigkeit und die Verantwortung im Rahmen des gegebenen Arbeitsauftrages hohe Anforderungen stellt, die über die der Gruppe 8 hinausgehen.	125 %
10	Arbeiten höchstwertiger Art, die hervorragendes Können mit zusätzlichen theoretischen Kenntnissen, selbständige Arbeitsausführung und Dispositionsbefugnis im Rahmen des gegebenen Arbeitsauftrages bei besonders hoher Verantwortung erfordern.	> 125 %

Abb. 5.6. Lohngruppenverfahren

Im Unternehmen kann man nun eine konkrete Arbeitstätigkeit mit den Lohngruppendefinitionen vergleichen und einer dieser Definitionen zuordnen. Sobald der Ecklohn festgelegt ist, hat man damit den Lohnsatz bestimmt.

Auch das Lohngruppenverfahren ist, wie das Rangfolgeverfahren, vergleichsweise **einfach in der Anwendung,** deshalb recht **kostengünstig** und allseits **leicht verständlich.** Es birgt gleichwohl die **Gefahr der Schematisierung** in sich, das heißt, die speziellen Gegebenheiten des jeweiligen Unternehmens und der betroffenen Beschäftigten können nicht oder nicht ausreichend berücksichtigt werden. Das kann zu recht aufreibenden Diskussionen mit den Betroffenen über die richtige Zuordnung zu einer Gruppe führen. Diese Diskussion wird zudem dadurch angeheizt, daß die Tarifpartner die **Lohngruppendefinitionen der technischen Entwicklung nur in recht großen Zeitabständen anpassen.** Das hat seinen Grund darin, daß der Interessenausgleich in dieser gewichtigen Entgeltangelegenheit den Tarifpartnern gleichfalls große Mühe bereitet.

Da sich das Lohngruppenverfahren in Tarifverträgen durchgesetzt hat, wird es von den Unternehmen im großen Stile angewendet.

Analytische Arbeitsbewertung

Analytische Arbeitsbewertung

Bei der analytischen Arbeitsbewertung werden die Arbeitsanforderungen einer Tätigkeit in Anforderungskriterien, sogenannte Anforderungsarten, zerlegt. Jede dieser Anforderungsarten wird einzeln einer wertenden Betrachtung unterzogen. Die dadurch ermittelten Werte für jede Anforderungsart werden zueinander in eine Relation gesetzt. Mußten bei den analytischen Personalbeurteilungsverfahren die Beurteilungskriterien gewichtet werden, so müssen bei den analytischen Arbeitsbewertungsverfahren die Anforderungskriterien, die sogenannten Anforderungsarten, gewichtet werden, um zu verdeutlichen, welche Bedeutung die einzelnen Kriterien für das Gesamturteil haben. Die gewichteten Anforderungsarten werden dann aufsummiert. Aus ihrer Summe resultiert der Arbeitswert der gesamten Tätigkeit, der ein Symbol der Arbeitsschwierigkeit dieser Tätigkeit ist. Die ermittelten Arbeitswerte aller untersuchten Tätigkeiten werden schließlich durch Multiplikation mit einem Geldfaktor in Löhne umgerechnet.

Nun gibt es aber eine schier unüberschaubare Vielfalt von Anforderungsarten. Deshalb muß man sich auf einige wenige typische Anforderungsarten beschränken. Die meisten analytischen Arbeitsbewertungsverfahren greifen in unterschiedlichen Formulierungen und Varianten auf jene Anforderungsarten zurück, die bereits 1950 auf einer Konferenz für Arbeitsbewertung in Genf erarbeitet wurden. Das **Genfer Schema** kennt vier Anforderungsarten: Das Können, die Belastung, die Verantwortung und die Arbeitsbedingungen. Die Anforderungsarten Können und Belastung werden in geistige und körperliche Anforderungen unterteilt.

Genfer Schema

Können		Belastung		Ver- antwortung	Arbeits- bedingungen
Geistige Anforderungen	Körperliche Anforderungen	Geistige Anforderungen	Körperliche Anforderungen		

Abb. 5.7. Anforderungsarten nach dem Genfer Schema

○ **Rangreihenverfahren**

Rangreihenverfahren

Wie beim summarischen Rangfolgeverfahren werden auch beim analytischen Rangreihenverfahren zunächst auf der Grundlage einer Arbeitsbeschreibung die Anforderungskriterien einer Tätigkeit durch Beobachtungen oder Befragungen definiert. Diese Anforderungskriterien reduziert man regelmäßig auf Anforderungsarten nach dem Genfer Schema. Danach nimmt man eine Einordnung von der einfachsten bis zur schwierigsten Verrichtung vor, allerdings für jede Anforderungsart einer Tätigkeit getrennt. Hierin unterscheidet sich das analytische Rangreihenverfahren vom summarischen Rangfolgeverfahren. Man ordnet jeder einzelnen Anforderungsart jeder untersuchten Tätigkeit einen Rangplatz zu. Die Stellung einer bestimmten Tätigkeit in der Rangreihe der konkreten Anforderungsart wird in Rangplatznummern, das sind die Rangplätze in umgekehrter Reihenfolge, ausgedrückt, beispielsweise:

> Die Verantwortung bei Arbeit A wiegt schwerer als bei B, die Verantwortung bei Arbeit A wiegt schwerer als bei C, die Verantwortung bei Arbeit B wiegt schwerer als bei C, folglich
> Verantwortung: 1. Arbeit A = Nr. 3, 2. Arbeit B = Nr. 2, 3. Arbeit C = Nr. 1

Abb. 5.8. Rangreihenverfahren

Ein Katalog mit Arbeitsbeispielen unterschiedlichen Schwierigkeitsgrades ermöglicht üblicherweise die nicht immer leichte Einordnung.

Beim **Rangreihenverfahren mit getrennter Gewichtung** werden die Einreihung der Anforderungsarten und ihre Gewichtung getrennt durchgeführt. Wäre beispielsweise der Verantwortung aus dem obigen Beispiel der Gewichtungsfaktor 10 zugedacht, so müßte man die Rangplatznummern jeweils mit 10 multiplizieren. Der Arbeitswert einer gesamten Tätigkeit ergibt sich dann, indem man die Ergebnisse der Multiplikationen aufsummiert.

Das **Rangreihenverfahren mit gebundener Gewichtung** wird nur selten praktiziert. Hier werden nicht Rangplatznummern sondern Wertzahlen vergeben, die hierarchisch geordnet sind und die Gewichtungsfaktoren bereits beinhalten. Im obigen Beispiel könnte das für die Anforderungsart Verantwortung bei Arbeit A die Wertzahl 30, für B die 20 und für C die 10 sein, also ergibt sich im Ergebnis kein Unterschied zum Rangreihenverfahren mit getrennter Gewichtung.

Das Rangreihenverfahren ist im Vergleich zu den Verfahren der summarischen Arbeitsbewertung **genauer und im Ansatz weniger subjektiv**. Allerdings läßt es den Beurteilerinnen und Beurteilern immer noch **große Ermessensspielräume** bei der Einschätzung des Schwierigkeitsgrades und damit der Zuteilung von Rangplätzen. Zudem **fehlen für die Gewichtung der einzelnen Anforderungsarten objektive Kriterien**.

Das Rangreihenverfahren eignet sich, wenn die zu beurteilenden Tätigkeiten vergleichbar und nicht zu umfangreich sind.

○ **Stufenwertzahlverfahren**

Beim Stufenwertzahlverfahren, auch Stufen-, Stufenwert- oder Punktebewertungsverfahren genannt, wird für jede Anforderungsart eine mehr oder minder große Zahl von Anforderungsstufen festgelegt und definiert. Diesen Anforderungsstufen sind jeweils Wertzahlen, das heißt Punkte, kurze verbale Beschreibungen und häufig auch Arbeitsbeispiele zugeordnet. So entsteht für jede Anforderungsart eine Punktwertreihe, eine sogenannte Bewertungstafel, zum Beispiel:

Stufenwertzahlverfahren

Anforderungsart Verantwortung

Stufe	Verbale Beschreibung	Wertzahl
1	Äußerst gering	0
2	Gering	2
3	Mittel	4
4	Groß	6
5	Sehr groß	8
6	Extrem groß	10

Abb. 5.9. Stufenwertzahlverfahren

Die unterschiedliche Belastung der Beschäftigten durch eine konkrete Anforderungsart wird durch die Zuweisung einer dieser Wertzahlen zum Ausdruck gebracht. Durch Addition der Wertzahlen der diversen Anforderungsarten einer Tätigkeit gewinnt man schließlich den Arbeitswert dieser Tätigkeit.

Das Stufenwertzahlverfahren kann, analog dem Rangreihenverfahren, **mit getrennter oder mit gebundener Gewichtung** durchgeführt werden.

Das Stufenwertzahlverfahren hält im Vergleich zu den anderen genannten Verfahren **subjektive Einflüsse in engen Grenzen.** Nachteilig ist jedoch die **Unübersichtlichkeit.** Ohne eine gründliche Schulung ist es kaum anwendbar.

Trotz dieses Nachteils wird das Stufenwertzahlverfahren in der Praxis vielfach verwendet.

3.3. Gehalt

Nach Arbeitsbewertung

Die **Grundlage zur Bestimmung eines Gehalts** bildet gleichfalls stets die **anforderungsabhängige Entgeltdifferenzierung, also die Arbeitsbewertung. Die obengenannten Verfahren werden folglich gleichermaßen auf Gehälter angewandt.**

Die Höhe des Gehaltes wird zwar arbeitsvertraglich vereinbart. Diese arbeitsvertragliche Vereinbarung beruht aber auf einer Arbeitsbewertung, also auf den Anforderungen der Stelle, selbst wenn dem Arbeitgeber für diese Arbeitsbewertung nur ein Blick in den Tarifvertrag, bei außertariflichen Gehaltsempfängern ein Vergleich mit den Gehältern der Konkurrenz oder gar der dicke Daumen genügt. So wird ein promovierter Chemiker, der als Taxifahrer tätig ist, eben nicht wie ein promovierter Chemiker in einem Versuchslabor, sondern wie ein Taxifahrer bezahlt.

Faktisch kaum Unterschiede zum Zeitlohn

Überhaupt ist der **Unterschied zwischen dem Zeitlohn und dem Gehalt faktisch kaum nennenswert.** Wie beim Zeitlohn wird das **Gehalt für eine bestimmte Zeiteinheit, in aller Regel einen Monat,** gezahlt. Maßgeblich ist die vereinbarte, in der Regel tarifkonforme Arbeitszeit. Früher, als Gleitzeitmodelle noch nicht in Mode waren, konnte man in dieser Beziehung noch einen merklichen Unterschied zwischen dem Zeitlohn und dem Gehalt feststellen. Den Zeitlöhnern wurde nur die Arbeitszeit vergütet, die sie durch die Zeiterfassung per Stempelkarte nachweisen konnten. Die Gehaltsempfänger brauchten einen derartigen Beleg jedoch regelmäßig nicht beizubringen. Wenn ihnen nicht im Einzelfall Verspätungen nachgewiesen wurden, ging man davon aus, daß sie in der vereinbarten Arbeitszeit anwesend waren. Und selbst bei nachgewiesenen Verspätungen war ihnen oft ein Nacharbeiten möglich. Heutzutage werden auch die Anwesenheitszeiten der Gehaltsempfänger erfaßt, so daß dieses Privileg relativiert wird. Zwar lassen moderne Arbeitszeitmodelle immer noch das Vor- und Nacharbeiten in gewissen Grenzen zu. Aber heutzutage gilt das für Lohn- wie für Gehaltsempfänger. Sprengen die Fehlzeiten aber den gesetzten Rahmen, werden Abzüge vorgenommen. Mit Ausnahme des Monatslohnes gibt es aber, was die Vergütung der Arbeitszeit angeht, immer noch einen Unterschied zwischen dem Zeitlohn und dem Gehalt: Gehaltsempfänger bekommen für jeden Kalendermonat, auch den kurzen Februar, dasselbe Entgelt. Zeitlöhner hingegen beziehen für Monate, die über weniger Arbeitstage verfügen, logischerweise ein geringeres Arbeitsentgelt.

Auch beim Gehalt wird also prinzipiell nur die **Anwesenheitszeit abzüglich der unbezahlten Pausen** vergütet, die **Anwesenheitszeit aber nur, soweit sie zur regelmäßigen Arbeitszeit zählt.** Sind Überstunden weder angesetzt noch genehmigt, besteht kein Anspruch auf Vergütung.
Nach Anwesenheit

Abgesehen von Mehrarbeit und Fehlzeiten, ist die **Ermittlung des Bruttogehalts,** das heißt ohne Berücksichtigung der Steuern, Sozialabgaben und sonstiger Be- und Abzüge, folglich höchst einfach: **Man entnimmt es dem Arbeitsvertrag.**
Bruttogehalt laut Arbeitsvertrag

Wie beim Zeitlohn besteht **auch beim Gehalt kein unmittelbarer Zusammenhang zwischen der Höhe des Arbeitsentgelts und der erbrachten Leistung.** Den Gehaltsempfängern ist mithin weder eine definitive Leistungsnorm vorgeschrieben, noch ist eine Ausgangsleistung vereinbart. Das Gehalt ist auf die absolvierte Arbeitszeit und die Stellenanforderungen bezogen. Naturgemäß wird auch beim Gehalt eine faire oder angemessene Arbeitsleistung erwartet. Solange ein Gehaltsempfänger aber nicht deutlich weniger als vergleichbare Beschäftigte leistet, ist er vor arbeitsrechtlichen Sanktionen, auch beim Arbeitsentgelt, sicher. **Die beim Zeitlohn angesprochenen Vor- und Nachteile gelten daher ebenfalls für das Gehalt.**
Kein unmittelbarer Leistungsbezug

Vor- und Nachteile

Obwohl sich Zeitlohn und Gehalt so ähnlich sind und obwohl arbeits- und sozialrechtlich kaum noch Unterschiede zwischen Lohn- und Gehaltsempfängern feststellbar sind, hat das **Gehalt immer noch einen hohen Prestigewert.**
Prestigewert

> Denn Gehalt wird das Pendant der Arbeitsleistung bei Angestellten, Lohn jenes bei Arbeiterinnen und Arbeitern genannt.

Und Angestellte werden in unserer Gesellschaft immer noch höher geachtet als Arbeiterinnen und Arbeiter. So sind Arbeiterinnen und Arbeiter nicht selten sogar dazu bereit, Entgelteinbußen hinzunehmen, um den Angestelltenstatus zu erlangen.

3.4. Ausbildungsvergütung

§ 10 Absatz 1 des Berufsbildungsgesetzes besagt, daß der Ausbildende, also das Unternehmen, den Auszubildenden eine angemessene Vergütung zu gewähren hat. Sie ist nach dem Lebensalter der oder des Auszubildenden so zu bemessen, daß sie mit fortschreitender Berufsausbildung, mindestens jährlich, ansteigt. § 11 dieses Gesetzes ergänzt die vorgenannte Bestimmung. Demnach bemißt sich die Ausbildungsvergütung nach Monaten und ist spätestens am letzten Arbeitstag des Monats zu zahlen.
Berufsbildungsgesetz

> Damit wird deutlich, daß die Ausbildungsvergütung im kaufmännischen wie im gewerblichen Bereich der Form nach dem Gehalt entspricht. Es handelt sich um monatliche Bruttoentgelte.

Keine Arbeits-bewertung — Die Ausbildungsvergütung **ist trotzdem kein Gehalt, da sie nicht auf einer Arbeitsbewertung beruht,** sondern nach dem Lebensalter der Auszubildenden bemessen ist. Diese Bemessung nehmen in aller Regel die Tarifpartner vor, indem sie Ausbildungsvergütungen tarifvertraglich regeln.

Eine Arbeitsbewertung würde im übrigen auch keinen Sinn machen, denn die Ausbildung ist keine Arbeitsleistung. Nach § 9 des Berufsbildungsgesetzes sind die Auszubildenden vielmehr verpflichtet, sich zu bemühen, die Fertigkeiten und Kenntnisse zu erwerben, die erforderlich sind, um das Ausbildungsziel zu erreichen. Aus demselben Grund **verbietet sich für gewöhnlich auch eine Leistungsbewertung,** es sei denn, sie nähme auf den Ausbildungserfolg Bezug.

3.5. Honorar

> Das Honorar ist das vertraglich vereinbarte Entgelt für die Leistungen der freien Mitarbeiterinnen und Mitarbeiter.

Regelmäßig nach Leistung — Die Arbeitsbewertung kann prinzipiell **Grundlage für die Höhe eines Honorars** sein. **In der Regel** sind hier jedoch andere **betriebswirtschaftliche Größen** maßgeblich, etwa Umsätze oder Deckungsbeträge. Deshalb wird ein Honorar auch nicht unbedingt für eine Zeiteinheit, beispielsweise einen Monat, gezahlt. Da sich freie Mitarbeiterinnen und Mitarbeiter überdies dadurch auszeichnen, daß sie organisatorisch nicht in das Unternehmen integriert sind, spielt für die Höhe des Honorars auch weder die Anwesenheits- noch die Arbeitszeit eine Rolle. **Entscheidend ist die erbrachte Leistung,** die den vertraglichen Vereinbarungen entsprechen muß.

Bruttoentgelt — Honorare werden **durch die Bank als Bruttoentgelte ausgezahlt.** Um steuer- und sozialversicherungsrechtliche Belange müssen sich die Empfänger ebenso selber kümmern wie um eine Absicherung für Krankheitsfälle.

3.6. Akkordlohn

3.6.1. Voraussetzungen

Voraussetzungen — Grundsätzlich ist eine Entlohnung im Akkord nur unter gewissen Bedingungen möglich. Sie kann nur dann korrekt angewendet werden, wenn die folgenden Voraussetzungen in vollem Umfang erfüllt sind:

○ **Akkordfähigkeit**

Akkordfähigkeit — Der **Arbeitsablauf** muß **im voraus zeitlich und inhaltlich festgelegt** sein. Trotzdem muß es den **Beschäftigten** möglich sein, den **Arbeitsablauf zu beeinflussen.** Folglich sind vollautomatisierte Fertigungsabläufe nicht akkordfähig. Das **Arbeitsergebnis** sollte **leicht und genau meßbar** sein. Mit anderen Worten muß sich der Aufwand für die Ermittlung und Abrechnung der Arbeitsergebnisse im wirtschaftlichen Rahmen halten. Für die Ermittlung, Abrechnung und gegebenenfalls auch für Korrekturen ist ausreichend geschultes Fachpersonal notwendig. Und selbstverständlich muß die **Arbeit nach gesicherten wissenschaftlichen Erkenntnissen menschengerecht gestaltet** sein. Qualitätseinbußen, Unfälle und Gesundheitsschäden sollten ausgeschlossen werden.

○ **Akkordreife**

Der **Arbeitsablauf** darf **keine Mängel** aufweisen. Er muß so geplant, gestaltet und gesteuert sein, daß Störungen nach Möglichkeit vermieden werden. Gefordert ist also die Vorherbestimmbarkeit des Arbeitsablaufes, der Arbeitsverfahren und der Arbeitsmethoden. Gefordert sind weiterhin einigermaßen **konstante Arbeitsbedingungen.** Erst dadurch wird es möglich, daß **Beschäftigte** die Arbeit nach entsprechender Übung und Einarbeitung ausreichend beherrschen und die **Arbeitsergebnisse beeinflussen** können.

Akkordreife

3.6.2. Ermittlung des Akkordlohnes

> Beschäftigte, die einen Akkordlohn beziehen, werden nicht wie Zeitlöhner oder Gehaltsempfänger für die Dauer der Arbeitszeit, sondern für die geleistete Arbeitsmenge entlohnt.

Entlohnung nach Leistungsmengen

Bei der üblichen Form des Akkordlohnes, dem Proportionalakkord, steigt der Lohn im gleichen Verhältnis wie die Zeiteinsparung beziehungsweise der Leistungsanstieg. Der Akkordlohn weist also im Gegensatz zum Zeitlohn und zum Gehalt einen unmittelbaren Leistungsbezug auf. So ergibt beispielsweise eine um zehn Prozent höhere Mengenleistung je Stunde einen um zehn Prozent höheren Lohn je Stunde. Die höhere Entlohnung beruht auf der Annahme, daß die höhere Mengenleistung nicht von Veränderungen im Arbeitsverfahren, der Arbeitsmethode oder der Arbeitsbedingungen herrührt, sondern von der Leistung der oder des Beschäftigten bestimmt wird. Deshalb bezeichnet man den Akkordlohn als einen **Leistungslohn.** Die **Basis** des Akkordlohnes ist folglich eine leistungsabhängige Entgeltdifferenzierung, eine sogenannte **Leistungsbewertung.**

Trotzdem kommt man auch beim Akkordlohn nicht ohne eine anforderungsabhängige Entgeltdifferenzierung, **eine Arbeitsbewertung, aus.** Man muß nämlich die Mengenleistung einer Arbeiterin respektive eines Arbeiters **in Beziehung zu einem Basiswert** setzen, der Akkordrichtsatz genannt wird. **Um diesen Basiswert bestimmen zu können,** muß man die Arbeitsverrichtungen, genauer ihre Anforderungen, mit den obengenannten Verfahren entsprechend ihrem **Schwierigkeitsgrad beurteilen.** Es ist sicherlich einsichtig, daß nicht alle Arbeiten, die im Akkord verrichtet werden, den gleichen Schwierigkeitsgrad haben. Deswegen müssen bereits die Basiswerte, die Akkordrichtsätze, dieser Arbeitsverrichtungen unterschiedlich angesetzt werden.

Basiswert laut Arbeitsbewertung

○ **Akkordrichtsatz**

Der besagte Akkordrichtsatz besteht aus zwei Komponenten,

Akkordrichtsatz

- dem **Grundlohn,** der meist dem Stundenlohn entspricht, den Zeitlöhner für die gleiche oder eine ähnliche Arbeitsverrichtung beziehen, und
- dem **Akkordzuschlag,** der üblicherweise zwischen fünf und meist fünfzehn, höchstens 25 Prozent des Grundlohnes beträgt. Durch diesen Akkordzuschlag, den die meisten Tarifverträge vorsehen, liegt das Arbeitsentgelt im Akkord von vornherein höher als der Zeitlohn für vergleichbare Arbeit, weil den Arbeiterinnen und Arbeitern im Akkord gegenüber den Zeitlöhnern im allgemeinen eine größere Arbeitsintensität unterstellt wird. Dies wird oft schon durch die höhere Organisationsdichte an den Arbeitsplätzen begründet, die für Arbeiten im Akkord ausgerichtet sind.

> **Akkordrichtsatz = Grundlohn + Akkordzuschlag**

Beträgt etwa der Zeitlohn für eine bestimmte Arbeit 20 DM pro Stunde und der Akkordzuschlag 20 Prozent, so ergäbe sich ein Akkordrichtsatz von 24 DM pro Stunde.

Praktiker müssen auf die Errechnung des Akkordrichtsatzes kaum achten, da er, wie der Zeitlohn, unter der entsprechenden Lohngruppe in Mark und Pfennig im einschlägigen Tarifvertrag aufgeführt ist. Diese Tariflohngruppen können nach den jeweiligen betrieblichen Bedürfnissen weiter untergliedert werden. Eine Überlappung der Lohngruppen für verschiedene Rangstufen sollte nach Möglichkeit vermieden werden.

> Der Akkordrichtsatz ist der Stundenverdienst einer oder eines Beschäftigten im Akkord, die oder der jene Leistung zeigt, die als normal vorausgesetzt wird.

Akkordrichtsatz als Garantielohn

Aber selbst wenn ein Akkordlöhner diese Normalleistung nicht aufbringt, ist ihm der Akkordrichtsatz sicher. **Der Akkordrichtsatz ist** folglich wie der Zeitlohn **eine Art Garantielohn.** Das bedeutet auch für Akkordlöhner nicht, daß die bloße Anwesenheit am Arbeitsplatz vergütet wird. Vielmehr sind auch und gerade sie aufgrund ihres Arbeitsvertrages verpflichtet, eine allgemein erwartete Leistung zu erbringen. Auch der Arbeiter im Akkord, der statt der allgemein erwarteten 30 Stück pro Stunde nur 15 Stück fertigt, muß mit Konsequenzen rechnen, etwa einer sogenannten **Minderleistungsvereinbarung** zwischen Arbeitgeber und Betriebsrat, nach der sein persönlicher Stundenverdienst geringer sein kann. Man könnte ebenfalls an Abmahnungen denken oder bei fortgesetzter schlechter Leistung nach mehrfacher Abmahnung an eine Kündigung. Abgesehen von ganz krassen Fällen, steht dem Arbeiter bis dahin jedoch der Akkordrichtsatz zu.

○ **Akkordlohn**

Will man **vom Akkordrichtsatz,** der anforderungsbezogenen Entgeltkomponente, **zum Akkordlohn** kommen, geht das, wie gesagt, nur **über eine** leistungsabhängige Entgeltdifferenzierung, die **Leistungsbewertung.**

Leistungsbewertung

> Grundlage der Leistungsbewertung ist die Ermittlung geeigneter leistungsabhängiger Kennzahlen. Die Kennzahlen sind immer dann geeignet,
> – wenn die Beschäftigten sie beeinflussen können und
> – wenn diese Beeinflussung zu einer Veränderung des Leistungsergebnisses führt.

Für die Leistungsbewertung werden grundsätzlich zwei Formen von Kennzahlen verwendet: Leistungsziffern und Leistungswerte.

Leistungsziffern

– **Leistungsziffern sind Kennzahlen, die durch Messen oder Zählen gewonnen werden.** Die individuelle Leistung wird mittels eines Vergleichs von Sollvorgaben für Zeiten, Mengen und Qualitäten und den aktuell ermittelten Zeiten, Mengen und Qualitäten eingeschätzt.

Leistungswerte

– Kann der Beitrag des Menschen am Arbeitsergebnis nicht gemessen oder gezählt werden, greift man auf die Leistungsbeurteilung zurück, die den Leserinnen und

Lesern als eine Form der Personalbeurteilung aus dem gleichnamigen Kapitel dieses Buches bekannt ist. Das **Ergebnis der Leistungsbeurteilung** ist eine Bewertung des Arbeitsergebnisses und des Arbeitsverhaltens der einzelnen Beschäftigten nach einheitlichen Kriterien. Diese Bewertung wird nun **in Kennzahlen übersetzt, die sogenannten Leistungswerte.**

Beim Akkordlohn geht es vorrangig um Leistungsmengen, also meß- und zählbare Kennzahlen. Deshalb beruht die Leistungsbewertung hier auf **Leistungsziffern.**

Akkord: Leistungsziffern

Weniger gebräuchlich sind in diesem Zusammenhang die sogenannten **Systeme vorbestimmter Zeiten,** wie das **Work-Factor-Verfahren** und das **Methods-Time-Measurement-Verfahren.** Hier analysiert man zunächst die Bewegungsabläufe auf die einzelnen Bewegungselemente. Danach erfolgt eine Zuordnung von Zeiteinheiten zu den festgestellten Bewegungselementen unter Verwendung von Bewegungszeittabellen.

Zumeist wird jedoch das **REFA-System** angewandt, das im Zusammenhang mit der Arbeitsstrukturierung im Kapitel Personaleinsatz angesprochen wird. Nach der Bestimmung des Akkordrichtsatzes durch eine Arbeitsbewertung geht man wie folgt vor:

REFA-System

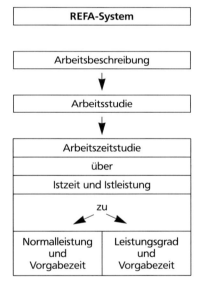

Abb. 5.10. REFA-System

○ **Arbeitsbeschreibung**

Die Leistungsbewertung beginnt, wie die Arbeitsbewertung, mit einer Arbeitsbeschreibung, einer Zustandsbeschreibung des Arbeitssystems und der Organisationsbeziehungen für einen Arbeitsplatz. Arbeitsbeschreibungen kann man, falls vorhanden, den Stellenbeschreibungen entnehmen. Ansonsten muß man sie nach einheitlichen Kriterien anfertigen.

Arbeitsbeschreibung

○ **Arbeitsstudie**

Es folgt eine Arbeitsstudie nach dem Muster, das ebenfalls im Zusammenhang mit der Arbeitsstrukturierung im Kapitel Personaleinsatz vorgestellt wird. Im Ergebnis er-

Arbeitsstudie

möglicht die Arbeitsstudie eine genaue Analyse der Arbeitsmethoden und Arbeitsabläufe, wie sie zum Untersuchungszeitpunkt vorgefunden werden. Zugleich liefert sie Anhaltspunkte und Vorschläge zur Optimierung dieser Arbeitsmethoden und Arbeitsabläufe.

○ **Arbeitszeitstudie**

Arbeitszeitstudie   Mittels der nun folgenden Arbeitszeitstudie ermittelt man Vorgabezeiten für diese Arbeitsabläufe. Dabei orientiert man sich an folgendem Schema der sogenannten Auftragszeiten.

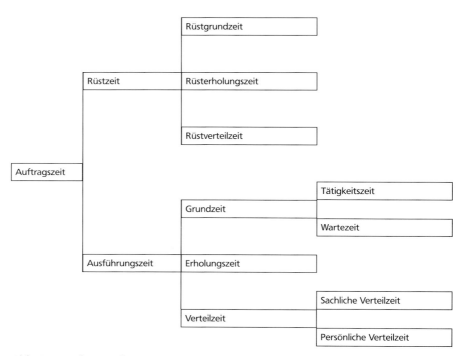

Abb. 5.11. Auftragszeiten

Rüstzeiten sind die Zeiten für die Vorbereitung der Ausführung. In der Rüstgrundzeit wird ein Betriebsmittel vorbereitet, in der Rüsterholungszeit die Ermüdung infolge des Rüstens abgebaut, und die Rüstverteilzeit beinhaltet einen prozentualen Zuschlag für unregelmäßig und weniger häufig anfallende Verrichtungen beim Rüsten.

Die Grundzeit umfaßt alle Zeiten für die Ausführung der Arbeitsverrichtung, also die Haupt- und Nebentätigkeitszeit, sowie die Wartezeit durch ablaufbedingte Unterbrechungen. Die Erholungszeit berücksichtigt das erholungsbedingte Unterbrechen, und die Verteilzeit wiederum einen prozentualen Zuschlag für unregelmäßig und weniger häufig anfallende Verrichtungen bei der Ausführung, etwa das störungs- und persönlich bedingte Unterbrechen. Die Grund-, Erholungs- und Verteilzeit beziehen sich dabei jeweils auf eine Mengeneinheit.

– **Istzeit**

Der erste Schritt der Arbeitszeitstudie ist die Ermittlung der Istzeit, also der Zeit, die die Beschäftigten für eine Arbeitsverrichtung benötigen. Istzeit

Das einfachste, aber auch ungenaueste REFA-Verfahren der Istzeitermittlung ist die **Zeitschätzung.** Genauer ist ein Stichprobenverfahren, die **Multimomentaufnahme.** Man ermittelt Zeiten oder prozentuale Häufigkeiten von Arbeitsvorgängen zu mehreren zufällig gewählten Zeitpunkten über eine gewisse Dauer. Bei der **REFA-Zeitaufnahme** werden die aufgewendeten Zeiten genauestens mit Zeitaufnahmegeräten dokumentiert. Dabei müssen die untersuchten Abläufe relativ gleichförmig sein, was das Arbeitsverfahren, die Arbeitsmethode und die Arbeitsbedingungen anbelangt.

So ermittelt man zum Beispiel eine Istzeit von einer Minute pro Stück.

– **Istleistung**

Aus der Istzeit, ausgedrückt in Zeiteinheiten pro Arbeitsverrichtung, läßt sich die Istleistung errechnen, die Anzahl der Arbeitsverrichtungen pro Zeiteinheit. Die Istleistung ist mithin der Kehrwert der Istzeit. Istleistung

$$\text{Istleistung} = 1 : \text{Istzeit}$$

Bei einer Istzeit von einer Minute pro Stück oder 60 Minuten für 60 Stück ergibt sich eine Istleistung von 60 Stück in 60 Minuten, das heißt 60 Stück pro Stunde.

– **Normalleistung**

In einem weiteren Schritt wird die Normalleistung bestimmt. Das REFA-System definiert die Normalleistung als jene menschliche Leistung, die bei ausreichender Eignung erreicht und erwartet wird. Dabei wird vorausgesetzt, daß die Beschäftigten eingearbeitet wurden und die Arbeitsverrichtung voll eingeübt haben. Normalleistung ist aber – auch dann – nur diejenige Leistung, die bei normalem wirksamen Kräfteeinsatz ohne Gesundheitsschädigung im Mittelwert der natürlichen Leistungsschwankungen entsteht. Selbstverständlich zählt zur Normalleistung nur die Leistung, die während der beeinflußbaren Arbeitszeit aufgebracht wird. Trotz dieser recht umfangreichen Definition kann man in der Praxis nie exakt bestimmen, welche Leistung als normal anzusehen ist. Man bezieht sich zumeist auf betriebliche Erfahrungswerte. Normalleistung

Im obigen Beispiel mag die Normalleistung beispielsweise 30 Stück pro Stunde sein.

– **Vorgabezeit**

Die Normalleistung rechnet man schließlich in eine Normal- oder Vorgabezeit um, das heißt die **Zeit, die man für eine Arbeitsverrichtung bei Einsatz der Normalleistung benötigt.** Die Vorgabezeit ist folglich der Kehrwert der Normalleistung. Vorgabezeit

$$\text{Vorgabezeit} = 1 : \text{Normalleistung}$$

Bezogen auf die erwähnte beispielhafte Normalleistung von 30 Stück pro Stunde oder 30 Stück in 60 Minuten, errechnet sich die Vorgabezeit also als 60 Minuten für 30 Stück, das heißt 2 Minuten pro Stück.

– Leistungsgrad und Leistungsfaktor

Sobald diese Werte festgelegt sind, kann man den Leistungsgrad und den gleichbedeutenden Leistungsfaktor der Mitarbeiterin oder des Mitarbeiters bestimmen, für die oder den die Istzeit und die Istleistung ermittelt wurden.

Leistungsfaktor

$$\text{Leistungsfaktor} = \text{Istleistung} : \text{Normalleistung}$$

Da die Istleistung der Kehrwert der Istzeit und die Vorgabezeit der Kehrwert der Normalleistung ist, gilt:

$$\text{Leistungsfaktor} = (1 : \text{Istzeit}) : (1 : \text{Vorgabezeit})$$

Das heißt:

$$\text{Leistungsfaktor} = \text{Vorgabezeit} : \text{Istzeit}$$

Der Leistungsgrad ist wie folgt definiert:

Leistungsgrad

$$\text{Leistungsgrad} = (\text{Istleistung} : \text{Normalleistung}) \cdot 100\,\%$$

Da wiederum die Istleistung der Kehrwert der Istzeit und die Vorgabezeit der Kehrwert der Normalleistung ist, gilt:

$$\text{Leistungsgrad} = [(1 : \text{Istzeit}) : (1 : \text{Vorgabezeit})] \cdot 100\,\%$$

Das heißt:

$$\text{Leistungsgrad} = (\text{Vorgabezeit} : \text{Istzeit}) \cdot 100\,\%$$

Im Beispiel wurden als Istleistung 60 Stück pro Stunde festgestellt, als Normalleistung 30 Stück pro Stunde. Das ergibt nach den obigen Formeln einen Leistungsfaktor von 2 und einen Leistungsgrad von 200 Prozent.

Der Leistungsgrad ist gleich einhundert Prozent bei Normalleistung. Er liegt über einhundert Prozent bei überdurchschnittlicher und unter einhundert Prozent bei unterdurchschnittlicher Leistung. Leistungsfaktor und Leistungsgrad repräsentieren also eine Leistungsbeurteilung der betreffenden Beschäftigten.

Andererseits **kann man über diese Werte auch die Vorgabezeit ermitteln.** Kennt man etwa den Leistungsfaktor oder den Leistungsgrad einer Beschäftigten über geraume Zeit und kennt man weiterhin ihre Istleistung oder ihre Istzeit bei einer möglicherweise neuen Arbeitsverrichtung, so ergibt sich die Vorgabezeit nach folgender Berechnungsformel:

$$\text{Vorgabezeit} = \text{Istzeit} \cdot \text{Leistungsfaktor}$$

Da wiederum die Istleistung der Kehrwert der Istzeit ist, gilt:

$$\text{Vorgabezeit} = (1 : \text{Istleistung}) \cdot \text{Leistungsfaktor}$$

Das heißt:

$$\text{Vorgabezeit} = \text{Leistungsfaktor} : \text{Istleistung}$$

Bezieht man statt des Leistungsfaktors den Leistungsgrad ein, ergibt sich:

> **Vorgabezeit = (Istzeit • Leistungsgrad) : 100**

Und erneut ist die Istleistung der Kehrwert der Istzeit:

Vorgabezeit = ((1 : Istleistung) • Leistungsgrad) : 100 %

Also:

> **Vorgabezeit = (Leistungsgrad : Istleistung) : 100 %**

Bei einer Istzeit von einer Minute pro Stück beziehungsweise einer Istleistung von 60 Stück pro Stunde, das heißt 60 Stück in 60 Minuten, und einem Leistungsfaktor von 2 beziehungsweise einem Leistungsgrad von 200 Prozent ergibt sich eine Vorgabezeit von 2 Minuten pro Stück.

Die **Festlegung der Vorgabezeiten hat Konsequenzen für die Entlohnung.** Einen hohen Lohn kann nur erreichen, wer die gesetzten Vorgabezeiten einhält oder übertrifft. Das ist aber nur möglich, wenn man sich bei den einzelnen Handhabungen und Abläufen an dem Verfahren und den optimalen Werten orientiert, das der Ermittlung der Vorgabezeit zugrunde liegt. Also wird durch die Vorgabezeiten Druck auf die Betroffenen ausgeübt, ihre Arbeitsmethoden und Arbeitsabläufe gemäß den Vorschlägen der Arbeitsstudie zu optimieren.

Konsequenzen

Zudem gibt jegliche Veränderung im Produktionsprozeß Anlaß, das besagte Verfahren erneut anzuwenden, um zu ermitteln, ob die Vorgabezeiten gesenkt werden können. Niedrigere Vorgabezeiten kommen immer dann in Frage, wenn die Beschäftigten ihre Aufgaben schneller ausüben oder ausüben könnten. Und niedrigere Vorgabezeiten fordern den Beschäftigten verstärkte Anstrengungen ab, um zumindest den bisherigen Lohn zu erreichen.

Neue Vorgabezeiten

3.6.3. Formen der Akkordentlohnung

Grundsätzlich sind zwei Formen der Akkordentlohnung denkbar: der Zeitakkord und der Geldakkord, auch Stückakkord genannt. Dabei ist sowohl der Zeitakkordlohn wie der Geldakkordlohn ein Bruttolohn. Sie lassen Steuern, Sozialabgaben und sonstige Be- und Abzüge zunächst unberücksichtigt.

○ **Geldakkord**

Der Geldakkord wird seltener angewandt. Er ist teilweise im Handwerk, in der Bauindustrie, in Gießereien und in der Heimarbeit üblich. Hier wird den Beschäftigten ein **Geldbetrag für die Erbringung einer bestimmten Arbeitsleistung** vorgegeben. Diesen Geldbetrag bezeichnet man als **Geldfaktor,** manchmal auch als Akkordsatz.

Geldakkord

> **Geldfaktor = Akkordrichtsatz : Normalleistung**

Wiederum ist die Vorgabezeit der Kehrwert der Normalleistung. Daher gilt:

Geldfaktor = Akkordrichtsatz : (1 : Vorgabezeit)

Das heißt:

> **Geldfaktor = Akkordrichtsatz • Vorgabezeit**

In den vorhergehenden Beispielen wurden ein Akkordrichtsatz von 24 DM pro Stunde und eine Normalleistung von 30 Stück pro Stunde beziehungsweise eine Vorgabezeit von 2 Minuten pro Stück errechnet. Daraus ergibt sich ein Geldfaktor von 0,80 DM pro Stück.

Der **Geldakkordlohn** ergibt sich nach folgender Formel:

> **Geldakkordlohn = Leistungsmenge • Geldfaktor**

Weiter oben wurde angegeben, daß beispielsweise in einer Stunde 60 Stück gefertigt werden. Multipliziert man diese mit dem Geldfaktor von 0,80 DM pro Stück, ergibt sich für diese Stunde ein Lohn von 48 DM.

Obwohl die Beschäftigten, die einen Geldakkordlohn beziehen, den Geldwert einer Arbeitsverrichtung kennen, fehlt ihnen eine wichtige Information. Die **Vorgabezeit** ist nämlich aus dem Geldfaktor **nicht unmittelbar erkennbar.** Und die Vorgabezeit ist gerade der Wert, an dem man sich im Laufe des Tages orientieren möchte. Ist man schneller, so weiß man, daß man gut verdient. Ist man langsamer, so weiß man, daß man schneller werden sollte. Den Unternehmen ist der Geldakkord aus einem anderen Grunde unangenehm. Die regelmäßigen **Tariferhöhungen** verändern den Akkordrichtsatz. Ein veränderter Akkordrichtsatz bedeutet aber **beim Geldakkord eine Neuberechnung aller Geldfaktoren** für alle Arbeitsverrichtungen und damit einen hohen Aufwand.

○ **Zeitakkord**

Zeitakkord

Diese Nachteile vermeidet der Zeitakkord, der deshalb die häufigste Verbreitungsform des Akkordlohnes ist. Hier wird den Beschäftigten **für jede Arbeitsverrichtung respektive jedes gefertigte Stück** eine im voraus festgelegte Zeiteinheit, **die Vorgabezeit, gutgeschrieben.** Diese Vorgabezeit ist unabhängig von Tarifänderungen. Darüber hinaus ist der Zeitakkord im Rahmen des betrieblichen Auftrags- und Terminwesens für die Planung des Personal-, Maschinen- und Werkstoffeinsatzes von Bedeutung.

> **Zeitakkordlohn = Leistungsmenge • Vorgabezeit • Minutenfaktor**

Dabei entspricht der Minutenfaktor dem Akkordrichtsatz. Er hat lediglich eine andere Benennung. Der Akkordrichtsatz wird in DM pro Stunde ausgedrückt, der Minutenfaktor **in DM pro Minute.**

Setzt man die Werte aus den Beispielen, also in einer Stunde eine Leistung von 60 Stück bei einer Vorgabezeit von 2 Minuten pro Stück und einem Minutenfaktor von 24 DM pro Stunde, also 0,40 DM pro Minute, in diese Formel ein, ergibt sich für diese Stunde der gleiche Lohn wie bei der Berechnung als Geldakkord, nämlich 48 DM.

Verdienstgrenzen

Der in den Beispielen errechnete Akkordlohn von 48 DM für eine Stunde ist sicherlich unrealistisch, weil er das Doppelte des Akkordrichtsatzes und 240 Prozent des entsprechenden Stundenlohnes ausmacht. Hier wäre also entweder die Vorgabezeit falsch angesetzt worden, oder man müßte zu einer Maßnahme greifen, die auch in der Praxis nicht ungebräuchlich ist. Um die **Qualität der Arbeitsergebnisse** und die **Gesundheit der Beschäftigten nicht zu gefährden,** sieht man hie und da eine **Höchstgrenze** der Bezahlung **oder** einen **unterproportionalen Akkord** vor.

Man kann den Akkord nicht nur als Geld- oder Zeitakkord, sondern auch als Einzel- oder Gruppenakkord abwickeln.

○ **Einzelakkord**

Der Einzelakkord wurde in den obigen Beispielen angesprochen. Hier wird die Arbeitsleistung einzelner Beschäftigter erfaßt und entlohnt.

Einzelakkord

○ **Gruppenakkord**

Der Gruppenakkord ist in der Praxis deutlich seltener anzutreffen, aber zweckmäßig, wenn

Gruppenakkord

– die Arbeitsgruppe überschaubar und stabil ist,
– die Mitglieder ähnliche Arbeiten verrichten sowie
– keine großen Leistungsunterschiede zeigen, ferner wenn
– die Entlohnung transparent und für jedes Mitglied nachkontrollierbar ist.

Beim Gruppenakkord kontrollieren sich die Gruppenmitglieder gegenseitig. Alle Gruppenmitglieder werden zu kooperativem Verhalten und schwächere zu größerer Leistung angeregt. Innerhalb der Arbeitsgruppe kann die Arbeitsteilung optimal gestaltet werden. Freilich werden leistungsstarke Mitglieder nicht selten unzufrieden.

Für den Gruppenakkord erfaßt man die Arbeitsleistung einer Gruppe von Beschäftigten. Um zum Lohn der einzelnen Arbeitskraft zu gelangen, muß man zunächst den Lohn der gesamten Gruppe errechnen. Dabei werden dieselben Berechnungsformeln wie beim Einzelakkord angewandt. Danach wird dieser Lohn auf die Beschäftigten aufgeteilt. Dazu verwendet man Äquivalenzziffern, beispielsweise in Form der unterschiedlichen Tariflöhne der Gruppenmitglieder oder ihrer unterschiedlichen Arbeitszeit.

3.6.4. Vor- und Nachteile

Insgesamt bietet der Akkord, gleichgültig ob in Form des Geld- oder Zeit-, Einzel- oder Gruppenakkords, einen **Anreiz zu erhöhter Arbeitsleistung. Für die Unternehmen mindert der Akkord das Risiko der Minderleistung** erheblich. Abgesehen von der Tatsache, daß der Akkordrichtsatz regelmäßig auch bei Leistungen unter der Normalleistung gezahlt werden muß, tragen die Beschäftigten die finanziellen Folgen der Minderleistung selbst. Und abgesehen von den besagten Minderleistungen erweist sich der Akkord auch **für die Kostenrechnung** als vorteilhaft. Die Lohnkosten pro gefertigtem Stück sind konstant. Allerdings bringt es die erhöhte Arbeitsleistung auch mit sich, daß die Beschäftigten schneller ermüden und ihre Kräfte schneller verschleißen. Das kann bis zur **Gesundheitsgefährdung** fortschreiten. Geistige Fähigkeiten können verkümmern, **Sinnzusammenhänge und die Anpassungsfähigkeit an Neuerungen verlorengehen.** Außerdem kann es zu einem **erhöhten Betriebsmittelverschleiß** und einer **Minderung der Qualität** kommen, die wiederum nur durch **kostenträchtige Kontrollmaßnahmen** in Grenzen gehalten werden können. Schließlich verursacht auch die **Ermittlung und Überprüfung der Vorgabezeiten** erhebliche Kosten.

Vor- und Nachteile

4. Zusätzliche Vergütung

4.1. Aufriß der zusätzlichen Vergütungen

Eine zusätzliche Vergütung ist **einerseits oft zwingend,** da Gesetze, Tarifverträge und Betriebs- oder Dienstvereinbarungen sie zum Teil vorschreiben, **andererseits freiwillig** als Ausgleich für Härten, Leistungsanreiz oder als Wettbewerbsfaktor am Arbeitsmarkt.

Gründe

Grundsätzlich dienen zusätzliche Vergütungen dazu, die Grundvergütungen um eine der eingangs genannten Zielvorgaben zu ergänzen, über die sie von Hause aus nicht verfügen.

Zielvorgaben
Anforderungsgerechtes Entgelt
Leistungsgerechtes Entgelt
Marktgerechtes Entgelt
Prinzip der Gleichbehandlung

Abb. 5.12. Zielvorgaben für zusätzliche Vergütungen

- So werden insbesondere die grundsätzlich anforderungsbezogenen Grundvergütungen **Zeitlohn und Gehalt** häufig um **marktgerechte**, sogenannte außertarifliche Zulagen erweitert.
- Bei Gehältern außerhalb des tarifvertraglichen Rahmens, sogenannten **außertariflichen Gehältern, orientiert sich die Grundvergütung** ohnehin **an den Gegebenheiten des Arbeitsmarktes**. Ein **gehöriger Anteil** dieser Arbeitsentgelte ist jedoch rein **leistungs- oder erfolgsabhängig**.
- Auch dem **Zeitlohn** wird oft ein **Leistungsbezug** hinzugefügt, beispielsweise durch Prämien.
- **Dasselbe gilt für Honorare,** falls sie nicht sowieso bereits leistungsbezogen sind.
- Rein leistungsbezogene Gehälter für **Tarifangestellte** sind selten. Wenn überhaupt, so betreffen sie fast nur Tätigkeiten, die meß- und zählbar sind, wie zum Beispiel die zentralen Schreibdienste. Hie und da werden aber **leistungsorientierte zusätzliche Vergütungen auf das Arbeitswertgehalt aufgeschlagen.** Damit kann wohl methodisch eine direkt proportionale Beziehung zwischen Leistung und Entgelt erreicht werden. Man lehnt diese direkt proportionale Beziehung jedoch weitgehend ab, da sie vielfach zu **ungerechten Ergebnissen** führt. Die meist umfangreichen Ausbildungsvoraussetzungen der Angestellten werden so nicht ausreichend berücksichtigt, und im Einzelfall kommt man zu unvertretbar hohen oder niedrigen Arbeitsentgelten.

Vorsicht **Überhaupt ist generell Vorsicht bei freiwilligen, leistungsbezogenen zusätzlichen Vergütungen angebracht.** Abgesehen davon, daß ihre motivatorische Wirkung ohnehin fragwürdig ist, gewöhnen sich die Beschäftigten recht schnell an dieses Entgelt. Sie verstehen es dann als Bestandteil ihrer Grundvergütung. Damit geht der Leistungsbezug verloren. Wenn einmal die Zahlung ausbleibt, weil die erforderliche Leistung nicht vorliegt, führt das bei den Beschäftigten zu so großer Verärgerung, als sei ihnen ihre Grundvergütung mutwillig gekürzt worden.

Formen Folgende Formen von zusätzlichen Vergütungen sind üblich:

Zusätzliche Vergütungen				
Lohn- und Gehaltszuschlag	Sonderzahlung und Gratifikation	Prämie, Pensumentgelt und Provision nach Leistungsziffern	Zulage laut Leistungsbeurteilung	Erfolgsbeteiligung

Abb. 5.13. Formen von zusätzlichen Vergütungen

Grundsätzlich können zusätzlichen Vergütungen mit allen Grundvergütungen kombiniert werden. Freilich beschränken manche Unternehmen die zusätzlichen Vergütungen auf das per Gesetz, Tarifvertrag, Betriebs- oder Dienstvereinbarung unumgängliche Maß. Zudem haben sich einige Kombinationen eingebürgert, zum Beispiel der Zeitlohn mit Leistungsbewertung oder Gehälter mit zusätzlicher Erfolgsbeteiligung. Andere Kombinationen sind eher die Ausnahme, etwa Akkordlöhne mit zusätzlichen Prämien.

Kombinationsmöglichkeiten

Das im Zusammenhang mit Arbeitszeitmodellen angesprochene **Cafeteria-System bezieht sich zumeist auf diese zusätzlichen Vergütungen.** Es handelt sich um ein Entgeltmodell, das es Mitarbeiterinnen und Mitarbeitern erlaubt, innerhalb eines bestimmten Budgets zwischen verschiedenen Leistungsangeboten zu wählen. Hie und da wird auch der Rahmen der zusätzlichen Vergütungen gesprengt. Dann bezieht sich das Cafeteria-System sogar auf Anteile der Grundvergütung und Urlaubsansprüche. Interessant ist das System vor allem für höhere Einkommensgruppen. Die Sozialabgaben und vor allem die Steuern machen hier für jede zusätzliche Mark an Bruttoentgelt einen derart hohen Anteil aus, daß ein zusätzlicher Urlaub, ein privat nutzbarer Dienstwagen oder eine Alterssicherung eine attraktive Alternative mit regelmäßig geringerer Abgabenlast darstellen.

Cafeteria-System

4.2. Lohn- und Gehaltszuschlag

> Lohn- und Gehaltszuschläge sind zusätzliche Vergütungen,
> – die gesetzlich vorgeschrieben sind,
> – auf die Beschäftigte laut Tarifvertrag, Betriebs- oder Dienstvereinbarung einen Anspruch haben oder
> – die vertraglich festgelegt wurden.
>
> Sobald diese Vereinbarungen gültig sind, haben die Unternehmen auf die Art und Höhe dieser Zuschläge keinen Einfluß mehr.
> – Sie können aber die besagten Zuschläge freiwillig erhöhen oder freiwillig weitere Zuschläge zahlen.

Je nach Entgeltform, Position, Branche und Unternehmensgröße sind folgende Zuschläge üblich, die manchmal auch als Zulagen bezeichnet werden:

○ **Überstundenzuschläge** fallen an, wenn die geleistete Arbeitszeit über die in erster Linie tarifvertraglich oder, falls der Tarifvertrag Arbeitgeber und Arbeitnehmer nicht bindet, arbeitsvertraglich festgelegte regelmäßige Arbeitszeit hinausgeht. Eine Teilzeitbeschäftigte mit einer arbeitsvertraglichen Arbeitszeit von 20 Stunden pro Woche hat beispielsweise erst dann einen Anspruch auf Überstundenzuschläge, wenn sie mehr als 38 Stunden pro Woche arbeitet, vorausgesetzt diese 38 Stunden sind die tarifvertragliche Wochenarbeitszeit. Eine Arbeitsbereitschaft, wie etwa bei der kapazitätsorientierten variablen Arbeitszeit, gilt dabei nicht als Arbeitszeit. Im Rahmen von Gleitzeitmodellen werden Überstundenzuschläge nicht für die zulässigen Ausgleichszeiten entrichtet. Wie auch immer, zuschlagspflichtige Überstunden müssen angeordnet und genehmigt sein. Im Einzelfall ist davon auch dann auszugehen, wenn eine Arbeit zugewiesen wird, ie nur unter Einsatz von Überstunden bewältigt werden kann. Der Überstundenzuschlag beträgt in der Regel 25 Prozent der Grundvergütung, mitunter auch mehr.

Überstundenzuschläge

- **Außertarifliche Zuschläge** werden nicht selten unter der Maßgabe gewährt, daß durch sie der Anspruch auf Zahlung von regelmäßig anfallenden Überstunden einschließlich möglicher Zuschläge abgegolten ist. Für gewöhnlich dienen außertarifliche Zuschläge auf den Grundlohn oder das Grundgehalt jedoch dazu, ein nicht konkurrenzfähiges Entgelt den Forderungen des Arbeitsmarktes anzupassen.

  Außertarifliche Zuschläge

- Mit **Nacht-, Sonn- und Feiertagszuschlägen** erkennt man die Unannehmlichkeiten an, die durch Arbeiten zu diesen Zeiten entstehen. Sie belaufen sich in der Regel auf 25 bis zu 200 Prozent soweit ein Ausgleich nicht in Form freier Tage stattfindet.

  Nacht-, Sonn- und Feiertagszuschläge

- Nacht-, Sonn- und Feiertagsarbeit ist häufig in Schichtmodelle integriert. Häufig wird Schichtarbeiterinnen und -arbeitern generell zusätzlich ein **Schichtzuschlag** gezahlt.

  Schichtzuschläge

- **Erschwernis-, Gefahren- und Schmutzzuschläge** sind ein finanzieller, marktgerechter Ausgleich für besondere Belastungen. In diesem Zusammenhang sind auch die **Springerzuschläge** zu nennen. Springer bilden einen Pool für den quantitativen Reservebedarf. Sie können auf mehreren Stellen eingesetzt werden, aber mangels Übungen beispielsweise im Akkord kaum die gleiche Mengenleistung erarbeiten wie die Arbeitskräfte, die ständig dort tätig sind. Um Springern zumindest das gleiche Entgelt zu sichern, werden ihnen Zuschläge gezahlt.

  Erschwerniszuschläge

- **Orts- und Kinderzuschläge** sind vor allem im öffentlichen Dienst üblich. Prinzipiell könnte man Ortszuschläge an den unterschiedlichen Lebenshaltungskosten an verschiedenen Wohnorten orientieren. Im öffentlichen Dienst sind sie jedoch von der Grundvergütung abhängig. Mit Kinderzuschlägen fördert der Arbeitgeber die Familie, wie dies auf der anderen Seite der Staat mit dem Kindergeld tut.

  Orts- und Kinderzuschläge

4.3. Sonderzahlung und Gratifikation

Sonderzahlungen

Sonderzahlungen

> Sonderzahlungen werden aufgrund gesetzlicher und tarifvertraglicher Vorschriften, aufgrund einer Betriebs- oder Dienstvereinbarung oder laut Vertrag gezahlt. An Sonderzahlungen können folglich keine besonderen Voraussetzungen geknüpft werden. Bei einer Kündigung des Beschäftigungsverhältnisses haben die Betroffenen einen Anspruch nach dem Umfang der von ihnen abgeleisteten Dienstzeit, soweit der Tarifvertrag nichts anderes bestimmt. Von der Grundvergütung unterscheidet sie lediglich der Auszahlungszeitpunkt, der im Sinne der jeweiligen Sonderzahlung begründet ist.

– So wird das **tarifliche Weihnachtsgeld oder 13. Monatsgehalt** für gewöhnlich Ende November ausgezahlt.

Weihnachtsgeld

– Während das Urlaubsentgelt, die Zahlung des Arbeitsentgelts während des Erholungsurlaubs, selbstverständlich für jeden Urlaubstag zu leisten ist, wird das **zusätzliche Urlaubsgeld,** eine Sonderzahlung zum Anlaß des Erholungsurlaubs, entweder mit dem Haupturlaub oder gleichmäßig für alle Beschäftigten am Monatsende eines der Haupturlaubsmonate fällig.

Zusätzliches Urlaubsgeld

– **Trennungsentschädigungen** sollen Beschäftigten die Trennung von der Familie versüßen. Sie werden Beschäftigten gezahlt, die ihre Arbeiten des öfteren in einiger räumlicher Entfernung vom Wohnort erledigen müssen. Zeitlich befristet zahlt man

Trennungsentschädigungen

sie auch neuen Beschäftigten, die man aus anderen Regionen angeworben hat und die ihren Wohnort erst noch verlegen müssen.

Gratifikationen

Gratifikationen sind zusätzliche Vergütungen, die vom Arbeitgeber aus besonderen Anlässen freiwillig gezahlt werden. Sie gehen also über jenes Entgelt gleich welcher Form hinaus, das aufgrund gesetzlicher und tarifvertraglicher Vorschriften, aufgrund einer Betriebs- oder Dienstvereinbarung oder laut Vertrag gezahlt werden muß. Oftmals handelt es sich um Leistungen der Personalbetreuung, wie

Gratifikationen

– **Naturalleistungen** zum Beispiel für Betriebsausflüge,
– **Zuwendungen anläßlich von Geschäftsjubiläen** und
– **Dienstjubiläen.**

Im Gegensatz zur Sonderzahlung kann der Arbeitgeber die Gewährung der Gratifikation davon abhängig machen, daß die Bedachten das Beschäftigungsverhältnis zum Auszahlungszeitpunkt nicht gekündigt haben. Andernfalls kann der Arbeitgeber, soweit rechtlich zulässig, die Rückzahlung der Gratifikation verlangen,

Bedingungen und Rückzahlungsverpflichtung

– wenn dies vertraglich vereinbart war,
– wenn die Gratifikation mehr als 200 DM betrug und
– wenn die Bedachten einer Gratifikation von bis zu einem Monatsgehalt bis spätestens zum 31. 3. des folgenden Jahres ausscheiden.

Falls Gratifikationen mehrfach in derselben Höhe mit derselben Begründung und ohne den ausdrücklichen Vorbehalt der Einmaligkeit und Freiwilligkeit zugestanden werden, entsteht die zu Beginn dieses Kapitels zitierte **betriebliche Übung.** Den betreffenden Mitarbeiterinnen und Mitarbeitern erwächst in diesem Fall ein Rechtsanspruch auf die Gratifikation selbst dann, wenn ihre Verträge kein derartiges Entgelt vorsehen. Damit wird die Gratifikation also zur Sonderzahlung.

Überhaupt kann man Zuwendungen nicht generell in Gratifikationen auf der einen und Sonderzahlungen auf der anderen Seite unterteilen. **Was für den einen laut Arbeits- oder Tarifvertrag, Betriebs- oder Dienstvereinbarung eine Sonderzahlung ist, kann für den anderen eine Gratifikation sein.**

Abgrenzung nur im Einzelfall

Betriebliche Altersversorgung

Das gilt auch für die betriebliche Altersversorgung. So bezeichnet man Leistungen der Alters-, Invaliditäts- und Hinterbliebenenversorgung, die Beschäftigten aus Anlaß ihrer Arbeitsverhältnisse zugesagt werden. Eine gesetzliche Verpflichtung des Unternehmens zur Leistung einer Altersversorgung besteht nicht. Das Unternehmen kann entscheiden, ob und unter welchen Voraussetzungen es ein Ruhegeld zahlen will. Um einen Anspruch zu begründen, bedarf es einer besonderen einzel- oder kollektivrechtlichen Vereinbarung. In der Praxis haben sich verschiedene Formen der Altersversorgung herausgebildet:

Betriebliche Altersversorgung

– Das Unternehmen gibt der oder dem Beschäftigten eine unmittelbare Versorgungszusage. Das Unternehmen ist selbst zur Zahlung des Ruhegeldes an den Arbeitnehmer oder an Hinterbliebene verpflichtet.

- Das Unternehmen schließt mit einer Versicherungsgesellschaft eine Lebensversicherung zugunsten des Arbeitnehmers und seiner Hinterbliebenen ab.
- Bei der Existenz einer Pensionskasse wendet das Unternehmen dem Arbeitnehmer einen Rechtsanspruch auf Versorgungsleistungen gegen die Betriebs-, Konzern- oder Gruppenpensionskasse zu.
- Es besteht eine Unterstützungskasse, auf deren Leistung es allerdings keinen Rechtsanspruch gibt. Die Versorgungseinrichtungen werden in der Rechtsform von eingetragenen Vereinen, Stiftungen oder Gesellschaften mit beschränkter Haftung geführt.
- Das Unternehmen kann für den Arbeitnehmer auch Beträge zur Höherversicherung in der gesetzlichen Sozialversicherung entrichten. Dadurch erwerben sowohl der Arbeitnehmer als auch seine Hinterbliebenen unmittelbare Ansprüche gegen den Sozialversicherungsträger.

Weitere Formen

Weitere Formen

Die folgenden Zuwendungen zählen gleichfalls, je nach den Besonderheiten des Einzelfalls, zu den Sonderzahlungen oder den Gratifikationen:

- der Ersatz der **Umzugskosten,**
- ein Zuschuß zu den **vermögenswirksamen Leistungen,** das heißt bestimmten Vermögensanlagen, die nach dem Vermögensbildungsgesetz für die Bezieher geringer Einkommen zudem durch gesetzliche Sparzulagen gefördert werden,
- **Verpflegungszuschüsse,**
- der Ersatz der dienstlichen **Reisekosten,** also der Fahrtkosten, der Mehraufwendungen für die Verpflegung und der Übernachtungskosten bei Dienstreisen ins In- und Ausland,
- sogenannte **Länderzulagen** für Mitarbeiterinnen und Mitarbeiter im Auslandseinsatz,
- **Abfindungen** im Zusammenhang mit einer Auflösung des Arbeitsverhältnisses, etwa durch einen Aufhebungsvertrag,
- verbilligte **Arbeitgeberdarlehen,**
- die **private Nutzung eines Dienstwagens,**
- **Beihilfen zu besonderen Anlässen** wie Todesfällen in der Familie,
- **Mietzuschüsse** oder die Stellung von **Werkswohnungen** und
- **Zuschüsse zu steuerlich begünstigten Aufwendungen.**

Steuervorteile

Zum Teil bringen Sonderzahlungen und Gratifikationen den Empfängern und dem Unternehmen **Steuervorteile und Einsparungen bei den Sozialversicherungsbeiträgen** ein.

4.4. Prämie, Pensumentgelt und Provision nach Leistungsziffern

Leistungsbezogene zusätzliche Vergütungen

Prämien und Provisionen sind leistungsbezogene zusätzliche Vergütungen, die eine Grundvergütung, in der Regel ein anforderungsbezogener Zeitlohn oder ein anforderungsbezogenes Gehalt, ergänzen. Ihre Höhe wird durch eine Leistungsbewertung anhand von Leistungsziffern ermittelt. Auch der Pensumlohn beinhaltet eine leistungsbezogene Komponente, die auf Leistungsziffern beruht.

Der Begriff Leistungsziffer verdeutlicht, daß die Kennzahlen durch Messen oder Zählen gewonnen werden. Die individuelle Leistung wird mittels eines Vergleichs von Sollvorgaben für Zeiten, Mengen und Qualitäten und den aktuell ermittelten Zeiten, Mengen und Qualitäten eingeschätzt.

Grundlage Leistungswerte

Prämie

Durch die Gewährung von Prämien will man die Beschäftigten dazu anhalten, ihre Leistung zu steigern. Man zielt jedoch, neben der Mengenleistung, auf bestimmte Arbeitsergebnisse ab, an deren Verbesserung dem Unternehmen aus wirtschaftlichen und sonstigen Gründen besonders gelegen ist. Anders als beim Akkordlohn, der ausschließlich auf die Mengenleistung ausgelegt ist, faßt man mit Prämien eine **optimale Leistung im Schnittpunkt von Mensch, Maschine und Material** ins Auge.

Prämie

Wie bei der Akkordentlohnung sind auch für eine Prämienentlohnung einige **Voraussetzungen** unabdingbar. Die Leistungsziffern müssen

Voraussetzungen

– sich nach sachlichen Maßstäben und
– mit wirtschaftlich vertretbarem Aufwand erfassen lassen,
– sie müssen vom Menschen beeinflußbar sein,
– ihre Steigerung muß wirtschaftlich und organisatorisch zweckmäßig sein und
– die Leistungssteigerung muß für die Beschäftigten zumutbar sein.

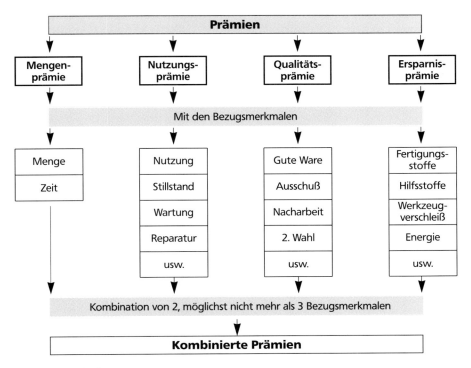

Abb. 5.14. Prämien

Bezugsmerkmale	Keller und Kurth (Grundlagen der Entlohnung) führen Prämien an, die einzeln oder in Kombination ausgelobt werden können, wenn die besagten Voraussetzungen gegeben sind (Abb. 5.14.).
Einzel- oder Gruppenprämien	Dabei sind sowohl Einzel- wie auch Gruppenprämien möglich. Analog zum Akkord wird

– mit **Einzelprämien** die Arbeitsleistung einzelner Beschäftigter erfaßt und entlohnt,
– mit **Gruppenprämien** die Arbeitsleistung einer Arbeitsgruppe.

Um zur Prämie für die einzelne Arbeitskraft zu gelangen, muß man zunächst die Gruppenprämie errechnen. Danach wird sie auf die Beschäftigten aufgeteilt. Dazu verwendet man Äquivalenzziffern, beispielsweise in Form der unterschiedlichen Tariflöhne der Gruppenmitglieder oder ihrer unterschiedlichen Arbeitszeit. Gruppenprämien sind nur zweckmäßig, wenn die Arbeitsgruppe überschaubar und stabil ist, die Mitglieder ähnliche Arbeiten verrichten und keine großen Leistungsunterschiede zeigen, ferner wenn die Ermittlung der Prämien transparent und für jedes Mitglied nachkontrollierbar ist. Wie beim Gruppenakkord kontrollieren sich die Gruppenmitglieder gegenseitig.

Betriebliches Vorschlagswesen	Prämien können in ein **betriebliches Vorschlagswesen** integriert sein. In diesem Fall werden sie **für Verbesserungsvorschläge** fällig, die von einer Expertenkommission beurteilt werden.
Vor- und Nachteile	Gewichtige **Argumente** sprechen **für** die Einführung von **Prämien**:

– Prämien bieten die Möglichkeit, unter **verschiedenen Kriterien jene einzeln oder kombiniert** auszuwählen, die für das Erreichen der angestrebten wirtschaftlichen Ziele des Unternehmens am vorteilhaftesten erscheinen.
– Die Beziehungen zwischen Leistung und Prämie kann in unterschiedlicher Weise, das heißt linear, degressiv oder progressiv beziehungsweise auch stufenweise oder in Kombination dieser Kurvenverläufe gestalten werden. Mit dieser **Variationsbreite** können Prämien den wirtschaftlichen Zielen des Unternehmens in unterschiedlichster Form gerecht werden.
– Durch die Kombination der einzelnen Einflußgrößen und die Variationsmöglichkeiten kann beispielsweise die Mengenleistung so begrenzt werden, daß weder die Qualität noch Menschen und Anlagen überbeansprucht werden. **Ungünstige Folgen auf die Wirtschaftlichkeit und die Gesundheit werden so gemindert.**

Neben den eingangs angesprochenen Risiken und Zweifeln, die eine freiwillige, leistungsbezogene zusätzliche Vergütung immer begleiten, ist bei Prämien vor allem der **hohe Aufwand für die Bestimmung der Leistungsziffern nachteilig.**

Pensumentgelt

Pensumlohn	Leistungsziffern liegen auch dem **Pensumlohn** zugrunde. Der Pensumlohn ist auch unter den Bezeichnungen Measured Day Work (MDW), Fair Days Work, Festlohn mit geplanter Tagesleistung, Überwachter Zeitlohn, Kontraktlohn, Vertragslohn und Programmlohn bekannt.

Der Pensumlohn ist dem Akkord- und dem Prämienlohn sehr ähnlich. Er besteht, wie der Prämienlohn, aus **zwei Bestandteilen,** dem **Grundlohn** und dem **Pensumentgelt.** Das Pensumentgelt wird für ein festgelegtes Arbeitsvolumen gewährt, also eine Mengenleistung wie beim Akkordlohn.

Der Pensumlohn stellt aber ein Manko des Akkord- und des Prämienlohns ab: Da die Leistungen der Beschäftigten einem gewissen Auf und Ab unterliegen, schwanken auch die leistungsabhängigen Lohnanteile ihres Akkord- oder Prämienlohns. Denn die tatsächlich erbrachten Leistungen und die davon abhängige Höhe des leistungsabhängigen Lohnanteils wird beim Akkord- und Prämienlohn erst nach Beendigung eines Arbeitsauftrages oder am Ende einer Abrechnungsperiode festgestellt.

Der **Pensumlohn bezieht sich** dagegen **auf eine erwartete Leistung.** Von den einzelnen Beschäftigten wird auch hier ein definiertes Leistungsergebnis erwartet. **Das leistungsabhängige Pensumentgelt wird entsprechend dem vereinbarten Arbeitsergebnis mit Hilfe von Leistungsziffern für die künftige Abrechnungsperiode festgelegt.** Wird nun im Rahmen der periodischen Überwachung eine Abweichung festgestellt, hat das rückwirkend keine Auswirkungen auf das leistungsabhängige Pensumentgelt, wohl aber auf die Festsetzung des Pensumentgelts für die nachfolgende Abrechnungsperiode. Der Pensumlohn wird also in der Erwartung gezahlt, daß das vorher festgelegte Leistungsergebnis, das Leistungsziel oder Leistungspensum, erreicht wird. Er ist somit zwar von dem erbrachten Arbeitsergebnis abhängig, hat gleichzeitig jedoch Festlohncharakter.

Erwartete Leistung

Pensumentgelt

Neben einer periodischen Gegenüberstellung von vorgegebener Soll-Mengenleistung zur tatsächlich erbrachten Ist-Mengenleistung bestimmt man die Ursachen für Abweichungen über das übliche Maß hinaus. Schließlich werden Maßnahmen zur Beseitigung der Ursachen getroffen.

Durch die im Ablauf einer Abrechnungsperiode konstanten Entgelte **entschärft** der Pensumlohn die **Streitigkeiten über die Leistungsvorgaben,** die beim Akkord- und Prämienlohn häufig vorkommen. Auch werden die Beschäftigten **nicht zu steter Ergebnissteigerung motiviert,** wenn dies unzweckmäßig ist oder das Erfüllen fester Pensen den Geschäftsverlauf besser unterstützt. Die festen Lohnpensen **vereinfachen** zudem die **Abrechnung.** Allerdings **fehlt ein direkter finanzieller Leistungsanreiz.** Die Führungsaufgaben nehmen die Vorgesetzten deshalb stärker als bei anderen Leistungslohnsystemen in Anspruch. Außerdem empfiehlt es sich, zur Lenkung des Pensumentgelts ein **computergestütztes Fertigungssteuerungssystem** zu installieren.

Vor- und Nachteile

Provision

In den Genuß von Provisionen kommen vielfach Reisende und Handelsvertreter. Provisionen sind gleichfalls zusätzliche Vergütungen, die für gewöhnlich neben einer festen Grundvergütung, in der Regel einem Gehalt, gezahlt werden. Das **Grundgehalt** wird auch als **Fixum bezeichnet.** Häufig macht das Fixum im Vergleich zu den Provisionen nur einen geringen Betrag aus.

Provisionen

Die Provisionen werden auf der Grundlage von **Leistungsziffern** errechnet, **oft einem bestimmten Prozentsatz der erwirtschafteten Umsätze, der Deckungsbeiträge oder ähnlicher betriebswirtschaftlicher Kennzahlen.**

Grundlage Leistungsziffern

Provisionen sind ebenso durch die eingangs angesprochenen Risiken und Zweifel gekennzeichnet, die eine freiwillige, leistungsbezogene zusätzliche Vergütung immer begleiten. Wie bei der Prämie und dem Pensumentgelt ist vor allem ein **hoher Aufwand für die Bestimmung der Leistungsziffern** zu beklagen.

Vor- und Nachteile

4.5. Zulage laut Leistungsbeurteilung
Das Ergebnis einer Leistungsbeurteilung sind Leistungswerte. Die Leistungsbeurteilung ist eine Analyse des Arbeitsergebnisses und des Arbeitsverhaltens der einzelnen Beschäftigten nach einheitlichen Kriterien. Über die verwendeten Verfahren, die

Leistungswerte durch Leistungsbeurteilung

Planung und Durchführung der Leistungsbeurteilung gibt das Kapitel **Personalbeurteilung** dieses Buches Auskunft.

Man verwendet **Leistungswerte immer dann, wenn** der Beitrag der Beschäftigten am **Arbeitsergebnis zwar nicht in Leistungsziffern gemessen oder gezählt, wohl aber beurteilt werden kann.** Leistungswerte lassen die Leistungsziffern immer mehr in den Hintergrund treten. Infolge der technologischen Entwicklung im produktiven Bereich sinkt nämlich der Anteil der vom Menschen beeinflußbaren Abläufe auch in Zukunft noch weiter.

Leistungszulagen

Die Leistungswerte bilden die Grundlage für die Bestimmung von Leistungszulagen. Mit diesen Leistungszulagen erkennt man den Fleiß, die Sorgfalt, die Aufmerksamkeit, die Zuverlässigkeit, flexible Einsatzmöglichkeiten und dergleichen mehr an. Man geht davon aus, daß die Zulagenempfänger die bewertete Leistung auch künftig erbringen.

Zeitlohn mit Leistungsbewertung

Das **Musterbeispiel** für die Verwendung von Leistungswerten ist der **Zeitlohn mit Leistungsbewertung.** Hier wird die Grundvergütung, ein Zeitlohn, durch eine oder mehrere Zulagen, etwa für hohe Qualität und Flexibilität, ergänzt. Diese Zulagen bleiben über einen gewissen Zeitraum konstant. Sie werden nach der folgenden Leistungsbeurteilung neu festgesetzt.

Vor- und Nachteile

Die Zulagen nach Leistungswerten zeichnen sich mithin durch ihre **große Anwendungsbreite** aus. Für sie gelten jedoch ebenfalls die erwähnten **Zweifel und Risiken,** die im Zusammenhang mit Leistungszulagen generell bedacht werden müssen. Der **Leistungsbezug geht** wegen der größeren Abstände zwischen den einzelnen Zeitpunkten der Leistungsbewertung **oft verloren.** Die Leistungsbewertung ist ferner ein **aufwendiges Verfahren,** das verdeckte **Konflikte** und **Unzufriedenheiten** wecken kann.

4.6. Erfolgsbeteiligung

Alle bislang angesprochenen leistungsbezogenen Grundvergütungen und leistungsbezogenen zusätzlichen Vergütungen beteiligen die Beschäftigten, die jene Leistungen erwirtschaften, am Erfolg ihres Leistungseinsatzes. Mit dem Begriff Erfolgsbeteiligung oder Tantieme meint man jedoch nicht ein auf die eigene Leistung bezogenes Entgelt, sondern eine Beteiligung am Erfolg des Beschäftigungsunternehmens. Dieser Unternehmenserfolg ist nicht nur in der eigenen Leistung begründet, sondern in der Leistung aller Personen und Institutionen, die die Geschicke des Unternehmens bestimmen.

Keine Arbeitsentgelte

Streng genommen sind Erfolgsbeteiligungen keine Entgelte. Die Arbeitsentgelte, das heißt Löhne, Gehälter, Ausbildungsvergütungen, Zuschläge, Sonderzahlungen, Gratifikationen, Prämien, Pensumentgelte, Provisionen und Zulagen sind ebenso wie die Honorare Kostenbestandteile und beeinflussen die Gewinnerzielung. Erfolgsbeteiligungen sind dagegen Ertragsbestandteile, stellen also Gewinnverwendung dar.

Theoretische Begründung

Der Erfolgsbeteiligung liegt die Überlegung zugrunde, daß jeder Produktionsfaktor theoretisch nach seinem produktiven Beitrag zu entlohnen ist. Der von allen Produktionsfaktoren gemeinsam erzielte Ertrag müßte folglich so aufgeteilt werden, daß jeder Faktor den Anteil am Ertrag erhält, der auf seine Mitwirkung zurückzuführen ist. In der Praxis ist das aber nicht durchführbar. Erstens gibt es keine objektiven Kriterien für die Feststellung des Anteils der Beschäftigten am Gesamtertrag, also des produktiven Beitrages des Produktionsfaktors Arbeit. Zweitens wäre eine Aufteilung erst möglich, wenn das Betriebsergebnis bekannt ist. Das ist am Ende eines Geschäftsjahres. So lange können die Beschäftigten aber nicht warten. Deshalb **erhält der Produktionsfaktor Arbeit,** aus ähnlichen Gründen auch das Fremdkapital, **ein vertraglich vereinbartes Entgelt.** Der übrige Teil des nach Abzug der Kosten der sonstigen eingesetzten Produktionsfaktoren verbleibenden Ertrages fällt dem Eigenkapital zu. Das Eigenkapital trägt somit einerseits das Risiko, hat aber andererseits die Chance auf Gewinne. Daraus folgt, daß **vertraglich vereinbarte Entgelte nur zufällig gleich dem produktiven Beitrag** sein können. In der Regel sind sie höher oder niedriger als das theoretisch richtige Entgelt. Die **Erfolgsbeteiligung schafft hier einen Ausgleich.** Da vertraglich vereinbarte Entgelte aber auch zu hoch sein können, ist die logische Konsequenz einer Gewinnbeteiligung eine Verlustbeteiligung. Eine Verlustbeteiligung steht jedoch in Widerspruch zu diversen Rechtsvorschriften. Davon abgesehen kann es den Beschäftigten nicht zugemutet werden, Verluste aus ihrer regelmäßig einzigen Einkommensquelle, dem Entgelt, auszugleichen. Und schließlich tragen die Arbeitnehmerinnen und Arbeitnehmer das Risiko des Arbeitsplatzverlustes. Allerdings sollte das Unternehmen aus den Gewinnanteilen der Beschäftigten zunächst eine Rücklage bilden, aus der Verluste in der Höhe gedeckt werden können, in der sie von den Beschäftigten zu tragen sind.

Neben dieser theoretischen Argumentation sprechen einige **praktische Gründe** für eine Erfolgsbeteiligung. Man geht davon aus, daß eine Erfolgsbeteiligung

— eine **erhöhte Verantwortlichkeit und Arbeitsproduktivität** der Beschäftigten,

— eine **Verminderung der Fluktuation** sowie

— ein **partnerschaftliches Verhältnis** zwischen Arbeitnehmerschaft und Management im Sinne eines gemeinsamen Einsatzes für eine möglichst gewinnbringende Unternehmensführung bewirkt.

— Außerdem können zum Teil **Vorteile für die Rechnungslegung und die Besteuerung** erreicht werden.

Praktische Gründe

Folgt man der theoretischen und praktischen Argumentationslinie, so müßte man, wenn überhaupt, **allen Beschäftigten** eine Erfolgsbeteiligung einräumen. So wird es auch von einer nennenswerten Zahl von Unternehmen praktiziert. Viele Beschäftigte und Gewerkschaften haben sich die Vorteile der Erfolgsbeteiligung aber noch nicht zu eigen gemacht. Deshalb werden **oft nur Vorstands- und Aufsichtsratsmitglieder von Kapitalgesellschaften sowie leitende Angestellte** begünstigt.

Begünstigte

In Anlehnung an die verschiedenen betrieblichen Erfolgsgrößen unterscheidet *Wöhe* (*Einführung in die Allgemeine Betriebswirtschaftslehre*) folgende Formen der Erfolgsbeteiligung:

Bemessungsgrundlage

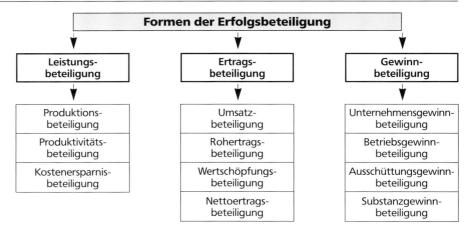

Abb. 5.15. Formen der Erfolgsbeteiligung

Leistungs-
beteiligung

○ Die **Leistungsbeteiligung** sichert den Begünstigten eine Teilhabe an einer **vermehrten Produktion**, am **Produktivitätsfortschritt** oder an der **Kostenersparnis** zu. Gemessen wird die Menge der erzeugten Güter und die Höhe der entstandenen Kosten. Allerdings bleiben dabei die möglicherweise entscheidenden Gegebenheiten des Absatzmarktes völlig außer Betracht.

Ertrags-
beteiligung

○ Der Absatzmarkt steht hingegen bei der **Ertragsbeteiligung** im Mittelpunkt des Interesses. Grundlage für die **Umsatz-, Rohertrags-, Wertschöpfungs- und Nettoertragsbeteiligung** sind die am Markt abgesetzten Leistungen.

Gewinn-
beteiligung

○ Trotz hoher Absatzzahlen und trotz hervorragender Leistungsergebnisse kann es geschehen, daß ein Unternehmen Verluste erwirtschaftet. Diese Tatsache bleibt sowohl bei der Leistungs- als auch bei der Ertragsbeteiligung unberücksichtigt. Deshalb setzen die meisten Unternehmen, die eine Erfolgsbeteiligung praktizieren, auf den **Gewinn** als Bemessungsgrundlage.

Unternehmens-
gewinn-
beteiligung

– Der **Unternehmensgewinn** ergibt sich in der Bilanz als Differenz zwischen dem Vermögen des Unternehmens am Ende und am Anfang einer Abrechnungsperiode abzüglich der Kapitaleinlagen und zuzüglich der Entnahmen. Da die Vermögensteile des Unternehmens einer Bewertung unterliegen, besteht trotz bestehender gesetzlicher Rechnungslegungsvorschriften die Möglichkeit, durch eine niedrige Bewertung bestimmter Vermögensteile stille Rücklagen zu bilden. Dadurch wird der Gewinn einer Abrechnungsperiode und folglich auch die Gewinnbeteiligung gesenkt. Die Bewertungsvorschriften der **Handelsbilanz** verhindern derartige Unterbewertungen und damit Gewinnmanipulationen nur in begrenztem Umfange. In der **Steuerbilanz** dagegen wird die Bildung stiller Rücklagen weitgehend eingeengt. Deshalb eignet sich der Steuerbilanzgewinn besser als Grundlage für eine Erfolgsbeteiligung. Hier werden jedoch die Eigenkapitalgeber ihr Veto einlegen. Auch in der Steuerbilanz gilt die Verzinsung des Eigenkapitals als Kostenart. Die Eigenkapitalverzinsung darf also nicht als Betriebsausgabe angesetzt werden. Sie ist vielmehr im Gewinn enthalten. Um den Eigenkapitalgebern diese Verzinsung zu sichern, muß folglich vor einer Gewinnbeteiligung der Beschäftigten zunächst eine angemessene Verzinsung des Eigenkapitals vom Gewinn abgesetzt werden.

Betriebsgewinn-
beteiligung

– Gewinne und Verluste sind nicht immer nur das Ergebnis der betrieblichen Tätigkeit. Sogenannte neutrale Gewinne oder Verluste erwachsen etwa aus

Wertpapiergeschäften, Beteiligungen und Spekulationen, an deren Zustandekommen die Beschäftigten für gewöhnlich keinen Anteil haben. Demgemäß sollte vor einer Erfolgsbeteiligung eine Trennung zwischen Betriebsergebnis und neutralem Ergebnis erfolgen, es sei denn, Beteiligungen oder Wertpapiere sind aus Mitteln finanziert worden, die aus nicht entnommenen Gewinnanteilen der Beschäftigten stammen. Ansonsten wären die Beschäftigten nur am **Betriebsgewinn** zu beteiligen. Ebenso hätten sie nur anteilmäßig für Betriebsverluste einzustehen.

- Die Beteiligung am **Ausschüttungsgewinn** ist an die Dividende geknüpft, also an den Gewinn, der an die Kapitaleigner ausgeschüttet wird. Bemessungsgrundlage ist entweder die Dividendensumme oder der Dividendensatz. *Ausschüttungsgewinnbeteiligung*
- Die steuerliche Einheitswertberechnung ermöglicht es, Änderungen des Substanzwertes eines Unternehmens festzustellen. Bei der **Substanzgewinnbeteiligung** partizipieren die Beschäftigten anteilig an den Substanzwertmehrungen oder -minderungen. *Substanzgewinnbeteiligung*

Wenn der Kreis der Begünstigten und die Bemessungsgrundlage einer Erfolgsbeteiligung bestimmt sind, muß über die **Verteilung der Erfolgsanteile** entschieden werden. Wie eingangs dargelegt, kann aber der produktive Beitrag der einzelnen Produktionsfaktoren nicht genau ermittelt werden. Deshalb kann die Basis der Aufteilung des Gewinns zwischen Arbeit und Kapital nur eine Schätzung sein. In der Praxis verwendet man meistenteils die sogenannte **Lohnkonstante,** eine Verhältniszahl aus *Verteilung der Erfolgsanteile*

- der Lohnsumme und
- dem Gesamtumsatz oder
- dem um die Eigenkapitalverzinsung gekürzten handelsrechtlichen Ergebnis oder
- dem betriebsnotwendigen Kapital.

Der auf die Arbeit insgesamt entfallende Anteil kann entweder als **Kollektivbeteiligung** für soziale Maßnahmen des Unternehmens verwendet werden oder als Individualbeteiligung auf die einzelnen Mitarbeiterinnen und Mitarbeiter verteilt werden. *Kollektivbeteiligung*

Im Falle der **Individualbeteiligung** muß eine Aufteilung auf die einzelnen Beschäftigten vorgesehen werden. Zu diesem Zweck bildet man **Äquivalenzziffern,** die neben dem Jahresentgelt auch die Dauer der Betriebszugehörigkeit und soziale Gesichtspunkte berücksichtigen können. *Individualbeteiligung*

Zu guter Letzt steht die Frage nach der **Verwendung der Erfolgsanteile** an. *Verwendung der Erfolgsanteile*

○ Dabei ist die **Barauszahlung** nicht die günstigste Alternative. Die Begünstigten erlangen so keinen Einfluß auf das Unternehmen. Sie müssen für die Barauszahlung, die aus versteuerten Gewinnen stammt, Einkommensteuer zahlen. Vorteile nach dem Vermögensbildungsgesetz entfallen vollständig. Außerdem geht das Geld, daß einer Finanzierungs- und Liquiditätsverbesserung dienen könnte, dem Unternehmen verloren. Schließlich ermöglicht die Barausschüttung keine engere Bindung der Arbeitnehmer an das Unternehmen. *Barauszahlung*

○ Aus diesen Gründen bietet es sich an, die Erfolgsbeteiligung in eine **Kapitalbeteiligung** umzuwandeln. Die Erfolgsanteile der oder des einzelnen Beschäftigten werden hier als Investivlohn teilweise oder ganz der Finanzierung des Unternehmens zugeführt. *Kapitalbeteiligung*

- Im Rahmen der **indirekten Kapitalbeteiligung** wird zwischen das Unternehmen und die Beschäftigten eine Institution mit eigener Rechtspersönlichkeit, etwa eine Vermögensverwaltungsgesellschaft, geschaltet. Über diesen Belegschaftsfonds läuft die kapitalmäßige Bindung zwischen dem Unternehmen und *Indirekte Kapitalbeteiligung*

den Beschäftigten. Dadurch werden kurzfristige Schwankungen der Zahl und der Höhe der Beteiligungen aufgefangen.

Direkte Kapitalbeteiligung

– Bei der **direkten Kapitalbeteiligung** besteht ein unmittelbares Beteiligungsverhältnis zwischen Beschäftigtem und Unternehmen, das neben das bestehende Vertragsverhältnis tritt.

Formen

Jung (Personalwirtschaft) verweist auf folgende **Formen der direkten und indirekten Kapitalbeteiligung:**

Kapitalbeteiligung		
Fremdkapitalbeteiligung	**Eigenkapitalbeteiligung**	
	Personengesellschaften	**Kapitalgesellschaften**
Mitarbeiterdarlehen	Kommanditist einer KG	Aktionär einer AG
Mitarbeiterschuldverschreibungen	Gesellschafter einer GmbH & Co KG	Gesellschafter einer GmbH
	Gesellschafter einer OHG	Kommanditaktionär einer KGaA
	Stiller Gesellschafter	

Abb. 5.16. Formen der Kapitalbeteiligung

Fremdkapitalbeteiligung

Bei einer **Fremdkapitalbeteiligung** werden die Beschäftigten zu Gläubigern des Unternehmens. Mit einem **Mitarbeiterdarlehen** stellen sie dem Unternehmen für einen vereinbarten Zeitraum einen Geldbetrag zur Verfügung, der ihnen zu einem bestimmten Zeitpunkt zurückgezahlt wird. Für die Kapitalüberlassung erhalten die Beschäftigten ein Entgelt. **Mitarbeiterschuldverschreibungen** sind festverzinsliche Wertpapiere, die von den Beschäftigten zum Kurswert erworben werden.

Eigenkapitalbeteiligung

Mit einer **Eigenkapitalbeteiligung** entsteht ein gesellschaftsrechtliches Verhältnis. Die Beschäftigten werden Miteigentümer des Unternehmens. Sie haben keine Garantie auf die Rückzahlung ihrer Kapitaleinlage und sind sowohl am Gewinn wie auch am Verlust beteiligt. Als geeignete Formen der Eigenkapitalbeteiligung der Arbeitnehmer haben sich dabei insbesondere die typische **stille Gesellschaft** bei Personengesellschaften sowie die Ausgabe von **Belegschaftsaktien** bei Aktiengesellschaften und Kommanditgesellschaften auf Aktien erwiesen. Eigenkapitalbeteiligungen von Arbeitnehmern einer **G**esellschaft **m**it **b**eschränkter **H**aftung oder einer Personengesellschaft, einer **O**ffenen **H**andels**g**esellschaft oder einer **K**ommandit**g**esellschaft kommen wegen bestimmter Rechtsvorschriften in der Regel in offener Form nicht in Betracht. So müssen die Gesellschafter der genannten Rechtsformen ins Handelsregister eingetragen werden. Außerdem werden die Gesellschafter der Personengesellschaften steuerlich als Mitunternehmer behandelt. Und ferner erstreckt sich bei der OHG die Haftung der Gesellschafter für die Verbindlichkeiten der Gesellschaft auf das Privatvermögen.

5. Sicherung des Arbeitsentgelts

5.1. Arbeitsentgelt ohne Arbeitsleistung

> Gesetze, Tarifverträge, Betriebs- und Dienstvereinbarungen sowie Arbeitsverträge sehen eine Vielzahl von Regelungen vor, die den Beschäftigten für verschiedene Anlässe auch dann ein Arbeitsentgelt zusichern, wenn sie gar keine Arbeitsleistung erbracht haben.

Keine Arbeit

Weist ein Arbeitgeber seinen Mitarbeiterinnen und Mitarbeitern keine Arbeit zu, so muß er ihnen grundsätzlich weiterhin das Arbeitsentgelt zahlen. Nun sind viele Gründe vorstellbar, warum ein Arbeitgeber keine Arbeit zuweist: Er bekommt keine Waren zur Weiterverarbeitung, es ist ein Stromausfall zu verzeichnen oder das Wetter spielt böse Streiche. Hier gilt es zu **prüfen, in wessen Gefahrensphäre die Ursache liegt,** in der des Arbeitgebers oder in der Sphäre der Arbeitnehmer, wenn zum Beispiel die Zulieferer bestreikt werden. Der Arbeitgeber ist immer in der Pflicht, wenn die Ursachen in seiner Sphäre liegen. Um unnötige Streitigkeiten zu verhindern, nehmen sich die Tarifpartner dieser Problematik häufig an. Die tarifvertraglichen Normen sehen zum Teil vor, daß die Beschäftigten für eine bestimmte Zeit andere Arbeiten akzeptieren oder die ausgefallene Arbeit später nachholen müssen.

Keine Arbeit

Persönliche Verhinderung

§ 616 des Bürgerlichen Gesetzbuches besagt im Wortlaut: „Der zur Dienstleistung Verpflichtete wird des Anspruchs auf die Vergütung nicht dadurch verlustig, daß er für eine verhältnismäßig nicht erhebliche Zeit durch einen in seiner Person liegenden Grund ohne sein Verschulden an der Dienstleistung verhindert wird. Er muß sich jedoch den Betrag anrechnen lassen, welcher ihm für die Zeit der Verhinderung aus einer auf Grund gesetzlicher Verpflichtung bestehenden Kranken- und Unfallversicherung zukommt." Dieser Paragraph regelt also die Zahlung des Arbeitsentgelts bei persönlicher Verhinderung der Beschäftigten. Einige weitere gesetzliche Vorschriften konkretisieren diesen Grundsatz für spezielle Arbeitsversäumnisse, wie zum Beispiel § 629 des Bürgerlichen Gesetzbuches für die Stellensuche. Im Einzelfall kommt es immer wieder zu Kontroversen darüber, ob sich Beschäftigte für ihre konkrete Arbeitsverhinderung auf diese Vorschriften berufen können. Deshalb beinhalten viele Tarifverträge oder Betriebs- und Dienstvereinbarungen gleichfalls genauere Regelungen, unter welchen Voraussetzungen und in welchem Umfang ein Anspruch auf Zahlung der Vergütung bei persönlicher Verhinderung besteht, etwa

Persönliche Verhinderung

- bei der silbernen oder goldenen Hochzeit der Eltern,
- der eigenen Hochzeit,
- Geburten in der Familie,
- Arztbesuchen, die außerhalb der Arbeitszeit nicht möglich sind,
- bei schwerwiegende Erkrankungen naher Angehöriger,
- Sterbefällen in der Familie,
- bei gerichtlichen Ladungen als Zeuge oder Beisitzer,
- für die Musterung,
- bei Prüfungen im Rahmen der Aus- und Weiterbildung,

- für die Arbeitsfreistellung zur Stellensuche,
- die Ausübung öffentlicher Ehrenämter und
- Behördengänge sowie
- bei Betriebsversammlungen.

Urlaub

Urlaub

§ 3 des Bundesurlaubsgesetzes bestimmt, daß der Urlaub der Arbeitnehmerinnen und Arbeitnehmer jährlich mindestens 24 Werktage beträgt, wobei unter Werktagen alle Kalendertage verstanden werden, die nicht Sonn- oder gesetzliche Feiertage sind. Mit anderen Worten beträgt der Mindesturlaub vier Wochen, das heißt für Beschäftigte mit einer Sechstagewoche 24 Arbeitstage, für Beschäftigte mit einer Fünftagewoche 20 Arbeitstage.

Für diese Tage des Erholungsurlaubs wird das Arbeitsentgelt weiter gezahlt. Nach § 11 des Bundesurlaubsgesetzes bemißt sich das **Urlaubsentgelt** nach dem durchschnittlichen Arbeitsverdienst, den der Arbeitnehmer in den letzten 13 Wochen vor dem Beginn des Urlaubs erhalten hat. Dazu zählen neben der Grundvergütung auch alle zusätzlichen Vergütungen.

Entgeltfortzahlung

Das Entgeltfortzahlungsgesetz regelt die Zahlung des Arbeitsentgelts

Feiertage, Krankheit, Kur, Rehabilitation

- an **gesetzlichen Feiertagen** und
- im **Krankheitsfall** sowie
- bei einer Arbeitsverhinderung infolge einer Maßnahme der medizinischen Vorsorge, das heißt einer **Kur,** oder
- der **Rehabilitation,**

und zwar an

- **Arbeiter,**
- **Angestellte,** auch Arbeiter und Angestellte in Teilzeit,
- **Auszubildende** sowie
- **Heimarbeiterinnen und -arbeiter.**

Bei Krankheit, stationären Kuren und Rehabilitationsmaßnahmen zahlt der Arbeitgeber für die Dauer von bis zu sechs Wochen das Arbeitsentgelt weiter. Unter dem Arbeitsentgelt, das fortgezahlt wird, ist das Entgelt zu verstehen, das der oder dem Beschäftigten bei der für sie oder ihn maßgebenden regelmäßigen Arbeitszeit zugestanden hätte. Der Gesetzgeber hat für die Entgeltfortzahlung im Krankheitsfall nur 80 Prozent dieses Arbeitsentgelts vorgesehen, in das zudem Überstunden nicht eingerechnet werden. Alternativ können die Beschäftigten je Krankheitswoche auf einen Urlaubstag verzichten. Pro Kurwoche werden zwei Tage auf den Urlaub angerechnet. Die gesetzliche Regelung trifft aber nur die Beschäftigten, die sich nicht auf einen anders lautenden Tarifvertrag berufen können.

Ein Anspruch auf Entgeltfortzahlung besteht nur, wenn die Mitarbeiterin oder der Mitarbeiter ohne eigenes Verschulden an der Arbeitsleistung gehindert wird. Von einem Verschulden der Beschäftigten muß man ausgehen, wenn sie sich besonders leichtfertig verhalten haben, beispielsweise auch bei Alkoholmißbrauch und durch das Nichtanlegen des Sicherheitsgurtes beim Autofahren.

Wie man § 3 Absatz 1 des Entgeltfortzahlungsgesetzes entnehmen kann, beginnt der Anspruch auf Entgeltfortzahlung frühestens mit dem ersten Tag des Beschäftigungsverhältnisses. Erkrankt ein Arbeitnehmer zum Beispiel nach dem Abschluß des Arbeitsvertrages, aber vor dem Beschäftigungsbeginn, so hat er gegen den neuen Arbeitgeber erst ab dem ersten Arbeitstag einen Anspruch auf Entgeltfortzahlung.

Im Krankheitsfall wird allerdings nur gezahlt, wenn eine Arbeitsunfähigkeit vorliegt. Darunter versteht man die krankheitsbedingte Unfähigkeit, die bisher ausgeübte Tätigkeit auch künftig auszuüben. Eine normale Schwangerschaft und Entbindung ist in diesem Sinne keine Krankheit. Liegt jedoch ein Beschäftigungsverbot im Sinne des § 3 Absatz 2 des Mutterschutzgesetzes vor, weil Leben und Gesundheit von Mutter und Kind bei Fortdauer der Beschäftigung gefährdet sind, so besteht Arbeitsunfähigkeit.

Der Anspruch auf Arbeitsentgelt besteht für die Dauer der Arbeitsunfähigkeit, der Kur oder der Rehabilitationsmaßnahme, maximal aber für sechs Wochen. Wird die oder der Beschäftigte infolge derselben Krankheit erneut arbeitsunfähig, ist erneut eine Entgeltfortzahlung von maximal sechs Wochen fällig, falls die oder der Betreffende

- vor der erneuten Arbeitsunfähigkeit mindestens sechs Monate nicht infolge derselben Krankheit arbeitsunfähig war oder
- seit Beginn der ersten Arbeitsunfähigkeit infolge derselben Krankheit eine Frist von zwölf Monaten abgelaufen ist. Dieselbe Krankheit liegt vor, wenn sie durch das gleiche Grundleiden hervorgerufen wird.

Bei Erkrankungen über die sechste beziehungsweise zwölfte Woche hinaus zahlt grundsätzlich die Krankenkasse ein sogenanntes Krankengeld, das zumeist deutlich unter dem Nettoentgelt liegt. Unter Umständen ist der Arbeitgeber verpflichtet, Zuschüsse zu diesem Krankengeld zu leisten.

Die Beschäftigten sind verpflichtet, dem Arbeitgeber die Arbeitsunfähigkeit und deren Dauer unverzüglich mitzuteilen. Grundsätzlich müssen sie dem Arbeitgeber aber erst dann eine ärztliche Bescheinigung über das Bestehen der Arbeitsunfähigkeit und deren voraussichtliche Dauer vorlegen, wenn die Arbeitsunfähigkeit länger als drei Kalendertage dauert. Der Arbeitgeber ist jedoch per Arbeitsvertrag, Betriebs- respektive Dienstvereinbarung oder im Einzelfall berechtigt, die Vorlage der ärztlichen Bescheinigung früher zu verlangen. Dasselbe gilt für Folgebescheinigungen. Kommen die Beschäftigten diesen Pflichten nicht nach, kann der Arbeitgeber die Entgeltfortzahlung zu verweigern.

In § 6 regelt das Entgeltfortzahlungsgesetz den Übergang der Forderungen der Beschäftigten an etwaige Schädiger auf den Arbeitgeber.

Bei Zweifeln des Arbeitgebers an der Arbeitsunfähigkeit kann er die Einbestellung von Beschäftigten zum medizinischen Dienst der Krankenversicherung bei der zuständigen Krankenkasse verlangen.

Praktiziert das Unternehmen ein Modell der Jahresarbeitszeit, so sind besondere Regelungen zur Entgeltfortzahlung notwendig.

Schwangerschaft

Nach § 3 Absatz 2 des Mutterschutzgesetzes können **werdende Mütter in den letzten 6 Wochen vor der Entbindung** nicht beschäftigt werden, es sei denn, daß sie sich zur Arbeitsleistung ausdrücklich bereit erklären. § 6 des Mutterschutzgesetzes besagt, daß **Frauen 8 Wochen nach der Geburt** nicht beschäftigt werden dürfen.

Schwangerschaft, Geburt, Stillzeit

Frauen, die Mitglied einer Krankenkasse sind, erhalten für die genannten Zeiten das Mutterschaftsgeld nach den Vorschriften der Reichsversicherungsordnung. Das Mutterschaftsgeld wird in der Hauptsache vom Arbeitgeber getragen und entspricht dem regelmäßigen Arbeitsentgelt. Soweit das Mutterschaftsgeld nach der Reichsversicherungsordnung nicht bezogen werden kann, muß der Arbeitgeber mindestens den Durchschnittsverdienst der letzten drei Wochen oder der letzten drei Monate vor Beginn des Monats, in dem die Schwangerschaft eingetreten ist, weiter gewähren.

Laut § 7 des Mutterschutzgesetzes ist **stillenden Müttern** auf ihr Verlangen für die zum Stillen erforderliche Zeit, mindestens aber zweimal täglich eine halbe Stunde oder einmal täglich eine Stunde, in besonderen Fällen bis zu 90 Minuten, freizugeben. Durch die Gewährung der Stillzeit darf kein Verdienstausfall eintreten.

Betriebs- und Personalräte

Betriebs- und Personalräte

Wenn an dieser Stelle Betriebs- beziehungsweise Personalräte erwähnt werden, soll das nicht heißen, sie würden nichts leisten. Das Gegenteil ist der Fall, denn Betriebs- und Personalräte müssen sich tagaus, tagein den Interessengegensätzen von Belegschaft und Unternehmensleitung stellen. Zudem gehören sie noch zu den wenigen Beschäftigten, die sich regelmäßig einer Wahl stellen müssen. Um ihre Aufgaben ordnungsgemäß wahrnehmen zu können, werden sie gemäß § 37 des Betriebsverfassungsgesetzes respektive § 46 des Bundespersonalvertretungsgesetzes zeitweise **von ihrer beruflichen Tätigkeit ohne Minderung des Arbeitsentgelts befreit,** soweit dies erforderlich ist. § 38 des Betriebsverfassungsgesetzes und § 46 des Bundespersonalvertretungsgesetzes legen fest, wie viele Betriebs- bzw. Personalratsmitglieder bei welcher Beschäftigtenzahl vollständig von ihrer beruflichen Tätigkeit freigestellt werden.

Diese Aufzählung ist nicht abschließend. Sie beinhaltet aber die wesentlichen Tatbestände, aufgrund derer der Arbeitgeber ein Arbeitsentgelt zahlen muß, obwohl die oder der Beschäftigte nicht der Arbeit nachgeht. Darüber hinaus gibt es Tatbestände, aufgrund derer andere, zumeist öffentliche Stellen Zahlungen an Beschäftigte leisten, etwa den Erziehungsurlaub.

5.2. Schutz gegenüber Gläubigern

> Das Arbeitsentgelt soll grundsätzlich den Beschäftigten zufließen, die einen entsprechenden Anspruch gegenüber dem Arbeitgeber haben. Zur Sicherung des Arbeitsentgelts hat der Gesetzgeber mehrere Regelungen getroffen.

Pfändungsschutz

Grundsätzlich können Gläubiger auch die Entgeltforderung pfänden, die eine Mitarbeiterin oder ein Mitarbeiter gegenüber dem Arbeitgeber hat. Voraussetzung ist allerdings, daß die Mitarbeiterin oder der Mitarbeiter den Gläubigern etwas schuldet und daß die Gläubiger einen vollstreckbaren Titel gegen sie haben. Für die Pfändung gibt es aber zwei Beschränkungen.

– Da das Arbeitsentgelt im Regelfall die einzige Einnahmequelle und somit die Existenzgrundlage der Beschäftigten und gegebenenfalls ihrer Familien ist, wird ein bestimmter Teil des Nettoentgelts als Existenzminimum **gegenüber pfändenden Gläubigern abgesichert.** Der jeweils pfändungsfreie Betrag ist in sogenannten Pfändungstabellen vermerkt. Demnach sind zum Beispiel für Ledige zur Zeit etwa 1.200 DM Nettoentgelt pfändungsfrei.

– Außerdem dürfen Reisespesen, Auslösegelder, Gefahren-, Schmutz- und Erschwerniszuschläge sowie das zusätzliche Urlaubsgeld überhaupt nicht gepfändet werden.

Die vorgenannte Regelung gilt auch für den Arbeitgeber, der im Einzelfall als pfändender Gläubiger, beispielsweise einer Schadensersatzforderung, auftritt. Die **Entgeltsicherung gegenüber dem Arbeitgeber umfaßt auch die Aufrechnung** der Entgeltforderung. Sie ist dem Arbeitgeber

Schutz bei Aufrechnung

– nur bis zur Pfändungsfreigrenze und
– nur dann gestattet, wenn die Forderung fällig und eine Geldforderung ist.

Selbst das ist aber in vielen Fällen nicht möglich, da die Aufrechnung häufig durch den einschlägigen Tarifvertrag, eine Betriebs- respektive Dienstvereinbarung oder den Arbeitsvertrag ausgeschlossen wird.

Logische Folge der Pfändungsfreigrenzen ist das **Abtretungsverbot**. Es erklärt eine Abtretung des nicht pfändbaren Teiles des Arbeitsentgelts für nichtig. So kann ein Angestellter seinem Gläubiger zum Beispiel sein gesamtes Monatsgehalt nicht rechtswirksam abtreten.

Abtretungsverbot

Und schließlich hat der Gesetzgeber eine **Sicherung des Arbeitsentgelts beim Konkurs des Arbeitgebers** vorgesehen.

Konkursausfallgeld

– Entgeltforderungen der Arbeitnehmerinnen und Arbeitnehmer werden aus der Konkursmasse vorrangig befriedigt. Sie sind also im Konkursfall besser gestellt als die Forderungen anderer Gläubiger.
– Bei fehlender Konkursmasse übernimmt das Arbeitsamt die rückständigen Arbeitsentgeltforderungen für die letzten drei Monate vor der Eröffnung des Konkursverfahrens als Konkursausfallgeld. Das gilt auch für den Fall, daß der Konkursantrag mangels Masse abgelehnt wurde. Die betroffenen Beschäftigten müssen allerdings einen Antrag beim Arbeitsamt stellen.

6. Personalzusatzkosten

Vergegenwärtigt man sich noch einmal zusammenfassend die verschiedenen Komponenten des Arbeitsentgelts, wird deutlich, daß neben die Grundvergütung eine Vielzahl von weiteren Entgeltbestandteilen tritt. Dazu gesellen sich noch die für die Entgeltrechnung wichtigen Steuern und Sozialabgaben. Das wird allseits als problematisch empfunden. Diese Problematik wird unter dem Schlagwort Personalzusatzkosten oder auch Lohn- und Gehaltsnebenkosten heiß diskutiert.

6.1. Statistisches Bundesamt

Das Statistische Bundesamt liefert zu diesem Problemfeld gesicherte Daten. Die Personalkosten werden in der amtlichen Statistik einerseits als das Entgelt für geleistete Arbeit und andererseits als die Personalzusatzkosten erfaßt.

Statistisches Bundesamt

Entgelt für geleistete Arbeit

In der vornehmlich rechnerischen Größe Entgelt für geleistete Arbeit wird ausschließlich die Zeit berücksichtigt, in der die Beschäftigten an ihren Arbeitsplätzen tätig sind. Dafür wird eine tatsächliche Arbeitszeit errechnet. Von den nominellen Arbeitstagen, also 365 Kalendertagen, werden 104 Samstage und Sonntage sowie die bezahlten Frei- und Ausfallzeiten abgezogen. Für Arbeiterinnen und Arbeiter ergibt

Entgelt für geleistete Arbeit

sich das Entgelt für geleistete Arbeit nun durch Multiplikation der geleisteten Arbeitsstunden mit dem Bruttostundenlohn. Bei den Angestellten werden vom Bruttojahresverdienst die Sonderzahlungen und Gratifikationen sowie das Entgelt für arbeitsfreie Tage wie Urlaub, Arbeitsunfähigkeit und gesetzliche Feiertage abgezogen. Der verbleibende Betrag ist dann das Entgelt für geleistete Arbeit.

Personalzusatzkosten

Nach der Systematik des Statistischen Bundesamtes werden die Personalzusatzkosten in vier Blöcke aufgeteilt:

- Die Vergütungen arbeitsfreier Tage umfassen
  - das Urlaubsentgelt einschließlich der etwaigen Urlaubsentschädigung für nicht genommenen Urlaub und
  - die Vergütung der sonstigen Ausfallzeiten, zum Beispiel arbeitsfreie bezahlte Tage bei Familienereignissen, für die Ausübung eines Ehrenamtes, für Arztbesuche während der Arbeitszeit, für Betriebsversammlungen sowie
  - für tarifliche oder freiwillig bezahlte Pausen.
  - Es beinhaltet desweiteren die gesetzliche Entgeltfortzahlung im Krankheitsfalle bis zur sechsten Kalenderwoche durch den Arbeitgeber und über die sechste Woche hinaus insbesondere die Zuschüsse zum Krankengeld.
- Zu den Sonderzahlungen zählt das Statistische Bundesamt
  - vermögenswirksame Leistungen nach dem Vermögensbildungsgesetz,
  - ein etwaiges zusätzlich gezahltes Urlaubsgeld und
  - Weihnachtsgeld,
  - Gratifikationen,
  - ein etwaiges 13. Monatsgehalt,
  - Jubiläumsgelder,
  - Prämien, beispielsweise für Verbesserungsvorschläge, und
  - alle sonstigen unregelmäßigen Zahlungen.
- Die Aufwendungen für Vorsorgeeinrichtungen im Sinne des Statistischen Bundesamtes umfassen
  - neben den Pflichtbeiträgen zur Renten-, Kranken-, Arbeitslosen-, Pflege- und Unfallversicherung
  - die Aufwendungen für die betriebliche Altersversorgung sowie
  - die Sozialversicherungsbeiträge der Arbeitgeber und
  - Aufwendungen für sonstige Vorsorgeeinrichtungen.
- Zu den sonstigen Personalzusatzkosten zählt das Statistische Bundesamt
  - die Entlassungsentschädigungen einschließlich möglicher Abfindungen und
  - sonstige gesetzliche Leistungen, wie zum Beispiel die Ausgleichsabgabe nach dem Schwerbehindertengesetz oder den Zuschuß zum Mutterschaftsgeld,
  - Familienunterstützungen,
  - eine etwaige Wohnungsfürsorge,
  - Verpflegungszuschüsse,
  - Naturalleistungen sowie

- die Kosten der Berufsausbildung und
- weitere Zuwendungen.

In einem abschließenden Rechenschritt werden die **Personalzusatzkosten ins Verhältnis zum Entgelt für geleistete Arbeit gesetzt.** Dabei bildet das Entgelt für geleistete Arbeit die Basis.

Prozentsatz

6.2. Institut der Deutschen Wirtschaft

Das Institut der Deutschen Wirtschaft gliedert die Personalzusatzkosten im Gegensatz zum Statistischen Bundesamt nach dem Verursachungsprinzip in

Institut der Deutschen Wirtschaft

- **gesetzliche** und
- **tarifliche sowie betriebliche Personalzusatzkosten.**

Diese Systematik hat den Vorteil, daß sie Auskunft darüber gibt, wer für die entsprechenden Zusatzkosten verantwortlich ist und sie gegebenenfalls ändern könnte.

6.3. Bewertung

> Beide Institutionen geben mit ihren Statistiken das gesamte Spektrum des Arbeitsentgelts wieder, mit Ausnahme der in der Tat eigentlich nicht zum Arbeitsentgelt zählenden Erfolgsbeteiligung. Mit Einschränkungen verdeutlichen diese Statistiken also, welchen Umfang die zusätzlichen Vergütungen und die Entgeltsicherung im Vergleich zur Grundvergütung angenommen haben. Die Personalzusatzkosten betragen demnach zur Zeit zwischen etwa 70 und gut 100 Prozent der Grundvergütung, je nach Unternehmensgröße, Sektor, Branche und Beschäftigtengruppe, und das mit steigender Tendenz.

70–100 Prozent Personalzusatzkosten

Einschränkungen sind deshalb angebracht, weil die Struktur der besagten Statistiken doch deutlich von der in der Sache begründeten anforderungs-, leistungs- und marktgerechten Struktur der Arbeitsentgelte abweicht, wie sie in diesem Kapitel dargestellt wird.

Einschränkungen

Angesichts des besagten Prozentsatzes beklagen die Beschäftigten, daß ihnen vom Bruttoentgelt ein viel zu geringes Nettoentgelt verbleibt. Die Unternehmen beklagen die hohen Personalkosten, die sie vor allem den Steuern, Sozialabgaben, zusätzlichen Vergütungen und der Entgeltsicherung zuschreiben. Dabei vergessen die Beschäftigten, daß sie sich mit den sicherlich recht hohen Belastungen ein mustergültiges Sozial- und Bildungswesen erkaufen. Und die Unternehmen vergessen, daß die Belastungen zur Finanzierung jenes hohen Qualifikationsniveaus ihrer Belegschaften, jener vorbildlichen Standortbedingungen und jenes sozialen Klimas dienen, auf die man in der Summe als Wettbewerbsfaktor nicht verzichten kann, wenn man der ausländischen Konkurrenz auch in Zukunft erfolgreich die Stirn bieten will.

7. Kassensturz

7.1. Hintergründe

Die Errechnung und Abrechnung der Entgelte ist, wie die Auswertung der Abrechnungsergebnisse, ein recht **kompliziertes Unterfangen.**

Probleme

○ Zunächst muß eine Vielzahl von Grundvergütungen und zusätzlichen Vergütungen, aber auch von Entgelten für arbeitsfreie Tage, jeweils individuell für jede Mitarbeiterin und für jeden Mitarbeiter berücksichtigt werden. Die Abrechnung ist also eine typische **Massendatenverarbeitung mit jeweils individueller Datenbasis.**

○ Außerdem verlangen diese Entgelte eine ebenso detaillierte wie zügige Berechnung. **Verarbeitungsfehler oder eine verzögerte Auszahlung kann man sich nicht erlauben.** Eine fehlerhafte oder verspätete Abrechnung gefährdet alle anderen personalwirtschaftlichen Bemühungen nachhaltig. Können sich die Beschäftigten schon nicht darauf verlassen, daß ihre Arbeitsentgelte korrekt berechnet sind, wie sollen sie dann Vertrauen in eine Personalbeurteilung oder in die Personalführung setzen?

○ Hinzu kommen die **vielfältigen Vorschriften** aus Gesetzen, Tarifverträgen, Betriebs- oder Dienstvereinbarungen und den einzelnen Arbeitsverträgen, die beachtet werden müssen.

○ Und nicht zuletzt neigen alle Beteiligten zu **häufigen,** manchmal überraschenden **substantiellen Änderungen.** So novelliert der Gesetzgeber arbeits- und steuerrechtliche Vorschriften, die Tarifpartner handeln neue Tarifverträge aus, Betriebs- und Personalräte neue Betriebs- und Dienstvereinbarungen und die Beschäftigten neue arbeitsvertragliche Konditionen.

Abrechnung mittels EDV

Aus diesen Gründen werden die Abrechnung der Entgelte und die nachfolgende Auswertung des Datenmaterials **überwiegend mittels elektronischer Datenverarbeitung** durchgeführt, von großen und mittleren Unternehmen in der Regel im eigenen Rechenzentrum. Kleinere Unternehmen greifen entweder auf die Angebote von Dienstleistern zurück oder sie führen eine eigene Abrechnung mit Hilfe geeigneter Software auf Kleinrechnern durch.

Basis: Zeiterfassung

Die computergestützte Abrechnung der Entgelte **basiert auf einer fundierten, das heißt möglichst gleichfalls computergestützten Zeiterfassung.** Computergestützte Zeiterfassungssysteme ermöglichen

– die Registrierung der An- und Abwesenheit an Zeiterfassungsgeräten,

– die häufig notwendige Korrektur und Umbuchung von Zeitdaten am Bildschirm durch die Personalabteilung oder Zeitbeauftragte in den Fachabteilungen,

– die Pflege von Personen- und Zeitstammdaten zum Aufbau von betrieblichen Zeitmodellen und Bewertungsvorschriften sowie

– über Schnittstellen den Datenaustausch mit der Personalabrechnung.

Auswahl von Hard- und Software

Auch die **Hard- und Software für die Abrechnung selbst will sorgfältig ausgewählt sein.** Hat man sich einmal entschieden, ist eine Bindung über mehrere Jahre gegeben. Die Kosten für die Einführung und Anpassung machen oftmals ein mehrfaches der Systemkosten aus. Folgende Aspekte sollten bedacht werden:

– Hard- und Software sollen auf die **speziellen Erfordernisse des Unternehmens** zugeschnitten sein.

– Grundvoraussetzung für eine Lohn- und Gehaltssoftware ist, daß die **gesetzlichen und sozialversicherungsrechtlichen Anforderungen voll abgedeckt** sind. Ein wichtiges Kriterium ist die Zulassung nach der **D**aten**ü**bermittlungs**v**er**o**rdnung durch die Bundesverbände der Krankenkassen. Diese Zulassung ermöglicht die papierlose Übermittlung der geforderten Daten und ist zugleich ein Beleg für die Verfahrenssicherheit und Anwenderfreundlichkeit der Software.

– Um eine **hohe Anpassung** zu gewährleisten und **Flexibilität** zu garantieren, erlauben es diverse Abrechnungssysteme, individuelle Dialoge zu erstellen. Für diese Dia-

logprogramme stehen sämtliche Daten des Personalstamms und des Lohnkontos zur Verfügung.
- Der Softwarehersteller sollte eine **Programmpflege** garantieren. Er sollte die gesetzlichen Änderungen nachvollziehen und die Möglichkeit schaffen, tarifvertragliche Änderungen vor Ort selbst einzuarbeiten.
- Ein besonderes Augenmerk ist außerdem auf das **Sicherungskonzept** zu legen, das den Schutz der sensiblen Personaldaten sowie die Richtigkeit der relevanten Daten gewährleisten muß.
- Für Großunternehmen ist die sogenannte **Mehrmandantenfähigkeit** unverzichtbar. Damit meint man, daß Rechengrößen für die Abrechnung nicht für jede rechtlich selbständige Firma gesondert definiert werden müssen, sondern zentral angelegt und verwaltet werden können.
- Das **Bundesstatistikgesetz** fordert den Unternehmen ein umfangreiches Datenwerk ab, welches das Statistische Bundesamt benötigt. Die eingesetzte Software sollte die geforderten Daten liefern, um das ansonsten notwendige umfassende **Berichtswesen** zu erleichtern.
- Der **Hersteller der Software sollte zuverlässig sein**. Hinweise dafür geben Marktbeobachtungen sowie Angebote von Workshops, Seminaren und einer Hotline seitens des Herstellers.
- Beim **Datenfluß** steht die Informationsgewinnung und -auswertung an oberster Stelle. Zusätzliche Funktionen für die Personalstatistik und das Personalcontrolling, Einzelverarbeitungen und die Rückrechnungsfähigkeit auf das Vorjahr beziehungsweise Vormonate erhöhen die Verfahrenssicherheit.

Hat man sich für eine Software und Hardware entschieden, sind folgende Schritte notwendig: *Dateneingabe*
- Stammdaten, Zeitdaten, Leistungsdaten sowie sonstige Be- und Abzüge müssen erfaßt werden,
- die Lohn- und Gehaltskarteien, Lohn- beziehungsweise Gehaltskonten und -listen, die Pfändungskartei, Akkordzettel, Arbeitszeitkarten sowie sonstige Unterlagen und Aufzeichnungen müssen erstmals eingegeben und gespeichert werden.

7.2. Abrechnung

Die Abrechnung ist ein Teilgebiet des personalwirtschaftlichen Rechnungswesens, dessen weitere Aufgaben im Kapitel Personalmanagement zur Sprache kommen.
Grundsätzlich rechnet man die Entgelte wie folgt ab: *Abrechnungsschritte*

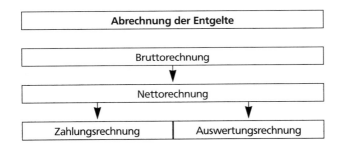

Abb. 5.17. Abrechnungsschritte

Dabei ist die Abrechnung zu einem Teil **personenbezogen**. Es handelt sich um
- die Berechnung des Bruttoentgelts,
- die Ermittlung und Abführung der gesetzlichen und freiwilligen Abgaben für Arbeitnehmer,
- die Durchführung individueller Inkassoverpflichtungen der Mitarbeiter,
- die Sicherstellung einer rechtzeitigen Auszahlung oder Überweisung der Entgelte und
- den Nachweis der Entgeltberechnung gegenüber Mitarbeitern.

Nicht personen- sondern **sachbezogen** sind
- die Ermittlung und Abführung der Steuern, Umlagen und Beiträge für alle Beschäftigten,
- die buchhalterische Erfassung, Verbuchung und Aufbewahrung der Ergebnisse des Abrechnungsverfahrens,
- die Erfüllung gesetzlicher Meldepflichten und
- die Aufbereitung für die Kostenrechnung und Statistik.

7.2.1. Bruttorechnung

Bruttorechnung

Mit der Bruttorechnung wird das Bruttoentgelt für eine Periode, in der Regel den Monat oder die Woche, ermittelt. Maßgeblich sind die im Rahmen der angesprochenen Grundvergütungen und zusätzlichen Vergütungen aufgezeigten Verfahren, aber auch die Vorschriften für Entgelte an arbeitsfreien Tagen, etwa aus Gründen eines Urlaubs oder einer Arbeitsunfähigkeit.

7.2.2. Nettorechnung

Nettorechnung

Die **Nettorechnung** dient dazu, die vorgeschriebenen Abzüge zu ermitteln und vom Bruttoentgelt abzusetzen.

Lohnsteuer und Solidaritätszuschlag

Lohnsteuer und Solidaritätszuschlag

Die Lohnsteuer und der Solidaritätszuschlag werden nach dem Einkommensteuergesetz laut Tabelle beziehungsweise Steuerformel bestimmt. Ausschlaggebend für die Höhe sind neben dem Bruttoentgelt die Steuerklasse, der Familienstand, die Anzahl der Kinder und ein etwaiger Steuerfreibetrag. Ferner müssen sowohl das zuständige Finanzamt als auch die Lohnsteuergemeinde bekannt sein. Diese Daten beinhaltet die Lohnsteuerkarte.

Steuerpflicht

In bestimmten Fällen läßt sich auch der Lohnsteuerabzug umgehen. So gelten für Beschäftigungen im Ausland diverse Doppelbesteuerungsabkommen. Regelmäßig besagen diese Abkommen, daß die Beschäftigten der deutschen Besteuerung nicht unterliegen, wenn sie mehr als die Hälfte der Kalendertage eines Kalenderjahres in jenem Staat beruflich tätig waren, auf dessen Doppelbesteuerungsabkommen mit der Bundesrepublik Deutschland sich der oder die Beschäftigte beruft. Außerdem kann man unter bestimmten Bedingungen einer Beschäftigung ohne Lohnsteuerkarte nachgehen, wenn der Arbeitgeber den Pauschalsteuersatz von derzeit 20 beziehungsweise 25 Prozent übernimmt. Ein Pauschalsteuersatz von 20 Prozent wird fällig, wenn die Beschäftigung in geringem Umfang von bis zu 20 Stunden pro Woche und gegen geringen Arbeitslohn erfolgt. Ein Pauschalsteuersatz von 25 Prozent wird bei kurzfristigen Beschäftigungen angesetzt. Eine kurzfristige Beschäftigung liegt vor, wenn es sich um eine gelegentliche, nicht regelmäßig wiederkehrende Beschäftigung handelt, die 18 zusammenhängende Arbeitstage nicht überschreitet. Die jeweiligen Entgeltgrenzen setzt der Gesetzgeber laufend neu fest.

Bei dem in Deutschland noch wenig verbreiteten Modell der Deferred Compensation wird die Auszahlung eines Teils des Arbeitsentgelts aufgeschoben und damit nicht der sofortigen Versteuerung unterworfen. Der angesammelte Betrag wird erst besteuert, wenn das zugesagte Arbeitsentgelt tatsächlich gezahlt wird, beispielsweise nach dem Eintritt in den Ruhestand. Die Deferred Compensation führt zu einem höheren Nettoentgelt der Betroffenen bei gleichem Aufwand des Unternehmens. Die damit verbundene Bildung von Pensionsrückstellungen verhilft dem Unternehmen zu zusätzlicher Innenliquidität. Unternehmen, die daran denken, ein Cafeteria-System einzuführen oder aufzuwerten, können die Deferred Compensation als besonderen Anreiz verwenden.

Deferred Compensation

Kirchensteuer

Gegebenenfalls muß Kirchensteuer gezahlt werden. Sie macht je nach Bundesland 8 oder 9 Prozent der Lohnsteuer aus. Die Konfession oder auch Konfessionsfreiheit geht ebenfalls aus der Lohnsteuerkarte hervor.

Kirchensteuer

Krankenversicherung

Der Krankenversicherungsbeitrag ist abhängig von der Kasse, deren Mitglied die oder der Beschäftigte ist. Er beträgt zwischen zirka 12 und 16 Prozent und wird je zur Hälfte vom Arbeitnehmer und Arbeitgeber getragen. Der Prozentsatz bezieht sich auf das Bruttoentgelt, allerdings nur bis zur Beitragsbemessungsgrenze von im Jahre 1996 6.000 DM. Wer also mehr als 6.000 DM brutto verdient, muß vom Verdienst über 6.000 DM hinaus keinen Krankenversicherungsbeitrag zahlen.

Krankenversicherung

An die zuständige Krankenversicherung werden im übrigen auch die Sozialversicherungsbeiträge für die Pflege-, Renten- und Arbeitslosenversicherung überwiesen. Die Krankenversicherung sorgt dann für die Weiterleitung der Beiträge an die jeweiligen Versicherungsträger. Daher muß der Arbeitgeber zunächst die zuständige Krankenkasse ermitteln und ihr dann neben dem Bruttoentgelt die Sozialversicherungsdaten nennen, also den Rentenversicherungsträger und die Sozialversicherungsnummer.

Sozialversicherung

Normalerweise besteht für jeden, der eine Arbeitnehmertätigkeit ausübt, Sozialversicherungspflicht. Es gibt jedoch Ausnahmen. Wenn ein Arbeitgeber meint, er könne sich auf eine derartige Ausnahme berufen, muß er der Krankenkasse gegenüber einen Nachweis führen. Eine Beschäftigung ist sozialversicherungsfrei, wenn sie regelmäßig weniger als 15 Stunden pro Woche ausgeübt wird und das Arbeitsentgelt ein Sechstel des individuellen Gesamteinkommens nicht übersteigt. Statt dieses Anteils am Gesamteinkommens nennt der Gesetzgeber auch eine exakte Entgeltgrenze, die gleichfalls laufend neu festgesetzt wird.

Sozialversicherungspflicht

Der **Pflegeversicherungsbeitrag** macht seit 1. 7. 1996 1,7 Prozent des Bruttoentgelts aus, allerdings wiederum nur bis zu einer Beitragsbemessungsgrenze von 6.000 DM. Auch dieser Beitrag wird in fast allen Bundesländern hälftig vom Arbeitgeber und Arbeitnehmer getragen.

Pflegeversicherung

Der **Rentenversicherungsbeitrag** wird ebenfalls je zur Hälfte vom Arbeitnehmer und Arbeitgeber getragen. 1996 liegt der Beitragssatz bei 19,2 Prozent und die Beitragsbemessungsgrenze bei 8.000 DM.

Rentenversicherung

Arbeitslosen-versicherung	Dasselbe gilt für den **Beitrag zur Arbeitslosenversicherung**, der 1996 6,5 Prozent ausmacht.
	Unfallversicherung
Unfallversicherung	Die Unfallversicherung nimmt in diesem Zusammenhang eine Sonderstellung ein. Sie ist keine Sozialversicherung im angesprochenen Sinne. Alleiniger Ansprechpartner ist hier der **Arbeitgeber.** Er **trägt die Beiträge allein.** Diese Beiträge sind nach Gefahrenklassen für die Beschäftigten gestaffelt und steigen mit erhöhtem Unfallaufkommen. Die Unfallversicherung steht deshalb in keinem direkten Zusammenhang mit der Abrechnung der Entgelte.
	7.2.3. Zahlungsrechnung
Zahlungs-rechnung	Die mit der Nettorechnung ermittelten Nettoverdienste müssen nun in Form einer Zahlungsrechnung zur Zahlung aufbereitet werden.
	Mitarbeiterabrechnung
Mitarbeiter-abrechnung	Die personenbezogene Mitarbeiterabrechnung vollzieht die eben angesprochene Brutto- und Nettorechnung nach. Mit dem Nettoentgelt ist aber noch nicht der Auszahlungsbetrag bestimmt.
Zusätzliche Bezüge	**Hinzu kommen** nämlich noch die steuer- und abgabenfreien **zusätzlichen Bezüge** wie – die Arbeitnehmersparzulage für vermögenswirksame Leistungen, – das Kindergeld, das in der Regel durch den Arbeitgeber ausgezahlt wird, – das Kurzarbeiter- und Schlechtwettergeld sowie Reisekostenvergütungen.
Zusätzliche Abzüge	**Abzuziehen sind die zusätzlichen Abzüge,** beispielsweise – aufgrund von Pfändungen oder Hinterlegungen nach der Zivilprozeßordnung, – infolge von Lohn- und Gehaltsabtretungen, – zum Zwecke einer etwaigen tariflichen Vermögensbildung beziehungsweise entsprechender Eigenleistungen, – wegen betrieblicher Forderungen aus einem Mietverhältnis, aus Darlehen oder aufgrund von gewährten Vorschüssen, – infolge eines vereinbarten Sammelinkassos, etwa der Gewerkschaftsbeiträge, und – für Beiträge zu zusätzlichen Versorgungskassen.
Schema	Der **Mitarbeiterabrechnung** liegt also folgendes **Schema** zugrunde:

Bruttoentgelt
– Lohnsteuer und Solidaritätszuschlag
– gegebenenfalls Kirchensteuer
– Krankenversicherungsbeitrag
– Pflegeversicherungsbeitrag
– Rentenversicherungsbeitrag
– Arbeitslosenversicherungsbeitrag
= Nettoentgelt
+ zusätzliche Bezüge
– zusätzliche Abzüge
= Auszahlungsbetrag

Abb. 5.18. Schema der Mitarbeiterabrechnung

Zusätzlich kann der Arbeitgeber für jeden Arbeitnehmer, der seine Beschäftigung nicht erst im Laufe des Jahres bei ihm aufgenommen hat, einen **Lohnsteuerjahresausgleich permanent,** also mit jeder Entgeltabrechnung, **oder zum Jahresende** durchführen. Hier werden die aufgelaufenen Steuerzahlungen mit der Steuerschuld abgeglichen, die auf die aufgelaufenen Entgelte zu entrichten ist. Etwaige Differenzen werden dann zugunsten oder zuungusten der oder des Beschäftigten ausgeglichen.

Lohnsteuerjahresausgleich

Für jede Beschäftigte und jeden Beschäftigten wird eine Entgeltabrechnung erstellt. Sie beinhaltet

Entgeltabrechnung

– neben den Angaben zur Person wie Namen und Personalnummer und

– neben den Besteuerungsmerkmalen wie Steuerklasse, Familienstand, Kinderzahl,

– alle Abrechnungsdaten der Brutto-, Netto- und Zahlungsrechnung, also auch

– die Zusammensetzung des Bruttoentgelts,

– den Ausweis der steuer- und sozialversicherungspflichtigen Bestandteile des Entgelts,

– den Einzelnachweis aller Abzugsarten und

– gegebenenfalls Abrechnungskorrekturen.

– Für gewöhnlich werden auch die aufgelaufenen Summen des Kalenderjahres ausgewiesen.

Die **Zahlung** selbst wird **in aller Regel unbar über Geldinstitute** abgewickelt. Dafür müssen Zahlungsbelege erstellt werden, das heißt Überweisungen, Verrechnungsschecks oder Datenträger für Speichermedien der elektronischen Datenverarbeitung.

Zahlung

Für Auswertungszwecke des Unternehmens und die Lohnsteuerprüfung des zuständigen Finanzamtes ist für jede Abrechnung, gegebenenfalls auch nur am Jahresende oder zum Ende eines Arbeitsverhältnisses, ein **Lohnkonto** auszudrucken. In ihm sind nach der Lohnssteuerdurchführungsverordnung je Abrechnungszeitraum die geleisteten Stunden, das Bruttoentgelt, die Lohnsteuer, Kirchensteuer- und Sozialversicherungsdaten, die Abzugswerte und Zuzahlungen, der Nettoverdienst und der Auszahlungsbetrag auszuweisen.

Lohnkonto

Steuerabrechnung

Für Zwecke der Steuerabrechnung muß jeder Arbeitgeber auf einem für alle Bundesländer einheitlichen Formular eine **Lohnsteueranmeldung** vornehmen, grundsätzlich monatlich, bei geringeren Summen vierteljährlich oder jährlich. In der Lohnsteueranmeldung ist neben der Lohnsteuer auch die Kirchensteuer auszuweisen. Die Kirchensteuer muß nach den verschiedenen Konfessionen aufgegliedert werden.

Steuerabrechnung

Für die **Zahlung** der Lohn- und Kirchensteuer müssen ebenfalls **Zahlungsbelege** erstellt werden, das heißt Überweisungen, Verrechnungsschecks oder Datenträger für Speichermedien der elektronischen Datenverarbeitung.

Zahlung

Mit dem Jahresabschluß werden für die Beschäftigten sogenannte Lohnsteuerkartenaufkleber angefertigt. Dadurch erspart man sich die manuelle Eintragung der **Lohnsteuerdaten auf der Lohnsteuerkarte.** Die Beschäftigten erhalten die Lohnsteuerkarte mit Aufkleber nach dem Jahresende. Zugleich wird das Lohnkonto abgeschlossen, nachdem man Progressionsvorbehalte, Altersentlastungsbeträge, die teilweise oder komplette Befreiung von der Steuerpflicht durch Pauschalversteuerung und Doppelbesteuerungsabkommen sowie die Besteuerung der privaten Nutzung von Dienstwagen überprüft hat.

Lohnsteuerkarte

Sozialversicherungsabrechnung

Sozialversicherungsabrechnung

Für die Sozialversicherungsabrechnung sind vor allem die Beiträge zur Kranken-, Pflege-, Renten- und Arbeitslosenversicherung von Interesse. Sie werden je zur Hälfte von Arbeitnehmer und Arbeitgeber getragen. Die Beiträge zur Unfallversicherung bringt alleine der Arbeitgeber auf. Deshalb kann die Sozialversicherungsabrechnung nicht nur eine Addition der Beiträge je Beschäftigtem und Versicherungsträger sein. Hier sind, anders als bei der Steuerabrechnung, auch die Arbeitgeberbeiträge zu ermitteln.

Beitragsnachweise und Zahlungsbelege

Außerdem müssen **Beitragsnachweise** für jede Krankenkasse und **Zahlungsbelege** angefertigt werden. Beim **Jahresabschluß** wird eine Jahresmeldung, das heißt ein Entgeltnachweis in puncto Sozialversicherungen für jede Mitarbeiterin und jeden Mitarbeiter, erstellt. Anhand dieses Nachweises wird die Jahresarbeitsentgeltgrenze für die Sozialversicherung gegengeprüft. Überdies müssen zum Jahresabschluß Nachweise über den arbeitslosenversicherungsfreien Personenkreis, die geringfügig Beschäftigten sowie Lohnnachweise für die Unfallversicherungsträger geführt werden. Bis zum März des Folgejahres sind rückwirkende Korrekturen möglich.

Wenn ein Unternehmen über eine Software verfügt, die nach der **D**aten**ü**bermittlungs**v**er**o**rdnung durch die Bundesverbände der Krankenkassen zugelassen ist, können die Ergebnisse der Sozialversicherungsabrechnung papierlos, das heißt durch Speichermedien der elektronischen Datenverarbeitung, an die Versicherungsträger übermittelt werden.

7.2.4. Auswertungsrechnung

Auswertungsrechnung

Während mit der Zahlungsrechnung Unterlagen für den Fiskus, die Träger der Sozialversicherungen und die Beschäftigten angefertigt werden, ist es Aufgabe der Auswertungsrechnung, Ergebnisse und Belege für Zwecke des Unternehmens zu erarbeiten.

Buchhaltung

Buchhaltung

Die Buchhaltung verarbeitet die **Ergebnisse der Abrechnung** der Arbeitsentgelte, denn die Entgeltabrechnung ist eine Nebenbuchhaltung. Ihre Ergebnisse müssen **von der Finanz- oder Hauptbuchhaltung gebucht** werden. Dazu ist es erforderlich, daß die Endsummen der Abrechnung in einem Buchungsbeleg ausgedruckt werden oder, mittels der elektronischen Datenverarbeitung, über Schnittstellen in einer Transferdatei direkt der Buchhaltung zugänglich gemacht werden. Außerdem wird ein sogenanntes Entgeltjournal erstellt, das die Abrechnungsergebnisse übersichtlich zusammenfaßt.

Für den **Jahresabschluß** verarbeitet die Buchhaltung diese Daten bei der Bilanzerstellung. Unter Umständen müssen Rückstellungen gebildet werden. Die Ergebnisse der Entgeltabrechnung dienen zudem der Ermittlung der Zerlegungsgrundlage der Gewerbesteuer, der Basiswerte für die Betriebshaftpflicht und der Ausgleichsabgabe nach dem Schwerbehindertengesetz.

Kostenrechnung

Kostenrechnung

Die Kostenrechnung benötigt die Personalkosten. Dazu ist es notwendig, die **Entgelte in Kostenarten umzusetzen.** Für die Kostenstellenrechnung werden diese Personalkostenarten auf die Kostenstellen aufgegliedert.

Personalmanagement

Weitere Auswertungen nimmt man im Rahmen des Personalmanagement vor, von dem im gleichnamigen Kapitel dieses Buches die Rede ist. Hier geht es

- um die anderen **Teilbereiche des personalwirtschaftlichen Rechnungswesens**, also die Personal- und Sozialkostenplanung und -budgetierung, die gesellschaftsbezogene Unternehmensrechnung und die Personalvermögensrechnung,
- um **Personalstatistiken,**
- das **Personalcontrolling** sowie
- das **Benchmarking.**

Personal-management

C. Arbeitsaufgaben

1. Welche Zielvorgaben berücksichtigt man bei der Entscheidung über die Höhe des Entgelts?
2. Beschreiben Sie die Normenhierarchie, die gerade beim Entgelt beachtet werden muß.
3. Wozu dienen sogenannte Öffnungsklauseln in Tarifverträgen?
4. Nach welcher Formel ermittelt man einen Zeitlohn?
5. Müssen Beschäftigte im Zeitlohn keine Leistung erbringen?
6. Beschreiben Sie kurz die beiden analytischen Arbeitsbewertungsverfahren.
7. Geben Sie das Genfer Schema wieder.
8. Beschreiben Sie kurz die beiden summarischen Arbeitsbewertungsverfahren.
9. Welche Unterschiede bestehen zwischen Zeitlohn und Gehalt?
10. Beschreiben Sie die Voraussetzungen für eine Entlohnung im Akkord.
11. Aus welchen Komponenten besteht der Akkordrichtsatz?
12. Beschreiben Sie die Verfahren der Kennzahlenermittlung bei der Leistungsbewertung.
13. Beschreiben Sie kurz das REFA-System zur Ermittlung der Vorgabezeiten.
14. Wie ermittelt man einen Geldakkordlohn?
15. Wie ermittelt man einen Zeitakkordlohn?
16. Was sind Lohn- und Gehaltszuschläge?
17. Was unterscheidet Sonderzahlungen und Gratifikationen?
18. Beschreiben Sie drei Bezugsmerkmale für Prämien.
19. Wie bestimmt man einen Pensumlohn?
20. Zählen Sie die möglichen Formen der Erfolgsbeteiligung auf.
21. In welchen Fällen können Beschäftigte ein Arbeitsentgelt ohne Arbeitsleistung beziehen?
22. Welchen Schutz vor Gläubigern genießen Beschäftigte?
23. Was sind Personalzusatzkosten, und warum sind sie so sehr in der Diskussion?
24. Beschreiben Sie den Ablauf der Entgeltabrechnung.

D. Weiterführende Literatur

Feiß, H., Anforderungen an eine moderne Lohn- und Gehaltssoftware, in: Personal, Heft 9, 1994, S. 416–418.

Fromme, T., Personalabrechnung, München 1994.

Jung, H., Personalwirtschaft, München/Wien 1995.

Keller, K. und G. **Kurth,** Grundlagen der Entlohnung, in: Bundesvereinigung der Deutschen Arbeitgeberverbände (Herausgeber), Leistung und Lohn, Nr. 235/236/237, Bergisch Gladbach 1991, S. 1–30.

Knebel, H. und E. **Zander,** Arbeitsbewertung und Eingruppierung, 2. Auflage, Heidelberg 1989.

Oppermann, K., Die Lohn- und Gehaltsabrechnung, 2. Auflage, Köln 1992.

REFA, Verband für Arbeitsstudien und Betriebsorganisation e. V. (Herausgeber), Methodenlehre des Arbeitsstudiums: Anforderungsermittlung, 2. Auflage, München 1991.

REFA, Verband für Arbeitsstudien und Betriebsorganisation e. V. (Herausgeber), Methodenlehre des Arbeitsstudiums: Entgeltdifferenzierung, 3. Auflage, München 1991.

REFA, Verband für Arbeitsstudien und Betriebsorganisation e. V. (Herausgeber), Methodenlehre des Arbeitsstudiums, Teil 1: Grundlagen, 7. Auflage, München 1984.

REFA, Verband für Arbeitsstudien und Betriebsorganisation e. V. (Herausgeber), Methodenlehre des Arbeitsstudiums, Teil 2: Datenermittlung, 7. Auflage, München 1992.

Schmalen, H., Grundlagen und Probleme der Betriebswirtschaft, 10. Auflage, Köln 1996.

Schneider, H. (Herausgeber), Mensch und Arbeit, 9. Auflage, Köln 1992.

Wöhe, G., Einführung in die Allgemeine Betriebswirtschaftslehre, 18. Auflage, München 1993.

Zander, E., Lohn- und Gehaltsfestsetzung in Klein- und Mittelbetrieben, 10. Auflage, Freiburg im Breisgau 1994.

6. Personalführung

A. Leitfragen

1 Sie haben sicherlich schon gute und schlechte Führungskräfte erlebt, beispielsweise Vorgesetzte in einem Unternehmen oder Trainerinnen und Trainer in einem Sportverein.
- Was haben die guten Führungskräfte richtig gemacht?
- Was haben die schlechten Führungskräfte falsch gemacht?

2 Vergegenwärtigen Sie sich bekannte Politikerinnen und Politiker der Gegenwart und Vergangenheit.
- Wen würden Sie als Führungspersönlichkeit bezeichnen?
- Was macht einen Menschen zur Führungspersönlichkeit?

3 An manche Aufgaben gehen Sie mit viel Schwung und Freude heran, weil sie Ihnen reizvoll erscheinen.
- Welche Aufgaben sind das?
- Was macht den Reiz dieser Aufgaben für Sie aus?

4 Manchmal streitet man sich auch im Freundes- und Bekanntenkreis ganz fürchterlich.
- Worum geht es bei diesen Streitereien?
- Wie kann man einen solchen Streit schlichten?

B. Sachanalyse

1. Wer führt wen oder was?

Vielerorts werden Aktivitäten entfaltet, um Ziele zu erreichen. In Unternehmen werden dazu **die elementaren Produktionsfaktoren** Arbeit, Betriebsmittel und Werkstoffe **und die dispositiven Produktionsfaktoren** Organisation und Planung, Entscheidung sowie Kontrolle **zielgerichtet kombiniert.**

> Damit ist das Aufgabenfeld der Unternehmensführung beschrieben, nämlich
> - die Festlegung der Unternehmens- oder Organisationsziele,
> - die Planung der maßgeblichen Strategien zur Zielerreichung,
> - die fundamentalen Entscheidungen über die Kombination der Produktionsfaktoren,
> - die Realisierung, also die Umsetzung der Planungen und Entscheidungen, sowie
> - die Kontrolle der Durchführung und der Zielerreichung.

Unternehmensführung

Managementkreis An die Kontrolle kann sich eine erneute Zielsetzung anschließen. Diesen Prozeß bezeichnet man oftmals als **Managementkreis**.

Abb. 6.1. Managementkreis der Unternehmensführung

Management Überhaupt wird der Begriff **Management durchweg mit Unternehmensführung gleichgesetzt.** Als Management beziehungsweise Managerinnen und Manager bezeichnet man **überdies den Personenkreis, dessen Aufgabenfeld die Unternehmensführung ist,** mit anderen Worten, die Mitglieder der Unternehmensführung oder auch -leitung.

Im Sinne von Management ist **Führung** sicherlich ein Thema der Betriebswirtschaftslehre, aber deshalb noch kein **Thema der Personalwirtschaft**. Zu einem solchen wird Führung **erst,**

– wenn sie Arbeit nicht nur abstrakt als einen Produktionsfaktor verwaltet,
– wenn sie nicht nur von Menschen, nämlich den Managerinnen und Managern, umgesetzt wird,
– sondern **wenn sie sich konkret auf die im Unternehmen tätigen Menschen bezieht,** also auf das Personal. Ist das der Fall, so spricht man von Mitarbeiter- oder für gewöhnlich von **Personalführung.**

Personalführung Personalführung ist folglich der auf das Personal bezogene Teilbereich der Unternehmensführung, mit dessen Hilfe die Unternehmensziele verfolgt werden. Personalführung ist ein gleichermaßen personen- wie aufgabenbezogener Prozeß, der darauf gerichtet ist, das Personal zielorientiert zu beeinflussen.

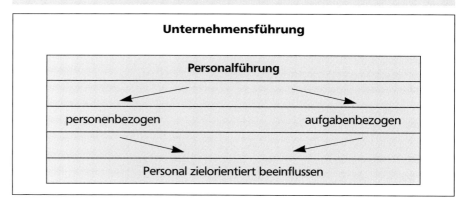

Abb. 6.2. Personalführung als Teilbereich der Unternehmensführung

Die aufgabenbezogene Komponente der Personalführung wird gelegentlich als Steuerung oder **Leitung** bezeichnet. In diesem Sinne beschäftigen sich Steuerung oder Leitung und analog Leiterinnen respektive Leiter ausschließlich damit, wie Beschäftigte Betriebsmittel, Werkstoffe, Verfahren und Methoden einsetzen. Diese Unterscheidung zwischen Personalführung und Leitung wird jedoch weder in der Theorie noch in der Praxis konsequent beachtet. So sind Abteilungsleiterinnen und Abteilungsleiter zweifellos Führungskräfte mit aufgaben- und personenbezogenen Pflichten.

Leitung

Analog zur Unternehmensführung beinhaltet die Personalführung die Prozeßfolge von Zielsetzung, Planung, Entscheidung, Realisierung, und Kontrolle
- Personalführung dient der Festlegung von Aufgaben- und Mitarbeiterzielen. Die Aufgabenziele nehmen auf die Unternehmensziele Bezug. Die Mitarbeiterziele geben den Beschäftigten die Möglichkeit, sich zu entfalten.
- Personalführung umfaßt die Planung der maßgeblichen Strategien zur Erreichung dieser Ziele.
- Personalführung hat die Entscheidungen über die Umsetzung der Planung zum Inhalt, das heißt die Delegation von Aufträgen, Kompetenzen und Verantwortung.
- Personalführung schließt die Realisierung im Rahmen einer gedeihlichen Zusammenarbeit ein.
- Personalführung dient der Kontrolle der Durchführung und der Zielerreichung.

Prozeßfolge

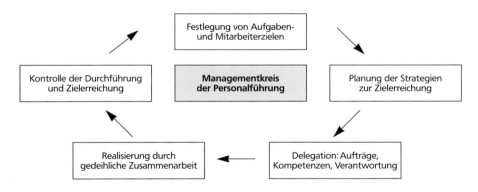

Abb. 6.3. Managementkreis der Personalführung

Damit stellt sich auf Anhieb die Frage, wann die gesetzten Ziele erreicht sind, das heißt **wann Personalführung erfolgreich ist.** Eine einfache, universelle Antwort ist wohl kaum möglich. So überrascht es denn auch nicht, daß von Organisation zu Organisation beziehungsweise von Situation zu Situation andere Kriterien benannt werden. Angesichts der Tatsache, daß sowohl Aufgaben- wie auch Mitarbeiterziele berücksichtigt werden müssen, kristallisieren sich jedoch zwei **Erfolgskriterien** heraus:

Erfolgskriterien

- die **Leistungen der Mitarbeiterinnen und Mitarbeiter,** die sogenannte Leistungsdimension, und
- **ihre Zufriedenheit,** die sogenannte Humandimension.

Betrachtet man die Prozeßfolge und die Erfolgskriterien, so wird deutlich, daß Personalführung **kein organisatorisch abgegrenztes Aufgabenfeld des Personalwesens** ist, sondern ein Aufgabenfeld, das alle Bereiche eines Unternehmens und alle Beschäftigten angeht.

Wechselseitige Beeinflussung

Im Vorgriff auf die weiteren Ausführungen sei bereits an dieser Stelle darauf hingewiesen, daß Personalführung eine **wechselseitige Beeinflussung** ist. Es sind nicht nur die Führungskräfte, die Einfluß auf ihre Mitarbeiterinnen und Mitarbeiter ausüben. Involviert sind auch die Mitarbeiterinnen und Mitarbeiter, die ihre Führungskräfte gleichfalls beeinflussen. Denn, die Binsenweisheit sei erlaubt, Mitarbeiterinnen und Mitarbeiter sind keine Maschinen, die man an- und abstellen kann, sondern Menschen, die sich – nicht immer erwartungsgemäß – verhalten und Verhalten provozieren. **Insofern sind in der Tat alle Beschäftigten in die Personalführung eingebunden.**

Aufgaben der Führungskräfte

Personalführung ist selbstverständlich ganz besonders die **Aufgabe** jener Beschäftigten, deren Funktionsbeschreibung schon den Begriff Führung beinhaltet, **der Führungskräfte.** In Deutschland ist es nicht üblich, sie als Führerinnen und Führer zu bezeichnen. Der Führer erinnert uns zu sehr an das unsägliche Dritte Reich. Wir verwenden wohl deshalb eher die Bezeichnungen Führungskräfte oder **Vorgesetzte** und seltener auch das Wort Führung in einer personalisierten Form.

- Die Führungskräfte **verantworten die Ziele** ihres Fachbereichs vor den anderen Instanzen des Unternehmens.
- Genauso **verantworten** sie die **Planungen.**
- Sie tragen für den **Personaleinsatz** in ihrem Bereich Sorge.
- Sie sind für eine sinnvolle **Gliederung und Verteilung der Einzelaufgaben sowie die Kooperation der Mitarbeiterinnen und Mitarbeiter** zuständig und sie gewährleisten den zur Lösung der Aufgaben notwendigen **Informationsfluß.**
- Letztlich stehen sie für die zweckmäßige **Fremd- oder Selbstkontrolle** der Arbeitsabläufe und -ergebnisse ein.

Aufgaben des Personalwesens

Wenn aber Personalführung eine Sache der Führungskräfte und ihrer Mitarbeiterinnen beziehungsweise Mitarbeiter ist, muß man sich fragen, **was denn das Personalwesen überhaupt damit zu schaffen hat.**

- Eine Antwort führt in die falsche Richtung. Als Personalführung bezeichnet man bisweilen die Personen an der Spitze der Hierarchie des Personalwesens, also die Personalleiterinnen oder den Personalleiter. Sie sind hingegen keinesfalls die Vorgesetzten des gesamten Personals des Unternehmens, sondern nur die Vorgesetzten des Personalwesen.
- Eine andere Antwort ist ebenso einleuchtend wie belanglos. Wenn im Personalwesen mehrere Personen tätig sind, hat die dort eingesetzte Führungskraft, die Personalleiterin beziehungsweise der Personalleiter, ebenfalls die besagten Führungsaufgaben für ihre respektive seine Mitarbeiterinnen und Mitarbeiter.
- Viel wichtiger ist in diesem Zusammenhang die Zuständigkeit des Personalwesens für die Personalpolitik, das heißt für die Grundsatzentscheidungen hinsichtlich personalwirtschaftlicher Aufgaben, Ziele, Handlungsarten und Verhaltensnormen. Insofern hat das Personalwesen auch die Aufgabe, **Grundsätze der Personal-**

führung gemeinsam mit den Betroffenen zu erarbeiten und auf die Einhaltung dieser Grundsätze zu dringen.** Derartige Grundsätze betreffen etwa das Prinzip der offenen Tür, also die Möglichkeit, Vorgesetzte jederzeit anzusprechen, oder den Vorrang der kooperativen Führung.

– Schließlich hat das Personalwesen die Aufgabe, **alle Beschäftigten, insbesondere die Führungskräfte, in Sachen Personalführung zu beraten und zu unterstützen.** Dies ist immer dann gefragt, wenn Vorgesetzte ihre Führungsaufgabe nicht oder nicht korrekt wahrnehmen, wenn ein Problem nicht alleine durch die Vorgesetzten gelöst werden kann und wenn Streitigkeiten zwischen Vorgesetzten und ihren Mitarbeitern geschlichtet werden müssen.

2. Gestaltungsfelder und Gestaltungsempfehlungen

Allein das Wissen darum, wer wen oder was führt, reicht nicht aus, wenn man sich der Führungsaufgabe in der Praxis mit einiger Erfolgsaussicht stellen will. Hier stellt sich die Frage nach dem Wie, nach der **konkreten Gestaltung der Personalführung.** Um die Hoffnungen der Leserinnen und Leser nicht zu hoch zu schrauben, sei eines gleich vorweggenommen: **Ein Patentrezept gibt es nicht,** obwohl Theorie und Praxis seit Menschengedenken daran tüfteln!

Kein Patentrezept

Im Gegenteil, die Vielzahl der Untersuchungen, Dokumentationen, Forschungsberichte, theoretischen Abhandlungen und praktischen Ratgeber verwirrt ungemein. Und bislang hat sich noch jeder, der den Versuch unternommen hat, einen theoretischen Bezugsrahmen zu konstruieren, an dieser Aufgabe die Zähne ausgebissen.

> Die Praxis kommt aber auch ohne einen theoretischen Bezugsrahmen aus. Sicherlich wird da und dort unerhört schlecht geführt. Aber ebenso sicher wird an anderer Stelle hervorragend geführt. Und dort, wo man gut führt, macht man sich die gesammelten Erkenntnisse aus Theorie und Praxis im Einzelfall zunutze. Deshalb gilt es an dieser Stelle, die Gestaltungsfelder der Personalführung ausfindig zu machen, um sie in Form eines praktischen Gestaltungsrahmens mit den vorliegenden Erkenntnissen zusammenzuführen.

Die Gestaltungsfelder werden von diversen Autorinnen und Autoren auch als charakteristische Bedeutungsinhalte, Sachverhalte und Problembereiche, Komponenten, Merkmale oder Merkmalskomplexe und Dimensionen der Führung bezeichnet. Im folgenden werden sie – ohne den Anspruch auf Vollständigkeit – **mit Ansätzen verknüpft, die Gestaltungsempfehlungen machen oder doch zumindest Rückschlüsse auf solche zulassen.**

Gestaltungsfelder

Die Gesamtheit derartiger Ansätze oder Erkenntnisse der Wissenschaft und Praxis bezeichnet man als Führungsforschung. Dabei steht zwar meist, aber nicht immer der Begriff Führung im Mittelpunkt. **Die Führungsforschung macht sich alle Ergebnisse jeglicher Wissenschaftszweige zunutze, die einen Erkenntnisgewinn für das Thema Führung versprechen.** Dazu zählen vor allem Einsichten in puncto Motivation, Macht, Autorität, Konflikte, Gruppen und vieles andere mehr.

Führungsforschung

○ Die besagten Erkenntnisse sind zum Teil in **Theorien** gebündelt. Für manche Theorien haben sich auch die Bezeichnungen Modell oder Ansatz eingebürgert. Theorien sind Systeme wissenschaftlich begründeter Aussagen zur Erklärung bestimmter

Tatsachen oder Erscheinungen und der ihnen zugrunde liegenden Gesetzmäßigkeiten. Notwendigerweise sind Theorien recht abstrakt. Aus diesem Grund muß man sie für praktische Zwecke auslegen.

- Ein **Führungsstil** ist ein Verhaltensmuster für Führungssituationen, das an einer einheitlichen Grundhaltung einer Führungskraft orientiert ist. Die Wissenschaft hat aus der Vielzahl der Führungsstile einzelner Führungskräfte Typologien entwickelt. Dabei hat man natürlich versucht, von den Besonderheiten des Einzelfalls zu abstrahieren. Trotzdem sind die beschriebenen Führungsstile weit weniger abstrakt als Theorien. Sie sollen Führungskräften konkrete Gestaltungsempfehlungen geben. Ob das gelingt, ist allerdings noch die Frage.

- Viele Unternehmen haben für die Personalführung verbindliche Verhaltens- und Verfahrensweisen entwickelt. Die Wissenschaft wiederum hat sich bemüht, aus der Vielzahl jener für einzelne Unternehmen verbindlichen Verhaltens- und Verfahrensweisen Idealtypen zu entwerfen. Sie werden als **Führungstechniken** oder auch als Führungsprinzipien, Führungskonzeptionen, Managementtechniken, Managementprinzipien und Managementkonzeptionen bezeichnet. Dabei sind einzelne Elemente nahezu deckungsgleich. Die wenigen eigenständigen Führungstechniken sind das Management by Objectives, das Management by Delegation, das Management by Exception und das Management by Motivation.

- **Führungsmodelle** beinhalten neben Führungstechniken weitere detaillierte Vorgaben, etwa zum Führungsstil oder der formellen Organisationsstruktur. In Theorie und Praxis ist eine Vielzahl von Führungsmodellen entwickelt worden, die sich jedoch überwiegend nicht durchgesetzt haben.

Gestaltungsrahmen

Die nachfolgende Auflistung gibt in Stichworten wieder, welchen Gestaltungsfeldern der Führung die Ausführungen in diesem Kapitel gelten und welche Erklärungsansätze für Gestaltungsempfehlungen herangezogen werden.

Gestaltungsfeld	Gestaltungsempfehlung
Persönlichkeit	Eigenschaftstheorien der Führung
Autorität	Autoritätsforschung, Anreiz-Beitrags-Theorie
Macht	Machtforschung, Anreiz-Beitrags-Theorie, Psychologie
Manipulation	Manipulationsforschung
Ziel	Management by Objectives, Scientific Management
Planung	Management by Objectives, Scientific Management
Delegation	Management by Objectives, Management by Delegation, Harzburger Modell
Realisierung	Management by Objectives, Motivationsforschung
Kontrolle	Management by Objectives, Management by Exception
Partizipation	Partizipationsforschung, Mitbestimmung, Erfolgsbeteiligung
Kooperation	Partizipationsforschung
Koordination	Partizipationsforschung
Information	Kommunikations- und Informationsforschung
Kommunikation	Kommunikationsforschung, Transaktionsanalyse

Gestaltungsfeld	Gestaltungsempfehlung
Motivation	Theorie X und Y, Reiz-Reaktions-Theorien, VIE-Theorie, Gleichheitstheorie, Maslows Theorie, ERG-Theorie, Zwei-Faktoren-Theorie, Management by Motivation
Gruppe	Hawthorne-Experimente, Human Relations Modell, Situationstheorien der Führung
Situation	Situationstheorien der Führung
Rolle	Rollentheorien der Führung
Führungsverhalten	Verhaltensansatz der Führung
Führungsstil	Verhaltensansatz der Führung, Führungsstilforschung
Konflikt	Konfliktforschung, Interaktionstheorien der Führung
Angst	Angstforschung, Psychoanalytische Führungstheorien, Interaktionstheorien der Führung

Abb. 6.4. Gestaltungsrahmen der Personalführung

3. Persönlichkeit, Autorität, Macht und Manipulation

Wenn Personalführung eine zielorientierte Beeinflussung ist, dann, so will es selbst dem Laien einleuchten, **kommt es doch wohl vorrangig auf die Führungskraft an.** So schreibt nahezu jedes Unternehmen, jede Organisation, ja sogar nahezu jeder Staat Erfolge oder Mißerfolge vor allem den jeweiligen Führungskräften zu.

3.1. Persönlichkeit

Auf der Grundlage dieser eher intuitiven Einschätzung beschäftigen sich Historiker aller Epochen mit der Rolle von Eliten oder einzelnen Personen in bezug auf die Entwicklung von Territorien und Nationen. Demselben Gedankengut verhaftet, machen sich Wirtschaft, Verwaltung und sonstige gesellschaftliche Institutionen auf die Suche nach Personen, von denen man erwartet, daß sie erfolgreiche Führungskräfte sind oder werden. Und sie sind oder werden erfolgreich, weil, so die naheliegende Überlegung, der Führungserfolg einer oder eines Vorgesetzten durch persönliche Merkmale eben dieser oder dieses Vorgesetzten bestimmt ist. Deshalb komme es bei personellen Entscheidungen darauf an, **Führungspositionen mit Führungspersönlichkeiten zu besetzen.**

<small>Führungspersönlichkeit</small>

Man folgt dabei, vielfach ohne sich dessen bewußt zu sein, den Pfaden der **Eigenschaftstheorien der Führung,** deren Spuren in diversen Varianten vom klassischen Altertum bis zum heutigen Tage nachvollziehbar sind. Ihre Ausgangshypothese lautet, daß sich Führungskräfte von anderen Menschen grundsätzlich unterscheiden.

<small>Eigenschaftstheorien</small>

In der **klassischen Eigenschaftstheorie** wird der Standpunkt vertreten, Führungskräfte zeichneten sich durch **angeborene und vererbliche,** besonders hervorstechende **Persönlichkeitseigenschaften** aus, die allerdings sehr unterschiedlich und ungenau beschrieben werden. Die Antwort auf die Frage, was eine Persönlichkeitseigenschaft an sich und was Persönlichkeit ist, wird freilich nicht eindeutig geklärt. Jedenfalls sollen sich die Persönlichkeitseigenschaften in einem einzigen Charakterzug verdichten. Jede Person, der dieser Charakterzug zu eigen ist, übernimmt dieser Theorie zufolge unabwendbar Führungsaufgaben. Bis heute sind weit mehr als 1.000 solcher Persönlichkeitseigenschaften in wissenschaftliche Analysen einbezogen wor-

<small>Klassische</small>

den. Sie sind angeblich situations-, aufgaben- und gruppenunabhängig wirksam. Besonders häufig werden die folgenden genannt:

- **Befähigung und Leistung:** Führungskräfte übertreffen demnach im allgemeinen die mittlere Intelligenz jener, die sie führen. Bezogen auf die Aufgabe ist ihre Sachkenntnis besser. Man hält sie für entscheidungsfähiger und redegewandter.
- **Zuverlässigkeit und Selbstbewußtsein:** Führungskräfte sollen sich durch eine höhere Selbstsicherheit auszeichnen. Auch seien sie ehrlicher, zuverlässiger und verantwortungsvoller.
- **Aktivität:** Führungskräfte zeigen, so die einschlägigen Untersuchungen, mehr Initiative, Aktivität und Ausdauer.
- **Einfühlungsvermögen:** Man behauptet, Führungskräfte seien in höherem Maße kooperationsbereit und -fähig. Sie könnten sich in andere Menschen hineinversetzen. Außerdem seien sie aufgeschlossen für Neuerungen und bereit, sich an gegebene Umstände anzupassen.

Kritik — Diese Einsichten erscheinen recht einleuchtend und dienen daher als Rechtfertigung für zahlreiche Personalauswahl- und Beurteilungssysteme. Einige Wissenschaftlerinnen und Wissenschaftlicher haben sich indessen der Mühe unterzogen zu untersuchen, inwiefern die einzelnen genannten Persönlichkeitseigenschaften in der Tat zum Führungserfolg führen. Das Ergebnis ist kläglich. Menschen mit einer bestimmten Persönlichkeitsstruktur waren im einen Fall zum Führen geeignet, im anderen nicht. Demnach sind sehr wohl spezifische Führungssituationen denkbar, in denen ganz bestimmte Persönlichkeitsmerkmale wesentlich zum Führungserfolg beitragen. **Es gibt aber keine Persönlichkeitseigenschaften, die in allen Führungssituationen den Erfolg begünstigen.**

Modifikationen — So wurde und wird die **Eigenschaftstheorie vielfach modifiziert.** Allen Modifikationen ist die Annahme gemeinsam, daß es zwar Persönlichkeitseigenschaften gebe, die eine Person zur Führung befähigen. **Für diese Eigenschaften könnten gewisse Veranlagungen** zwar **die Basis legen.** Grundsätzlich sei es jedoch möglich, sie durch Übung auszubauen. Zudem fordere jede Situation andere Persönlichkeitseigenschaften. **Führungserfolg sei demnach immer dann zu erwarten, wenn die Persönlichkeitseigenschaften, die die Situation fordert, und die Persönlichkeitseigenschaften, über die ein Mensch verfügt, deckungsgleich sind.**

Kritik — Diese Aussage, so muß man kritisch einwenden, ist wenig nutzbringend, denn die modifizierten Eigenschaftstheorien bleiben nicht nur nach wie vor die Antwort auf die Frage schuldig, was eine Persönlichkeitseigenschaft an sich und was Persönlichkeit ist. Sie **können** auch **nicht belegen, in welcher Situation welche Eigenschaft gefordert ist.** Weiterhin werden **Eigenschaften ausschließlich isoliert untersucht.** Möglicherweise ist aber die Wechselwirkung von Persönlichkeitseigenschaften ausschlaggebend. Und die untersuchten **Eigenschaften sind schichtspezifisch.** Sie beschreiben typische Verhaltensweisen und Einstellungen von Personen aus der Oberschicht der Gesellschaft, die vermehrt in den Führungsetagen zu finden sind. Damit ist aber nicht erkennbar, ob ein Komplex von Persönlichkeitseigenschaften kausal für die Übernahme einer Führungsposition ist oder vielmehr die Schichtzugehörigkeit.

Der **entscheidende Vorwurf** setzt jedoch an den Grundfesten sowohl der klassischen als auch der modifizierten Eigenschaftstheorien an. Sie **unterscheiden prinzipiell zwischen Führungskräften und Geführten, so als sei ein Mensch entweder das eine oder das andere.** Das stimmt aber kaum, wenn man nur das Unternehmen betrachtet, und schon gar nicht, wenn man darüber hinaus auch den privaten Bereich einbezieht. Im Unternehmen sind nur die Beschäftigten auf der untersten Hierarchiestufe ausschließlich Geführte, und nur die auf der höchsten Hierarchiestufe ausschließlich Führungskräfte. Alle anderen sind zugleich Vorgesetzte wie Mitarbeiterinnen oder Mitarbeiter. Und im Privatleben ist der Hilfsarbeiter vielleicht Vorsitzender eines Fußballvereins.

Trotzdem sollte man aus dieser Kritik nicht schließen, die Persönlichkeit von Menschen sei völlig belanglos für die Personalführung.   Ergebnis
O Versteht man Persönlichkeit als einen Komplex von Kenntnissen, Fertigkeiten und Verhaltensweisen, die Menschen einerseits von frühester Kindheit an erlernen und für die andererseits gewisse Veranlagungen den Grundstein legen, ist es durchaus einsichtig, daß die einen sich eher für Führungsaufgaben eignen als andere. Zugleich ist es dann aber auch einsichtig, daß man mit Fleiß und Ausdauer Mankos aufarbeiten kann. Zu den wünschenswerten Kenntnissen, Fertigkeiten und Verhaltensweisen zählen nach heutigen Erkenntnissen der Psychologie
 – die Fähigkeit und der Wille zur Zusammenarbeit sowie
 – die praktische Besorgtheit um jede einzelne Mitarbeiterin und jeden einzelnen Mitarbeiter. *Sauermann (Betriebspsychologie)* erläutert, eine Führungskraft solle jeder und jedem bei Problemen helfen, aber auch nur dann, um den Eindruck zu strenger Kontrolle zu vermeiden.
 – Führungskräfte sollen ferner eine ausgleichende Wirkung bei immer wieder vorkommenden Reibereien haben und
 – ein gewisses Führungsstreben besitzen, also die Bereitschaft und die Fähigkeit, Verpflichtungen zu übernehmen und Vorgaben einzuhalten.
O Weiterhin sollte man bedenken, daß für die Personalführung zugleich die Persönlichkeiten der Mitarbeiterinnen und Mitarbeiter maßgeblich sind, also ihre Kenntnisse, Fähigkeiten und Fertigkeiten, und die Frage, inwieweit sie sich mit denen der Führungskraft ergänzen.

Nun gut, die Persönlichkeit einer Führungskraft ist wohl nicht die entscheidende Dimension im Führungsgeschehen, aber immerhin doch eine wichtige neben den Persönlichkeiten der Mitarbeiterinnen und Mitarbeiter sowie vielleicht noch anderen Einflußgrößen. Dennoch ist dadurch noch nicht die Vermutung entkräftet, bei der zielorientierten Beeinflussung, die man Personalführung nennt, komme es vorrangig auf die Führungskraft an. Möglicherweise ist ja **die Macht oder die Autorität einer Führungskraft** ausschlaggebend.

3.2. Macht und Autorität

Macht und Autorität sind denn auch tatsächlich **keine persönlichen Eigenschaften einer Person,** über die sie frei verfügen kann. Macht und Autorität **entstehen vielmehr im Verhältnis zu anderen Menschen.** Sie sind deshalb ständigen Veränderungen ausgesetzt.

Macht
- Macht ist die Grundlage einer speziellen Form der Beeinflussung. **Durch ihre Macht können die Machtinhaber ihre Ziele bei den Machtunterworfenen gegen deren Widerstand durchsetzen.** Dabei ist es noch nicht einmal notwendig, daß die Macht in der Tat ausgeübt wird. Es reicht bereits das Vorhandensein der Möglichkeit aus, anderen Menschen ein bestimmtes Verhalten aufzuzwingen. Im Sinne dieser Definition haben Führungskräfte sicherlich Macht über ihre Mitarbeiterinnen und Mitarbeiter, die es ihnen ermöglicht, zielorientiert Einfluß zu nehmen und Kontrolle auszuüben. Ihre Macht speist sich aus diversen Quellen, die *Hentze und Brose (Personalführungslehre)* als Machtbasen bezeichnen. Sie kennzeichnen die jeweilige Macht.

Autorität
- Autorität entsteht dort, wo Menschen das Wertsystem einer Person, einer Gruppe oder einer Institution akzeptieren. Folglich fehlt der Autorität das aggressive Moment des Brechens eines Widerstandes. Unter **Autorität** wird überwiegend **ein mit Einfluß verbundenes Ansehen** verstanden. Ein solches Ansehen genießen einige, aber lange nicht alle Führungskräfte.

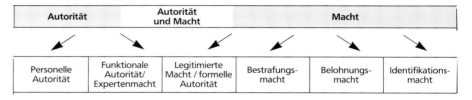

Abb. 6.5. Macht und Autorität

In der Regel kommen mehrere Formen der Macht und Autorität kombiniert zum Einsatz. *Hentze und Brose (Personalführungslehre)* gehen davon aus, daß die legitimierte Macht sehr häufig in Kombination mit Belohnungs- und Bestrafungsmacht auftritt. Expertenmacht sei nicht an die legitimierte Macht gebunden. Als wichtigste Formen werden die Experten-, die Bestrafungs- und die Belohnungsmacht erachtet.

- **Personelle Autorität**

Personelle Autorität
Der Begriff der personellen Autorität **meint das Ansehen, das eine Führungskraft aufgrund ihrer Persönlichkeitseigenschaften genießt.** Den weiter oben skizzierten Untersuchungen zufolge kann es sich bei diesen Eigenschaften nur um die Fähigkeit und den Willen zur Zusammenarbeit, die praktische Besorgtheit um die Mitarbeiterinnen und Mitarbeiter, eine ausgleichende Wirkung sowie ein gewisses Führungsstreben handeln.

> In diesem Sinne sollten Führungskräfte ihre personelle Autorität in die Personalführung einbringen.

- **Funktionale Autorität und Expertenmacht**

Funktionale Autorität/Expertenmacht
Wenn Führungskräfte über ein spezielles Wissen verfügen, sei es nun das Wissen um die neuesten Entwicklungen im Unternehmen, Fachwissen oder das Wissen um die

Zusammenhänge der Personalführung, werden sie von ihren Mitarbeiterinnen und Mitarbeitern als Experten angesehen. Das gibt ihnen eine Expertenmacht oder auch funktionale Autorität. Dabei ist weniger das objektive als vielmehr das seitens der Mitarbeiterinnen und Mitarbeiter subjektiv wahrgenommene Wissen von Bedeutung. Dieses Wissen ist jedoch informationstheoretisch nichts anderes als ein im einen Fall tatsächlicher, im anderen Fall scheinbarer Informationsvorteil.

> Ohne Frage bringt es die fortschreitende Spezialisierung mit sich, daß viele Beschäftigte Informationsvorsprünge gegenüber ihren Vorgesetzten erlangen. Immer mehr sind damit Vorgesetzte auf ihre Mitarbeiterinnen und Mitarbeiter angewiesen, um selbst erfolgreich zu sein. Damit sind es die Beschäftigten, die sich auf die Expertenmacht stützen können.

○ Legitimierte Macht und formelle Autorität

Wenn Mitarbeiterinnen und Mitarbeiter davon überzeugt sind, daß ihre Vorgesetzten das Recht haben, auf sie Einfluß zu nehmen, und wenn sie zugleich davon überzeugt sind, daß sie den Weisungen ihrer Vorgesetzten Folge leisten müssen, dann billigen sie ihnen legitimierte Macht zu. Die legitimierte Macht beruht darauf, daß Beschäftigte Normen und Werte verinnerlicht haben. Legitimierte Macht wird häufig als positionale oder formelle Autorität bezeichnet, die ein Vorgesetzter aufgrund seiner Stellung in der formellen Organisationsstruktur, also aufgrund seiner hierarchischen Überordnung besitzt.

Legitimierte Macht/formelle Autorität

> Diese Autorität und Macht wird indes nur innerhalb enger Grenzen akzeptiert. Vorgesetzte, die sich allein auf ihre Position stützen, diese aber nicht ausfüllen, bekommen das schnell zu spüren. Ihre Mitarbeiterinnen und Mitarbeiter haben in aller Regel eine hohe Qualifikation und ein ebenso hohes Selbstbewußtsein. Deshalb stellen sie die formelle Legitimation von Vorgesetzten zuweilen in Frage. Die Mitbestimmungsrechte stützen diese Entwicklung. Ihre Mitarbeiterinnen und Mitarbeiter verstehen sie bald nur noch als unfähige Personen, die ihnen vor die Nase gesetzt wurden. Damit ist jegliche Akzeptanz dahin. Anordnungen und Weisungen dieser Vor-die-Nase-Gesetzten sind dann nahezu eine Erniedrigung.

○ Bestrafungsmacht

Führungskräfte haben es – im Rahmen der arbeitsrechtlichen Möglichkeiten – in der Hand, ihre Mitarbeiterinnen und Mitarbeiter sachbezogen zu kritisieren oder persönlich zu tadeln, sie zu versetzen, ihre Arbeitsentgelte zu kürzen oder sie zu entlassen. Durch den Einsatz oder die Androhung von Bestrafungen können sie die Handlungsspielräume ihrer Mitarbeiterinnen und Mitarbeiter begrenzen. Den tatsächlichen Einsatz von Bestrafungen bezeichnet man als Zwang. Ansonsten handelt es sich um eine ausgesprochene oder unausgesprochene Drohung.

Bestrafungsmacht

> Bestrafungen und Drohungen sind in der Regel nicht wirksam. Es erscheint wahrscheinlicher, daß Mitarbeiterinnen und Mitarbeiter unter Zwang und Drohungen ein Verhalten an den Tag legen, welches gerade noch eine weitere Bestrafung vermeidet.

Anreiz-Beitrags-Theorie

Die Argumentation, daß der Bestrafungsmacht und der formellen Autorität enge Grenzen gesetzt sind, wird durch die **Anreiz-Beitrags-Theorie** von March und Simon gestützt. Diese Motivationstheorie setzt die Anreize des Unternehmens, zum Beispiel das Arbeitsentgelt, die Aufstiegschancen und ähnliches, zu den Beiträgen der Beschäftigten, etwa ihrer Arbeitsleistung, ins Verhältnis. Bietet ihnen das Unternehmen nur wenige und schlechte Anreize, also Drohungen, Zwänge und allein auf die Führungsposition bedachte Vorgesetzte, so werden sie ihre Beiträge, ihre Arbeitsleistung, ebenso gering ansetzen. Unter Umständen werden sie sogar das Unternehmen verlassen, soweit dafür die Anreize größer sind als die für den Stellenwechsel zu leistenden Beiträge, das heißt beispielsweise temporäre Arbeitslosigkeit, Umzug und die Eingewöhnung in ein neues Umfeld.

○ **Belohnungsmacht**

Belohnungsmacht

Führungskräfte haben maßgeblichen Einfluß auf die Arbeitsentgelte, Beförderungen und die berufliche Aus- und Weiterbildung ihrer Mitarbeiterinnen und Mitarbeiter. Weiterhin können sie ihnen zur rechten Zeit und am rechten Ort Lob aussprechen. Führungskräfte können ihren Mitarbeiterinnen und Mitarbeitern mithin Belohnungen zukommen lassen.

> Dabei ist es aber sehr die Frage, ob denn das, was Mitarbeiterinnen und Mitarbeitern ohnehin als Gegenleistung für ihre Arbeit zusteht, also das Arbeitsentgelt und gegebenenfalls Beförderungen, eine Belohnung ist. Bildungsarbeit hat auch kaum den Charakter einer Belohnung. Dazu sind die Interessen des jeweiligen Unternehmens an qualifizierten Beschäftigten zu offensichtlich. Das Lob ist sicherlich eine Belohnung, aber kaum eine besonders bedeutsame.

○ **Identifikationsmacht**

Identifikationsmacht

Je weniger sich Menschen ihrer eigenen Stärken aber auch Schwächen bewußt sind, desto mehr suchen sie nach einer speziellen emotionalen Bindung. Sie wählen unbewußt einzelne Personen, Gruppen, Organisationen oder gesellschaftliche Normen und Ziele aus, die für sie jene Stärken verkörpern, die sie bei sich selbst vermissen. Die Identifikationsobjekte werden dann kopiert, man sucht ihnen zu gefallen oder man eifert ihnen nach. Zuweilen sind Führungskräfte derartige Identifikationsobjekte. Sie versuchen, das zu provozieren, indem sie mit gutem Beispiel vorangehen. Sie geben ein vermeintlich gutes Vorbild in der Hoffnung, ihre Überzeugung und ihr Arbeitsverhalten werde übernommen.

> Ganz sicher können sie sich dabei aber nicht sein, denn die Identifikation geht vom Gegenüber aus, das ein Identifikationsobjekt erstens unbewußt und zweitens nach seinem speziellen emotionalen Verlangen auswählt.

3.3. Manipulation

Zudem muß man einen Einwand gelten lassen. Stellt man in Rechnung, daß **Personalführung eine zielgerichtete Beeinflussung** ist, heißt das, Macht dient dazu, andere in ihrem Verhalten in Einklang mit den gesetzten Zielen zu bringen.

Die gesetzten Ziele dürfen aber keine privaten Absichten sein. Dann schlägt Personalführung nämlich in Manipulation um. Manipulation ist das Unterfangen, andere bewußt und zum eigenen Vorteil zu beeinflussen, ohne daß ihnen die Art und Weise dieses Einflusses bewußt wird. Es handelt sich also um ein egoistisches Verhalten, das die eigenen Absichten kaschiert. Fatalerweise ist Manipulation des öfteren erfolgreich. Sobald eine Manipulation jedoch offenbar wird, sind die Betroffen verletzt, zuweilen mit körperlichen Folgen. Sie fühlen sich mißbraucht, was ja auch den Tatsachen entspricht. Deshalb zerstört jede Manipulation auf längere Sicht das Vertrauensverhältnis und damit die Basis jener Zusammenarbeit, ohne die Personalführung nicht möglich ist.

Manipulation

4. Ziele, Planung, Delegation, Realisierung und Kontrolle

4.1. Führung durch Zielvorgaben

Das bedeutet aber, daß Führungskräfte noch nicht einmal die Ziele unabhängig und eigenständig setzen können. Die Ziele, denen die Beeinflussung gilt, sollten solche sein, mit denen sich die Führungskraft und die jeweiligen Mitarbeiterinnen und Mitarbeiter identifizieren können. Sie sollten deshalb im Rahmen der für das Unternehmen gültigen Ziele nach Möglichkeit gemeinsam erarbeitet und festgelegt werden. Bei einer Änderung der Voraussetzungen oder übergeordneter Unternehmensziele sollten sie gleichfalls gemeinsam angepaßt werden. Wenn für Mitarbeiterinnen und Mitarbeiter keine individuellen Ziele festgelegt werden können, gelten für sie die Ziele der Unternehmenseinheit, das heißt etwa der Abteilung oder Arbeitsgruppe. In diesem Fall müssen sie mit der jeweiligen Führungskraft sowie den Kolleginnen und Kollegen gemeinsam durchgesprochen werden.

Ziele

Viele Unternehmen haben für diesen Prozeß der Zielsuche, -abstimmung, -formulierung und -verbindlichkeitserklärung, kurz gesagt den Prozeß der **Zielvereinbarung**, bindende Verhaltens- und Verfahrensweisen entwickelt. Die Wissenschaft wiederum hat sich bemüht, aus der Vielzahl jener für einzelne Unternehmen verbindlichen Verhaltens- und Verfahrensweise einen Idealtyp einer sogenannten Führungstechnik zu entwerfen, das **Management by Objectives.** In Deutschland ist diese weitverbreitete Führungstechnik auch als Führung durch Zielvorgaben bekannt. Der Schwerpunkt liegt in **gemeinsam von den Vorgesetzten sowie ihren Mitarbeiterinnen und Mitarbeitern erarbeiteten Zielen.** Dabei müssen die Ziele grundsätzlich zeitbezogen, eindeutig formuliert und genau bestimmbar sein. Außerdem sollten Prioritäten gesetzt werden. Bei der Zielvereinbarung kann man wie folgt vorgehen:

Management by Objectives

- Die Unternehmensleitung gibt den Vorgesetzten und die geben wiederum ihren Mitarbeiterinnen und Mitarbeitern nach dem sogenannten **Top-Down-Prinzip** Ziele vor. Die Mitarbeiterinnen und Mitarbeiter haben die Möglichkeit der Stellungnahme.

Zielvereinbarung

- Nach dem **Bottom-Up-Prinzip** entwerfen die Mitarbeiterinnen und Mitarbeiter Ziele, legen sie ihren Vorgesetzten vor und die wiederum der Unternehmensleitung, die sie zusammenfaßt.

- Beim **Gegenstromprinzip** laufen die beiden skizzierten Prozesse parallel. Beim **Puffer- und beim Komiteeprinzip** erfolgt eine Abstimmung der gegenläufigen Prozesse auf einer Abteilungs- oder Hauptabteilungsebene oder in zwischengeschalteten Gremien.

Das Management by Objectives betrifft aber nicht nur die Zielvereinbarung. Hat man die Einzel-, Abteilungs-, Hauptabteilungs-, Bereichs- und Unternehmensziele in der einen oder anderen Weise abgestimmt, werden zunächst **planerisch die Voraussetzungen** dafür geschaffen, daß die Ziele erreicht und kontrolliert werden können. Dazu gehören eine gute Bildungsarbeit und eine Organisationsstruktur mit einer Vielzahl von Informationsinstrumenten. Auch die Verantwortungsbereiche müssen klar und eindeutig abgegrenzt sein, etwa auf der Grundlage von Stellenbeschreibungen. Danach werden die Aufgaben, die Kompetenzen und die Handlungsverantwortung an die betreffenden Beschäftigten **delegiert.** Schließlich bleibt es den Mitarbeiterinnen und Mitarbeitern überlassen, welche Mittel sie zur **Realisierung** einsetzen. Eine große Bedeutung hat die **Kontrolle.** Die jeweiligen Vorgesetzten haben die Aufgabe, die Zwischen- und Endergebnisse mit den Zielen zu vergleichen, Abweichungen zu ermitteln und zu analysieren und unrealistische Zielvereinbarungen zu korrigieren. Letztere können durch unvorhersehbare Ereignisse zustande kommen. Die Vorgesetzten sind ferner verpflichtet, die Mitarbeiterinnen und Mitarbeiter in ihrer Zielerfüllung zu unterstützen. Sie führen Beratungs- und Fördergespräche, in denen die Gründe für etwaige Probleme bei der Zielerreichung erörtert werden. Hier können auch Vorschläge unterbreitet werden, wie die Ziele erfüllt werden können. Die Kontrolle ist außerdem Grundlage für die Leistungsbeurteilung. Der nunmehr an die aktuelle Situation **angepaßte Arbeitsvollzug bildet die Basis für eine erneute Zielvereinbarung,** beispielsweise für das Folgejahr. **Management by Objectives ist also ein permanenter Prozeß,** dessen **Ablauf** wie folgt dargestellt werden kann:

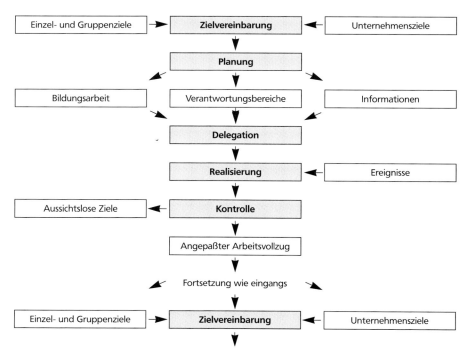

Abb. 6.6. Ablauf des Management by Objectives

Das Management by Objectives bringt einige **Vorteile**. So werden die **Vorgesetzten entlastet,** denn ihre Mitarbeiterinnen und Mitarbeiter arbeiten im Rahmen der vereinbarten Ziele weitgehend selbständig. Dadurch können letztere sich auch **besser mit ihrer eigenen Arbeit und dem Unternehmen identifizieren.** Außerdem schaffen die vereinbarten Ziele eine einvernehmliche **Beurteilungsgrundlage,** die zur Bestimmung eines **leistungsgerechten Entgelts** genutzt werden kann.

Vor- und Nachteile

> Nachteilig wirkt sich jedoch der hohe Leistungsdruck aus, dem die Mitarbeiterinnen und Mitarbeiter durch die regelmäßig recht anspruchsvollen Ziele und die Kontrollen ausgesetzt sind. Weiterhin kann die Zusammenarbeit zwischen einzelnen Beschäftigten und zwischen Abteilungen leiden. Die vereinbarten Ziele sind nämlich zumeist quantitative Ziele, die problemlos meßbar sind. Dabei bleiben die sicherlich ebenso wichtigen qualitativen Ziele auf der Strecke. Wer will einem Kollegen schon einen Gefallen tun, wenn dieser jenes Leistungsergebnis gefährdet, an dem er selbst gemessen wird? Schließlich ist die Einführung eines Management by Objectives zeit- und kostenintensiv. Und das notwendige Informationswesen artet nicht selten in einen Informationswust aus, den keiner verarbeiten kann.

Aus Gründen der genannten Nachteile setzen viele Unternehmen nach wie vor auf **konventionelle Führungstechniken.**

4.2. Wissenschaftliche Betriebsführung

Eine solche konventionelle Führungstechnik aus der Zeit nach der Jahrhundertwende ist das **Scientific Management nach Taylor,** zu deutsch die wissenschaftliche Betriebsführung. Angesichts der generell kläglichen Arbeitsentgelte und der ausgedehnten Arbeitszeiten wollte Taylor Produktivitätsfortschritte erreichen, um die Unternehmen in die Lage zu versetzen, höhere Arbeitsentgelte bei kürzeren Arbeitszeiten zu zahlen. Deshalb stand es für ihn außer Frage, daß **nur die Unternehmensleitung ein Ziel stecken kann,** daß dieses Ziel nur Gewinnmaximierung lauten kann und daß dieses Ziel auch ganz im Sinne der Belegschaft ist. Er setzte auf eine **Planung, Entscheidung und Kontrolle ganz in den Händen der Führungskräfte.** Seine Strategie war es,

Scientific Management

- die Arbeit, etwa in Fließbändern, in kleinste Einheiten zu gliedern,
- durch Arbeits- und Zeitstudien die optimalen Arbeitsabläufe zu ermitteln,
- gebrauchsgerechte Arbeitsgeräte zu entwickeln,
- die Arbeitsumgebung leistungsfördernd zu gestalten,
- die geeigneten Arbeitskräfte auszuwählen,
- in den Arbeitsabläufen zu unterweisen und
- durch acht Meister detailliert zu kontrollieren, je einen für die Arbeitsverteilung, die Unterweisung, die Kosten und Zeiten, die Verrichtung, die Geschwindigkeit, die Qualitätsprüfung, die Instandhaltung und die Aufsicht.

> Das Scientific Management überzeugte den Automobilproduzenten Ford und trat von dort aus einen Siegeszug rund um die Welt an. Die Nachteile sind heute allen

Die Folgen

bewußt. Zwar verliert die vielfach polemische Kritik die zu Zeiten von Taylor vorherrschenden Bedingungen aus den Augen. Dennoch ist es unbestritten, daß die Arbeitsteilung und Spezialisierung die Beschäftigten entmündigt und ihrer Arbeit entfremdet. Sie werden quasi zu unbedeutenden Rädern im Getriebe des Unternehmens. Das hat auf die Dauer fatale Folgen auf die Qualität und die Produktivität. So setzt die Industrie mittlerweile kaum noch auf das Scientific Management.

Trotzdem überläßt man nicht selten den Führungskräften die Zielsetzung und die Planung der Strategien zur Zielerreichung für ihren Bereich. Das hat freilich den besagten Nachteil, daß sich die Beschäftigten oft nicht recht mit diesen Zielen identifizieren können und mithin das Ergebnis entsprechend unbefriedigend ausfällt.

4.3. Delegation

Delegation

An einer Delegation kommt man heutzutage jedoch schlechterdings nicht vorbei. Die Informationsflut und hoffentlich auch die Auftragsflut machen es unmöglich, alle anstehenden Aufgaben in Person zu überdenken, geschweige denn zu erledigen. Wird das auf mehrere Schultern verteilt, kann man besser und schneller reagieren.

Auftrag

So ist es unumgänglich, den Beschäftigten Aufträge an die Hand zu geben. Aufträge werden immer persönlich, mit Anrede und höflich erteilt. Sie beinhalten eine Erläuterung der Aufgabe, der gewünschten Erledigung und eine Begründung. Außerdem sind Vorschläge der jeweiligen Auftragnehmer ebenso erwünscht wie ihre Initiative. Nun mag man einwenden, verantwortungsbewußte, gut qualifizierte Beschäftigte wüßten selbst, welche Arbeit zu erledigen ist. Selbst wenn das so ist, muß man ihnen immer noch die Kundenaufträge aushändigen. Aufträge sind zweifellos die empfehlenswerteste Form von Weisungen.

Anweisung und Befehl

Eine andere Form der Weisung ist die sogenannte **Anweisung.** Sie erfolgt gleichfalls persönlich, mit Anrede und höflich. Hier wird jedoch auf eine Begründung verzichtet.

Befehle sind unpersönliche Weisungen ohne Namensnennung und ohne Begründung. Sie lassen Einwendungen oder Widerspruch nicht zu.

Auf Anweisungen und besonders auf Befehle sollten Führungskräfte so weit wie möglich verzichten. Außer in Notfällen ist das auch sicherlich machbar. Wenn man Mitarbeiterinnen zu teilnahmslosen Erfüllungsgehilfen macht, muß man sich nämlich nicht wundern, wenn sie genau so reagieren.

Ohnehin ist nicht jede Weisung zulässig. Weisungen müssen sich an den Arbeitsverträgen orientieren und außerdem billigem Ermessen entsprechen. Sie dürfen nicht willkürlich erfolgen und müssen die Interessen der Betroffenen angemessen berücksichtigen. Bei manchen Weisungen hat der Betriebs- oder Personalrat ein Mitbestimmungsrecht, etwa wenn es um Überstunden geht.

> Zur Delegation von Aufträgen sollte sich die Delegation von Kompetenzen und Verantwortung gesellen, natürlich im Rahmen der Kenntnisse und Fähigkeiten der Mitarbeiterinnen und Mitarbeiter.

Ein Auftrag kann nur dann erwartungsgemäß abwickelt werden, wenn zugleich die Befugnisse, die **Kompetenzen**, eingeräumt werden, bestimmte Entscheidungen zu treffen, die für die Lösung der ihm übertragenen Aufgaben erforderlich sind. Dazu ist eine konsequente Aufgabenteilung erforderlich. Die einzelnen Mitarbeiterinnen und Mitarbeiter müssen wissen, wer welche Aufgabe zu erfüllen hat, wer also die möglichen Ansprechpartner bei auftauchenden Fragen sind. *(Kompetenzen)*

Wenn die Aufgabenzuordnung auf einzelne Beschäftigte und die Ausstattung mit den erforderlichen Befugnissen sachgerecht vorgenommen worden sind, sind die Voraussetzungen geschaffen, ihnen auch die **Verantwortung** zu übertragen. Das ist zunächst die Verpflichtung zu besonderer Umsicht und Sorgfalt, darüber hinaus aber auch die Berichtspflicht. Schließlich müssen die Beschäftigten für die Ergebnisse einstehen, die sie mit den ihnen übertragenen Aufgaben erzielen. Sie tragen daher die Verantwortung für die Durchführung der übertragenen Aufgaben, die sogenannte **Handlungsverantwortung.** Von dieser Verantwortung werden die Vorgesetzten mithin entlastet, es sei denn, Beschäftigte seien ihrer Aufgabe nicht gewachsen. Mit anderen Worten ist die **Führungsverantwortung nicht delegierbar**. *(Verantwortung)*

Aufgrund der unbestreitbaren Notwendigkeiten und Vorteile macht eine, neben dem Management by Objectives, recht bekannte Führungstechnik die Delegation zum Prinzip. Es handelt sich um das **Management by Delegation.** Dasselbe gilt für das bekannteste deutsche Führungsmodell, das **Harzburger Modell,** das häufig als eine Variante des Management by Delegation bezeichnet wird. Es wurde unter dem Titel Führung im Mitarbeiterverhältnis an der Akademie für Führungskräfte in Bad Harzburg entwickelt. Man bezeichnet es als Führungsmodell, weil es neben der Führungstechnik Management by Delegation weitere detaillierte Vorgaben beinhaltet: An die Stelle von Befehlsempfängern sollen unternehmerisch denkende und handelnde Mitarbeiter treten und an die Stelle von Einzelaufträgen fest umrissene Aufgabenbereiche. Das Modell basiert auf einer klaren, hierarchisch gegliederten Organisationsstruktur. *(Management by Delegation / Harzburger Modell)*

Die Tatsache, daß man das Management by Delegation und das Harzburger Modell ersonnen hat, unterstreicht die positiven Delegationseffekte. Trotzdem ist die Delegation, so unverzichtbar sie ist, nicht frei von **Nachteilen.** Infolge der Delegation entstehen Koordinationsprobleme, sogenannte Sickerverluste, die durch wechselseitige Abstimmung aufgefangen werden müssen. Manche Vorgesetzte delegieren nur die wenig reizvollen Routineaufgaben und langweilen damit die Beschäftigten. Gerade das Harzburger Modell festigt überkommene Hierarchien. Überdies geraten wie beim Management by Objectives die qualitativen Ziele ins Hintertreffen.

4.4. Kontrolle

Zu den konventionellen Führungstechniken, auf die man gerne zugreift, zählt ferner die **Kontrolle,** die Überprüfung der Durchführung und der Ergebnisse einer Arbeit. Wie bereits im Zusammenhang mit dem Management by Objectives dargestellt, dient sie *(Kontrolle)*

– dem Vergleich von Zwischen- und Endergebnissen mit den Zielen,

- der Ermittlung und Analyse von Abweichungen sowie
- der Korrektur unrealistischer Zielvereinbarungen und ineffektiver Arbeitsabläufe.
- Die Kontrolle ist außerdem Grundlage für die Leistungsbeurteilung und leistungsbezogene Entgelte.

Management by Exception

Auch die Kontrolle kann man zum Prinzip erklären. So geschieht es bei einer weiteren Führungstechnik, dem **Management by Exception.** Zunächst kontrollieren die Vorgesetzten den Rahmen, innerhalb dessen delegiert wird. Sie legen fest, was Routinevorgänge sind, die Mitarbeiterinnen und Mitarbeiter selbständig erledigen. Der Maßstab für diese Festlegung kann beispielsweise die Abweichung von einer bestimmten Norm oder die Bedeutsamkeit eines Vorganges sein. Ferner kontrollieren sie die Bearbeitung der Ausnahmefälle. Liegt kein Routinefall vor, wenden sich die Mitarbeiterinnen und Mitarbeiter zwecks genauer Vorgaben an ihre Vorgesetzten. Dadurch werden diese von Routinearbeiten entlastet. Außerdem systematisiert man die Informationen und die Zuständigkeiten. **Für die Mitarbeiterinnen und Mitarbeiter wirkt sich die Beschränkung auf Routinefälle allerdings nachteilig aus.**

Stichproben- und Selbstkontrolle

Man muß Kontrollen jedoch nicht unbedingt in der konventionellen Art oder als Management by Exception durchführen. Vielmehr kann man Kontrollen auch auf Stichproben beschränken oder, als Selbstkontrollen, von den Betroffenen selbst durchführen lassen. Gerade Selbstkontrollen zerstreuen einige Bedenken der Mitarbeiterinnen und Mitarbeiter gegen Kontrollen, die bis zur Ablehnung reichen. Ihnen fehlt zuweilen das Vertrauen in die Objektivität, oder sie befürchten unerwünschte Konsequenzen. Beläßt man es bei konventionellen Kontrollen, sollten die Vorgesetzten deshalb zuvor den Zeitpunkt, die Art und die Kontrollkriterien mit den Betroffenen absprechen.

5. Partizipation, Kooperation, Koordination, Information und Kommunikation

5.1. Partizipation, Kooperation und Koordination

Fassen wir die Erkenntnisse aus dem letzten Abschnitt zusammen: Führungskräfte sollten Mitarbeiterziele berücksichtigen, die Aufgabenziele mit ihren Mitarbeiterinnen oder Mitarbeitern abstimmen und sie in die Planung, Delegation, ja sogar die Kontrolle einbeziehen. Sie sind mit anderen Worten aufgefordert, sich für die Partizipation ihrer Mitarbeiterinnen und Mitarbeiter einzusetzen und mit ihnen zu kooperieren.

Partizipation und Kooperation

Partizipation und Kooperation sind Sammelbegriffe für sämtliche Formen der Berücksichtigung der Interessen aller Beschäftigten, das heißt ihrer Ziele und Neigungen. Das reicht von den gesetzlich verbrieften Mitbestimmungsrechten über eine Partnerschaft bis zur Mitunternehmerschaft in Erfolgsbeteiligungsmodellen. Werden Partizipation und Kooperation gewährleistet, ist damit zugleich die **Koordination** der unterschiedlichen Interessen und Aktivitäten sichergestellt.

Koordination

Partizipation und Kooperation sollen ihre Grenzen erst dort finden, wo die Beschäftigten völlig andere Interessen als ihr Arbeitgeber verfolgen. In diesem Fall zweifelt man generell ihre Partizipations- und Kooperationsfähigkeit an. Zuweilen zweifeln die Beschäftigten ihrerseits die Überlebensfähigkeit der Unternehmen an, die ihre Vorstellungen nicht zur Kenntnis nehmen. Und manchmal behalten sie recht!

5.2. Information

Partizipation und Kooperation sind nur möglich, wenn alle Beteiligten über die notwendigen Informationen verfügen. Man kann sich erst dann einsetzen, wenn man weiß, warum und wozu etwas geschieht. Ansonsten entstehen zudem Gerüchte und Spannungen aller Art, die sich negativ auswirken, vielleicht sogar erhöhte Fehlzeiten und Fluktuation auslösen. Die rechtzeitige, ausreichende und verständliche Information ist folglich eine Aufgabe der Personalführung.

Information

Einige Informationen für die Belegschaftsvertretungen und Wirtschaftsausschüsse sind gesetzlich vorgeschrieben. Vorgesetzte sollten ihren Mitarbeiterinnen und Mitarbeitern darüber hinaus grundsätzlich **alle aktuellen Informationen** geben, **die sie zum Verständnis größerer Zusammenhänge für sich selbst für notwendig halten** und die eine eventuell unumgängliche Geheimhaltung nicht verletzen, beispielsweise

- Informationen über Unternehmensziele, Geschäftsergebnisse, Entwicklungstendenzen und volkswirtschaftliche Zusammenhänge,
- wichtige Daten über die Produkte, die Rechtsform, Betriebsgröße und Organisation,
- die Tarifverträge und Betriebsvereinbarungen,
- die Betriebsordnung, Organisationsrichtlinien, Sicherheitsvorschriften,
- personelle Nachrichten über Jubiläen, Beförderungen, den Eintritt und das Ausscheiden von Beschäftigten.

Informationen können in unterschiedlicher **Form** weitergegeben werden:
- in Arbeitsunterlagen mit technischen und geschäftlichen Daten,
- in Betriebshandbüchern,
- durch Betriebsbesichtigungen,
- über sogenannte schwarze Bretter, also Informationstafeln oder Schaukästen,
- in Rundschreiben oder Merkblättern,
- in einer Werks- oder Mitarbeiterzeitschrift,
- durch Gespräche und Besprechungen zwischen Vorgesetzten und ihren Mitarbeiterinnen und Mitarbeitern. Diese eignen sich besonders, wenn sie nicht nur auf Anregung der Vorgesetzten, sondern auch auf Anregung der Mitarbeiterinnen und Mitarbeiter ohne großen formellen Aufwand zustande kommen können. Man spricht dann vom **Prinzip der offenen Tür.**

5.3. Kommunikation

Gespräche und Besprechungen geben Mitarbeiterinnen und Mitarbeitern die Möglichkeit, gehört zu werden. Damit heben sie sich positiv von den einseitigen Informationen ab. In Gespräche und Besprechungen kann man die eigenen Vorstellungen einbringen, man kann dort Mißverständnisse ausräumen und weitergehende Fragen klären.

Kommunikation Dabei sind sowohl einseitige Informationen als auch Gespräche und Besprechungen Formen der sozialen Kommunikation. Grundsätzlich versteht man unter **Kommunikation** den Prozeß, durch den eine Information oder Nachricht von einem **Sender** zu einem **Empfänger** über ein **Medium,** einen Kanal, übermittelt wird. Von **sozialer Kommunikation** spricht man, wenn Sender und Empfänger Personen oder Gruppen sind, von **wechselseitiger Kommunikation,** wenn alle Teilnehmerinnen und Teilnehmer zugleich Sender und Empfänger sind.

Wir nehmen solche Nachrichten **mit allen fünf Sinnen** wahr. Von besonderer Bedeutung sind dabei das gesprochene und geschriebene Wort. Eine Fülle von wissenschaftlichen Untersuchungen belegt, daß wir uns aber auch maßgeblich über Gestik und Mimik, unser Aussehen, über die Berührungen und Gerüche austauschen und wahrnehmen, ja sogar über den Geschmackssinn. Die Leserinnen und Leser können das sicherlich aus ihrer eigenen Erfahrung bestätigen. Dabei ist dieser Austausch in unterschiedlichen Kulturkreisen jeweils anders geregelt.

Es gibt keine Nicht-Kommunikation. Auch Personen, die schweigen, bringen etwas zum Ausdruck, beispielsweise ihre Verzweiflung, ihr Desinteresse oder ihre Unter- bzw. Überlegenheit. Außerdem will uns auch ihre Körperhaltung und Gestik einiges sagen.

Kommunikation hat eine Sachebene und eine Beziehungsebene. Die **Sachebene** ist die des Austauschs jener aktuellen Informationen, die für die Aufgabenerfüllung zum Verständnis notwendig sind. Auf der **Beziehungsebene** werden dagegen die Gefühle behandelt, die man hat oder für einander hegt. In aller Regel ist den Kommunikationspartnern nicht bewußt, daß sie beide Ebenen nicht auseinanderhalten, was auch schwerlich möglich ist. Die **Transaktionsanalyse** nach Berne kann diesbezüglich eine Hilfestellung geben. Diese Methode entstand durch Verhaltensbeobachtungen. Dabei stellte sich heraus, daß sich das menschliche Verhalten wie folgt kennzeichnen läßt:

Transaktionsanalyse

○ Aus dem **Eltern-Ich** reagiert man nach Werten und Normen, die man, etwa von seinen Eltern, im Laufe der Erziehung gelernt hat.

– Aus dem kritischen Eltern-Ich hebt man, bildlich gesprochen, den Zeigefinger und befiehlt, beispielsweise mit der Äußerung: „Haben Sie schon wieder vergessen, dort anzurufen?"

– Aus dem fürsorglichen Eltern-Ich will man trösten, helfen oder ausgleichen, etwa mit den Worten: „Wenn wir zusammenhalten, dann schaffen wir es!"

○ Aus dem **Erwachsenen-Ich** informiert man sich und andere und man entscheidet sachlich, zum Beispiel: „Haben alle das Rundschreiben erhalten?"

○ Reagiert man ungezwungen und gibt seinen Gefühlen freien Lauf oder paßt man sein Verhalten bestimmten Normen an, so spricht das **Kindheits-Ich.**

– Aus dem freien Kindheits-Ich ist man spontan, impulsiv, aggressiv und listig, indem man beispielsweise sagt: „Toll, wie Sie das gelöst haben!"

– Aus dem angepaßten Kindheits-Ich paßt man sich den Normen an, hat Angst und ist hilflos, erkennbar an Bekenntnissen wie: „Ich entschuldige mich dafür in aller Form, weil ich mich schuldig fühle."

Erkennt man den jeweiligen Ich-Zustand des Gesprächspartners, kann man einerseits vermeiden, selbst unangemessen zu reagieren. Andererseits kann man das Sachproblem im Auge behalten und zudem ansetzten, das Beziehungsproblem zu bearbeiten.

Informelle Kommunikation ist an keine Regelung gebunden. Sie soll einer eventuellen sozialen Isolation entgegenwirken. Die informelle Kommunikation dient aber auch als Lückenbüßer für Mankos der formellen Kommunikation in Form der sogenannten Gerüchteküche. Deshalb ist die Abgrenzung zur formellen Kommunikation zumeist kaum möglich. **Formelle Kommunikation** dient dem Informationsaustausch hinsichtlich der Aufgabenerfüllung. Sie ist an Regelungen gebunden, die jedoch oftmals nicht schriftlich festgelegt sind.

Gespräche und Besprechungen sind in erster Linie Ausdruck der formellen Kommunikation auf einer sachlichen Gesprächsebene. Sie verfehlen indes ihren Zweck, wenn sie nicht auch die Beziehungsebene thematisieren und der informellen Kommunikation Raum geben. Man kann folgende Arten von Gesprächen und Besprechungen unterscheiden:

Gespräche + Besprechungen

- **Beurteilungsgespräche** sind feste Bestandteile der Personalbeurteilung, auf die im gleichnamigen Kapitel dieses Buches eingegangen wird.
- **Mitarbeitergespräche** sind Unterhaltungen **unter vier Augen** zwischen der oder dem Vorgesetzten und einer oder einem Mitarbeiter als gleichberechtigten Gesprächspartnern. Mitarbeitergespräche dienen vornehmlich der Erörterung von Beschwerden und Spezialproblemen, der Information und Beratung sowie der Einarbeitung und der Absprache von Einzelaufträgen.
- **Dienstgespräche** sind ebenfalls Unterhaltungen **unter vier Augen.** Hier sind die Gesprächspartner allerdings **nicht gleichberechtigt.** Vielmehr informieren die Vorgesetzten die betreffenden Mitarbeiterinnen oder Mitarbeiter einzeln über eine getroffenen Entscheidung, sie erteilen Weisungen, sie fordern Auskünfte ein, loben oder kritisieren.
- Die **Mitarbeiterbesprechung** ist ein **Gedankenaustausch,** an dem neben der respektive dem Vorgesetzten **mehrere oder alle Mitarbeiterinnen und Mitarbeiter** als gleichberechtigte Partner teilnehmen. Zumeist hat die oder der Vorgesetzte die Gesprächsleitung. Alle Beteiligten tragen die Anliegen vor, bei denen sie die Mitwirkung oder den Rat der anderen brauchen. Daneben betreibt man den Informationsaustausch. **Besonders bewährt haben sich turnusmäßige Mitarbeiterbesprechungen an einem bestimmten Wochentag zu einer festen Stunde innerhalb der Arbeitszeit.**
- **Dienstbesprechungen** haben denselben Teilnehmerkreis wie Mitarbeiterbesprechungen. In Stil und Inhalt entsprechen sie jedoch den Dienstgesprächen.

Grundsätzlich entsprechen Mitarbeitergespräche und -besprechungen eher dem Gedanken der Partizipation als Dienstgespräche und -besprechungen. Gespräche und Besprechungen haben mehr Erfolg, wenn man sich an einige Grundregeln hält.

- In der **Vorbereitung** sollte man zunächst den Teilnehmerkreis bestimmen und entsprechend der Teilnehmerzahl einen geräumigen, ruhigen Besprechungsraum auswählen. Unter Umständen ist eine Sitzordnung hilfreich, die mögliche Kontrahenten zusammenführt. Bei einer größeren Teilnehmerzahl sollte man zuvor eine Tagesordnung festlegen, damit alle ihre Anliegen vorbringen können. Nach Maßgabe der Anliegen ist auch der Zeitrahmen zu planen. Gespräche und Besprechungen sollten innerhalb der Arbeitszeit, außerhalb der Pausen stattfinden und rechtzeitig angekündigt werden. Mit der Ankündigung sollte man den Teilnehmerinnen und Teilnehmern etwaige Unterlagen und die Tagesordnung zur Verfügung stellen.

- Gleichgültig, ob eine Tagesordnung erstellt wurde oder nicht, sollten Gespräche und Besprechungen so beginnen, daß der Teilnehmerkreis in den Bann der anstehenden Thematik gezogen wird, ohne daß negative Emotionen geweckt werden. Im Fortgang sind die Schwerpunkte in einer sinnvollen **Abfolge** abzuarbeiten. Gespräche und Besprechungen sollten möglichst versöhnlich ausklingen.

- Die **Durchführung** von Gesprächen fordert die Bereitschaft zum Zuhören und zum gemeinsamen Lösen von Problemen. Gespräche wie Besprechungen leiden unter dozierenden Vorträgen und Monologen, der Mißachtung von Zeitplänen und einer autoritären Gesprächsführung. Hilfreich sind hingegen die Begrüßung und die Information über die gesetzten Ziele, eine verständliche, eindeutige Sprache sowie eine offene, ruhige Gesprächsführung. Zuweilen muß man die Teilnehmerinnen und Teilnehmer aktivieren. Bei Besprechungen sollte man alle Dialoge unterbinden, die am Teilnehmerkreis vorbei stattfinden. Hier sollte jede und jeder zu Wort kommen und ernst genommen werden. Besprechungen werden beendet, indem die Ergebnisse zusammengefaßt und eventuell Entscheidungen gefällt werden.

6. Motivation

Ein Aspekt aus dem eingangs angeführten Managementkreis der Personalführung blieb bislang weitgehend ausgespart, die **Realisierung. Sind Führungskräfte etwa die grauen Eminenzen im Hintergrund des Arbeitsvollzuges?**

6.1. Grundeinstellung

Theorie X und Y

Glaubt man **McGregor,** so haben die Führungskräfte bei der Realisierung eigentlich nichts zu suchen, solange sie sich auf die richtige Grundeinstellung besinnen. Nach McGregor leiten zwei ganz gegensätzliche Grundeinstellungen das Verhalten von Führungskräften, die er, etwas unglücklich, als **Theorie X und Y** bezeichnet.

Führungskräfte mit der einen oder der anderen Grundeinstellung beobachten bei ihren Mitarbeiterinnen und Mitarbeitern in der Tat die beschriebenen Verhaltensweisen. Deshalb scheinen beide Grundeinstellungen scheinbar gerechtfertigt. **Tatsächlich rufen die Führungskräfte das entsprechende Verhalten aber durch ihre Grundeinstellung hervor.** McGregor fordert eine **schrittweise Einstellungsänderung** zugunsten seiner sogenannten Theorie Y. Ist das einmal geschehen, muß es wohl genügen, wenn Vorgesetzte Mitarbeiterziele berücksichtigen, die Aufgabenziele mit ihren Mitarbeiterinnen oder Mitarbeitern abstimmen und sie in die Planung, Delegation und Kontrolle einbeziehen.

Theorie X	Theorie Y
Menschen haben durchweg eine angeborene Abneigung gegen Arbeit. Sie versuchen, ihr aus dem Weg zu gehen.	Die körperliche und geistige Anstrengung beim Arbeiten ist ebenso natürlich wie Spiel oder Ruhe.
Menschen müssen zumeist gezwungen, gelenkt, angeleitet und mit Strafe bedroht werden, um das vom Unternehmen gesetzte Soll zu erreichen.	Zwang und Strafandrohung sind nicht die einzigen Mittel, jemanden zu bewegen, sich für die Ziele des Unternehmens einzusetzen.
Menschen ziehen es durch die Bank vor, an die Hand genommen zu werden.	Zugunsten von Zielen, denen sie sich verpflichtet fühlen, unterwerfen sich Menschen der Selbstdisziplin und Selbstkontrolle. Wie sehr sie sich Zielen verpflichtet fühlen, hängt davon ab, in welchem Maße die Arbeitsergebnisse sie ansprechen und wie sich die Arbeitsergebnisse auszahlen.
Menschen möchten sich in der Regel vor Verantwortung drücken. Sie besitzen verhältnismäßig wenig Ehrgeiz und sind vor allem auf Sicherheit bedacht.	Menschen lernen unter geeigneten Bedingungen, Verantwortung nicht nur zu übernehmen, sondern sie sogar zu suchen. Die meisten Menschen verfügen über viel Vorstellungskraft, Urteilsvermögen und Erfindungsgabe für die Lösung von Problemen. Das wird nur zum Teil genutzt.

Abb. 6.7. Theorie X und Y

Ganz so einfach ist es denn aber doch nicht. Selbst Führungskräfte, die ihre Grundeinstellung kritisch hinterfragt haben, müssen feststellen, daß einige Mitarbeiterinnen und Mitarbeiter jeden Tag zur Arbeit gehen und ihre Aufgaben mit viel Schwung erfüllen, andere jedoch nicht im Betrieb erscheinen oder schlechte Leistungen erbringen.

Die **Motivationsforschung** hat Ansätze entwickelt, mit deren Hilfe man diese Phänomene erklären kann. Sie untersucht die Person, was und wie sie etwas tut, in welcher Situation das geschieht, mit welchen Mitteln und mit welchem Ziel.

6.2. Inhalte und Prozeßfolge der Motivation

Die meisten Ansätze nehmen auf die **Reiz-Reaktions-Theorien** nach Hull und Lamberg bezug. Sie beschäftigen sich, anders als man vermuten könnte, nicht mit Reizen und Reaktionen an sich, sondern damit, wie Menschen Reize wahrnehmen und zu Reaktionen kommen. Wir nehmen nämlich unbewußt nicht alle Reize wahr. Wir sind unterschiedlich aufnahmefähig, unterschiedlich reaktionsschnell, und wir selektieren Reize, das heißt wir wählen aus. Wem ist nicht schon einmal beim Lesen eines spannenden Buches das Türklingeln entgangen? Zum anderen kann die Reaktion in der Phase der bewußten Verarbeitung des Reizes, im sogenannten kognitiven Prozeß, beeinflußt werden. Wir überlegen uns, wie wir situationsgerecht auf einen Reiz reagieren, etwa anhand der möglichen Auswirkungen, die verschiedene Reaktionen haben können. Durch Lernprozesse, das heißt durch gesammelte Erfahrungen in Reiz-Reaktions-Prozessen, können wir diese Auswirkungen immer besser abschätzen.

Reiz-Reaktions-Theorien

In der gleichen Weise kann man **Motivation,** ähnlich wie *Hentze und Brose (Personalführungslehre),* als **Prozeß** charakterisieren, der eine **Abfolge von Anreizen, Motiven, Handlungen, Zielen und Anpassung** beinhaltet.

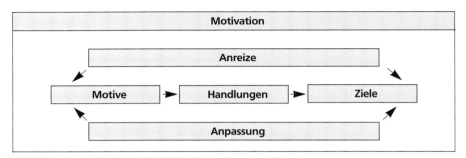

Abb. 6.8. Motivation als Prozeß

Motiv
- **Motive** sind uns alltagssprachlich besser als Streben, Bedürfnis, Wille, Trieb, Drang, Begehren, Lust, Abscheu, Neigung, Verlangen und Beweggrund bekannt. Die Wissenschaft beschreibt ein Motiv als eine erworbene, in einer konkreten Situation vorgegebene Verhaltens- oder Handlungsbereitschaft, als Disposition. Diese Handlungsbereitschaft ist zwar vorhanden, aber weder offenkundig noch bewußt. Mit anderen Worten schlummert sie. Man geht davon aus, daß Motive insbesondere in der Kindheit durch verschiedenartige Einflüsse geformt werden. So unterschiedlich die Einflüsse sind, denen wir unterliegen, so unterschiedlich sind auch unsere Motive.

Anreiz
- Motive werden durch **Anreize** geweckt. Damit meint man alle nur erdenklichen Gegebenheiten.

Ziel
- Die Anreize beziehen sich auf etwas. Sie sind **zielgerichtet.** So signalisiert die Klingel des Eisverkäufers im Sommer eine kühle, süße Erfrischung.

Handlung
- Der zielgerichtete Anreiz weckt ein oder mehrere Motive. Er stößt eine **Handlung** an, die geeignet ist, das Ziel zu verwirklichen.

Anpassung
- Nicht jeder dieser Prozesse führt dazu, daß das Ziel tatsächlich erreicht wird. Aus Erfolgen und Mißerfolgen ziehen wir Erfahrungen, die wir in eine **Anpassung** ummünzen. Die Anpassung formt Motive oder sie verändert Motive. Sie sagt uns aber auch, welche Ziele für uns erstrebenswert und erreichbar sind.

Arbeitsmotivation
Im Zusammenhang mit Personalführung interessiert nicht die gesamte Motivationsforschung, sondern nur Arbeitsmotivation, jener Aspekt der Motivation, der mit dem Verhalten von Individuen in arbeitsteiligen Organisationen verbunden ist. Die Motivationsforschung hat eine Vielzahl von **Theorien der Arbeitsmotivation** entwickelt. Im folgenden sollen nur einige wenige angesprochen werden, die Hinweise geben, wie Vorgesetzte ihre Mitarbeiterinnen und Mitarbeiter motivieren können. Man unterscheidet Inhalts- und Prozeßtheorien.

Inhaltstheorien
- **Inhaltstheorien** beschäftigen sich damit, was im Menschen Verhalten erzeugt und aufrechterhält.
    - Worauf ist es zurückzuführen, daß bestimmte Sachverhalte vom Menschen als erstrebenswert betrachtet werden?

- Welche Sachverhalte sind für den Menschen erstrebenswert und welche nicht?
- Welche Faktoren beeinflussen diese Einschätzung im Laufe der Zeit?
- Warum unterscheiden sich Menschen hinsichtlich der Bedeutung, die sie verschiedenen Sachverhalten beimessen?

Inhaltstheorien sind beispielsweise die von Maslow, die ERG-Theorie und die Zwei-Faktoren-Theorie.

○ **Prozeßtheorien,** wie die bereits erwähnte Anreiz-Beitrags-Theorie, aber auch die VIE-Theorie und Gleichheitstheorie, befassen sich dagegen mit dem Prozeß der Entstehung, Ausrichtung und Stärke von Motivation. *Prozeßtheorien*
  - Wie werden menschliche Aktivitäten angeregt?
  - In welche Richtung und auf welches Ziel sind die Aktivitäten gerichtet?
  - Von welcher Stärke und Dauer ist das Verhalten?

6.3. Valenz, Instrumentalität und Erwartung

Die **VIE-Theorie** von Vroom ist eine solche Prozeßtheorie. Die zentralen Begriffe sind Valenz, Instrumentalität und Erwartung, die der Theorie auch ihren Namen geben. Die **Motivation,** Vroom bezeichnet sie als Stärke der Handlungstendenz, errechnet er **mit Hilfe mathematischer Gleichungen, indem er Valenz, Instrumentalität und Erwartung** in jedem Einzelfall **mit konkreten Werten versieht.** Das Ganze wird dadurch recht komplex, daß Vroom **Zwischen- und Endziele unterscheidet,** die sich auf mögliche Zwischen- und Endergebnisse richten. Zwischenziele sind solche, die jemand in und für die Organisation zu erreichen sucht, in der er tätig ist. Endziele sind persönlicher Natur, also Motive. Wenn ein Fußballer zum Elfmeter antritt, ist es sein Zwischenziel, den Elfmeter erfolgreich zu verwandeln. Sein Endziel ist der Wunsch, zum Helden des Spieles zu werden. *VIE-Theorie*

Zunächst muß man die **Valenz des jeweiligen Zwischenzieles** errechnen, etwa des Zieles, per Elfmeter ein Tor zu schießen. Unter dieser Valenz versteht Vroom die Wertigkeit, die das Zwischenziel hat, also die subjektive Einschätzung, inwieweit es sich lohnt. Diese Valenz des Zwischenzieles errechnet sich aus einer Multiplikation.

- Der erste Multiplikationsfaktor ist die **Valenz des Endzieles,** beispielsweise die Wertigkeit, als Held des Spieles zu gelten. Sie kann Werte von − 10 bis + 10 annehmen.
- Der zweite Multiplikationsfaktor ist die **Instrumentalität.** Sie gibt an, inwiefern jemand die Verwirklichung des Zwischenzieles für geeignet erachtet, das gewünschte Endziel zu erreichen. Glaubt der Fußballer, er könne zum Helden des Spiels werden, wenn er den Elfmeter verwandelt? Das ist sicher so, wenn der Elfmeter beim Spielstand 0 : 0 in der 89. Spielminute angesetzt wird. Ganz anders ist die Einschätzung, wenn es 0 : 3 in der 10. Spielminute steht. Die Instrumentalität kann deshalb Werte von − 1 bis + 1 annehmen.

Die **Motivation** ergibt sich nun aus der Multiplikation

- der gerade ermittelten **Valenz des Zwischenzieles** und
- der **Erwartung.** Die Erwartung ist eine subjektive Einschätzung der Wahrscheinlichkeit, daß eine bestimmte Handlung zum gewünschten Ergebnis führt, daß, um im Beispiel zu bleiben, der Ball wirklich ins Tor geht. Für diese Erwartung sind Werte zwischen 0 und 1 vorgesehen.

Motivation	=	Valenz des Zwischenzieles		· Erwartung
Motivation	=	Valenz des Endzieles	· Instrumentalität	· Erwartung

Abb. 6.9. Motivation nach der VIE-Theorie

Die Berechnung wird noch komplexer, da man unterschiedliche Ziele beziehungsweise Ergebnisse in die Betrachtung einbeziehen muß, die jeweils unterschiedliche Valenzen haben. Der Schütze des Elfmeters könnte auch das Tor verfehlen. Damit würde er unter Umständen zum Buhmann des Spieles. Und das ist vielleicht sein größter Alptraum, gewichtiger als die Chance, zum Helden des Spiels zu werden.

> Es erscheint jedoch reichlich vermessen, die Motivation mit mathematischen Gleichungssystemen bestimmen zu wollen. Hinter diesem Ansinnen steht die Vorstellung, menschliche Handlungen ließen sich mathematisch kalkulieren, so als hätten wir alle kleine Computer im Kopf und im Herzen, die uns mit Wenn-Dann-Abfragen steuerten. Jeder, der sich schon einmal verliebt hat, kann das Gegenteil bestätigen. Und selbst wenn dem so wäre, könnten Führungskräfte doch wohl nicht ständig mit einem Computer die Motivation aller Mitarbeiterinnen und Mitarbeiter taxieren. Recht überzeugend ist indes die Vorstellung, daß es Zwischen- und Endziele geben könnte, die für uns möglicherweise unterschiedliche, miteinander verknüpfte Bedeutungen haben. Man kann die besagten Gedanken nicht nur Elfmeterschützen unterstellen, sondern auch Mitarbeiterinnen und Mitarbeitern in Unternehmen. Und wenn daran auch nur ein Körnchen Wahrheit ist, dann sollten Führungskräfte realistische Aufgabenziele vorgeben, die nicht im Widerspruch zu Mitarbeiterzielen stehen. Damit würde nicht nur die Instrumentalität, sondern auch die Erwartung positiv beeinflußt.

6.4. Balance von Einsatz und Ergebnis

Gleichheitstheorie

Die **Gleichheits-, Equity- oder Balancetheorie** nach Adams ist ebenfalls eine Prozeßtheorie. Adams geht von der Annahme aus, daß Menschen stets das richtige Verhältnis zwischen erbrachter Leistung und dafür erhaltener Belohnung anstreben. Sie versuchen, ein – aus ihrer Sicht – richtiges, also gerechtes Verhältnis von Einsatz und Ergebnis zu erreichen. Empfinden Menschen, daß dieses Verhältnis nicht richtig ist, versuchen sie, das Ungerechtigkeitsgefühl zu beseitigen. Dazu gibt es grundsätzlich sechs Strategien:

– die Verzerrung des Wertes der Einsätze und Ergebnisse, wenn man sich zum Beispiel sagt, die ständigen Überstunden würden dem Familienleben kaum schaden,

– die Beeinflussung der Vergleichsperson, beispielsweise Diskussionen mit Kolleginnen und Kollegen um deren Arbeitseinsatz im Vergleich zum Arbeitsentgelt,

– die Wahl einer anderen Vergleichsperson, zum Beispiel mit dem Argument, der Kollege sei ja verrückt,

– die aktive Veränderung des eigenen Ergebnisses, beispielsweise der Verzicht auf Leistungszulagen, die subjektiv im Vergleich zum geforderten Einsatz zu gering erscheinen,

- die aktive Veränderung des eigenen Einsatzes, etwa eine Verringerung des Arbeitseinsatzes,
- das Verlassen des Feldes, also etwa die Kündigung.

Wenn Führungskräfte diese Argumente hören, vielleicht sogar in der genannten Reihenfolge, sollten sie hellhörig werden. Damit ist im Kern der Ablauf von Unzufriedenheit über die sogenannte innere Kündigung bis zur tatsächlichen Kündigung beschrieben. Es handelt sich folglich um Hinweise darauf, daß etwas im argen liegt, daß nämlich für einzelne subjektiv oder wahrhaftig ein ungerechtes Verhältnis zwischen Arbeitseinsatz und Arbeitsergebnis vorliegt. Führungskräfte sind dann so oder so zum Eingreifen aufgefordert. Sie müssen ergründen, ob ein Mißverhältnis besteht. Ist das so, sollten sie es nach Möglichkeit bereinigen. Ansonsten muß Überzeugungsarbeit geleistet werden.

6.5. Bedürfnisse

Die einflußreichste **Motivationstheorie** ist zweifellos die **von Maslow**. Allerdings ist für die Personalführung nur ein kleiner inhaltstheoretischer Ausschnitt aus seiner weit umfangreicheren Lehrmeinung von Interesse, die **Analyse der Motive**. Maslow definiert sie als Bedürfnisse wie folgt:

Maslow

Defizit-bedürfnisse				Wachstums-bedürfnisse
1. Physiologische Grundbedürfnisse	2. Sicherheits-bedürfnisse	3. Soziale Bedürfnisse	4. Wertschätzungsbedürfnisse	5. Selbstverwirklichung
1. ▶	Abfolge der Bedürfnisbefriedigung			▶ 5.

Abb. 6.10. Maslows Theorie

Menschen haben **Defizitbedürfnisse** in einer bestimmten Abfolge.
1. **Physiologische Grundbedürfnisse,** wie die nach Sauerstoff, Nahrung, Getränken, Ruhe, Schlaf und Sexualität,
2. **Sicherheitsbedürfnisse,** beispielsweise Gesundheit, ein ausreichendes Arbeitsentgelt und Arbeitsplatzsicherheit,
3. **Soziale Bedürfnisse,** etwa nach Geselligkeit, Freundschaft, Zuneigung, Kommunikation und Information,
4. **Wertschätzungsbedürfnisse,** zum Beispiel nach Akzeptanz, Selbstachtung, Aufstiegsmöglichkeiten und einem hohen Status.

Maslow bezeichnet diese Bedürfnisse als Defizitbedürfnisse, weil sie für einen gewissen Zeitraum weitgehend befriedigt werden könnten und dann auch nicht mehr wirksam seien. Mit der Abfolge der Bedürfnisse bringt er zum Ausdruck, daß immer **das jeweils niedrigste Bedürfnis, das man subjektiv als nicht ausreichend befrie-**

digt empfindet, das **Verhalten bestimme**. Niedrigere, aber ausreichend befriedigte, und höhere, unzureichend befriedigte Bedürfnisse würden dagegen kaum als wichtig empfunden.

Als **Wachstumsbedürfnisse** bezeichnet Maslow

5. die Bedürfnisse nach **Selbstverwirklichung,** also nach der Realisierung der eigenen Pläne und Vorstellungen. Es seien nicht nur die Bedürfnisse, die erst dann das Verhalten bestimmten, wenn alle anderen Bedürfnisse als ausreichend befriedigt empfunden würden. Die Befriedigung von Wachstumsbedürfnissen führe auch nicht dazu, daß sie verhaltensunwirksam werden. Im Gegenteil, die **Befriedigung** von Wachstumsbedürfnissen soll gerade eine **verstärkte Wirksamkeit** mit sich bringen.

Leider hat sich eine unglückliche Darstellungsweise dieser Theorie durchgesetzt. Man gibt die Abfolge der Bedürfnisse als Pyramide mit den Wachstumsbedürfnissen an der Spitze wieder. Dadurch erweckt man den falschen Eindruck, man könne ein Bedürfnis komplett und für alle Zeit befriedigen, und die jeweils höher angesiedelten Bedürfnisse seien bei weitem bedeutsamer als die darunter stehenden.

> Die Praxis zieht aus dieser Theorie den wichtigen Schluß, daß sich die Führungskräfte der Motive ihrer Mitarbeiterinnen und Mitarbeiter bewußt werden müssen, und daß sie auf diese Motive eingehen sollten. Da sich jedoch das Motiv der Selbstverwirklichung mit zunehmender Befriedigung verstärkt, müßten die Führungskräfte ihren Mitarbeiterinnen und Mitarbeitern stets anspruchsvollere Aufgaben übertragen und ihnen dabei immer weitreichendere Freiheiten zugestehen. Das wird in der Praxis zumeist verschwiegen. Eigentlich gibt die Theorie für die Erklärung und Prognose des Mitarbeiterverhaltens auch kaum etwas her. Wie soll denn eine Führungskraft die Motive ihrer Mitarbeiterinnen und Mitarbeiter in Erfahrung bringen, die denen selbst meist nicht bewußt sind? Und was tut man als Führungskraft, wenn man weiß, daß alle gerne sichere Arbeitsplätze hätten? Die gleichwohl große Verbreitung dieser Theorie beruht im Grunde genommen auf ihrer Verständlichkeit. Die Verständlichkeit ist aber nicht zuletzt darauf zurückzuführen, daß sie an den Idealen der Mittel- und Oberschicht orientiert ist. Ein eindeutiger empirischer Beleg ist indes nicht geglückt. Maslow mußte sich nicht nur diesem Vorwurf stellen. Er hat nur sehr vage beschrieben, was Selbstverwirklichung ist. Auch die anderen Bedürfnisklassen sind nur nebulös gegeneinander abgegrenzt, so daß es schwerfällt, konkrete Beispiele zu nennen. Die Aussage, daß zunächst physiologische Grundbedürfnisse erfüllt sein müssen, ist trivial und die Abfolge der Bedürfnisse keineswegs allgemeingültig.

Letzteres gestand Maslow selbst ein, der überhaupt den Großteil der Kritik nicht annehmen mußte. Maslow war von Hause aus **klinischer Psychologe.** Genau in diesem Arbeitsfeld und **für dieses Arbeitsfeld hat er seine Theorie entwickelt.** Zwar hat ihm das Interesse der industriellen Praxis geschmeichelt. Er hat aber **immer daran gezweifelt, daß man seine Theorie aus dem klinischen Bereich einfach in die Arbeitswelt übertragen kann.**

ERG-Theorie

Alderfer schließt sich der Kritik an, daß sich die fünf Bedürfnisklassen nach Maslow teilweise willkürlich überlappen. Aus dieser Erkenntnis heraus verdichtet er sie in seiner **ERG-Theorie,** einer Inhaltstheorie, wie folgt:

- Zu den **Existenzbedürfnissen, Existence Needs,** zählt er physiologische Grundbedürfnisse und Sicherheitsbedürfnisse.
- Die **Beziehungsbedürfnisse, Relatedness Needs,** beinhalten Wertschätzungsbedürfnisse und soziale Bedürfnisse.
- **Die Wachstumsbedürfnisse, Growth Needs,** sind auch bei ihm die Bedürfnisse nach Selbstverwirklichung.

Alderfer erklärt außerdem die Abfolge der Bedürfnisbefriedigung, die Maslow skizziert hatte, für ungültig. Er ersetzt sie durch ein komplexes Beziehungsgeflecht zwischen Bedürfnisfrustration, -verstärkung und -befriedigung:

1. Je weniger die Existenzbedürfnisse befriedigt sind, desto stärker werden sie.
2. Je weniger die Beziehungsbedürfnisse befriedigt sind, desto stärker werden die Existenzbedürfnisse.
3. Je mehr die Existenzbedürfnisse befriedigt sind, desto stärker werden die Beziehungsbedürfnisse.
4. Je weniger die Beziehungsbedürfnisse befriedigt sind, desto stärker werden sie.
5. Je weniger die Wachstumsbedürfnisse befriedigt sind, desto stärker werden die Beziehungsbedürfnisse.
6. Je mehr die Beziehungsbedürfnisse befriedigt sind, desto stärker werden die Wachstumsbedürfnisse.
7. Je mehr die Wachstumsbedürfnisse befriedigt sind, desto stärker werden sie.

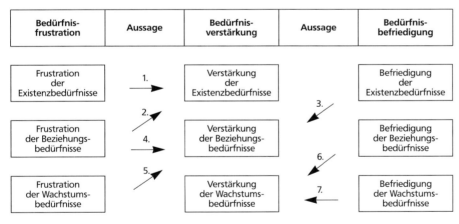

Abb. 6.11. ERG-Theorie

Diese Aussagen sind zwar viel präziser als die von Maslow, zugleich aber auch weniger eingängig. Bedenkenswert ist der Hinweis, daß eine Führungskraft eigentlich ausnahmslos alle Motive seiner Mitarbeiterinnen und Mitarbeiter kennen müßte. Erst dann kann man sich, rein theoretisch, ein Bild davon machen, welche Folgen denn die Befriedigung oder die Frustration des einen oder anderen Motivs hat. Das wird man aber kaum in die Führungspraxis umsetzen können. Außerdem war Alderfer sich seiner Sache offenbar selbst nicht so sicher. Nachdem er seine Theorie 1969 in der oben angeführten Form entwickelt hatte, änderte er sie bereits

1972 aufgrund verschiedener empirischer Befunde ab. Dabei hat er die Hauptaussagen 3. und 5. ersatzlos gestrichen, 2., 4., 6.und 7. modifiziert. Diese Modifikation wird kaum zitiert, denn sie ist auch nicht praktikabler als sein erster Entwurf.

6.6. Zufriedenheit und Unzufriedenheit

Zwei-Faktoren-Theorie

Herzberg und seine Mitarbeiter haben in Pittsburgh mit 203 Ingenieuren und Büroangestellten strukturierte Interviews geführt. Die Interviewten wurden gebeten, sich an jene Ereignisse in ihrem Arbeitsleben zu erinnern, bei denen sie außergewöhnlich zufrieden oder unzufrieden waren. Die Studie ergab, daß Zufriedenheit und Unzufriedenheit nicht zwei Extrempunkte sind, die sich durch unterschiedliche Ausprägungen gleicher Faktoren ergeben. Vielmehr kam Herzberg zu dem Ergebnis, daß **Zufriedenheit und Unzufriedenheit zwei unterschiedliche, unabhängige Dimensionen** sind. Er ermittelte zwei Faktoren, weshalb seine Thesen als **Zwei-Faktoren-Theorie** bekannt geworden sind.

– **Dissatisfiers oder Hygienefaktoren** sind das **Arbeitsentgelt,** die **Unternehmenspolitik und -organisation,** das **Führungsverhalten der Vorgesetzten,** die **Beziehungen** zu Mitarbeiterinnen, Mitarbeitern, Vorgesetzten, Kolleginnen und Kollegen, die **Arbeitsbedingungen** und die **Arbeitsplatzsicherheit.** Von ihnen geht zwar keine Motivationswirkung aus, denn ihr Vorhandensein wird als Selbstverständlichkeit angesehen. Fehlen sie jedoch, so ergibt sich Unzufriedenheit, so wie sich bei fehlender Hygiene Krankheiten einstellen.

– Durch **Satisfieres oder Motivatoren** kann bei Vorliegen der Hygienefaktoren eine positive Wirkung, nämlich Zufriedenheit, erreicht werden. Als Motivatoren machte Herzberg **Selbstbestätigung und Leistungserfolg, Anerkennung,** die **Arbeitsaufgaben und -inhalte, Verantwortung, Beförderung und Aufstieg** ausfindig. Durch das Vorhandensein von Motivatoren kann das Fehlen von Hygienefaktoren jedoch nur teilweise und unvollständig ausgeglichen werden. Soll keine starke Unzufriedenheit aufkommen, müssen die Hygienefaktoren für die Mitarbeiter im üblichen Maße gegeben sein, während Motivatoren als **Anreize dienen, die Zufriedenheit zu erhöhen.**

Abb. 6.12. Zwei-Faktoren-Theorie

Herzbergs Untersuchungen haben aber auch gezeigt, daß **Hygienefaktoren und Motivatoren miteinander verknüpft** sind. Das schildert er am **Beispiel** des Hygienefaktors **Arbeitsentgelt**. Beförderung und Aufstieg sind Motivatoren, aber in aller Regel mit einem höheren Arbeitsentgelt verbunden. Dasselbe gilt für die Übertragung von mehr Verantwortung, eigentlich ebenfalls ein Motivator. Deshalb wird, laut Herzberg, das Arbeitsentgelt regelmäßig als Motivator empfunden, obwohl es im Grunde ein Hygienefaktor ist.

Die Zwei-Faktoren-Theorie wird **massiv kritisiert**. Die Kritik setzt **hauptsächlich** an Herzbergs **Erhebung** an. Es reiche nicht aus, nur 203 Personen und nur Ingenieure sowie Büroangestellte zu befragen. Die Häufigkeit der Nennung als Indikator für die Bedeutsamkeit eines Faktors sei bedenklich. Zudem führe die angewandte Methode der kritischen Ereignisse zwangsläufig dazu, daß die Befragten aus der Erinnerung positive Situationen mit eigenen Leistungen, negative Situationen jedoch vor allem mit fremden Verursachern verbinden. In der Tat konnten Folgeuntersuchungen mit anderen Erhebungsmethoden die Ergebnisse Herzbergs nicht bestätigen.

Trotz dieser methodischen Kritik liefert die Zwei-Faktoren-Theorie für die praktische Umsetzung der Personalführung wertvolle Hinweise. Sie verdeutlicht, daß Motivation unverzichtbar ist, wenn man Wert auf einen einwandfreien Arbeitsvollzug legt. Sie zeigt weiter, daß Motivation nicht auf die Realisierung der Arbeit beschränkt werden kann. Motivation reicht von den Arbeitsbedingungen bis zur Unternehmensorganisation. Sie darf vor allem nicht die Beziehungen zu allen anderen Beschäftigten aus den Augen verlieren. Außerdem belegt die Zwei-Faktoren-Theorie, daß Führungskräfte eben nicht die grauen Eminenzen im Hintergrund der Realisierung einer Arbeit sind. Ihre Mittel sind beschränkt. Personalführung kann aber nur dann langfristig effizient sein, wenn auch jene Hygienefaktoren und Motivatoren keine Schwachstellen aufweisen, auf die Vorgesetzte nur beschränkten Einfluß haben, zum Beispiel die Unternehmenspolitik, die Arbeitsplatzsicherheit und die Kollegenmentalität. Stimmt das Umfeld nicht, kann sich eine Führungskraft noch so sehr anstrengen, sie wird den erwarteten Erfolg nicht erzielen. Selbst wenn die Führungskräfte das ihre dazu tun, daß Hygienefaktoren vorhanden sind, können sie noch nicht davon ausgehen, daß sich bei ihren Mitarbeiterinnen und Mitarbeitern Zufriedenheit einstellt. Dazu bedarf es mehr, etwa der Chance auf Selbstbestätigung, Leistungserfolg, Anerkennung, Verantwortung, Beförderung und Aufstieg.

6.7. Umsetzung

Diese Erkenntnisse sind in eine Führungstechnik eingeflossen, das **Management by Motivation**. Hier steht die Stimulierung des Leistungsverhaltens mit Hilfe der nichtmonetären Anreize im Mittelpunkt. Dabei wird von der Annahme ausgegangen, daß die materiellen Anreize lediglich eine kurzfristige Wirkung auslösen. Auf die Dauer sind nur Formen der Arbeitsstrukturierung wie etwa das Job Enrichment, ein größerer Umfang an Selbstkontrolle und Partizipation am Entscheidungsprozeß sowie eine Erweiterung der Autonomie wirkungsvoll.

Management by Motivation

Motivation als Notbehelf

Es zeigt sich, daß die Motivationsforschung durchaus dazu in der Lage ist, Hinweise für Teilbereiche der Personalführung zu liefern. Motivation wird aber spätestens an dem Punkt zur Manipulation, wo sie zu einem Surrogat, zum Lückenbüßer oder Notbehelf für den Sinn der Arbeit degeneriert. Wenn Menschen in ihrer Arbeit keinen Sinn außer dem des Broterwerbes sehen, dann kann das daran liegen, daß die Arbeit wirklich keinen Sinn macht. In einem solchen Fall sind alle Beschäftigten aufgefordert, dies zu erforschen und nach Möglichkeit zu ändern. Macht die Arbeit aber Sinn, und wird dieser beispielsweise durch übertriebene Arbeitsteilung verdeckt, gilt es, andere Formen der Arbeitsstrukturierung zu entwickeln. In beiden Fällen wäre es grundfalsch, alles beim alten zu belassen und zu motivieren. Dann hätte Motivation den gefährlich beruhigenden Charakter von Hintergrundmusik in einem Fahrstuhl, dessen Verkabelung morsch ist.

7. Gruppen, Situationen, Rollen, Führungsverhalten und Führungsstile

Offensichtlich sind nicht nur die Persönlichkeit der Führungskräfte, ihre Macht und ihre Autorität von eingeschränkter Bedeutung für die Personalführung. Führungskräfte müssen motivieren, informieren und kommunizieren. Sie sollen Mitarbeiterziele berücksichtigen und die Partizipation fördern. **Da mag doch die Idee aufkommen, daß die Gruppe der Mitarbeiterinnen und Mitarbeiter entscheidend für die Personalführung ist.**

7.1. Gruppen

Gruppe

In der Tat ist Personalführung ja nicht denkbar, wenn nicht mindestens eine Führungskraft und eine Mitarbeiterin respektive ein Mitarbeiter vorhanden sind. Personalführung ist also ein Gruppenprozeß.

- Denn unter einer Gruppe versteht man **zwei oder mehr Personen,** die in einer bestimmten Zeitspanne häufig miteinander Umgang haben, **die** also **unmittelbar miteinander in Verbindung treten können.**

- Ein zufälliges Zusammentreffen flüchtiger Bekannter formt aber noch keine Gruppe. Weitere Voraussetzungen für die Existenz einer Gruppe sind nämlich **gemeinsame Normen und Werte.** Damit meint man die formellen, geschriebenen und informellen, ungeschriebenen Regeln, die Gruppen sich selbst geben und die ihnen vorgegeben werden. Eine formelle Norm wäre etwa ein betriebliches Alkoholverbot, eine informelle, daß man sich innerhalb einer Abteilung einen Geburtstags-Schnaps genehmigt, wenn keine Führungskraft zugegen ist.

- Eine Gruppe muß sich selbst als Gruppe definieren. Notwendig ist also ein **Gruppenbewußtsein.** Wenn man zusammen im Aufzug fährt, ist das sicher nicht so. Wenn der Aufzug aber steckenbleibt und sich alle umschauen und realisieren, wer das Schicksal mit ihnen teilt, entsteht ein Gruppenbewußtsein.

- Jede Gruppe muß ein **Ziel** haben. Ohne ein Ziel kann keine Gruppe existieren. Das Ziel muß nicht unbedingt konkret sein. Ein Freundeskreis kann beispielsweise das Ziel haben, etwas gemeinsam zu unternehmen.

- Schließlich bedarf eine Gruppe für ihre Existenz einer **Rollendifferenzierung.** Die Gruppenmitglieder müssen unterschiedliche Rollen bei ihren Bemühungen ausüben, das Ziel zu erreichen. Diese Rollen werden ihnen einerseits durch das Unternehmen zugeteilt, etwa die des Vorgesetzten oder die der Mitarbeiterin beziehungsweise des Mitarbeiters. Andererseits entwickeln sich diese Rollen je nach Aufgabe, Situation, Kenntnissen, Fähigkeiten und Verhaltensweisen der Gruppenmitglieder.

- Unter einer **Rolle** wird die Summe der Erwartungen an den Inhaber einer bestimmten Position verstanden.
- **Position** ist ein Ort in einem Gefüge sozialer Beziehungen. Sie ließe sich in einem Unternehmen anhand des Stellenbesetzungsplans ermitteln.
- **Erwartungen** sind die Rechte und Pflichten, die der Inhaber einer sozialen Position, beispielsweise die Führungskraft, im Verhältnis zu anderen Personen hat, etwa im Verhältnis zu ihren Mitarbeiterinnen und Mitarbeitern.
- Die Mitarbeiterinnen und Mitarbeiter üben auf ihre Vorgesetzten Druck aus, die besagten Erwartungen zu erfüllen. Diesen Druck bezeichnet man als **Sanktion**.
- Können oder wollen die Führungskräfte die Erwartungen nicht erfüllen, entstehen **Konflikte**.

Als **Arbeitsgruppen oder formelle Gruppen** bezeichnet man solche, die in Organisationen wie Unternehmen aufgrund der Arbeitsteilung dauerhaft oder zeitlich begrenzt gebildet werden. Ihre Mitgliedschaft, ihre Normen, ihre Ziele und die Rollendifferenzierung werden nicht von der Gruppe selbst festgelegt. Vielmehr sind dafür Organe außerhalb der Gruppe zuständig, etwa die Unternehmensleitung oder eine Organisationsabteilung. In Unternehmen bestehen solche formellen Gruppen aus einer Führungskraft sowie einer begrenzten Anzahl von Mitarbeiterinnen und Mitarbeitern.

So wie es eine formelle und eine informelle Kommunikation gibt, gibt es formelle und **informelle Gruppen**. Die Mitglieder von Arbeitsgruppen halten sich nämlich nicht nur an die formellen Vorgaben. Sie entwickeln darüber hinaus Gefühle der Zu- und Abneigung füreinander. Es kommt zu gegenseitigen Hilfeleistungen, Arbeitsaustausch, Streitigkeiten und Unterhaltungen. Innerhalb der Arbeitsgruppe und darüber hinaus bilden sich Cliquen.

Formelle + informelle Gruppen

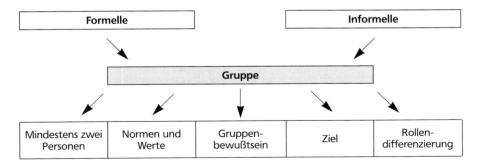

Abb. 6.13. Formelle und informelle Gruppe

Hawthorne Experimente	Die Existenz und Funktion von informellen Gruppen zeigte sich in den Studien, die Mayo und Roethlisberger bereits in den Jahren 1927 bis 1932 vornahmen, den sogenannten **Hawthorne-Experimenten.** Hier entdeckte man, daß die Produktivität von Mitarbeiterinnen und Mitarbeitern innerhalb einer Arbeitsgruppe relativ unabhängig von Art und Ausmaß der Veränderungen der Arbeitsbedingungen ist. Man erklärte sich den Produktivitätszuwachs in einem Teil der Studien als Folge der Aufmerksamkeit, die den Betroffenen im Rahmen der Experimente ungewollt, also informell, zuteil wurde. Die konstante Leistung in anderen Versuchsanordnungen erklärte man sich durch informelle Normen. Die Mitglieder der Arbeitsgruppen waren sich einig, daß jede und jeder nur eine gewisse Leistung bringen sollte, weder mehr, was zu höheren Leistungsstandards führen könnte, noch weniger, was zu Lasten der anderen ginge.
Kohäsion	Was man hier vorfand, waren sogenannte hochkohäsive Gruppen. Sie sind nämlich unter anderem dadurch gekennzeichnet, daß zwischen der Produktivität der einzelnen Mitglieder nur eine geringe Variabilität besteht. **Kohäsion** ist ein Maß für die Beliebtheit, den Zusammenhalt und den inneren Bestand der Gruppe. Sie ist nicht nur von den Arbeitsbedingungen abhängig, sondern auch von Übereinstimmungen in der Biographie der Mitglieder, in ihrer Lebensgeschichte, etwa vom Alter, der Ausbildung und der Dauer der Betriebszugehörigkeit. Hinzu tritt ein Gleichklang der persönlichen Normen und Werte.
Human Relations Modell	Die Ergebnisse der Hawthorne-Experimente ließen das **Human Relations Modell** entstehen. Man folgerte aus Experimenten, daß der Mensch sowohl im Unternehmen als auch im Privatleben nicht nur als isoliertes Individuum denkt, fühlt und handelt, sondern als Mitglied von formellen und informellen Gruppen. Es seien deshalb nicht die persönlichen Leistungsgrenzen und finanzielle Anreize, die zu guten Leistungen führen. **Das Arbeitsverhalten werde vorrangig durch Normen der jeweiligen Gruppen und durch ihre Zufriedenheit positiv beeinflußt.** Zufriedenheit stelle sich vor allem dann ein, wenn die Mitarbeiterinnen und Mitarbeiter die Zuwendung ihrer Vorgesetzten erfahren. Schließlich erachtete man die formellen, insbesondere aber die informellen sozialen Kontakte der Gruppenmitglieder als eine wesentliche positive Einflußgröße für das Arbeitsverhalten. Die Gruppe gewähre ihren Mitgliedern Schutz und Geborgenheit.

> Das Human Relations Modell stützt demnach die Annahme, daß die Gruppe entscheidend für die Personalführung ist. Allerdings übersehen die Anhänger dieses Modells die Tatsache, daß informelle Gruppen zuweilen genau das Gegenteil von dem tun, was dem Unternehmen und dem Kollegenkreis nutzt. Manchmal werden Kolleginnen und Kollegen oder andere Abteilungen dabei behindert, die gesetzten Ziele zu erreichen. Wenn einzelne dabei zermürbt werden, nennt man das Mobbing. Überhaupt gewähren Gruppen keinesfalls immer Schutz und Geborgenheit. Das muß man selbst im Hinblick auf die neueren Formen der Arbeitsstrukturierung feststellen, die im Kapitel Personaleinsatz vorgestellt werden. In teilautonomen Arbeitsgruppen, in der Lernstatt und dem Qualitätszirkel, in Task Force Groups und Projektgruppen entscheidet die Gruppe selbst, wer wann welche Aufgabe mit welcher Arbeitsgeschwindigkeit ausführt. Das demokratische Prinzip in der Gruppe führt dabei zwangsläufig dazu, daß Minderheiten überstimmt und einzelne durch die Mehrheit der Gruppe bevormundet werden. Diese Fremdbestimmung durch die Gruppe kann schwerer erträglich sein als die durch Vorgesetz-

te. Und der unterstellte Automatismus, hohe Zufriedenheit führe zu hoher Leistung, erwies sich in diversen Untersuchungen als falsch. Zuweilen führt gerade eine hohe Unzufriedenheit zu hoher Leistung. Das kann aber nicht bedeuten, Führungskräfte sollten ihre Mitarbeiterinnen und Mitarbeiter unzufrieden halten. Sie lägen damit öfter daneben, als wenn sie ausschließlich auf hohe Zufriedenheit setzten. Trotzdem bleibt es dabei, daß man Personalführung nicht alleine dadurch erfolgreich gestalten kann, daß man die Zufriedenheit von Arbeitsgruppen sicherstellt. Da muß es wohl noch andere Faktoren geben.

7.2. Situationen

Genau an diesem Punkt setzen die **Situationstheorien der Führung** an. Sie besagen, **daß eine Führungskraft je nach Situation ein anderes Führungsverhalten zeigt und daß dieses Führungsverhalten wiederum je nach Situation einen mehr oder weniger überzeugenden Führungserfolg oder gar einen Mißerfolg nach sich zieht.** Die Besonderheiten der jeweiligen Situation sollen also Aufschluß darüber geben, welchen Anforderungen eine Führungskraft genügen muß.

Situationstheorien

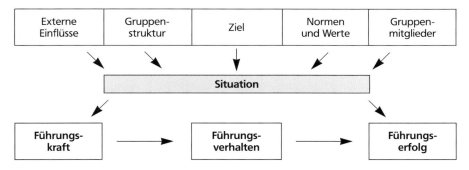

Abb. 6.14. Situationstheorie der Führung

Ausschlaggebend wäre demnach die **Situation**, die **durch fünf Faktoren beschrieben** wird.
- Die Situation werde zunächst durch **externe Einflüsse** geprägt. Dabei handelt es sich um die Gegebenheiten, die durch die Einbindung einer Gruppe in ihr Umfeld entstehen, etwa das Unternehmen. Damit verdeutlicht man, daß Gruppen in der Regel als Arbeitsgruppen oder formelle Gruppen durch die Unternehmensleitung oder eine Organisationsabteilung ins Leben gerufen werden. In derselben Weise wird regelmäßig auch die Führungskraft bestimmt.
- Ebenso gewichtig soll die **Gruppenstruktur** sein. Damit weist man erstens darauf hin, daß Gruppen in unterschiedlichem Maße über eine Kohäsion verfügen. Zweitens will man unterstreichen, daß Gruppen nicht nur als formelle Gruppen existieren, sondern auch als informelle. Sicherlich fordert die Situation in einer hochkohä-

siven informellen Gruppe von einem Vorgesetzten andere Verhaltensweisen ab als die Situation in einer Gruppe, die nur formell besteht und über geringe Kohäsion verfügt.

- Nach situationstheoretischem Verständnis werden Situationen in zweifacher Hinsicht vom **Ziel** gekennzeichnet. Hier folgt man nicht nur der Einsicht, daß ein Ziel für Gruppen existenznotwendig ist. Man ist ferner der Ansicht, eine Führungskraft müsse bei ihren Mitarbeiterinnen und Mitarbeitern den Eindruck erwecken, dieses Ziel sei erreichbar.
- Als richtungweisend erachtet man ferner die **Normen und Werte** einer Gruppe. Führungskräfte sollten nämlich die formellen und informellen Normen und Werte einhalten und vorleben, mehr noch als ihre Mitarbeiterinnen und Mitarbeiter.
- Schließlich werde die Situation durch die **Gruppenmitglieder** geprägt, vor allem durch die Kenntnisse, Fähigkeiten und Verhaltensweisen der Mitarbeiterinnen und Mitarbeiter. Entscheidend sei daneben, ob die Führungskraft über jene Kenntnisse, Fähigkeiten und Verhaltensweisen verfügt, die die Mitarbeiterinnen und Mitarbeiter von ihr erwarten. Hier geht es keinesfalls darum, ob derartige Kenntnisse, Fähigkeiten und Verhaltensweisen objektiv vorhanden sind, sondern allein darum, wie die Mitarbeiterinnen und Mitarbeiter die Führungskraft subjektiv einschätzen.

Die so umschriebene Situation fordere ein bestimmtes Führungsverhalten, das wiederum in Abhängigkeit von der Situation zum erwünschten Erfolg führen kann. **Letztlich bestimme die Situation, im Kern also die Gruppe, die Führungskraft.** Ein bestimmtes, permanent gültiges Führungsverhalten könne es demnach gar nicht geben. So könne zum Beispiel in einer Notlage der Wunsch nach autoritärer Führung entstehen. Dieser Wunsch werde aber wieder erlöschen, wenn die Notlage bereinigt ist.

In dieser Form kann der situationstheoretische Ansatz jedoch keine genaueren Aufschlüsse über die Abhängigkeit der Personalführung von der Gruppe liefern, außer der, daß es eine derartige Abhängigkeit gibt. Die aufgeführten Situationsvariablen sind kaum mehr als eine Aufzählung der Definitionsmerkmale der Gruppe. Die Aussage, daß sowohl das Führungsverhalten als auch der Führungserfolg durch die Situation, und die wiederum maßgeblich durch die Gruppe geprägt werden, ist nahezu eine Binsenweisheit.

7.3. Rollen

Rollentheorie
Divergenzansatz

Präziser wird ein spezieller situationstheoretischer Ansatz, die **Rollentheorie der Führung.** In ihrer traditionellen Fassung, als **Divergenzansatz,** kommt die Rollentheorie der Führung zu dem Ergebnis, daß Gruppen einer Führung bedürfen, die sich in zwei unterschiedlichen Rollen konkretisiert. Diese Rollen würden in der Regel auch durch zwei Personen wahrgenommen.

Lokomotion

- **Aufgabenorientierte Führungskräfte,** die Tüchtigen, verschreiben sich der sogenannten **Lokomotionsfunktion.** Damit ist die aufgabenbezogene Komponente der Personalführung gemeint. Aufgabenorientierte Führungskräfte widmen sich der Lösung der jeweiligen Aufgabe, der Annäherung an das gegebene Gruppenziel oder der Bewältigung einer äußeren Situation. Sie sind dafür formell als Vorgesetzte durch das Unternehmen autorisiert. Deshalb spricht man in diesem Zusammenhang auch von formeller Führung.

– Daneben findet man eine **informelle Führung**. Beschäftigte, die in keiner Weise vom Unternehmen autorisiert sind, arbeiten nicht an den Sachaufgaben, sondern daran, die **Kohäsion** der Gruppe zu gewährleisten. Man bezeichnet sie als **sozioemotionale Führungskräfte** oder einfach als die Beliebten. Sie werden in einem informellen Prozeß, das heißt nicht durch eine Wahl oder ähnliches, von ihrer Arbeitsgruppe für diese Aufgabe ausersehen. Die besten Aussichten auf eine solche Position haben jene Gruppenmitglieder, die die Anliegen der Gruppe erfassen und zugleich deutlich machen, daß sie diese Anliegen erfüllen werden.

Kohäsion

Dem Divergenzansatz zufolge ergänzen sich diese beiden Rollen zur Personalführung. Es erscheint allerdings zweifelhaft, ob die beiden Rollen denn tatsächlich in der Regel auf zwei Personen verteilt sind. Es lohnt nicht, diese Zweifel zu vertiefen, denn selbst nach dem Divergenzansatz kann zuweilen eine Person beide Rollen auf sich vereinen. Demnach haben formell autorisierte Führungskräfte die Chance, auch informell bestätigt zu werden.

Die **anderen rollentheoretischen Ansätze kennen keinerlei spezifische Führungsrollen**. Hier versteht man Lokomotion und Kohäsion als Funktionen, die **von allen Mitgliedern einer Gruppe wahrgenommen werden, und zwar zu unterschiedlichen Zeitpunkten mit unterschiedlichem Nachdruck**. Die Person, die gerade als Führungskraft fungiere, trage dafür Sorge, daß alle anderen erforderlichen Gruppenrollen wahrgenommen werden. Zudem vermittele sie zwischen einer Gruppe und ihrer Umwelt, also dem Unternehmen.

Andere rollentheoretische Ansätze

Diese Ansicht hat etwas Faszinierendes, denn sie erklärt das Führungsgeschehen zu einem nahezu demokratischen, hierarchiefreien Geschehen: Je nachdem, was gerade anliegt, wird mal die eine, mal der andere zur Führungskraft. Unternehmen gehen in der Praxis jedoch völlig andere Wege. Sie setzen auf feste Ansprechpartner, selbst in Projektgruppen, die quer durch alle Unternehmenshierarchien besetzt werden. Kein Vorstand will heute mit Frau Müller und morgen mit Frau Maier als Abteilungsleiterin des Vertriebs sprechen. Ehrlich gesagt, so geht es uns auch als Kunden eines Unternehmens. Ob das immer richtig ist, sei dahingestellt. Immerhin können in der Politik die Führungskräfte alle vier oder fünf Jahre wechseln. Aber auch in der Politik zeigt es sich, daß manche Menschen führen wollen und andere eben nicht. So oder so ist die Aussicht, heute Führungskraft zu sein und morgen vielleicht nicht mehr, nicht besonders beglückend.

7.4. Führungsverhalten und Führungsstile

Mit den rollentheoretischen Ansätzen haben die Situationstheorien aber noch nicht ihr Pulver verschossen. Der situationstheoretische **Verhaltensansatz** folgt dem Gedanken, Führung sei immer dann erfolgreich, wenn Führungskräfte sich der jeweiligen Situation anpaßten. Hier muß man recht feinsinnig zwischen Führungsverhalten und Führungsstil unterscheiden:

Verhaltensansatz

○ Unter **Führungsverhalten** wird das aktuelle Verhalten einer Führungskraft in einer konkreten Führungssituation verstanden. Wie alle Menschen verhalten sich Führungskräfte dauernd in irgendeiner Weise, mal so, wie sie es häufig tun, mal aber auch völlig untypisch, mal angemessen und mal unangemessen. Was sie im

Führungsverhalten

Führungsstil Privatleben tun, interessiert hier nicht, sondern nur das, was in Ausübung ihrer Führungsaufgabe geschieht.

○ Beobachtet man eine Führungskraft über einen längeren Zeitraum, wird man in ihrem Führungsverhalten gewisse Gemeinsamkeiten erkennen. Diese Gemeinsamkeiten machen ihren Führungsstil aus. Führungsstile sind demnach nicht von einer konkreten Situation abhängig. Ein **Führungsstil** ist ein Verhaltensmuster für Führungssituationen, das an einer einheitlichen Grundhaltung einer Führungskraft orientiert ist. In kurzen Worten ist der Führungsstil die Art und Weise, in der eine Führungskraft ihre Mitarbeiterinnen und Mitarbeiter führt. Nimmt man es ganz genau, so gibt es mindestens ebenso viele Führungsstile wie Führungskräfte, vielleicht sogar ein Vielfaches davon, wenn Führungskräfte in der Tat ihren Führungsstil je nach Situation ändern. Die Wissenschaft hat aus dieser Vielzahl Typologien entwickelt.

Eindimensionaler Verhaltensansatz

Eindimensional Der eindimensionale Verhaltensansatz typisiert Führungsstile ausschließlich nach einem Kriterium, dem Entscheidungsspielraum der Beteiligten. Für gewöhnlich bezeichnet man die Extremwerte als autoritären und kooperativen Führungsstil. Die Grauzone zwischen den beiden Extremwerten ist breit gefächert, wie in der vielfach zitierten Darstellung von Tannenbaum und Schmidt.

Autoritärer Führungsstil ◄――――►						Kooperativer Führungsstil
Führungskraft entscheidet und ordnet an	Führungskraft leistet Überzeugungsarbeit, bevor sie ihre Entscheidungen anordnet	Führungskraft entscheidet, gestattet jedoch Fragen, um Akzeptanz zu erreichen	Führungskraft informiert, die Mitarbeiter/innen können ihre Meinung äußern, bevor die Führungskraft ihre endgültige Entscheidung trifft	Die Gruppe entwickelt gemeinsam Vorschläge, die Führungskraft entscheidet sich für den von ihr favorisierten Vorschlag	Die Gruppe entscheidet, nachdem die Führungskraft zuvor das Problem aufgezeigt und die Grenzen des Entscheidungsspielraumes festgelegt hat	Die Gruppe entscheidet, die Führungskraft fungiert als Koordinator nach innen und außen
Entscheidungsspielraum der Führungskraft ◄――――►						Entscheidungsspielraum der Mitarbeiter/innen

Abb. 6.15. Eindimensionaler Verhaltensansatz der Führung

> Der autoritäre Führungsstil widerspricht allen Erkenntnissen, die bislang in diesem Kapitel vermerkt werden. Er zeichnet sich jedoch durch schnelle Entscheidungen aus, die in Notsituationen gefordert sind.

Autoritär Autoritäre Führungsstile gibt es in mehreren Spielarten, die durch die Führungskräfte gekennzeichnet sind, die sie anwenden. **Patriarchalische** Führungskräfte orientieren sich am Leitbild der Autorität und Güte des Vaters in der Familie. **Charismatische** Führungskräfte verlassen sich auf ihre Ausstrahlung, die sie, ganz im Sinne der klassischen Eigenschaftstheorie der Führung, als Gnadengabe verstehen. **Autokratische** Führungskräfte sind Alleinherrscher, die mit einer enormen Machtfülle ausgestattet sind, von der sie rücksichtslos Gebrauch machen. **Bürokratische** Führungskräfte stützen sich auf ein umfassendes Regelwerk.

Für den kooperativen Führungsstil gilt das Gegenteil von dem, was für den autoritären gesagt wurde. Er läßt sich mit allen Erkenntnissen aus diesem Kapitel vereinbaren, eignet sich aber nicht für schnelle Entscheidungen in Notsituationen.

Kooperativ

Alle Darstellungen des eindimensionalen Verhaltensansatzes unterschlagen den wirklichen Extremwert für den Entscheidungsspielraum der Mitarbeiterinnen und Mitarbeiter, den Führungsstil, der **Laissez faire** genannt wird. Hier läßt man die Mitarbeiterinnen und Mitarbeiter tun, was sie für richtig halten. Sie müssen sich die benötigten Informationen selber besorgen, und sie üben eine Selbstkontrolle aus. Dieser Führungsstil wird in fast allen Veröffentlichungen negativ besprochen. Man argumentiert, die Mitarbeiterinnen und Mitarbeiter könnten die ihnen gewährten Freiheiten ausnutzen und zu schlechter Leistung, Unordnung, Disziplinlosigkeit und Verantwortungslosigkeit tendieren. In der Tat könnte das so sein.

Laissez faire

In der Praxis findet sich dieser Laissez-faire-Führungsstil indes dort, wo mit derartigen Mißständen nicht zu rechnen ist, wo im Gegenteil jeder andere Führungsstil wohl kaum zum Erfolg führen würde, etwa im kreativen und wissenschaftlichen Bereich.

Zweidimensionaler Verhaltensansatz

Der zweidimensionale Verhaltensansatz basiert auf den Ergebnissen der empirischen Forschungen von Halpin, Winer, Hemphill und Coons sowie Likert, Katz und Kahn. Die beiden Forschergruppen stellten die einseitige Orientierung der Führungsstiltypologien am Entscheidungsspielraum in Frage. Mit ihren Untersuchungen wiesen sie nach, daß **Führungsstile** sich eher und eindeutiger **anhand ihrer Ausprägung der Beziehungsorientierung,** Consideration, **und ihrer Ausprägung der Aufgabenorientierung,** Initiating Structure, **beschreiben lassen.** Sie unterstreichen damit, daß Personalführung aufgaben- und personenbezogen ist. Blake und Mouton haben diese beiden unabhängigen Dimensionen unter den Bezeichnungen „Betonung des Menschen" und „Betonung der Produktion" in jeweils neun Ausprägungsgrade unterteilt und damit das viel zitierte **Verhaltensgitter,** das Managerial Grid, geschaffen.

Zweidimensional

Verhaltensgitter

Hohe Betonung des Menschen	9	1.9	2.9	3.9	4.9	5.9	6.9	7.9	8.9	9.9
	8	1.8	2.8	3.8	4.8	5.8	6.8	7.8	8.8	9.8
	7	1.7	2.7	3.7	4.7	5.7	6.7	7.7	8.7	9.7
	6	1.6	2.6	3.6	4.6	5.6	6.6	7.6	8.6	9.6
↑	5	1.5	2.5	3.5	4.5	5.5	6.5	7.5	8.5	9.5
	4	1.4	2.4	3.4	4.4	5.4	6.4	7.4	8.4	9.4
	3	1.3	2.3	3.3	4.3	5.3	6.3	7.3	8.3	9.3
Niedrige Betonung des Menschen	2	1.2	2.2	3.2	4.2	5.2	6.2	7.2	8.2	9.2
	1	1.1	2.1	3.1	4.1	5.1	6.1	7.1	8.1	9.1
		1	2	3	4	5	6	7	8	9

Niedrige Betonung der Produktion ⟶ Hohe Betonung der Produktion

Abb. 6.16. Verhaltensgitter

Jeder dieser Führungsstile wird beschrieben, etwa wie folgt:
- 1.1 Geringstmögliche Einwirkung auf Arbeitsleistung und auf die Menschen.
- 1.9 Sorgfältige Beachtung der zwischenmenschlichen Beziehungen führt zu einer bequemen und freundlichen Atmosphäre und zu einem entsprechenden Arbeitstempo.
- 5.5 Ein gleichgewichtiges Verhältnis von Beziehungs- und Aufgabenorientierung.
- 9.1 Wirksame Arbeitsleistung wird erzielt, ohne daß viel Rücksicht auf zwischenmenschliche Beziehungen genommen wird.
- 9.9 Hohe Arbeitsleistung von begeisterten Mitarbeitern, Verfolgung des gemeinsamen Zieles führt zu gutem Verhalten. **Dieser Führungsstil wird weithin für erstrebenswert gehalten.**

Das Verdienst der Forschergruppen liegt in dem Nachweis, daß Personalführung aufgaben- und personenbezogen ist. Die Aussage, erstrebenswert sei ein hoher Aufgaben- und zugleich Personenbezug, ist zwar nicht gerade überraschend. Sie fordert Führungskräften aber im Einzelfall sicherlich mehr ab, als sie zu leisten imstande sind.

Mehrdimensionaler Verhaltensansatz

Mehrdimensional Mehrdimensionale Verhaltensansätze verwenden mehr als zwei Kriterien zur Beschreibung von Führungsstilen. Zur Vielzahl der verwendeten Kriterien zählen neben der Aufgaben- und Beziehungsorientierung unter anderem viele der in diesem Kapitel genannten Gestaltungsfelder, zum Beispiel die Partizipation, die Motivation oder die Kontrolle. Diese Ansätze werden schnell recht unübersichtlich und damit für die Praxis untauglich.

3D-Programm Einer der anschaulichen mehrdimensionalen Verhaltensansätze ist das **3D-Programm von Reddin.** Dieser Ansatz sei hier als Beispiel für verwandte Modelle, beispielsweise auch das von Hersey und Blanchard, kurz skizziert. Reddin unterscheidet drei Dimensionen: die Aufgabenorientierung, die Beziehungsorientierung und die Effektivität. Seiner Ansicht nach gibt es vier Grundstile, die durch den Grad ihrer Aufgabenorientierung (AO) und Beziehungsorientierung (BO) gekennzeichnet sind, nämlich den Verfahrens-, Beziehungs-, Aufgaben- und Integrationsstil. Alle vier können effektiv sein, und zwar in Abhängigkeit von der spezifischen Situation, in der sie angewandt werden.

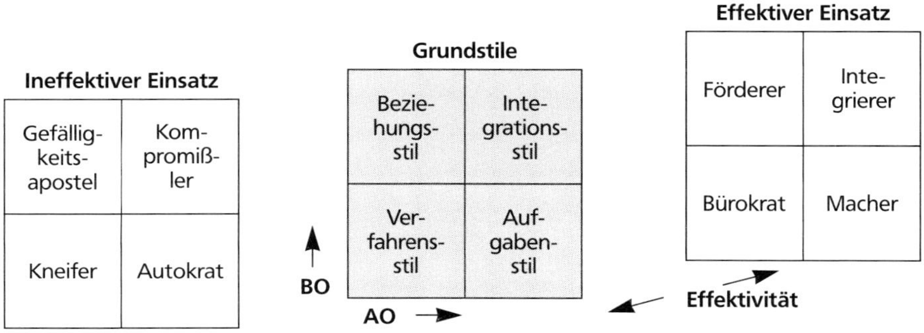

Ineffektiver Einsatz		Grundstile		Effektiver Einsatz	
Gefälligkeitsapostel	Kompromißler	Beziehungsstil	Integrationsstil	Förderer	Integrierer
Kneifer	Autokrat	Verfahrensstil	Aufgabenstil	Bürokrat	Macher

BO ↑   AO →   ← Effektivität

Abb. 6.17. 3D-Programm

Reddin propagiert den der Situation angemessenen, im Ergebnis effektiven Führungsstil. Situative Einflüsse gehen laut Reddin von der Organisationsphilosophie, der Arbeitsweise, den Vorgesetzten, dem Kollegenkreis, Mitarbeiterinnen und Mitarbeitern aus. Damit **wiederholt er lediglich die grundlegende Aussage der Situationstheorie,** daß die Situation entscheidend sei, genauer die externen Einflüsse, die Gruppenstruktur, das Ziel, Normen und Werte sowie die Gruppenmitglieder.

> Gemeinsam ist allen Verhaltensansätzen die Annahme, Führungskräfte könnten ihren Führungsstil ändern, sei es nun radikal und ein für allemal vom autoritären zum kooperativen, oder temporär, wie von Reddin gefordert. Das muß jedoch in Zweifel gezogen werden. Wenn die Mitarbeiterinnen und Mitarbeiter die Situation mit formen, wenn sie, wie von den rollentheoretischen Ansätzen behauptet, den Führungskräften eine Verhaltensweise auferlegen, dann kann sich eine Führungskraft nur so verhalten, wie sie es nun einmal tut. Eine willkürliche Änderung des Führungsstils wäre nicht möglich. Der Ansatzpunkt müßte dann wohl eher in der Situation gesucht werden. Da erscheint es schon einsichtiger, daß Führungskräfte aus den unterschiedlichsten Anlässen ihre Grundeinstellung zur Führung in Gruppen überdenken und revidieren. Schon alleine damit ändern sie die Führungssituation, die ihnen in der Folge ein anderes Verhalten abfordert. Damit ist der Führungsstil dann aber nicht das Instrument, sondern die Folge einer Veränderung.

Willkürliche Änderung?

8. Konflikte und Ängste

> Trotzdem bleibt es dabei, daß Personalführung ein Gruppenprozeß ist, den die Situationstheorien im Ansatz beschreiben. Folglich müssen Führungskräfte auf die Gegebenheiten reagieren, die sich in der jeweiligen Gruppe einstellen. Dazu zählen in erster Linie Konflikte.

8.1. Konflikte

Wenn Menschen sich in Gruppen zusammenfinden, **wird es unvermeidlich zu Konflikten kommen.**

Konfliktursachen

- Jeder Mensch hat individuelle und höchstpersönliche **Interessen und Werte,** die sich zuweilen mit denen anderer Menschen decken, aber oft grundverschieden sind.
- Alle Beschäftigten bringen ihre Interessen und Werte in ihre beruflichen Aufgaben ein. **Aufgrund knapper Ressourcen, strittiger Entscheidungen und anderer Gegebenheiten treten die gegensätzlichen Interessen und Werte zutage.** Die Gegensätze spitzen sich zu Konflikten zu, die nicht immer offen ausgetragen werden.
- Konflikte lösen auch die **hierarchische Gliederung, Informationsvorsprünge und die Delegation von Aufgaben, Kompetenzen und Verantwortung** aus.
- Die **technische Entwicklung** kann **Unsicherheiten über die eigene Position** entstehen lassen, die ebenfalls in Konflikte münden.
- Schließlich sind die **unmittelbaren Arbeitsbedingungen** und der **drohende Verlust des Arbeitsplatzes** mögliche Konfliktursachen.

Davon abgesehen belegen viele wissenschaftliche Untersuchungen, daß Konflikte in der Natur des Menschen liegen, und daß **es ein konfliktfreies Zusammenleben nicht geben kann. Deshalb macht man Führungskräften für gewöhnlich die Konfliktanalyse und -regulierung zur Aufgabe.** Sie sollen Konflikte ergründen und erträglich gestalten, sie nach Möglichkeit sogar produktiv nutzbar machen.

Latente Konflikte

Der **Analyse sind dort Grenzen gesetzt, wo Konflikte** nicht offenbar werden, wo sie **nur latent vorhanden sind** und trotzdem die Zusammenarbeit erschweren. Hier ist man darauf angewiesen, daß sie sich in äußeren Umständen oder im Verhalten bemerkbar machen.

Konflikte mehrerer Personen

Viele Konflikte ergeben sich aus dem Zusammenwirken mehrerer Personen.
○ Für die Personalführung von keinem direkten Interesse sind
  – Konflikte innerhalb eines Staates, die intranationalen Konflikte, und
  – Konflikte zwischen Staaten, die internationalen Konflikte.
○ Das gilt keineswegs für **Organisationskonflikte.**
  – Intraorganisationskonflikte sind Konflikte innerhalb eines Unternehmens,
  – Interorganisationskonflikte sind Konflikte zwischen Unternehmen.
○ **Gruppenkonflikte** treten in und zwischen Gruppen auf.
  – Sie entstehen innerhalb einer Gruppe, und zwar mit Kolleginnen und Kollegen sowie zwischen den Mitarbeiterinnen und Mitarbeitern auf der einen und Vorgesetzten auf der anderen Seite. In diesem Fall spricht man von Intragruppenkonflikten.
  – Konflikte zwischen ganzen Gruppen und Abteilungen nennt man Intergruppenkonflikte.
○ Konflikte, die eine Person mit einer anderen hat, werden interpersonelle oder interindividuelle Konflikte, zuweilen Interrollenkonflikte oder **Mehrpersonenkonflikte** genannt.

Bei Mehrpersonen-, Gruppen- und Organisationskonflikten **spielen die Betroffenen, die Art ihres Zusammenwirkens und die Rahmenbedingungen eine entscheidende Rolle.** Wie *Bisani (Personalwesen und Personalführung)* anschaulich darlegt, kann

Entstehungsbereich	Beeinflußter Bereich		
	Individuum	Soziales Zusammenwirken	Institutioneller Rahmen
Individuum	Persönliche Vorurteile, Rivalität, Feindschaft, Abneigung	Anpassungsprobleme, soziale Vorurteile, von der Norm abweichendes Verhalten	Anpassungsprobleme an vorgegebene Ordnungen und Werthaltungen
Soziales Zusammenwirken	Spannung zwischen Verhaltensanforderung und Rollenkonflikten	Spannungen zwischen verschiedenen Interessengruppen	Spannungen zwischen Einzel- und Gruppenzielen sowie Unternehmenszielen und Verhaltensnormen
Institutioneller Rahmen	Konflikte bei Normen und Werthaltungen, Betriebszwänge, Autoritätsprobleme	Kommunikationsprobleme, Koordinationsschwierigkeiten	Kompetenzstreitigkeiten

Abb. 6.18. Konflikte mehrerer Personen

jede dieser drei Einflußgrößen **sowohl der Entstehungsbereich eines Konfliktes als auch sein Wirkungsfeld sein.**

○ Das Wesen eines Konflikts liegt in gegensätzlichen Verhaltenstendenzen. Sie können nicht nur zwischen Menschen, sondern auch innerhalb einer Person entstehen. Derartige Konflikte bezeichnet man als **intrapersonelle** oder intraindividuelle **Konflikte,** zuweilen auch als Intrarollenkonflikte.

- **Intrapersonelle Verhaltenskonflikte** kommen dadurch zustande, daß zwischen den Erwartungen, die an einen Menschen gestellt werden, und seinen persönlichen Wertvorstellungen unvereinbare Widersprüche bestehen. Das wäre so, wenn ein überzeugter Pazifist als Schmied vor die Aufgabe gestellt wird, statt Pflügen nunmehr Schwerter herzustellen.
- **Intrapersonelle strukturelle Konflikte** brechen auf, wenn an einen Menschen mehrere Anforderungen gestellt werden, die sich gegenseitig ausschließen. Ein Beispiel wäre die Anweisung, auf Kundenwünsche einzugehen, aber alle Reklamationen abzuweisen.
- Wenn an einen Menschen mehrere Aufgaben herangetragen werden, die er, jede für sich, durchaus lösen kann, aber nicht alle auf einmal, entsteht ein **intrapersoneller Verteilungskonflikt.** Er muß sich fragen, welche Aufgabe er als erste, und welche er gar nicht lösen soll.
- Ist jemand sich über seine Rolle und das Verhalten, das von ihm erwartet wird, nicht im klaren, weil die ihm zur Verfügung stehenden Informationen unvollständig sind, befindet er sich in einem **intrapersonellen Informationskonflikt.**

Intrapersonelle Konflikte

Intrapersonelle Verhaltenskonflikte kann die betroffene Person **theoretisch selbst lösen,** etwa durch Anpassung, Einstellungsänderung, den Wechsel der beruflichen Aufgabe oder Kündigung. **Andererseits kann die Führungskraft helfen,** zum Beispiel durch die Versetzung in eine andere Arbeitsgruppe. **Intrapersonelle strukturelle Konflikte wie auch intrapersonelle Verteilungs- und Informationskonflikte lassen sich mit den Gestaltungsmitteln in Grenzen halten, die in diesem Kapitel aufgeführt sind,** beispielsweise durch vermehrte rechtzeitige Information, Partizipation, Kooperation und Planung.

Handhabung + Regulierung dieser Konflikte

Für die **Art und Weise, in der die Beteiligten mit ihren Mehrpersonen-, Gruppen und Organisationskonflikten umgehen,** sind die erlebte Konfliktstärke und die Konfliktsituation entscheidend.

Handhabung von Konflikten mehrerer Personen

○ Die **erlebte Konfliktstärke** ist die Bedeutsamkeit, die die Beteiligten einem Konflikt beimessen. Sie ist sehr hoch, wenn sie ihre Vorstellungen für unverzichtbar halten und zugleich glauben, daß ihre Vorstellungen mit denen der Gegenspieler unvereinbar sind.

○ Die **Konfliktsituation** wird dadurch gekennzeichnet, welche Chancen die beteiligten Parteien für eine Beilegung des Konfliktes sehen. Sie halten es für möglich oder unmöglich, dem Konflikt aus dem Wege zu gehen, und sie halten einen Interessenausgleich für möglich oder unmöglich. Damit ergeben sich vier Alternativen, von denen man im allgemeinen eine für unbeachtlich erklärt. Die Konfliktforschung geht davon aus, daß man, falls man einem Konflikt aus dem Wege gehen kann, dieses auch dann tun werde, wenn ein Interessenausgleich möglich ist.

Die anderen drei Alternativen finden sich in der übersichtlichen Darstellung der **Formen von Mehrpersonen-, Gruppen- und Organisationskonflikten** von *Bisani (Personalwesen und Personalführung)*, der die erlebte Konfliktstärke in drei Klassen einteilt. So ergeben sich neun typische Konfliktkonstellationen.

Erlebte Konfliktstärke	Konfliktsituation		
	Konflikt nicht umgehbar, Interessenausgleich unmöglich	Konflikt umgehbar, Interessenausgleich unmöglich	Konflikt nicht umgehbar, Interessenausgleich möglich
Sehr hoch	Machtprobe mit dem Versuch, seine eigene Vorstellung gegen Widerstand durchzusetzen	Bei geringem Anspruchsniveau Rückzug (z. B. Kündigung und damit Konfliktvermeidung)	Kompromißlösung, evtl. Teilung des Streitwertes, Höhe der erlebten Konfliktstärke schlägt sich in Form und Zähigkeit der Verhandlungen nieder
Mittel	Entscheidung von Vorgesetzten, Urteil eines Dritten	Igelstellung, Isolation, der Kontakt zum Konfliktpartner wird reduziert	Höhe der erlebten Konfliktstärke schlägt sich in Form und Zähigkeit der Verhandlungen nieder
Sehr gering	Zufallsentscheidung, ggf. ad hoc Entscheidung eines gemeinsamen Vorgesetzten	Der Konflikt wird verdrängt und gedanklich nicht mehr wahrgenommen	Im Interesse einer weiteren Zusammenarbeit wird der Konflikt bewußt ausgeklammert

Abb. 6.19. Handhabung von Konflikten mehrerer Personen

Regulierung von Konflikten mehrerer Personen

Hier wird zwar verschiedentlich die Entscheidung von Vorgesetzten gesucht. Damit ist aber noch nichts darüber gesagt, wie die Führungskräfte entscheiden sollen und wie sie auch in Fällen, in denen ihre Entscheidung nicht gesucht wird, Mehrpersonen-, Gruppen- und Organisationskonflikte regulieren können.

- **Einige Konflikte kann man sicherlich auf sich beruhen lassen.** So ist es nicht die schlechteste Lösung, wenn die Beteiligten von sich aus einen Konflikt bewußt ausklammern. Zumeist führen jedoch Konflikte, die nicht gelöst werden, zu Abwehrmechanismen, die sowohl die Zufriedenheit als auch die Leistung, also die Erfolgskriterien der Personalführung, negativ beeinflussen.
- Vielen Mehrpersonen-, Gruppen- und Organisationskonflikten kann man, wie den intrapersonellen Konflikten, mit den Gestaltungsmitteln beikommen, die in diesem Kapitel aufgeführt sind, beispielsweise durch vermehrte rechtzeitige Information, Partizipation, Kooperation und Planung. Diese Maßnahmen bezeichnet man als **strukturelles Konfliktmanagement**.
- Beim **verhaltensorientierten Konfliktmanagement** versucht man, die Konflikte auf dem Verhandlungsweg zu lösen. Man übt Einfluß auf die Einsichtfähigkeit und das gegenseitige Nachgeben aus, und man bemüht sich, persönliche Spannungen und Feindseligkeiten abzubauen. Dabei müssen sich Führungskräfte aus den besagten Gründen davor hüten, zu manipulieren oder auf jene Formen der Macht und Autorität zu setzen, die wenig erfolgversprechend sind.

Massiver Einfluß der Mitarbeiter/innen?

Faßt man die bislang gesammelten Gestaltungsempfehlungen zusammen, **könnte der Eindruck entstehen, daß sich Führungskräfte,** nicht nur in Sachen Konfliktregulierung, **weitestgehend den Erwartungen seiner Mitarbeiterinnen und Mitarbeiter beugen müssen.** Um es überspitzt zu sagen: Führungskräfte wären demnach Spielbälle ihrer Mitarbeiterinnen und Mitarbeiter.

Und genau das steht **im krassen Gegensatz zu dem, was man in der Praxis erlebt und beobachtet.** Gerade Konflikte werden nicht nur von Führungskräften reguliert, sondern auch von ihnen hervorgerufen. Nun könnte man einwenden, daß diese Führungskräfte dann eben etwas falsch machen. Das mag im Einzelfall auch so sein, erklärt aber nicht die Tatsache, daß Führungskräfte keineswegs nur reagieren, sondern merklich und nachdrücklich agieren. **Man ist größtenteils sogar der Auffassung, Personalführung sei eine einseitige zielorientierte Beeinflussung in der Form, daß die Führungskräfte auf ihre Mitarbeiterinnen und Mitarbeiter einwirken.** Dieser durch die Eigenschaftstheorie vorbelastete Standpunkt ist sicherlich ebenso unzutreffend.

Massiver Einfluß der Führungskräfte?

8.2. Wechselseitige Beeinflussung

Praktikerinnen und Praktiker bestätigen aus ihrer Erfahrung, daß **auch umgekehrt die Mitarbeiterinnen und Mitarbeiter ihre Vorgesetzten beeinflussen,** wenn auch regelmäßig sicherlich nicht im gleichen Maße und mit den gleichen Mitteln. **Personalführung ist folglich ein wechselseitiger sozialer Prozeß.**

Wechselseitige Beeinflussung

Genau diese Wechselwirkungen betonen die **Interaktionstheorien der Führung.** Hier versteht man Personalführung als eine soziale Interaktion, als wechselseitig aufeinander bezogenes Handeln von Führungskräften, Mitarbeiterinnen und Mitarbeitern. Sobald diese Menschen aufeinandertreffen, wirken sich die Aktionen der einen auf die der anderen aus und umgekehrt. So einsichtig das ist, so schwierig wird es, diesen Ansatz zu konkretisieren. Im allgemeinen kennen die Interaktionstheorien der Führung folgende Faktoren, die grundsätzlich ähnlich definiert werden, wie die Variablen der Situationstheorien:

Interaktionstheorien

○ die **Situation der Gruppe,** vornehmlich die **externen Einflüsse,** das heißt die Gegebenheiten, die durch die Einbindung einer Gruppe in das Unternehmen entstehen, und die Frage, ob die Gruppe ein **Ziel** hat, das den Beteiligten erreichbar scheint,

○ die **Gruppenstruktur,** erkennbar an der Kohäsion und der Tatsache, daß die Gruppe auch als informelle Gruppe existiert, sowie den **Normen und Werten** der Gruppe,

○ die **Persönlichkeit jeder Mitarbeiterin und jedes Mitarbeiters,** also ihre Kenntnisse, Fertigkeiten und Verhaltensweisen, aber auch ihre Erwartungen hinsichtlich der externen Einflüsse, des Ziels, der Gruppenstruktur, der Normen und Werte und der Persönlichkeit der Führungskraft,

○ die **Persönlichkeit der Führungskraft,** das heißt ihre Kenntnisse, Fertigkeiten und Verhaltensweisen, sowie gleichfalls ihre Erwartungen hinsichtlich der externen Einflüsse, des Ziels, der Gruppenstruktur, der Normen und Werte und der Persönlichkeiten der Mitarbeiterinnen und Mitarbeiter.

Dabei sollen es die **Wechselwirkungen dieser vier Faktoren** sein, die Personalführung kennzeichnen.

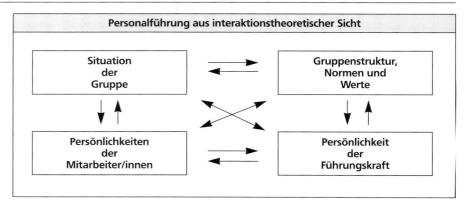

Abb. 6.20. Personalführung aus interaktionstheoretischer Sicht

Unüberschaubar

Das Schaubild wirkt auf den ersten Blick noch ganz übersichtlich. Das täuscht, denn hinter den vier Faktoren verbirgt sich eine schier unüberschaubare Anzahl von Details, die alle in einer Wechselwirkung zu allen anderen Details stehen. Ferner sind die besagten Erwartungen, wie im Rahmen der Situationstheorien, keineswegs objektive Urteile. Es handelt sich vielmehr um subjektive Einschätzungen der Faktoren. Diese Erwartungen und die Gegebenheiten selbst sind zudem keine statischen Größen. Sie unterliegen einem dynamischen Entwicklungsprozeß. Im Ergebnis ergibt sich so ein Geflecht von Abhängigkeiten und Beziehungen, das man nicht mehr in der praktischen Führungsarbeit umsetzen kann. Davon abgesehen wäre man auch damit überfordert, alle Details und ihre wechselseitigen Abhängigkeiten für eine konkrete Führungssituation zu ergründen.

Einige Forscherinnen und Forscher haben sich bemüht, das Geflecht **auf wenige Faktoren und Beziehungen zu reduzieren,** um sie so griffiger zu machen, beispielsweise Fiedler mit seinem Kontingenzmodell effektiver Führung, Vroom und Yetton mit ihrem Gestaltungsmodell sowie House und Evans mit ihrem Weg-Ziel-Ansatz. Diese Interaktionstheorien kann man infolgedessen zwar durchaus in der Praxis umsetzen. **Aber in keiner dieser Interaktionstheorien wird ein Nachweis darüber geführt, was die jeweilige Reduzierung rechtfertigt und nach welchen Kriterien reduziert wurde.** Ihre Aussagekraft ist deshalb begrenzt.

Aber immerhin belegen alle Interaktionstheorien, mehr oder weniger abstrakt und mehr oder weniger umfassend, daß Personalführung eine wechselseitige Beeinflussung ist und kein Vorgang, bei dem man andere Personen auf eine Schiene setzt, die man zuvor verlegt hat.

8.3. Ängste

Angst

Vielmehr sind Führungskräfte und ihre Mitarbeiterinnen und Mitarbeiter aufeinander angewiesen. Sie begeben sich gemeinsam auf unbekanntes Terrain **und bekommen es dabei zuweilen mit der Angst zu tun.** Angst ist eine Emotion, ein **subjektives, häufig unbewußtes Gefühl der Bedrohung, das eine Situation signalisiert, die der einzelne als gefährlich einstuft.** Führungskräfte, Mitarbeiterinnen und Mitarbeiter sind dagegen häufig der Ansicht, Angst sei etwas Krankhaftes. Hier handelt es sich um ein grundlegendes Mißverständnis. Eine seelische Erkrankung ist nur die sogenannte Angstneurose. Sie hat nur wenig mit der Angst gemeinsam, die jedem Menschen tagtäglich begegnet. Da das den wenigsten bewußt ist, meidet man das Wort Angst. Trotzdem ist meist Angst gemeint, wenn Streß, Spannung, Anspannung, Belastung, Anstrengung, Schrecken und Furcht gesagt wird.

Wahrscheinlich aus Gründen des besagten Mißverständnisses **stellen sich in Theorie und Praxis nur wenige dem Umstand, daß Personalführung und Angst nicht wesensfremd sind.**

- Für das Gros jener, die sich ausdrücklich oder beiläufig mit Führung beschäftigen, ist Angst überhaupt kein Thema. Selbst die Wirtschaftspsycholgie geht auf Ängste kaum ein.
- Einige wenige nehmen Ängste im Führungsprozeß zur Kenntnis, aber nur die Ängste der Mitarbeiter. Sie werden als ein Effektivitätshindernis angegangen.
- Wieder andere erkennen auch die Ängste der Führungskräfte, begreifen sie aber gleichfalls nur als Effektivitätshindernis.
- Vereinzelt trifft man auf die Ansicht, es gebe zwar auf beiden Seiten Ängste. Das sei aber nicht in jedem Fall schädlich. Wenn Führungskräfte und ihre Mitarbeiterinnen beziehungsweise Mitarbeiter gleich ängstlich seien, könnten sie gut zusammenarbeiten.

Ängste sind jedoch keine Phänomene am Rande. Ängste sind auch nicht nur eine Angelegenheit der jeweils anderen, sondern **seltsam vertraute, doch äußerst unliebsame Erscheinungen auch im Führungsprozeß**. Ebenso wie alle anderen Faktoren im Führungsgeschehen sind sie **zugleich Folgen und Ursachen der wechselseitigen Beeinflussung**. Die Ängste der Führungskräfte und die der Mitarbeiterinnen beziehungsweise Mitarbeiter unterscheiden sich folglich nicht prinzipiell, obwohl die Führungskräfte in einer konkreten Situation ohne Zweifel andere Ängste haben werden als ihre Mitarbeiterinnen und Mitarbeiter.

○ Zu den Ängsten, die mal die Führungskräfte, mal die Mitarbeiterinnen und Mitarbeiter befallen, zählen **Versagensängste,** genauer | Versagensängste
  - die Angst vor Kontrollen durch andere,
  - die Angst, die Kontrolle zu verlieren oder der Verantwortung nicht gerecht zu werden und
  - Ängste im Umgang mit dem jeweils anderen Geschlecht,
  - die Angst angesichts der Ungewißheit, ob man die verlangte Leistung erbringen kann,
  - und wenn man es kann, die Angst gerade dadurch in eine Isolation im Berufs- wie im Privatleben zu geraten.

○ Ebenso bedeutsam sind die **Existenzängste.** | Existenzängste
  - Ruhestand, Schließung, Konkurs und Kündigung, dies sind beängstigende Fragen des beruflichen Überlebens.
  - Alle Beschäftigten stehen vor dem Problem, sich im täglichen Geschäft zu behaupten. Sie haben bisweilen Angst, die Arbeit bringe sie um.

Diese Ängste werden in aller Regel nicht aufgearbeitet sondern **abgewehrt.** | Angstabwehr

- Dabei bedient man sich des **Angsttransfers.** Man gaukelt sich vor, man selbst sei nicht betroffen, sondern die anderen. So sieht man sich von Fall zu Fall von ängst-

lichen Kolleginnen und Kollegen, Vorgesetzten oder Mitarbeiterinnen und Mitarbeitern umgeben.
- Vor allem Führungskräfte neigen dazu, sich ihre Ängste als **wirkungsvollen Anreiz** dienstbar zu machen. Sie bieten allen Widrigkeiten die Stirn und setzen ihre eigenen Vorstellungen geradlinig, entscheidungskräftig und rücksichtslos durch.
- Gelegentlich **paßt man sich an,** denn wer sich anpaßt, der ist von Feinden oder denen, die er für Feinde hält, nur schwer auszumachen. Solidarität, Zusammengehörigkeitsgefühl und Kameradschaftsgeist können eine Strategie gegen Führungsängste sein.

Neuerliche Ängste

Damit hat es noch nicht sein Bewenden. **Die genannten Strategien der Angstabwehr wecken ihrerseits Ängste,** etwa die Angst vor einem Identitätsverlust, die jeden befallen kann, der sich anpaßt. Sich anzupassen ist ein Balanceakt zwischen Abgrenzung und Konformität, Nähe und Distanz, bei dem man aus dem Gleichgewicht geraten kann.

Teufelskreis

Im Ergebnis entsteht, beileibe nicht immer, aber zuweilen und dann ebenso verschwiegen wie unbemerkt, ein Teufelskreis von Ängsten, Angstabwehr und neuerlichen Ängsten, der die Personalführung überlagert. **Die Arbeit innerhalb von Abteilungs- und Führungszirkeln, Arbeitskreisen und vielerlei ähnlichen Gruppen wird dann von den irrationalen Gefühlen ihrer Mitglieder beeinflußt.** Dadurch tritt die Bewältigung der anstehenden Aufgaben in den Hintergrund. Die Gruppen und ihre Mitglieder werden ineffektiv, sie verzeichnen Stagnation oder gar Rückschritt, weil sie ihre eigenen inneren Probleme auf andere lenken.

Arbeit an und mit Emotionen

Solche Verstrickungen kann man nicht vermeiden. Man kann allerdings ein Verständnis für ihre Existenz schaffen. Das geschieht häufig im Rahmen von Organisationsentwicklungsprojekten, die im Kapitel Personal- und Organisationsentwicklung dieses Buchs zur Sprache kommen. Ist das Verständnis vorhanden, kann man gelegentlich innehalten, wenn man den Verdacht hat, daß Ängste und Angstabwehr im Spiel sind. In diesem Fall ist die Arbeit an und mit Emotionen wie Führungsängsten zunächst vorrangig. Man muß ergründen, wie man miteinander umgeht und was der Grund dafür ist. Erst nach der Aufarbeitung der emotionalen Verstrickungen kann die Arbeit an den anstehenden Aufgaben wieder aufgenommen werden, dann aber ohne verfälschende Abwehrbemühungen und sicherlich viel effektiver als zuvor.

8.4. Unbewußte Prozesse

Psychoanalytische Führungstheorien

Wenn man Ängste als Bestandteil des Führungsgeschehens versteht, kommt man zwangsläufig auf psychoanalytische Ansätze zur Erklärung und Gestaltung der Personalführung, auf die sogenannten **psychoanalytischen Führungstheorien.** Sie schaffen ein Verständnis für jene subtilen Führungsprozesse, die mit rein sachlogischen Verhaltenserklärungen nur unzureichend erfaßt werden können.

Psychoanalyse

Psychoanalytische Theorien basieren auf Untersuchungsmethoden, die **das gesprochene Wort, Handlungen, Träume und Phantasien hinsichtlich ihrer unbewußten Bedeutung interpretieren.** Dabei setzt man darauf, daß die **symbolische und emotionale Bedeutung von Prozessen, die in der Gegenwart ablaufen, vor dem Hintergrund der individuellen Entwicklungsgeschichte** verständlich werden.

Aus psychoanalytischer Sicht wird das **Verhalten von Führungskräften, Mitarbeiterinnen und Mitarbeitern nicht nur durch rationale Ziele bestimmt, sondern auch durch unbewußte Phantasien, Ängste und Erwartungen.** Deshalb sind ihnen die **Gründe für ihr eigenes Verhalten nicht immer in vollem Umfang bewußt.** Zentrale Prozesse für Führungsbeziehungen sind aus psychoanalytischer Sicht die Identifikation, die Identifikation mit dem Aggressor, die Übertragung und Gruppenprozesse.

○ **Identifikation** ist ein psychologischer Vorgang, durch den sich ein Mensch einen Aspekt eines anderen einverleibt und sich vollständig oder teilweise nach dem Vorbild des anderen umwandelt. In Unternehmen sind es oft Vorgesetzte, an denen sich Mitarbeiterinnen und Mitarbeiter orientieren und von denen sie im Sinne eines Vorbildes erwünschte Fähigkeiten und Verhaltensweisen übernehmen. Das erklärt die Identifikationsmacht von Vorgesetzten. Die Identifikation setzt eine emotionale wechselseitige Beziehung voraus. So entstehen manchmal Beziehungen wie die zwischen einem Elternteil und einem Kind, die einen patriarchalischen Führungsstil provozieren. Aus diesen Beziehungen können positive Entwicklungen erwachsen, aber auch Feindschaft, Rivalität und Aggression. — Identifikation

○ Eine **Identifikation mit dem Aggressor,** das bekannte Radfahrertum, kann sich einstellen, wenn Vorgesetzte ihre Mitarbeiterinnen und Mitarbeiter einseitig ihrem Willen unterwerfen. Statt mit dem Widerwillen und der Angst zu leben, die durch diese Aggression ausgelöst werden, heißen die Betroffenen das Verhalten der Vorgesetzten gut. Sie verwandeln sich damit unbewußt von der bedrohten in die bedrohende Person. — Identifikation mit dem Aggressor

○ Eine **Übertragung** ist dadurch gekennzeichnet, daß Wünsche, Hoffnungen und Ängste, die vergangenen Situationen entsprechen, in die Gegenwart, und zwar auf den Vorgesetzten oder andere Mitarbeiter bezogen werden. Eine Gruppe von Kolleginnen und Kolleginnen kann zum Beispiel auf eine Weise handeln und reagieren, die an Geschwisterrivalitäten erinnert. — Übertragung

○ Bion führt einen weiteren Gesichtspunkt ein. Er erachtet eine **Gruppe als ein eigenständiges Wesen, dessen Organe die einzelnen Mitglieder sind.** Folglich beobachtet und beschreibt er **unbewußte emotionale Bewegungen von Gruppen** im Verlauf der Auseinandersetzung mit der gestellten Aufgabe, mit anderen Gruppen und mit ihrem eigenen Entwicklungsprozeß. Dabei verhalten sich Gruppen so, als ob allen Mitgliedern eine von drei denkbaren Grundannahmen gemeinsam wäre: — Gruppenprozesse

– Bisweilen teilen die Gruppenmitglieder die Grundannahme der **Abhängigkeit.** Sie benehmen sich dann, als sei es Sinn und Zweck ihrer Zusammenkunft, durch eine Führungskraft gestützt zu werden.

– Wenn eine Gruppe in der Grundannahme der **Paarbildung** arbeitet, verhalten sich ihre Mitglieder, als bestände die Triebfeder ihrer Zusammenkunft darin, daß sich zwei Gruppenmitglieder zusammentun. Dabei teilt man die Erwartung, diese beiden könnten einen Geniestreich vollbringen.

– Wenn Gruppenmitglieder die Empfindung in die Tat umsetzen, sie müßten gemeinsam gegen etwas kämpfen oder vor etwas Reißaus nehmen, so teilen sie die Grundannahme, die Bion **Kampf/Flucht** nennt.

Diesen Prozessen schenkt man in Unternehmen im allgemeinen wenig Aufmerksamkeit. So kann es dazu kommen, daß **selbst die Organisationsstruktur und das Stellengefüge von den besagten Grundannahmen überlagert werden.**

C. Arbeitsaufgaben

1. Erklären Sie Unterschiede und Gemeinsamkeiten von Unternehmens- und Personalführung.
2. Was hat das Personalwesen mit der Personalführung zu schaffen?
3. Umreißen Sie zehn Gestaltungsfelder der Personalführung.
4. Erläutern Sie die klassische Eigenschaftstheorie der Führung.
5. Wie definiert man Macht und Autorität?
6. Was unterscheidet die Personalführung von der Manipulation?
7. Beschreiben und erläutern Sie das Management by Objectives.
8. Was unterscheidet Aufträge, Anweisungen und Befehle?
9. Welche Grundregeln sollte man bei Gesprächen und Besprechungen beachten?
10. Erläutern Sie Motivation als Abfolge von Anreiz, Motiv, Handlung, Ziel und Anpassung.
11. Warum findet die Motivationstheorie von Maslow großen Anklang und was macht sie aus?
12. Erläutern Sie die Zwei-Faktoren-Theorie und ihre Umsetzungsmöglichkeiten.
13. Was versteht man unter einer Gruppe?
14. Was ist die Lokomotionsfunktion, was die Kohäsionsfunktion?
15. Was unterscheidet das Führungsverhalten vom Führungsstil?
16. Wie kann man Mehrpersonen-, Gruppen- und Organisationskonflikte beschreiben?
17. Wie kann man diese Konflikte regulieren?
18. Was versteht man unter Interaktionen?
19. Welche Ängste entstehen im Zusammenhang mit der Personalführung?
20. Beschreiben Sie zwei aus psychoanalytischer Sicht zentrale Prozesse der Personalführung.

D. Weiterführende Literatur

Bisani, F., Personalwesen und Personalführung, 4. Auflage, Wiesbaden 1995.
Bleicher, K. und E. **Meyer,** Führung in der Unternehmung, Reinbek bei Hamburg, 1976.
Bröckermann, R., Führung und Angst, Frankfurt am Main/Bern/New York/Paris 1989.
Hentze, J. und P. **Brose,** Personalführungslehre, 2. Auflage, Bern/Stuttgart 1990.
Jung, H., Personalwirtschaft, München/Wien 1995.
Olfert, K. und P. **Steinbuch,** Personalwirtschaft, 6. Auflage, Ludwigshafen 1995.
Richter, M., Personalführung, 3. Auflage, Stuttgart 1993.
Sauermann, P., Betriebspsychologie, Stuttgart 1979.
Schmalen, H., Grundlagen und Probleme der Betriebswirtschaft, 10. Auflage, Köln 1996.

Schneider, H. (Herausgeber), Mensch und Arbeit, 9. Auflage, Köln 1992.

Sievers, B., Work, Death and Life Itself, Berlin/New York 1994.

Wunderer, R., Führung und Zusammenarbeit, Stuttgart 1993.

Wunderer, R. und W. **Grunwald,** Führungslehre, Band I: Grundlagen der Führung, Berlin/New York 1980.

Wunderer, R. und W. **Grunwald,** Führungslehre, Band II: Kooperative Führung, Berlin/New York 1980.

Zander, E., Führung in Klein- und Mittelbetrieben, 7. Auflage, Freiburg im Breisgau 1990.

7. Personalbetreuung

A. Leitfragen

1 Stellen Sie sich vor, daß Sie die Beschäftigung in einem Unternehmen aufnehmen. Am ersten Arbeitstag teilt man Ihnen mit, daß das Unternehmen großen Wert auf Personalbetreuung legt.
- Warum teilt man Ihnen das überhaupt mit?
- Welche negativen und welche positiven Vorstellungen weckt diese Mitteilung bei Ihnen?

2 Verweilen Sie noch einen Moment bei der mehr oder weniger glücklichen Vorstellung einer neuen Stelle, und nehmen Sie an, es sei Ihre Wunschposition in ihrem Wunschunternehmen. Vergegenwärtigen Sie sich Ihre derzeitigen Lebensumstände.
- Wobei und in welcher Form würden Sie Hilfe erwarten und annehmen?
- Welche Hilfsangebote würden Sie ablehnen?

B. Sachanalyse

1. Sozialklimbim?

Personalbetreuung ist eine **unmittelbar auf die Beschäftigten bezogene Aufgabe der Personalverantworlichen,** also sowohl der Mitarbeiterinnen und Mitarbeiter der Personalabteilungen als auch, im Einzelfall, der Vorgesetzten.

Personalbetreuung		
Rund um das Arbeitsverhältnis	**Gesundheitswesen**	**Vergünstigungen**
Bescheinigungen Beschwerden Beratung und Information Statussymbole und Titel	Verpflegung Arbeitshygiene Betriebsarzt und Sozialstation Unfallschutz und Arbeitssicherheit Suchtbekämpfung Freizeit und Erholung Betriebssport Betriebskrankenkasse	Betriebsfeste Belegschaftsverkauf und Deputate Beihilfen Wohnungswesen Darlehen Interessengemeinschaften Betriebskindergarten Ausleihe

Aufgaben

Abb. 7.1. Aufgaben der Personalbetreuung

Jene Personalverantwortlichen erbringen oder organisieren im Rahmen der Personalbetreuung **Leistungen, die über das vereinbarte Entgelt hinaus gewährt werden.** Diese Leistungen der Personalbetreuung werden, nicht mehr ganz zeitgemäß, auch als Sozial- oder Wohlfahrtsleistungen bezeichnet.

Die **Leistungen der Personalbetreuung sollte man nicht mit den zusätzlichen Vergütungen verwechseln.** Lohn- und Gehaltszuschläge, Sonderzahlungen, Prämien, Pensumentgelte und Provisionen, Zulagen und Erfolgsbeteiligungen sind ja gerade vereinbarte Entgelte und deshalb keine Leistungen der Personalbetreuung. Allerdings gilt das für eine Spezies zusätzlicher Vergütung nicht: Gratifikationen, das heißt freiwillige zusätzliche Vergütungen des Arbeitgebers aus besonderen Anlässen, sind häufig Leistungen der Personalbetreuung.

Auch die **Personalentwicklung zählt keineswegs zur Personalbetreuung.** Zwar hat der Gesetzgeber für beide Aufgabenfelder der Personalwirtschaft umfassende Regelungen geschaffen. Und sowohl bei der Personalbetreuung als auch bei der Personalentwicklung sehen sich viele Unternehmen in der Pflicht, mehr zu tun, als nur die Vorschriften zu beachten. Anders als die Personalbetreuung gehorcht die Personalentwicklung vorrangig Sachzwängen. Sie dient unter anderem der Vermittlung von unverzichtbaren Anpassungs- und Aufstiegsqualifikationen, ohne die ein Unternehmen nicht am Markt bestehen kann. Bei der Personalbetreuung steht hingegen das Motiv im Mittelpunkt, den Beschäftigten beizustehen. Auch dieses Motiv ist sicherlich nicht ausschließlich selbstlos, denn dahinter steht die Absicht, das Leistungsniveau zu stabilisieren und die Beschäftigten zu binden.

Betreute

Die Personalbetreuung ist eine **Aufgabe, die sich auf alle Belegschaftsmitglieder bezieht.**

– Dabei wendet sich die **individuelle Personalbetreuung** an einzelne Belegschaftsmitglieder, die aus unterschiedlichen Gründen Leistungen in Anspruch nehmen, etwa Beihilfen.

– Die **kollektive Personalbetreuung** wendet sich an alle Beschäftigten, wie beispielsweise eine Kantine.

Oftmals erhalten sogar **Personen, die der Belegschaft nicht oder nicht mehr angehören,** einzelne Leistungen der Personalbetreuung, zum Beispiel Pensionäre oder Familienangehörige der Mitarbeiterinnen und Mitarbeiter im Rahmen einer Weihnachtsfeier.

Leistungen

> Demnach kann man die Leistungen der Personalbetreuung als zusätzliche, oft freiwillige Leistungen definieren,
>
> – die ein Unternehmen seinen derzeitigen und im Einzelfall ehemaligen Mitarbeiterinnen und Mitarbeitern sowie deren Angehörigen einräumt, Leistungen,
>
> – die mehrheitlich weder gesetzlich noch tarifvertraglich vorgeschrieben sind und
>
> – auch nicht Arbeitsentgelt, Erfolgsbeteiligung oder Personalentwicklung darstellen.

Formen

Diese Leistungen können in unterschiedlichen **Formen** gewährt werden:

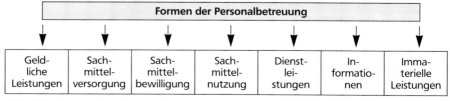

Abb. 7.2. Formen der Personalbetreuung

- **Geldliche Leistungen** werden bar oder unbar ausgezahlt, beispielsweise Darlehen.
- Als **Sachmittelversorgung** bezeichnet man die unentgeltliche Übertragung von Gegenständen wie Arbeitsschutzkleidung, Deputate oder Geschenke.
- Die **Sachmittelbewilligung** bietet der Belegschaft etwa Einkaufsmöglichkeiten zu verbilligten Preisen.
- Können die Beschäftigten betriebliches Eigentum unentgeltlich oder gegen Entgelt in Gebrauch nehmen, spricht man von **Sachmittelnutzung.** Beispiele sind Werkswohnungen, Sporteinrichtungen, die Werksbücherei und eine Werkzeugausleihe, aber auch Statussymbole, etwa eine aufwendige Ausstattung des Arbeitsplatzes.
- **Dienstleistungen** im Rahmen der Personalbetreuung sind zum Beispiel Beratungen aller Art und der betriebsärztliche Dienst.
- Auch und gerade **Informationen** haben einen großen Wert für die Belegschaft, und zwar als Anschläge am schwarzen Brett, Mitarbeiteranschreiben oder in einer Mitarbeiterzeitschrift.
- Dagegen sei der Wert von **immateriellen Leistungen** wie Urkunden und betrieblichen Titeln, beispielsweise Direktor, dahingestellt.

Die **Organisation der Personalbetreuung** folgt der Unterscheidung in individuelle und kollektive Personalbetreuung.   *Organisation*

- Die individuelle Personalbetreuung mündet in **Sozialmaßnahmen,** eine direkte Übertragung von Leistungen der Personalbetreuung an Beschäftigte.
- Die kollektive Personalbetreuung wird in **Sozialeinrichtungen** abgewickelt. In ihnen oder durch sie werden die Leistungen generell zur Verfügung gestellt. Die Beschäftigten können selbst entscheiden, ob sie sie in Anspruch nehmen. Die **selbstverwalteten Sozialeinrichtungen,** beispielsweise Betriebskrankenkassen, verfügen über eigenes Personal, sind aber der Personalabteilung verantwortlich. **Betreute Sozialeinrichtungen** werden von der Personalabteilung direkt verwaltet, beispielsweise die Sozialstation.

Zum Zwecke der Organisation **kann die Stelle „Sozialverwaltung" geschaffen werden.** Die Sozialverwaltung ist üblicherweise dem Personalwesen zugeordnet.

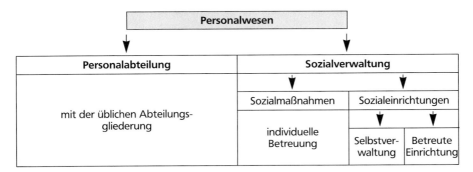

Abb. 7.3. Organisation der Personalbetreuung

Theorie	Das Thema Personalbetreuung wird **in der Literatur vernachlässigt.** Nur wenige, vornehmlich betagte Veröffentlichungen beschäftigen sich eingehend und umfassend mit diesem Gebiet der Personalwirtschaft. Neuere Publikationen erwähnen die Personalbetreuung entweder nur am Rande, oder sie gehen fast ausschließlich auf die Organisation und die Kosten ein unter Stichworten wie Sozialbilanzen, Sozialeinrichtungen, Sozialleistungen, Sozialmaßnahmen und Sozialwesen. Möglicherweise gilt es in Kreisen der Wissenschaft als unfein, sich mit scheinbar hinterwäldlerischen Themen wie etwa Betriebssport und Hilfen in Notfällen zu befassen.
Praxis	**Ganz anders ist der Stellenwert der Personalbetreuung in der betrieblichen Praxis,** wenn auch nur die wenigen Großunternehmen ihre Aktivitäten publik machen. Aber die Großen und auch die Kleineren, die Stillen im Lande kennen die Bedeutung der Personalbetreuung von jeher.
Motive	○ Maßgeblich sind zunächst **betriebliche Motive.** Die Mitarbeiterinnen und Mitarbeiter schätzen es sehr, wenn ihr Beschäftigungsunternehmen ihnen in Freud und Leid beisteht. In Sachen Corporate Identity, Senkung der Fluktuation und Fehlzeiten sowie Identifikation mit dem Unternehmen läßt sich deshalb durch Personalbetreuung mehr erreichen, als durch großflächige Werbeaktionen.

Für den **Leistungswillen der Beschäftigten,** für ihre Bereitschaft, die volle Leistungsfähigkeit einzusetzen, und für die **Erhaltung ihrer Leistungsfähigkeit** ist ein gutes Betriebsklima mindestens ebenso wichtig wie die äußeren Arbeitsbedingungen. Der Begriff Betriebsklima bezeichnet eine Einstellung, die sich aus der positiven Erfüllung der persönlichen Erwartungen der Mitarbeiterinnen und Mitarbeiter ergibt. Forschungsergebnisse zeigen auf, daß ein solches Betriebsklima nicht im spannungslosen Zustand einer allgemeinen Zufriedenheit zustande kommt. Es ist vielmehr das Ergebnis der sozialen Dynamik im Zusammenwirken der Beschäftigten und nicht an eine Person gebunden. Diese Grundstimmung ist vom Zusammenspiel einer Vielzahl von Faktoren abhängig, zu denen beispielsweise die Mitbestimmung, die Arbeitsstrukturierung, der praktizierte Führungsstil und nicht zuletzt auch die Personalbetreuung zählen.

Die Personalbetreuung zielt daneben auf die **Steigerung der Leistungsbereitschaft**: Die Leistungsbereitschaft wird im wesentlichen von den Erwartungen bestimmt, die die Beschäftigten an ihre betriebliche Umwelt knüpfen. Sie ist also von ihrer Motivstruktur abhängig, die wiederum durch die Berücksichtigung persönlicher Interessen, persönlicher Sorgen und Nöte, positiv beeinflußt werden kann.

○ Daneben bewegen die Unternehmen **humane und soziale Motive.** Personalbetreuung gilt der Erhöhung der sozialen Sicherheit der Beschäftigten und ihrer Integration in das Unternehmen. Mit der Integration ist nicht nur die Personalbindung angesprochen, das heißt das Bestreben, die in einem mühevollen, zeit- und kostenaufwendigen Prozeß gewonnenen Belegschaftsmitglieder zu halten. Integration meint vor allem die Einbindung in die soziale Struktur der Belegschaft.

○ Die Unternehmen bezwecken mit der Personalbetreuung zudem eine Erhöhung der **Attraktivität** des Unternehmens **auf dem Arbeitsmarkt** und eine **Hebung des Ansehens in der Öffentlichkeit.**

Freilich ist ein Großteil der traditionellen Leistungen der Personalbetreuung zur Selbstverständlichkeit geworden, wie etwa Sozialräume und Kantinen. Andere wurden zwischenzeitlich gesetzlich vorgeschrieben, wie Unfallschutz und betriebsärztlicher Dienst. Wieder andere haben im Zuge der Entwicklung wesentlich an Bedeutung verloren, z. B. Betriebsfeste.

Trotzdem werden in zunehmendem Umfang die im Rahmen der Personalbetreuung erbrachten Leistungen in **Sozialbilanzen und Sozialberichten** dokumentiert. Diese Sozialdokumentationen weisen nach, welche Kosten für beispielsweise das betriebliche Wohnungswesen, die Gesundheitsfürsorge, die Mitarbeiterverpflegung, die Betriebskrankenkasse und den Unfallschutz angefallen sind. Die Kosten werden zudem ins Verhältnis zur Zahl der Beschäftigten und zur Struktur der Belegschaft gesetzt. Die Sozialdokumentationen werden als **Nachweis für einen angemessenen Einsatz der finanziellen Mittel und für soziales Handeln,** vor allem jedoch als Instrument der Öffentlichkeitsarbeit eingesetzt. Sie ergänzen den Geschäftsbericht, werden an die Belegschaft verteilt und der Presse für Veröffentlichungen ausgehändigt.

Auch die betriebliche Praxis spart allerdings nicht mit Kritik. So wird die **Personalbetreuung bisweilen verächtlich als Sozialklimbim bezeichnet.** Gemeint sind jedoch eher solche Leistungen, die durch die zunehmende staatliche Absicherung ihren Wert eingebüßt haben, sich aber, einmal gewährt, schwerlich abbauen lassen. *Bisani (Personalwesen und Personalführung)* berichtet von einem Großunternehmen, das im Verlaufe seiner hundertjährigen Geschichte unter anderem ein Darlehen von 80,– DM eingeführt hat, das Ende Juli gewährt wird, innerhalb von vier Monaten zurückgezahlt werden muß und als Kartoffelgeld dient!

Kritik

Die **Beurteilung** der Personalbetreuung **durch die Beschäftigten** ist unterschiedlich. Diejenigen, die in den Genuß der Leistungen kommen, schätzen sie zumeist. Manch anderer, vor allem manche jüngeren Mitarbeiterinnen und Mitarbeiter empfinden die Personalbetreuung, wenn sie auch den guten Willen anerkennen, eher als ein unzulässiges Bevormundungsinstrument, das echte Partnerschaft nicht aufkommen läßt.

Ähnlich zwiespältig ist die **Einschätzung der Gewerkschaften wie auch der Betriebs- und Personalräte.** Letztere haben nach § 87 des Betriebsverfassungsgesetzes respektive § 75 des Bundespersonalvertretungsgesetzes und der analogen Vorschriften der Länder ein **Mitbestimmungsrecht** bei bestimmten Formen der Personalbetreuung, nämlich

Mitbestimmung

○ bei Regelungen über die Verhütung von Arbeitsunfällen und Berufskrankheiten sowie über den Gesundheitsschutz und
○ bei der Zuweisung und Kündigung von Wohnräumen, die den Arbeitnehmern mit Rücksicht auf das Bestehen eines Arbeitsverhältnisses vermietet werden.
○ Die Errichtung von Sozialeinrichtungen kann durch Betriebs- beziehungsweise Dienstvereinbarungen geregelt werden. Das ist jedoch nicht zwingend, wohl aber die Mitbestimmung hinsichtlich der Form, Ausgestaltung und Verwaltung von Sozialeinrichtungen.
○ Zu guter Letzt sei daran erinnert, daß das Betriebsverfassungsgesetz und die Personalvertretungsgesetze des Bundes und der Länder die Forderung der Gleichbehandlung aller Beschäftigten sowie die Verpflichtung zur Förderung der freien Entfaltung der Persönlichkeit und zur Einhaltung der Arbeitsschutzbestimmungen beinhalten.

2. Rund um das Arbeitsverhältnis

2.1. Bescheinigungen

Die Leserinnen und Leser wissen sicherlich aus eigener leidvoller Erfahrung, daß diverse Institutionen immer wieder die unterschiedlichsten Bescheinigungen verlangen, wenn man ihre Dienste in Anspruch nehmen will oder muß. Arbeitnehmerinnen und Arbeitnehmern geht es da nicht anders.

| Erstellen + Ausfüllen | Wenn die Bescheinigungen das Arbeitsverhältnis berühren, ist die Personalabteilung aufgerufen, diese Bescheinigungen zu erstellen oder auszufüllen. Das ist im Detail recht aufwendig, da die notwendigen Zahlen und Werte erst ermittelt werden müssen. |

2.2. Beschwerden

Beschwerdegründe	Oftmals wenden sich Arbeitnehmerinnen und Arbeitnehmer an Vorgesetzte oder die Personalabteilung, um sich **über Mißstände, Kolleginnen und Kollegen, andere Vorgesetzte oder gar Mitarbeiterinnen und Mitarbeiter zu beschweren.**
Führungsaufgabe	Soweit sich Vorgesetzte bei der Personalabteilung über Mitarbeiterinnen und Mitarbeiter beklagen, sollte man ihnen nahelegen, ihre **Führungsaufgaben** selbst zu lösen, oder ihnen dabei Hilfe leisten. Die Personalbetreuung ist hier kaum tangiert. Und in vielen Fällen täte die Personalabteilung besser daran, die Beschwerdeführer an ihre Vorgesetzten oder deren Vorgesetzte zu verweisen, zu deren Führungsaufgaben gerade die Konfliktbereinigung zählt. Hie und da handelt es sich auch um Beschwerden zum Entgelt, die mit den Mitteln der Personalbetreuung nicht zu lösen sind.
Betreuungsaufgabe	In allen anderen Fällen werden die Personalverantwortlichen in ihrer Personalbetreuungsaufgabe in die Pflicht genommen. Sie müssen allen derartigen Beschwerden sachgerecht und so objektiv wie möglich nachgehen, um sowohl bei den Mitarbeiterinnen und Mitarbeitern als auch bei anderen Vorgesetzten als neutrale Instanz akzeptiert zu werden. Deshalb sind sie zunächst gehalten, zu ermitteln, ob es sich um berechtigte Beschwerden oder um unberechtigte Vorwürfe, Übertreibungen oder Denunziationen handelt.

2.3. Beratung und Information

| Beratung | Beratung darf nicht mit Bevormundung gleichgesetzt werden. Beratung ist lediglich eine Hilfe zur Selbsthilfe. |

Sie sollte vor allem dann angeboten werden, wenn sie angefragt wird, jedoch keineswegs aufgezwungen werden. Die **Beratungsgegenstände** sind vielfältig. Sie reichen von Renten-, Versicherungs- und Steuerfragen bis hin zu Do-it-yourself-Aktivitäten.

| Information | Wer berät, gibt auch zugleich Informationen. Ebenso kann man über jeden Beratungsgegenstand ein Mitteilungsblatt formulieren und in Umlauf setzen. Für die Beschäftigten sind aber auch solche Informationen von Interesse, die keine Beratungsgegenstände berühren: Unternehmensaktivitäten und -planungen, neue Mitarbeiterinnen und Mitarbeiter, Versetzungen, Beförderungen, interne Stellenausschreibungen usw. |

Viele Unternehmen pflegen ihr Informationswesen sehr intensiv, zum Beispiel durch **Anschläge am schwarzen Brett, Mitarbeiteranschreiben, Mitarbeiterbesprechungen** oder sogar eine regelmäßige **Mitarbeiterzeitschrift**.

○ Beratungs- und Informationsbedarf haben insbesondere jene **Beschäftigten, die in wirtschaftliche Schwierigkeiten geraten sind.** Meist hat die Personalabteilung nicht das erforderliche Know-how und die erforderlichen Kontakte, diese Probleme erfolgversprechend anzugehen. Oft hilft aber schon die Vermittlung an eine Schuldnerberatung vor Ort. *Finanznot*

○ Beratungs- und Informationsbedarf besteht ebenfalls bei den **Gruppen von Beschäftigten,** auf die beim Personaleinsatz besonderes Augenmerk gerichtet wird. *Spezieller Bedarf*

– **Personen mit gewandelter bzw. eingeschränkter Leistungsfähigkeit,** beispielsweise Behinderte, brauchen manchmal Rat im Umgang mit den Behörden, aber auch im Umgang mit anderen Beschäftigten. Letztere wiederum wissen häufig auch nicht recht, wie sie sich verhalten sollen. Unter Umständen müssen auch betriebliche Einrichtungen bedarfsgerecht gestaltet werden. Eine erste Anlaufstelle ist oft die Schwerbehindertenvertretung, die nach dem Schwerbehindertengesetz in Betrieben und Dienststellen mit wenigstens fünf Schwerbehinderten gewählt wird.

– Aufgrund von Sprach- und Anpassungsproblemen benötigen **ausländische Mitarbeiterinnen und Mitarbeiter** insbesondere der ersten Zuwanderergeneration Hilfe in allen Bereichen des täglichen Lebens und des Arbeitslebens. An dieser Stelle sei erneut auf die Empfehlung hingewiesen, diesen Beschäftigten einen Mentor mit der gleichen Abstammung zuzuordnen, der schon länger im Unternehmen tätig ist.

– Auch **ältere Arbeitnehmer** nehmen gerne eine Beratung in Anspruch, vor allem zu Rentenfragen sowie zu den Möglichkeiten der flexiblen und gleitenden Pensionierung.

– Abgesehen von der speziellen Einarbeitung und den Maßnahmen der Reintegration sind für Mitarbeiterinnen und Mitarbeiter im **Auslandseinsatz** besondere Beratungs- und Informationsleistungen vonnöten, zum Beispiel zur Karriereplanung, Altersversorgung und den schulischen Möglichkeiten für die Kinder. Hier empfiehlt sich gleichfalls der Einsatz eines Mentors.

– **Jugendlichen und Auszubildenden** sind die Lebensumstände und die Gegebenheiten des Berufslebens neu. Soweit die Eltern nicht helfen sollen, wollen oder können, sind deshalb die Ausbilderinnen und Ausbilder wie auch die Beschäftigten der Personalabteilung Ansprechpartner für Fragen und Probleme.

– Der spezielle Beratungs- und Informationsbedarf von **Frauen** dreht sich einerseits um die mehr oder weniger glücklichen Umstände einer Schwangerschaft, andererseits um den bedauerlichen Umstand, daß sie vereinzelt sexuellen Nachstellungen ausgesetzt sind.

2.4. Statussymbole und Titel

Ein eher skurriler Teilbereich der Personalbetreuung ist die Vergabe von Statussymbolen und Titeln. Statussymbole und Titel sind wahrnehmbare Zeichen der sozialen Stellung, beispielsweise *Zeichen sozialer Stellung*

– die Arbeitsplatzgestaltung als Einzelzimmer, mit Vorzimmer oder Ruheraum,
– die Arbeitsplatzausstattung mit Möbeln, Teppichen oder mit einer festgelegten Fensterzahl,

- ein Dienstwagen oder eine Dienstvilla,
- Benutzungsrechte des Casinos oder Direktionsfahrstuhls und
- immaterielle Symbole wie Mitgliedschaften im Führungskreis oder die Dienstbezeichnungen Direktor, Oberingenieur und Obermeister.

Diese Statussymbole und Titel werden **zumeist sehr geschätzt.** Trotzdem darf man über den Sinn oder Unsinn derartiger Leistungen fraglos geteilter Meinung sein.

3. Gesundheitswesen

3.1. Verpflegung

Die Verpflegung der Belegschaft während der Arbeitszeit erfolgt generell auf zwei Arten:

Kantine + Küche

In der Regel besteht die Möglichkeit, das Frühstück und das Mittagessen im Unternehmen einzunehmen. Häufig besitzen die Unternehmen eine eigene **Kantine** samt Personal, die sie selbst bewirtschaften. In größeren Unternehmen gehört dazu eine eigene **Küche,** wiederum samt eigenem Personal. Wird auf die Küche verzichtet, beziehen die Unternehmen die Verpflegung über eine Großküche. In diesem Fall, spätestens jedoch, wenn die gesamte Kantine verpachtet wird, spricht man vom **Catering.** Der Vorteil des Catering liegt in der Reduzierung des Verwaltungs- und Personalaufwandes.

Kantine und Küche haben **wesentliche Bedeutung für das Betriebsklima und die Gesundheit** der Beschäftigten. Deswegen wird versucht, die Verpflegung im Unternehmen populär zu machen oder zu erhalten. Maßnahmen dazu sind zum Beispiel die Bildung eines Küchen- oder Kantinenausschusses zur laufenden Mitbestimmung, Zuschüsse zu den Küchen- und Kantinenkosten, Abwechslung und Auswahlmöglichkeiten bei den Speisen und eine Reduzierung der Wartezeiten bei der Essensausgabe.

Besitzt ein Unternehmen keine eigene Kantine, können **Essensgutscheine** für nahegelegene Gaststätten ausgegeben werden, mit denen Details und Preisvorteile vertraglich ausgehandelt werden. Möglich ist auch die Einrichtung einer **Gemeinschaftskantine** mit benachbarten Unternehmen.

Kioske + Automaten

Daneben ist es üblich, den Beschäftigten Gelegenheit zu bieten, Getränke und Imbisse an **Verkaufsstellen, Kiosken und Automaten** zu kaufen. Sie können wiederum entweder vom Unternehmen selbst oder von Pächtern, Automatengesellschaften oder ähnlichen Firmen bewirtschaftet werden. Hie und da werden zudem Kaffeeküchen eingerichtet.

3.2. Arbeitshygiene

Hygienestandards

Mit dem Begriff Arbeitshygiene meint man die Einhaltung gewisser Standards hinsichtlich

- der Lüftung,
- der Raumtemperaturen,
- der Beleuchtung,
- der Fußböden,

- der Fenster,
- des Schutzes gegen Lärm und andere unzuträgliche Einwirkungen,
- der Verkehrswege,
- der Raumabmessungen,
- des Luftraums,
- der Bewegungsfläche am Arbeitsplatz,
- der Pausenräume,
- der Liegeräume,
- des Nichtraucherschutzes,
- der Umkleideräume,
- der Kleiderablagen,
- der Wasch-,
- Toiletten- und
- Sanitätsräume,

die weitestgehend in der **Arbeitsstättenverordnung,** aber auch in der Gewerbeordnung und diversen Unfallverhütungsvorschriften festgelegt sind. Damit sollten unzumutbare und gesundheitsgefährdende Zustände am Arbeitsplatz und in seinem Umfeld der Vergangenheit angehören.

3.3. Betriebsarzt und Sozialstation

Das Gesetz über Betriebsärzte, Sicherheitsingenieure und andere Fachkräfte für Arbeitssicherheit macht es Arbeitgebern zur Pflicht, fachkundige Betriebsärztinnen oder -ärzte schriftlich zu bestellen. *Rechtsgrundlage*

Sie können, wie es sich für mitarbeiterstarke Unternehmen empfiehlt, hauptberuflich für das Unternehmen tätig werden. Möglich ist es auch, eine Ärztin oder einen Arzt nebenberuflich zu verpflichten. Zuweilen bilden mehrere Unternehmen gemeinsam einen betriebsärztlichen Dienst, den sie je nach Bedarf in Anspruch nehmen. Allerdings sind die Beschäftigten nicht gezwungen, die Betriebsärztin respektive den Betriebsarzt zu konsultieren oder sich Reihenuntersuchungen zu unterziehen.

Betriebsärztinnen oder -ärzten wird ein umfangreicher **Katalog von Aufgaben** übertragen: *Aufgaben der Betriebsärzte*

- Durchführung von Einstellungsuntersuchungen,
- Erste-Hilfe-Leistungen,
- regelmäßige Vorbeugungsuntersuchungen der Beschäftigten,
- arbeitsmedizinische Beratung der Beschäftigten,
- Feststellung von Berufskrankheiten,
- Therapie,
- Mitwirkung bei Rehabilitationsmaßnahmen,
- Beratung und Unterstützung des Arbeitgebers bei Fragen des Arbeits-, Unfall- und Gesundheitsschutzes,
- Überwachung der Arbeitsstätten hinsichtlich der Einhaltung der Arbeitsschutz- und Unfallverhütungsvorschriften durch eine Arbeitsplatzkartei und
- Werkshygieneuntersuchungen.

Die dazu notwendige Fortbildung muß der Arbeitgeber, unter Weiterzahlung des Entgeltes, ermöglichen. Auch **das erforderliche Personal, die Räume, die Einrichtungen, die Geräte und Mittel stellt der Arbeitgeber.**

Sozialstation

> Diese personelle und sachliche Ausstattung hat auch losgelöst vom betriebsärztlichen Dienst Bestand. Sie wird von einigen größeren Unternehmen als Sozialstation geführt.

Die Bezeichnungen für diese Institution sind unterschiedlich. Sie ist auch als Industriefürsorge, Sozialpflege, Sozialassistenz, Werksschwester oder Sozialbetreuerin respektive -betreuer bekannt. Hier soll, teilweise in enger Zusammenarbeit mit dem Betriebs- oder Personalrat, vorbeugend und helfend eingegriffen werden, wo die Leistungen öffentlicher oder privater Stellen nicht ausreichen. Die Sozialstation wird

- in der Gesundheitsvorsorge eingesetzt, auch bei Eßstörungen und starker Eßlust,
- beim Besuch von Erkrankten,
- für die Therapie leichter Erkrankungen wie eines Schnupfens,
- bei der Organisation von Erholungsaufenthalten,
- sie vermittelt eine Krankenpflege,
- sie kümmert sich um rechtzeitige technische Verbesserungen am Arbeitsplatz und ihre Umsetzung.

Zurück zu den Betriebsärztinnen und -ärzten: Sie unterliegen der ärztlichen Schweige- und Offenbarungspflicht, sind bei der Anwendung ihrer Fachkunde **weisungsfrei und in keinerlei betriebliche Hierarchien eingebunden.** Sie können sich deshalb bei Bedarf unmittelbar mit dem Arbeitgeber, gleich in welcher Rechtsform, in Verbindung setzen.

Wirtschaftlichkeit

Diese gesetzlich verbrieften Rechte und Pflichten sollten indes nicht losgelöst von einer Wirtschaftlichkeitsuntersuchung gesehen werden. Die Gesundheit der Mitarbeiterinnen und Mitarbeiter hat nämlich nicht nur eine große Bedeutung in psychologischer und sozialer, sondern auch in ökonomischer Hinsicht. Arbeitsunfälle und Erkrankungen führen zu Fehlzeiten. Die Aufwendungen für den betriebsärztlichen Dienst können und sollen sich in der Weise auszahlen, daß sie zu einer **Senkung der Fehlzeiten** führen und damit zu künftigen Minderausgaben der Unternehmen.

3.4. Unfallschutz und Arbeitssicherheit

Aufgaben im Personaleinsatz

Unfallschutz und Arbeitssicherheit sind **vorrangig Themen des Personaleinsatzes.** Im Rahmen der **Arbeitsplatzgestaltung** gilt es, die Ursachen von **Arbeits- und Wegeunfällen** zu erforschen und Maßnahmen zu deren Verhütung zu treffen sowie **Berufskrankheiten** zu erkennen und vorbeugend zu bekämpfen. Und im Rahmen der **Zeitwirtschaft** ist man gehalten, die arbeitsmedizinischen Erkenntnisse über die **Leistungskurven,** den **Tagesrhythmus** sowie Erholungswert **Pausen und Urlaub** in Rechnung zu stellen.

in der Personalbetreuung

> Die Aufgabe der Personalbetreuung in diesem Bereich ist es, durch Aufklärung, die verstärkte Anleitung zur Einhaltung und Überwachung der Sicherheitsvorschriften sowie die Einführung eines vorbeugenden Gesundheitsdienstes die Vorkehrungen des Personaleinsatzes zu unterstützen.

Dafür gibt es mehrere Ansatzpunkte.

- Zunächst muß das Augenmerk auf die **innerbetriebliche Sicherheitstechnik** gelenkt werden. Mißstände wie fehlende Schutzvorrichtungen und Sanitätsräume, der Einsatz ungeeigneter Werkzeuge und Geräte, mangelhafte oder fehlende vorbeugende Instandhaltung, unzweckmäßige, beschädigte und unsichere Anlagen, Geräte und Hilfsmittel sind unverzüglich abzustellen.

- Pflichtverletzungen wie **mangelhafte Aufsicht, ungenügende Aufklärung über Sicherheitsvorschriften sowie unzureichende Schulung und Unterweisung** müssen gleichfalls unterbunden werden. Dazu genügt es nicht allein, die Unfallverhütungsvorschriften an geeigneter Stelle im Betrieb auszulegen und Warnschilder anzubringen, wie es der Gesetzgeber verlangt. Es genügt auch nicht, sich auf die Überwachung der Arbeitsschutzvorschriften durch die Gewerbeaufsichtsämter und die Berufsgenossenschaften zu verlassen, obwohl der vorgeschriebene Bericht über jeden Arbeitsunfall im Sinne einer Unfallanalyse lehrreich ist.

- Für Unfallschutz und Arbeitssicherheit ist überdies die **Arbeitsbeanspruchung** ausschlaggebend. Die Arbeitsbeanspruchung ist eine **Folge der Arbeitsbelastungen.** Allerdings kann dieselbe Arbeitsbelastung bei den Beschäftigten zu unterschiedlichen Arbeitsbeanspruchungen führen. Ausschlaggebend dafür sind unterschiedliche Fähigkeiten, Fertigkeiten und Eigenschaften. Die **Arbeitsbelastungen wiederum werden unter anderem durch die Arbeitsaufgabe, den Arbeitsinhalt und die Arbeitsumgebung verursacht,** also Faktoren, denen sich der Personaleinsatz widmet. Die **psychischen und sozialen Einflußfaktoren der Arbeitsbelastungen sind dagegen Thema der Personalbetreuung.** Gemeint sind die Informationsüberflutung, der Konformitätsdruck, ein mangelnder Bezug zur Arbeit, unerfüllte Ambitionen, Konflikte zwischen Karriere und Familie, persönliche und familiäre Sorgen, die Angst vor Konkurrenz und Arbeitsplatzverlust. Diese Faktoren bewirken Trägheit, Bequemlichkeit, Nachlässigkeit und Leichtsinn und damit Unfälle, die man auf das sogenannte menschliche Versagen schiebt.

Erfolgversprechende Ansätze, die genannten Einflüsse zu begrenzen und damit die Arbeitsbelastung und -beanspruchung zu senken, erfordern einen langen Atem. Dasselbe gilt für das Unterfangen, die innerbetriebliche Sicherheitstechnik, die Aufsicht, die Aufklärung, die Schulung und Unterweisung zu forcieren. Am meisten können hier die Träger der **Sicherheitsorganisation** bewirken. Das sind neben den **Betriebsärztinnen und -ärzten die Sicherheitsingenieure und Sicherheitsbeauftragten,** die der Arbeitgeber aufgrund gesetzlicher Vorschriften bestellen muß. Sie sind bei der Anwendung ihrer arbeitsmedizinischen und sicherheitstechnischen Fachkunde weisungsfrei. In einem **Arbeitsschutzausschuß** arbeiten sie **mit dem Arbeitgeber und zwei Mitgliedern der Arbeitnehmervertretung** zusammen. Dieser Ausschuß kann einerseits durch seine Fachkunde, andererseits durch die Weisungsfreiheit der Fachkräfte und durch die Einbindung des Arbeitgebers und der Arbeitnehmervertretung erfolgversprechende Maßnahmen nicht nur anregen, sondern auch in die Tat umsetzen und kontrollieren. Oft ist es schon hilfreich, wenn der Arbeitgeber die Arbeitsschutzbekleidung stellt. Mindestens ebenso wichtig sind regelmäßige Informationen der Beschäftigten, die zur Arbeitssicherheit motivieren sollen, und Vorsorgeuntersuchungen.

Arbeitsschutzausschuß

3.5. Suchtbekämpfung

Ein nennenswerter Prozentsatz der Bevölkerung und damit auch jeder Belegschaft kommt in Konflikt mit Rauschmitteln.

Drogen

Einige dieser Rauschmittel gelten als **legale Drogen.** Sie sind in die Gesellschaft integriert. Ihr Gebrauch ist nicht strafbar. Sie werden aber auch mißbraucht und können abhängig machen. Alle anderen Rauschmittel zählen zu den **illegalen Drogen,** die von der Gesellschaft grundsätzlich nicht akzeptiert werden. Ihr Besitz, Gebrauch und der Handel mit ihnen ist strafbar. Einige werden unter gesetzlichen Auflagen als Arzneimittel eingesetzt, bei anderen sieht man von einer Strafverfolgung ab, soweit nur geringe Mengen betroffen sind.

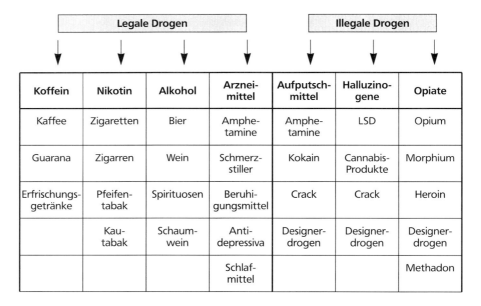

Legale Drogen				Illegale Drogen		
Koffein	Nikotin	Alkohol	Arzneimittel	Aufputschmittel	Halluzinogene	Opiate
Kaffee	Zigaretten	Bier	Amphetamine	Amphetamine	LSD	Opium
Guarana	Zigarren	Wein	Schmerzstiller	Kokain	Cannabis-Produkte	Morphium
Erfrischungsgetränke	Pfeifentabak	Spirituosen	Beruhigungsmittel	Crack	Crack	Heroin
	Kautabak	Schaumwein	Antidepressiva	Designerdrogen	Designerdrogen	Designerdrogen
			Schlafmittel			Methadon

Abb. 7.4. Legale und illegale Drogen

Die obige Aufzählung ist sicherlich nicht vollständig, da die Rauschmittelszene sehr erfindungsreich ist. Die doppelten und dreifachen Nennungen verdeutlichen, daß ein Rauschmittel zu mehreren Kategorien gerechnet werden kann.

Spielsucht, Workaholics

Zudem fehlt die **Spielsucht,** die Abhängigkeit vom Kitzel des Gewinnens und Verlierens an Spielautomaten und in Spielkasinos. Und die Aufzählung vergißt – wie auch die Gesellschaft generell – die **Workaholics,** das heißt jene Beschäftigten, die unter dem Zwang stehen, ununterbrochen arbeiten zu müssen.

Gefahren

Von diesen Drogen gehen **unterschiedliche Gefahren** aus. Fraglos gefährden die **illegalen Drogen** den einzelnen am intensivsten. Die Abhängigkeit von ihnen ist nach medizinischem und arbeitsrechtlichem Verständnis eine Krankheit. Nicht nur aus diesem Grunde, sondern auch unter dem Fürsorgegesichtspunkt sind die Unternehmen deshalb aufgefordert, Hilfe zu leisten. Entlassungen können nur die letzte Konsequenz sein. Überdies sind derartige Entlassungen nur unter besonderen Umständen möglich. Hier sei auf das Kapitel Fluktuation und Personalabbau verwiesen.

Ähnliches gilt für die **Spielsucht,** die weniger körperliche als finanzielle Folgen zeitigt, aber ebenso behandlungsbedürftig ist. Zu denken wäre auch an eine finanzielle Beratung und Beihilfen für finanzielle Notfälle.

Workaholics sollten eigentlich in ihrem krankhaften Arbeitseifer gebremst werden, denn der physische und psychische Verschleiß ist zu hoch. Trotzdem läßt man sie meist gewähren.

Bei den **legalen Drogen** ist das **Koffein** relativ harmlos. Vor übermäßigem Genuß von Kaffee und anderen koffeinhaltigen Getränken warnen regelmäßig nur die Hausärzte.

Das **Nikotin** ist allerdings heftig ins Gerede gekommen, und zwar weniger aufgrund der Krebsgefahr, in die sich die Raucher selbst begeben, als vielmehr wegen der Gefahren des Passivrauchens, denen die Menschen im Umfeld der Raucher ausgesetzt sind. In diesem Punkt ist die Rechtsprechung jedoch eindeutig: Nichtraucher haben einen Rechtsanspruch auf Schutz vor diesen Gefahren. Deshalb werden Raucher in Raucher-Gettos gezwungen. Den Rauchern selbst bietet man häufig Hilfe zur Selbsthilfe in Form von Entwöhnungsseminaren und -kuren an.

Die größte Gefahr geht vom **Alkohol** aus. Alkoholismus ist ebenfalls als Krankheit anerkannt. Zwar scheint sich die Abhängigkeit nicht im gleichen Maße zwingend wie bei den illegalen Drogen einzustellen. Doch sind die physischen und psychischen Folgen vergleichbar. Vor allem ist das **mengenmäßige Gefährdungspotential beachtlich.** Nach einer Studie der Bundeszentrale für gesundheitliche Aufklärung trinken 52 Prozent aller Arbeitnehmer mehr oder weniger stark Alkohol am Arbeitsplatz, 11 Prozent sogar täglich oder fast täglich. Die Deutsche Hauptstelle gegen Suchtgefahren geht davon aus, daß zwischen 10 und 15 Prozent aller Arbeitnehmer gefährdet und 5 Prozent alkoholabhängig sind. Demnach wird es in jedem Unternehmen eine entsprechende Anzahl alkoholgefährdeter und alkoholkranker Mitarbeiter geben.

Alkoholismus

Die **Gründe** für den Alkoholgenuß und den Alkoholmißbrauch am Arbeitsplatz sind vielschichtig:

- die Arbeitsbedingungen, also körperlich anstrengende Arbeit, hoher Wasserverlust, Staub, Hitze, Kälte, einseitige Belastung, gestörter Biorhythmus, etwa bei Schichtarbeit, Monotonie, Über- und Unterforderung, Termin- und Zeitdruck, Rationalisierungsmaßnahmen,
- der psychische Druck am Arbeitsplatz, das heißt Leistungs- und Konkurrenzdenken,
- die vielfältigen Trinkanlässe während der Arbeitszeit, Geburtstage, Jubiläen usw. und
- das private Umfeld.

Die Alkoholkrankheit verläuft in folgenden **Stadien:**

○ In der Vorphase herrscht das gelegentliche Erleichterungstrinken vor. Die Betroffenen suchen nach Trinkgelegenheiten, sind aber ansonsten unauffällig.

○ Die Anfangsphase ist durch Trinkgewohnheiten, heimlichen, steigenden Alkoholkonsum, häufige Rauschzustände, das Anlegen eines Vorrates und Selbstheilungsversuche gekennzeichnet. Die Arbeitsqualität sinkt, und Kurzerkrankungen häufen sich. Die Betroffenen fallen durch Stimmungsschwankungen, Verkrampfungen, Gereiztheit, Niedergeschlagenheit und Überreaktionen auf. Dadurch geraten sie in eine zunehmende Isolation.

○ In der kritischen Phase kommt es zum Kontrollverlust. Kennzeichen sind Unpünktlichkeit und verpaßte Termine, mangelnder, schwankender Arbeitseinsatz, Schwierigkeiten mit Vorgesetzten und Kollegen sowie ein ungepflegtes Äußeres.

○ Die chronische Phase beherrscht das Verlangen nach der Droge.

Kolleginnen, Kollegen und Vorgesetzte werden dabei regelmäßig zu sogenannten **Co-Abhängigen.** Sie unterstützen die Abhängigkeit ungewollt durch eine gestufte Abfolge von Verhaltensweisen, die nach Meinung aller Experten in keiner Weise hilfreich sind:

– das Ignorieren der bekannten Abhängigkeit,
– falsch verstandene Solidarität,
– Scheinhilfen,
– Erklärungs- und Beschützungsversuche,
– Kontrollen,
– Anklagen und schließlich
– die Minderung des Leistungsdrucks.

Die **Folgen** sind fatal. Obgleich Alkohol das subjektive Gefühl weckt, mehr leisten zu können, läßt das Leistungsvermögen nach dem Alkoholkonsum nach. Leichtsinn, Fehler und Qualitätsmängel häufen sich. Weiterhin sind Alkoholkranke von Fehlzeiten stärker betroffen als andere Mitarbeiter. Sie steigern sich hierbei kontinuierlich. Besonders gravierend sind die Auswirkungen auf die Sicherheit am Arbeitsplatz und auf dem Arbeitsweg. Man nimmt an, daß 10 bis 15 Prozent aller tödlichen Arbeitsunfälle auf Alkoholeinfluß zurückzuführen sind. Auf die Dauer werden die Kolleginnen und Kollegen demotiviert. Es kommt zu Schädigungen des Betriebsklimas. Sobald die Alkoholkranken nach außen für das Unternehmen auftreten, treten merkliche Imageschädigungen auf.

Strategie

> Experten empfehlen eine Strategie des Helfens und Handelns, die ähnlich für alle Suchterkrankungen angewandt werden sollte. Ihr oberstes Ziel ist die Wiederherstellung der Gesundheit der oder des Süchtigen.

○ **Zunächst muß die Abhängigkeit erkannt werden.** Das erscheint nur auf den ersten Blick problematisch. In der Praxis wissen Vorgesetzte und der Kollegenkreis sehr wohl um die Trunksucht.

○ Der oder die Vorgesetzte muß sodann ein **Mitarbeitergespräch** anberaumen. Dieses Gespräch darf nicht den Charakter eines Verhörs annehmen. Deshalb setzt es eine gründliche, möglichst schriftliche Vorbereitung voraus, die konkrete, nachweisbare Vorfälle jeweils mit Ort, Datum und Uhrzeit beinhaltet. Die Betroffenen werden mit den dokumentierten Fakten konfrontiert. Dabei spielen ausschließlich betriebliche Aspekte eine Rolle, also Arbeitsleistung und Arbeitsverhalten sowie Fehl- und Ausfallzeiten. Da das Gespräch eine Vertrauensbasis schaffen soll, darf der Hinweis nicht fehlen, was man an den Betroffenen als Menschen und als Kollegen schätzt. Gleichzeitig muß ihnen jedoch verdeutlicht werden, daß Trunkenheit während der Arbeit nicht toleriert wird. Eine Ursachenforschung und eine Diskussion über Trinkmengen ist nicht angebracht. Eine höfliche, konstruktive und konsequente Gesprächsführung sind Bedingung, verbunden mit aufmerksamem Zuhören und menschlicher Wärme. Entschuldigungen und Besserungsgelöbnisse dürfen nicht akzeptiert werden. Gefordert sind eindeutige Vereinbarungen über realisierbare Maßnahmen für einen Arbeitsalltag ohne Alkohol, beispielsweise über die Nüchternheit, eine Krankmeldung am ersten Tag, Pünktlichkeit, keinen nachträglich gewährten Urlaub, die Aufgabenerfüllung sowie die Inanspruchnahme fachlicher Hilfe. Den Betroffenen wird verdeutlicht, daß die Einhaltung der Vereinbarungen überprüft wird und welche Konsequenzen ihre Nichteinhaltung hat. Dieses Gespräch und alle weiteren werden einschließlich der Vereinbarungen dokumentiert. Unter Umständen sind auch mehrere Gespräche notwendig, um zu diesem Punkt zu gelangen.

○ Der Weg aus einer Abhängigkeit ist langwierig. Rückfälle sind an der Tagesordnung, müssen aber nicht das Ende des Genesungsprozesses sein. Werden die Vereinbarungen nicht eingehalten, findet ein **weiteres Gespräch** statt, in dem Mitglieder der Personalabteilung, die oder der Vorgesetzte und nach Möglichkeit auch der Betriebsrat sowie der betriebsärztliche Dienst zugegen sind. Hier wird deutlich auf die Verletzung der Vereinbarung durch das neuerliche Fehlverhalten und die unausweichlichen disziplinarischen Konsequenzen hingewiesen. Trotzdem steht das Hilfsangebot im Vordergrund. Man bietet die Einbeziehung einer Suchtberatungsstelle, einer Selbsthilfegruppe, des Gesundheitsamtes und, falls vorhanden, der betrieblichen Suchthilfe an. Dort muß festgestellt werden, ob eine Therapie erforderlich ist und, wenn ja, welche. Die Hilfsmaßnahmen müssen so schnell wie möglich eingeleitet werden.

○ Stellt sich weiterhin keine Besserung ein, und wird das Angebot der Therapie nicht angenommen, ist ein **weiteres Gespräch** unumgänglich. Bei diesem Gespräch sind nur noch Verantwortliche der Personalabteilung und der Betriebsrat zugegen. Arbeitsrechtliche Konsequenzen werden gezogen, etwa eine Abmahnung wegen diverser Verstöße. Man weist letztmalig auf das beim vorigen Gespräch erarbeitete Behandlungsprogramm hin und stellt ansonsten weitere abeitsrechtliche Folgen in Aussicht.

○ Zum Schluß bieten sich zwei Alternativen:

– Gehen die Betroffenen auch dann nicht auf die Hilfsangebote ein oder ist die Therapie nicht erfolgreich, kann die letzte Konsequenz nur eine ordentliche oder außerordentliche Kündigung wegen Trunkenheit oder Trunksucht sein. Soweit sich die Verantwortlichen an den aufgezeigten Ablauf halten, ist eine derartige Kündigung auch arbeitsrechtlich zulässig.

– Für den Fall einer **erfolgreichen,** bis zu sechsmonatigen **Therapie** muß dafür gesorgt werden, daß der alte oder ein gleichwertiger Arbeitsplatz zur Verfügung steht. Die **Reintegration** setzt voraus, daß die Vorgesetzten den Kollegenkreis vorbereiten.

Die Gefahr des Rückfalls ist bei den trockenen Alkoholikern groß. In ihrem Sinne, aber auch im Sinne der **Prävention** ist ein Alkoholverbot angeraten.

Prävention

– Dazu ist eine **Betriebs- oder Dienstvereinbarung** mit klaren, überschaubaren Handlungsanweisungen notwendig, das heißt eine schriftliche Vereinbarung mit dem Betriebs- oder Personalrat.

– Für Unternehmen mit einer größeren Beschäftigtenzahl wäre auch der Einsatz eines betrieblichen **Suchtberaters** empfehlenswert.

- In jedem Fall sollten **Selbsthilfegruppen** gefördert werden.
- Die Vorgesetzten, die Personalabteilung, der Betriebsrat und der betriebsärztliche Dienst benötigen **Unterstützung und Rat** für den Umgang mit dem Alkoholproblem. Wohlfahrts- und Arbeitgeberverbände, Gewerkschaften, Berufsgenossenschaften, Krankenkassen und Rentenversicherungsträger können hier helfen. Zu denken wäre auch an Schulungen.
- Möglicherweise entschärft eine Neugestaltung der Arbeitsbedingungen das Alkoholproblem. Einige Unternehmen haben **Gesundheitszirkel** geschaffen, daß heißt einen institutionalisierten Erfahrungsaustausch der Beschäftigten.
- Ein übriges tun **eindeutige betriebliche Stellungnahmen** zum Alkoholproblem, die betriebsinterne Aufklärung, Informationsveranstaltungen, Faltprospekte, Plakatserien und Artikel in der Mitarbeiterzeitschrift.

3.6. Freizeit und Erholung

In den neuen Bundesländern war es vor der Wende üblich, daß größere Unternehmen **eigene Urlaubsunterkünfte in Erholungsgebieten** hatten, die sie verdienten Mitarbeiterinnen und Mitarbeitern samt Familien zur Verfügung stellten. Ähnliches gab es früher, wenn auch nur sehr vereinzelt, auch bei großen Unternehmen in den alten Bundesländern. Diese Erholungsfürsorge ist jedoch **nicht mehr zeitgemäß**. Die Beschäftigten planen ihren Urlaub individuell. Überdies ermöglichen das Urlaubsgeld und das zusätzliche Urlaubsgeld der großen Mehrheit aller Arbeitnehmerinnen und Arbeitnehmer Urlaubsreisen.

Urlaub

> Erholungsfürsorge im weiteren Sinne ist die Hilfe bei der Terminierung des Urlaubs, der ja eigentlich im Rahmen des Personaleinsatzes thematisiert wird.

Aber selbst wenn die gebotene Abwägung der betrieblichen und persönlichen Interessen oder ein vereinbarter Betriebsurlaub ein anderes Ergebnis bringt: Es ist angebracht, daß Eltern schulpflichtiger Kinder grundsätzlich in den Schulferien Urlaub bekommen und daß Beschäftigte ihren Urlaub mit dem Urlaub ihrer Ehepartner oder Lebensgefährten abstimmen können. Ähnliches gilt für Beschäftigte im Auslandseinsatz und Beschäftigte aus anderen Herkunftsländern, denen die Möglichkeit gegeben werden sollte, durch die Terminierung des Urlaubs ihren Freundeskreis weiter zu pflegen. Ein derartiges Entgegenkommen zahlt sich für das Unternehmen langfristig aus, etwa durch geringere Fehlzeiten.

Dasselbe gilt für die **Gewährung von** unbezahltem oder im Ausnahmefall auch bezahltem **Sonderurlaub.** Gerade Beschäftigte aus anderen Herkunftsländern nehmen zum Besuch der Heimat oft weite, zeitaufwendige Reisen in Kauf und möchten einige Zeit dort verbringen. Ein Sonderurlaub kann in diesem Fall Erkrankungen während des Urlaubs in Grenzen halten. Auch die bereits im Zusammenhang mit dem Personaleinsatz erwähnten Sabbaticals, also Perioden der Nichterwerbstätigkeit bei bestehendem Arbeitsverhältnis, können Freiräume schaffen, innerhalb derer neue Arbeitsmotivation entstehen kann.

3.7. Betriebssport

> Betriebssportgemeinschaften gehören zur betrieblich geförderten Freizeitgestaltung. Ihre Bedeutung hat durch die Arbeitszeitverkürzung stetig zugenommen.

Selbstverständlich ist die Teilnahme am Betriebssport **freiwillig.** Die Beschäftigten können weder über Weisungen des Arbeitgebers noch über Betriebs- oder Dienstvereinbarungen gezwungen werden, an solchen Veranstaltungen teilzunehmen.

Für den Betriebssport sprechen mehrere **Argumente:** *Rechtfertigung*

- Wo **Arbeitszeitregelungen** bestehen, die dazu führen, daß sich die Freizeit der Beschäftigten nicht auf die Wochenenden und die Abendstunden konzentriert, bietet der Betriebssport oft die einzige Möglichkeit, sich sportlich zu betätigen. Dasselbe gilt dort, wo **wenig Sportvereine** bestehen oder die **Finanzkraft der Gemeinden fehlt,** um Sportanlagen zu betreiben.
- Sport ist ein **Ausgleich gegen mangelnde oder einseitige Bewegung** bei der Arbeit. Er dient der körperlichen Entspannung und Kräftigung zum Ausgleich der beruflichen Beanspruchung. Sport hilft so, krankheitsbedingte Fehlzeiten einzudämmen.
- Der Betriebssport **führt die Beschäftigten zusammen.** Sie lernen einander kennen und entdecken oftmals bislang unbekannte Seiten der Persönlichkeit. Im sportlichen Wettstreit mit anderen Sportgemeinschaften entsteht überdies ein Zusammengehörigkeitsgefühl. Dadurch führt der Betriebssport zu einem guten Betriebsklima und einer Identifikation mit dem Unternehmen.

Betriebssport muß nicht teuer sein. Sicherlich lassen sich die mitarbeiter- und umsatzstarken Unternehmen ihren Betriebssport einiges kosten. Sie verfügen über vorbildliche Sportanlagen und sogar über Vereine, die in den höchsten Spielklassen des Profisports vertreten sind. Andererseits können auch weniger begüterte Unternehmen Betriebssport betreiben, indem sie die sportliche Betätigung ihrer Belegschaft finanziell oder ideell fördern. Eine Sporthalle oder ein Sportplatz kann in der Regel gegen geringes Entgelt gemietet oder sogar kostenfrei besorgt werden. Und eine Laufgruppe benötigt noch nicht einmal das. *Formen*

Für die Teilnahme am Betriebssport wird man **Richtlinien** aufstellen, zu deren Einhaltung sich alle Mitglieder der einzelnen Sportgruppen verpflichten. Soweit verschiedene Sportgruppen gebildet werden, wählen sie regelmäßig Sprecherinnen oder Sprecher, die dem Unternehmen für die Verwendung der betrieblichen Mittel und den ordnungsgemäßen Ablauf des Sports verantwortlich sind. Soweit für einzelne Sportarten Sportanlagen vorhanden sind, unterliegt ihre Verwaltung der gleichberechtigten **Mitbestimmung des Betriebs- beziehungsweise Personalrates.** *Richtlinien*

Wenn Beschäftigte bei einer Betriebssportveranstaltung verletzt und dadurch arbeitsunfähig werden, gelten für die **Entgeltfortzahlung** dieselben Regeln wie bei sonstigen Sportunfällen, mit einer Ausnahme. Bei Sportunfällen außerhalb des Betriebssports kann sich der Arbeitgeber hie und da darauf berufen, die oder der Beschäftigte habe die Arbeitsunfähigkeit selbst verschuldet, weil es sich um eine sogenannte gefährliche Sportart, etwa Fallschirmspringen, handle oder weil die Regeln eines ordnungsgemäßen Sportbetriebs nicht beachtet worden seien. Wenn aber, wie beim Betriebssport, der Arbeitgeber selbst oder seine Vertreter für die Sportveranstaltung und ihre Durchführung verantwortlich sind, ist diesem Argument der Boden entzogen. *Sportunfälle*

3.8. Betriebskrankenkasse

Unter den Voraussetzungen, die das 5. Buch des Sozialgesetzbuches nennt, kann jedes Unternehmen mit Genehmigung der Aufsichtsbehörde eine Betriebskrankenkasse errichten.

4. Vergünstigungen

4.1. Betriebsfeste

Motivation

> Zur Personalbetreuung gehören auch Betriebsfeste, die angesetzt werden, um das Betriebsklima und das Zusammengehörigkeitsgefühl zu stärken, hierarchische Schranken abzubauen und generell die Arbeitsmotivation zu fördern. Außerdem ist manches Fest auch in die Öffentlichkeitsarbeit eingebunden.

Anlässe

Die **Anlässe** sind vielgestaltig. Üblich sind

- **betriebliche Gegebenheiten:** Grundsteinlegungs-, Richtfest-, Einweihungs-, Eröffnungs- und Unternehmensjubiläumsfeiern sowie ein Tag der offenen Tür,
- **Jubiläen und Ehrungen:** Jubilarfeiern zur Ehrung von Beschäftigten mit Betriebszugehörigkeiten von 10, 15, 20, 25, 30, 35, 40, 45 und 50 Jahren, Pensionärfeiern, Ehrungen und Gedächtnisfeiern für besonders verdiente Mitarbeiterinnen und Mitarbeiter sowie die Freisprechungen der Auszubildenden nach bestandener Abschlußprüfung,
- **Feiertage und Jahreszeiten:** Karnevals-, Mai-, Sommer-, Nikolaus-, Weihnachts- oder Jahresabschlußfeiern, und letztlich
- **persönliche Beweggründe:** Einstands-, Geburtstags- und Abschiedsfeiern.

Die letztgenannten Feiern werden regelmäßig von den Betreffenden selbst ausgerichtet. Das Unternehmen spricht zur Feierstunde Glückwünsche aus und überreicht unter Umständen Geschenke.

Teilnehmer + Organisation

Zu diesen und teilweise auch zu den anderen Feierlichkeiten sind häufig **nicht nur Beschäftigte** sondern auch deren Angehörige, Geschäftsfreunde, die Presse und Vertreterinnen beziehungsweise Vertreter der Öffentlichkeit eingeladen. Soweit die Feste in einem größeren Rahmen stattfinden, empfiehlt sich die Bildung einer **Arbeitsgruppe**, die die Planung und Ausrichtung in die Hand nimmt.

Da die Kosten von Betriebsfesten erheblich sind, **verzichten immer mehr Unternehmen** ganz oder teilweise auf diesen Bereich der Personalbetreuung, wenn auch die Sachzuwendungen bis zu einem bestimmten Betrag steuerfrei sind.

4.2. Belegschaftsverkauf und Deputate

Vorzugspreise

> Insbesondere Handelsunternehmen und Unternehmen, die Konsumartikel produzieren, kennen den Belegschaftsverkauf. Hier werden die Waren zu Vorzugspreisen an die Beschäftigten veräußert, so daß Diebstähle kaum von Interesse sind.

Vorteile — Die Betriebskrankenkassen können die Versicherungsleistungen regelmäßig bei **niedrigeren Beiträgen** als vergleichbare Krankenkassen erbringen. Sie verfügen im allgemeinen über einen besseren, das heißt gesünderen Versichertenbestand als etwa die Allgemeinen Ortskrankenkassen. Außerdem sind die Verwaltungskosten infolge der unmittelbaren Verbindung von Versicherten und Geschäftsführung geringer. Die niedrigeren Beiträge kommen nicht nur den Beschäftigten entgegen. Sie rechnen sich auch für die Unternehmen, die ja für die Hälfte dieser Beiträge aufkommen.

Bekannt ist vor allem der Belegschaftsverkauf der Automobilproduzenten. Hier macht der Preisvorteil einen so beachtlichen Betrag aus, daß er den Charakter einer zusätzlichen Vergütung annimmt. Überhaupt sind die **Grenzen zum Entgelt fließend,** denn die Beschäftigten müssen die Preisvorteile prinzipiell als Einkommen, genauer **als geldwerten Vorteil versteuern.** Allerdings gewährt der Fiskus nennenswerte Freibeträge, zur Zeit 2.400 DM pro Person und Jahr. Die Personalabrechnung ist jedoch aufgefordert, die den einzelnen Mitarbeiterinnen und Mitarbeitern gewährten Preisvorteile nachzuhalten, sie auf Verlangen nachzuweisen und gegebenenfalls die Steuer abzuführen.

Das gleiche gilt für Deputate, das heißt Zuwendungen des Arbeitgebers in Form von Sachmitteln.	Zuwendungen

Zum Teil handelt es sich dabei um eher antiquierte, entbehrliche Kleinigkeiten wie einen Haustrunk, Freibrot oder eine Zigarettenabgabe. Zum Teil sind die Deputate aber durchaus attraktiv, beispielsweise Flugreisen.

4.3. Beihilfen

Beihilfen sind Unterstützungszahlungen ohne Rückzahlungspflicht. Meist handelt es sich um eine einmalige freiwillige Sozialleistung. Seltener sind laufende Beihilfen in Härtefällen.	Gratis

Manche Unternehmen haben eine eigene Unterstützungskasse mit eigener Rechtspersönlichkeit, regelmäßig der eines Vereins, geschaffen. Ausschließlich diese **Unterstützungskassen unterliegen dem Mitbestimmungsrecht** des Betriebs- oder Personalrates.

Durchweg werden Beihilfen nur **in bestimmten Notfällen** gewährt, wie Krankheit und Tod von Beschäftigten oder ihren engsten Familienangehörigen. Begünstigt werden also nicht nur Belegschaftsmitglieder, sondern im Einzelfall auch ihre Angehörigen. Andere Unternehmen zahlen mit oder ohne besonderen Antrag auch Unterstützungen bei der Geburt, zur Konfirmation beziehungsweise Kommunion sowie zu sonstigen **familiären Ereignissen.**   Veranlassung

4.4. Wohnungswesen

Für neue Mitarbeiterinnen und Mitarbeiter ist das betriebliche Wohnungswesen von Fall zu Fall bereits im Vorfeld der Einarbeitung von Bedeutung. Wenn die neuen Beschäftigten nicht im Umfeld des Unternehmens wohnen, ist die Personalabteilung aufgefordert, für die ersten Tage oder gar Wochen ein **Hotelzimmer zu buchen und Hilfe bei der Wohnungssuche zu leisten,** etwa durch den Ersatz der Maklergebühren, Suchanzeigen und eine betriebliche Wohnungsvermittlung.   Neueintritte

Überhaupt ist der Beistand bei der Befriedigung der Wohnbedürfnisse eine häufig geübte Art der Personalbetreuung.

Unterkunft, Zuschuß

Neben der genannten Hilfe für Neueintritte kennt man die Bereitstellung von **Unterkünften und Internaten** für Beschäftigte bei Montagearbeiten und am Bau, für ausländische Mitarbeiterinnen und Mitarbeiter sowie Auszubildende. Hie und da werden auch **Mietzuschüsse** gewährt.

Werkswohnung

In früheren Zeiten verfügten viele umsatz- und mitarbeiterstarke Unternehmen über einen großen Wohnungsbestand für ihre Beschäftigten. Man unterscheidet

- **Werksdienstwohnungen,** das heißt Wohnungen im Eigentum der Arbeitgeber, die den Beschäftigten im Rahmen ihres Arbeitsverhältnisses als ein Teil des Arbeitsentgelts überlassen werden, und
- **Werksmietwohnungen,** gleichfalls Wohnungen im Eigentum der Arbeitgeber, die jedoch, mit Rücksicht auf das Bestehen eines Arbeitsverhältnisses, an die Beschäftigten vermietet werden.

Diesen Wohnungsbestand haben die meisten Unternehmen **inzwischen abgebaut.** Die Gründe dafür sind mannigfaltig: Der Verwaltungsaufwand ist hoch und die Kosten der Werterhaltung steigen überproportional. Zudem gehört die Wohnraumnot der Nachkriegszeit, jedenfalls in jener Schärfe, der Vergangenheit an. Erhalten blieben vor allem die **Betriebswohnungen,** also beispielsweise Hausmeisterwohnungen, deren Zweckbestimmung darin besteht, von Beschäftigten bewohnt zu werden.

Soweit sich Unternehmen derzeit überhaupt noch im Wohnungsbau engagieren, geschieht das zumeist in Form der Vergabe oder Vermittlung von Darlehen für den Erwerb und den Bau von Häusern und Wohnungen.

4.5. Darlehen

Beweggründe

Manche Unternehmen vergeben Darlehen zur Unterstützung

- des Kraftfahrzeug- und
- des Einrichtungskaufs sowie
- des Haus- und Wohnungserwerbs in Form von Finanzierungsdarlehen, Baukostenzuschüssen oder der Finanzierung von Abstandszahlungen und Genossenschaftsanteilen.

Vorteile

Der **Vorteil für die Darlehensnehmer** liegt zum einen in der Tatsache der Darlehensgewährung, falls die Banken ein Darlehen verweigern, und dem teilweise praktizierten Verzicht des Arbeitgebers auf eine grundrechtliche Eintragung. Im letzteren Fall fungiert das Darlehen so gut wie Eigenkapital. Zum anderen ist ein niedriger Zins oder gar Zinsfreiheit von Interesse. Allerdings muß der Zinsvorteil versteuert werden, wenn der Effektivzins sechs Prozent unterschreitet und die Darlehenssumme 5.000 DM überschreitet. Der **Vorteil für die Unternehmen** besteht vor allem in der Personalbindung.

Bearbeitung

Soweit ein Unternehmen Darlehen vergibt, sollte es sich ein **Regelwerk** schaffen, daß eine möglichst gleichmäßige Behandlung aller Arbeitnehmerinnen und Arbeitnehmer mit gleichen Bedürfnissen sicherstellt. Die Anträge werden zumeist von der Personalabteilung bearbeitet. Im Zweifelsfall wird man sich bei den zuständigen Vorgesetzten erkundigen, ob die Antragsteller voraussichtlich wenigstens bis zur vollständigen Rückzahlung im Unternehmen beschäftigt bleiben. Ferner empfiehlt sich eine Abstimmung mit dem Gehalts- oder Lohnkonto. Nach der Genehmigung werden mit den Darlehensnehmern entsprechende **Verträge** geschlossen. Sie beinhalten neben der Höhe des Darlehens und dem Auszahlungstermin die Verzinsung sowie Rückzahlungsraten und -termine.

Wollen die Unternehmen nicht selbst als Darlehensgeber auftreten, können sie **Darlehen bei Banken vermitteln und auch Bürgschaften übernehmen.**   *Vermittlung*

4.6. Interessengemeinschaften

> Die Unternehmen können Gemeinschaften unterstützen, die Beschäftigte mit gleichen oder ähnlichen Interessen bilden, etwa einen Werkschor oder ein Werksorchester.

Zuweilen werden diese Interessengemeinschaften auch in Vereinsform geführt, beispielsweise ein Modellbauverein. Die Unterstützung reicht von ideellen Leistungen, zum Beispiel der Möglichkeit, Bekanntmachungen am schwarzen Brett auszuhängen, bis zu finanziellen Beiträgen wie Mietzuschüssen für die notwendigen Räumlichkeiten.   *Ideell und finanziell*

4.7. Betriebskindergarten

> Obwohl der Staat sich verpflichtet hat, für jedes Kind einen Kindergartenplatz zur Verfügung zu stellen, ist es für Eltern immer noch nicht leicht, einen solchen Platz zu beschaffen und zu bezahlen. Deshalb ist es besonders für Unternehmen, die Halbtagskräfte suchen, von Interesse, einen Betriebskindergarten einzurichten.

Möglich ist das **in eigener Regie.** In diesem Fall stellt das Unternehmen die erforderlichen Räumlichkeiten. Zudem müssen Fachkräfte eingestellt werden.   *Formen*

Manche Unternehmen scheuen davor zurück, sich in dieser Weise relativ langfristig zu binden. Diesen Unternehmen sei empfohlen, eine **Elterninitiative** unter den Beschäftigten anzuregen. Diese Initiative kann, etwa in Vereinsform, die Verpflichtungen und Verwaltung übernehmen. Dem Unternehmen steht es dann frei, unentgeltlich oder gegen eine geringe Miete die Räumlichkeiten zu stellen und auch finanzielle sowie ideelle Unterstützung zu leisten.

4.8. Ausleihe

> Die bekannteste, aber in Sachen Personalbetreuung nicht unbedingt die wichtigste Ausleihe ist die Werksbücherei.   *Werksbücherei*

Sie dient wohl in erster Linie dem Zweck, den unternehmenseigenen Bestand an Sachbüchern und Fachzeitschriften zusammenzufassen und allen Beschäftigten als Arbeitsunterlage und zur Weiterbildung zugänglich zu machen. Schöngeistige Literatur ist hier heutzutage selten zu finden, da die Bevölkerung diesbezüglich ausreichend über öffentliche Büchereien versorgt wird.

> Falls Unternehmen eine Werkzeugausleihe organisieren, ist diese für die Beschäftigten in der Regel von größerem Interesse.   *Werkzeugausleihe*

C. Arbeitsaufgaben

1. Nennen Sie zehn Aufgaben der Personalbetreuung.
2. Nennen Sie vier Formen der Personalbetreuung.
3. Was unterscheidet Sozialmaßnahmen von Sozialeinrichtungen?
4. Was bewegt ein Unternehmen, Personalbetreuung zu betreiben?
5. Welche Mitbestimmungsrechte hat der Betriebsrat im Rahmen der Personalbetreuung?
6. Beschreiben Sie kurz den Beratungs- und Informationsbedarf der Beschäftigten.
7. Was ist Catering?
8. Welche Aufgaben hat die Sozialstation?
9. Beschreiben Sie die Grundzüge der betrieblichen Suchtbekämpfung.
10. Was muß ein Unternehmen bei der Vergabe von Belegschaftsdarlehen beachten?

D. Weiterführende Literatur

Bisani, F., Personalwesen und Personalführung, 4. Auflage, Wiesbaden 1995.
Fuchs, R. und M. **Resch,** Alkohol und Arbeitssicherheit, Göttingen/Bern/Toronto/Seattle 1996.
Goossens, F., Personalleiter-Handbuch, 7. Auflage, Landsberg am Lech 1981.
Kolb, M., Personalmanagement, Berlin 1995.
Olfert, K. und P. **Steinbuch,** Personalwirtschaft, 6. Auflage, Ludwigshafen 1995.
Scholz, C., Personalmanagement, 4. Auflage, München 1994.
Wagner, D., E. **Zander** und C. **Hauke,** Handbuch der Personalleitung, München 1992.
Ziegler, H. und K. **Wilke,** Probleme mit dem Alkohol, 5. Auflage, Köln 1992.

8. Personal- und Organisationsentwicklung

A. Leitfragen

1 Sie wollen sich also fortbilden. Sonst würden Sie ja dieses Buch nicht durcharbeiten.
- Welche Interessen und Neigungen haben Sie dazu gebracht?
- Was hat Sie daneben von der Notwendigkeit dieser Fortbildung überzeugt?

2 Stellen Sie sich vor, Sie seien für die Aus- und Weiterbildung der Beschäftigten eines Unternehmens zuständig. Am Donnerstag informiert Sie ein Meister, am kommenden Montag werde eine neue Maschine für die Fertigung geliefert. Er nehme an, die für die Bedienung dieser Maschine vorgesehenen Mitarbeiter Müller, Maier und Schmitz seien der neuen Aufgabe nicht gewachsen.
- Was genau ist da schiefgegangen?
- Welche Vorwürfe müßten Sie gegen sich gelten lassen?

3 Sie müssen die Stelle einer Lagerarbeiterin beziehungsweise eines Lagerarbeiters neu besetzen. Das Anforderungsprofil dieser Stelle ist Ihnen nicht bekannt. Sie wissen lediglich, daß eine Berufsausbildung nicht vonnöten ist. Die Lagerleiterin erklärt auf Anfrage, für diese Stelle müsse man nichts können. Das stimmt sicherlich nicht.
- Welche Anforderungen vermuten Sie?
- Wie können Sie die Anforderungen ermitteln?

4 Bleiben wir dabei, daß Sie für die Aus- und Weiterbildung zuständig sind. Die Geschäftsleitung ist der Auffassung, die Führungskräfte könnten ihre Zeit nicht richtig einteilen. Die Führungskräfte behaupten dasselbe von der Geschäftsleitung.
- Was müßten Sie für die Planung einer entsprechenden Qualifizierung bedenken?
- Müssen Sie in diesem Fall überhaupt etwas planen?

B. Sachanalyse

1. Definitions- und Funktionsmerkmale der Personalentwicklung

> Personalentwicklung dient der Vermittlung jener Qualifikationen, die zur optimalen Verrichtung der derzeitigen und der zukünftigen Aufgaben in einem Unternehmen erforderlich sind. Dadurch ergeben sich fünf   Merkmale

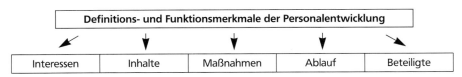

Abb. 8.1. Definitions- und Funktionsmerkmale der Personalentwicklung

1.1. Interessen

Bildungsarbeit

> Personalentwicklung umfaßt die Bildungsarbeit der Unternehmen, die Aus- und Weiterbildung. Hier besteht die allgemeine Zielsetzung der Unternehmen darin, durch Vermittlung entsprechender Qualifikationen den personellen Bedarf zu decken und den bestmöglichen Einsatz der Beschäftigten sicherzustellen.

Bildungsarbeit ist **aus folgenden Gründen unentbehrlich:**

- Selbst bei hohen Arbeitslosenzahlen gibt es bei bestimmten Qualifikationen immer noch und immer wieder **Engpässe.** Die Unternehmen sind hinsichtlich dieser Qualifikationen auf interne Beschaffungswege, also **auf den internen Personalbeschaffungsmarkt angewiesen.** Die **Personalentwicklung** greift dort ein, **wo die Beschäftigten nicht über die notwendigen Qualifikationen verfügen.**

- Unternehmen, die Personalentwicklung betreiben, sind aber auch in der Lage, solche Bewerberinnen und Bewerber einzustellen, die die erforderlichen Qualifikationen noch nicht besitzen, deren Eignungspotential aber ausreicht. Diese **Bewerberinnen und Bewerber können durch entsprechende Bildungsmaßnahmen die notwendigen Qualifikationen erlangen.**

- Überhaupt haben **im Wettbewerb um Fachkräfte jene Unternehmen die Nase vorn, die Bewerberinnen und Bewerbern ein ansprechendes Bildungsangebot bieten.**

- Zur Personalentwicklung zählt auch die Berufsausbildung. Wenn sich Unternehmen für eine **Erstausbildung in jenen Berufen entschließen, für die ein großer Bedarf besteht,** stehen ihnen bald die dringend benötigten Fachkräfte zur Verfügung.

- Mit einer anforderungs- und eignungsgerechten Stellenbesetzung ist bei weitem nicht alles Notwendige veranlaßt. Das gesamte Unternehmen und die einzelnen Arbeitsplätze sind einer Vielzahl von Veränderungen unterworfen, die zu modifizierten Anforderungen führen. Man denke nur an die Einführung der elektronischen Datenverarbeitung. Wenn ein Unternehmen weiterhin der Konkurrenz anderer Anbieter standhalten und die Wünsche der Kunden befriedigen will, **müssen die Qualifikationen der Beschäftigten an die veränderten Gegebenheiten der Arbeitsplätze angepaßt werden.** Das bedingt eine Vertiefung von fach- und bereichsspezifischen Kenntnissen und Fertigkeiten.

- Im Rahmen der intensiven Ermittlung der Eignungen und Eignungspotentiale kann nebenbei die eine oder andere **Fehlbesetzung aufgedeckt werden.**

- Die Unternehmen müssen feststellen, daß sich das Aufgabenfeld der Führungskräfte immer mehr von den Sachaufgaben hin zu den Führungsaufgaben verlagert. Die dafür notwendigen Qualifikationen sind aber nicht immer vorhanden. Deshalb ist eine **Führungskräftefortbildung** unabweisbar.

- Auch die Aus- und Weiterbildung im Hinblick auf Qualifikationen, die nicht unbedingt für die Bewältigung der aktuellen Aufgaben benötigt werden, kann von hohem Nutzen sein. Durch derartige Qualifikationen wird die Grundlage für eine **größere Flexibilität und Anpassungsfähigkeit beim Personaleinsatz** geschaffen. Zudem führt die damit verbundene Erweiterung des Bildungshorizontes zur **Schaffung, Erhaltung und Verbesserung von Innovationspotentialen.**

- Werden darüber hinaus Qualifikationen für andere Bereiche der Unternehmung vermittelt, so schafft man einen Nährboden für die **innerbetriebliche Kooperation und Kommunikation** sowie die **Bereitschaft, Änderungen zu verstehen und herbeizuführen.**

- Bildungsarbeit kann deshalb in der Summe zu einer Identifikation der Beschäftigten mit dem Unternehmen sowie einer **Verbesserung ihres Arbeits- und Sozialverhaltens** führen. Sie verhilft somit zu einer geringen Fluktuation und vergleichsweise niedrigen Fehlzeiten. Damit schließt sich der Kreis, denn eine geringe Fluktuation und niedrige Fehlzeiten machen manche Personalbeschaffungsmaßnahme entbehrlich.

Außerdem haben viele **Unternehmen ein Interesse** daran, mit der Personalentwicklung den Rahmen der reinen Bildungsarbeit zu sprengen:

Förderung

- Personalentwicklung ist nämlich **nur dann gerechtfertigt, wenn sichergestellt ist, daß die vermittelten Qualifikationen** nicht nur vom Unternehmen, sondern auch **von den Betroffenen gefragt sind.** Ansonsten verkommen Maßnahmen der Personalentwicklung zum lästigen Übel oder bestenfalls zur angenehmen Unterbrechung der täglichen Routine.

- Der immer raschere technologische und wirtschaftliche Wandel stellt laufend größere Anforderungen an die Mobilität der Beschäftigten sowie ihre Fähigkeit und Bereitschaft, ihr Wissen und Können den sich ständig ändernden Arbeitsbedingungen anzupassen. **Die Beschäftigten erwarten** deshalb von ihren Beschäftigungsunternehmen nicht nur ein entsprechendes Bildungsangebot. Sie erwarten darüber hinaus als eine Art Gegenleistung für die größeren Anforderungen **eine Förderung, die ein berufliches Fortkommen ermöglicht.** Es geht ihnen um die Chance, sich für anspruchsvollere Aufgaben zu spezialisieren. Und es geht ihnen um Aufstiegsmöglichkeiten. Viele Unternehmen haben eingesehen, daß sie ins Hintertreffen geraten, wenn sie dieser Erwartung nicht nachkommen.

Damit wird deutlich, daß **Personalentwicklung mehr beinhaltet, als im allgemeinen unter Bildungsarbeit verstanden wird. Inhalt der Personalentwicklung ist auch die Förderung der Beschäftigten** im beruflichen Bereich, etwa in Fragen des Aufstiegs, aber auch in Bereichen, die weit darüber hinausgehen, beispielsweise in persönlichen und sozialen Fragen.

> Während die reine Bildungsarbeit ganz auf die Erfordernisse der Unternehmen ausgerichtet ist, berücksichtigt die Personalentwicklung also auch die Vorstellungen und Wünsche der Beschäftigten, ihre persönlichen Interessen und Neigungen.

Interessen und Neigungen

- Dazu zählt zunächst das bereits genannte **Interesse an einem beruflichen Fortkommen,** das heißt an anspruchsvolleren Aufgaben und Aufstiegsmöglichkeiten. Damit verbunden ist der Wunsch nach Einkommenssteigerungen.

- Die Vorstellungen und Wünsche der Beschäftigten gehorchen aber auch den Zwängen des wirtschaftlichen und technologischen Wandels. **Die Mitarbeiterinnen und Mitarbeiter** wollen den veränderten Tätigkeitsinhalten und Arbeitsanforderungen gewachsen sein. Sie **akzeptieren die Notwendigkeit des lebenslangen Lernens, um die persönlichen Risiken des Wandels,** etwa den Verlust des Arbeitsplatzes und Arbeitsentgelts, **zu mindern.** An den Arbeitsplatz ist zugleich auch die Stellung in der Gesellschaft gekoppelt, die es zu sichern gilt. Die Stellung in der Gesellschaft wird nämlich weitgehend durch die Berufstätigkeit bestimmt.

○ Man kann es den Beschäftigten nicht verübeln, wenn sie bei dieser Risikoabwägung auch einen Blick über den Werkszaun werfen. Personalentwicklung wird auch deshalb begrüßt, weil sie ihnen sicherlich **zu besseren Chancen am Arbeitsmarkt verhilft.**

○ Die Mitarbeiterinnen und Mitarbeiter legen mehr als in vergangenen Zeiten Wert auf ihre **persönliche Entfaltung.** Sie wollen mehr Mitspracherechte, mehr Verantwortung und sich in ihren beruflichen Aufgaben selbst verwirklichen. Sie streben danach, ihre bisher ungenutzten Kenntnisse und Fertigkeiten zu erschließen und zu vervollkommnen. Unternehmen, die das zulassen, verstehen Personalentwicklung, wie *Sievers (Mitarbeiter sind keine Olympioniken),* als eine Einladung und Aufforderung an die Beschäftigten, die Beziehung zwischen der eigenen Person und dem Unternehmen so zu gestalten, daß beide Seiten davon profitieren.

Interessenausgleich

Eine Förderung in dem oben erwähnten Sinne können sich die Unternehmen nur insoweit erlauben, als sie Interessen und Neigungen der Beschäftigten betrifft, die mit den Interessen des Unternehmens korrespondieren. Die Personalentwicklung steht folglich vor der schwierigen Aufgabe, die Interessen und Neigungen der Beschäftigten zu erkennen, sie mit den Interessen des Unternehmens abzugleichen und nach Möglichkeit einen Ausgleich herbeizuführen. In diesem Sinne muß untersucht werden,

– bei welchen Beschäftigten

– welche Interessen und Neigungen

– im Hinblick auf welche aktuellen sowie künftigen Veränderungen der Arbeitsplätze und Tätigkeitsinhalte und

– in welchem Umfang gefördert werden sollten.

Es kann durchaus vorkommen, daß **ein Unternehmen** aufgrund der besseren Informationsgrundlage **einen notwendigen Personalentwicklungsbedarf erkennt, bevor dieser den Beschäftigten bewußt wird.** In der Regel dient es aber auch den Interessen der Beschäftigten, wenn sich die Qualifizierungsmaßnahmen am betrieblichen Bedarf orientieren. Hier sind **Informationen und Überzeugungsarbeit** vonnöten, bevor entsprechende Maßnahmen eingeleitet werden können.

Finanzierung

Im Idealfall kommt man zu dem Ergebnis, daß sich die **Interessen des Unternehmens mit denen der betroffenen Beschäftigten decken.** In diesen Fällen **sind die Unternehmen** nicht nur rechtlich, sondern auch moralisch **zur Übernahme der Kosten verpflichtet,** soweit nicht staatliche Mittel bereitgestellt werden. Letzteres ist ohnehin nur in geringem Umfang der Fall.

Risiken

Manchmal **befürworten die Beschäftigten und das betreffende Unternehmen** zwar dieselbe Maßnahme, aber **aus völlig unterschiedlichen Gründen.** So verspricht sich das Unternehmen etwa eine größere Flexibilität beim Personaleinsatz, während die Beschäftigten den wesentlichen Vorteil in besseren Chancen am außerbetrieblichen Arbeitsmarkt sehen. Auch in diesem Fall **muß das Unternehmen die Kosten tragen.** Es läuft indes **Gefahr, daß die Betreffenden das Unternehmen verlassen.** Solche Risiken sind zwar nicht vollkommen auszuschließen. Sie sollten aber, wie *Mentzel (Unternehmenssicherung durch Personalentwicklung)* zu Recht anmerkt, auch nicht überbewertet werden. Eine Personalentwicklung, die nicht nur den personellen Bedarf deckt, sondern auch mit den Vorstellungen der Beschäftigten und ihren persönlichen beruflichen Plänen abgestimmt wird, vermittelt den Beschäftigten genügend Anreize, im Unternehmen zu verbleiben.

Wenn die **Initiative** ausschließlich **von** einer oder einem **Beschäftigten** ausgeht und sich keine oder nur eine geringe Übereinstimmung mit den Interessen des Unternehmens finden läßt, gilt grundsätzlich dasselbe. Deswegen **unterstützen einige Unternehmen solche Initiativen soweit wie eben möglich.** Manche Unternehmen machen **die finanzielle Förderung jedoch davon abhängig,** ob die gewünschte Maßnahme der beruflichen Fortbildung dient oder **ob die erworbenen Qualifikationen am Arbeitsplatz auch tatsächlich eingesetzt werden können.** Zum Teil sind die Unternehmen auch **gesetzlich zur Finanzierung verpflichtet,** beispielsweise wenn den Beschäftigten ein Anspruch auf Bildungsurlaub zusteht oder wenn sich Betriebs- und Personalräte, Jugendvertretungen, Betriebsärztinnen und -ärzte, Fachkräfte für Arbeitssicherheit sowie Vertrauensleute für Schwerbehinderte für ihre Aufgaben fortbilden. Ansonsten gewähren die Unternehmen bezahlten oder unbezahlten Sonderurlaub und Darlehen. Gebräuchlich sind darüber hinaus **Rückzahlungsklauseln,** mit denen die Betroffenen sich verpflichten, die für die Maßnahme aufgewandten Kosten zu erstatten, falls sie aus einem in ihrer Person liegenden Grund vor Ablauf einer bestimmten Frist aus dem Unternehmen ausscheiden. Solche vertraglichen Verpflichtungen sind zulässig, wenn die Maßnahme für die Beschäftigten eine angemessene Gegenleistung ist, das heißt überwiegend in ihrem Interesse liegt. Außerdem ist das Verhältnis von Bindungsdauer und Höhe der entstandenen Fortbildungskosten maßgebend. Als Faustformel für die Praxis wird grundsätzlich eine Begrenzung der Bindungsdauer auf höchstens drei Jahre empfohlen. Davon abgesehen hinterläßt eine derartige Personalbindung über die finanzielle Knute nicht den besten Eindruck auf die Beschäftigten. Sie nehmen deshalb häufig lieber Abstand von der Maßnahme.

Rückzahlung

1.2. Inhalte

Personalentwicklung dient der Vermittlung von anforderungs- und neigungsgerechten Qualifikationen. Die Inhalte der Bildungsarbeit und Förderung sind demnach die Mehrung des Wissens, die Erweiterung des Könnens und die Änderung des Verhaltens von einzelnen Beschäftigten. Diese Inhalte sind durchweg so eng miteinander verflochten, daß sie bei vielen Maßnahmen der Personalentwicklung gemeinsam angeschnitten werden.

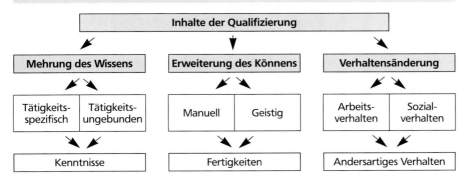

Abb. 8.2. Inhalte der Qualifizierung

Wissen — Mit dem Begriff **Wissen** wird das gesamte theoretische und praktische Know-how angesprochen. **Tätigkeitsspezifisches Wissen** wird durch das Anforderungsprofil einer bestimmten Stelle gefordert. **Tätigkeitsungebundenes Wissen** ermöglicht es hingegen, diverse Anforderungen verschiedener Stellen zu erfüllen. Welches Wissen im Einzelfall vermittelt werden soll, ergibt sich einerseits aus dem Vergleich von Anforderungs- und Eignungsprofilen und andererseits aus den Neigungen und Interessen der Beschäftigten. Das Ergebnis der Vermittlung von Wissen sind neue **Kenntnisse**.

Können — **Können** ist die Fähigkeit, das erworbene Wissen bei einer geistigen oder manuellen Tätigkeit praktisch anzuwenden. Können läßt sich im Gegensatz zum Wissen nicht vermitteln, sondern nur durch Übung und Erfahrung heranbilden. Der Aufbau des **manuellen Könnens** soll dazu befähigen, mit Werkzeugen, Maschinen, Materialien und Hilfsmitteln in der Produktion und Verwaltung richtig umzugehen. **Geistiges Können** zielt darauf ab, praktisch und theoretisch erworbenes Wissen bei der eigenen geistigen Arbeit sinnvoll anzuwenden. Das Ergebnis der Erweiterung des Könnens sind neue **Fertigkeiten**.

Verhalten — Letztlich zielt die Personalentwicklung auf Verhaltensänderungen ab. Das **Verhalten** wird durch Einflußgrößen des Umfeldes geprägt, aber auch durch Einflußgrößen, die in der Person liegen. In Theorie und Praxis maßt sich manch einer an, **Verhaltensänderungen im** letztgenannten **persönlichen Bereich** zu bewirken. Die Verführung, dies zu tun, ist in der Tat im Einzelfall sehr groß, etwa wenn sich eine Führungskraft ständig durch Schüchternheit selbst blockiert. Trotzdem ist es sicherlich nicht angezeigt, daß Unternehmen selbst auf diesen privaten Bereich ihrer Beschäftigten einwirken. Einige Einflußgrößen des Umfeldes, beispielsweise Vorschriften, Regelungen, die Arbeitsumgebung, die Arbeitsbedingungen und die vorhandenen technischen Hilfsmittel formen das **Arbeitsverhalten.** Es kann folglich durch eine Veränderung dieser Einflußgrößen, aber auch durch einen anderen Umgang mit ihnen beeinflußt werden. Um den anderen Umgang mit diesen Größen bemüht sich die Personalentwicklung. Das gleiche gilt für das **Sozialverhalten.** Es wird durch die formellen und informellen Beziehungen zu Kolleginnen und Kollegen, Vorgesetzten, Mitarbeiterinnen und Mitarbeitern geprägt. Es drückt sich zugleich in diesen Beziehungen aus.

1.3. Maßnahmen

Qualifizierungsmaßnahmen — Die **Maßnahmen der Personalentwicklung,** also die Ansätze der **Qualifizierung,** kann man, ähnlich wie *Mentzel (Unternehmenssicherung durch Personalentwicklung),* wie folgt **kategorisieren**:

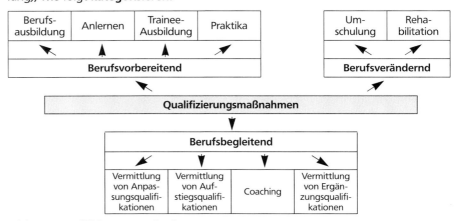

Abb. 8.3. Qualifizierungsmaßnahmen

1.3.1. Berufsvorbereitende Qualifizierung

Die berufsvorbereitende Qualifizierung umfaßt alle Maßnahmen der Personalentwicklung, die dem erstmaligen Einsatz in einer beruflichen Tätigkeit dienen.

Berufsvorbereitend

Berufsausbildung

Mit der Berufsausbildung machen Unternehmen den ersten Schritt, den Zukunftsbedarf an qualifizierten Fachkräften zu sichern. Zugleich erfüllen sie einen gesellschaftlichen Auftrag, nämlich die Qualifizierung des Nachwuchses zu Arbeitskräften für die gesamte Wirtschaft.

Berufsausbildung

In Deutschland erfolgt die Berufsausbildung im sogenannten dualen System. Mit diesem Begriff bringt man zum Ausdruck, daß die Berufsausbildung an zwei Lernorten stattfindet, im Unternehmen und in der Berufsschule. Für die Berufsschulen sind im Rahmen ihrer Kulturhoheit die Länder zuständig, für die Berufsausbildung im Unternehmen dagegen der Bund, der Regelungen vor allem im Berufsbildungsgesetz und in Ausbildungsordnungen getroffen hat.

Die Berufsausbildung ist eine Erstausbildung. Sie schafft den Übergang vom Bildungs- in das Beschäftigungssystem. Die Berufsausbildung beinhaltet zunächst eine breit angelegte berufliche Grundbildung. In der darauf aufbauenden Stufe der allgemeinen beruflichen Fachbildung soll die Berufsausbildung möglichst für mehrere Fachrichtungen gemeinsam fortgeführt werden. In der besonderen beruflichen Fachbildung sollen schließlich die zur Ausübung einer qualifizierten Berufstätigkeit erforderlichen praktischen und theoretischen Qualifikationen vermittelt werden.

Ein geordneter Ausbildungsgang wird durch Ausbildungsordnungen sichergestellt, die sogenannten Ausbildungsrahmenpläne. Zur Zeit sind rund 380 Ausbildungsberufe staatlich anerkannt. Die Inhalte der Ausbildungsrahmenpläne sind für die Unternehmen verbindlich. Methodisch und organisatorisch lassen sie ihnen jedoch weitgehend freie Hand für betriebliche Ausbildungspläne. Betriebliche Ausbildungspläne werden für jeden Beruf aufgestellt, für den im Unternehmen ausgebildet wird. Sie orientieren sich am Ausbildungsrahmenplan und berücksichtigen zugleich die betrieblichen Bedingungen. Sie helfen bei der Steuerung der Ausbildung und zeigen auf, wo die Auszubildenden was zu lernen haben, wann das zu geschehen hat und wie lange sie jeweils an einem Ausbildungsort verweilen sollen.

Die Ausbildung für einen Beruf in einem Unternehmen muß aber nicht nur als Ganzes, sondern auch individuell für jede Auszubildende und jeden Auszubildenden geplant werden. Der individuelle Ausbildungsplan muß in Form einer sachlichen und zeitlichen Gliederung dem Berufsausbildungsvertrag beigelegt werden, der die individuelle Rechtsgrundlage für ein Berufsausbildungsverhältnis ist.

Der Gesetzgeber hat die Kontrolle der Berufsausbildung sogenannten zuständigen Stellen übertragen, die paritätisch von der Arbeitgeber- und der Arbeitnehmerseite besetzt sind. Es handelt sich vor allem um Handwerks-, Industrie- und Handels-, Landwirtschafts- und Berufskammern sowie Behörden des öffentlichen Dienstes. In Prüfungsfragen wirken Lehrerinnen und Lehrer an berufsbildenden Schulen mit.

Anlernen

Anders als die Berufsausbildung ist das Anlernen an keine staatlichen Vorgaben gebunden. Es bleibt den Unternehmen überlassen, wie sie dabei vorgehen.

Anlernen

Das Anlernen ist eine Form der fachlichen Einweisung von Beschäftigten, die im Rahmen der Einarbeitung im Kapitel Personaleinsatz angesprochen wird. Es handelt sich um eine Maßnahme, durch die man jene Qualifikationen vermitteln will, die für die Ausübung einer praktischen Tätigkeit im Unternehmen notwendig sind. Aber nicht jede fachliche Einweisung ist ein Anlernen.

Das Anlernen gilt in aller Regel relativ anspruchslosen Aufgabengebieten, für die eine Berufsausbildung nicht existiert oder zumindest nicht erforderlich ist. Deshalb ist das Anlernen häufig auf einen recht kurzen Zeitraum beschränkt.

Die, wie gesagt, zur Zeit rund 380 anerkannten Ausbildungsberufe decken nicht alle Tätigkeitsbereiche ab. Deshalb kann das Anlernen sich auch auf anspruchsvolle Aufgabengebiete beziehen und recht zeitaufwendig sein. Das ist zum Teil im Rahmen der Produktion von Speichermedien der Fall.

Trainee-Ausbildung

Trainee-Ausbildung

Der Trainee-Ausbildung wird von vielen Unternehmen traditionell besondere Bedeutung beigemessen, da sich aus den Trainees, also Hochschulabsolventinnen und -absolventen, viele künftige Führungskräfte rekrutieren. Deshalb dauert eine Trainee-Ausbildung durchschnittlich ein bis zwei Jahre. Wie das Anlernen ist auch die Trainee-Ausbildung eine spezielle Form der Einarbeitung. Sie weicht jedoch sowohl in ihren zeitlichen Dimensionen als auch in ihren umfangreichen Inhalten derart von der gängigen Einarbeitung ab, daß sie zur Personalentwicklung gerechnet werden muß.

Zunächst einmal ist die Trainee-Ausbildung eine Art verlängerter Probezeit. Die Trainees werden sicherlich, angesichts der hohen Kosten dieser Maßnahme, sehr sorgfältig ausgewählt. Sie gehen regelmäßig befristete Arbeitsverhältnisse ein. Während und am Ende der Trainee-Ausbildung finden Personalbeurteilungen statt, aufgrund derer entschieden wird, wem ein unbefristetes Arbeitsverhältnis für welche Position angeboten wird.

Ferner will man den Hochschulabsolventinnen und -absolventen mit der Trainee-Ausbildung einen vertieften Einblick in die Arbeitstechniken der betrieblichen Praxis, in die funktionsbezogenen Zusammenhänge und die Organisationsstrukturen vermitteln. Dieses Ziel soll durch überbetrieblichen und betrieblichen Einsatz, die aktive Mitarbeit der Trainees und ihre weiterführende allgemeine Ausbildung in internen und gegebenenfalls auch externen Seminaren erreicht werden. Der Ablauf wird jeweils auf die Trainees individuell abgestimmt. Dadurch finden die aus persönlichen Neigungen gesetzten Studienschwerpunkte Berücksichtigung. Häufig bieten Unternehmen mehrere Trainee-Ausbildungen mit der gleichen zeitlichen Aufteilung an, die sich thematisch unterscheiden.

Durchweg durchlaufen die Trainees drei Phasen der Ausbildung. In der Orientierungsphase lernen die Trainees über zwei bis drei Monate die zentralen Bereiche des Unternehmens kennen. Bereits in dieser Phase werden sie soweit wie möglich in den Arbeitsprozeß einbezogen. Sie erledigen bestimmte Aufgaben eigenverantwortlich unter Anleitung ihres jeweiligen Zeitvorgesetzten. In der folgenden etwa sechsmonatigen Vertiefungsphase widmen sich die Trainees den diversen Tätigkeitsfeldern, für die sie sich in ihrem Studium qualifiziert haben. Sie lernen spezielle Bereiche kennen, in denen sie zukünftig vielleicht tätig werden. Zu diesem Zweck erhalten sie komplexe Aufgaben, die sie in Projektarbeit möglichst selbständig bearbeiten. Nach einer Beurteilung wird dann definiert, in welchem Bereich die oder der Betreffende zukünftig tätig wird. Entsprechend wird sie oder er in der abschließenden Einsatzphase auf diese Aufgabe spezifisch vorbereitet.

Praktikum

In den letzten Klassen der schulischen Ausbildung sind häufig Praktika vorgesehen. Auch die Studienordnungen diverser Studiengänge sehen Praktika eingangs und während des Studiums vor. Und manche Unternehmen, insbesondere im Verlags- und Pressewesen, legen großen Wert darauf, daß Bewerberinnen und Bewerber um Ausbildungsplätze aber auch auf Vakanzen ein branchen- oder berufsbezogenes Praktikum absolviert haben. Ein- bis zweijährige Praktika im Bereich des Journalismus werden Volontariate genannt.

Durch ein Praktikum sollen praktische Erfahrungen zur Vorbereitung auf einen späteren Beruf gesammelt werden. Die Effizienz der Praktika hängt ausschließlich von der Initiative des betreffenden Unternehmens ab. Die Praktikanten müssen indes darauf achten, daß die Gestaltung den Vorgaben entspricht, die ihnen von der Schule oder durch die Studienordnung vorgegeben werden.

Praktikum

1.3.2. Berufsbegleitende Qualifizierung

> Die berufsbegleitende Qualifizierung spricht Beschäftigte an, die bereits im Berufsleben stehen und über ein gewisses Maß an Berufserfahrung verfügen. Die Maßnahmen der berufsbegleitenden Personalentwicklung sollen es ermöglichen, die beruflichen Qualifikationen zu erhalten, zu erweitern, der technischen Entwicklung anzupassen oder beruflich aufzusteigen. In diesem Sinne äußert sich auch der Gesetzgeber im Berufsbildungsgesetz, der den Unternehmen jedoch größtenteils freie Hand läßt.

Berufsbegleitend

Anpassungsqualifikation

Mit der Vermittlung von Anpassungsqualifikationen werden das vorhandene Wissen und Können der Beschäftigten sowie ihr Arbeits- und Sozialverhalten an die veränderten Gegebenheiten ihrer Arbeitsplätze angeglichen.

In erster Linie sind derartige Anpassungsprozesse wegen des fortlaufenden technologischen und organisatorischen Wandels erforderlich.

Zudem müssen die Qualifikationen neuer Mitarbeiterinnen und Mitarbeiter, die ihre Berufserfahrungen in anderen Unternehmen gewonnen haben, an die spezifischen betrieblichen Gegebenheiten angepaßt werden.

Das gilt in besonderem Maße für Beschäftigte, die bereits aus dem Erwerbsleben ausgeschieden waren. Bei einer solchen beruflichen Reaktivierung werden Wissen und Fertigkeiten wieder aufgefrischt, erweitert und mit den veränderten Erfordernissen in Einklang gebracht.

Anpassungsqualifikation

Aufstiegsqualifikation

Die Vermittlung von Aufstiegsqualifikationen dient dazu, das Potential von Beschäftigten so fortzuentwickeln, daß sie zur Übernahme qualifizierterer Funktionen oder höherwertiger Positionen in der Lage sind. Über das notwendige Potential verfügen bei weitem nicht alle Beschäftigten. Dennoch sollten grundsätzlich allen Beschäftigten die gleichen Chancen geboten werden, ihre Qualifikationen zur Diskussion zu stellen.

Von positionsorientierter Personalentwicklung spricht man, wenn die Vermittlung der Aufstiegsqualifikationen auf die Übernahme einer ganz bestimmten Position abzielt.

Aufstiegsqualifikation

Die generelle Qualifizierung durch Bildung sogenannter Nachwuchspools wird als potentialorientierte Personalentwicklung bezeichnet.

Coaching

Coaching

Der beschleunigte Wandel der Berufswelt hat bei den Betroffenen den Wunsch nach einer begleitenden Einzelberatung in beruflichen und auch persönlichen Fragen, dem Coaching, aufkommen lassen. Mittels Coaching will man Beschäftigten helfen, sich selbst besser zu organisieren, ihre individuellen Potentiale zu entwickeln und neue Kraft zu schöpfen. Coaching ist folglich ungleich komplexer als herkömmliche Fördermaßnahmen.

Das Coaching beginnt mit der Kontaktaufnahme zum Coach. Zumeist kommen nur Führungskräfte mit einer hervorgehobenen Stellung im Unternehmen in den Genuß des Coaching. In diesen Fällen ist der Coach regelmäßig ein Externer mit entsprechenden Referenzen. Soweit Unternehmen ein Coaching für weitere Führungskräfte vorsehen, sind Coachs Beschäftigte des Unternehmens, die sich für diese Aufgabe in Seminaren langfristig vorbereitet haben und eine Vertrauensstellung innehaben. Wenn Unternehmen ein Coaching für weite Kreise der Beschäftigten ansetzen, fungieren Vorgesetzte als Coachs. Auch in diesem Fall ist eine spezielle Vorbereitung für diese Aufgabe unerläßlich.

Es folgt die Formulierung eines Kontrakts, das heißt der Termine, der eventuellen Abbruchkriterien und, bei externen Coachs, der Kosten.

Die diagnostische Analyse erfolgt in Einzelsitzungen. Die Coachees, also die Beschäftigten, denen man ein Coaching angedeihen läßt, beschreiben ihre individuellen Probleme.

In der folgenden Planungsphase entwickeln sie in der Diskussion mit dem Coach mögliche Lösungsansätze, Etappenziele und Handlungsstrategien. Dabei dürfen keinesfalls nur kurz- bis mittelfristige Leistungssteigerungen und Erfolge im Mittelpunkt stehen. Und das Coaching darf nicht zu einem Training im Sinne des Instruierens, Imitierens und Adaptierens verkommen. Vielmehr sollte eine kritische Auseinandersetzung mit der eigenen Person, den wahrgenommenen Rollen, dem Unternehmen, seinen Werten, Zielen und Traditionen erfolgen.

Bei der Durchführung erhalten die Coachees durch den Coach permanent ein Feedback der erreichten Veränderungen als Kritik oder als Signal für neues Handeln.

Zumindest sofern der Coach ein Externer ist, muß der Auftrag nach einiger Zeit beendet werden. Diese Zeit sollte eher in Monaten als in Jahren bemessen sein. Ansonsten entstände eine Abhängigkeit, die dem Sinn des Coaching als Hilfe zur Selbsthilfe widerspräche. Für die Beendigung eines Coaching, bei dem Beschäftigte des Unternehmens als Coachs tätig werden, gilt dasselbe, wenngleich sich Wissenschaft und Praxis in diesem Punkt weitestgehend ausschweigen.

Wenn da und dort die Rede davon ist, neben dem Coaching mit einzelnen Personen bestünde die Möglichkeit, ein Team-, Gruppen-, System- oder Abteilungs-Coaching durchzuführen, steht dahinter ein Etikettenschwindel. Hier belegt man die Team- und Projektarbeit, Führungstrainings, die Outplacementberatung und die Organisationsentwicklung lediglich mit dem zum Modewort avancierten Begriff des Coaching.

Ergänzungsqualifikation

Ergänzungsqualifikation

Ergänzungsqualifikationen beziehen sich, anders als Anpassungs- und Aufstiegsqualifikationen, nicht auf die Anforderungen derzeitiger oder künftiger Arbeitsplätze.

Hier werden vielmehr allgemeine Bildungsinhalte vermittelt, beispielsweise politische und wirtschaftliche Themen, Sprachen, Ernährungsfragen, kreative Sujets oder Erste Hilfe bei Unfällen und Erkrankungen.

1.3.3. Berufsverändernde Qualifizierung

Auch die berufsverändernde Qualifizierung spricht solche Beschäftigte an, die bereits im Berufsleben stehen oder gestanden haben und über ein gewisses Maß an Berufserfahrung verfügen. Sie greift dort ein, wo Beschäftigte ihre bisherige Tätigkeit oder gar ihren bisherigen Beruf nicht mehr ausüben können. — Berufsverändernd

Rehabilitation
Eine Rehabilitation ist angebracht, wenn Beschäftigte gesundheitliche Probleme haben. Rehabilitation ist die Wiedereingliederung eines Kranken, körperlich oder geistig Behinderten in das berufliche und gesellschaftliche Leben. Maßnahmen der Rehabilitation finden zumeist in speziellen Rehabilitationszentren unter ärztlicher Aufsicht statt. Sie werden in der Regel nach Maßgabe des Arbeitsförderungsgesetzes und weiterer Vorschriften finanziert. — Rehabilitation

Umschulung
Wenn die Rehabilitation gelungen ist, muß oft noch eine Umschulung folgen. Die berufliche Umschulung soll nach dem Berufsbildungsgesetz zu einer anderen beruflichen Tätigkeit befähigen. So kann etwa durch eine Rehabilitation das Rückenleiden eines Kraftfahrzeugschlossers gemildert werden. Trotzdem kann er unter Umständen seinen Beruf nicht mehr ausüben. — Umschulung

Umschulungsmaßnahmen können aber auch dann notwendig werden, wenn ein Unternehmen eine Produktion aufgibt. Will oder kann man auf die betroffenen Beschäftigten nicht verzichten, so muß man sie für andere Tätigkeiten oder Berufsbilder umschulen.

Und letztlich kommt eine Umschulung in Frage, wenn Berufe aus technischen oder ökonomischen Gründen nicht mehr gefragt sind. Hier übernimmt die Personalentwicklung die gesellschaftspolitische Aufgabe, Beschäftigte in einem neuen Beruf auszubilden.

1.4. Ablauf

In Kenntnis der denkbaren Inhalte und Qualifizierungsmaßnahmen sowie der Interessen aller Beteiligten, muß der Personalentwicklungsbedarf ermittelt werden. Danach ist eine Entwicklungsplanung und ihre Umsetzung in die Praxis möglich. Eine Art Resümee steuert die abschließende Kosten-, Erfolgs- und Rentabilitätskontrolle bei (vgl. Abb. 8.4). — Überblick

Personalentwicklung kann man nur betreiben, wenn man den Bedarf kennt, und zwar nicht nur den **Personalentwicklungsbedarf aus Unternehmenssicht,** der sich aus einem Vergleich von Anforderungs- und Eignungsprofilen oder Eignungspotentialen ergibt, sondern auch den Personalentwicklungsbedarf **der Beschäftigten,** also ihre Interessen und Neigungen. Die Ergebnisse der Bedarfsermittlung werden in einer **Personalentwicklungsdatei** zusammengefaßt. — Bedarfsermittlung

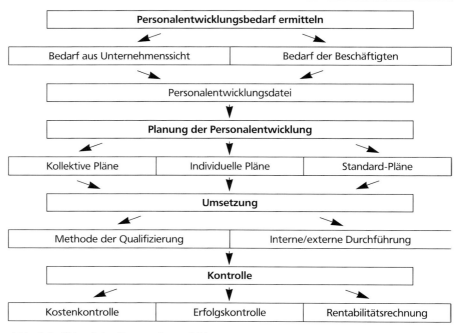

Abb. 8.4. Ablauf der Personalentwicklung

Planung
: In der **Planung der Personalentwicklung** legen die Entscheidungsträger des Unternehmens und die Betroffenen gemeinsam fest, wie man den festgestellten Personalentwicklungsbedarf decken kann. Jedes Unternehmen sollte über eine **kollektive** Personalentwicklungsplanung verfügen. Der konkrete Personalentwicklungsbedarf ist Gegenstand von **individuellen** oder **Standard**-Personalentwicklungsplänen. In diese Pläne fließen die Ziele, die Auswahlkriterien für den Teilnehmerkreis und die Qualifizierungsmaßnahmen sowie die Leitlinien für die inhaltliche Gestaltung, die Terminierung und Finanzierung von Maßnahmen ein.

Umsetzung
: Bei der **Umsetzung** geht es um die Frage der **internen oder externen Durchführung** und die **Methoden der Qualifizierung,** seien es nun passive oder aktive, für einzelne oder Gruppen, am Arbeitsplatz oder außerhalb des Arbeitsplatzes.

Kontrolle
: Im Anschluß an die Qualifizierungsmaßnahmen dient die **Kosten-, Erfolgs- und Rentabilitätskontrolle** der Klärung, ob beziehungsweise inwieweit die angestrebten Ziele erreicht wurden.

1.5. Beteiligte

Kooperation
: Bereits die Ermittlung des Personalentwicklungsbedarfs und die Planung, erst recht aber die Umsetzung fordert die Einbindung und Kooperation aller Betroffenen.

Nur durch die Einbindung und Kooperation aller Betroffenen kann man auf allen Seiten das unbedingt notwendige Verständnis und Interesse sowie die unverzichtbare Unterstützung für die Personalentwicklung erreichen. Einbindung aller soll

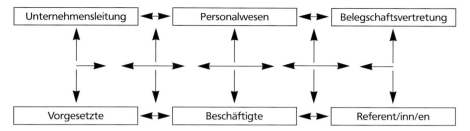

Abb. 8.5. Kooperation aller Betroffenen im Rahmen der Personalentwicklung

aber nicht heißen, daß sich alle sämtliche Aufgaben und Entscheidungen anmaßen können. Um Kompetenzüberschneidungen zu vermeiden und eine sinnvolle Koordination sicherzustellen, muß Klarheit darüber bestehen, wer für welche Aufgaben und Entscheidungen zuständig ist.

Die Frage, **ob** in einem Unternehmen überhaupt **Personalentwicklung** betrieben werden soll, muß von der **Unternehmensleitung,** also dem Unternehmer, dem Vorstand oder der Geschäftsführung beziehungsweise -leitung entschieden werden. Dasselbe gilt für die Frage, **welche generellen Ziele** mit der Personalentwicklung verfolgt werden sollen. Diese **Grundsatzentscheidungen** werden damit zum Bestandteil der Unternehmens- und Personalpolitik. Sie sollten in

— der Unternehmenssatzung oder einer Grundsatzerklärung,

— Ordnungen,

— Arbeitsanweisungen oder Organisationsrichtlinien beziehungsweise

— notfalls in mündlicher Form **publik gemacht** werden.

Dadurch werden sie allen Beschäftigten verdeutlicht. Und dadurch können sich die Beschäftigten auf diese Grundsatzentscheidungen berufen.

Die Unternehmensleitung genehmigt ferner das **Personalentwicklungsbudget.** Von Eingriffen im Detail sollte sie Abstand nehmen. Solche Eingriffe stiften nur Verwirrung.

Die Personalentwicklung zählt zu den Aufgabenfeldern der Personalwirtschaft. Deshalb fällt sie in den **Zuständigkeitsbereich des Personalwesens.** In größeren Unternehmen übernehmen Spezialisten, sogenannte **Personalentwicklungsbeauftragte, oder** gar eine **Personalentwicklungsabteilung** die **Detailaufgaben,** also

— die **Beratung der Unternehmensleitung** in Angelegenheiten der Personalentwicklung,

— die **Koordination** der Personalentwicklung mit den anderen Aufgabenfeldern der Personalwirtschaft,

— die Ermittlung und Analyse des **Personalentwicklungsbedarfs** sowie die Festlegung von Prioritäten,

— die **Beratung und Unterstützung der Vorgesetzen und Beschäftigten** in Personalentwicklungsfragen

— den Aufbau und die Führung der **Personalentwicklungsdatei,**

- die **Federführung bei Planung der Personalentwicklung** einschließlich der Auswahl von Qualifizierungsmaßnahmen, externen Bildungsangeboten und Referenten sowie bei der Nachfolge- und Laufbahnplanung, wie auch
- die **Kosten-, Erfolgs- und Rentabilitätskontrolle.**

Die Personalentwicklungsbeauftragten beziehungsweise die Mitglieder der Personalentwicklungsabteilung sind hierarchisch der Personalleiterin respektive dem Personalleiter unterstellt.

Vorgesetzte

Die **Vorgesetzten** sind in alle Phasen der Personalentwicklung maßgeblich eingebunden.

- Ohne sie ist eine Ermittlung des **Personalentwicklungsbedarfs** nicht möglich, sei es nun, daß sie Daten für aktuelle und zukünftige Anforderungsprofile liefern oder daß sie die Eignungen und Eignungspotentiale von Beschäftigten erkunden.
- Sie sind zugleich wichtige Partner bei der **Planung der Personalentwicklung,** nicht nur in Fragen der Terminierung, sondern auch bei der Bestimmung der konkreten Entwicklungsziele, der Auswahl des Teilnehmerkreises, der Festlegung der Inhalte sowie der geeigneten Maßnahmen und Methoden.
- Beim Training on the Job, aber auch beim Training off the Job sind die Vorgesetzten diejenigen, die **Qualifikationen vermitteln.**
- Schließlich beruht ein Teil der **Erfolgskontrolle** auf ihren Recherchen.

Deshalb wird der Erfolg von Vorgesetzten oft vordringlich daran gemessen, wie sie sich in Fragen der Personalentwicklung engagieren.

Belegschafts-vertretung

Umfangreiche Mitbestimmungs- und Mitwirkungsrechte haben auch die **Belegschaftsvertretungen,** die **Betriebs- und Personalräte.** Diese Rechte sind in einer Vielzahl von Vorschriften verbrieft, angefangen beim Grundgesetz, über Bundes- und Ländergesetze, Tarifverträge und Betriebsvereinbarungen, bis zum einzelnen Arbeitsvertrag. Die wichtigsten Bestimmungen für Industrie, Handel und Handwerk beinhaltet das Betriebsverfassungsgesetz. Für den öffentlichen Dienst sind es die Personalvertretungsgesetze des Bundes und der Länder.

Aufgrund der engen Verknüpfung der Personalentwicklung mit anderen personalwirtschaftlichen Aufgabenfeldern wirken sich die Mitbestimmungs- und Mitwirkungsrechte bei der **Personalplanung, Personalbeurteilung und Stellenausschreibung sowie bei Personalfragebogen und der personellen Auswahl** auch auf die Personalentwicklung aus. Diesbezüglich sei auf die einschlägigen Kapitel dieses Buches verwiesen.

Den Kernbereich der Personalentwicklung bezeichnet der Gesetzgeber als **Berufsbildung.** Hier gelten § 75 Absatz 3 mit den Ziffern 6 und 7 und § 76 Absatz 2 Ziffer 1 des Bundespersonalvertretungsgesetzes respektive die §§ 96 bis 98 des Betriebsverfassungsgesetzes. Dabei sind die Vorschriften des Betriebsverfassungsgesetzes weitaus genauer gefaßt. Demnach haben Betriebsrat und Arbeitgeber die gemeinsame Verpflichtung, die Berufsbildung zu fördern. Der Betriebsrat kann vom Arbeitgeber verlangen, mit ihm Fragen der Berufsbildung zu beraten, nachdem er anhand von Unterlagen rechtzeitig und umfassend unterrichtet wurde. Ein Beratungsrecht hat der Betriebsrat vor allem bei der Errichtung und Ausstattung betrieblicher Einrichtungen sowie bei der Einführung und Teilnahme an außerbetrieblichen Maßnahmen. Hinsichtlich der Durchführung der betrieblichen Berufsbildung hat der Betriebsrat sogar ein Mitbestimmungsrecht. Er kann insbesondere der Bestellung von Ausbilderinnen und Ausbildern widersprechen oder ihre Abberufung verlangen, wenn diese die persönliche, fachliche, berufs- und arbeitspädagogische Eignung nicht besitzen oder ihre Aufgaben vernachlässigen. Schließlich kann der Betriebsrat dem Arbeitgeber Vorschläge für den Teilnehmerkreis unterbreiten, wenn es sich um betriebliche Maßnahmen der Berufsausbildung handelt oder Beschäftigte für außerbetriebliche Maßnahmen freigestellt werden oder die durch die Teilnahme an solchen Maßnahmen entstehenden Kosten ganz oder teilweise vom Arbeitgeber getragen werden. Kommt es zu keiner Einigung, entscheidet die Einigungsstelle.

Die unternehmensinternen oder externen **Referentinnen und Referenten** beziehungsweise die **externen Bildungsträger** sind diejenigen, die Personalentwicklungspläne in konkrete Qualifizierungsmaßnahmen **umsetzen.** Sie tragen damit große, wenn auch nicht alleinige Verantwortung dafür, ob die Vermittlung des Wissens, das Heranbilden von Können und die Änderung des Verhaltens gelingen. *Referent/inn/en*

Die wichtigsten Partner der Personalentwicklung sind die **Beschäftigten,** und zwar alle Beschäftigten, ob sie nun an Qualifizierungsmaßnahmen teilnehmen oder nicht. *Beschäftigte*

– Ihre Auskünfte offenbaren einen **Personalentwicklungsbedarf.**
– Ihre Mitwirkung ermöglicht **Personalentwicklungspläne,** die umsetzbar sind.
– Ihr Engagement ermöglicht eine erfolgreiche **Qualifizierung.** Das geht ebenso die Geschäftsführerin an, die an einem Seminar teilnimmt, wie die Hilfskraft, die angelernt wird.
– Von ihrem Engagement hängt auch der **Erfolg** der Bemühungen ab.

2. Ermittlung des Personalentwicklungsbedarfs

Wenn die Personalentwicklung Erfolg haben soll, dann darf ihre Einführung ebenso wie ihre Durchführung nicht dem Zufall überlassen bleiben, das heißt der gelegentlichen Initiative einzelner Vorgesetzter oder Beschäftigter. Sie muß gründlich vorbereitet und mit den übrigen personalwirtschaftlichen Aufgabenfeldern abgestimmt werden. Die Grundlage dafür ist die Ermittlung des Personalentwicklungsbedarfs.

○ Hier gilt es, den **Personalentwicklungsbedarf aus Unternehmenssicht** festzustellen. Eine Personalentwicklung, die diesen Bedarf aus den Augen verliert, verursacht Kosten, ohne Nutzen zu stiften. *Bedarfsermittlung*

○ Weiterhin gilt es, den **Personalentwicklungsbedarf der Beschäftigten** zu ermitteln, also ihre Interessen und Neigungen. Entspricht das Angebot nicht den Interessen und Neigungen der Beschäftigten, ist keine freiwillige Teilnahme zu erwarten. Eine mehr oder weniger erzwungene Teilnahme bewirkt lediglich Demotivation sowie schwindende Kreativität und Einsatzbereitschaft.

○ Die Ergebnisse werden in einer **Personalentwicklungsdatei** zusammengefaßt.

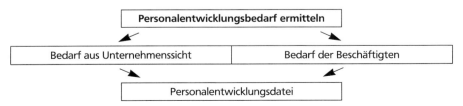

Abb. 8.6. Ermittlung des Personalentwicklungsbedarfs

2.1. Personalentwicklungsbedarf aus Unternehmenssicht

Profilvergleich

Personalentwicklung ist aus der Sicht eines Unternehmens immer dann erforderlich, wenn zwischen den Anforderungen der gegenwärtigen oder künftigen Arbeitsplätze, also den Anforderungsprofilen, und den Eignungsprofilen der Beschäftigten Abweichungen bestehen.

Mit Anforderungs- und Eignungsprofilen bekommt man es gleichfalls im Rahmen der Personalbeschaffung und des Personaleinsatzes zu tun. Folglich verläuft die **Ermittlung des Personalentwicklungsbedarfs aus Unternehmenssicht in weiten Bereichen analog zur Planung der Personalbeschaffung und zur Einsatzplanung.**

Konstellationen

Grundsätzlich sind **drei Konstellationen** denkbar, bei denen zum Zweck der Ermittlung des Personalentwicklungsbedarfs aus der Unternehmenssicht Anforderungen mit Eignungen beziehungsweise Eignungspotentialen verglichen werden:

Keine Veränderung	Neue Aufgaben	Technische und organisatorische Änderungen
↓	↓	↓
Vergleich von	Vergleich von	Vergleich von
↓	↓	↓
aktuellen Anforderungen	anderen und/oder höheren Anforderungen	anderen und/oder höheren Anforderungen
↓	↓	↓
mit	mit	mit
↓	↓	↓
aktueller Eignung	aktueller Eignung und Eignungspotential	aktueller Eignung und Eignungspotential

Abb. 8.7. Konstellationen des Personalentwicklungsbedarfs aus Unternehmenssicht

2.1.1. Keine Veränderung

Keine Veränderung

Wenn sich keine Veränderungen im Stellengefüge und in der Stellenbesetzung ergeben, müssen die aktuellen Anforderungen mit den aktuellen Eignungen der Stelleninhaber verglichen werden.

Anforderungsprofil

Anforderungsprofil

Will man die aktuellen Anforderungsprofile ermitteln, so muß man sich zunächst die vorhandenen Stellen vergegenwärtigen. Die notwendigen Informationen liefert der aktuelle **Stellenbesetzungsplan,** der die benötigten und genehmigten Stellen aufführt und für jede Stelle den Namen des jeweiligen Stelleninhabers. Weiterhin benötigt man Angaben über die Aufgaben, die die jeweiligen Stelleninhaber wahrzunehmen haben. Diese Angaben sind in **Stellenbeschreibungen** enthalten. Ferner muß man eine **Anforderungsanalyse** vornehmen. Man ermittelt, welche Verhaltensweisen bei der Aufgabenerfüllung mehr oder weniger erfolgversprechend sind. In diesem Zusammenhang werden **Anforderungskriterien** entwickelt. Jedes Anforderungskriterium wird durch mindestens drei bis sechs **Merkmale** charakterisiert. Damit erhält man einen Anforderungskatalog. Im Anschluß werden die Merkmale **entsprechend ihrer Bedeutung gewichtet.** Das Ergebnis ist das aktuelle Anforderungsprofil.

Eignungsprofil

Das Eignungsprofil, wie es im Kapitel Personalbeschaffung vorgestellt wird, ist das Ergebnis der Personalauswahl. Bereits im Kapitel Personaleinsatz wird aber darauf hingewiesen, daß dieses Eignungsprofil im Laufe der Betriebszugehörigkeit ergänzt und aktualisiert wird. Die Beschäftigten sammeln schließlich Berufserfahrungen. Aktuelle Eignungsprofile können also nicht ausschließlich auf den Ergebnissen der Personalauswahl beruhen, es sei denn, die oder der Beschäftigte sei erst vor kurzer Zeit ins Unternehmen eingetreten. Die Informationen über die Eignungsprofile sollten so zuverlässig und umfassend wie möglich sein. Deshalb sollte auf alle zur Verfügung stehenden Informationsquellen, also sowohl auf Primär- wie auch auf Sekundärerhebungen, zurückgegriffen werden.

– Mit **Sekundärerhebungen** werden bereits vorhandene Daten ausgewertet, die ursprünglich für einen anderen Zweck gesammelt wurden. Für Zwecke der Ermittlung von aktuellen Eignungsprofilen bietet sich die Recherche personalwirtschaftlicher Daten an.

– Mit **Primärerhebungen** ermittelt man neue Informationen und Daten speziell zu den aktuellen Eignungsprofilen. Für die Primärerhebung empfehlen sich Personalbeurteilungen sowie Gespräche, Befragungen, Testverfahren und situative Verfahren, aber auch Assessment Center, die auf den letztgenannten Verfahren basieren. Schließlich kommen ärztliche Eignungsuntersuchungen in Betracht.

In Summe stehen damit **folgende Instrumente** zur Ermittlung der aktuellen Eignungsprofile zur Verfügung:

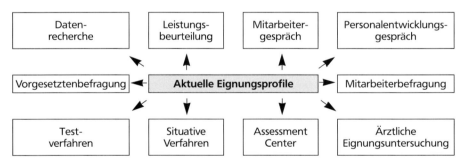

Abb. 8.8. Instrumente zur Ermittlung der aktuellen Eignungsprofile

○ Ohne allzu großen Aufwand ermöglicht die **Datenrecherche,** also die **Analyse von personalwirtschaftlichen Unterlagen,** Rückschlüsse auf die aktuellen Eignungsprofile der Beschäftigten.

In der **Personalakte** werden sämtliche über eine oder einen Beschäftigte/n geführten Unterlagen gesammelt, geordnet und aufbewahrt. Sie ist deshalb geradezu eine Fundgrube für die Ermittlung des Eignungsprofils, soweit sie ordentlich geführt wurde und wird. Die Bewerbungsunterlagen informieren über die schulische und berufliche Aus- und Weiterbildung, besondere Qualifikationen, die berufliche Entwicklung vor dem Eintritt in das Unternehmen und besondere Interessensgebiete. Weitere Informationen enthalten Mitteilungen über die Änderung der Bezüge oder Arbeitsbedingungen, Versetzungen oder Beförderungen sowie die Ergebnisse von Personalbeurteilungen.

Wenn die Personalarbeit mit Hilfe der elektronischen Datenverarbeitung geleistet wird, kann man **Personaldateien** auswerten, und das im Rahmen der Dialogverarbeitung recht unkompliziert und schnell. Solche Personaldateien werden ständig aktualisiert. Sie sind auf einen bestimmten Zweck zugeschnitten. Als Personalstammdateien nehmen sie Daten aus den Personalakten und als Spezialdateien auch variable, sogenannte Bewegungsdaten auf. Eine umfassende Personalstammdatei ist eine verdichtete Wiedergabe des wesentlichen Inhalts der Personalakte. Falls eine Beurteilungsdatei existiert, beinhaltet sie in übersichtlicher Form die Ergebnisse der Personalbeurteilungen. Sogenannte Personalinventarlisten enthalten neben persönlichen Merkmalen Informationen über die Dauer und Art der Vorbildung, die Berufserfahrung und die berufliche Spezialisierung. Die Personalentwicklungsdatei ist hingegen kein Instrument, sondern das Ergebnis der Recherchen. Sie erfaßt sämtliche Beschäftigte mit ihrem Personalentwicklungsbedarf und den über sie vorhandenen aussagekräftigen Informationen. Eine etwaige Nachwuchsdatei beinhaltet dieselben Informationen, allerdings nur für die Nachwuchskräfte.

Leistungsbeurteilung

○ Gelegentlich wird die Beobachtung als ein Instrument der Ermittlung aktueller Eignungen genannt. Dem liegt ein Mißverständnis zugrunde. Die Beobachtung an sich ist nämlich keiner Auswertung zugänglich. Sie kann erst dann von Interesse sein, wenn ihr eine Beschreibung und Bewertung folgen.

Damit ist man dann aber schon bei der **Personalbeurteilung** angelangt, wie sie im gleichnamigen Kapitel dieses Buches angesprochen wird. Anhand von Personalbeurteilungen in der Form von **Leistungsbeurteilungen** kann man sicherlich feststellen, wie gut die Beschäftigten ihre Aufgabenstellung auf ihrem derzeitigen Arbeitsplatz erfüllen.

Mitarbeitergespräch

○ Jede Personalbeurteilung sollte mit einem **Beurteilungsgespräch** abgeschlossen werden. Das verlangt nicht nur der Gesetzgeber mit seinen Vorschriften über die Unterrichtungs- und Erörterungspflichten. Beurteilungsgespräche sind praktizierte Offenheit und Transparenz, ohne die Personalentwicklung keine Aussicht auf Erfolg hat. Sie bieten den Beteiligten Gelegenheit, die aktuelle Eignung des Beurteilten zu diskutieren.

Dasselbe gilt im übrigen für **jedes vertrauliche Gespräch zwischen Vorgesetzten und Mitarbeiterinnen beziehungsweise Mitarbeitern.**

Entwicklungsgespräch

○ Möglich sind aber nicht nur Gespräche mit den Betroffenen, sondern **auch Gespräche über die Betroffenen.** So können sich Vorgesetzte, etwa Hauptabteilungsleiter, viertel- oder halbjährlich mit Personalentwicklungsbeauftragten zu **Personalentwicklungsgesprächen** treffen und dort die Eignung ihrer Mitarbeiterinnen und Mitarbeiter diskutieren.

Vorgesetztenbefragung

○ Zur Vorbereitung dieser Personalentwicklungsgespräche empfehlen sich **schriftliche Befragungen der Vorgesetzten.** Mit der Einladung zum Personalentwicklungsgespräch erhalten sie Listen mit den Namen ihrer Mitarbeiterinnen und Mitarbeiter, ihrem jeweiligen Geburts- und Eintrittsjahr, der Vorbildung und weiteren Angaben, versehen mit Fragen zur Eignung. Derartige Befragungen sind natürlich auch losgelöst von Personalentwicklungsgesprächen denkbar.

○ **Die Beschäftigten können gleichfalls schriftlich zur Eignung** für ihre aktuellen Aufgaben **befragt werden.** Ehrliche Antworten sind dabei jedoch nur zu erwarten, wenn ihnen keine Nachteile drohen, falls sie über Eignungsdefizite verfügen.

Mitarbeiterbefragung

Schriftliche Befragungen sind weniger zeitaufwendig und deshalb kostengünstiger als Einzelgespräche. Zudem kann man so, zumindest theoretisch, alle Ansprechpartner erreichen. Durch die Anonymität, die in gewissem Grade erreicht wird, entfällt der Zeitdruck für die Antworten und damit auch die Gefahr unüberlegter Antworten. Auch die Gefahr einer Verzerrung durch die oder den Fragenden ist durch den indirekten Kontakt nicht so groß wie bei einem Gespräch.

Eine Verzerrung kann allerdings immer noch durch den Aufbau und die Auswertung des Fragebogens entstehen. Nachteilig ist die allgemein geringe Rücklaufquote, die dazu führen kann, daß man keine aussagekräftigen Rückschlüsse auf die Grundgesamtheit mehr ziehen kann. Ein Identifikationsproblem entsteht dadurch, daß der Fragebogen häufig nicht vom Ansprechpartner alleine ausgefüllt wird. Und bei Verständnisproblemen hat man keine Möglichkeit der Rückfrage. Eine Stichtagsbefragung verbietet sich, da sich die schriftlichen Befragungen über einen längeren Zeitraum erstrecken. Und schließlich ist der Aufwand für die Auswertung, aber auch schon für die Erstellung eines Fragebogens, nicht unbeträchtlich.

Die Formulierung der Fragen muß einfach und verständlich, kurz, präzise und eindeutig sein. Fragen zu vertraulichen oder unbekannten Sachverhalten soll ein einführendes und erklärendes Beispiel vorangehen. Allgemeine Fragen sind zu vermeiden, da man sie nicht mit konkreten Erfahrungen verbinden kann. Bei offenen Fragen ist eine freie Antwortformulierung, also auch die Möglichkeit eines persönlichen Urteils und der Äußerung individueller Wünsche, vorgesehen. Sie werden aber regelmäßig weniger beantwortet, da die Befragten sich hier entweder erinnern oder gut informiert sein müssen. Geschlossene Fragen beinhalten alle relevanten Antwortkategorien, dadurch allerdings auch die Gefahr der Suggestion. Diese Gefahr ist insbesondere dann gegeben, wenn Fragen zu Sachverhalten gestellt werden, über die der Befragte noch nicht nachgedacht hat. Der Vorteil der geschlossenen Fragen liegt in der einfachen Auswertbarkeit durch die Einheitlichkeit der Antworten. Vor der Anwendung sollte man Fragebogen einem sogenannten Pretest unterziehen, das heißt von einer kleinen Personengruppe testweise beantworten lassen, um Mängel im Vorfeld auszuschalten.

○ **Testverfahren,**

Tests

○ **situative Verfahren** und

Situative Verfahren

○ **Assessment Center** können ebenfalls für die Ermittlung des aktuellen Eignungspotentials herhalten, soweit die Vorgaben beachtet werden, unter denen diese Verfahren im Kapitel Personalbeschaffung diskutiert werden. Dabei sollte man freilich daran denken, welchen Eindruck es bei den Beschäftigten hinterläßt, wenn man sie allein zur Überprüfung ihrer Eignung für ihre angestammte Tätigkeit derart diffizilen Prozeduren unterzieht. Sie müssen dies für ein übertriebenes Mißtrauen und einen Zweifel an ihnen verstehen und werden sich folglich vom Unternehmen abwenden. Auf der anderen Seite scheint der Aufwand auch aus der Sicht des Unternehmens übertrieben.

Assessment Center

○ Anders sieht es mit den ebenfalls im Kapitel Personalbeschaffung erwähnten **ärztlichen Eignungsuntersuchungen** aus. Je nach Tätigkeitsfeld macht es durchaus Sinn zu überprüfen, ob und inwieweit die Beschäftigten den Belastungen noch gewachsen sind. Man denke etwa an die laufenden Untersuchungen von Piloten.

Ärztliche Eignungsuntersuchung

Wenn die untersuchende Ärztin oder der Arzt die Anforderungen gut kennt, können sie die gesundheitliche Eignung recht verläßlich beurteilen.

Ergebnisse

Beim Vergleich der aktuellen Anforderungsprofile mit den jeweiligen aktuellen Eignungsprofilen sind folgende Ergebnisse möglich:

○ Die Eignungen der Beschäftigten entsprechen den Anforderungen der Stellen, die sie innehaben. Sie erfüllen die Anforderungen ihres Arbeitsplatzes. Es besteht also aus Unternehmenssicht kein unmittelbarer Personalentwicklungsbedarf. Einzelne Maßnahmen können allenfalls Ergänzungsqualifikationen vermitteln, also der Erhaltung der Leistungsfähigkeit dienen.

○ Die Eignungen der Beschäftigten sind geringer als die Anforderungen der Stellen, die sie innehaben. Sie erfüllen die Anforderungen ihres gegenwärtigen Arbeitsplatzes nicht oder nur in ungenügender Weise. In diesem Fall dient die Personalentwicklung der Verbesserung der Leistungsfähigkeit durch Vermittlung von Anpassungsqualifikationen, also zusätzlicher Qualifikationen, durch Coaching oder auch gesundheitlicher Rehabilitation. Erscheint das aussichtslos, muß gegebenenfalls eine Umschulung angegangen werden.

2.1.2. Neue Aufgaben

Neue Aufgaben

Anlaß für die Ermittlung des Personalentwicklungsbedarfs aus Unternehmenssicht kann auch die Absicht sein, Beschäftigten andere Aufgaben zu übertragen.

– Sie sollen im Rahmen der Personalbeschaffung oder des Personaleinsatzes versetzt werden, das heißt andere Aufgabenstellungen übernehmen.

– Sie sollen in anspruchsvollere Positionen auf einer höheren hierarchischen Ebene aufsteigen, also befördert werden.

Die neuen Aufgaben stellen andere, möglicherweise auch höhere Anforderungen an die Beschäftigten. Deshalb müssen diese neuen Anforderungen mit ihren aktuellen Eignungen, aber auch mit ihren Eignungspotentialen verglichen werden.

Anforderungsprofil

Anforderungsprofil

Die **Ermittlung der neuen Anforderungen** folgt der gleichen Richtschnur wie die der aktuellen Anforderungsprofile. Im Unterschied zur Ermittlung der aktuellen Anforderungen ist die Grundlage jedoch nicht der aktuelle, sondern ein **zukünftiger Stellenbesetzungsplan.** Soweit wie möglich berücksichtigt dieser zukünftige Stellenbesetzungsplan die Fluktuation, das heißt die autonomen und initiierten Personalveränderungen. Auch diesbezüglich sei auf das Kapitel Personalbeschaffung dieses Buches verwiesen. Existieren die neuen Stellen bereits, macht die Erstellung der Anforderungsprofile keine Probleme. Werden sie hingegen erst geschaffen, müssen **Stellenbeschreibungen, Anforderungsanalysen, Anforderungskriterien und Anforderungsmerkmale** erst ermittelt werden, auf denen die neuen **Anforderungsprofile** basieren.

Weichen die neuen Anforderungen nur geringfügig von den bisherigen Anforderungen ab, so gibt das aktuelle Eignungsprofil genügend Hinweise auf den Personalentwicklungsbedarf.

Eignungsprofil

Das aktuelle Eignungsprofil wird **in der aufgezeigten Form** über Sekundär- und Primärerhebungen ergründet. Die Einschränkungen in Bezug auf Testverfahren, situative Verfahren und Assessment Center, die beim Vergleich von aktuellen Anforderungen und Eignungen für die derzeitige Stellenbesetzung angebracht erscheinen, gelten hier freilich nicht mehr. Immerhin wird den Beschäftigten eine anspruchsvollere Aufgabe in Aussicht gestellt. Dafür kann man sich durchaus den besagten Verfahren unterziehen, ohne Groll zu hegen.

Eignungsprofil

Unterscheiden sich die neuen und die bisherigen Anforderungen deutlich, so muß erforscht werden, ob die Betroffenen über Qualifikationen verfügen, die eine Eignung für die neuen Aufgaben vermuten lassen. Diese Qualifikationen bezeichnet man als Eignungspotential, verstanden als Gesamtheit der Kenntnisse, der Fertigkeiten, der Begabungen und des Verhaltensrepertoires, die für die Leistung und das Leistungsvermögen relevant sind. Für die **Erkundung der Eignungspotentiale** kann man auf folgende Instrumente zurückgreifen:

Eignungspotential

Instrumente

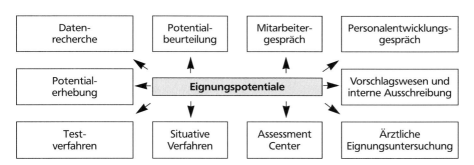

Abb. 8.9. Instrumente zur Ermittlung der Eignungspotentiale

○ Die **Datenrecherche in der Personalakte und Personaldateien** kann bislang ungenutzte Qualifikationen offenbaren, die die Beschäftigten in der schulischen und beruflichen Aus- und Weiterbildung und in ihrer beruflichen Laufbahn vor dem Eintritt in das Unternehmen erworben haben. Ein weiteres Indiz für das Eignungspotential ist das Interesse und das Engagement von Beschäftigten für ihre bisherige Tätigkeit, das bei der Datenrecherche zutage treten kann. Dasselbe gilt für den Verlauf der bisherigen Entwicklung im Unternehmen, sowohl in zeitlicher Hinsicht als auch nach der Art der ausgeübten Tätigkeiten.

Datenrecherche

○ **Personalbeurteilungen** in der Form von Leistungsbeurteilungen liefern Informationen darüber, wie gut die Beschäftigten ihre Aufgabenstellung auf ihrem derzeitigen Arbeitsplatz erfüllen. **Potentialbeurteilungen,** wie sie im Kapitel Personalbeurteilung angesprochen werden, ermöglichen hingegen Aussagen darüber, ob Beschäftigte dazu in der Lage sind, in absehbarer Zeit weitergehende Aufgabenstellungen zu übernehmen, und welche Qualifizierungsmaßnahmen gegebenenfalls erforderlich sind.

Potentialbeurteilung

○ Das der Beurteilung folgende **Beurteilungsgespräch** kann, wie jedes **Mitarbeitergespräch,** ebenfalls interessante Informationen liefern. Allerdings ist der Zeitaufwand größer als der für eine Datenrecherche.

Mitarbeitergespräch

Entwicklungsgespräch	○ Wenn sich die **Vorgesetzten,** etwa in **Personalentwicklungsgesprächen,** regelmäßig mit Personalentwicklungsbeauftragten treffen, können sie sich über die Eindrücke austauschen, die die Beschäftigten bei ihnen hinterlassen haben. Sicherlich sind diese Eindrücke subjektiv. Diese Subjektivität kann aber im Gespräch relativiert werden. Dadurch werden Eignungspotentiale diverser Beschäftigter erkennbar.
Potentialerhebung	○ Die nicht nur zur Vorbereitung von Personalentwicklungsgesprächen in Szene gesetzten schriftlichen Befragungen der Vorgesetzten können in Form von **Potentialerhebungen** vorgenommen werden. *Mentzel (Unternehmenssicherung durch Personalentwicklung)* berichtet von einer Potentialerhebung, die jährlich von den Bayerischen Motorenwerken durchgeführt wird. Sie erstreckt sich auf die gesamte Belegschaft und hat die rechtzeitige und systematische Suche nach besonders entwicklungsfähigen Beschäftigten zum Ziel. Die Vorgesetzten werden dabei aufgefordert, unabhängig von der gegenwärtigen oder einer möglichen zukünftigen Funktion diejenigen Beschäftigten zu nennen, die sie zum Zeitpunkt der Befragung für besonders leistungsfähig und talentiert halten. Daneben werden laut *Mentzel (Unternehmenssicherung durch Personalentwicklung)* in einem zweijährigen Turnus solche Beschäftigte erfaßt, die über Führungspotentiale verfügen. Die Vorgesetzen auf Hauptabteilungsleiterebene werden angehalten, für diese Ebene zwei geeignete Beschäftigte vorzuschlagen. Die Vorschläge sind durch einen Vergleich zwischen den Anforderungen und der Eignung der oder des Vorgeschlagenen in einer freien Beschreibung zu begründen.
Vorschlagswesen/ interne Ausschreibung	○ Unüblich sind **schriftliche Befragungen von Mitarbeiterinnen und Mitarbeitern** zu ihren Eignungspotentialen. Das **betriebliche Vorschlagswesen** und **innerbetriebliche Stellenausschreibungen** kommen solchen Befragungen indes im Ergebnis recht nahe. Zwar bleibt es dem Zufall überlassen, ob und welche Mitarbeiterinnen und Mitarbeiter vom Vorschlagswesen und internen Ausschreibungen überhaupt Notiz nehmen. Doch vermitteln zumindest die Interessentinnen und Interessenten Hinweise auf ihre bisher nicht genutzten Qualifikationen. Allerdings ist es fraglich, ob es für die ausgeschriebenen Stellen überhaupt Interessenten gibt und ob diese von der Stellenausschreibung Notiz nehmen.
Tests	○ Durchaus gebräuchlich sind **Testverfahren,**
Situative Verfahren	○ **situative Verfahren** und
Assessment Center	○ vor allem **Assessment Center,** wenn es darum geht, Eignungspotentiale zu ermitteln. In der Durchführung unterscheiden sie sich in nichts von den Verfahren, wie sie im Kapitel Personalbeschaffung für externe Bewerberinnen und Bewerber um offene Stellen vorgestellt werden. Gerade Assessment Center gehören in vielen Unternehmen zum Standard, wenn Beschäftigte für eine Führungslaufbahn ausgewählt werden.
Ärztliche Eignungsuntersuchung	○ **Ärztliche Eignungsuntersuchungen** wären sicherlich des öfteren angebracht, wenn höhere Anforderungen auf Beschäftigte zukommen. Trotzdem sind sie in der Praxis nur in Ausnahmefällen gebräuchlich, beispielsweise bei einem geplanten Auslandseinsatz.
Ergebnisse	Der Vergleich der neuen Anforderungen mit den Eignungspotentialen kann folgendes zutage fördern: ○ Die Eignungspotentiale reichen nicht aus. In diesem Fall besteht aus Unternehmenssicht kein unmittelbarer Personalentwicklungsbedarf. Man sollte aber darauf achten, daß die Betreffenden nicht demotiviert werden.

○ Die Eignungspotentiale lassen die Versetzung oder Beförderung zu. In solchen Fällen muß man den betreffenden Beschäftigten jenes Coaching angedeihen lassen respektive jene Anpassungs- oder Aufstiegsqualifikationen vermitteln, die notwendig sind, um den Anforderungen der neuen Stellen gerecht werden zu können.

2.1.3. Technische und organisatorische Änderungen

Technische und organisatorische Änderungen im Unternehmen führen entweder ständig in kleinen Schritten oder sprunghaft zu anderen und unter Umständen höheren Anforderungen an die Stelleninhaber. Diese Anforderungen müssen mit den aktuellen Eignungen der Beschäftigten und mit ihren Eignungspotentialen verglichen werden.

Technische/organisatorische Änderungen

Eignungsprofil und -potential

Die aktuellen Eignungen und die Eignungspotentiale werden hier **in der vorgenannten Weise** erforscht.

Eignungsprofil und -potential

Anforderungsprofil

Dasselbe gilt prinzipiell auch für die Ermittlung der veränderten Anforderungsprofile über Stellenbeschreibungen, Anforderungsanalysen, Anforderungskriterien und -merkmale. Sind die besagten technischen oder organisatorischen Änderungen jedoch nicht oder nicht rechtzeitig bekannt, scheitert die Erstellung der Anforderungsprofile schon im ersten Schritt, das heißt bei der Ermittlung der entsprechenden Stellenbeschreibungen.

Anforderungsprofil

○ Über die geplanten Änderungen sollen alle Entscheidungsträger eines Unternehmens informiert sein, zumindest aber der Unternehmer, der Vorstand, die Geschäftsführung oder die Geschäftsleitung. Aus diesem Grund empfiehlt es sich, den **Entscheidungsträgern regelmäßig und frühzeitig,** etwa im Herbst für das Folgejahr, **folgende Fragen vorzutragen:**

Fragen an Entscheidungsträger

Personalentwicklungsbedarf durch technische und organisatorische Änderungen
Wie werden sich die Absatzmärkte entwickeln?
Welche Schwerpunkte werden gesetzt, um die zukünftigen Ziele und Aufgaben zu erfüllen?
Welche Entwicklungen werden Auswirkungen auf die Belegschaft haben?
Sind Veränderungen der Produktionskapazitäten oder des Dienstleistungsangebotes geplant?
Werden neue Produkte und Dienstleistungen eingeführt?
Werden bisherige Aufgabenbereiche wegfallen?
Welche Veränderungen sind in der Organisation der Entscheidungsprozesse zu erwarten?
Werden neue Produktions- und Fertigungsverfahren eingeführt?
Welche Veränderungen werden sich in der Arbeitsorganisation ergeben?
Ist mit dem Abbau, der Aufstockung oder der Umstrukturierung der Belegschaft zu rechnen?
Welche Unternehmensbereiche werden von diesen Veränderungen betroffen?
Können die zukünftigen Aufgaben mit der vorhandenen Mitarbeiterstruktur erfüllt werden?
Welche neuen Anforderungen an die Technik sind zu erwarten?
Entstehen dadurch Defizite in der Fach-, Methoden-, Sozial- und Führungskompetenz?
Welche Qualifikationen müssen in welchen Abteilungen vermittelt werden?

Abb. 8.10. Fragen zum Personalentwicklungsbedarf durch technische und organisatorische Änderungen

Man kann diese Fragen sowohl in schriftlicher als auch in mündlicher Form vorbringen. Die schriftliche Befragung ist in mitarbeiterstarken Unternehmen unumgänglich. Sie erweckt aber leicht den Eindruck, als wollten die Verantwortlichen für die Personalentwicklung sich als Übervater des gesamten Unternehmens aufspielen und Informationen erlangen, die ihnen eigentlich nicht zustehen. Wo eben möglich, sollten die Fragen deshalb mündlich, beispielsweise im Rahmen regelmäßiger Personalentwicklungsgespräche, gestellt werden. So läßt sich besser verdeutlichen, daß es allein darum geht, die zukünftigen Anforderungen zu ermitteln.

Investitionsanalyse

○ Daneben kann man **geplante Investitionen analysieren.** Zu diesem Zweck sollten die Verantwortlichen für die Personalentwicklung frühzeitig über jedes Investitionsvorhaben schriftlich oder mündlich informiert werden. So weit wie möglich sollte diese Information mit einem Vermerk versehen sein, welche Qualifizierungsmaßnahmen aufgrund der Investition notwendig werden könnten.

Investitionsvorhaben	Termin	Notwendige Qualifizierungsmaßnahmen

Abb. 8.11. Investitionsanalyse zum Personalentwicklungsbedarf

Erst das Wissen um die zukünftigen Anforderungen macht einen Abgleich mit den Eignungsprofilen und -potentialen der Beschäftigten sinnvoll. Nur so können **Maßnahmen** der Personalentwicklung so frühzeitig mit den betroffenen Beschäftigten und ihren Vorgesetzten abgesprochen und **so frühzeitig eingeleitet werden, daß die Beschäftigten bereits qualifiziert sind, wenn die Entwicklungen wirksam werden.**

Ergebnisse

Beim Vergleich der neuen Anforderungsprofile mit den jeweiligen Eignungsprofilen und -potentialen sind folgende Ergebnisse möglich:

○ Die Eignungen der Beschäftigten entsprechen den neuen Anforderungen. Es besteht also aus Unternehmenssicht kein unmittelbarer Personalentwicklungsbedarf. Einzelne Maßnahmen können allenfalls Ergänzungsqualifikationen vermitteln.

○ Die Eignungen der Beschäftigten entsprechen nicht den neuen Anforderungen. Allerdings sind die erforderlichen Eignungspotentiale vorhanden. Hier muß man den betreffenden Beschäftigten jenes Coaching angedeihen lassen respektive jene Anpassungs- oder Aufstiegsqualifikationen vermitteln, die notwendig sind, um den neuen Anforderungen gerecht zu werden.

○ Weder die Eignungen noch die Eignungsprofile der Beschäftigten entsprechen den neuen Anforderungen. In diesem Fall muß gegebenenfalls eine Umschulung angegangen werden.

2.2. Personalentwicklungsbedarf der Beschäftigten

Personalentwicklung, die keine Rücksicht auf die Vorstellungen und Wünsche der Beschäftigten nimmt, auf ihre Interessen und Neigungen, verspricht keinen Erfolg. Eignungen und Eignungspotentiale sind belanglos, wenn nicht auch die entsprechenden Neigungen vorhanden sind. Wie eingangs dieses Kapitels erwähnt, verkommen Maßnahmen der Personalentwicklung ansonsten zum lästigen Übel oder bestenfalls zur angenehmen Unterbrechung der täglichen Routine. Deshalb ist es von entscheidender Bedeutung, den Personalentwicklungsbedarf der Beschäftigten zu ermitteln.

Ohne Interesse kein Erfolg

Dabei bekommt man es mit dem **Problem** zu tun, **daß es nahezu jedem Menschen schwerfällt, seine Interessen und Neigungen auf den Punkt zu bringen.** Nicht von ungefähr schildern viele Sagen und Märchen das Dilemma jener, die drei Wünsche frei haben. Es zeigt sich, daß der individuelle Personalentwicklungsbedarf **ständigen Veränderungen unterworfen** ist. Er wird erheblich von

Probleme

- der Sozialisation, also der persönlichen Entwicklung im sozialen Umfeld,
- den persönlichen unmittelbaren Erfahrungen,
- den beobachteten Erfahrungen des Kollegen- und Freundeskreises und
- dem aktuellen Tätigkeitsfeld geprägt.

Im Lichte dieser Schwierigkeiten bietet es sich an, den Personalentwicklungsbedarf auf direktem Wege, das heißt über eine **Primärerhebung,** zu ermitteln. Direkte Auskünfte wird man erhalten, wenn man diese unmittelbar schriftlich oder mündlich erfragt. Weniger aussichtsreich erscheinen indirekte Auskünfte, also **Sekundärerhebungen.** Indirekt ergeben sich Hinweise aus Reaktionen auf das betriebliche Vorschlagswesen und interne Stellenausschreibungen sowie aus dem vorhandenen Datenmaterial.

Instrumente

Abb. 8.12. Instrumente zur Ermittlung des Personalentwicklungsbedarfs der Beschäftigten

○ Vor allem **Gespräche** bieten Mitarbeiterinnen und Mitarbeitern die Möglichkeit, ihre Interessen und Neigungen zu verdeutlichen.

Mitarbeitergespräch

Von allen möglichen Gesprächen bietet das **Beurteilungsgespräch** noch die geringsten Möglichkeiten, da die Beurteilten hier in erster Linie ihre Stellungnahme zur Beurteilung abgeben sollen.

Besser geeignet sind alle Formen des **vertraulichen Gesprächs zwischen Vorgesetzten und Beschäftigten.** Sie thematisieren jedoch häufig völlig andere Bereiche. Deshalb müssen sich die Beschäftigten in diesem Rahmen ein Herz fassen, um auf ihre Interessen und Neigungen zu sprechen zu kommen, was oft mißlingt.

Eigens zum Zweck der Ermittlung des Personalentwicklungsbedarfs der Beschäftigten dient das Beratungs- und Fördergespräch. Für die Vorbereitung und Durchführung von Fördergesprächen gelten grundsätzlich die gleichen Regeln, wie sie für das Beurteilungsgespräch im Kapitel Personalbeurteilung dargestellt werden. Da es den Beschäftigten in der Regel schwerfällt, ihren Personalentwicklungsbedarf zu artikulieren, sollten sie so rechtzeitig eingeladen werden, daß ihnen noch genügend Zeit für die Vorbereitung bleibt. *Mentzel (Unternehmenssicherung durch Personalentwicklung)* zitiert in diesem Zusammenhang die vorbildliche Einladung der IBM Deutschland GmbH, die überdies ein Vorbereitungsblatt beinhaltet.

Einladung zum Beratungs- und Fördergespräch

Einladung zum Beratungs- und Fördergespräch

Liebe Mitarbeiterin, lieber Mitarbeiter,

unser Beratungs- und Fördergespräch soll – wie bereits zwischen uns vereinbart – zum oben angegebenen Termin stattfinden.

In diesem Gespräch wollen wir

- uns ungestört und offen über alles unterhalten, was für Ihre Zufriedenheit und den Erfolg Ihrer Tätigkeit wichtig ist,
- gemeinsam nach Möglichkeiten für Ihre Schulung und Fortbildung suchen und Maßnahmen zur Verwirklichung dieser Pläne besprechen,
- ausgehend von Ihren Arbeitszielen und Leistungen im vergangenen Zeitraum gemeinsam die Ziele planen und festlegen, die wir in den nächsten Monaten erreichen wollen,
- Ihre Erwartungen und unsere gegenseitigen Vorstellungen hinsichtlich Ihrer Laufbahnentwicklung diskutieren.

Der Erfolg unseres Gespräches hängt auch wesentlich von Ihrem Beitrag ab. Zur Vorbereitung kann Ihnen die Rückseite dieser Einladung dienen.

Unterschrift

Vorbereitungsblatt zum Beratungs- und Fördergespräch

Sie haben sicherlich eigene Vorstellungen über das, was Sie von sich aus besprechen wollen. Betrachten Sie die folgenden Fragen daher lediglich als Leitfaden.

Waren Ihnen in der Vergangenheit Ihre Arbeitsziele genügend bekannt?

Was hat Sie bei Ihrer Arbeit behindert?

Welche Umstände waren für den Erfolg Ihrer Tätigkeit förderlich?

Konnten Sie Ihre Fähigkeiten voll einsetzen?

Welche Tätigkeit, die Sie kennen, wäre aufgrund Ihrer Fähigkeiten für Sie geeignet?

Welche zukünftigen Arbeitsziele halten Sie für besonders wichtig?

Was kann ich für Ihre berufliche Weiterbildung tun oder verlangen?

Welche Erwartungen und Vorstellungen haben Sie hinsichtlich Ihrer Laufbahnentwicklung bei der IBM?

Bitte bringen sie darüber hinaus alles zur Sprache, was für Sie wichtig ist.

Abb. 8.13. Einladung und Vorbereitungsblatt zum Beratungs- und Fördergespräch

Das Beratungs- und Fördergespräch kann mit dem Beurteilungsgespräch zusammenfallen. In diesem Fall sind die unmittelbaren Vorgesetzten die Gesprächspartner der Beschäftigten. Regelmäßig sitzen aber höhere Vorgesetzte oder Verantwortliche für die Personalentwicklung auf der anderen Seite des Tisches. Das hat

Vorteile. Höhere Vorgesetzte und Personalentwicklungsbeauftragte verfügen über bessere Informationen über die Entwicklungsalternativen, die das Unternehmen bietet. Und sie können bereits im Gespräch Entwicklungsalternativen und Qualifizierungsmaßnahmen festgelegen.

○ Die Chancen, Informationen über Entwicklungsalternativen zu erlangen und Qualifizierungsmaßnahmen umgehend festzulegen, können **schriftliche Mitarbeiterbefragungen** zum Personalentwicklungsbedarf naturgemäß nicht bieten. Ansonsten sind sie den Beratungs- und Fördergesprächen nahezu ebenbürtig. Wiederum ist es *Mentzel (Unternehmenssicherung durch Personalentwicklung)*, der auf ein in der Praxis bewährtes Verfahren verweisen kann, die „Eigene Meinung zur Laufbahn" bei der Enka-Glanzstoff AG. Die Befragungsunterlagen bestehen aus einführenden Hinweisen, einem Instruktionsblatt und einem vierseitigen Fragebogen. Zur Illustration der Inhalte mag hier eine Wiedergabe der Überschriften genügen:

Mitarbeiterbefragung

Eigene Meinungen zur Laufbahn
Freie Beschreibung Ihrer Interessen
Bevorzugung bestimmter Funktionsrichtungen
Interessen für konkrete Funktionen
Befriedigung in jetziger Funktion
Überlegungen zur weiteren Laufbahnentwicklung
Bevorzugte Wohnorte (Standorte) in Deutschland
Interesse an Auslandsbeschäftigung
Fortbildungsbedarf im Hinblick auf jetzige Funktion
Fortbildungsbedarf im Hinblick auf gewünschte Funktion
Ansichten über eigene Qualitäten

Abb. 8.14. Mitarbeiterbefragung „Eigene Meinung zur Laufbahn"

Die Befragung richtet sich leider nur an Führungskräfte. Nachahmenswert sind dagegen folgende Vorgaben:

- Um falsche Hoffnungen und spätere Enttäuschungen zu vermeiden, wird bei der Zusendung der Unterlagen darauf hingewiesen, daß die Interessen und Neigungen nicht in jedem Fall und nicht immer in vollem Umfang gefördert werden können.
- Die Befragten werden in keiner Weise zur Teilnahme genötigt. Auf Wunsch können sie auch nur einen Teil der gestellten Fragen beantworten.
- Es besteht die Möglichkeit, die schriftlichen Ausführungen um eine mündliche Erläuterung zu ergänzen.
- Alle Daten werden vertraulich behandelt und mit Dritten erst dann besprochen, wenn sich das im Zusammenhang mit einer vorgesehenen Versetzung oder Beförderung beziehungsweise anderen Maßnahmen der Personalentwicklung als notwendig erweist.

○ Das **betriebliche Vorschlagswesen** und **innerbetriebliche Stellenausschreibungen** vermitteln nicht nur Hinweise auf Eignungspotentiale. Die Interessentinnen und Interessenten machen durch ihre Vorschläge und durch ihre Bewerbungen auch auf ihre Interessen und Neigungen aufmerksam. Auf diese Informationen sollte man selbst dann achtgeben, wenn Vorschläge und Bewerbungen abgelehnt werden.

Vorschlagswesen/ interne Ausschreibung

Datenrecherche ○ Selbst die **Datenrecherche** kann Erkenntnisse vermitteln. In Personalakten und -dateien findet sich mancher Fingerzeig auf Hobbys und Aktivitäten, der Interessen offenlegt.

2.3. Partizipative Bildungsbedarfsanalyse

Partizipation Der Begriff der **Partizipation** ist in aller Munde und meint nichts anderes als die Beteiligung aller Betroffenen.

Personalentwicklung ohne eine Beteiligung der Betroffenen ist sicherlich nicht möglich, denn was nutzen Förderung, Aus- und Weiterbildung, wenn keiner daran teilnimmt. Deshalb ist es schlicht **überflüssig, von partizipativer Personalentwicklung zu sprechen.** Für einen Teilbereich der Personalentwicklung gilt dies allerdings nicht, nämlich die Ermittlung des Personalentwicklungsbedarfs. In der Tat vernachlässigen einige Unternehmen die Ermittlung des Personalentwicklungsbedarfs der Beschäftigten. Wird er jedoch erhoben, kann man schon von einer partizipativen Bildungsbedarfsanalyse sprechen. Der Begriff ist in Theorie und Praxis regelmäßig enger gefaßt.

Definition und Ablauf
Im allgemeinen versteht man unter einer partizipativen Bildungsbedarfsanalyse das Zusammenwirken

- des Unternehmers, des Vorstands oder der Geschäftsführung beziehungsweise -leitung
- mit den Vorgesetzten und
- den Beauftragten für die Personalentwicklung sowie
- den betroffenen Beschäftigten und
- der Belegschaftsvertretung
- bei der Ermittlung des Personalentwicklungsbedarfs
- in Befragungen,
- Gruppeninterviews und
- Diagnose-Workshops.

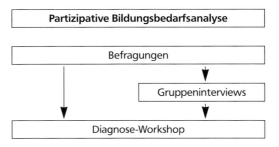

Abb. 8.15. Ablauf der partizipativen Bildungsbedarfsanalyse

Befragungen ○ Die partizipative Bildungsbedarfsanalyse beginnt in der Regel mit **Befragungen,** wie sie weiter oben dargestellt werden, also mit Befragungen der Beschäftigten zu ihrem Personalentwicklungsbedarf und Befragungen der Entscheidungsträger zum Personalentwicklungsbedarf durch technische und organisatorische Änderungen sowie Investitionen. Die Befragungsergebnisse werden in einem weiteren Schritt strukturiert.

○ Danach werden die strukturierten Befragungsergebnisse als Untersuchungsgegenstand für mehrere **Gruppeninterviews** vorgegeben. Die Gruppen setzen sich aus Beschäftigten aller Hierarchieebenen zusammen. Dabei hat ein Interviewer die Aufgabe, Erkenntnisse darüber zu sammeln, was die Interviewten im Zusammenhang mit den Befragungsergebnissen gemeinsam bewegt. So werden die Meinungen, Ideen und Reaktionen der Betroffenen deutlich. — *Gruppeninterviews*

○ Die Befragungsergebnisse und die Ergebnisse der Gruppeninterviews sind die Grundlagen für den abschließenden **Diagnose-Workshop,** der wiederum mit Beschäftigten aller Hierarchieebenen besetzt ist. Hier erstellen die Beteiligten sogenannte Problemkataloge. Sie benennen Schwierigkeiten, die ihnen in der täglichen Arbeit begegnen, aber auch solche, die durch künftige Entwicklungen, durch technische und organisatorische Änderungen entstehen können. In einer Zieldiskussion werden ein gemeinsames Zielverständnis und auch Zustimmung zu den Zielen Bildungsarbeit und Förderung erarbeitet. Ein Moderator hat die Aufgabe, die Gruppe ausgleichend zusammenzuhalten und auf dem Weg zum Ziel weiterzuführen. — *Diagnose-Workshop*

Bei partizipativen Bildungsbedarfsanalysen ist die Gefahr eines informellen **Konformitätsdruckes** nicht von der Hand zu weisen. Zudem können sich **Interessenkoalitionen** bilden. Damit ist die Gefahr der **Manipulation** gegeben. Die partizipative Bildungsbedarfsanalyse ist auch mit einem **hohen Zeitaufwand** verbunden. Häufig treten **Konflikte** auf, die geregelt werden müssen. Allerdings zahlt sich die eingesetzte Zeit und die Konfliktregelung wieder aus. Durch die Einbindung der Betroffenen können nämlich **Vorbehalte** gegen die geplanten Veränderungen, **Unsicherheiten und Ängste** gegenüber Neuem und das Festhalten an alten und bewährten Methoden **abgebaut** werden. — *Vor- und Nachteile*

2.4. Personalentwicklungsdatei

> Die bereits erwähnte Personalentwicklungsdatei ist das Ergebnis der Ermittlung des Personalentwicklungsbedarfs. Sie wird bei der Stelle geführt, die im Unternehmen für die Personalentwicklung zuständig ist, und erfaßt
> – sämtliche Beschäftigte, für die ein Personalentwicklungsbedarf festgestellt wurde,
> – aber auch die Beschäftigten, die selbst einen Personalentwicklungsbedarf angemeldet haben,
> – mit den ermittelten Eignungsprofilen, Eignungspotentialen, Interessen und Neigungen.

— *Inhalt*

Alle **Daten** werden regelmäßig erfaßt, ergänzt und aktualisiert. Bei ihrer Erfassung, Speicherung und Analyse sind die Bestimmungen des **Bundesdatenschutzgesetzes** zu beachten. Es handelt sich um Angaben — *Datenschutz*

– zur Person, also Name, Personalnummer und Eintrittsdatum,
– zur Schulbildung und zum Studium,
– zur Berufsausbildung,
– zur beruflichen Entwicklung,
– zum Werdegang nach dem Eintritt in das Unternehmen,

- zur aktuellen Stelle und zu geplanten Aufgabenfeldern,
- zur Teilnahme an der Bildungsarbeit und Förderung,
- zur Eignung und zum Eignungspotential,
- zu Interessen und Neigungen,
- zu vorgesehenen Maßnahmen der Personalentwicklung sowie
- zu geplanten Aufgabenfeldern.

Eine etwaige **Nachwuchsdatei** beinhaltet dieselben Informationen, allerdings nur für die Nachwuchskräfte.

Verwendungszweck

Die Personalentwicklungsdatei ist die **Grundlage für alle Qualifizierungsmaßnahmen:**

○ Sie vermittelt einen umfassenden **Überblick über den Personalentwicklungsbedarf** aus Unternehmenssicht, das heißt die Eignungen und Eignungspotentiale, und zugleich über den Personalentwicklungsbedarf der Beschäftigten, ihre Interessen und Neigungen.

○ Mit diesen Angaben bildet sie die **Entscheidungsgrundlage für die Festlegung der notwendigen Maßnahmen.** Und sie liefert Informationen, nach denen Beschäftigte für diverse Maßnahmen ausgewählt werden können, wenn wegen eines begrenzten Budgets oder eines begrenzten Angebotes nicht alle teilnehmen können.

○ Aufgrund der Daten der Personalentwicklungsdatei kann man erkennen, ob eine Zusammenfassung ähnlicher Vorhaben möglich ist, ob nämlich die Ziele und die individuellen Voraussetzungen übereinstimmen. Damit dient sie der **Koordination der Qualifizierungsmaßnahmen.**

○ Über die jeweils aktuellen Eintragungen in der Personalentwicklungsdatei kann sowohl eine **Überwachung der Maßnahmendurchführung** als auch eine **Kontrolle der Lern- und Anwendungserfolge** erfolgen.

○ Die detaillierten, aktuellen Daten dienen als **Hilfsmittel bei Auswahlentscheidungen im Rahmen der internen Personalbeschaffung, des Personaleinsatzes und des Personalabbaus.**

○ Informationen der Personalentwicklungsdatei können als **Orientierungshilfe bei der Budgeterstellung** herangezogen werden.

3. Planung der Personalentwicklung

Bedarfsdeckung

In der Planung der Personalentwicklung legen die Entscheidungsträger des Unternehmens und die Betroffenen gemeinsam fest, wie man den festgestellten Personalentwicklungsbedarf decken kann. Hier werden in der Regel folgende **Sujets** ausgewiesen, die in kollektive, individuelle und Standard-Personalentwicklungspläne aufgenommen werden:

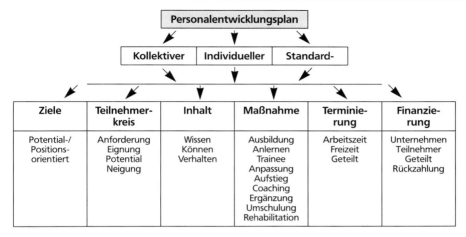

Abb. 8.16. *Ablauf, Formen und Sujets der Personalentwicklungsplanung*

3.1. Sujets

Vorweg müssen die Ziele definiert werden, die mit der Personalentwicklung realisiert werden sollen. — Ziele

Die **potentialorientierte Personalentwicklung** hat die Pflege und den Ausbau vorhandener Eignungen und Eignungspotentiale sowie der Neigungen und Interessen der Beschäftigten zum Ziel, ohne daß über die Verwendung der erweiterten Qualifikationen definitiv entschieden ist.

Die **positionsorientierte Personalentwicklung** bezweckt eine gezielte Qualifizierung für eine bestimmte Stelle oder eine Abfolge von Stellen, sei es in der Form einer Anpassungs- respektive Aufstiegsqualifizierung oder eines Coachings. Sie knüpft nicht selten an die potentialorientierte Personalentwicklung an.

Weiterhin werden die geeigneten und interessierten Teilnehmerinnen und Teilnehmer bestimmt. — Teilnehmerkreis

Dazu ermittelt man, wie weiter vorne dargestellt, die **Anforderungs- und Eignungsprofile** sowie die **Neigungen und Interessen** der Beschäftigten, gegebenenfalls zusätzlich auch die **Eignungspotentiale**. Diese Größen werden sodann in Beziehung zueinander gesetzt. Ein Vergleich der Anforderungs- und Eignungsprofile oder der Anforderungsprofile mit den Eignungspotentialen ergibt, wer für eine Qualifizierung geeignet ist. Mit ihren Interessen und Neigungen machen die Beschäftigten deutlich, wer an einer Qualifizierung interessiert ist.

Ebenfalls erläutert werden die möglichen Inhalte der Qualifizierung, die Mehrung des Wissens, die Erweiterung des Könnens und die Änderung des Verhaltens. — Inhalt

Maßnahme	Die Qualifizierungsmaßnahmen können berufsvorbereitender, berufsbegleitender oder berufsverändernder Natur sein. Hier steht das gesamte Spektrum zur Auswahl, das eingangs dieses Kapitels erläutert wird.
Terminierung	Viele Maßnahmen konzentrieren sich auf die Arbeitszeit, zum Beispiel unternehmensinterne Schulungen. Andere finden zum Leidwesen der Beteiligten ausschließlich in der Freizeit statt, etwa ein Fernstudium. Manche Maßnahmen beinhalten Arbeits- und Freizeit, beispielsweise Wochenseminare, die das Wochenende einschließen.
	Die **Terminierung** der Maßnahmen, die während der Arbeitszeit stattfinden, ist in der Praxis immer wieder ein großes Problem. Vorgesetzte pochen häufig darauf, daß die Beschäftigten nahezu unabkömmlich sind. Deshalb muß man die Terminierung einerseits recht frühzeitig mit den Betroffenen und ihren Vorgesetzten abstimmen. Andererseits muß man die Maßnahmen auch danach auswählen, ob sie zu vertretbaren Terminen stattfinden und sich in einem ebenso vertretbaren Zeitrahmen bewegen.
Finanzierung	Schließlich muß die Finanzierung der Maßnahmen festgelegt werden.
	Bei einer vollständigen oder überwiegenden Finanzierung durch das Unternehmen kommt häufig der Gedanke an die eingangs dieses Kapitels angesprochenen **Rückzahlungsklauseln** auf. Sie sind zulässig, wenn eine Maßnahme überwiegend im Interesse der Beschäftigten liegt und das Verhältnis von Bindungsdauer und Höhe der entstandenen Fortbildungskosten angemessen ist. Rückzahlungsklauseln sind fraglos **nicht möglich, wenn das Unternehmen gesetzlich zur Finanzierung verpflichtet ist,** wie beispielsweise beim Bildungsurlaub.
Bildungsurlaub	Soweit den Beschäftigten ein Anspruch auf **Bildungsurlaub** zusteht, auf bezahlte Freistellung und Kostenübernahme für Bildungsmaßnahmen, sollte indes geprüft werden, inwieweit dieser in die Personalentwicklung einbezogen werden kann. Gesetzliche Regelungen über den Bildungsurlaub bestehen in nahezu allen Bundesländern. Der Freistellungsanspruch beträgt nach den meisten Ländergesetzen zehn Arbeitstage innerhalb von zwei Kalenderjahren und setzt voraus, daß die beantragte Maßnahme der beruflichen oder staatsbürgerlichen und politischen Bildung dient.
Bildungsanspruch	Darüber hinaus bestehen aufgrund diverser Gesetze und Tarifverträge **analoge Regelungen für den öffentlichen Dienst und für bestimmte Beschäftigte,** etwa Betriebs- oder Personalräte, Jugendvertretungen, Betriebsärztinnen und -ärzte, Fachkräfte für Arbeitssicherheit sowie Vertrauensleute für Schwerbehinderte. Diese Bildungsmaßnahmen können gegebenenfalls auch in die Personalentwicklung integriert werden.

3.2. Kollektive, individuelle und Standard-Personalentwicklungspläne

Kollektive Planung	Jedes Unternehmen, das Personalentwicklung betreibt, sollte über eine kollektive Personalentwicklungsplanung verfügen. Sie hat sowohl generelle wie spezielle, auf einen bestimmten Zweck bezogene Entwicklungsziele des Unternehmens zum Inhalt, aber auch die Auswahlkriterien für Teilnehmerinnen und Teilnehmer sowie für Qualifizierungsmaßnahmen. Darüber hinaus legt die kollektive Personalentwicklungsplanung Leitlinien für die inhaltliche Gestaltung, die Terminierung und Finanzierung von Maßnahmen fest.

Eine spezielle kollektive Personalentwicklungsplanung ist die **Nachfolgeplanung**. Sie dient der Vorsorge, indem geeignete und interessierte Beschäftigte ausfindig gemacht werden, die sich gezielt für die Übernahme einer bestimmten Stelle qualifizieren sollen. So kann bei Vakanzen sofort auf Kandidatinnen und Kandidaten zurückgegriffen werden. Denen wird mit der Chance eines planmäßigen, nach allgemein gültigen Kriterien vollzogenen Aufstiegs ein Anreiz zum Verbleib und zum Engagement im Unternehmen geboten. Wenn aus Sicherheitsgründen mehrere potentielle Nachfolgerinnen und Nachfolger in die Planung einbezogen werden, relativiert sich dieser Anreiz jedoch zumindest für diejenigen, die letztlich nicht berücksichtigt werden. Ähnlich wie Mentzel (*Unternehmenssicherung durch Personalentwicklung*) kann man den **Ablauf der Nachfolgeplanung** in folgenden Arbeitsschritten zusammenfassen:

Nachfolgeplanung

```
Formulierung allgemein gültiger Nachfolgeprinzipien
                          ▼
Bestimmung des spezifischen Anforderungsprofils
                          ▼
Auswertung der Personalentwicklungs- und Nachwuchsdatei
                          ▼
```

Stelle			
Stellenbezeichnung		Stellennummer	
Abteilung/Bereich		Kostenstelle	
Zielsetzung			
Derzeitige Stellenbesetzung			
Name, Vorname		Geburtsdatum	
Stelleninhaber/in seit		Ausscheiden zum	
Stellvertreter/in	Gegenwärtige Position		Ausbildung
1.			
2.			
Mögliche Nachfolger/innen			
1. Name, Vorname		Eignung zur Stellenübernahme liegt voraussichtlich vor:	
Geburtsdatum		○ sofort	
Derzeitige Position		○ innerhalb eines Jahres	
Notwendige Weiterbildung		○ innerhalb von 2 Jahren	
		○ nach ca. 2 bis 5 Jahren	
2. Name, Vorname		Eignung zur Stellenübernahme liegt voraussichtlich vor:	
Geburtsdatum		○ sofort	
Derzeitige Position		○ innerhalb eines Jahres	
Notwendige Weiterbildung		○ innerhalb von 2 Jahren	
		○ nach ca. 2 bis 5 Jahren	

▼

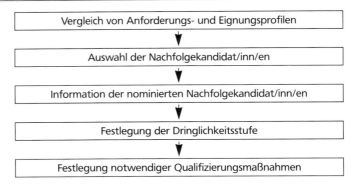

Abb. 8.17. Ablauf der Nachfolgeplanung

Falls sich für eine Position keine potentiellen Nachfolgerinnen und Nachfolger finden, muß man andere Maßnahmen einleiten, im allgemeinen eine Personalbeschaffung, und zwar sofort oder zu einem späteren Zeitpunkt, der zu fixieren ist.

Individuelle Planung

Auf der Grundlage der kollektiven Personalentwicklungsplanung wird bei Bedarf und Interesse jeweils aktuell für die jeweiligen Mitarbeiterinnen und Mitarbeiter eine individuelle Personalentwicklungsplanung mit den besagten Inhalten erstellt. Dabei sollten die Betreffenden selbstverständlich aktiv beteiligt werden.

Laufbahnplanung

Das Pendant zur kollektiven Nachfolgeplanung ist die individuelle **Laufbahnplanung**. Anders als bei der Nachfolgeplanung geht es bei der Laufbahnplanung nicht unmittelbar um eine Stellenbesetzung, sondern um die berufliche Entwicklung einzelner Beschäftigter im Unternehmen. Damit sind natürlich indirekt auch wieder Stellen angesprochen, die die Betreffenden im Laufe ihrer Entwicklung einnehmen können, wenn sie sich entsprechend qualifizieren.

Standard-Pläne

Wenn einige Beschäftigte ähnliche Voraussetzungen und Interessen haben und für ähnliche Maßnahmen vorgesehen sind, ist es rationeller, statt jeweils individueller Personalentwicklungspläne Standard-Personalentwicklungspläne auszuarbeiten.

4. Umsetzung der Personalentwicklung

Gegenstand

Bei der Umsetzung geht es um die Methode der Qualifizierung und die Frage der internen oder externen Durchführung.

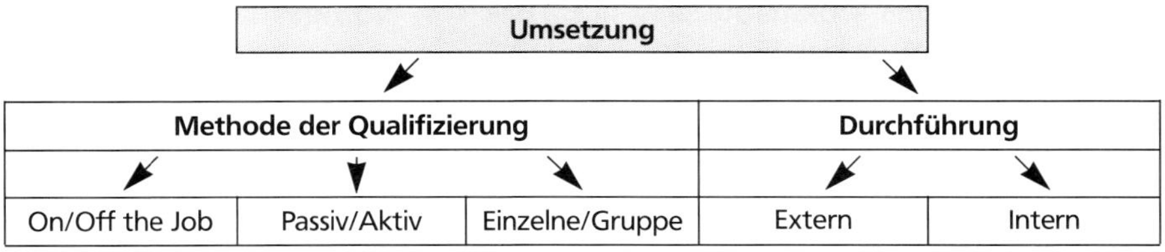

Abb. 8.18. Modalitäten der Umsetzung der Personalentwicklung

4.1. Methode der Qualifizierung

> Die Methode der Qualifizierung wird je nach dem konkreten Entwicklungsziel, dem Teilnehmerkreis, der geplanten Qualifizierungsmaßnahmen und dem Qualifizierungsinhalt ausgewählt. Entscheidend sind darüber hinaus die vorhandenen fachlichen, personellen und finanziellen Voraussetzungen.

Methode

Als **Training on the Job** bezeichnet man Qualifizierungsmaßnahmen am Arbeitsplatz. Es handelt sich um eine aktive Auseinandersetzung mit der jeweiligen Arbeitsaufgabe. Das **Training off the Job,** die Qualifizierung außerhalb des Arbeitsplatzes, löst sich von der eigentlichen Arbeitsaufgabe, obwohl auch hier der Anwendungsbezug durch eine Simulation der Arbeitsanforderungen hergestellt werden kann. Folgende Praktiken werden häufig angewandt:

Training on/ off the Job

Training on the Job	Training off the Job
Planmäßige Unterweisung, etwa die Vierstufenmethode: Vorbereiten, Vorführen, Nachmachen, Üben	**Programmierte Unterweisung:** der gesamte Lernprozeß ist nach dem Prinzip des Regelkreises strukturiert, und die in Lerneinheiten zerlegten Inhalte werden im Selbststudium in programmierter Folge von Information, Frage, Antwort, Kontrolle aufgearbeitet
Anleitung und Beratung: Mitarbeiter/innen sammeln Erfahrungen aus einer von Vorgesetzten überwachten und gesteuerten Tätigkeit	**Lehrvortrag:** die Teilnehmer/innen sind ausschließlich Zuhörer
Job Rotation: regelmäßiger, systematischer, planmäßiger Wechsel von Arbeitsplätzen und Aufgaben	**Lehrgespräch:** Teilnehmer/innen werden nach einer Einleitung und der Schaffung einer Gesprächsgrundlage in einer Diskussion aktiv in die Erarbeitung der Inhalte einbezogen
Verantwortung als Nachfolger/in oder Assistent/in: Mitarbeiter/innen werden Teilaufgaben übertragen, die Führungsverantwortung verbleibt jedoch bei den Vorgesetzten	**Fallmethode:** Simulation der Wirklichkeit anhand eines Falls aus der Praxis, wobei ein Problem im Team gelöst wird
Sonderaufgaben: Gelegenheit, sich in neuen, über die Routinetätigkeit hinausgehenden Aufgabenstellungen zu versuchen	**Rollenspiel:** Teilnehmer/innen übernehmen aufgrund einer vorher geschilderten Situation die anfallenden Rollen
Projektgruppen: Mitarbeiter/innen aus unterschiedlichen Bereichen lösen gemeinsam eine zeitlich befristete Aufgabenstellung unter der Verantwortung einer Projektleitung	**Planspiel:** Simulation komplexer, realer Unternehmensprozesse innerhalb derer die Teilnehmer/inne/n in verantwortlichen Rollen Lösungen erarbeiten
Mehrgleisige Unternehmensführung: aus Mitarbeiter/inne/n der unteren und mittleren Führungsebene wird parallel zum realen Management ein Junior-Vorstand gebildet, dessen Mitglieder als eine Art Schattenkabinett tätig werden	**Gruppendynamisches Training:** eine Gruppe wird durch Trainer mit der Bewältigung einer unstrukturierten Situation konfrontiert, in der keine bestimmten Themenkreise und Verfahrensregeln vorgegeben sind
Einarbeitung: stellt sicher, daß die Mitarbeiter/innen ihre Aufgaben kennen, akzeptieren und erlernen sowie in die soziale Struktur der Belegschaft integriert werden	**Förderkreise:** die Teilnehmer/innen haben in zeitlichen Abständen Gelegenheit, sich über bestimmte Probleme, Erfahrungen und Meinungen auszutauschen
Auslandseinsatz: Gelegenheit, sich in einem anderen Umfeld und einer Fremdsprache zu beweisen	**Fernunterricht:** verschiedene Themenangebote von Fernlehrinstituten unter Beachtung des Fernunterrichtsschutzgesetzes

Abb. 8.19. Praktiken des Training on und off the Job

Das Training on the Job ist für Unternehmen in der Regel attraktiver, da es kurzfristig angesetzt werden kann und die Beschäftigten neben der Lernleistung auch noch eine Arbeitsleistung aufbringen. Außerdem ist durch diese Verknüpfung die Umsetzung in die tägliche Arbeit, der Transfer, gewährleistet. Das schätzen auch die Teilnehmer und Teilnehmerinnen. Für die Vermittlung von neuem Wissen eignet sich das

Training off the Job hingegen besser. Ein formelles, strukturiertes Bildungsprogramm kann komplizierte Zusammenhänge vorteilhafter darlegen.

Aktiv oder passiv

Man unterscheidet ferner aktive und passive Methoden. Bei **passiven Methoden** sind die Teilnehmerinnen und Teilnehmer ausschließlich Zuhörer, wie beispielsweise beim Lehrvortrag. Sie eignen sich für eine komprimierte, zeitsparende Vermittlung von Wissen, wirken aber schnell ermüdend. Bei **aktiven Methoden** werden die Teilnehmerinnen und Teilnehmer dagegen, etwa in einem Lehrgespräch, in die Vermittlung der Inhalte einbezogen. Ebenfalls zu den aktiven Methoden zählt man Ansätze, bei denen die notwendigen Erfahrungen durch eine Konfrontation mit praktischen Problemen vermittelt werden, zum Beispiel durch Job Rotation oder in einem der Praxis nachempfundenen Planspiel. Diese Methoden sind zeitaufwendiger, jedoch auch fesselnder. Sie eigenen sich vor allem für den Ausbau von Fertigkeiten.

Einzel- oder Gruppenbildung

Die Methoden der **Einzelbildung** haben den Vorteil, daß die Inhalte und das Lerntempo an die Qualifikationen und Interessen einer einzelnen Person angepaßt werden können. Freilich fehlt hier der Ansporn durch den Vergleich mit anderen Teilnehmerinnen und Teilnehmern, den die **Gruppenbildung** bietet, die obendrein in der Regel kostengünstiger ist. Außerdem fördert das gemeinsame Lernen die Kooperation. Deshalb ist die Gruppenbildung unverzichtbar, wenn Inhalt der Qualifizierung eine Verhaltensänderung ist.

4.2. Externe oder interne Durchführung

Extern

Wenn man eine Qualifizierungsmaßnahme umsetzt, stellt sich letztlich die wichtige Frage, ob man die Maßnahme extern oder intern durchführen soll.

Externe Qualifizierungsmaßnahmen sind solche, auf deren Zielsetzung und Gestaltung das Unternehmen und der Teilnehmerkreis keinen unmittelbaren Einfluß nehmen können. Die **Verantwortung für die Zielsetzung, Planung und Durchführung liegt beim Anbieter,** einem externen Bildungsträger, der damit die ansonsten zuständigen Abteilungen des nachfragenden Unternehmens entlastet.

Bei kleinen Teilnehmerzahlen ist es für Unternehmen kostengünstig, auf derartige Angebote einzugehen. Die Anbieter verstehen sich obendrein vielfach besser darauf, unternehmens- oder branchenunabhängiges Funktions- oder Spezialwissen in einem Training off the Job zu vermitteln als interne Referentinnen und Referenten. Sie verfügen über die notwendige fachliche und didaktische Erfahrung und über ein zeitgemäßes methodisches und medientechnisches Wissen. Die Teilnehmerinnen und Teilnehmer können sich frei von betrieblichen Zwängen und Hierarchien bewegen. Und sie nehmen vom Veranstalter, aber auch von den anderen Teilnehmerinnen und Teilnehmern neue Ideen und Anregungen auf, die helfen können, die eigene Betriebsblindheit zu überwinden. Freilich müssen sie sich notwendigerweise an einen heterogenen Teilnehmerkreis mit unterschiedlichen Vorkenntnissen und Interessen anpassen.

Auswahl Externer

Die **Auswahl externer Bildungsträger** fällt den meisten Unternehmen schwer, da es bis heute an der notwendigen Markttransparenz fehlt. So verläßt man sich mehr oder weniger auf die Mundpropaganda und die eigenen Erfahrungen. Eine Hilfestellung kann der folgende **Fragenkatalog** geben, den diverse Autoren mit unterschiedlichen Nennungen anführen:

○ Wer ist Anbieter der externen Qualifizierungsmaßnahme, die ins Auge gefaßt wird?
– Welche Erfahrungen gibt es mit dem Anbieter?
– Über welche Räumlichkeiten und Einrichtungen verfügt er?
– Welche Kapazitäten hat er?
– Welche Referenzen kann er vorweisen?
○ Welche Lernziele werden mit den angebotenen Qualifizierungsmaßnahmen verfolgt?
– Existieren eindeutige Lernziele?
– Ermöglicht die Qualifizierung eine Lösung der anstehenden Probleme?
○ Welche Zielgruppe wird angesprochen, mit welchem Teilnehmerkreis muß man rechnen?
– Welche Vorbildung und Berufserfahrung wird vorausgesetzt?
– Wie setzt sich der Teilnehmerkreis zusammen?
– Welche Teilnehmerzahl ist geplant?
○ Kommt der Anbieter zu einem Kontaktbesuch, um sich Betriebskenntnisse zu verschaffen?
○ Wann findet die Veranstaltung statt und wie lange dauert sie?
– Ist der Termin vertretbar?
– Ist die Dauer stimmig?
○ Was kann von den eingesetzten Referentinnen oder Referenten erwartet werden?
– Wer sind die Referentinnen oder Referenten?
– Verfügen sie über praktische Berufserfahrung?
– Verfügen sie über Branchenkenntnisse?
– Verfügen sie über genügend Einfühlungsvermögen?
– Verfügen sie über ausreichende pädagogische Erfahrung?
○ Welche Lehrmethoden und Medien werden eingesetzt?
○ Welche Kontrollmaßnahmen sind vorgesehen?
– Wird überprüft, ob die Teilnehmer/innen die Lernziele erreichen?
– Ist eine Dozentenbeurteilung vorgesehen?
○ Kann ein Repräsentant des Unternehmens probeweise teilnehmen?
○ Welche Kosten entstehen, das heißt
– welche Gebühren und Honorare?
– Werden die wichtigsten Modalitäten schriftlich festgelegt?
– Welche Kosten entstehen über die Gebühren und Honorare hinaus?
– Wie verhalten sich die Kosten zum erwarteten Nutzen?
– Gibt es Alternativen?
○ Welche zusätzlichen betrieblichen Leistungen sind über die Kosten hinaus erforderlich:
– Informationen aus dem Betrieb,
– Betriebliche Betreuer oder Hilfsreferent/inn/en,
– Organisationsaufwand,
– Sachleistungen?
○ Welche Möglichkeiten zu einer Fortsetzung bestehen?
– Gibt es Folgeveranstaltungen?
– Ist ein Erfahrungsaustausch vorgesehen?

Abb. 8.20. Fragenkatalog zur Auswahl externer Bildungsträger

Als **intern** werden alle **Qualifizierungsmaßnahmen** bezeichnet, bei denen die **Verantwortung für die Zielsetzung, Planung und Durchführung beim Unternehmen** selbst liegt. Das ist nahezu immer beim Training on the Job der Fall. Interne Qualifizierungsmaßnahmen sind aber auch Veranstaltungen in Räumen außerhalb des Unternehmens und Veranstaltungen, für die Referentinnen oder Referenten verpflichtet

Intern

Planung werden, die nicht der Belegschaft angehören. Die **Planung interner Qualifizierungsmaßnahmen** erfolgt in folgenden Schritten:

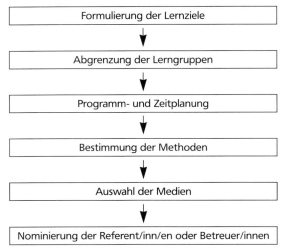

Abb. 8.21. Planungsschritte für interne Qualifizierungsmaßnahmen

Für die Nominierung externer Referentinnen und Referenten sollte man den Fragebogen zur Auswahl externer Bildungsträger analog anwenden.

Für den Transfer der Qualifikationen in die Arbeit ist es von Vorteil, wenn der Teilnehmerkreis homogen ist und bereits in die Zielsetzung und Planung der Maßnahmen eingebunden wird. Das ist in der Regel nur bei internen Veranstaltungen möglich. Externen Bildungsträgern fehlen häufig die vertraulichen Einblicke in die konkreten Probleme. Bisweilen stehen entsprechende Informationen auch nicht zur Verfügung, oder sie werden aus Geheimhaltungsgründen nicht freigegeben. Und manchmal entsteht ein Qualifizierungsbedarf spontan. Immer dann sind interne Qualifizierungsmaßnahmen unumgänglich. So wahrt man zwar die Unabhängigkeit. Man verzichtet aber auf aufschlußreiche Einsichten, Erfahrungen und Problemlösungsansätze Dritter, abgesehen von denen der Referentinnen und Referenten. Überdies müssen für interne Maßnahmen alle vorgesehenen Teilnehmerinnen und Teilnehmer gleichzeitig oder in größeren Gruppen abkömmlich sein. Das ist oft kaum vertretbar. Sollte es im Einzelfall doch möglich sein, ergeben sich indes Kostenvorteile, da beispielsweise das Honorar für externe Referenten unabhängig von der Teilnehmerzahl anfällt.

5. Kontrolle der Personalentwicklung

An die Planung der Personalentwicklung und ihre Umsetzung sollte sich eine Kontrolle anschließen. Nur durch eine regelmäßige Überprüfung kann festgestellt werden, ob beziehungsweise inwieweit die angestrebten Ziele erreicht wurden. Wer diesen Nachweis nicht führt, gerät hinsichtlich der Rechtfertigung der Personalentwicklung leicht ins Hintertreffen. Zudem ermöglicht die Kontrolle Korrekturen von Unzulänglichkeiten.

Konzepte Trotzdem wird die Kontrolle in der Praxis vielfach vernachlässigt, da **tragfähige, praxisgerechte Konzepte bislang kaum existieren.** Bekannt sind folgende Konzepte:

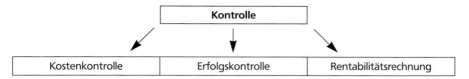

Abb. 8.22. Konzepte der Kontrolle der Personalentwicklung

5.1. Kostenkontrolle

Sicherlich sind nicht alle Entscheidungen in der Personalentwicklung kostenorientiert. Fraglos berücksichtigt die Personalentwicklung auch eine Vielzahl von qualitativen Aspekten. Dennoch muß sich die Ermittlung des Personalentwicklungsbedarfs, die Planung und erst recht die Umsetzung an der Maxime einer Optimierung der Kosten und Leistungen ausrichten, also an der Wirtschaftlichkeit.

Kostenkontrolle

Demnach ist zunächst eine **vollständige Kostenerfassung** vonnöten. Sie vermittelt den notwendigen Überblick über die **Art und Höhe** sämtlicher in einer Abrechnungsperiode angefallenen Kosten der Personalentwicklung. Dabei handelt es sich in der Hauptsache um

Kostenerfassung

– das Arbeitsentgelt für die ausgefallene Arbeitszeit der Teilnehmerinnen und Teilnehmer, soweit Qualifizierung und Arbeitsleistung nicht Hand in Hand gehen,
– gegebenenfalls ein Arbeitsentgelt für Überstunden eingesetzter Ersatzkräfte,
– Kosten für An- und Abreise, Räume, Verpflegung, Arbeitsunterlagen und ähnliches,
– Honorare für externe Referenten oder
– Teilnahmegebühren für externe Veranstaltungen sowie
– die Kosten, die im Personalwesen und den Fachabteilungen für die Ermittlung des Personalentwicklungsbedarfs, die Planung und die Umsetzung anfallen. Diese Kosten kann man anhand der Zeit errechnen, die die Betroffenen für diese Aufgaben aufgewendet haben.

Infolge der vollständigen Kostenerfassung ist es möglich, die Abteilungen, deren Beschäftigte sich qualifizieren, mit den für sie angefallenen Kosten der Personalentwicklung zu belasten. Die jeweiligen Personalentwicklungskosten werden in diesem Fall **den verursachenden Kostenstellen zugerechnet.**

Kostenstellen

Erfaßte oder planbare Kosten sind zugleich die **Planungsgrundlage für künftige Qualifizierungsmaßnahmen.**

Bei der Entscheidung zwischen alternativen Qualifizierungsmaßnahmen und zwischen einer internen oder externen Durchführung werden nicht nur, aber auch ökonomische Gesichtspunkte in Form von **Kostenvergleichsrechnungen** maßgebend sein. Die Basis für Kostenvergleichsrechnungen legen erfaßte oder doch zumindest planbare Kosten der Personalentwicklung. So fallen bei einer internen Qualifizierung beispielsweise Honorare für Referenten an. Diese Honorare sind aber in aller Regel deutlich geringer als die Teilnahmegebühren für mehrere Beschäftigte, die ein Seminar besuchen. Für die interne Durchführung fallen zudem kaum Reisekosten an, wohl aber für die externe Durchführung. Deshalb sind interne Qualifizierungen kostengünstiger, selbst wenn man Räume anmietet und Arbeitsunterlagen ankauft.

Kostenvergleichsrechnung

Budgetierung — Manche Unternehmen genehmigen Qualifizierungsmaßnahmen nur im Einzelnachweis. Ansonsten bestimmen die laufenden Personalentwicklungskosten als Erfahrungswerte häufig das **Personalentwicklungsbudget** der Folgeperiode. Dieses Budget wird dann beispielsweise als Prozentsatz vom Umsatz, Gewinn oder der Lohn- und Gehaltssumme bewilligt. Zum Teil wird es, ebenfalls auf der Basis von Erfahrungswerten, als Durchschnittsbetrag pro Belegschaftsmitglied oder Prozentsatz vom jeweiligen Jahresentgelt genehmigt. Eine systematische Budgetierung liegt hingegen in den Händen der Personalentwicklungsbeauftragten oder -abteilung. Sie orientiert sich als Vorauskalkulation aller entstehenden Kosten am ermittelten Personalentwicklungsbedarf für die Folgeperiode. Die Genehmigung oder Korrektur des ermittelten Budgets obliegt der Unternehmensleitung.

Eine Nachkalkulation, das heißt eine **Überprüfung der Zweckmäßigkeit der Mittelverwendung sowie etwaiger Abweichungen** nach Ablauf der Budgetperiode, macht das Personalentwicklungsbudget zum Instrument der Wirtschaftlichkeitskontrolle.

Der durchweg günstige Vergleich der Kosten der Personalentwicklung mit den Kosten der Beschaffung gleichwertig qualifizierter Beschäftigter am Arbeitsmarkt dient manchen Verantwortlichen zur **Rechtfertigung der gesamten Personalentwicklung.**

Und letztlich werden die Kosten der Personalentwicklung auch als stichhaltiges Argument für das Engagement der Unternehmen **im Dialog mit den Gewerkschaften** angeführt.

5.2. Erfolgskontrolle

Erfolgskontrolle — Die Überprüfung des Erfolgs richtet sich aus Unternehmenssicht auf die Lern- und vor allem auf die Anwendungserfolge. Man will feststellen, ob es gelungen ist, den Beschäftigten die erstrebten Qualifikationen zu vermitteln und inwieweit diese Qualifikationen umgesetzt werden. Von einem Erfolg der Personalentwicklung kann aber nur dann gesprochen werden, wenn auch die Erwartungen der Beschäftigten erfüllt wurden, wenn die Qualifizierung gelungen ist und ihren Neigungen und Interessen entspricht.

Ohne eine Überprüfung des Erfolgs der Personalentwicklung fällt es nicht nur schwer, die **Investitionen** zu **rechtfertigen.** Man kann auch bei der **Planung zukünftiger Qualifizierungen** erfolgversprechende nicht von mißratenen unterscheiden.

Schwierigkeiten — Gleichwohl verzichten viele Unternehmen auf eine derartige Kontrolle, weil sie in der Tat von vielen **Schwierigkeiten** beeinträchtigt wird. Selbst wenn die Entwicklungsziele klar definiert sind, unterscheidet sich schon der Lernerfolg verschiedener Teilnehmerinnen und Teilnehmer an derselben Qualifizierungsmaßnahme deutlich. Das gilt erst recht für die Umsetzung und die daraus folgenden Anwendungserfolge. Außerdem ist die Umsetzung oft erst zeitversetzt möglich. Dann kann man die Anwendungserfolge aber kaum noch einer Qualifizierungsmaßnahme zugute halten.

Selbst wenn man diese Schwierigkeiten in Kauf nimmt, kann man den Erfolg **nicht durch einen einzigen Indikator** ausdrücken. Guter Lernerfolg sagt nämlich noch nichts über die Umsetzung aus. Und ein guter Lernerfolg, der gut umgesetzt wird, muß noch nicht den Erwartungen der Teilnehmerinnen und Teilnehmer entsprechen. Um eine einigermaßen zuverlässige Aussage treffen zu können, **muß zwischen dem**

Lernerfolg, dem Anwendungserfolg und dem Erfolg aus Teilnehmersicht unterschieden werden.

- Bei manchen Qualifizierungsmethoden liegt der **Lernerfolg** auf der Hand, etwa bei der planmäßigen Unterweisung. Die Trainerin oder der Trainer können den Lernerfolg beobachten, wenn die Beschäftigten das Vorgeführte nachmachen. **Praktische Übungen** und **Rollenspiele** sind recht zeitraubend, wenn alle Teilnehmerinnen und Teilnehmer eingebunden werden sollen. Ansonsten ist man entweder auf eine im Ergebnis oft unzuverlässige **Befragung der Trainer** oder auf **Prüfungen** und **Tests** angewiesen. Letztere sind beim Teilnehmerkreis meistens unbeliebt, es sei denn, sie verhelfen zu einem allgemein anerkannten Zertifikat. *Lernerfolg*

- Für die Überprüfung sowohl des **Lernerfolgs** als auch des **Erfolgs aus Teilnehmersicht** eignen sich **Befragungen der Teilnehmerinnen und Teilnehmer.** Sie können in mündlicher oder besser in schriftlicher Form durchgeführt werden und konzentrieren sich auf Inhalte und Methode, Trainer und Referenten, die Organisation sowie die Lernerfolge und die Umsetzungsmöglichkeiten aus eigener Sicht.

- Der Vergleich einer Leistungsbeurteilung vor und nach einer Qualifizierung gibt sicherlich ebenso einen Hinweis auf den **Anwendungserfolg** wie eine mündliche oder schriftliche **Befragung der jeweiligen Vorgesetzten.** Besser geeignet sind **Kennzahlenvergleiche,** wie sie im Kapitel Personalmanagement zur Sprache kommen. Wenn geeignete Kennzahlen zu Ausbringungsmengen, Umsätzen oder ähnlichem aber noch nicht zur Verfügung stehen, ist der Aufwand alleine für die Überprüfung des Anwendungserfolgs von Qualifizierungsmaßnahmen meistenteils zu hoch. *Anwendungserfolg*

5.3. Rentabilitätsrechnung

> Rentabilität ist das Verhältnis des Periodenerfolges als Differenz von Ertrag und Aufwand zu anderen Größen. Mit der Überprüfung der Rentabilität der Personalentwicklung versucht man, den Erfolg der Investition Personalentwicklung zu messen. *Rentabilität*

Regelmäßig errechnet man aber nicht die Rentabilität der gesamten Personalentwicklung, sondern die **einzelner Qualifizierungsmaßnahmen.** Dazu wird zumeist folgende Formel verwendet:

$$\text{Rentabilität der Qualifizierung} = \frac{(\text{Wert der Qualifizierung in DM} - \text{entstandene Kosten}) \cdot 100}{\text{Entstandene Kosten}}$$

Formel

Abb. 8.23. Berechnung der Rentabilität der Qualifizierung

Da der Personalaufwand im allgemeinen den Personalkosten entspricht, verwendet man als **Grundlage** der Rentabilitätsrechnung die **Personalentwicklungskosten,** wie sie bereits für die Überprüfung der Kosten ermittelt werden. Und statt des Ertrags verwendet man den **Wert der Qualifizierung,** der entweder dem erzielten Ertrag oder den vermiedenen Verlusten entspricht. Entspricht der Wert der Qualifizierung zum Beispiel 10.000,- DM und machen die Personalentwicklungskosten 8.000,- DM aus, so errechnet sich eine Rentabilität von 25 Prozent.

Probleme

Die **Problematik** einer derartigen Rentabilitätsrechnung ist offensichtlich. Nicht nur, daß es im Einzelfall schwerfällt, die Personalentwicklungskosten genau nachzuhalten und nicht nur, daß eine eindeutige Kausalitätsbeziehung zwischen einer Qualifizierung und einem Erfolg kaum herzustellen ist; es ist gewöhnlich nahezu unmöglich, den Wert einer Qualifizierung exakt zu bestimmen. Wer will beispielsweise behaupten, allein das Verkaufstraining im Januar habe dazu geführt, daß die Umsätze bis zum Dezember das Vorjahresniveau trotz eines Konjunkturrückganges erreicht haben? Und wer will dann den Wert des Verkaufstrainings beziffern?

6. Brückenschlag zwischen Personal- und Organisationsentwicklung

Mißstände

Manche Unternehmen kranken an diversen Mißständen wie komplizierten Dienstwegen, Ressortstreitigkeiten, verschleppten Entscheidungsprozessen, Widerstand gegen Veränderungen, hoher Fluktuation, einem hohen Krankenstand, Pannen und Unfällen. *Lauterburg (Organisationsentwicklung – Strategie der Evolution)* ist sogar der Ansicht, es sei nicht die Frage ob, sondern lediglich in welchem Umfang ein Unternehmen und dessen Belegschaft von dieser Misere betroffen ist.

Personalentwicklung?

Derartige Probleme kann man nicht alleine durch die **Personalentwicklung** bewältigen. Personalentwicklung ist ein Ansatz, Qualifikationsdefizite durch das Entwickeln von Wissen, Können und Verhalten bei einzelnen Beschäftigten zu beseitigen. Die Neigungen und Interessen der Betroffenen werden dabei zwar mehr oder minder berücksichtigt. Die organisatorischen Strukturen und Abläufe bleiben aber gänzlich unberührt. Daraus resultiert die sogenannte **Transferproblematik**: Die Umsetzung macht zuweilen Mühe, denn möglicherweise lassen die neuen Qualifikationen eine Lösung der Probleme im Unternehmen gar nicht zu, und unter Umständen können die Kolleginnen und Kollegen die neuen Kenntnisse, Fertigkeiten und Verhaltensweisen nicht nachverfolgen.

Organisationsplanung?

Ebenso ungeeignet sind Problemlösungsansätze, die alleine mit den Mitteln der **Organisationsplanung** arbeiten. Sie werden nicht selten **von der Belegschaft unterlaufen**. Den Beschäftigten wird der Sinn und Zweck der Aktionen nicht klar. Deshalb fehlt es an der Bereitschaft, die Innovationen zu akzeptieren und ihnen zum Erfolg zu verhelfen.

Organisationsentwicklung!

Hier setzt die Organisationsentwicklung an, indem gemeinsam mit den betroffenen Beschäftigten die Ursachen vorhandener Probleme erforscht und neue, wirksamere Formen der Zusammenarbeit entwickelt werden. Dann und nur dann, so die Arbeitshypothese der Organisationsentwicklung, vermag sich die Einsicht in die Notwendigkeit und die Bereitschaft zum persönlichen Engagement entwickeln.

Arbeitshypothese

Man geht nämlich davon aus, daß **jeder Mensch über Potentiale verfügt.** Wenn Menschen diese Potentiale nicht einsetzen, mag das daran liegen, daß ihre Entfaltung **durch die aktuellen Arbeits- und Lebensbedingungen behindert** wird. Mittels der Organisationsentwicklung will man die **sozialen und organisatorischen Voraussetzungen schaffen,** unter denen Menschen nicht nur ihr Wissen und ihre Fertigkeiten, sondern auch ihre emotionalen Bedürfnisse und Einstellungen, sozialen Verhaltensweisen und persönlichen Werte verändern und entwickeln können. **Erfahrungs-**

gemäß lernt und entwickelt sich der Mensch am besten im direkten Kontakt mit anderen Menschen und in der direkten Auseinandersetzung mit konkreten Problemen, von denen er selbst in irgendeiner Weise betroffen ist. Folglich sind die geeigneten Voraussetzungen dann geschaffen, wenn Gelegenheit zum Lernen durch Erfahrung am eigenen Leib geboten wird.

Eine überarbeitete Version der Aufstellung von *Lauterburg (Organisationsentwicklung – Strategie der Evolution)* verdeutlicht nochmals die Zusammenhänge:

Zusammenhänge

	Personalentwicklung	Organisationsplanung	Organisationsentwicklung
Wer	Homogene Teilnehmergruppen im Unternehmen oder heterogene Gruppen extern	Geschäftsleitung, Stabsstelle oder Unternehmensberatung	Organisatorische Einheiten, etwa Gruppen, Abteilungen oder Betriebe
Was	Wissen, Können und Verhalten	Organisatorische Strukturen und Abläufe	Konkrete Probleme der täglichen Zusammenarbeit und der gemeinsamen Zukunft
Wie	Training on the Job oder Training off the Job	Eingriffe aufgrund von Planungen	Offene Information und aktive Beteiligung der Betroffenen
Wann	Befristete Lernprozesse	Einzelmaßnahmen	Kontinuierliche Prozesse aufgrund rollender Planung
Wo	Am Arbeitsplatz, in internen und externen Schulungsräumlichkeiten	In Planungsbüros	Am Arbeitsplatz, in den Unternehmen als integrierter Bestandteil der täglichen Arbeit
Warum	Beseitigen von Qualifikationsdefiziten bei einzelnen Beschäftigten	Steigerung der Leistungsfähigkeit der Organisation	Steigerung der Leistungsfähigkeit der Organisation und der Qualität des Arbeitslebens

Abb. 8.24. Personalentwicklung, Organisationsplanung und Organisationsentwicklung im Vergleich

Personal- und Organisationsentwicklung sind aber keineswegs Gegensätze. Eine Qualifizierung ist unter Umständen schon notwendig, um im Rahmen eines Organisationsentwicklungsprojektes eine Problemdiagnose durchführen zu können. Und Qualifikationsmaßnahmen sind nicht selten ein Bestandteil der Problemlösung.

Keine Gegensätze

Demnach sollte Personalentwicklung langfristig in ein Konzept der Organisationsentwicklung eingebunden sein, um erfolgreich zu sein. Das schließt nicht aus, daß Personalentwicklung anfangs ohne eine derartige Einbindung erfolgen kann oder gar muß, bis oder damit ein Konzept der Organisationsentwicklung entsteht. *Hölterhoff und Becker (Aufgaben und Organisation der betrieblichen Weiterbildung)* weisen in ihrer – hier modifizierten – Übersicht nach, wie dieser Prozeß in der Praxis abläuft.

Einbindung

Übersicht

	Institutionalisierung	Differenzierung	Integration
Kenn-zeichen	Die Erstausbildung wird um weitere Aktivitäten ergänzt	Systematisierung von der Bedarfsermittlung bis zur Erfolgskontrolle	Prozeßberatung
Grund-sätze	Im Regelfall noch nicht formuliert	An den Interessen des Unternehmens und der Beschäftigten orientierte Personalentwicklung	Problemlösung durch die Betroffenen.
Träger	Personalentwicklungsbeauftragte(r)	Vorgesetzte mit Unterstützung der Abteilung Personalentwicklung	Organisationseinheit mit Unterstützung von Prozeßberatern
Ziel	Erweiterung des Bildungsangebots	Leistungssteigerung ausgewählter Beschäftigter	Steigerung der Leistungsfähigkeit der Organisation und der Qualität des Arbeitslebens
Adressaten	Einzelne Beschäftigte	Einzelne Beschäftigte mit dem Ziel der Anwendung für konkrete Probleme	Organisationseinheiten mit gemeinsamem Problemlösungsziel
Art	Training on oder off the Job meist ohne zwingende Umsetzungsverpflichtung	Bedarfsermittlung, Planung, Umsetzung, Kontrolle	Problemlösung, flankierendes Training zur Förderung der Problemsensibilität, gezieltes Training als Problemlösungsmaßnahme
Vor-gehen	Einsame Aktivitäten der/des Entwicklungsbeauftragten und einzelner Vorgesetzter	Gemeinsame Aktivitäten aller Betroffenen	Phasen der Organisationsentwicklung, Trainingsaktivität ist nur eine der möglichen Lösungen
Erfolgs-kontrolle	Wenn überhaupt, dann Überprüfung des Lernerfolgs	Kontrolle von Kosten, Erfolgen und Rentabilität	Erfolgskontrolle am konkreten Projekt
Transfer-problematik	Wird nicht bewußt empfunden	Besteht weiterhin	Wird überwunden

Abb. 8.25. Phasen der Problemlösung durch Bildungsarbeit und Förderung

7. Organisationsentwicklung

7.1. Ansätze der Organisationsentwicklung

Definition

Organisationsentwicklung vereint die Organisationsplanung und die Personalentwicklung in sich. Der Begriff Organisationsentwicklung ist abgeleitet vom englischen Organization Development und bedeutet soviel wie geplanter organisatorischer Wandel. Organisationsentwicklung ist ein allumfassender Entwicklungs- und Veränderungsprozeß von erwerbswirtschaftlichen, aber auch gemeinnützigen, sozialen oder staatlichen Organisationen und den in diesen Organisationen tätigen Menschen. Um Organisationsentwicklung wirksam und erfolgreich durchzuführen, ist stets ein längerer Zeitraum erforderlich, der kaum unter zwei bis drei Jahren liegen wird.

Unterschiedliche Ansätze

Soweit besteht, zumindest in Deutschland, weithin Einigkeit. Trotzdem geht man Organisationsentwicklung in Theorie und Praxis recht unterschiedlich an.
○ So unterscheidet man
- den **personalen Ansatz,** der Veränderungsstrategien propagiert, die in der Hauptsache die betroffenen Personen ins Auge faßt, vom

- **strukturellen Ansatz,** bei dem die Veränderungsstrategien vorwiegend auf die organisatorischen Strukturen abzielen.
○ Geläufig ist auch eine Dreiteilung in
- **humane Ansätze,** mit anderen Worte also personale,
- **strukturelle Ansätze** und
- **technische Ansätze.** Letztere sind auf die technischen Einflußfaktoren von Veränderungen fixiert.
○ Nach dem **situativen Ansatz** kann es keine generell gültigen Veränderungsstrategien geben, sondern solche, die der jeweiligen Situation angemessen sind. Im Rahmen dieses Ansatzes werden drei Ebenen gegeneinander abgegrenzt, auf die sich Maßnahmen der Organisationsentwicklung beziehen können, nämlich
- auf die **Beziehungen zwischen der Organisation und ihrer Umwelt,**
- auf die **Beziehungen zwischen Gruppen** und schließlich
- auf die **Beziehungen zwischen Individuen und Organisationen.**
○ Gelegentlich teilt man die Veränderungsstrategien nach sogenannten Änderungszielbereichen ein, welche aufs Korn genommen werden. Es handelt sich um
- das **Individuum,**
- die **sozialen Beziehungen der Organisationsmitglieder,** also das Organisationsklima, und
- die **organisatorische und technologische Struktur.**
○ Zu guter Letzt unterscheidet man
- **human-prozessuale Ansätze,** die sich auf die Organisationsmitglieder und die Prozesse konzentrieren, die in Organisationen ablaufen, und
- **techno-strukturelle Ansätze,** die von einer Veränderung der Technologie und der Organisationsstruktur ausgehen.

Kaum erfolgversprechend sind Veränderungsstrategien, die allein auf individuelles Verhalten oder allein auf Strukturen, ausschließlich auf Prozesse oder die Technologie bezogen sind. Der effizienteste Weg liegt folglich in einer Verknüpfung der genannten Ansätze.	Verknüpfung

○ Ein alleiniges Verhaltenstraining fällt zurück auf die Stufe der Personalentwicklung. Mit diesem Training werden nämlich die organisatorischen Gegebenheiten nicht beseitigt, die für das Verhalten verantwortlich sind, das verändert werden soll.
○ Eine Veränderungsstrategie, die sich ausschließlich auf die Technologie konzentriert, läßt selbst die Grundideen der Personalentwicklung außer acht. Eine technologische Änderung kann nur dann Erfolg haben, wenn man die Anwender auf den Wandel ihrer Arbeitsinhalte und ihrer Arbeitsbeziehungen eingehend vorbereitet und sie an der Planung der notwendigen Umstellungen beteiligt.
○ Organisatorische Prozesse und Strukturen sind die Verbindungselemente zwischen der Technologie und den Menschen, die mit ihr zu tun haben. Insofern müssen diese beiden Faktoren, neben der Technologie und den Betroffenen, gleichermaßen berücksichtigt werden.

7.2. Leitbild der Organisationsentwicklung

Das Leitbild der Organisationsentwicklung, wie es die *Gesellschaft für Organisationsentwicklung (Leitbild und Grundsätze der Gesellschaft für Organisationsentwicklung)* sieht, nimmt diese Gedanken auf. Hier geht man davon aus, daß organisatorische Strukturen und menschliches Verhalten in einer engen Wechselbeziehung stehen und nicht isoliert, sondern nur gemeinsam verändert werden können. Erfolgreiche organisatorische Innovationen müssen demnach mit einem aktiven Lernprozeß aller Beschäftigten einhergehen. Sie können nur schrittweise und langfristig entwickelt werden.

Merkmale

- Das **Ziel** von Organisationsentwicklungsprojekten besteht in einer gleichzeitigen Verbesserung der Leistungsfähigkeit der Organisation, ihrer Effektivität, sowie der Qualität des Arbeitslebens, der Humanität. Mit Humanität werden nicht nur Existenzsicherung und persönliche Anerkennung angesprochen, sondern auch Selbständigkeit, Mitbestimmung und neigungsgerechte Förderung.
- **Träger** eines Organisationsentwicklungsprojekts sind alle Mitglieder einer organisatorischen Einheit. Dabei kann es sich beispielsweise um ein gesamtes Unternehmen oder eine Abteilung handeln.
- **Inhalt** der Organisationsentwicklung ist die Bearbeitung konkreter Fragen und Probleme der täglichen Arbeit und der gemeinsamen Zukunft.
- Organisationsentwicklung beruht auf dem **Lernen aller Betroffenen durch direkte Mitwirkung und praktische Erfahrung.**
- Jeder Maßnahmenplanung gehen eine eingehende gemeinsame Datensammlung und ein gemeinsames Datenfeedback voraus, auf die sich eine gemeinsame **Diagnose** stützt, das heißt eine Problemdefinition und -analyse.
- Organisationsentwicklung ist ein Lern- und Entwicklungsprozeß der Organisation und der in ihr tätigen Menschen. Die Einflußnahme auf die Gestaltung und Entwicklung der Organisation erfordert ein **prozeßorientiertes Vorgehen.** Sie erfolgt im weitesten Sinne durch eine Verbesserung der Kommunikation, insbesondere durch das Einleiten von Teamarbeit, durch das Schaffen von Lernsituationen und durch die Erweiterung von Handlungsspielräumen.
- Organisationsentwicklung ist ein geplanter Prozeß, beruht jedoch auf einem experimentellen Vorgehen. Man spricht deshalb von einer **rollenden Planung,** die sich von Schritt zu Schritt in Zyklen von Datensammlung, Datenfeedback, Diagnose, Maßnahmenplanung, Durchführung und Erfolgskontrolle vollzieht.
- Ein wesentliches Element im Organisationsentwicklungsprozeß ist die **Informationsrückkoppelung,** das heißt der offene Informations- und Meinungsaustausch zwischen Personen und Gruppen sowohl in Sachfragen als auch in Verhaltens- und Wertfragen.
- Im Rahmen der Organisationsentwicklung will man Situationen erschaffen, in denen individuelle und Gruppeninteressen sowie Machtverhältnisse offenbar werden. Dadurch wird es möglich, **Konflikte** auf dem Verhandlungswege zu **bearbeiten.**
- Organisationsentwicklung ist ein Lern- und Entwicklungsprozeß. Von Organisationsentwicklung kann deshalb nur gesprochen werden, wenn und solange der Entwicklungsprozeß aktiv im Gange ist. Das setzt eine weitgehende **Kontinuität** der beteiligten Personen voraus.

○ In der Organisationsentwicklung werden die Betroffenen, die Organisation, die Umwelt und die Zeit aus einer **ganzheitlichen Perspektive,** das heißt in ihren Wechselwirkungen und Systemzusammenhängen betrachtet. So will man die **Betroffenen** in jeder Phase in ihren körperlichen, geistigen und seelischen Bedürfnissen ernst nehmen. Man will sie mit ihrem kulturellen Hintergrund und ihren persönlichen Werten akzeptieren, da sie sich ansonsten kaum in eine Gemeinschaft integrieren können, die sich wandelt. Hinsichtlich der **Organisation** beschränkt man sich nicht nur auf die Untersuchung und Veränderung der technischen und organisatorischen Strukturen und Abläufe. Von Interesse sind auch und besonders Kommunikations- und Verhaltensmuster sowie Normen, Werte und Machtkonstellationen. Außerdem werden die Probleme einzelner Personen, Gruppen oder Unternehmen nicht isoliert, sondern immer in ihren Wechselwirkungen mit den Einflüssen der organisatorischen, ökonomischen und gesellschaftlichen **Umwelt** untersucht und bearbeitet. Und schließlich erfolgt die Planung von Veränderungen in der **Gegenwart** unter Berücksichtigung sowohl der besonderen historischen Entwicklung der Organisation in der **Vergangenheit** als auch einer Vorausschau in deren mögliche **Zukunft.**

7.3. Phasenmodell der Organisationsentwicklung

Auf der Grundlage dieses Leitbildes empfiehlt *Sievers (Das Phasenmodell der Organisationsentwicklung)* für die Umsetzung der Organisationsentwicklung ein Phasenmodell. Dieses Modell schafft eine Orientierung für die Beteiligten, die angesichts des immer wieder einzigartigen und im einzelnen nicht vorhersehbaren Verlaufs von Organisationsentwicklungsprojekten hilfreich ist. In den einzelnen Phasen kann man jene Interventionen einsetzen, also jene Instrumente, Methoden und Techniken, die *French und Bell (Organisationsentwicklung)* für die Praxis der Organisationsentwicklung vorschlagen.

Phasenmodell

Interventionen

Abb. 8.26. Phasenmodell der Organisationsentwicklung

Kontakt

Kontakt — Organisationsentwicklungsprojekte beginnen jeweils mit einem ersten Kontakt zwischen Klient und Berater. Der Klient ist beispielsweise eine Abteilung oder ein gesamtes Unternehmen. Die Kontaktpartner können Beschäftigte des Unternehmens sein, sogenannte interne Organisationsentwicklungsberaterinnen und -berater. Einige Unternehmen verfügen sogar über eigene Organisationsentwicklungsabteilungen. Häufig wird die Organisationsentwicklungsberatung jedoch bei Externen angefragt, die sich speziell für dafür qualifiziert haben.

Vorgespräche

Vorgespräche — Bei erfolgreicher Kontaktaufnahme folgen Vorgespräche, in denen man gemeinsam klärt, ob ein langfristiger Veränderungsprozeß in Angriff genommen werden soll, wie dieser ungefähr aussehen könnte, welche Methoden zur Anwendung kommen könnten, welches die ersten Schritte sein würden und welche Rolle die Beraterin beziehungsweise der Berater dabei übernimmt.

Vereinbarung

Vereinbarung — Wenn Einigkeit herrscht, daß und wie ein Organisationsentwicklungsprojekt in Angriff genommen werden soll, muß nun eine Vereinbarung zwischen Klient und Berater getroffen werden. Sie beinhaltet unter anderem eine Erklärung, wer seitens der Unternehmung die Trägerschaft übernimmt. Externe Beraterinnen oder Berater fixieren hier die Honorarabsprache. Außerdem werden die gegenseitigen Erwartungen und die Modalitäten der Zusammenarbeit präzisiert. Soll das auslösende Problem in der Tat in Form der Organisationsentwicklung angegangen werden, muß sich der Klient darauf einlassen, daß eine Problemlösung nur auf dem Wege einer Datensammlung, eines Datenfeedbacks, einer Diagnose sowie einer anschließenden Maßnahmenplanung, Durchführung und Erfolgskontrolle unter Einbeziehung der Betroffenen erfolgen kann. Das ist gleichbedeutend mit dem Eingeständnis der Möglichkeit, daß die eigentlichen Probleme zu Beginn nicht in ihrem vollen Umfang bekannt sind. Vereinbart wird zudem, daß alle Schritte in gemeinsamer Abstimmung geplant werden. Die Zusammenarbeit erfolgt von der Intention her langfristig. Ein etwaiger Abbruch darf deshalb nicht ohne ein klärendes Gespräch stattfinden.

Datensammlung

Datensammlung — Mit einer Datensammlung will man genaue Informationen über die umrissenen Problembereiche, ihre Hintergründe und die unterschiedlichen Sichtweisen der Betroffenen erhalten. Mit der Datensammlung richtet man sich nicht nur **an** die Betroffenen. Die Betroffenen sollten nach Möglichkeit auch **aktiv** an der Datenerhebung beteiligt werden.

Als Instrumente kommen Einzel- und Gruppengespräche, eine beobachtende Teilnahme, gezielte Befragungen und Besprechungen zum Einsatz. Hie und da werden projektive Techniken angewendet wie beispielsweise Collagen.

Datenfeedback

Datenfeedback — Die erhobenen Daten werden im Anschluß gesichtet, geordnet und ebenso übersichtlich wie verständlich aufbereitet. Das folgende Datenfeedback oder Survey-Feedback ist eine Rückkopplung der Informationen an die Befragten durch diejenigen, die die Erhebung durchgeführt haben.

Diagnose

Danach werden die Daten gemeinsam mit den Betroffenen ausgewertet und interpretiert. Dadurch erreicht man nicht nur stimmige Ergebnisse. Vielmehr können sich so alle Betroffenen mit diesen Ergebnissen und Lösungsansätzen weitgehend identifizieren. Das Ziel der Diagnose ist eine klare Definition des Problems und eine systematische Problemanalyse. Dabei kann es sich zeigen, daß der Bereich oder die Abteilung, die aufgrund scheinbar interner Schwierigkeiten zunächst den Anstoß zur Organisationsentwicklung gegeben hat, diese Probleme gar nicht verursacht. Und oft haben Probleme, die einem einzelnen Bereich zugeschoben werden, ihre eigentliche Ursache in gestörten Beziehungen zwischen Abteilungen oder zwischen hierarchischen Ebenen.

Diagnose

Maßnahmenplanung und -durchführung

Die Maßnahmenplanung und -durchführung beruht auf der Diagnose. Falls notwendig, arbeitet die Beraterin oder der Berater mit den Betroffenen im Vorfeld an Problemlösungsmodellen und Musterbeispielen. Das Ziel dieser Interventionen ist es, die Qualifikationen hinsichtlich der Planung zu verbessern.

Planung und Durchführung

Insbesondere die Durchführung erfordert die umfangreichste Arbeit. Sie nimmt auch die längste Zeit in Anspruch. Verschiedene Planungen und Umsetzungsprozesse laufen nun teils parallel, teils phasenverschoben nebeneinander. Dabei übernehmen einzelne Beschäftigte oder Gruppen die Initiative und Verantwortung für die Durchführung einzelner Teilaufgaben sowie für deren Koordination, Steuerung und Auswertung.

Die Rolle der Beraterin beziehungsweise des Beraters besteht hauptsächlich in der Moderation der ablaufenden Prozesse. Sie verhelfen den Betroffenen durch eine Prozeßberatung zu Einsichten in die sozialen Prozesse der Organisation. Sind zum Beispiel Änderungen der Technologie und der Organisationsstruktur notwendig, wirken sie mit Interventionen darauf ein, daß jene Auswirkungen auf die Beziehungsstruktur bearbeitet werden, die aus der neuen Technologie und Struktur resultieren. Soll die Leistungsfähigkeit voneinander abhängiger Gruppen gesteigert werden, kommen sogenannte Intergruppen-Techniken zum Einsatz. Hierdurch stellt man ihre gemeinsamen Aktivitäten und Ergebnisse heraus. Wenn die Leistungsfähigkeit von Gruppen innerhalb des Systems verbessert werden soll, setzen Beraterinnen und Berater Interventionen ein, die auf eine Teamentwicklung abzielen. Sie können sich ebenso auf zwischenmenschliche Beziehungen beziehen wie auf aufgabenbezogene Fragen, etwa Arbeitsmethoden, die Zuteilung von Arbeitsmitteln oder Qualifikationen. Wenn zwischen zwei Mitgliedern einer Organisation zwischenmenschliche Konflikte zu bearbeiten sind, agieren Beraterinnen und Berater als neutrale Dritte.

Was *French und Bell (Organisationsentwicklung)* als edukative und Trainings-Aktivitäten bezeichnen, ist nichts anderes als eine Qualifizierung im Sinne der Personalentwicklung, die dort greift, wo Qualifikationsdefizite bestehen. Die Beraterinnen oder Berater befassen sich nämlich auch mit einzelnen, wo das notwendig erscheint. So können sie ein vorurteilsfreies Feedback anregen. Dadurch wird es Mitarbeiterinnen und Mitarbeitern möglich zu erkennen, wie andere das eigene Verhalten sehen. Im Einzelfall helfen Beraterinnen oder Berater einzelnen Beschäftigten, sich auf ihre Lebens- und Laufbahnziele zu konzentrieren. Über eine Darstellung des bisherigen Lebens- und Karriereverlaufs, eine Zielfindung in der Diskussion und eine Beurteilung der Qualifikationen kommt man zur Einsicht in Stärken und Schwächen.

Erfolgskontrolle

Erfolgskontrolle

Eine abschließende gemeinsame Erfolgskontrolle dient der Auswertung des gesamten Organisationsentwicklungsprojektes. Sie gibt Aufschluß darüber, ob die ursprünglich gesteckten Ziele erreicht worden sind oder ob sich aufgrund von erheblichen Abweichungen in Einzelbereichen eine erneute Datensammlung empfiehlt.

Jedes Projekt hat einen anderen Ablauf

Sievers (Das Phasenmodell der Organisationsentwicklung) weist ausdrücklich darauf hin, daß **ein Organisationsentwicklungsprojekt in der Praxis kaum je exakt in der Form abläuft, die das Modell vorgibt.** Die Projekte sind so unterschiedlich wie die Unternehmen, von denen sie durchgeführt werden. Möglich ist nicht nur ein Abbruch im Rahmen der Verhandlungen zur Vereinbarung. Ein Datenfeedback kann zuweilen auch das Ergebnis haben, daß ein Problem nicht mehr existiert. Und die Diagnose legt unter Umständen offen, daß man die relevanten Daten gar nicht erfaßt hat. In diesem Fall muß man erneut, und zwar andere Daten erheben. Dieser Prozeß kann sich sogar mehrfach wiederholen. Ähnliches gilt erst recht für die Maßnahmenplanung und -durchführung, bei denen man immer wieder auf neue Schwierigkeiten stößt. Entwicklungsprozesse in Teilbereichen, die anfangs entweder vielversprechend oder aber nur sehr schleppend anlaufen, können sich unversehens verzögern, wider Erwarten beschleunigen oder müssen abgebrochen werden. Zum Teil muß man erneut eine Datensammlung, ein Datenfeedback und eine Diagnose angehen, um diesen Schwierigkeiten zu begegnen. Überdies können sich die Probleme ändern, die zu der Entscheidung geführt haben, eine Organisationsentwicklung in Angriff zu nehmen.

C. Arbeitsaufgaben

1. Warum ist die Aus- und Weiterbildung der Beschäftigten unverzichtbar?
2. Welche Interessen haben die Beschäftigten in puncto Personalentwicklung?
3. Beschreiben Sie die möglichen Inhalte einer Qualifizierung.
4. Erläutern Sie je drei berufsvorbereitende und berufsbegleitende Qualifizierungsmaßnahmen.
5. Beschreiben Sie den Ablauf der Personalentwicklung in groben Zügen.
6. Wer ist wie in die Personalentwicklung eingebunden?
7. Wie ermittelt man die aktuellen Eignungsprofile der Beschäftigten?
8. Beschreiben Sie drei Verfahren der Ermittlung von Eignungspotentialen.
9. Wie ermittelt man Änderungen von Anforderungsprofilen?
10. Was ist ein Beratungs- und Fördergespräch und wozu dient es?
11. Erläutern Sie die partizipative Bildungsbedarfsanalyse.
12. Was wird in einer Personalentwicklungsdatei erfaßt?
13. Was wird in Personalentwicklungsplänen ausgewiesen?
14. Was unterscheidet die Nachfolgeplanung von der Laufbahnplanung?
15. Beschreiben Sie je drei Maßnahmen des Training on the Job und des Training off the Job.
16. Welche Fragen müssen für die Auswahl externer Bildungsträger geklärt werden?

17. Beschreiben Sie die Planung interner Qualifizierungsmaßnahmen.
18. Erläutern Sie die Kosten- und Erfolgskontrolle der Personalentwicklung.
19. Nennen und erläutern Sie die Arbeitshypothese der Organisationsentwicklung.
20. Warum sind Personal- und Organisationsentwicklung keine Gegensätze?
21. Beschreiben Sie das Phasenmodell der Organisationsentwicklung.

D. Weiterführende Literatur

Baumgartner, I. u. a., OE-Prozesse, 3. Auflage, Bern/Stuttgart/Wien 1995.

French, W. und C. **Bell,** Organisationsentwicklung, 4. Auflage, Bern/Stuttgart/Wien 1994.

Gesellschaft für Organisationsentwicklung (Herausgeber), Leitbild und Grundsätze der Gesellschaft für Organisationsentwicklung (GOE) e. V., Langenfeld 1980.

Hölterhoff, H. und M. **Becker,** Aufgaben und Organisation der betrieblichen Weiterbildung, München 1986.

Kador, F., Instrumente der Personalarbeit, 7. Auflage, Köln 1997.

Lauterburg, C., Organisationsentwicklung – Strategie der Evolution, in: Management-Zeitschrift io, Heft 1, 1980, S. 1–4.

Mentzel, W., Unternehmenssicherung durch Personalentwicklung, 6. Auflage, Freiburg im Breisgau 1994.

Olesch, G., Praxis der Personalentwicklung, 2. Auflage, Heidelberg 1992.

Riekhof, H., Strategien der Personalentwicklung, 3. Auflage, Wiesbaden 1992.

Schneider, H. (Herausgeber), Mensch und Arbeit, 9. Auflage, Köln 1992.

Sievers, B. (Herausgeber), Organisationsentwicklung als Problem, Stuttgart 1977.

Sievers, B., Das Phasenmodell der Organisationsentwicklung, in: Management-Zeitschrift io, Heft 1, 1980, S. 5–8.

Sievers, B., Mitarbeiter sind keine Olympioniken, in: Personalführung, Heft 4, 1991, S. 272–274.

Sonntag, K. (Herausgeber), Personalentwicklung in Organisationen, Göttingen/Bern/Toronto/Seattle 1992.

Trebesch, K. (Herausgeber), Organisationsentwicklung in Europa, Bern/Stuttgart 1980.

Whitmore, J., Coaching für die Praxis, Frankfurt am Main 1994.

9. Fluktuation und Personalabbau

A. Leitfragen

1 Der Gesetzgeber hat recht viele detaillierte Vorschriften zur Kündigung von Arbeitsverhältnissen geschaffen.
- Warum hat der Gesetzgeber das für notwendig gehalten?
- Warum wird das immer wieder von Arbeitgebern beklagt?

2 Im Laufe eines Jahres beendigen einige Beschäftigte ihre Arbeitsverhältnisse.
- Warum ist das so?
- Warum müssen sie dabei in aller Regel Fristen beachten?

3 Fristen muß auch der Arbeitgeber beachten, wenn er eine Entlassung ausspricht. Es gibt aber auch Ausnahmen.
- Wann halten Sie eine derartige Ausnahme für zulässig?
- In welche persönliche und finanzielle Situation geraten die Entlassenen?

4 Unternehmen können gezwungen sein, Personal abzubauen.
- Welche Gründe sind dafür maßgeblich?
- Was können Unternehmen tun, wenn sie keine Entlassungen aussprechen wollen?

B. Sachanalyse

1. Beendigung und Umgestaltung von Arbeitsverhältnissen

Arbeitsverhältnisse sind relativ zählebig. Sie enden etwa nicht

- durch Konkurs, da der Konkursverwalter gemäß §§ 17 und 22 der Konkursordnung auf Vertragserfüllung bestehen kann, soweit er keine Entlassung in Betracht zieht,
- durch Vergleich, wenn dem Arbeitgeber in diesem Fall auch laut § 50 der Vergleichsordnung besondere Rechte offenstehen,
- durch den Tod des Arbeitgebers, denn gemäß § 1922 des Bürgerlichen Gesetzbuches geht mit dem Tode einer Person deren Erbschaft als Ganzes auf den oder die Erben über, oder
- durch einen Betriebsübergang, da der neue Inhaber laut § 613 a des Bürgerlichen Gesetzbuches in die Rechte und Pflichten bestehender Arbeitsverhältnisse eintritt.

Keine Beendigung

Trotzdem können Arbeitsverhältnisse natürlich aufgelöst werden. Geschieht das im Rahmen des tagtäglichen Betriebsablaufs, spricht man von Fluktuation. Die Beendigung von Arbeitsverhältnissen in Krisensituationen oder aufgrund durchgreifender betrieblicher Änderungen bezeichnet man hingegen als Personalabbau. Der Personalabbau ist aber nicht nur auf das letzte Mittel, die Beendigung von Arbeitsverhältnissen, beschränkt. Möglich sind auch inhaltliche Umgestaltungen.

Fluktuation und Personalabbau

Wie dem auch sei: Sobald **Fluktuation und Personalabbau** angesprochen werden, kommt die **Kündigung** ins Gespräch. Ihr soll deshalb zunächst das Augenmerk gelten, bevor die Regularien der Fluktuation und des Personalabbaus analysiert werden.

2. Kündigung

Die Kündigung ist das schärfste Instrument der Personalwirtschaft. Gerade aus diesem Grund muß eine Vielzahl von Aspekten bedacht werden:

Abb. 9.1. Aspekte der Kündigung

2.1. Einseitige empfangsbedürftige Willenserklärung

Nach dem juristischen Sprachgebrauch ist die Kündigung eine einseitige empfangsbedürftige Willenserklärung.

Einseitig

Dabei bedeutet **einseitig,** daß jeder Vertragspartner eine Kündigung unabhängig vom anderen Vertragspartner aussprechen kann. Folglich gibt es sowohl

- **Arbeitnehmerkündigungen,** die Beschäftigte gegenüber dem Arbeitgeber aussprechen, als auch
- **Entlassungen,** also Kündigungen, die der Arbeitgeber gegenüber Beschäftigten ausspricht. Die sogenannte **Kündigungserklärung** kann hier **nur vom Arbeitgeber persönlich oder von einem bevollmächtigten Vertreter** wirksam abgegeben werden. In der Regel sind dies Prokuristen, Personalleiterinnen oder -leiter oder auch Rechtsanwälte, aber keineswegs Personalsachbearbeiter oder unmittelbare

Vollmacht

Vorgesetzte. Der Vertreter muß im Zweifelsfall, spätestens vor Gericht, seine Vertretungsmacht durch Vorlage der schriftlichen Vertretungsurkunde nachweisen, da die oder der Beschäftigte sonst die Entlassung gemäß § 174 des Bürgerlichen Gesetzbuches zurückweisen kann. Diese Regelung gilt nicht für Prokuristen, da die Belegschaft vom Handlungsumfang der Prokura unterrichtet ist.

Daraus folgt, daß **der bevollmächtigte Vertreter des Arbeitgebers gleich von Beginn an die Abwicklung einer Entlassung in Händen halten** sollte. Regelmäßig wird das eine Person aus der Personalabteilung, die Personalleiterin oder der Personalleiter, sein. **Andere Personen sollten lediglich befugt sein, einen Antrag auf Entlassung zu stellen.**

Entlassungsantrag

Und selbst den Kreis derer, die einen derartigen Antrag stellen dürfen, sollte man klein halten. In Frage kommen nur jene, die auch Personalbedarfsmeldungen an die Personalabteilung richten. Das werden **in der Regel die Betriebsleiter in der Produktion und die Abteilungsleiter in der Verwaltung** sein.

Goossens empfiehlt im *Personalleiter-Handbuch* ein Formular, das hier wiedergegeben ist. Besonderer Nachdruck ist auf das Ausfüllen der Rubrik „Gründe der Entlassung" zu legen. Diese sind dann eventuell mit den regelmäßigen Personalbeurteilungen zu vergleichen. Auf der Rückseite können Bearbeitungsvermerke für die Personalabteilung angeführt werden.

Entlassungsantrag
Name und Vorname der Mitarbeiterin/ des Mitarbeiters ....
Derzeitige Abteilung und Tätigkeitsbezeichnung ....
Gründe für die Entlassung ....
Versetzung ☐ ist möglich   ☐ ist nicht möglich, weil ....
Entlassung soll bis .... erfolgen

Die freigewordene Stelle soll ☐ eingezogen
  ☐ neu besetzt
  ☐ umgewandelt werden.

Datum und Unterschrift ....

Abb. 9.2. Entlassungsantrag

Der Begriff **Willenserklärung** bringt zum Ausdruck, daß die Absicht der Beendigung des Arbeitsverhältnisses deutlich werden muß.

Willenserklärung

Gesetzlich ist keine bestimmte Form für die Kündigung vorgeschrieben. Deshalb sind mündliche Kündigungen grundsätzlich gültig. Durch den Arbeitsvertrag, eine Betriebsvereinbarung oder einen Tarifvertrag kann jedoch die Schriftform vorgeschrieben sein. Davon abgesehen erfolgt die Kündigungserklärung **aus Beweisgründen in der Praxis nahezu immer schriftlich,** für eine Entlassung etwa in folgender Form:

Form

ABC GmbH

Frau/Herrn, Adresse

Entlassung

Hiermit kündigen wir das mit Ihnen bestehende Arbeitsverhältnis durch

○ außerordentliche, fristlose Entlassung

○ außerordentliche Entlassung mit einer Auslauffrist zum XX.XX.XXXX

○ ordentliche, fristgemäße Entlassung zum XX.XX.XXXX.

Der Betriebsrat ist zuvor angehört worden.

○ Er hat der Entlassung zugestimmt.

○ Er hat innerhalb der gesetzlichen Frist keinen Widerspruch gegen die ordentliche Entlassung erhoben.

○ Er hat der ordentlichen Entlassung widersprochen. Eine Abschrift der Stellungnahme des Betriebsrates finden Sie als Anlage beigefügt.

Soweit Ihnen noch Urlaub zusteht, ordnen wir vorsorglich an, daß dieser in der Kündigungsfrist abzuwickeln ist. Falls Sie noch im Besitz von Firmeneigentum sind, mögen Sie dies am letzten Arbeitstag bei Ihrem Vorgesetzten abgeben. Nach erfolgter Endabrechnung werden wir Ihnen unaufgefordert Ihre Arbeitspapiere und ein Arbeitszeugnis aushändigen.

Unterschrift des bevollmächtigten Vertreters des Arbeitgebers

---

Abb. 9.3. Entlassung

Natürlich sollte das Entlassungsschreiben nur den jeweils einschlägigen Entlassungstyp und die jeweilige Reaktion des Betriebs- oder Personalrates beinhalten. Ansonsten entstünde der Eindruck der Beliebigkeit.

Bei **außerordentlichen Kündigungen von Berufsausbildungsverhältnissen** muß die Kündigungserklärung nach § 15 des Berufsausbildungsgesetzes **immer schriftlich und immer unter detaillierter Angabe der Gründe** erfolgen. Bei allen anderen außerordentlichen Kündigungen muß der Kündigende laut § 626 des Bürgerlichen Gesetzbuches dem Vertragspartner den **Kündigungsgrund auf Verlangen** unverzüglich schriftlich mitteilen. **Für ordentliche Kündigungen** ist derartiges **nicht** vorgeschrieben.

Empfangsbedürftig

Eine Kündigung **muß dem anderen Vertragspartner zugegangen sein,** damit sie rechtswirksam wird. Kündigungen sind also **empfangsbedürftige** Willenserklärungen.

○ **Wenn die Beschäftigten kündigen,** gibt es kaum Probleme. In aller Regel kündigen sie schriftlich und **in aller Regel bestätigt der Arbeitgeber die Kündigung** gleichfalls **schriftlich.**

○ **Kündigt der Arbeitgeber,** empfiehlt sich die **persönliche Übergabe** einer schriftlichen Entlassung, notfalls die persönliche Erklärung der Entlassung am Arbeitsplatz, im Büro der oder des Vorgesetzen respektive in der Personalabteilung. Da die Betroffenen oft nicht bereit sind, eine **Empfangsbestätigung** zu unterschreiben, sollte die **Übergabe unter Zeugen** stattfinden. Das kann dann durch eine Aktennotiz belegt werden.

Ist eine persönliche Übergabe nicht möglich, muß darauf geachtet werden, daß die ordnungsgemäße Kündigungserklärung der oder dem Beschäftigten zugeht. Die Juristen verstehen unter dem **Zugang** den Sachverhalt, daß die Entlassung in verkehrsüblicher Weise in die tatsächliche Verfügungsgewalt des Empfängers oder eines Empfangsberechtigten gelangt. Empfangsberechtigt sind etwa Personen der Wohnungs- oder Hausgemeinschaft. Außerdem muß die oder der Beschäftigte die Möglichkeit der Kenntnisnahme des Entlassungsschreibens erhalten. Im Urlaub gilt ein Entlassungsschreiben des Arbeitgebers als zugegangen, wenn es in der Wohnung zugestellt wird und ein Nachsendeantrag nicht vorliegt. Kennt der Arbeitgeber jedoch die Urlaubsanschrift, so muß die Entlassung dorthin versandt werden. Die Zustellung selbst birgt auch einige Probleme. Auf den üblichen Postwegen kann es zu Verzögerungen kommen. Überdies kann der Zugang weder durch einen Einschreibebrief noch durch ein Einschreiben mit Rückschein sichergestellt werden. Selbst ein sogenannter Zustellungsauftrag stellt den Zugang nur sicher, wenn die Zustellung durch den Gerichtsvollzieher nach den Vorschriften der Zivilprozeßordnung vollzogen wird. Das ist häufig zu langwierig. Der sicherste und schnellste Weg ist deshalb die **Zustellung durch einen Boten,** der das Entlassungsschreiben in den Briefkasten des Empfängers einwirft. Zum Beweis sollte der Bote eine Erklärung unterzeichnen, die Zeit und Ort der Zustellung belegt. Wenn der Aufenthaltsort unbekannt ist oder im Ausland liegt, erfolgt auf Antrag die **öffentliche Zustellung durch das Amtsgericht.** Dies geschieht durch Anheften des Entlassungsschreibens an die Gerichtstafel. Das Entlassungsschreiben gilt dann als zugestellt, wenn seit dem Aushang zwei Wochen verstrichen sind.

Gegenüber ausländischen Beschäftigten gilt die Kündigungserklärung erst als zugegangen, wenn sie deren Inhalt und die daraus folgenden Konsequenzen verstehen können. **Bei sprachlichen Schwierigkeiten ist also eine Übersetzung nötig.**

2.2. Kündigungsfristen und -termine

> Der Gesetzgeber hat festgelegt, daß Kündigungen bestimmte Bedingungen erfüllen müssen. Es handelt sich zunächst um die Kündigungsfristen nach § 622 des Bürgerlichen Gesetzbuches.

Demnach kann das Arbeitsverhältnis **von beiden Vertragsteilen,** Arbeitgeber wie Beschäftigten, grundsätzlich mit einer **Kündigungsfrist von vier Wochen zum 15. oder zum Ende eines Kalendermonats** gekündigt werden kann. Damit ergeben sich 24 Kündigungsmöglichkeiten im Jahr. — Grundfrist

Mit zunehmender Dauer des Beschäftigungsverhältnisses verlängern sich diese gesetzlichen Kündigungsfristen bei einer Entlassung, also einer Kündigung durch den Arbeitgeber. Für die Berechnung der Dauer des Beschäftigungsverhältnisses werden allerdings Zeiten, die vor Vollendung des 25. Lebensjahres liegen, nicht berücksichtigt. — Verlängerung

Für **Aushilfsarbeitsverhältnisse** bis zu drei Monaten Dauer existiert **keine Kündigungsfrist,** für die maximal sechsmonatige **Probezeit** eine von nur **zwei Wochen.** — Verkürzung

Die **gesetzlichen Mindestkündigungsfristen für die Beschäftigten** wurden im nachfolgenden Schaubild **grau hinterlegt.** Für **Entlassungen,** das heißt Kündigungen durch den Arbeitgeber, gelten **alle** genannten Fristen.

Dauer des Arbeitsverhältnisses	Kündigungsfrist	unter der Voraussetzung eines **Lebensalters** von
Aushilfsarbeitsverhältnisse bis zu 3 Monaten Dauer	keine	–
Dauerarbeitsverhältnisse während einer maximal sechsmonatigen Probezeit	2 Wochen	–
Dauerarbeitsverhältnisse bis zu 2 Jahren	4 Wochen zum 15. oder zum Ende eines Kalendermonats	–
Dauerarbeitsverhältnisse ab 2 Jahre	ein Monat zum Ende eines Kalendermonats	27 Jahren
Dauerarbeitsverhältnisse ab 5 Jahre	2 Monate zum Ende eines Kalendermonats	30 Jahren
Dauerarbeitsverhältnisse ab 8 Jahre	3 Monate zum Ende eines Kalendermonats	33 Jahren
Dauerarbeitsverhältnisse ab 10 Jahre	4 Monate zum Ende eines Kalendermonats	35 Jahren
Dauerarbeitsverhältnisse ab 12 Jahre	5 Monate zum Ende eines Kalendermonats	37 Jahren
Dauerarbeitsverhältnisse ab 15 Jahre	6 Monate zum Ende eines Kalendermonats	40 Jahren
Dauerarbeitsverhältnisse ab 20 Jahre	7 Monate zum Ende eines Kalendermonats	45 Jahren

Abb. 9.4. Gesetzliche Mindestkündigungsfristen

Besondere Fristen

Für spezielle Beschäftigtengruppen **gelten abweichende gesetzliche Mindestkündigungsfristen,** etwa
- **für Auszubildende** laut § 15 des Berufsbildungsgesetzes,
- **für Heimarbeiterinnen und -arbeiter** laut § 29 des Heimarbeitsgesetzes und
- **für Schwerbehinderte** laut § 16 des Schwerbehindertengesetzes.

Wenn der Arbeitgeber in der Regel **nicht mehr als 20 Personen beschäftigt,** darf im **Arbeitsvertrag auch eine kürzere Kündigungsfrist** vereinbart werden, die jedoch bei Dauerarbeitsverhältnissen außerhalb der Probezeit **mindestens vier Wochen** betragen muß. Für die Berechnung der regelmäßigen Beschäftigtenzahl werden Auszubildende nicht mitgerechnet, ebenso wie jene Arbeitnehmerinnen und Arbeitnehmer, deren regelmäßige Arbeitszeit wöchentlich nicht mehr als 10 Stunden oder monatlich nicht mehr als 45 Stunden beträgt.

Im übrigen **können im Arbeitsvertrag auch immer längere als die gesetzlichen Kündigungsfristen vereinbart werden.** Im Ergebnis darf die **Kündigungsfrist für die Beschäftigten jedoch nicht länger** sein **als die für den Arbeitgeber.**

Und letztlich können **Tarifverträge beliebige abweichende Regelungen** beinhalten.

Außerordentliche Kündigung

Diese Kündigungsfristen gelten nur für sogenannte ordentliche Kündigungen, aber nicht für die außerordentlichen Kündigungen, die laut § 626 des Bürgerlichen Gesetzbuches ohne Einhaltung einer Kündigungsfrist vollzogen werden können.

Voraussetzung für eine außerordentliche Kündigung ist das Vorhandensein eines **wichtigen Grundes.** Demnach müssen Tatsachen vorliegen, aufgrund derer es dem kündigenden Vertragspartner nicht zugemutet werden kann, das Arbeitsverhältnis bis zum Ablauf der Kündigungsfrist oder dem vereinbarten Vertragsende fortzusetzen. Der Gesetzgeber verlangt, das alle Umstände des Einzelfalles und die Interessen beider Vertragspartner berücksichtigt werden.

> Bei einer ordentlichen Kündigung endet das Arbeitsverhältnis mit Ablauf der gesetzlichen oder vertraglichen Kündigungsfrist. Die Kündigungstermine orientieren sich also an den erwähnten Kündigungsfristen.

Kündigungstermin

Wenn die Kündigungsfrist beispielsweise vier Wochen zum Monatsende beträgt, so muß die Kündigung dem anderen Vertragspartner rechtzeitig übermittelt werden. Von dem Zeitpunkt an, zu dem er die Kündigung in Händen hält, müssen also noch vier Wochen bis zum nächsten Monatsende verstreichen. Kommt die Kündigung zu spät, wird sie erst zum übernächsten Monatsende wirksam. Die **Kündigungsfrist beginnt** nämlich laut § 130 des Bürgerlichen Gesetzbuches **mit dem Zugang der Kündigungserklärung.** Fällt der letzte Tag einer Kündigungsfrist auf einen Samstag, Sonn- oder Feiertag, so führt das nicht dazu, daß die Kündigung auch noch am folgenden Werktag rechtswirksam erklärt werden kann.

> Für den Kündigungstermin spielt letztlich auch die Kündigungserklärungsfrist eine Rolle.

Kündigungserklärungsfrist

Nach § 626 des Bürgerlichen Gesetzbuches kann eine **außerordentliche Kündigung nur innerhalb einer Frist von zwei Wochen erklärt** werden. Die Frist beginnt mit dem Zeitpunkt, in dem der Kündigungsberechtigte von den für die Kündigung maßgeblichen Tatsachen Kenntnis erlangt. Liegt der wichtige Grund in einem andauernden Verhalten, dann beginnt die Frist mit Abschluß dieses Verhaltens zu laufen. Die Frist wird durch die notwendige Anhörung des Betriebs- oder Personalrats nicht verlängert.
Bei ordentlichen Kündigungen existiert keine derart bestimmte Kündigungserklärungsfrist. Eine ordentliche Entlassung muß indes **in einem unmittelbaren Zusammenhang mit dem jeweiligen Anlaß** stehen.

2.3. Kündigungsschutz bei Entlassungen

> Bei der Entlassung, also der Kündigung des Arbeitsverhältnisses durch den Arbeitgeber, fordert der Gesetzgeber die Beachtung des allgemeinen Kündigungsschutzes nach dem Kündigungsschutzgesetz.

Kündigungsschutzgesetz

2.3.1. Allgemeiner Kündigungsschutz

Das Kündigungsschutzgesetz gilt grundsätzlich **für alle Arbeitnehmerinnen und Arbeitnehmer.** Arbeitnehmerin oder Arbeitnehmer ist, wer **aufgrund eines privatrechtlichen Vertrages im Dienste eines anderen zur Arbeit verpflichtet** ist, also auch Teilzeitbeschäftigte und Auszubildende. Geschäftsführerinnen und Geschäftsführer, Betriebsleiterinnen und Betriebsleiter oder sonstige leitende Angestellte

Geltungsbereich

gehören ebenfalls dazu, allerdings mit gewissen Einschränkungen, die in § 14 des Kündigungsschutzgesetzes aufgeführt sind. Keine Arbeitnehmer im Sinne des Kündigungsschutzgesetzes sind dagegen alle nur wirtschaftlich abhängigen Personen, zum Beispiel Heimarbeiterinnen und -arbeiter, Handelsvertreterinnen und -vertreter oder freie Mitarbeiter. Gesetzliche Vertreter juristischer Personen und Personen, die aufgrund eines Gesetzes, einer Satzung oder eines Gesellschaftsvertrags eine Personengesamtheit repräsentieren, sind gleichfalls keine Arbeitnehmer.

Nach § 1 des Kündigungsschutzgesetzes gilt der allgemeine Kündigungsschutz jedoch nur für **Arbeitsverhältnisse, die länger als sechs Monate bestanden haben,** und nach § 23 dieses Gesetzes nur **in Betrieben und Verwaltungen mit mehr als zehn Beschäftigten.** Gezählt werden alle Beschäftigten, die regelmäßig mehr als 10 Stunden wöchentlich oder mehr als 45 Stunden monatlich arbeiten. Auszubildende werden nicht mitgezählt.

Sozial gerechtfertigt

Unter den genannten Voraussetzungen ist die **Entlassung von Beschäftigten unwirksam, wenn sie sozial ungerechtfertigt ist.** Gemäß § 1 des Kündigungsschutzgesetzes ist das der Fall,

1. wenn die Entlassung **gegen eine Richtlinie über die personelle Auswahl bei Entlassungen verstößt** und der Betriebs- oder Personalrat entsprechend widerspricht, respektive

2. wenn die oder der Beschäftigte **an einem anderen Arbeitsplatz** in demselben Betrieb oder derselben Dienststelle beziehungsweise **in einem anderen Betrieb des Unternehmens oder einer anderen Dienststelle weiterbeschäftigt werden kann,**

3. wenn **keine betriebsbedingten Gründe** vorliegen respektive die erforderliche Sozialauswahl fehlt,

4. wenn **keine Gründe in der Person der oder des Beschäftigten** oder

5. **keine Gründe in ihrem oder seinem Verhalten** vorliegen.

Abmahnung

Sind diese Voraussetzungen hingegen erfüllt, so ist die Entlassung sozial gerechtfertigt und damit wirksam, mit einer Einschränkung: **Bei ordentlichen verhaltensbedingten Entlassungen** (Punkt 5 der obigen Aufzählung) und **im Einzelfall unter Umständen auch bei ordentlichen personenbedingten Entlassungen** (Punkt 4) sind in aller Regel im Vorfeld **Abmahnungen** vonnöten. Sie sind zwar gesetzlich nicht vorgeschrieben, aber nur durch Abmahnungen wird der Beweis möglich, daß eine ordentliche verhaltensbedingte oder eventuell auch eine ordentliche personenbedingte Entlassung nicht leichtfertig aus geringfügigen Gründen ausgesprochen wurde. Und diesen Beweis verlangen die Arbeitsgerichte, da ansonsten ein Verstoß gegen den Grundsatz der Verhältnismäßigkeit im Arbeitsrecht vorläge. Durch Abmahnungen bietet man den Beschäftigten Gelegenheit zur Besserung. Erst wenn sie diese Gelegenheit nicht wahrnehmen, kann der Arbeitgeber zum einschneidensten arbeitsrechtlichen Mittel, der Entlassung, greifen. Die Arbeitsgerichte erwarten folgendes:

○ Es muß deutlich werden, daß es sich um eine Abmahnung und nicht etwa um eine Betriebsbuße, eine Verwarnung oder einen Verweis handelt. Bei Abmahnungen steht dem Betriebs- oder Personalrat nämlich weder ein Mitbestimmungs- noch ein Unterrichtungsrecht zu. Folglich ist für Abmahnungen der Nachweis einer Anhörung der Belegschaftsvertretung entbehrlich. Betriebsbußen, Verwarnungen und Verweise sind dagegen Sanktionsmittel für Verstöße gegen die kollektive betriebliche Ordnung, die in einer betrieblichen Bußordnung festgehalten sind. Bei jeder dieser Sanktionen besteht ein Mitbestimmungsrecht des Betriebs- oder Personalrats. Deshalb empfiehlt sich die **Überschrift Abmahnung.**

- Abmahnungen müssen den jeweiligen **Tatbestand** mit Zeit- und Ortsangaben **präzise beschreiben.** Nach Möglichkeit sollten schriftliche Zeugenaussagen beigefügt werden. Das Ankreuzen eines Schlagwortes auf einem Vordruck genügt keinesfalls. Wird der Fall später vor dem Arbeitsgericht anhängig, sind die zur Abmahnung und späteren Entlassung führenden betrieblichen Situationen dann nicht mehr exakt rekonstruierbar. Außerdem wären die Beschäftigten wegen der zu schematischen Behandlung der Abmahnung durch den Arbeitgeber im Prozeß im Vorteil.
- Die Abmahnung muß so **bald** wie möglich **nach dem jeweiligen Vorfall** erteilt werden. Im allgemeinen reicht die Beachtung einer Frist von 14 Tagen aus.
- Durch Abmahnungen werden die Beschäftigten nachdrücklich darauf **hingewiesen,** daß ihr Verhalten als Verletzung arbeitsvertraglicher Pflichten angesehen wird, sowie zu vertragsgemäßem Verhalten angehalten und **ermahnt.**
- Abmahnungen müssen mögliche Folgen des vertragswidrigen Verhaltens **androhen** und vor diesen nachteiligen Folgen **warnen.**
- Die Abmahnung ist zweckmäßigerweise schriftlich zu formulieren. Sie sollte der oder dem Beschäftigten nachweisbar ausgehändigt und erläutert werden. Durch eine Kopie der Abmahnung und der Zeugenaussagen in der Personalakte wird das vertragswidrige Verhalten **dokumentiert** und eine spätere Entlassung wegen gleichartiger Verstöße erleichtert. Der Arbeitgeber kann sich auf die Abmahnung berufen und somit darauf hinweisen, daß die Verstöße früher bereits aufgetreten sind und erfolglos abgemahnt wurden. Eine weitere Kopie sollte der Betriebs- oder Personalrat erhalten.
- **Grundsätzlich** können **die Disziplinarvorgesetzten** eine Abmahnung vornehmen, also alle Personen, die befugt sind, der oder dem Betreffenden verbindliche Anweisungen bezüglich des Ortes, der Zeit sowie der Art und Weise der arbeitsvertraglich geschuldeten Arbeitsleistung zu erteilen. Wegen der vielen zu beachtenden Details **empfiehlt es sich** jedoch, daß **sachkundige Beschäftigte der Personalabteilung** Formulierungshilfe leisten oder die Abmahnung nach Rücksprache mit den Vorgesetzten selbst abfassen.
- Da zur Wirksamkeit einer Abmahnung grundsätzlich die Kenntnis des Empfängers von ihrem konkreten Inhalt erforderlich ist, fordern die Arbeitsgerichte für Abmahnungen gegenüber ausländischen Beschäftigten im Zweifel eine schriftliche **Übersetzung** in deren **Muttersprache.**

Faßt man diese Anforderungen wie *Kador (Instrumente der Personalarbeit)* zusammen, ergibt sich folgende **modellhafte Abmahnung:**

ABC GmbH
Frau/Herrn, Adresse
Abmahnung
Wir müssen Sie zur Einhaltung ihrer arbeitsvertraglichen Pflichten ermahnen. Nachfolgender Sachverhalt .... bedeutet ein vertragswidriges Verhalten Ihrerseits, das von uns nicht hingenommen wird. Wir fordern Sie nachdrücklich auf, sich an Ihre arbeitsvertraglichen Verpflichtungen zu halten. Wir weisen Sie entschieden darauf hin, daß wir uns andernfalls vorbehalten, Sie zu entlassen. Eine Kopie dieser Abmahnung wurde in Ihre Personalakte genommen, eine weitere dem Betriebsrat zur Kenntnisnahme zugeleitet.
Datum, Unterschrift

Abb. 9.5. Abmahnung

Gegendarstellung — Gemäß § 83 des Betriebsverfassungsgesetzes und § 13 des Bundes-Angestelltentarifvertrages können Beschäftigte eine **schriftliche Gegendarstellung** zur Aufnahme in die Personalakte abgeben, wenn sie mit einer Abmahnung nicht einverstanden sind. Die bestrittenen Fakten der Abmahnung werden dann in einem eventuellen Kündigungsschutzprozeß seitens des Arbeitsgerichts als strittig gewertet und müssen vom Arbeitgeber bewiesen werden.

Entlassungsvoraussetzung — Die Frage, ob für eine Entlassung schon eine vorherige Abmahnung ausreicht, kann nicht allgemeinverbindlich beantwortet werden. **In aller Regel** verlangen die Arbeitsgerichte aber **mindestens zwei bis drei Abmahnungen, die gleichartige Verstöße ahnden.** Überdies muß man der Person, die abgemahnt wurde, hinreichend Zeit und Gelegenheit geben, die mißbilligten Verhaltensweisen zu verbessern oder etwaige Minderleistungen abzustellen. Folglich dürfen zwei Abmahnungen oder eine Abmahnung und die Entlassung **nicht kurz aufeinander folgen.** Und letztlich muß man davon ausgehen, daß die Arbeitsgerichte Abmahnungen, die länger als zwei Jahre zurückliegen, als nicht mehr relevant einstufen, wenn sich zwischenzeitlich keine neuen, schriftlich abgemahnten Beanstandungen ergeben haben.

2.3.2. Sonderregelungen

Besonderer Schutz — Der allgemeine Kündigungsschutz nach dem Kündigungsschutzgesetz betrifft alle Arbeitsverhältnisse, während für einige Arbeitnehmergruppen Sonderregelungen in Spezialgesetzen beschrieben sind. Die folgende Übersicht basiert auf der Darstellung im *Personalleiter-Kalender* des *Datakontext-Verlages*:

Rechtsquelle	Regelungstatbestand bzw. geschützter Personenkreis
Kündigungsschutzgesetz	Allgemeiner Kündigungsschutz Mitglieder von Betriebsverfassungsorganen Massenentlassungen
Betriebsverfassungsgesetz	Beschäftigte in Betrieben mit Betriebsrat Mitglieder von Betriebsverfassungsorganen
Personalvertretungsgesetze	Beschäftigte im öffentlichen Dienst Mitglieder von Personalvertretungen
Schwerbehindertengesetz	Schwerbehinderte und Vertrauensleute
Mutterschutzgesetz	Schwangere und Wöchnerinnen
Bundeserziehungsgeldgesetz	Beschäftigte bei Inanspruchnahme des Erziehungsurlaubs
Heimkehrergesetz	Heimkehrer und Heimkehrerinnen
Arbeitsplatzschutzgesetz, Zivildienstgesetz	Zum Wehrdienst Einberufene und Zivildienstleistende
Eignungsübungsgesetz	Zu einer Übung zwecks Auswahl freiwilliger Soldaten Einberufene
Gesetz über den Zivilschutz und Gesetz über den Katastrophenschutz	Entsprechend Dienstverpflichtete
Berufsbildungsgesetz	Auszubildende
Abgeordnetengesetz und Ländergesetze mit entsprechendem Inhalt	Parlamentarier und Parlamentarierinnen
Bergmannsversorgungsscheingesetze	Im Bergbau Geschädigte
Ländergesetze zum Schutz politisch Verfolgter	Politisch Verfolgte und Opfer des Nationalsozialismus

Abb. 9.6. Gesetzliche Beschränkungen des Rechts auf Entlassung

- Laut § 15 des Kündigungsschutzgesetzes ist die ordentliche Entlassung von **Wahlbewerbern für die Betriebs- oder Personalratswahl** vom Zeitpunkt der Aufstellung des Wahlvorschlages bis zum Ablauf von 6 Monaten nach Bekanntgabe des Wahlergebnisses unzulässig. Die außerordentliche Entlassung bei Vorliegen eines wichtigen Grundes ist zulässig, bis zur Bekanntgabe des Wahlergebnisses allerdings nur mit Zustimmung des Betriebs- oder Personalrats oder entsprechender Ersetzung durch das Arbeitsgericht.

- Dieselbe Vorschrift bestimmt, daß die Entlassung von **Betriebs- und Personalräten sowie Jugend- und Auszubildendenvertreterinnen und -vertretern** während der Amtszeit und bis zum Ablauf eines Jahres nach Beendigung der Amtszeit, auch nach freiwilligem Rücktritt, unzulässig ist. Die außerordentliche Entlassung bei Vorliegen eines wichtigen Grundes ist gemäß § 103 des Betriebsverfassungsgesetzes respektive § 47 des Bundespersonalvertretungsgesetzes und der analogen Gesetze der Länder während der Amtszeit nur mit Zustimmung des Betriebs- beziehungsweise Personalrats möglich. Eine fehlende Zustimmung kann durch eine Entscheidung des Arbeitsgerichts ersetzt werden. Nach Ablauf der Amtszeit ist die außerordentliche Entlassung zulässig. Auch Ersatzmitglieder genießen diesen Kündigungsschutz während der Dauer ihrer Vertretung und ein Jahr nach Beendigung ihrer letzten Vertretungstätigkeit.

- Jede Entlassung von **Schwerbehinderten und Gleichgestellten** bedarf gemäß § 15 des Schwerbehindertengesetzes der vorherigen Zustimmung der Hauptfürsorgestelle. Die Zustimmung der Hauptfürsorgestelle ist nicht erforderlich, wenn das Arbeitsverhältnis anders als durch Kündigung endet. Ausnahmen regelt § 19 des Schwerbehindertengesetzes. Wird die Zustimmung erteilt, so hat der Arbeitgeber die Entlassung laut § 16 des Schwerbehindertengesetzes binnen Monatsfrist zu erklären. Außerordentliche Entlassungen müssen regelmäßig unverzüglich nach Erteilung der Zustimmung ausgesprochen werden. Die Zustimmung ist schon dann erteilt, wenn der diesbezügliche Bescheid nur dem Arbeitgeber zugestellt wurde. Die Zustimmung ist Verwaltungsakt. Ihre Erteilung kann deshalb nicht vor den Arbeitsgerichten begehrt werden. Zulässig ist die Verpflichtungsklage bei den Verwaltungsgerichten. Vorher ist aber Widerspruch bei der Hauptfürsorgestelle zu erheben. Die Zustimmung ist dagegen nicht erforderlich, wenn Schwerbehinderte oder Gleichgestellte ausdrücklich nur zur vorübergehenden Aushilfe, auf Probe oder für einen vorübergehenden Zweck eingestellt wurden und das Arbeitsverhältnis nicht über 6 Monate hinaus fortbesteht. Jedoch hat der Arbeitgeber nach § 20 des Schwerbehindertengesetzes Einstellungen auf Probe und die Beendigung derartiger Arbeitsverhältnisse der Hauptfürsorgestelle innerhalb von 4 Tagen anzuzeigen. Die Verletzung dieser Anzeigepflicht des Arbeitgebers berührt nicht die Wirksamkeit der Entlassung. Es können lediglich Schadensersatzansprüche des Schwerbehinderten entstehen.

- Nach den genannten Vorschriften ist die ordentliche Entlassung von **Vertrauensleuten der Schwerbehinderten** während der Amtszeit und bis zum Ablauf eines Jahres nach Beendigung der Amtszeit ausgeschlossen. Die außerordentliche Entlassung ist zulässig, während der Amtszeit allerdings nur mit Zustimmung des Betriebs- oder Personalrats oder entsprechender Ersetzung durch das Arbeitsgericht. Gegenüber **Wahlbewerbern** ist die ordentliche Entlassung vom Zeitpunkt der Aufstellung des Wahlvorschlages bis zum Ablauf von sechs Monaten nach Bekanntgabe des Wahlergebnisses unzulässig. Die außerordentliche Entlassung ist zulässig, bis zur Bekanntgabe des Wahlergebnisses jedoch nur mit Zustimmung des Betriebs- oder Personalrats oder entsprechender Ersetzung durch das Arbeitsgericht.

- Das Mutterschutzgesetz besagt in § 9, daß **während der Schwangerschaft und bis zum Ablauf von vier Monaten nach der Entbindung** jede Entlassung unzulässig ist, vorausgesetzt, daß dem Arbeitgeber die Schwangerschaft oder Entbindung bekannt war oder innerhalb von zwei Wochen nach Zugang der Entlassung mitgeteilt wird. Mit vorheriger Zustimmung der für den Arbeitsschutz zuständigen obersten Landesbehörde ist die Entlassung ausnahmsweise möglich.

- Gemäß § 18 des Bundeserziehungsgeldgesetzes darf der Arbeitgeber **Erziehungsurlaubsberechtigte** während des Erziehungsurlaubs nicht entlassen. Das Gewerbeaufsichtsamt kann die Entlassung in besonderen Fällen ausnahmsweise für zulässig erklären. Dieser Kündigungsschutz gilt auch für Teilzeitbeschäftigte unter den in § 18 des Bundeserziehungsgeldgesetzes genannten Voraussetzungen. Die Erziehungsurlauberin oder der Erziehungsurlauber selbst können ihr Arbeitsverhältnis laut § 19 des Gesetzes nur unter Einhaltung einer Kündigungsfrist von drei Monaten zum Ende des Erziehungsurlaubs kündigen.

- § 2 des Arbeitsplatzschutzgesetzes sieht vor, daß der Arbeitgeber **Wehrpflichtige** von der Zustellung des Einberufungsbescheides bis zur Beendigung des Grundwehrdienstes sowie während einer Wehrübung nicht ordentlich entlassen darf. Auch vor und nach dem Wehrdienst darf der Arbeitgeber keine ordentliche Entlassung aus Anlaß des Wehrdienstes aussprechen. Die Beweislast, daß die Entlassung nicht aus Anlaß des Wehrdienstes erfolgt, trifft den Arbeitgeber. Die gleiche Regelung gilt nach § 16 a des Gesetzes auch für Soldaten auf Zeit für die zunächst auf sechs Monate festgesetzte und die endgültig auf insgesamt nicht mehr als zwei Jahre festgesetzte Dienstzeit.

- Denselben Schutz genießen **Zivildienstleistende** gemäß § 78 des Zivildienstgesetzes.

- Das **Berufsausbildungsverhältnis** kann während der mindestens ein-, höchstens dreimonatigen Probezeit jederzeit ohne Einhaltung einer Frist gekündigt werden, wie man den §§ 13 und 15 des Berufsbildungsgesetzes entnehmen kann. Nach der Probezeit kann der Arbeitgeber nur noch außerordentlich entlassen. Allerdings werden die Anforderungen für das Vorliegen eines wichtigen Grundes immer größer, je weiter das Ausbildungsverhältnis fortgeschritten ist. Die Kündigungserklärung muß schriftlich und unter detaillierter Angabe der Gründe innerhalb einer Erklärungsfrist von zwei Wochen erfolgen. Die Auszubildenden selbst können unter Einhaltung einer Frist von vier Wochen jederzeit kündigen, wenn sie die Ausbildung aufgeben oder sich für eine andere Berufstätigkeit ausbilden lassen wollen.

- Diverse **andere Gesetze enthalten weitere Kündigungsschutzbestimmungen,** die in der obigen Aufstellung angeführt werden.

2.4. Kündigungstypen

Bezieht man in die Betrachtung der Kündigung nicht nur die bislang angesprochenen Typen ein, sondern auch

- die in den Kapiteln Personalbeschaffung und Personaleinsatz erwähnte **Änderungskündigung** sowie
- die **Massenentlassung,** das heißt die Entlassung einer in § 17 des Kündigungsschutzgesetzes genauer definierten Vielzahl von Beschäftigten,

ergibt sich folgendes Bild:

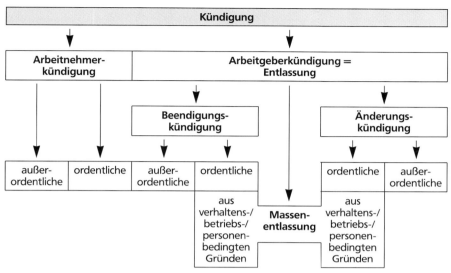

Abb. 9.7. Kündigungstypen

2.5. Mitbestimmung bei Entlassungen

> Nach § 102 des Betriebsverfassungsgesetzes, § 79 des Bundespersonalvertretungsgesetzes und den analogen Vorschriften der Landesgesetze sind Entlassungen unwirksam, wenn der Betriebs- oder Personalrat nicht beteiligt worden ist.

Die Belegschaftsvertretung muß also vor jeder Entlassung über die Gründe informiert werden, und nicht nur das. Der Betriebs- oder Personalrat kann auf Wunsch Bedenken äußern, ja, im Fall der ordentlichen Entlassung sogar Widerspruch einlegen. Entbehrlich ist die Anhörung lediglich

Anhörung

- in Betrieben oder Dienststellen, in denen kein Betriebs- oder Personalrat besteht und
- in Betrieben mit weniger als fünf Arbeitnehmerinnen und Arbeitnehmern, die nicht betriebsratspflichtig sind.

Bei der Entlassung von leitenden Angestellten im Sinne des § 5 des Betriebsverfassungsgesetzes muß der Sprecherausschuß nach dem gleichnamigen Gesetz angehört werden.

Deshalb wird der Arbeitgeber die **Belegschaftsvertretung bei jeder Entlassung informieren,** etwa in der von *Kador (Instrumente der Personalarbeit)* vorgeschlagenen Form (vgl. Abb. 9.8.).

Um den Eindruck der Beliebigkeit gar nicht erst aufkommen zu lassen, sollte die Anhörung, wie das Entlassungsschreiben, selbstverständlich nur den jeweils einschlägigen Entlassungstyp beinhalten. Und **aus Beweisgründen** sollte man sich den **Empfang der Anhörung bestätigen lassen.**

> An den Betriebsrat über die Vorsitzende/ den Vorsitzenden
> im Hause
> **Anhörung zur Entlassung**
> Sehr geehrte Damen und Herren,
> Wir beabsichtigen,
> Frau/Herrn ...., geboren am ...., wohnhaft in ....,
> Familienstand ...., Kinderzahl ...., bei uns beschäftigt seit ....,
> zuletzt in der Abteilung ...., tätig als ....,
> ○ eine außerordentliche fristlose Entlassung
> ○ eine außerordentliche Entlassung mit Auslauffrist zum XX.XX.XXXX
> ○ eine ordentliche fristgemäße Entlassung zum XX.XX.XXXX
> auszusprechen. Sie ist aus folgenden Gründen erforderlich:
> ....
> ....
> Mit freundlichen Grüßen
> Unterschrift des bevollmächtigten Vertreters des Arbeitgebers

Abb. 9.8. Anhörung zur Entlassung

Bedenken, Widerspruch

Hat der Betriebs- oder Personalrat **gegen** eine **ordentliche Entlassung Bedenken, oder** will er gegen die ordentliche Entlassung **Widerspruch** einlegen, muß er dies **dem Arbeitgeber mitteilen,** und zwar **schriftlich** unter Angabe der **Gründe** und **innerhalb einer Woche.** Äußert er sich nicht, so gilt seine Zustimmung als erteilt. Der Sprecherausschuß kann nur Bedenken geltend machen.

Bei der Formulierung etwaiger Bedenken schränkt der Gesetzgeber die Belegschaftsvertretungen nicht ein. Die möglichen **Widerspruchsgründe** sind hingegen in den eingangs angeführten Vorschriften abschließend aufgezählt:

1. Der Arbeitgeber hat bei der Auswahl der zu entlassenden Arbeitnehmer soziale Gesichtspunkte nicht oder nicht ausreichend berücksichtigt.
2. Der Arbeitgeber hat gegen Richtlinien über die personelle Auswahl bei Entlassungen verstoßen.
3. Der zu entlassende Arbeitnehmer kann an einem anderen Arbeitsplatz weiterbeschäftigt werden.
4. Die Weiterbeschäftigung ist nach zumutbaren Umschulungs- und Fortbildungsmaßnahmen möglich.
5. Die Weiterbeschäftigung ist unter geänderten Vertragsbedingungen möglich, und der Arbeitnehmer hat dazu sein Einverständnis erklärt.

Der Arbeitgeber kann nach Anhörung der Belegschaftsvertretung **trotz** deren **Bedenken oder Widerspruchs rechtswirksam eine ordentliche Entlassung** aussprechen. Macht der Betriebs- oder Personalrat nicht nur Bedenken sondern einen **Widerspruch** geltend, muß der Arbeitgeber der beziehungsweise dem betroffenen Beschäftigten **mit der Entlassung eine Abschrift der Stellungnahme der Belegschaftsvertretung zuleiten.**

Hat die Belegschaftsvertretung **Bedenken gegen eine außerordentliche Entlassung,** muß sie diese ebenfalls **dem Arbeitgeber mitteilen,** wiederum **schriftlich** unter Angabe der **Gründe,** diesmal jedoch **innerhalb von 3 Tagen.** Äußert sie sich nicht innerhalb dieser Frist, so gilt auch hier ihre Zustimmung zur Entlassung als erteilt. Gegen eine außerordentliche Entlassung kann die Belegschaftsvertretung allerdings **keinen Widerspruch** einlegen. Auch die außerordentliche Entlassung ist **gegen die Bedenken** der Belegschaftsvertretung **möglich**.

2.6. Abwicklung samt Outplacement
2.6.1. Abwicklung der Kündigung

Zu den genannten Gesichtspunkten addieren sich noch weitere **Prüfungs- und Bearbeitungsschritte bei Kündigungen,** so daß sich insgesamt folgender **Ablauf** ergibt:

Prüfungs- und Bearbeitungsschritte

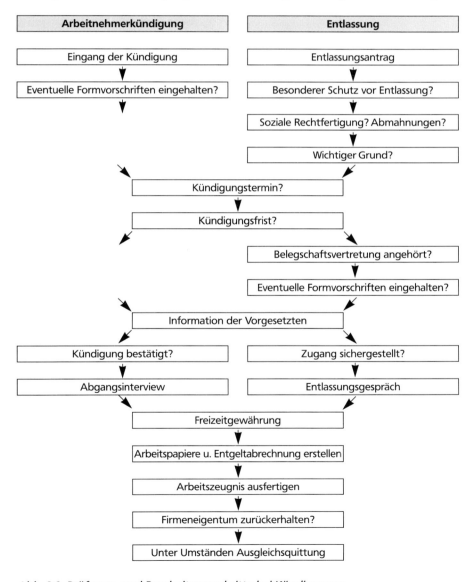

Abb. 9.9. Prüfungs- und Bearbeitungsschritte bei Kündigungen

Information der Vorgesetzten

Information der Vorgesetzten

> Von großer Bedeutung ist die Information der Vorgesetzten über den Ablauf und den aktuellen Stand der Trennung.

Das gilt insbesondere, wenn die Mitarbeiterin oder der Mitarbeiter selbst gekündigt und das Kündigungsschreiben direkt an die Personalabteilung gerichtet hat. In dem Fall ist die erste Information eine Kopie der Kündigungsbestätigung mit dem Hinweis auf den letzten Arbeitstag und eventuell noch bestehende Urlaubsansprüche.

> Von besonderer Bedeutung sind die Gespräche, die im Zusammenhang mit Kündigungen geführt werden.

Das Aufkommen von **Unruhe und Angst der Kolleginnen und Kollegen, Mitarbeiterinnen und Mitarbeiter** um ihre Arbeitsplätze wird nicht abzuwenden sein. Eine Eskalation kann aber durch die Vorgesetzten vermieden werden, wenn sie sich dieser Tatsache bewußt sind.

Abgangsinterview

Abgangsinterview

Kündigt die oder der Beschäftigte, sollte unbedingt ein Abgangsinterview geführt werden. Dieses Interview wird üblicherweise von Mitgliedern der Personalabteilung kurz vor dem oder am letzten Arbeitstag durchgeführt. Es dient:

– der Ermittlung der tatsächlichen Kündigungsgründe,

– dem Erarbeiten eines unternehmensspezifischen Kataloges von Kündigungsgründen,

– dadurch dem Erkennen von betrieblichen Schwachstellen, die zu Kündigungen führen und behoben werden sollten,

– dem Versuch des Abbaus von etwaigen Aversionen gegenüber dem Unternehmen und

– der Verabschiedung.

Abgesehen von Ausnahmefällen, in denen die Kündigung tatsächlich die unternehmerische Existenz bedroht, **sollte man davon absehen, die Beschäftigten umzustimmen.** Das Beispiel könnte Schule machen. Dadurch würde das Unternehmen erpreßbar.

Entlassungsgespräch

Entlassungsgespräch

Kündigt dagegen das Unternehmen, so wird ein Entlassungsgespräch notwendig, soweit die Betroffenen überhaupt greifbar sind. Andernfalls bleibt es bei der schriftlichen Entlassung. Ansonsten führen die **direkten Vorgesetzten oder auch Personalverantwortliche,** manchmal beide gemeinsam, dieses unangenehme Gespräch mit den Beschäftigten.

Für die Wahl des **Zeitpunktes** sind vor allem die weiter oben angeführten Kündigungsfristen und -termine ausschlaggebend. In aller Regel sind die Betroffenen nicht überrascht, weil der Betriebs- oder Personalrat um eine Stellungnahme gebeten hat, um angemessen auf die Anhörung reagieren zu können. Ist das nicht der Fall, sollte eine Einladung zumindest mit einigen Stunden Vorlauf ausgesprochen werden. Als

Grund mag man das Problemfeld anführen, das zur Entlassung geführt hat. Das Gespräch sollte möglichst nicht am Freitagnachmittag oder kurz vor Feierabend stattfinden, da die unmittelbar anschließende Freizeit den Betroffenen Raum gibt, Gefühle wie Selbstmitleid, Haß oder gar Rachegedanken zu entwickeln.

In der **Gesprächsvorbereitung** gilt es, sich alle Fakten zu vergegenwärtigen, die die beabsichtigte Entlassung rechtfertigen. Damit soll einer Emotionalisierung des Gespräches vorgebeugt werden. Daneben sind die Einzelheiten der Trennung festzulegen.

Der **Gesprächsverlauf** muß so angelegt sein, daß die Entlassung in den ersten fünf Minuten klar und unmißverständlich ausgesprochen wird. Es muß klar werden, daß die Verantwortlichen die Entscheidung für eine Trennung wohlüberlegt getroffen haben und daß diese Entscheidung unwiderruflich feststeht. Ein Austausch von Argumenten ist fehl am Platz. Die Entlassungsgründe sollten sachlich erläutert werden. Anschließend sollte man sich mit den möglichen Reaktionen auf die Entlassungsnachricht auseinandersetzen.

○ Einige Personen zeigen **euphorische Reaktionen.** Sie erwecken den Eindruck, bestens mit der Situation umgehen zu können und akzeptieren bereitwillig alle Aspekte der Trennung. Tatsächlich versuchen sie aber häufig, durch dieses Verhalten ihre Orientierungslosigkeit zu verdecken. Die Gesprächspartner dürfen sich nicht beirren lassen. Sie sollten die Betroffenen dazu bringen, den Blick auf die Zukunft zu richten.

○ Beschäftigte, die die Gefahr der Entlassung beispielsweise aufgrund vorheriger Personalbeurteilungen, Abmahnungen oder interner Informationen über die wirtschaftliche Situation des Unternehmens bereits kannten, reagieren oft **wenig überrascht,** manchmal sogar erleichtert. Trotzdem sollte die schockierende Wirkung der Entlassung nicht unterschätzt werden. Die bislang verdrängten persönlichen Probleme, die die Entlassung aufwirft, gewinnen nämlich spätestens zu diesem Zeitpunkt die Oberhand. Die Gesprächspartner müssen dies erkennen und sich bemühen, diese Probleme zu besprechen.

○ Andere Beschäftigte nehmen die Entlassung **schweigend** und in einer Art Schockzustand hin. Sie können die Situation nicht akzeptieren. In diesen Fällen sollte man sich bemühen, mit ihnen in Kontakt zu treten. Das kann auch dadurch geschehen, daß man eine Weile ebenfalls schweigt, weil dadurch ein Spannungsbogen aufgebaut wird, der nur durch eine, wenn auch möglicherweise negative Reaktion der oder des Entlassenen abgebaut werden kann.

○ Manchmal ist der Schock so intensiv, daß die Betroffenen in Tränen ausbrechen oder **um Mitgefühl werben,** indem sie auf die negativen Konsequenzen für sich und ihre Familie hinweisen. Je nach Anlaß für die Entlassung ist Mitgefühl auch durchaus angebracht. Völlig unangemessen wäre es jedoch, wenn der Gesprächspartner sich dadurch zu einer Relativierung oder gar Rücknahme der Entlassung hinreißen ließe.

○ Auch **Fluchtreaktionen** sind zu beobachten. Sie äußern sich in dem dringenden Wunsch der Betroffenen, das Büro sofort zu verlassen. Hier ist es wichtig, die Mitarbeiterin oder den Mitarbeiter dazu zu bewegen, sich weiterhin der Situation zu stellen und das Gespräch fortzusetzen.

○ Schließlich sind als Antwort auf die Entlassungsnachricht auch **heftige Reaktionen** möglich. Die Beschäftigten lassen ihrer Wut freien Lauf und kündigen gerichtliche Schritte an, mit denen ohnehin in der Mehrzahl der Entlassungen zu rechnen ist.

Ja, sie bedrohen unter Umständen sogar ihren Gesprächspartner. In dem Fall darf der sich nicht aus der Ruhe bringen lassen, denn nahezu immer bleibt es bei den Drohungen. Körperliche Attacken kommen kaum vor. Hört man ruhig zu, verraucht die Wut recht bald. Danach kann man über die Zukunft sprechen.

Das gesamte Trennungsgespräch sollte regelmäßig **nicht länger als 15 Minuten** dauern. Am Ende des Gesprächs sind die Vorgesetzten oder Personalverantwortlichen je nach Situation aufgefordert, **Wege für eine berufliche Zukunft außerhalb des Unternehmens aufzuzeigen.** Außerdem muß die **Abwicklung des Arbeitsverhältnisses** angesprochen werden. Bisweilen ist es angebracht, das Angebot eines weiteren Gesprächs zu unterbreiten, das allerdings ausschließlich jene Aspekte der beruflichen Zukunft außerhalb des Unternehmens thematisieren kann.

> Vieles an der Abwicklung von Kündigungen, im übrigen an nahezu jeder Form der Beendigung eines Arbeitsverhältnisses, ist die Kehrseite jener Vorgänge, die im Rahmen der Personalbeschaffung und der Einarbeitung angesprochen wurden.

Freizeitgewährung

Freizeit   So besagt § 629 des Bürgerlichen Gesetzbuches, daß den Beschäftigten, die gekündigt haben oder entlassen wurden, bis zum Ende des Arbeitsverhältnisses auf Verlangen und in angemessenem Umfang **Freizeit für die Stellensuche** gewährt werden muß.

Andererseits haben diese Beschäftigten in aller Regel bis zum Ende ihres Arbeitsverhältnisses einen **Anspruch auf Beschäftigung** zu den bisherigen Bedingungen. Eine Freistellung von der Arbeit ohne Anspruch auf das Arbeitsentgelt ist unzulässig. Selbst eine Freistellung bei Fortzahlung des Arbeitsentgelts kommt nur dann in Frage, wenn die betroffenen Beschäftigten damit einverstanden sind oder wenn das Interesse des Arbeitgebers an der Nichtbeschäftigung überwiegt. Allerdings kann der Arbeitgeber darauf bestehen, daß der Resturlaub während der Kündigungsfristen abgewickelt wird, es sei denn, dem stünden berechtigte Interessen der Beschäftigten entgegen. Das wäre der Fall, wenn bereits eine Pauschalreise für einen anderen Termin gebucht worden ist.

Arbeitspapiere und Entgeltabrechnung

Arbeitspapiere   Die Arbeitspapiere müssen erstellt werden, beispielsweise eine Urlaubsbescheinigung und nach der letzten Entgeltabrechnung die Abrechnungsunterlagen sowie Lohnsteuerkarte und Sozialversicherungsnachweise.

Arbeitszeugnis

Arbeitszeugnis   Überdies hat die Mitarbeiterin oder der Mitarbeiter einen Anspruch auf eine Arbeitsbescheinigung oder auf Wunsch ein qualifiziertes Arbeitszeugnis, das der nächste Arbeitgeber nach den Regeln auslegen wird, die im Kapitel Personalbeschaffung beschrieben werden. Soweit keine Personalbeurteilungen vorliegen oder falls diese älteren Datums sind, müssen die für die Formulierung notwendigen Informationen vor allem bei den direkten Vorgesetzten eingeholt werden.

Firmeneigentum

Bevor die Unternehmen diese Unterlagen aus der Hand geben können, muß sichergestellt sein, daß etwaiges Firmeneigentum ordnungsgemäß zurückgegeben wurde. Dazu wird üblicherweise ein **Laufzettel** benutzt. Auf ihm bestätigen alle Stellen des Unternehmens, die Firmeneigentum ausgehändigt haben könnten, durch Unterschrift, daß keine Forderungen mehr gegen die Betroffenen bestehen. Das geschieht nach Möglichkeit am letzten Arbeitstag.

Ausgleichsquittung

Die Übergabe der Unterlagen wird häufig mit einer Ausgleichsquittung verbunden. In einer Ausgleichsquittung läßt sich der Arbeitgeber von den Beschäftigten versichern, daß

- sie keine Forderungen gegenüber dem Arbeitgeber haben,
- keine Einwendungen gegen die Kündigung vor Gericht erheben werden und
- keine Ansprüche aus dem Arbeitsverhältnis mehr bestehen.

Der Arbeitnehmer muß eine solche Ausgleichsquittung nicht unterschreiben. Der Arbeitgeber muß ihm die Unterlagen trotzdem aushändigen. Zudem erklären viele Tarifverträge Ausgleichsquittungen für unzulässig.

2.6.2. Outplacement

Eine weitere unterstützende Form der Abwicklung von Entlassungen ist das Outplacement, **in aller Regel eine Dienstleistung externer Spezialisten.** Outplacement wird **sowohl bei einzelnen Trennungen,** hier meist von Führungskräften, **als auch bei umfangreicheren Personalabbaumaßnahmen** eingesetzt. Gerade wenn die Unternehmen ohnehin bereit sind, den Betroffenen durch Abfindungen zu helfen, kommt Outplacement zum Zuge. Die emotionalen und sozialen Aspekte, einen Arbeitsplatz zu verlieren, sind nämlich häufig mindestens ebenso wichtig wie die finanziellen. Außerdem werden die Kosten des Outplacement, üblicherweise 15 Prozent des Jahresarbeitsentgelts der Betroffenen, oft auf die Abfindungen angerechnet. Überdies kann eine Trennung, mit der nicht angemessen umgegangen wird, zu einem schlechten Image bei Lieferanten, Kunden und potentiellen Bewerbern für wichtige, in Zukunft freiwerdende Stellen führen.

Outplacement ist ein Prozeß, durch den Personen unterstützt und beraten werden, die dazu gezwungen sind, ihren Arbeitgeber zu verlassen.

Zudem werden aber auch Hilfen

- für die Vorgesetzten,
- die Kolleginnen und Kollegen, Mitarbeiterinnen und Mitarbeiter der Betroffenen und sogar
- für die Familie sowie das soziale Umfeld angeboten.

Ziel von Outplacement ist es, eine Trennung, also neben Entlassungen auch Aufhebungsverträge, so zu gestalten, daß negative Effekte sowohl für die Beschäftigungsunternehmen als auch für die Betroffenen reduziert werden. Das Outplacement verläuft in fünf Stufen:

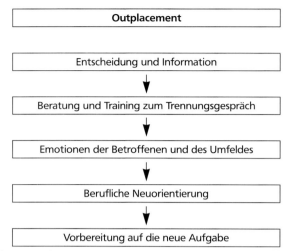

Abb. 9.10. Fünf Stufen des Outplacement

Entscheidung und Information

Im Idealfall sollte Outplacement damit beginnen, daß die Outplacementberatung **ab dem Zeitpunkt** eingeschaltet wird, zu dem die **Entscheidung über die Trennung oder den Personalabbau** gefällt ist.

Beim Personalabbau können die Beraterinnen und Berater eruieren, welche Fähigkeiten und Fertigkeiten das Unternehmen in Zukunft benötigt. Dem sollte eine Beurteilung der Fähigkeiten und Fertigkeiten folgen, die die einzelnen Beschäftigten haben sollten. Damit wird eine anforderungs- und eignungsgerechte Stellenbesetzung möglich.

Geht es um eine einzelne Trennung, sind die persönlichen und wirtschaftlichen Hintergründe der oder des Betroffenen von Interesse.

Beratung und Training zum Trennungsgespräch

Es folgt eine Beratung und ein Training zum Trennungs- beziehungsweise Entlassungsgespräch, die jene Aspekte beinhalten, die weiter oben angesprochen wurden. Viele Führungskräfte sind auf diese Gespräche schlecht vorbereitet. Sie könnten ohne Vorbereitung auf eine unangemessene Art und Weise reagieren.

Im Rahmen des Outplacement wird das Trennungsgespräch mit dem Hinweis beendet, daß man Betroffenheit und Besorgnisse erwartet hat und sich deshalb der Unterstützung einer Beratung bedient, die in allen Fragen der Suche nach einem neuen Arbeitsplatz sehr erfahren ist. Der Mitarbeiter wird mit seiner Beraterin oder seinem Berater bekannt gemacht.

Emotionen der Betroffenen und des Umfeldes

Nach dem Trennungsgespräch rücken **vor allem die Betroffenen, aber auch deren Kollegen- und Mitarbeiterkreis in den Mittelpunkt des Interesses.**

Hier lernen sich die Beraterin respektive der Berater und die oder der Betroffene kennen, soweit letztere überhaupt auf das Hilfsangebot eingehen. Die erste Aufgabe besteht darin, mit jeglicher Art von negativen Emotionen umzugehen, die zweite Aufgabe darin, Strategien zu entwickeln, wie man dem Partner oder Ehegatten die Neuigkeit vermittelt.

Der Kollegen- und Mitarbeiterkreis muß mit dem Schock und unter Umständen auch der Trauer zu Rande kommen. Sie durchlaufen dabei einen emotionalen Prozeß von Leugnung, Angst, Auseinandersetzung und schließlich Akzeptanz der neuen Situation. Bisweilen fühlen sie sich schuldig, daß man sie ausgespart hat. Vielfach wird eine Art von Organisationsentwicklung benötigt, um die Moral der Beschäftigten wiederzubeleben.

Berufliche Neuorientierung

Danach kommt ein **systematisches Programm** zur beruflichen Neuorientierung in Gang, das bis zur Übernahme einer neuen Tätigkeit andauert.

Es beginnt mit einer persönlichen Bestandsaufnahme der eigenen Stärken und Schwächen, gestützt auf Testverfahren und Gespräche. Die Ergebnisse bilden die Grundlage für die Entwicklung neuer Karriereperspektiven. Ein gutes Ergebnisbild kann außerdem dazu dienen, das Selbstwertgefühl wieder zu verbessern. Ein Feedbackgespräch vermittelt einen klaren Eindruck von den Bedürfnissen. Die Betroffenen erhalten ein Paket von Informationsmaterialien. Sie können nun Karriereziele formulieren, die zu den jeweiligen Stärken passen. Anschließend werden Strategien ausgearbeitet, wie die Stärken zukünftigen Arbeitgebern nahegebracht werden können. Die Bemühungen werden durch emotionalen Beistand und technische Mittel unterstützt, großzügige Büroausstattungen mit Arbeitsplätzen, Telefon und Postdiensten. Hinzu kommen Informationsdienstleistungen, Nachschlagewerke und Verzeichnisse, computerunterstützte Informationssysteme, aktuelle Presse und Börsenberichte.

Vorbereitung auf die neue Aufgabe

Nach einer erfolgreichen beruflichen Neuorientierung endet das Outplacement mit der Vorbereitung auf die neue Aufgabe und der Betreuung während der Probezeit.

Statistiken der Outplacementberatungen besagen, daß die Suchzeit von durchschnittlich zwölf auf vier Monate reduziert wird und 80 Prozent der Betroffenen angeben, daß ihnen das Outplacement geholfen hat.

2.7. Kündigungsschutzklage bei Entlassungen

Die Mehrzahl aller Entlassungen werden nachträglich noch vor Gericht verhandelt. Die Parteien können den Rechtsstreit vor den Arbeitsgerichten selbst führen, sich von einem Rechtsanwalt oder von einem Vertreter der Gewerkschaften beziehungsweise der Arbeitgeberverbände vertreten lassen.

> Gegen übertretene Kündigungsverbote kann durch eine Kündigungsschutzklage vorgegangen werden.

Auch die soziale Rechtfertigung einer ordentlichen Entlassung wird im Arbeitsgerichtsverfahren überprüft, wenn die oder der Beschäftigte sich innerhalb von drei Wochen nach Zugang der Entlassung mit einer Kündigungsschutzklage zur Wehr setzt. Gemäß § 4 des Kündigungsschutzgesetzes klagt man auf Feststellung, daß die Entlassung sozial ungerechtfertigt ist.

Fristen

Versäumt man die Dreiwochenfrist, so wird auch eine sozial ungerechtfertigte Entlassung wirksam. Danach kann die Klage allenfalls noch auf andere Gründe als die Sozialwidrigkeit gestützt werden.

Weiterbeschäftigung

Für die Dauer des Verfahrens offeriert der Gesetzgeber den Entlassenen in § 102 des Betriebsverfassungsgesetzes und in § 79 des Bundespersonalvertretungsgesetzes einen Vorteil. Sie werden bei unveränderten Arbeitsbedingungen **weiterbeschäftigt**, bis der Rechtsstreit zu einem rechtskräftigen Abschluß gekommen ist, **falls**

- ○ die Belegschaftsvertretung gegen die ordentliche Entlassung frist- und ordnungsgemäß **widersprochen** hat und
- ○ die Betroffenen **Klage auf Feststellung** erheben, daß das Arbeitsverhältnis durch die Entlassung nicht aufgelöst ist.

Das Arbeitsgericht kann den Arbeitgeber von der Weiterbeschäftigungspflicht auf Antrag entbinden, wenn

- die Klage des Arbeitnehmers keine hinreichende Aussicht auf Erfolg bietet,
- die Weiterbeschäftigung zu einer unzumutbaren wirtschaftlichen Belastung führt oder
- der Widerspruch offensichtlich unbegründet ist.

Ergebnis

Das erstinstanzliche Verfahren vor dem Arbeitsgericht sieht laut § 54 des Arbeitsgerichtsgesetzes zwingend eine Güteverhandlung vor. Nach einer fruchtlosen Güteverhandlung und einem Urteil durch das Arbeitsgericht können folgende Konstellationen entstehen:

1. Die **Entlassung ist gerechtfertigt.** Die Klage wird abgewiesen.
2. Die **Entlassung ist nicht sozial gerechtfertigt.** Das Arbeitsverhältnis wird laut § 11 des Kündigungsschutzgesetzes bei Nachzahlung des entgangenen Arbeitsentgelts fortgesetzt. Die oder der Beschäftigte kann jedoch auch ein zwischenzeitlich eingegangenes neues Arbeitsverhältnis fortführen und das entgangene Arbeitsentgelt gemäß § 12 des Kündigungsschutzgesetzes verlangen.
3. Die **Entlassung ist zwar nicht sozial gerechtfertigt, aber ein gedeihliches Arbeitsverhältnis ist nicht zu erwarten.** In diesem Fall kann das Arbeitsgericht das Arbeitsverhältnis nach § 9 des Kündigungsschutzgesetzes auf Antrag auflösen und gegebenenfalls gemäß § 10 des Gesetzes eine Abfindung ansetzen.

> Hinsichtlich der Fristen und des Ablaufs gilt gemäß § 13 des Kündigungsschutzgesetzes das gleiche wie für eine Klage gegen die außerordentliche Entlassung.

Die Klage lautet darauf, daß die außerordentliche Entlassung unberechtigt ist. § 13 des genannten Gesetzes trifft weitere Detailregelungen.

3. Fluktuation

Personalabgänge

> Alle Unternehmen müssen mit der Fluktuation leben, das heißt mit Veränderungen im Personalgefüge.

Wie im Kapitel Personalbeschaffung angesprochen, sind einerseits autonome Personalveränderungen zu verzeichnen, auf die das Unternehmen keinen oder nur bedingten Einfluß hat. Andererseits stehen initiierte Personalveränderungen ins Haus, das heißt vom Unternehmen ausgelöste oder zumindest beeinflußte Personalveränderungen.

Sowohl autonome als auch initiierte Personalveränderungen treffen Unternehmen im Rahmen des tagtäglichen Betriebsablaufs.

Die Fluktuation wird vielleicht durch Strukturveränderungen und Krisensituationen in der einen oder anderen Weise beeinflußt. Sie ist jedoch kein Instrument der Strukturveränderung und der Krisenbewältigung, das heißt des Personalabbaus. Zu einem solchen kann sie nur werden, wenn ein Einstellungsstopp hinzutritt.

Die Fluktuation macht sich in Personalzugängen und Personalabgängen bemerkbar. Die Personalabgänge, also Beendigungen von Arbeitsverhältnissen, sind im folgenden von Belang.

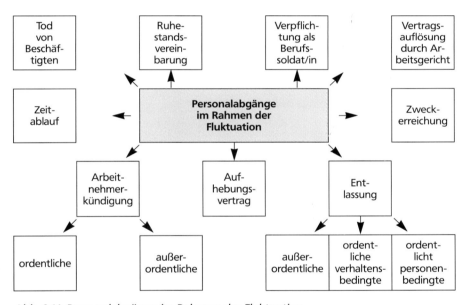

Abb. 9.11. Personalabgänge im Rahmen der Fluktuation

Tod von Beschäftigten

Da die Arbeitsleistungen gemäß § 613 des Bürgerlichen Gesetzbuches in Person zu erbringen sind, endet das Arbeitsverhältnis spätestens mit dem Tod der oder des Beschäftigten, wie sollte es auch anders sein.

Tod von Beschäftigten

Ruhestandsvereinbarung

Arbeitsverträge, Betriebs- oder Dienstvereinbarungen und Tarifverträge beinhalten häufig sogenannte Ruhestandsvereinbarungen.

Ruhestandsvereinbarung

Dabei handelt es sich um eine Vereinbarung, die eine Beendigung des Arbeitsverhältnisses zu dem Zeitpunkt vorsieht, ab dem die Arbeitnehmerin beziehungsweise der Arbeitnehmer eine reguläre Altersrente beziehen kann. Der Gesetzgeber hat diese Ruhestandsvereinbarungen ausdrücklich in § 41 Absatz 4 Satz 3 des 6. Buches des Sozialgesetzbuches für zulässig erklärt.

Verpflichtung als Berufssoldat

Berufssoldat/in

Auch die Verpflichtung als Berufssoldatin oder -soldat beendet das Arbeitsverhältnis. Ein spezieller Gesetzestatbestand unterstreicht das.

Zeitablauf, Zweckerreichung

Zeitablauf, Zweckerreichung

Ist der Arbeitsvertrag nur für eine bestimmte Zeit oder nur zur Erreichung eines bestimmten Zwecks abgeschlossen worden, endet das Arbeitsverhältnis automatisch
- nach Ablauf der vereinbarten Zeit oder
- mit Erreichung des Zwecks, ohne daß es einer Kündigung bedarf, wie § 620 des Bürgerlichen Gesetzbuches besagt.

Vertragsauflösung durch das Arbeitsgericht

Arbeitsgericht

Wie weiter oben angegeben, kann das Arbeitsgericht unter bestimmten Bedingungen im Rahmen des arbeitsgerichtlichen Verfahrens gemäß § 9 des Kündigungsschutzgesetzes eine Vertragsauflösung vornehmen.

Aufhebungsvertrag

Aufhebungsvertrag

Nach dem Grundsatz der Vertragsfreiheit des § 305 des Bürgerlichen Gesetzbuches ist es möglich, einen Arbeitsvertrag im gegenseitigen Einvernehmen aufzulösen, und zwar durch einen sogenannten Aufhebungsvertrag.

Die **Verantwortung** für die Unterzeichnung eines Aufhebungsvertrages liegt bei den Vertragspartnern. Das gilt auch, wenn der Vertrag im Rahmen der erstinstanzlichen Güteverhandlung vor dem Arbeitsgericht zustande kommt. Freilich ist ein Aufhebungsvertrag, der unter Druck oder Zwang entsteht, im nachhinein anfechtbar. Die Rechtsprechung erachtet aber die bloße Ankündigung der Entlassung bei Nichtzustandekommen des Aufhebungsvertrages nicht als Druck oder Zwang. Unwirksam sind Aufhebungsverträge, die lediglich die Basis für den Abschluß von Arbeitsverträgen mit schlechteren Konditionen legen.

Grundsätzlich gibt es keine Formvorschriften für den Aufhebungsvertrag. Deshalb sind auch **mündliche Vereinbarungen** denkbar, es sei denn, im Arbeitsvertrag, einer Betriebs- oder Dienstvereinbarung respektive einem einschlägigen Tarifvertrag ist die **Schriftform** vorgeschrieben, die ohnehin aus Beweisgründen **ratsam** ist. Gefordert ist allerdings das **beiderseitige Verständnis** des Vertragsinhalts. Für ausländische Beschäftigte ist also unter Umständen eine Übersetzung vonnöten. Minderjährige benötigen die Einwilligung ihres gesetzlichen Vertreters, sofern sie nicht ermächtigt sind, selbständig ein Arbeits- oder Ausbildungsverhältnis einzugehen.

○ Für beide Vertragspartner ergeben sich einige **Vorteile.**

Der **Arbeitgeber** ist nicht an gesetzlich, tarifvertraglich oder einzelvertraglich festgelegte Kündigungsfristen gebunden, kann sich also kurzfristig von der oder dem Beschäftigten trennen. Der allgemeine Kündigungsschutz muß nicht beachtet werden, das heißt, es besteht keine Nachweispflicht von personen-, verhaltens- oder betriebsbedingten Entlassungsgründen. Auch der besondere Kündigungsschutz entfällt. Ein Zustimmungserfordernis des Betriebs- oder Personalrates und behördlicher Genehmigungsstellen für Aufhebungsverträge mit besonders schutzbedürftigen Personen, wie Schwangeren oder Behinderten, gibt es nicht. Mit dem Aufhebungsvertrag wird eine Kündigungsschutzklage ausgeschlossen.

Aufhebungsverträge geben den **Beschäftigten** die Möglichkeit, andere berufliche Chancen umgehend zu nutzen. Sie vermeiden die Dokumentation von verhaltens- und personenbedingten Entlassungsgründen und können deshalb auf ein in Ansätzen besseres Arbeitszeugnis hoffen.

Falls der Aufhebungsvertrag keine allgemeine Ausschlußklausel beinhaltet, bleiben alle bereits entstandenen Ansprüche aus dem Arbeitsverhältnis bestehen, wie beispielsweise Urlaubs- und Urlaubsabgeltungsansprüche. Aufhebungsverträge schließen von Fall zu Fall Abfindungszahlungen ein. Die Höhe dieser Abfindungen orientiert sich einerseits am Beweggrund der Trennung und den Verdiensten der oder des Beschäftigten, andererseits am Prozeßrisiko für die Entlassung, die ansonsten ausgesprochen würde. Als Richtschnur gilt maximal ein halbes monatliches Arbeitsentgelt pro Jahr der Betriebszugehörigkeit. Wenn der Aufhebungsvertrag vom Arbeitgeber veranlaßt wurde, sind Abfindungen bis maximal 24.000 DM einkommensteuerfrei, für mindestens fünfzigjährige Beschäftigte mit einer Betriebszugehörigkeit von mindestens 15 Jahren bis maximal 30.000 DM, für mindestens fünfundfünfzigjährige Beschäftigte mit mindestens 20 Jahren Betriebszuhörigkeit bis maximal 36.000 DM. Für die Summe über dem Freibetrag kann beim Finanzamt Antrag auf Besteuerung zum ermäßigten, das heißt halben Durchschnittssteuersatz gestellt werden, wenn die Auszahlung in einer Summe erfolgt. Unabhängig von ihrer Höhe sind Abfindungen sozialabgabenfrei.

○ Dagegen sind einige **Nachteile** abzuwägen, die sich in der Hauptsache aus den Vorschriften des Arbeitsförderungsgesetzes ergeben.

Für die **Beschäftigten** bewirkt der Aufhebungsvertrag eine Sperrfrist für den Bezug von Arbeitslosengeld, wenn durch die Zustimmung zur Auflösung des Arbeitsvertrages die Arbeitslosigkeit vor dem eigentlichen Kündigungstermin vorsätzlich oder grob fahrlässig herbeigeführt wurde. Folglich greift die Sperrfrist nicht, wenn den Beschäftigten ansonsten eine betriebs- oder personenbedingte Entlassung ins Haus gestanden hätte oder wenn sie wichtige persönliche Gründe hatten, wie das Angebot einer anderen Stelle, Heirat oder Wohnungswechsel. Abfindungen werden – je nach den Umständen des Einzelfalls – auf das Arbeitslosengeld angerechnet.

Für den **Arbeitgeber** können aus der Anrechnung und der Sperrfrist ebenso Nachteile erwachsen. Er hat nämlich diesbezüglich eine Hinweispflicht. Von möglichen Schadensersatzforderungen wird er nur frei, wenn er nachweislich seiner Hinweispflicht nachgekommen ist und der oder dem Beschäftigten eine Bedenkzeit eingeräumt hat. Diese Hinweispflicht erstreckt sich auch auf eventuelle weitere Nachteile, beispielsweise bei der betrieblichen Altersversorgung. Ist die Arbeitsunfähigkeit der Anlaß für einen Aufhebungsvertrag, wird der Arbeitgeber für die Zahlung des Krankengeldes in Regreß genommen. Regreß wird ebenfalls fällig bei Aufhebungsverträgen mit Beschäftigten, die das 58. Lebensjahr vollendet haben, und zwar für das Arbeitslosengeld der ersten 624 Tage zuzüglich der Beiträge zur Sozialversicherung, wenn die Beschäftigten an mindestens 720 Kalendertagen in den letzten vier Jahren bei ihm beschäftigt waren. § 128 des Arbeitsförderungsgesetzes spezifiziert die Voraussetzungen noch weiter. Außerdem führt diese Vorschrift eine Anzahl von Bedingungen an, unter denen die Erstattungspflicht ganz oder teilweise entfällt.

Arbeitnehmerkündigung

Arbeitnehmerkündigung

> Ein Arbeitsverhältnis kann durch eine Kündigung seitens der oder des Beschäftigten beendet werden.

Üblich sind **ordentliche fristgemäße Arbeitnehmerkündigungen** im Sinne der §§ 620 ff. des Bürgerlichen Gesetzbuches, beispielsweise um eine aussichtsreichere Position bei einem anderen Arbeitgeber zu übernehmen.

Die große Ausnahme bilden die **außerordentlichen Arbeitnehmerkündigungen.** Sie sind nach § 626 des Bürgerlichen Gesetzbuches nur zulässig, wenn es für die oder den Betroffenen unzumutbar ist, die Kündigungsfrist einzuhalten. Das ist etwa der Fall, wenn das Arbeitsentgelt wiederholt unpünktlich oder gar nicht gezahlt wird oder Tätlichkeiten und schwere Beleidigungen seitens des Arbeitgebers vorliegen. Selbst dann werden die Beschäftigten zögern, auf die Kündigungsfrist zu verzichten, und lieber von anderen rechtlichen Möglichkeiten Gebrauch machen, es sei denn, sie hätten bereits einen neuen Arbeitsplatz.

Entlassung

Entlassung

> Letztlich kommt es zu Personalabgängen durch Entlassungen, also Kündigungen seitens des Arbeitgebers. Der Fluktuation muß man folgende Formen zuzählen:
> 1. die außerordentlichen Entlassungen,
> 2. die ordentlichen verhaltensbedingten Entlassungen und
> 3. die ordentlichen personenbedingten Entlassungen.

1. Außerordentliche Entlassungen

Außerordentliche Entlassung

Nicht jede außerordentliche Entlassung ist zugleich eine **fristlose** Entlassung, wenn das auch der Regelfall ist. Ausnahmsweise, etwa aus sozialen Gründen, kann eine außerordentliche Entlassung **mit einer Auslauffrist** ausgesprochen werden. Die außerordentliche Entlassung ist allerdings auch in diesem Fall als solche kenntlich zu machen.

Wichtiger Grund

Die außerordentliche Entlassung ist nur aus einem **wichtigen Grund** möglich. Was das ist, definiert wie bei der außerordentlichen Arbeitnehmerkündigung § 626 des Bürgerlichen Gesetzbuches. Demnach müssen Tatsachen vorliegen, aufgrund derer dem Kündigenden unter Berücksichtigung aller Umstände des Einzelfalles und unter Abwägung der Interessen beider Vertragsteile die Fortsetzung des Arbeitsverhältnisses bis zum Ablauf der Kündigungsfrist oder der vereinbarten Vertragsdauer nicht zugemutet werden kann. Der Anlaß für die außerordentliche Entlassung muß folglich bedeutsamer sein als die Gründe, die eine ordentliche Entlassung rechtfertigen. Und selbstverständlich sind wichtige Gründe nur **Tatsachen, die bewiesen werden können.**

Hier **Beispiele** zu nennen, fällt schwer, da ausschlaggebend immer die Details des konkreten Falls sind. Schlagworte verkürzen diese Details derart, daß Rückschlüsse auf andere Vorfälle nur schwer möglich sind. Trotzdem seien einige treffende Exempel genannt:

- aggressive Tätlichkeiten gegenüber Vorgesetzten, Kollegen oder Mitarbeitern,
- betrügerische Angaben und das Vorzeigen gefälschter Papiere bei der Bewerbung,
- Diebstähle, die über Bagatellfälle hinausgehen,
- Unehrlichkeit in Vertrauensstellungen,
- unberechtigte Zugriffe auf geschützte Dateien sowie
- eigenmächtiger Urlaubsantritt.

Ausnahmsweise kann schon der schwerwiegende Verdacht einer strafbaren Handlung ein wichtiger Grund sein, wenn dieser Verdacht nicht auszuräumen ist und das Vertrauensverhältnis zum Arbeitgeber erschüttert.

2. Ordentliche verhaltensbedingte Entlassungen

Ordentliche verhaltensbedingte Entlassungen sind bei **Verstößen gegen arbeitsvertragliche Verpflichtungen** gerechtfertigt. Entlassungsgrund kann jede schuldhafte oder fahrlässige Vertragsverletzung von Beschäftigten sein, also jedes schädigende dienstliche aber auch außerdienstliche Verhalten, wenn letzteres für das Arbeitsverhältnis von Bedeutung ist.

Ordentliche verhaltensbedingte Entlassung

Auch die folgenden Schlagworte geben nur einen Eindruck von **verhaltensbedingten Entlassungsgründen**. In der Praxis wird in jedem Fall eine genaue Prüfung vonnöten sein:

- Unpünktlichkeit,
- unentschuldigtes Fehlen,
- unbefugtes Verlassen des Arbeitsplatzes,
- eigenmächtiger Urlaubsantritt,
- eigenmächtige unentschuldigte Urlaubsüberschreitung,
- Arbeitsverweigerung,
- Minderleistung,
- fehlerhafte Arbeitsergebnisse,
- Störungen des Betriebsfriedens oder des Betriebsablaufes,
- Verstoß gegen ein betriebliches Rauch- oder Alkoholverbot,
- Verletzung vertraglicher Treue- und Verschwiegenheitspflichten,
- Verletzung eines vertraglichen Wettbewerbsverbots.

Angesichts dieser Auflistung wird verständlich, daß die meisten Entlassungen ordentliche verhaltensbedingte Entlassungen sind.

In einigen Fällen kann ein künftiges Verhalten der oder des Beschäftigten die **Störung oder Zerrüttung des Arbeitsverhältnisses** nicht mehr beseitigen. Das ist etwa bei einer eigenmächtigen Urlaubsverlängerung der Fall, aber auch bei einer nachhaltigen Verletzung des Vertrauensverhältnisses. Hier kann die **Entlassung ohne weiteres** angegangen werden. Wie eingangs erwähnt, können Beschäftigte nicht aus

In der Regel abmahnen

geringfügigen Gründen, beispielsweise einer einmaligen Unpünktlichkeit, entlassen werden. Das verbietet der Grundsatz der Verhältnismäßigkeit im Arbeitsrecht. Deshalb muß ihnen **in aller Regel** durch **Abmahnungen** Gelegenheit zur Besserung ihrer Leistungen beziehungsweise Verhaltensweisen geboten werden, bevor eine ordentliche verhaltensbedingte Entlassung ausgesprochen werden kann.

3. Ordentliche personenbedingte Entlassungen

Ordentliche personenbedingte Entlassung

Die Gründe für ordentliche personenbedingte Entlassungen liegen in der **Konstitution, den Fähigkeiten und Fertigkeiten** der Betroffenen. In Betracht kommen alle persönlichen Hinderungsgründe, die einen Menschen **für die vorgesehene Arbeit ungeeignet erscheinen lassen,** sofern der Arbeitgeber diese Hinderungsgründe nicht schon bei der Einstellung kannte. Falls die Gründe eine Folge langjähriger Beschäftigung oder des fortgeschrittenen Alters sind, legen die Arbeitsgerichte hohe Maßstäbe an. Und da eine Entlassung immer das letzte Mittel, die ultima ratio zur Lösung eines arbeitsrechtlichen Konfliktes sein darf, sind die Interessen der oder des Beschäftigten und die des Unternehmens sorgfältig abzuwägen. Deshalb muß der Arbeitgeber die Möglichkeit einer Fortbildung, Umschulung, Versetzung und Änderungskündigung vor dem Ausspruch einer personenbedingten Entlassung mit besonderem Nachdruck prüfen. **Abmahnungen sind normalerweise entbehrlich,** da die Betroffenen die persönlichen Hinderungsgründe in der Regel nicht beseitigen können.

Wenn hier **Beispiele** personenbedingter Entlassungsgründe angegeben werden, handelt es sich wiederum lediglich um Schlagworte, die die Details des konkreten Falls stark verkürzen:

– körperliche Schwäche,
– Ungeschicklichkeit,
– beschränkte Auffassungsgabe,
– mangelnde Fähigkeit zum Erwerb der erforderlichen Kenntnisse und
– Allergien.

Krankheitsbedingte Entlassung

Auch und gerade Krankheiten können eine personenbedingte Entlassung rechtfertigen. Die „Checkliste krankheitsbedingte Kündigung" des *Verbands der Metallindustrie Baden-Württemberg (Kündigung und Kündigungsschutz)* nimmt jene Bedingungen auf, die erfüllt sein müssen, damit die Arbeitsgerichte eine Krankheit als Entlassungsgrund akzeptieren:

– erhebliche krankheitsbedingte Fehlzeiten, das heißt lang andauernde Krankheiten oder häufige Kurzerkrankungen, die in der Regel mehr als 50 bis 60 Arbeitstage im Jahr ausmachen, keine Folgen von Arbeitsunfällen und in den letzten 2 bis 4 Jahren aufgetreten sind,

– eine negative Zukunftsprognose laut Auskunft des behandelnden Arztes, der oder des Beschäftigten respektive durch Rückschluß aus sonstigen Umständen, die besagt, daß mit weiteren erheblichen Krankheitszeiten in der Zukunft zu rechnen ist und keine Hoffnung auf völlige oder weitgehende Genesung in nächster Zukunft besteht, etwa aufgrund geplanter Operationen, Kuren oder ähnlichem,

– auf Dauer unzumutbare betriebliche Auswirkungen der krankheitsbedingten Fehlzeiten, da sie mit einer Personalreserve nicht aufgefangen werden können, Mehrarbeit in diesem Umfang unzumutbar ist, Beschwerden der Kolleginnen und Kollegen zu verzeichnen sind, der Einsatz von Aushilfskräften wegen der langen Einar-

beitungszeit und aus Kostengründen unmöglich ist, Verzögerungen im Betriebsablauf auftreten, die Planung nachhaltig behindert wird, Arbeit kostenträchtig an andere Unternehmen vergeben werden muß und vor allem die Entgeltfortzahlungskosten in der aufgetretenen Höhe nicht mehr tragbar sind,
- keine Beschäftigungsmöglichkeit auf einem anderen Arbeitsplatz, an dem mit weniger hohen Fehlzeiten gerechnet werden könnte, da kein anderer Arbeitsplatz frei, die Belastung an anderen Arbeitsplätzen genauso hoch oder höher beziehungsweise die Ausfallzeit nicht auf den Arbeitsplatz zurückzuführen ist,
- eine Abwägung zwischen dem Interesse der oder des Betroffenen an der Erhaltung des Arbeitsplatzes und dem Interesse des Unternehmens an der Beendigung des Arbeitsverhältnisses.

4. Personalabbau

4.1. Notwendigkeiten und Möglichkeiten

Eine Vielzahl von Sachverhalten gibt Unternehmen immer wieder Anlaß, Überlegungen anzustellen, wie das in Zukunft zu erwartende Auftragsvolumen kostengünstig oder kostengünstiger als bisher bewältigt werden kann. *Anlässe*

○ Angesichts **periodischer** beziehungsweise saisonbedingter **Schwankungen des Personalbedarfs** stellt sich die Frage, wieviel Personal tatsächlich über Dauerarbeitsverhältnisse gebunden werden muß. Viele Unternehmen ziehen das Personalleasing und Outsourcing in Betracht, die Vergabe von bisher im Unternehmen selbst erbrachten Dienstleistungen und Fertigungsleistungen an Dritte.
○ Dieselbe Frage stellt sich, wenn **technische Innovationen** eine arbeitssparende Rationalisierung, Mechanisierung und Automatisierung ermöglichen.
○ Die starke **Konkurrenz der Anbieter von Produkten** auf den Absatzmärkten, aber auch die ebenso starke **Konkurrenz der Arbeitskräfte auf den internationalen Arbeitsmärkten** führt zu Konzentrationsvorgängen sowie zu Stillegungen von Betrieben oder Betriebsteilen im Inland. Dadurch wird Personal entbehrlich.
○ Das gilt erst recht in **Rezessionsphasen** eines Unternehmens, einer Branche oder der Volkswirtschaft, also bei einer Verminderung der wirtschaftlichen Wachstumsgeschwindigkeit, und beim wirtschaftlichen Niedergang, der Depression. In diesen Phasen werden die Unternehmen verstärkt mit Absatzproblemen konfrontiert, die häufig durch einen intensiven Preiswettbewerb bis hin zum Preisverfall begleitet werden. Im Ergebnis muß ein verminderter Umsatz auch die Kosten der nicht mehr auszulastenden Kapazitäten decken. Dadurch entsteht ein zunehmender Kostendruck auch und gerade auf das Personal. Aus tariflichen und rechtlichen Gründen fallen die Arbeitsentgelte nämlich weitgehend unabhängig vom Auslastungsgrad an. Zudem ist in der Rezession ein Rückgang der Fehlzeiten und der Fluktuation zu verzeichnen, wodurch die Situation noch verschärft wird.

Trotz der Dringlichkeit dieser Probleme, können die Personalkosten nicht per Beschluß gesenkt werden. Das verhindern in erster Linie jene Restriktionen, die auch für den Personaleinsatz maßgeblich sind. Sie seien hier noch einmal schlagwortartig erwähnt: *Restriktionen*

- die **Mitbestimmungsrechte des Personal- bzw. Betriebsrates** bei der Personalplanung, der Erstellung von Personalfragebogen, Beurteilungsgrundsätzen und Auswahlrichtlinien, bei Versetzungen, Umgruppierungen und Entlassungen, bei Mehrarbeit und Kurzarbeit, bei der Bestimmung der Arbeitszeiten und Pausenregelungen, bei der Aufstellung allgemeiner Urlaubsgrundsätze und des Urlaubsplans, bei der Gestaltung der Arbeitsplätze, des Arbeitsablaufs und der Arbeitsumgebung sowie bei Betriebsänderungen und Änderungen der Betriebsorganisation,
- die Rechte der **Beschäftigten** auf Unterrichtung über ihren Arbeitsplatz, die Möglichkeiten ihrer beruflichen Entwicklung und die Gestaltung ihres Arbeitsplatzes sowie auf Einsicht in ihre Personalakten,
- diverse **Schutzgesetze,** etwa hinsichtlich der Arbeitszeiten, Pausenregelungen und Urlaubszeiten, sowie
- die gesetzlich verankerte **Gleichbehandlung aller Beschäftigten,** die **Förderung der freien Entfaltung der Persönlichkeit** und die **Arbeitsschutzbestimmungen.**

Maximen

Darüber hinaus müssen Weichen für die Zukunft des Unternehmens gestellt werden, das heißt die Folgen für das Unternehmen und die Beschäftigten bedacht werden. Dabei sind einerseits die Maximen zu beachten, die dem Personaleinsatz zugrunde liegen, also in Stichworten

- die **wirtschaftliche Rentabilität,** also eine optimale Relation von Personalkosten und Leistungsergebnis,
- **die Stabilität der Leistungsergebnisse und Flexibilität,**
- eine **eignungs- und anforderungsgerechte Besetzung** der Arbeitsplätze und **Arbeitszufriedenheit** sowie
- eine **rechtzeitige, vorausschauende Personalveränderungsplanung.**

Rahmenbedingungen

Andererseits fordert der Personalabbau, daß das Augenmerk ganz besonders auf folgende Rahmenbedingungen gelenkt wird:

- Personalabbau kann durch die Vereinbarung hoher Abfindungsbeträge oder durch langfristige Sozialpläne mit sehr **hohen Kosten** verbunden sein. Aber nicht alle Maßnahmen des Personalabbaus sind derart kostenintensiv.
- Personalabbau bedeutet für das Unternehmen immer einen nicht zu unterschätzenden **Verlust von Know-how.** Deshalb muß über eine Intensivierung der Personalentwicklung nachgedacht werden.
- Hinzu kommen **persönliche Probleme der einzelnen Beschäftigten,** eine nachhaltige Störung der Lebensplanung, möglicherweise eine Identitätskrise sowie eine eventuell eingeschränkte Mobilität und Flexibilität im Hinblick auf eine Einsatzmöglichkeit in einem anderen Unternehmen. Hier kann beispielsweise das Outplacement helfen.
- Von besonderer Bedeutung sind **offene Informationen,** eine umfassende und faire Aufklärung. Nur so kann der Irritation und der heftigen Kritik der Belegschaft begegnet werden, die bei allen Maßnahmen des Personalabbaus auftreten. Gerade gegenüber dem **Betriebs- oder Personalrat** sind regelmäßige, offene Informationen unverzichtbar, um für die notwendigen Maßnahmen Akzeptanz zu schaf-

fen. Und nicht zuletzt ist eine Reihe der Maßnahmen mit negativen Folgen für das Unternehmensimage, und zwar nicht nur auf dem **Arbeitsmarkt,** sondern auch in der **Öffentlichkeit** verbunden. Deswegen gibt es zu offenen Informationen keine Alternative, denn das Verhalten des Unternehmens in guten Zeiten wird verständlicherweise als Maßstab für ein späteres Verhalten in der Krise herangezogen und umgekehrt.

Angesichts der Restriktionen, Maximen und Rahmenbedingungen gilt es, bei allen Maßnahmen abzuwägen, ob die Stammbelegschaft erhalten werden soll und welche Konsequenzen die einzelnen Maßnahmen haben.

Übersicht

Folgt man *Büdenbender (Personalpolitik in und für Zeiten der Rezession),* empfiehlt es sich, die Überlegungen in Sachen Personalabbau an folgendem Schema zu orientieren:

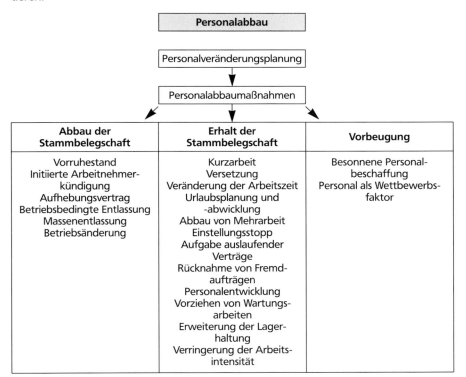

Abb. 9.12. Personalabbau

4.2. Personalveränderungsplanung

Mit der Planung der Personalbeschaffung und der Einsatzplanung wird, mit jeweils unterschiedlichen Zielen, bestimmt, wer wann und wo eingesetzt werden soll. Für die Personalveränderungsplanung wird dasselbe Instrumentarium eingesetzt. Nur hier ist das Ziel die Ermittlung, wer ab wann wo nicht mehr eingesetzt werden soll.

Planungsschritte

Abb. 9.13. Personalveränderungsplanung

Die Personalveränderungsplanung setzt mit der Formulierung der konkreten **Aufgabe** des Personalabbaus ein. Sie basiert auf dem **Personalbestand.** Danach wird der **Personalbedarf,** sowohl der Einsatz- wie auch der Reservebedarf, stichtagsbezogen ermittelt. Damit sind die Voraussetzungen für die Bestimmung des **quantitativen Personalüberhangs** erfüllt. In aller Regel ist jedoch die Qualifikation dafür ausschlaggebend, wer welche Position ausfüllen kann und wird. Deshalb ist regelmäßig eine qualitative Zuordnung vonnöten, die den **qualitativen Personalüberhang** erkennen läßt. Den Maßstab dafür liefert ein Vergleich der Anforderungen der Arbeitsplätze mit den Eignungen und Neigungen der Beschäftigten. Im Ergebnis gibt die Personalveränderungsplanung, wie die Einsatzplanung, Auskunft über

– das Ist, also den Personalbestand, dessen unbefriedigende Ausgangslage den Grund zum Eingreifen bildet,
– das Soll, die in Zukunft anstehenden, weniger umfangreichen Aufgaben in allen ihren Aspekten, wie etwa den Anforderungsprofilen der tangierten Stellen, und
– den Rahmen für eine angemessene Reaktion
– unter Berücksichtigung der Eignungen und Neigungen der Beschäftigten.

> Häufig ergibt sich ein mannigfaltiger Handlungsbedarf, der von der Trennung über die Personalentwicklung bis hin zu vereinzelten Personalbeschaffungsaktivitäten reicht.

Aus diesem Grund ist die Bezeichnung Personalfreisetzungsplanung für diesen Teilbereich der Personalplanung irreführend.

> Die einzelnen Maßnahmen des Personalabbaus, beispielsweise Versetzungen, müssen in der Folge noch individuell geplant werden.

Währenddessen kann es sich herausstellen, daß die tatsächliche Entwicklung von den Plandaten abweicht und Korrekturen notwendig werden.

4.3. Personalabbau der Stammbelegschaft

> Wenn die Situation brisant ist, bleibt dem Arbeitgeber nur der Weg, die Stammbelegschaft zu reduzieren. Auf die negativen Folgen für die Betroffenen, das betriebliche Know-how, die Arbeitszufriedenheit und das Unternehmensimage wurde schon eingangs hingewiesen.

Vorruhestand

Der Vorruhestand war in der Vergangenheit als Mittel zum Personalabbau derart beliebt, daß sich der Gesetzgeber zum Einschreiten gezwungen sah. Der Grund für sein Einschreiten war die Tatsache, daß der Vorruhestand vornehmlich auf Kosten der Kassen der Sozialversicherungsträger und damit der Allgemeinheit ging.

Vorruhestand

> In Zukunft stehen jene eingeschränkten Möglichkeiten des Vorruhestandes offen, die im Kapitel Personaleinsatz unter der Überschrift Arbeitszeitmodelle erwähnt werden:

- Die Beschäftigten **scheiden mit einem Alter von 62 Jahren aus** dem Arbeitsverhältnis aus und werden für ein Jahr arbeitslos. Wenn eine Frist von 18 Monaten abgelaufen ist, erhalten sie ihr Altersruhegeld.
- Die andere Möglichkeit ist der **Eintritt in den Ruhestand mit frühestens 63 Jahren** nach einer zumindest zweijährigen gleitenden Pensionierung gemäß dem Altersteilzeitgesetz. Dabei handelt es sich um eine reduzierte wöchentliche Arbeitszeit, die unter bestimmten Bedingungen zulässig ist und von der Arbeitsverwaltung bezuschußt wird.

Außerdem muß der Arbeitgeber bedenken, ob er die Bedingungen erfüllt, unter denen die im Rahmen der Aufhebungsverträge erwähnte **Erstattungspflicht des Arbeitslosengeldes** ganz oder teilweise entfällt. Ansonsten wird er nach § 128 des Arbeitsförderungsgesetzes bei Beschäftigten, die das 58. Lebensjahr vollendet haben, in Regreß genommen. Und letztlich müssen die Betroffenen oft durch das Angebot eines teilweisen Ausgleichs der Differenz zwischen Nettoentgelt und Arbeitslosengeld vom Vorruhestand überzeugt werden.

Initiierte Arbeitnehmerkündigung

> Der Arbeitgeber kann einzelnen Beschäftigten nahelegen, sich angesichts der betrieblichen Situation um einen neuen Arbeitsplatz oder andere Alternativen zu bemühen. Kündigen Beschäftigte, weil ihre Bemühungen erfolgreich waren, nennt man diese Maßnahme des Personalabbaus eine initiierte Eigenkündigung der Beschäftigten.

Initiierte Arbeitnehmerkündigung

Spätestens vor dem Arbeitsgericht wird geklärt, ob sich der Sachverhalt wirklich so entwickelt hat oder ob der Arbeitgeber unzulässigen Druck ausgeübt hat. Durch letzteres entstehen ein Wiedereinstellungs- und ein Schadensersatzanspruch der oder des Betroffenen.

Aufhebungsvertrag

Aufhebungsvertrag

Auch die bereits im Rahmen der Fluktuation erwähnten Aufhebungsverträge bieten sich als Mittel zum Personalabbau an. Hier werden sie zumeist mit einer Abfindung versehen, da die Betroffenen ansonsten wohl kaum bereit sind, auf ihre Arbeitsplätze zu verzichten.

Betriebsbedingte Entlassung

Betriebsbedingte Entlassung

Die einschneidendste Maßnahme des Personalabbaus ist die ordentliche betriebsbedingte Entlassung, die also weder auf verhaltens- noch auf personenbedingten Gründen beruht.

Dringende betriebliche Erfordernisse

Der Gesetzgeber erklärt derartige Entlassungen in § 1 des Kündigungsschutzgesetzes grundsätzlich für zulässig, wenn dringende **betriebliche Erfordernisse** einer Weiterbeschäftigung der oder des Beschäftigten entgegenstehen. Diese Erfordernisse können in äußeren Umständen liegen, die nicht nur von vorübergehender Natur sind, zum Beispiel

- Rohstoffmangel oder
- Absatzschwierigkeiten und Auftragsmangel.

Die Erfordernisse können aber auch auf Maßnahmen des Arbeitgebers beruhen, die zur Personalreduzierung führen, etwa

- die Einschränkung, Umstellung oder Stillegung eines Betriebes,
- eine Einstellung oder Umstellung der Produktion,
- eine Änderung der Arbeits- oder Produktionsmethoden oder
- Rationalisierungsmaßnahmen durch die Einführung neuer Maschinen.

Der Arbeitgeber muß die betrieblichen Erfordernisse spätestens vor dem Arbeitsgericht genauestens belegen.

Nach dem Grundsatz der Verhältnismäßigkeit läßt die Rechtsprechung solche betrieblichen Erfordernisse aber nur als **dringend** gelten, wenn es unmöglich ist, die Situation durch andere Maßnahmen als die Entlassung zu bereinigen. Deshalb muß der Arbeitgeber nachweisen, daß keine Weiterbeschäftigung möglich ist, weder nach einer Umschulung noch zu anderen Bedingungen, weder auf einem anderen, gleichwertigen Arbeitsplatz im gleichen Betrieb noch in einer anderen Betriebsabteilung. Allerdings besteht keine Verpflichtung, Beschäftigte auf höherwertigen freien Arbeitsplätzen zu besseren Konditionen weiterzubeschäftigen.

Sozialauswahl

Allein das Vorliegen dringender betrieblicher Erfordernisse rechtfertigt aber noch nicht die betriebsbedingte Entlassung. § 1 Absatz 3 des Kündigungsschutzgesetzes fordert dem Arbeitgeber darüber hinaus eine **Sozialauswahl** ab. Er muß nachweisen, daß er bei der Auswahl der Personen, die er entläßt, soziale Gesichtspunkte ausreichend berücksichtigt hat. In Betrieben mit mehr als 1.000 Beschäftigten kann der Betriebsrat laut § 95 des Betriebsverfassungsgesetzes die Aufstellung von Auswahlrichtlinien verlangen. Einigen sich Arbeitgeber und Betriebsrat nicht über diese Kriterien, entscheidet die Einigungsstelle. So oder so, üblich ist eine Auswahl in drei Stufen, die in größeren Unternehmen in angemessener Zeit vielfach nur mit Hilfe schematischer Punktetabellen erfolgen kann.

1. Bestimmung des relevanten Personenkreises

In die soziale Auswahl ist die gesamte Belegschaft, nicht nur die einer Abteilung, einzubeziehen. Beschäftigte, die aus den verschiedensten Gründen besonderen Kündigungsschutz genießen, bleiben ebenso außen vor wie Beschäftigte mit befristeten Arbeitsverhältnissen, die ohnehin auslaufen. Von den übrigen Beschäftigten sind die relevant, die mit jenen vergleichbar sind, deren Stellen gestrichen werden sollen. Unter ihnen nimmt man sowohl einen horizontalen Vergleich innerhalb derselben hierarchischen Ebene vor als auch einen vertikalen Vergleich quer durch alle Hierarchieebenen nach Tätigkeiten und Qualifikationen.

2. Feststellung der Sozialdaten und deren Gewichtigkeit

Bei den vergleichbaren Beschäftigten sind zumindest das Lebensalter, die Dauer der Betriebszugehörigkeit und die Unterhaltspflichten, unter Umständen darüber hinaus die Einkommenssituation der gesamten Familie, die Vermögensverhältnisse, der Gesundheitszustand, die Pflegebedürftigkeit von Angehörigen sowie arbeitsmarktpolitische Aspekte zu berücksichtigen.

3. Entscheidung, welche Arbeitnehmer für den Betrieb notwendig sind

Vom strengen Erfordernis der sozialen Auswahl kann nur dann abgewichen werden, wenn betriebstechnische, wirtschaftliche oder sonstige berechtigte betriebliche Bedürfnisse die Weiterbeschäftigung eines oder mehrerer bestimmter Arbeitnehmer bedingen.

Selbstverständlich hat der Betriebs- oder Personalrat auch bei betriebsbedingten Entlassungen die bekannten **Mitbestimmungsrechte**. Freilich liegt es in der Natur der Sache, daß **Abmahnungen** bei diesen Entlassungen **entbehrlich** sind.

Massenentlassung

> Massenentlassungen sind in aller Regel Bündelungen von ordentlichen betriebsbedingten Entlassungen in der Form von Beendigungskündigungen.

Massenentlassung

Prinzipiell ist für die Tatsache, ob es sich um eine Massenentlassung handelt, nur die **Zahl der innerhalb von 30 Kalendertagen beendigten Arbeitsverhältnisse** entscheidend. So können auch alle ordentlichen personen- oder verhaltensbedingten Entlassungen als Beendigungskündigungen, ja sogar alle ordentlichen Änderungskündigungen dazu führen, daß eine Massenentlassung vorliegt. Der Gesetzgeber faßt den Rahmen noch weiter. Gemäß § 17 des Kündigungsschutzgesetzes, der einschlägigen Vorschrift, stehen den Entlassungen andere Formen der Beendigung des Arbeitsverhältnisses gleich, die vom Arbeitgeber veranlaßt sind. Hierher gehört vor allem das Ausscheiden aufgrund eines Aufhebungsvertrages und die vom Arbeitgeber veranlaßte Eigenkündigung der Beschäftigten. Lediglich **außerordentliche Entlassungen werden nicht erfaßt**.

Bedingungen

Von einer Massenentlassung spricht man, wenn folgende Bedingungen erfüllt sind:

Anzahl der regelmäßig Beschäftigten	Anzahl der beendigten Arbeitsverhältnisse innerhalb von 30 Kalendertagen
21–59	mehr als 5
60–499	10 Prozent oder aber mehr als 25
über 499	mindestens 30

Abb. 9.14. Massenentlassung

Zu den regelmäßig Beschäftigten zählen auch Auszubildende und Volontäre, nicht dagegen Heimarbeiter, gesetzliche Vertreter von Gesellschaften und leitende Angestellte, die zu selbständiger Einstellung und Entlassung berechtigt sind.

Ablauf Beabsichtigt der Arbeitgeber, Massenentlassungen vorzunehmen, sind folgende Punkte zu beachten:

○ **Unterrichtung des Wirtschaftsausschusses** nach § 106 des Betriebsverfassungsgesetzes

In allen Unternehmen mit in der Regel mehr als 100 regelmäßig Beschäftigten wird ein Wirtschaftsausschuß gebildet, der aus drei bis sieben Mitgliedern besteht, darunter mindestens einem Betriebsratsmitglied. Dieser Wirtschaftsausschuß muß vom Arbeitgeber rechtzeitig und umfassend über die wirtschaftlichen Angelegenheiten des Unternehmens unterrichtet werden, folglich auch über solche, die auf Massenentlassungen hinauslaufen.

○ **Unterrichtung des Betriebsrates** nach § 92 des Betriebsverfassungsgesetzes

Diese Vorschrift besagt, daß der Betriebsrat vom Arbeitgeber über alle Aspekte der Personalplanung einschließlich der daraus resultierenden Maßnahmen rechtzeitig und umfassend unterrichtet werden muß. Das gilt zweifellos auch für Planungen in Richtung Massenentlassung.

○ **Mitwirkung des Betriebsrates** nach § 17 des Kündigungsschutzgesetzes

Rechtzeitig bevor der Arbeitgeber die Massenentlassung angeht, muß er dem Betriebsrat alle zweckdienlichen Informationen geben. Insbesondere muß er schriftlich Auskunft erteilen über

– Gründe für die geplanten Entlassungen,
– Zahl und Berufsgruppen der zu entlassenden Arbeitnehmer,
– Zahl und Berufsgruppen der regelmäßig beschäftigten Arbeitnehmer,
– den geplanten Entlassungszeitraum,
– die Auswahlkriterien und
– die Kriterien für die Berechnung etwaiger Abfindungen.

Vorgeschrieben sind Beratungen über die Möglichkeiten, die Entlassungen zu vermeiden oder einzuschränken und ihre Folgen zu mildern. Nach Möglichkeit soll der Betriebsrat eine Stellungnahme abgeben, die in der Folge einige Bedeutung hat. Mit der Verweigerung einer solchen Stellungnahme kann der Betriebsrat allerdings den Vorgang des Verfahrens nicht verzögern. In diesem Fall reicht der Nachweis, daß der Betriebsrat fristgerecht unterrichtet wurde, und eine Information über den Stand der Beratungen.

○ **Anzeige an den Präsidenten des Landesarbeitsamtes** nach § 8 des Arbeitsförderungsgesetzes

Diese Anzeige beinhaltet erkennbare Veränderungen des Betriebes innerhalb der nächsten zwölf Monate, die voraussichtlich Massenentlassungen oder auch Versetzungen mit der Folge von geringeren Arbeitsentgelten notwendig machen. Die oben angeführte Stellungnahme des Betriebsrates ist beizufügen.

○ **Anzeige an das Arbeitsamt** nach § 17 des Kündigungsschutzgesetzes

Auch die nachfolgende Anzeige an das Arbeitsamt hat die geplante Massenentlassung zum Inhalt. Sie soll zwei Wochen nach der Mitteilung an den Betriebsrat erfolgen und muß außer den bereits dem Betriebsrat mitzuteilenden Punkten und seiner Stellungnahme folgendes enthalten:

– den Namen des Arbeitgebers, seinen Sitz und die Art des Betriebes sowie
– bei Einverständnis des Betriebsrates persönliche Daten der zu entlassenden Arbeitnehmer.

Eine Abschrift der Anzeige ist dem Betriebsrat zuzuleiten. Der Betriebsrat kann dann gegenüber dem Arbeitsamt eine ergänzende Stellungnahme abgeben.

Ist bis zum Ablauf der Kündigungsfrist keine ordnungsgemäße Anzeige erstattet, sind die Entlassungen unwirksam.

○ **Anhörung von Arbeitgeber und Betriebsrat durch den Massenentlassungsausschuß** nach § 20 des Kündigungsschutzgesetzes

Dieser Ausschuß, der beim Landesarbeitsamt gebildet wird, wägt die Interessen der Beteiligten und der Öffentlichkeit ab. Er trifft Entscheidungen nach der Anhörung von Arbeitgeber und Betriebsrat.

○ **Durchführung der Entlassungen** nach § 18 Kündigungsschutzgesetz

Anzeigepflichtige Massenentlassungen werden regelmäßig erst nach Ablauf eines Monats nach Eingang der Anzeige an das Arbeitsamt wirksam. Entlassungen können zwar vor der Anzeige und vor Ablauf der Sperrfrist ausgesprochen werden. Der Beendigungszeitpunkt darf jedoch nicht innerhalb der Monatsfrist liegen. Das Landesarbeitsamt kann auf diese Frist per Zustimmung verzichten, aber auch bestimmen, daß die Entlassungen nicht vor Ablauf von längstens zwei Monaten nach Eingang der Anzeige wirksam werden. Seine Entscheidung kann das Landesarbeitsamt sogar mit Auflagen verbinden. Es kann zum Beispiel die Verkürzung der Sperrfrist von der Zahlung einer Abfindung abhängig machen. Der Arbeitgeber hat dann die Wahlmöglichkeit. Bleibt es bei einer Sperrfrist, müssen die Entlassungen innerhalb eines Monats nach Ablauf der Sperrfrist durchgeführt werden.

Betriebsänderung

> Die §§ 111 ff. des Betriebsverfassungsgesetzes beinhalten Regelungen für sogenannte Betriebsänderungen, den Interessenausgleich, den Nachteilsausgleich und den Sozialplan.

Betriebsänderung

In Betrieben mit in der Regel mehr als 20 wahlberechtigten Arbeitnehmerinnen und Arbeitnehmern muß der Arbeitgeber den Betriebsrat über geplante Betriebsänderungen, die wesentliche Nachteile für die Belegschaft zur Folge haben können, rechtzeitig und umfassend unterrichten. Unter Betriebsänderungen versteht der Gesetzgeber vor allem die Einschränkung oder Stillegung des ganzen Betriebes oder von wesentlichen Betriebsteilen. Eine derartige Betriebsänderung ist aber nach der Rechtsprechung **auch ein Personalabbau** unter Beibehaltung der sächlichen Betriebsmittel, wenn es sich, hinsichtlich das Zahl der Betroffenen, um eine Massenentlassung handelt und mindestens fünf Prozent der Belegschaft betroffen sind. Anders als bei Massenentlassungen zählen jene Beschäftigten nicht mit, die aus personen- oder verhaltensbedingten Gründen entlassen werden oder deren Arbeitsverhältnis infolge Fristablaufs endet. Anders als bei Massenentlassungen ist es dabei unerheblich, ob die Entlassungen innerhalb eines Zeitraums von vier Wochen durchgeführt werden.

Interessenausgleich Arbeitgeber und Betriebsrat sind, auch im Konkursfall, gehalten, sich über die geplante Betriebsänderung zu beraten. Das Ziel ist ein **Interessenausgleich** über das Ob, Wie und Wann der vorgesehenen Maßnahmen. Kommt keine Einigung zustande, kann sowohl der Arbeitgeber als auch der Betriebsrat den Präsidenten des Landesarbeitsamtes und notfalls eine Einigungsstelle zur Vermittlung einschalten. Weder der Präsident des Landesarbeitsamtes noch die Einigungsstelle sind aber befugt, einen verbindlichen Spruch über den Interessenausgleich zu fällen. Scheitert der Interessenausgleich, ist der Arbeitgeber gleichwohl berechtigt, die geplanten Maßnahmen zu realisieren.

Nachteilsausgleich Führt allerdings ein Arbeitgeber eine Betriebsänderung durch, ohne einen Interessenausgleich mit dem Betriebsrat zu versuchen, oder weicht er ohne zwingenden Grund von einem vereinbarten Interessenausgleich ab, so ist er gesetzlich zum **Nachteilsausgleich** gezwungen. Er muß die wirtschaftlichen Nachteile der von der Betriebsänderung betroffenen Beschäftigten ausgleichen, insbesondere muß er bei Entlassungen Abfindungen zahlen.

Sozialplan Unabhängig vom Zustandekommen eines Interessenausgleiches hat der Betriebsrat bei Betriebsänderungen grundsätzlich ein erzwingbares Mitbestimmungsrecht zur Aufstellung eines **Sozialplanes.** Besteht die geplante Betriebsänderung ausschließlich in einem Personalabbau, ist ein Sozialplan nicht schon bei Massenentlassungen aufzustellen. Sozialplanpflichtig wird der Personalabbau nur

– bei ordentlichen betriebsbedingten Entlassungen,
– bei vom Arbeitgeber initiierten Eigenkündigungen der Beschäftigten sowie
– ebenfalls vom Arbeitgeber initiierten Aufhebungsverträgen und
– nur unter folgenden Bedingungen:

Anzahl der regelmäßig Beschäftigten	Anzahl der Entlassungen u. ä.
21–59	20 Prozent, aber mindestens 6
60–499	20 Prozent oder mindestens 37
250–499	15 Prozent oder mindestens 60
über 499	10 Prozent, aber mindestens 60

Abb. 9.15. Sozialplanpflichtiger Personalabbau

Neugegründete Unternehmen brauchen in den ersten vier Jahren nach ihrer Gründung bei allen Betriebsänderungen keinen Sozialplan aufzustellen.

Der Sozialplan hat **die sozialen Belange der betroffenen Beschäftigten und die für das Unternehmen wirtschaftlich vertretbaren Belastungen zu berücksichtigen.** Er enthält Regelungen über den Ausgleich oder die Milderung der wirtschaftlichen Nachteile, die den von der Betriebsänderung betroffenen Beschäftigten entstehen, etwa

- Freistellung zur Suche eines neuen Arbeitsplatzes,
- Übernahme von Kosten der Arbeitsplatzsuche,
- Umschulungsmaßnahmen,
- Verlängerung von Mietverträgen für werkseigene Wohnungen,
- Weitergewährung von betrieblichen Darlehen,
- Erhaltung von Anwartschaften auf eine betriebliche Altersversorgung,
- Verlängerung der Kündigungsfrist,
- Wiedereinstellungsklausel für eine bestimmte Zeitspanne,
- Gewährung oder Abgeltung von Urlaubsansprüchen,
- Zahlung von Übergangsgeldern,
- Zahlung der Umzugskosten,
- Zahlung einer einmaligen Abfindung,
- vorzeitige Pensionierung älterer Mitarbeiter.

Kommt eine Einigung über einen Sozialplan nicht zustande, so entscheidet auf Antrag des Arbeitgebers oder des Betriebsrates die Einigungsstelle nach billigem Ermessen.

Nach dem Sozialplangesetz kann im Konkurs des Arbeitgebers ein Sozialplan, der nach Konkurseröffnung aufgestellt wird, für Ausgleichszahlungen höchstens einen Gesamtbetrag von bis zu 2,5 Monatsverdiensten der von einer Entlassung Betroffenen und höchstens ein Drittel der Konkursmasse vorsehen, wenn diese Ausgleichszahlungen bevorrechtigte Konkursforderungen sein sollen.

4.4. Personalabbau mit Erhalt der Stammbelegschaft

> Weniger brisante Situationen, etwa lediglich kurz- oder mittelfristige Personalüberhänge, ermöglichen sanftere Wege des Personalabbaus, bei denen ein Abbau der Stammbelegschaft mit seinen negativen Folgen vermieden wird.

Kurzarbeit

> Ist die Dauer der Unterbeschäftigung absehbar, bietet sich Kurzarbeit an. Hier wird die betriebsübliche regelmäßige Arbeitszeit für den ganzen Betrieb, für einzelne Betriebsabteilungen oder für bestimmte Arbeitnehmergruppen herabgesetzt.

Kurzarbeit

Für die Einführung von Kurzarbeit sind folgende Schritte notwendig:
- ○ **Prüfung der wirtschaftlichen und rechtlichen Voraussetzungen** gemäß § 64 des Arbeitsförderungsgesetzes

  Demnach muß ein unvermeidbarer Ausfall von mindestens 10 Prozent der Arbeitszeit vorliegen, der auf wirtschaftlichen Ursachen, etwa Auftragsmangel, betrieb-

Ablauf

lichen Strukturveränderungen, beispielsweise Produktionsumstellungen, oder einem unabwendbaren Ereignis beruht. Arbeitsausfall, der ausschließlich auf betriebsorganisatorischen Gründen beruht, reicht für die Einführung der Kurzarbeit nicht aus. Und der Arbeitsausfall genügt der Vorschrift nur, wenn er in einem zusammenhängenden Zeitraum von mindestens vier Wochen für mindestens ein Drittel der im Betrieb tatsächlich Beschäftigten eintritt.

○ **Information der Führungskräfte und des Wirtschaftsausschusses** über die Absicht der Einführung

○ **Vorklärung** mit der Arbeitsverwaltung, ob die Zahlung eines **Kurzarbeitergeldes** zu erwarten ist

Die kurzarbeitenden Beschäftigten erhalten unter den genannten Voraussetzungen von der Bundesanstalt für Arbeit ein Kurzarbeitergeld, das je nach Familienstand 60 bis 67 Prozent des um die gesetzlichen Abzüge verminderten Arbeitsentgelts beträgt.

○ **Beratung mit dem Betriebsrat** über die Einführung nach § 87 des Betriebsverfassungsgesetzes

Die Einführung der Kurzarbeit bedarf der Zustimmung des Betriebsrates, bevor sie bei der zuständigen Arbeitsverwaltung beantragt werden kann. Zweckmäßig ist der Abschluß einer Betriebsvereinbarung. Dabei wird der Betriebsrat jedoch sicherlich darauf drängen, das Kurzarbeitergeld bis zum Nettoentgelt aufzustocken.

○ **Anzeige** der Kurzarbeit beim Arbeitsamt

○ **Prüfung des Antrages** durch das Arbeitsamt

○ **Bekanntmachung und Einführung** der Kurzarbeit.

Kurzarbeit ist sicherlich recht kostengünstig. Dadurch, daß die Stammbelegschaft erhalten bleibt, kann das Unternehmen bei einer Besserung der wirtschaftlichen Lage wieder durchstarten. Freilich wird das Image durch Kurzarbeit stark in Mitleidenschaft gezogen.

Versetzung

Versetzung

> Versetzungen innerhalb des Unternehmens ermöglichen gegebenenfalls einen Beschäftigungsausgleich zwischen unterschiedlich ausgelasteten Unternehmensbereichen. Sie machen andere Personalbeschaffungsmaßnahmen entbehrlich und senken so den Personalbestand.

Je nach der Ausgangslage empfehlen sich mittel- und langfristige Versetzungen, die ansonsten als Instrument der **Personalbeschaffung** gelten, oder auch kurzfristige Versetzungen, also Stellenzuweisungen im Rahmen des **Personaleinsatzes.** Wie in den gleichnamigen Kapiteln angemerkt, muß bei Versetzungen folgendes bedacht werden:

○ In jedem Fall sind die **Mitbestimmungsrechte** des Betriebs- oder Personalrates zu beachten.

○ Außerdem stellt sich die Frage, ob die **Betroffenen** mit der Versetzung **einverstanden** sind.

○ Das Unternehmen muß abwägen, **welche Mittel** eingesetzt werden können und sollen, wenn die Betroffenen sich sträuben, etwa Weisungen, einvernehmliche Änderungen der Arbeitsverträge oder Änderungskündigungen.

○ Und letztlich hat eine Versetzung zur Bedingung, daß die **Eignung** der in Betracht gezogenen Mitarbeiterinnen und Mitarbeiter den notwendigen **Anforderungen** der Stelle entspricht. Versetzt man Beschäftigte in sogenannte Springergruppen, die als Personalreseve für eine Vielzahl von Stellen fungieren, muß die Eignung sogar für ein recht breites Spektrum von Anforderungen gegeben sein. Eignungsmankos können durch Maßnahmen der Personalentwicklung aufgearbeitet werden.

Veränderung der Arbeitszeit

> Die mannigfachen Gestaltungsmöglichkeiten der Arbeitszeiten kann man sich nicht nur für den Personaleinsatz sondern auch für den Personalabbau nutzbar machen,

Arbeitszeit

○ indem man von der allgemein üblichen Dauer einer Vollzeitbeschäftigung abweicht,
○ die Möglichkeit einräumt, die Standardarbeitszeit zu über- oder unterschreiten,
○ die Arbeitszeit variabel auf einen Tag, einen Monat, ein Quartal, ein Jahr oder das gesamte Erwerbsleben verteilt,
○ die Länge und Lage der Arbeitszeit neu ordnet und
○ diese wie auch andere Variationsmöglichkeiten kombiniert.

Von besonderem Interesse sind dabei alle Ansätze, die das Arbeitszeitvolumen einschränken.

Wie die Kurzarbeit führt der **Abbau von Schichten und Schichtarbeit sowie die Einführung von Freischichten** zu einer Einschränkung der Ausnutzung der Betriebsanlagen und gleichzeitig zu Kostenreduzierungen durch den Wegfall von Schichtzuschlägen. Erfahrungsgemäß entsteht aber zugleich ein Personalüberhang in dem betroffenen Bereich.

Abbau von Schichten

Werden einzelne Beschäftigte aus der Wechselschicht in die Normalschicht umgesetzt, ist das grundsätzlich durch eine Weisung des Arbeitgebers möglich, soweit die Belegschaftsvertretung zustimmt. Diese Veränderung der Lage der Arbeitszeit stellt nämlich keine Versetzung dar, es sei denn damit wäre zusätzlich die Zuweisung eines anderen Tätigkeitsbereiches verbunden. Für die Änderung der Arbeitszeit von Schicht- auf Normalarbeitszeit ist jedoch eine einvernehmliche Vereinbarung, andernfalls eine Änderungskündigung notwendig, wenn Beschäftigte per Arbeitsvertrag als Schichtarbeiterinnen und -arbeiter im Früh-, Spät- und Nachtdienst tätig sind. Dasselbe gilt, wenn jemand über mehrere Jahre im Schichtdienst beschäftigt wird, ohne daß der Arbeitsvertrag hierüber ausdrücklich etwas aussagt. In diesem Fall hat sich das Arbeitsverhältnis auf die Schichtarbeit konkretisiert.

Der Übergang vom Mehrschichtsystem zum Einschichtsystem ist keine Betriebsänderung, soweit damit keine erhebliche Personalverminderung verbunden ist. Trotzdem unterliegt der Abbau von Schichten und Schichtarbeit ebenso wie ihre Einführung gemäß § 87 des Betriebsverfassungsgesetzes beziehungsweise § 75 des Bundespersonalvertretungsgesetzes der Mitbestimmung des Betriebs- oder Personalrates. Das Mitbestimmungsrecht erstreckt sich auf die Abgrenzung des Personenkreises, der von der Schicht ausgenommen wird. Die Verhandlungen mit der Belegschaftsvertretung gestalten sich häufig deshalb schwierig, weil sie einer Verschlechterung des Besitzstandes der Betroffenen durch den Wegfall von Schichtzuschlägen nur ungern zustimmen.

Teilzeit — Neuerdings wird als Alternative die Einführung der **Viertagewoche** diskutiert. Setzt man sie ohne Lohnausgleich um, handelt es sich um nichts anderes als die **Einführung von Teilzeit,** wenn auch kollektiv für alle und nicht individuell für einzelne.

Urlaubsplanung und -abwicklung

Urlaub — Zur Lösung vorübergehender Auslastungsprobleme kommen Veränderungen bei der Urlaubsplanung und -abwicklung in Frage, die das Arbeitszeitvolumen zeitlich verlagern.

Bei Auslastungsproblemen kann es sinnvoll sein, **Urlaubsansprüche** zeitlich zu verschieben und so zu disponieren, daß sie **in auslastungsarmen Zeiten abgewickelt werden.** Ein Vorgriff auf Urlaubsansprüche des nächsten Kalenderjahres ist jedoch, was den gesetzlichen Mindesturlaub und den an das Kalenderjahr gebundenen Tarifurlaub anbelangt, rechtlich nicht zulässig. Die Beschäftigten könnten in diesem Fall den im Vorgriff gewährten Urlaub im neuen Urlaubsjahr noch einmal fordern. Davon abgesehen kann man

– den Urlaub einzelner Beschäftigter oder
– der gesamten Belegschaft verlegen oder
– vorziehen,
– geschlossene Betriebsferien anordnen oder
– vorziehen,
– darauf dringen, daß rückständiger Urlaub genommen wird, sowie
– bezahlten oder
– unbezahlten Sonderurlaub, auch als Sabbatical, gewähren.

Mit diesen Maßnahmen wird die angebotene Arbeitsleistung temporär reduziert. Wird nicht gerade bezahlter Sonderurlaub gewährt, sind die Maßnahmen einerseits **kostenneutral,** andererseits aber für die Betroffenen und ihre Familien **nicht motivierend.** Außerdem **muß der Urlaub eines Tages nachgeholt werden und führt dann wahrscheinlich zu einem erneuten Engpaß.**

Allerdings hat der Betriebs- oder Personalrat bei der Festlegung von Betriebsferien ein erzwingbares Mitbestimmungsrecht, das er notfalls vor einer Einigungsstelle durchsetzen kann. Ein Mitbestimmungsrecht hat er auch, wenn es im Einzelfall zu keiner einvernehmlichen Lösung zwischen Arbeitgeber und Arbeitnehmer kommt. Wie im Kapitel Personaleinsatz erwähnt, werden die Urlaubstermine zwar grundsätzlich vom Arbeitgeber festgelegt. Er muß jedoch die Wünsche der Mitarbeiterinnen und Mitarbeiter berücksichtigen, soweit andere Beschäftigte wegen ihrer sozialen Situation nicht Vorrang beanspruchen oder dringende betriebliche Erfordernisse dies zulassen. Wenn bei unausgelasteten Kapazitäten Arbeitsplätze mit Hilfe der angesprochenen Maßnahmen erhalten werden können, liegen dringende betriebliche Erfordernisse in der Regel vor.

Abbau von Mehrarbeit

Abbau von Mehrarbeit — Schon bei den geringsten Anzeichen von wirtschaftlichen Schwierigkeiten ist häufig der Abbau von Mehrarbeit die erste Maßnahme.

Man kann **in einzelnen Abteilungen oder im gesamten Unternehmen** Überstunden und Sonderschichten zurückfahren, muß aber den **Betriebs- oder Personalrat** in diese mitbestimmungspflichtige Maßnahme **einbinden**. Die Beschäftigten müssen mit einem geringeren Arbeitsentgelt auskommen. Das führt oft zu einiger **Unruhe** und einer erhöhten **Fluktuation**.

Einstellungsstopp

> Werden fluktuationsbedingte Personalabgänge nicht mehr ersetzt, spricht man vom Einstellungsstopp.

Einstellungsstopp

- Der **modifizierte Einstellungsstopp** sieht zunächst eine restriktive Prüfung des Personalbedarfs vor. Eine schärfere Form des modifizierten Einstellungsstopps zielt auf die Vermeidung einer weiteren Zunahme des Personalbestandes. Deshalb blockiert er die Neueinstellung von Personalzusatzbedarf. In seiner schärfsten Form tritt das Verbot hinzu, die natürlichen Personalabgänge, zum Beispiel durch Todesfälle, nicht wieder zu ersetzen.
- Beim **generellen Einstellungsstopp** wird ausnahmslos weder der Personalzusatzbedarf noch der -ersatzbedarf gedeckt. Durch autonome und initiierte Personalabgänge stellt sich so ein allmählicher Personalabbau ein.
- Der **qualifizierte Einstellungsstopp** ist auf bestimmte Berufe, Mitarbeitergruppen, Betriebe oder Betriebsteile begrenzt.
- Beim **eingeschränkten Einstellungsstopp** bleiben Schlüsselpositionen erhalten.
- Ein **gezielter Einstellungsstopp** betrifft nur bestimmte Beschäftigtengruppen.

In den meisten Unternehmen ist die Fluktuation nicht sehr hoch. Deshalb zeigen Einstellungsstopps **nur auf lange Sicht Wirkung.** Wird die Maßnahme allerdings zu lange ausgedehnt, besteht die Gefahr einer **nachteiligen qualitativen Veränderung** der Belegschaftsstruktur. Ein längerer Einstellungsstopp hält sowohl Nachwuchs als auch qualifiziertere Kräfte vom Unternehmen fern, was den Ruf des Unternehmens schädigt. Um so kritischer wird die Situation bei einer Besserung der wirtschaftlichen Lage. **Für die Stammbelegschaft** bleibt der Einstellungsstopp ohne negative Folgen, bis auf die mögliche **Arbeitsverdichtung**.

Aufgabe auslaufender Verträge

> Eine weitere Maßnahme ist die Aufgabe auslaufender Verträge, also

Aufgabe auslaufender Verträge

- die Beendigung von Arbeitsverhältnissen mit Fristablauf oder
- Zweckerreichung und
- die Nichtübernahme von Auszubildenden.

Durch die Nichtübernahme von Auszubildenden machen sich die Investitionen in diesem Bereich nicht mehr bezahlt. Außerdem verändert sich die Altersstruktur im Unternehmen mit unter Umständen langfristigen Auswirkungen.

Rücknahme von Fremdaufträgen

> Wenn Leistungen, die bisher von Dritten, also Fremdfirmen, Personalleasing-Unternehmen oder Lieferanten, durchgeführt wurden, statt dessen im eigenen Betrieb durch eigene Mitarbeiter erbracht werden, bindet man Personalüberhänge.

Rücknahme von Fremdaufträgen

Die **Grenzen** für die Rücknahme von Fremdaufträgen liegen in den **Kosten,** den **technischen Möglichkeiten** und den **Auswirkungen auf den Zulieferbetrieb,** der unter Umständen bei einer Wiederbelebung der Nachfrage nicht mehr zur Verfügung steht.

Personalentwicklung

Personalentwicklung

Die Personalentwicklung verhilft den Beschäftigten zu einer aktuelleren und eventuell auch höheren oder ganz anderen Qualifikation. Das wiederum führt dazu, daß ihre **Vermittlungschancen am Arbeitsmarkt steigen.** Entscheiden sie sich für eine Vakanz in einem anderen Unternehmen, vermindert das den Personalüberhang ihres derzeitigen Arbeitgebers.

> Einige Unternehmen forcieren diese Fluktuation durch rechtzeitige Informationen, Unterstützung bei der Stellensuche und eine gezielte Personalentwicklungsplanung.

Vorziehen von Wartungsarbeiten

Vorziehen von Wartung

> Das Vorziehen von Reparatur-, Wartungs- und Erneuerungsarbeiten bringt nur in Ausnahmefällen einen größeren Effekt.

Das **betriebswirtschaftliche Risiko** wird um einiges gesteigert. Überdies werden diese Arbeiten bei unsicheren Absatzerwartungen und stagnierendem Auftragseingang erfahrungsgemäß **nur sehr zögernd in Angriff genommen.**

Erweiterung der Lagerhaltung

Lagerhaltung

> Sind die Produkte zeitlich befristet nicht absetzbar, könnte man eine Erweiterung der Lagerhaltung in Betracht ziehen.

Jedoch ist neben dem erhöhten **Finanzierungsbedarf** und den **Lagerkosten** die **Entwertung** durch die Lagerung zu beachten. Zudem ist diese Maßnahme nur bei **lagerfähigen Produkten** denkbar, die keinem modischen Wandel oder einer technischen Weiterentwicklung unterliegen.

Verringerung der Arbeitsintensität

Arbeitsintensität

> Eine Verringerung des Arbeitsintensität mit dem Ziel, das geringer gewordene Arbeitsvolumen auf eine größere Anzahl von Stunden zu verteilen, wird zwar vereinzelt vorgeschlagen, aber kaum ernsthaft diskutiert.

Diese Lösung ist **weder wirtschaftlich realisierbar noch** kann sie von seiten der Arbeitnehmer und Arbeitgeber als **vernünftig** beurteilt werden.

4.5. Vorbeugung

Angesichts der aufgezeigten, recht nachteiligen Maßnahmen des Personalabbaus stellt sich die Frage, ob es möglich ist, vorbeugend zu handeln. Das ist leider nur schwerlich machbar, da der Personalbestand zu jeder Zeit die Wettbewerbsfähigkeit des Unternehmens sichern muß. Daher muß der Personalbestand flexibel an veränderte Rahmenbedingungen angepaßt werden. Trotzdem gibt es Mittel und Wege, die in Grenzen der Vorsorge für schlechte Zeiten dienen.

Besonnene Personalbeschaffung

So sollte man Personal jederzeit nur zurückhaltend einstellen. Dadurch läßt sich einiges an späterem Personalabbau vermeiden.

Besonnene Personalbeschaffung

Einige wenige Unternehmen arbeiten mit Erfahrungswerten, die sie in **Kennzahlen** umsetzen. Eine 35-Prozent-Klausel besagt etwa, daß die Steigerungsrate des Personals maximal 35 Prozent der geplanten Umsatzsteigerung betragen soll. Bei einer geplanten Umsatzsteigerung von 20 Prozent gegenüber dem Vorjahr dürfte also der Personalbestand maximal um 7 Prozent gegenüber dem Vorjahr ansteigen. Bei einer rückläufigen Umsatzentwicklung gilt diese Relation entsprechend.

Personal als Wettbewerbsfaktor

Büdenbender (Personalpolitik in und für Zeiten der Rezession) weist darauf hin, daß die Personalwirtschaft entscheidende Beträge leisten kann, die Leistungsfähigkeit des Unternehmens ständig zu verbessern.

Personal als Wettbewerbsfaktor

Die auf diesem Wege erreichbare **starke Wettbewerbsposition** schafft die besten Voraussetzungen, daß das Unternehmen von Krisen nicht so hart getroffen wird wie seine Konkurrenten. Gelingt dies, lassen sich insoweit kostenintensive Sozialpläne oder Abfindungen, aber auch Beschaffungs- und Einarbeitungskosten für Neueintritte einsparen.

C. Arbeitsaufgaben

1. Was versteht man unter Fluktuation, was unter Personalabbau?
2. Kündigungen sind einseitige empfangsbedürftige Willenserklärungen. Was heißt das?
3. Wie kann man den Zugang einer Entlassung sicherstellen?
4. Nennen Sie die gesetzlichen Mindestkündigungsfristen.
5. Welche Bedingungen müssen erfüllt sein, damit das Kündigungsschutzgesetz gilt?
6. Unter welchen Bedingungen sind Entlassungen sozial gerechtfertigt?
7. Was muß bei der Formulierung einer Abmahnung beachtet werden?

8. Nennen Sie fünf Personenkreise, die besonderen Schutz vor Entlassungen genießen.
9. Beschreiben Sie kurz fünf Kündigungstypen.
10. Was ist eine Anhörung zur Entlassung?
11. Nennen Sie die Prüfungs- und Beurteilungsschritte bei Kündigungen.
12. Was ist Outplacement?
13. Mit welchen Ergebnissen können Kündigungsschutzklagen ausgehen?
14. Beschreiben Sie fünf Formen von Personalabgängen im Rahmen der Fluktuation.
15. Unter welchen Voraussetzungen ist eine krankheitsbedingte Entlassung möglich?
16. Wie verläuft die Personalveränderungsplanung?
17. Beschreiben Sie fünf Maßnahmen des Personalabbaus der Stammbelegschaft.
18. Beschreiben Sie fünf Personalabbaumaßnahmen mit Erhalt der Stammbelegschaft.

D. Weiterführende Literatur

Böckly, W., Personalanpassung, Ludwigshafen 1995.

Brede, G. und G. **Etzel,** Arbeitsrecht, 7. Auflage, Herne/Berlin 1995.

Büdenbender, U., Personalpolitik in und für Zeiten der Rezession, in: Personal, Heft 1, 1994, S. 4–7.

Bundesvereinigung der Deutschen Arbeitgeberverbände (Herausgeber), Die personen- und verhaltensbedingte Kündigung, Köln 1989.

Datakontext-Verlag (Herausgeber), Personalleiter-Kalender 1996, 8. Auflage, Köln 1995.

Goossens, F., Personalleiter-Handbuch, 7. Auflage, Landsberg am Lech 1981.

Kador, F., Instrumente der Personalarbeit, 7. Auflage, Köln 1997.

Sauer, M., Outplacement-Beratung, Wiesbaden 1991.

Smith, M., Outplacement: Die menschliche Seite des Personalabbaus, in: Zeitschrift für Arbeits- und Organisationspsychologie, Heft 4, 1993, S. 201–204.

Verband der Metallindustrie Baden-Württemberg (Herausgeber), Kündigung und Kündigungsschutz: Einführung und Rechtsprechung, Waiblingen 1986.

10. Personalmanagement

A. Leitfragen

1 Stellen Sie sich vor, daß Sie ein Unternehmen mit 1.000 Beschäftigten führen. Sie wollen wissen, wie es um die Personalwirtschaft des Unternehmens bestellt ist, ohne eine Unternehmens- oder Personalberatung einzuschalten.
- Welche Daten stehen Ihnen dafür zur Verfügung?
- Wie und von wem würden Sie diese Daten auswerten lassen?

2 Wenn Sie dieses Buch bis zu dieser Stelle durchgearbeitet haben, sind Ihnen die Aufgabenfelder der Personalwirtschaft vertraut. Bleiben wir bei der Vorstellung, daß Sie ein Unternehmen mit 1.000 Beschäftigten führen.
- Wie viele Beschäftigte sollte Ihre Personalabteilung haben?
- Wie würden Sie Ihre Personalabteilung organisieren?

B. Sachanalyse

1. Der wirtschaftliche Aspekt der Personalwirtschaft

Hinter dem Begriff Personalmanagement verbergen sich recht verschiedenartige Ansätze:
- Einige Autoren verwenden ihn lediglich zur **Bezeichnung der** Führungskräfte, der **Manager** also, **die Personalaufgaben wahrnehmen.**
- Andere gebrauchen ihn als **modisches Synonym zum Begriff Personalwirtschaft**, als Kennzeichnung des gesamten Aufgabenbereichs, der sich mit personellen Fragen im Unternehmen befaßt.
- Wieder andere wollen mit dem Begriff Personalmanagement die **Orientierung und Zuordnung der Personalwirtschaft zur Unternehmensführung,** dem Management, betonen.

> Für gewöhnlich wird mit dem Begriff Personalmanagement jedoch speziell der wirtschaftliche Aspekt der Personalwirtschaft hervorgehoben. Beim Personalmanagement steht also die Steuerung des Personals als rechenbare Größe im Mittelpunkt. Das Personal soll demnach entweder
>
> ○ nach dem Maximumprinzip mit einem gegebenen Input, das heißt zu im voraus festgelegten Kosten, einen größtmöglichen Output erwirtschaften, oder
> ○ nach dem Minimumprinzip einen bestimmten Output mit geringstmöglichem Input, das heißt zu geringstmöglichen Kosten, erwirtschaften.
>
> Um das zu gewährleisten, muß das Personal den gegenwärtigen und zukünftigen, quantitativen, qualitativen, zeitlichen und lokalen Erfordernissen des Unternehmens genügen.

Wirtschaftlichkeit

Operativ und taktisch	Das Personalmanagement umfaßt aus diesem Grund zunächst eine **operative und taktische Komponente**. Die operative Komponente ist kurzfristig, die taktische mittelfristig ausgerichtet. Die Maxime lautet hier, **die Dinge richtig zu tun**.
Strategisch	Mit der **strategischen Komponente** ist das Gebot angesprochen, **die richtigen Dinge zu tun**. Damit rückt der Beitrag in den Blickpunkt, den die Personalwirtschaft zum Unternehmensergebnis leistet. Das strategische Personalmanagement zielt darauf ab, personalwirtschaftliche und unternehmensstrategische Entscheidungen miteinander zu verknüpfen.

2. Gegenstände des Personalmanagements

Übersicht — Verständlicherweise geraten beim Personalmanagement jene personalwirtschaftlichen Aufgaben ins Blickfeld, die beträchtlichen Einfluß auf die Wirtschaftlichkeit haben.

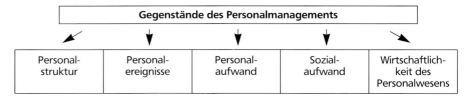

Abb. 10.1. Gegenstände des Personalmanagements

In der Praxis interessieren dabei neben globalen Aussagen besonders solche über einzelne Unternehmensbereiche, Abteilungen, Arbeitsgruppen oder gar Beschäftigte.

2.1. Personalstruktur

Personalstruktur

> Für Wirtschaftlichkeitsbetrachtungen ist es von großem Interesse, über die Personalstruktur, also die Zusammensetzung der Belegschaft, möglichst viele und unterschiedliche Informationen zu besitzen.

Dabei sind diverse Merkmale aus unterschiedlichen, hier beispielhaft genannten Gründen von Bedeutung:

Alter

Bei einer sehr jungen Belegschaft ist mit einer höheren, kostenträchtigen Fluktuation zu rechnen. Eine Überalterung der Belegschaft kann die Personalbeschaffung in Zukunft zum ebenfalls kostenträchtigen Engpaß machen. Und § 128 des Arbeitsförderungsgesetzes sieht eine Erstattungspflicht des Arbeitslosengeldes sowie der Krankenkassen- und Rentenversicherungsbeiträge bei betriebsbedingten Entlassungen von Beschäftigten vor, die zwischen 56 und 60 Jahren alt sind. Die Vorschrift kennt aber auch Befreiungstatbestände, wenn der Anteil der sechsundfünfzig- bis sechzigjährigen entlassenen Mitarbeiterinnen und Mitarbeiter an der Gesamtbelegschaft in einem beliebig zu wählenden Jahreszeitraum um mehr als 3 Prozent abgenommen hat. Unter Umständen kann sich dieser Anteil sogar verdoppeln.

Geschlecht

Unternehmen scheuen sich immer wieder, verstärkt Frauen zu beschäftigen, da bei ihnen, je nach Alter, mit Ausfallzeiten infolge von Mutterschaft zu rechnen ist.

Familienstand

Ledige sind mobiler, aber auch eher geneigt, das Unternehmen zu wechseln.

Staatsangehörigkeit

Bei ausländischen Beschäftigten, die nicht aus den Staaten der Europäischen Union stammen, muß auf Aufenthalts- und Arbeitsgenehmigungen geachtet werden.

Befristung

Wenn Personal abgebaut werden muß, ist es ein leichtes, befristete Verträge auslaufen zu lassen. Andererseits bereitet die Terminkontrolle Probleme.

Zugehörigkeit zu einer Beschäftigtengruppe

Die Zugehörigkeit zur Arbeitnehmerschaft als Arbeiter oder Arbeiterinnen, Angestellte, leitende Angestellte, Auszubildende, Praktikanten oder Volontäre, zu den freien Mitarbeiterinnen und Mitarbeitern, den arbeitnehmerähnlichen Personen, den Heimarbeiterinnen oder Heimarbeitern respektive den Leiharbeitnehmerinnen oder Leiharbeitnehmern hat Auswirkungen auf die Entgeltform, vor allem aber auf die Höhe der Entgelte und ihre Abhängigkeit von Tarifverhandlungen.

Qualifikation und Qualifikationspotentiale

Ungelernte und angelernte Beschäftigte haben nicht nur eine geringere Qualifikation als Angehörige diverser Berufskategorien. Sie verfügen regelmäßig auch über geringere Potentiale für Zwecke der Personalentwicklung und schränken damit die Flexibilität des Unternehmens ein.

Position und Abteilungszuordnung

Beschäftigte sind beispielsweise als Sachbearbeiter, Gruppenführer oder Abteilungsleiter in unterschiedlichen Abteilungen tätig. Das Wissen um ihren Einsatz kann etwa neue Stellenzuweisungen vereinfachen.

Führungsspanne

Berichten recht viele Mitarbeiterinnen und Mitarbeiter an eine Vorgesetzte, an eine andere jedoch entsprechend weniger, kann das entweder auf die Überlastung der einen Führungskraft oder ungenutzte Potentiale der anderen Vorgesetzten hindeuten.

Arbeitszeitmodell

Zu viele Arbeitszeitmodelle sind ebenso unproduktiv wie zu wenige. Außerdem gibt die Auslastung verschiedener Modelle wie beispielsweise Gleitzeit, Teilzeit oder Job Sharing Hinweise auf Möglichkeiten des Personaleinsatzes.

Dauer der Betriebszugehörigkeit

Mit der Dauer der Betriebszugehörigkeit wächst die betriebliche Erfahrung, aber auch die Betriebsblindheit.

2.2. Personalereignisse

> Neben der Personalstruktur sind für Wirtschaftlichkeitsbetrachtungen die laufenden Ereignisse im Personalbereich, die Personalereignisse, von Interesse.

Personalereignisse

Zu den bedeutsamen Personalereignissen zählen, wiederum versehen mit einigen beispielhaften Gründen:

Einstellungen

Jede Einstellung von Beschäftigten ist mit hohen Kosten verbunden. Zudem kann die

Ursache im wirtschaftlichen Erfolg des Unternehmens liegen oder aber in vermehrten Kündigungen der Stammbeschäftigten.

Personalbewegungen

Zu- und Abgänge des Personals sind beispielsweise aufgrund von Todesfällen, Pensionierungen, Invalidität, Wehrdienst, Entlassungen durch den Arbeitgeber und Kündigungen durch Arbeitnehmer zu verzeichnen. Andere Personalbewegungen entstehen im Rahmen des Personaleinsatzes, etwa Versetzungen und der wechselnde Einsatz der Personalreserve. Die Personalbewegungen sind teils erwünscht. Teils sind sie aber unerwünscht und erfordern eine Ursachenforschung, um Kosten der Trennung sowie der Beschaffung zu reduzieren.

Arbeitszeiten

Hier gilt es zum Beispiel, die geleistete Normalarbeitszeit, das Gleitzeitverhalten, Überstunden, die Urlaubszeiten und die Inanspruchnahme des Urlaubs festzustellen.

Ausfallzeiten

Ausfallzeiten verursachen regelmäßig Kosten. Um sie zu reduzieren, müssen sie nach ihren Ursachen getrennt erhoben werden, zum Beispiel als Ausfallzeiten durch Aus- und Fortbildung, Urlaub, Krankheit, Betriebsunfälle, Betriebsstörungen, Streik und Aussperrung.

2.3. Personalaufwand

Personalaufwand

> Wirtschaftlichkeitsbetrachtungen haben ihren Ansatzpunkt insbesondere im Personalaufwand.

Sowohl der Aufwand wie die Kosten werden in Geld ausgedrückt. Aufwand und Kosten beziehen sich jeweils auf einen Zeitabschnitt, eine sogenannte Periode, beispielsweise ein Jahr. Als **Aufwand** wird der gesamte Werteverbrauch bezeichnet, soweit er zu einer Verringerung des Reinvermögens führt. Unter Reinvermögen versteht man das Vermögen nach Abzug der Schulden. **Kosten** nennt man den auf das Sachziel des Unternehmens bezogenen Werteverbrauch im Rahmen der ordentlichen Geschäftstätigkeit. **Aufwand und Kosten** sind demnach **nicht unbedingt deckungsgleich:**

– Es gibt einen neutralen Aufwand, der nichts mit dem Sachziel des Unternehmens zu tun hat. Das gilt beispielsweise für Spenden.
– Es gibt aber auch Kosten, beispielsweise kalkulatorische, die kein Aufwand sind. Das ist der Fall, wenn die Kosten zwar einen Werteverbrauch darstellen, aber nicht zu einer Verringerung des Reinvermögens führen. Ein Beispiel ist die kalkulatorische Miete für eigene Räume.

In der Personalwirtschaft hat diese feine Unterscheidung kaum Folgen. Streng genommen ist der kalkulatorische Unternehmerlohn ausschließlich ein Kostenbestandteil. Ansonsten gibt es nur wenige kalkulatorische Personalkosten beziehungsweise neutrale Personalaufwendungen, so daß **der Personalaufwand häufig den Personalkosten entspricht.**

> Aussagekräftiger als die generelle Höhe des Personalaufwandes ist eine detaillierte Aufgliederung:

- nach den **Entgeltformen,** also Zeitlöhnen, Akkordlöhnen, Gehältern, Ausbildungsvergütungen, Honoraren und sonstigen Entgelten mit leistungsbezogenen Komponenten,
- nach den genannten **Grundvergütungen und zusätzlichen Entgelten,** also Zuschlägen, Sonderzahlungen, Gratifikationen, Prämien, Pensumentgelten, Provisionen, Leistungszulagen und Erfolgsbeteiligungen,
- nach **freiwilligen und** per Gesetz, Tarifvertrag, Betriebs- oder Dienstvereinbarung und betrieblicher Übung **bindenden Entgelten,**
- nach **zeitlichen Kriterien,** also Stunden, Schichten, Tagen, Wochen, Dekaden, Monaten, Quartalen und Jahren,
- nach dem **Verwendungszweck beziehungsweise Kostenarten,** etwa in Personalanwerbe-, Personalbeschaffungs-, Personaleinsatz-, Personalbeurteilungs-, Personalbetreuungs-, Personalentwicklungs-, Personalfreisetzungsaufwendungen oder -kosten und Aufwendungen oder Kosten für das betriebliche Vorschlagswesen,
- in **Einzelkostenentgelte,** die einem Produkt direkt zurechenbar sind, **und Gemeinkostenentgelte,** die einem Produkt nur über eine Schlüsselung zurechenbar sind, da sie im Zuge der Fertigung verschiedenartiger Produkte gemeinsam anfallen,
- in **Entgelte für geleistete Arbeit,** die sogenannten direkten Personalkosten, **und Personalzusatzaufwendungen** oder indirekte Personalkosten,
- bei letzteren nochmals genauer beispielsweise in **Urlaubsentgelte und Entgeltfortzahlung, Arbeitgeberbeiträge** zur Sozialversicherung und die **Unfallversicherung,**
- in **Entgelte für die Normalarbeitszeit und Überstundenentgelte,**
- nach **Belegschaftsgruppen,** etwa Arbeiter, Angestellte und leitende Angestellte,
- nach **Lohn- und Gehaltsgruppen,**
- nach **organisatorischen Einheiten beziehungsweise Kostenstellen,** also Werken, Betrieben oder Abteilungen und
- nach Regionen.

Während die Daten zur Personalstruktur und den Personalereignissen in der Regel vom Personalwesen ermittelt werden, wird in Sachen Personalaufwand häufig das Rechnungswesen oder, falls vorhanden, das Controlling tätig. Auch der Sozialaufwand wird häufig statt vom Personal- vom Rechnungswesen ermittelt.

2.4. Sozialaufwand

Daten zum Sozialaufwand
- sind einerseits für externe Empfänger bestimmt, nach dem Motto: Tu Gutes und sprich darüber!
- Andererseits dienen sie betriebsinternen Zwecken, nämlich der Beobachtung der Nutzung und Entwicklung der Sozialeinrichtungen und Sozialmaßnahmen sowie der Überprüfung der Effizienz und Angemessenheit des Sozialaufwandes.

Sozialaufwand

Auch beim Sozialaufwand interessieren neben der allgemeinen Höhe aufgeschlüsselte Angaben nach verschiedenartigen Kriterien, zum Beispiel nach

- den **Arten des betrieblichen Sozialaufwandes,** also etwa den Aufwendungen für die Verpflegung, den Betriebsarzt, die Sozialstation, das Wohnungswesen und andere, im Kapitel Personalbetreuung angesprochene Sozialmaßnahmen und -einrichtungen, sowie

- den **Nutzern der Sozialeinrichtungen** oder **Empfängern der Sozialleistungen.** Das kann nach unterschiedlichen Merkmalen oder Belegschaftsgruppen erfolgen.

2.5. Wirtschaftlichkeit des Personalwesens

Personalwesen

> Das Personalwesen ist die Sektion eines Unternehmens, die sich den personalwirtschaftlichen Aufgaben widmet. Gerade dieser Unternehmensbereich, diese Hauptabteilung oder Abteilung gerät ins Blickfeld, wenn das Augenmerk der Wirtschaftlichkeit der Personalwirtschaft gilt.

- Hier gilt es zunächst zu prüfen, **welche Aufgabenfelder** das Personalwesen bearbeitet. Das Spektrum kann von der reinen Entgeltabrechnung bis hin zu der gesamten Bandbreite reichen, die in diesem Buch angesprochen wird. Unter Umständen kann es wirtschaftlich sein, Aufgabenfelder an andere Unternehmenssektionen oder Dritte zu vergeben oder auch weitere Aufgabenfelder zu bearbeiten.
- Weiterhin ist zu untersuchen, **in welchem Ausmaß** die Aufgaben erledigt werden, ob etwa im Rahmen der Personalentwicklung externe Trainer tätig werden oder Beschäftigte aus dem Personalwesen des Unternehmens. Was wirtschaftlicher ist, kann nur im Einzelfall bestimmt werden.
- Danach stellt sich die Frage, **wie das Personalwesen ausgestattet ist,** das heißt vor allem, inwieweit Computerunterstützung gegeben ist.
- Sind diese Punkte geklärt, gibt der sogenannte **Betreuungskoeffizient** den letzten Hinweis auf die Wirtschaftlichkeit des Personalwesens. Er ergibt sich als Zahl der für die Erledigungen von personalwirtschaftlichen Aufgabenfeldern eingesetzten Mitarbeiterinnen und Mitarbeiter auf der Basis von 1.000 zu betreuenden Beschäftigten. Dieser Betreuungskoeffizient ist auf der einen Seite als Richtgröße leicht zu verwenden. Andererseits ist er aufgrund seiner komplexen Zusammensetzung nur insoweit aussagekräftig, als die vorstehenden Kriterien ergründet wurden.

3. Ermittlung von Befunden

Übersicht

Die Vorgehensweise bei der **Ermittlung von Befunden für das Personalmanagement** ist grundsätzlich folgende:

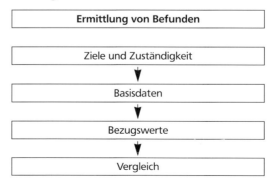

Abb. 10.2. Ermittlung von Befunden für das Personalmanagement

3.1. Ziele und Zuständigkeit

Wer Befunde ermitteln will, muß qualitative und quantifizierbare personalwirtschaftliche Ziele festlegen. *Mülder und Seibt (Methoden- und computergestützte Personalplanung)* nennen dafür als Beispiel

Ziele

Generelle Ziele zu Personalbestand und -beschaffung
Vermeidung von Personalüber- bzw. -unterdeckungen
Anpassung der Qualifikationsstruktur an die Anforderungen durch neue Technologien
Senkung des Durchschnittsalters der Beschäftigten

Detaillierte jährliche Zielvorgaben zu Personalbestand und -beschaffung
Erhöhung des Frauenanteils um X Prozent
Abbau des Personalbestandes um X Mitarbeiter
Deckung des gesamten Personalbedarfs durch Versetzungen
Erhöhung des Facharbeiteranteils auf X Prozent

Abb. 10.3. Beispiele für personalwirtschaftliche Ziele

Sind die Ziele bestimmt, muß geklärt werden, wer sich ihrer annimmt und welche Stelle überprüft, ob man die gesetzten Ziele erreicht. Das läßt sich anhand eines Vergleiches von Basisdaten und Bezugswerten nachverfolgen.

Zuständigkeit

3.2. Basisdaten

Basisdaten sind die aktuellen Werte zu konkreten Zielen.
- Sie dienen einerseits der aktenkundigen Aufzeichnung wichtiger unternehmensinterner Vorgänge, zum Teil in Erfüllung gesetzlicher Vorschriften aus dem Steuer- und Sozialversicherungsrecht. Sie haben damit eine Dokumentationsfunktion.
- Andererseits sollen sie mit Bezugswerten verglichen werden, um Befunde zu ermitteln. Deshalb müssen Basisdaten und Bezugswerte in derselben Weise ermittelt werden, etwa mit denselben Rechenschritten.

Basisdaten

Deshalb ist es entscheidend, daß diese Basisdaten **eindeutig definiert** werden. Die Definition sollte **in einem Handbuch** genau **beschrieben** werden mit einer **Numerierung**, der **Bezeichnung** und der verfolgten **Zielsetzung**. Besonders wichtig ist eine exakte **Darstellung,** in der Regel eine **Rechenformel.** *Mülder und Seibt (Methoden- und computergestützte Personalplanung)* nennen als Beispiel eine Form der

Handbuch

Berechnung des Personalbestandes je Stichtag
Mitarbeiterinnen und Mitarbeiter, die einen Arbeitsvertrag haben — Mitarbeiter, die zur Zeit bei der Bundeswehr sind — Mitarbeiterinnen und Mitarbeiter, die ohne Bezüge beurlaubt sind — Mitarbeiterinnen und Mitarbeiter, die Erziehungsurlaub beanspruchen — Auszubildende — Praktikantinnen und Praktikanten, Diplomandinnen und Diplomanden — Mitarbeiterinnen, die Mutterschutz beanspruchen — Dauerkranke — Aushilfen (befristete Arbeitsverträge) — Heimarbeiterinnen und Heimarbeiter — Freie Mitarbeiterinnen und Mitarbeiter, Leiharbeitnehmerinnen und Leiharbeitnehmer
= Aktive Stammbelegschaft

Abb. 10.4. Personalbestand als Beispiel für Basisdaten

Weiterhin sind der **Anwendungsbereich, die Häufigkeit der Ermittlung und die zuständige Stelle** zu nennen.

Systematik — Zudem sollte man eine Systematik schaffen und beschreiben, die die Gliederungsmöglichkeiten und die wechselseitigen Beziehungen der Basisdaten verdeutlicht. Man kann **einzelne, voneinander unabhängige Basisdaten erheben,** die untereinander in keinem Zusammenhang stehen. Solche Basisdaten, beispielsweise zu Personalbewegungen oder zum Lebensalter der Beschäftigten, können verdichtet werden, das heißt für beliebige Zeiträume oder Organisationseinheiten zur Verfügung gestellt werden. Freilich besteht die Gefahr, daß sich zwischen den voneinander unabhängigen Basisdaten Widersprüche und Unstimmigkeiten ergeben. Möglich ist auch die **Einordnung der Basisdaten in ein übergeordnetes Schema.** Hier werden zusammengehörende Basisdaten und ihre Abhängigkeiten untereinander beschrieben.

Quellen — Ebenso wichtig ist die **Angabe der Quellen.** Als Quellen für die Basisdaten kommen sämtliche Datenbestände der Personalwirtschaft in Betracht, gleichgültig in welchem Kontext sie entstanden sind, also Personalplanungsdaten, Stellenbeschreibungen, Anforderungs- und Eignungsprofile, Arbeitsbeschreibungen und -studien, Arbeitszeitmodelle, Personalbeurteilungen, Abrechnungs- und Personalbetreuungsdaten, Führungsinformationen, Daten der Personalentwicklung, Aufzeichnungen über Fluktuationsmotive und zur Sozialauswahl. Dabei kann es sich sowohl um schriftliche Aufzeichnungen als auch um Datenbestände aus der elektronischen Datenverarbeitung handeln.

Schriftlich — ○ **Schriftliche Aufzeichnungen** sind etwa Personaltagesmeldungen, Personalakten, Personalkarteien und Personalinventarlisten.

Computerunterstützung — ○ Von besonderem Interesse sind jene umfangreichen Datenbestände, die ohnehin infolge der **Computerunterstützung** bei anderen Aufgabenbereichen der Personalwirtschaft gespeichert und gepflegt werden.

Hier stehen beispielsweise **Abrechnungsdaten** zur Verfügung, also Angaben über bezahlte Überstunden, Prämien oder sonstige Einmalzahlungen. Sie bieten zudem die Möglichkeit, weitere Angaben zu errechnen, etwa das Alter aus dem Geburtsdatum, die Betriebszugehörigkeit und Kündigungsfristen aus dem Eintrittsdatum nach den Bestimmungen des jeweiligen Tarifvertrages, den prozentualen Anteil von freiwilligen Zulagen am Tarifgehalt, Punkte in einem Punkteschema zur Sozialauswahl im Falle betriebsbedingter Entlassungen aus Alter, Betriebszugehörigkeit, Steuerklasse und Anzahl der Kinder laut Steuerkarte.

Ebenfalls aufschlußreich sind die **Personalstammdaten,** also der Name, die Anschrift, das Geburts- und Eintrittsdatum, das Geschlecht, eventuell das Austrittsdatum und der Austrittsgrund, die Tarifgruppe, das Entgelt und seine Bestandteile, die vertragliche Arbeitszeit pro Woche und Monat sowie ihr Prozentsatz zur tarifvertraglichen Vollarbeitszeit, die Steuermerkmale sowie die Tätigkeit und Kostenstelle.

Für das Personalmanagement ist aber nur ein kleiner Teil dieser Datenbestände relevant. Fachleute wie *Mülder und Seibt (Methoden- und computergestützte Personalplanung)* empfehlen deshalb, einen **selbständigen Grunddatenbestand durch Selektion originärer Personal- und Abrechnungsdaten** zu bilden. Diesen Grunddatenbestand kann man **durch Daten aus angrenzenden Arbeitsgebieten ergänzen,** wie zum Beispiel durch Daten der Kostenrechnung.

Als besonderes Problem stellt sich die nachträgliche Veränderung der originären Daten heraus. Für den Grunddatenbestand des Personalmanagement sollten deswegen dieselben **Rückrechnungsmöglichkeiten** zur Korrektur der Ausgangswerte vorgesehen werden wie für die originären Daten. Ansonsten könnte man die statistische Grundgesamtheit in beiden Systemen nicht mehr identisch halten.

Man kann **auf einzelne Datensätze** des Grunddatenbestandes für das Personalmanagement, **aber auch auf verdichtete Daten zugreifen,** zum Beispiel auf Kostenstellen- oder Abteilungsebene. Werden lediglich aggregierte Daten für weitergehende Analysen genutzt, so sind die individuellen Daten nicht mehr greifbar. Allerdings tun sich die Betriebs- und Personalräte mit dieser Form des Zugriffs leichter.

3.3. Bezugswerte

> Bezugswerte können Vergangenheitswerte, Planwerte und Sollvorgaben sein. Die Verwendung derartiger Bezugswerte bietet sich an, wenn der beabsichtigte Vergleich der Ermittlung von Abweichungen dient.
>
> Wo hinreichend genaue Vergangenheitswerte, Planwerte und Sollvorgaben nicht zur Verfügung stehen, arbeitet man mit Zieldaten als Bezugswerten. Solche Zieldaten sind häufig Anteilswerte, aber auch Branchendurchschnittswerte.
>
> Bezugswerte können aber auch Personalkennzahlen sein. Wegen ihres Abstraktionsgrades ermöglichen Personalkennzahlen nicht nur einen innerbetrieblichen, sondern insbesondere auch einen überbetrieblichen Vergleich. Und letztlich können durch Personalkennzahlen einzelne Befunde auch untereinander in Beziehung gesetzt werden.

Bezugswerte

Schulte (Personal-Controlling mit Kennzahlen) unterscheidet folgende **Arten von Kennzahlen,** die allesamt für das Personalmanagement verwendet werden:

Kennzahlen

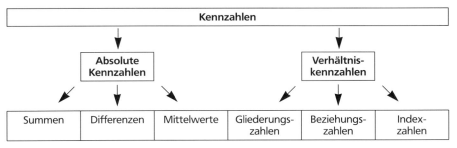

Abb. 10.5. Arten von Kennzahlen

Absolute Kennzahlen werden als **Summen** ermittelt, zum Beispiel der Personalbestand an einem Stichtag, als **Differenzen,** etwa die Fehlzeit als Differenz zwischen Soll- und Istarbeitszeit, oder als **Mittelwerte,** beispielsweise der Altersdurchschnitt sämtlicher Beschäftigter.

Bei **Verhältniskennzahlen** vergleicht man Mengen und Werte. **Gliederungszahlen** ergeben sich, wenn man eine Teilmenge an der jeweiligen Gesamtmenge mißt, zum Beispiel bei der Bestimmung des Anteils der ausländischen Beschäftigten an der Gesamtbelegschaft. Für **Beziehungszahlen** setzt man wesensverschiedene Werte zueinander ins Verhältnis, etwa die Leistung zum Arbeitseinsatz. Werden gleichartige Werte, die aber zu unterschiedlichen Zeitpunkten anfallen, auf einen Basiswert bezogen, spricht man von **Indexzahlen.** So kann die Gehaltsentwicklung der außertariflichen Beschäftigten über mehrere Jahre auf der Basis eines bestimmten Jahres durch Indexzahlen ausgedrückt werden.

Anzahl — Die **Anzahl** der unterschiedlichen Bezugswerte sollte man **auf ein vernünftiges Maß beschränken.** Auf Bezugswerte, die in keinem Zusammenhang zu quantifizierbaren Größen stehen, die nur aufwendig zu ermitteln und wenig aussagekräftig sind oder wenig Nutzen stiften, kann man beruhigt verzichten.

Handbuch — Bezugswerte sollen ebenso aktuell und aussagekräftig sein wie die Basisdaten. Das kann man nur gewährleisten, wenn man jeden Bezugswert **eindeutig dokumentiert.** Jeder Bezugswert sollte, **analog zu den Basisdaten, in einem Handbuch** genau **beschrieben** werden. Dazu zählen wie bei den Basisdaten die Numerierung, die Bezeichnung, die verfolgte Zielsetzung, der Anwendungsbereich, die Häufigkeit der Ermittlung und die zuständige Stelle. Abschließend sollte Raum für **Bemerkungen, Einschränkungen sowie Interpretationshilfen** gegeben werden.

Besonderes Augenmerk sollte der **Darstellung,** in der Regel einer **Rechenformel,** und der **Angabe der relevanten Basisdaten** gelten, denn ein Vergleich mit Basisdaten macht wie gesagt nur dann Sinn, wenn Basisdaten und Bezugswerte in derselben Weise ermittelt werden. Bezugswerte werden zum überwiegenden Teil innerbetrieblich errechnet. **Bei** den wenigen anerkannten **betriebsübergreifenden Bezugswerten,** wie etwa der Fehlzeitenquote und dem Betreuungskoeffizienten, werden häufig je nach Unternehmen unterschiedliche Berechnungsgrundlagen verwendet. Deshalb ist hier **Vorsicht geboten.**

Systematik — Hinsichtlich der **Dokumentation der Systematik** gilt dasselbe wie für die Basisdaten: Sie sollte die Gliederungsmöglichkeiten und etwaige wechselseitige Beziehungen der Bezugswerte verdeutlichen.

Quellen — Als **Quellen** für die Bezugswerte kommen wie bei den Basiswerten **schriftliche Aufzeichnungen** und **Datenbestände aus der elektronischen Datenverarbeitung** in Betracht. Zudem sind **externe Daten** von Bedeutung.

3.4. Vergleich

Vergleich — Abschließend vergleicht man die Basisdaten mit Bezugswerten. Hier werden Abhängigkeiten und Entwicklungen verdeutlicht und analysiert. Der Vergleich hat insofern eine Dispositionsfunktion. Er liefert wesentliche Informationen und wichtige Hinweise, die zur Steuerung der Personalwirtschaft des gesamten Unternehmens und der einzelnen Kostenstellen dienen.

○ **Strukturvergleiche** stellen den Anteil einzelner Elemente an einer Gesamtheit dar.

Der Erkenntnis, daß die Hälfte der Beschäftigten über einen akademischen Abschluß verfügt, liegt zum Beispiel ein derartiger Strukturvergleich zugrunde.

- Bei **Rangfolgevergleichen** werden die Untersuchungsobjekte bewertend in einer Rangreihe gegenübergestellt. Im Mittelpunkt stehen Aussagen nach kleiner, gleich oder größer, nach schlechter, gleich gut oder besser, etwa, daß bei der Fluktuationsrate Werk A vor Werk B und Werk C liegt.
- **Zeitreihenvergleiche** belegen den Anstieg, die Stagnation oder den Rückgang von Daten in einem bestimmten Zeitraum. Eine typische Aussage wäre beispielsweise, daß im Mai des laufenden Jahres erheblich mehr Überstunden vergütet wurden als in den anderen Monaten.
- **Häufigkeitsvergleiche** teilen personalwirtschaftliche Sachverhalte in mehrere Größenklassen ein und vergleichen sie miteinander. Mit einem Häufigkeitsvergleich kommt man etwa zu dem Ergebnis, daß die meisten Überstunden im November anfallen.
- **Korrelationsvergleiche** sind Untersuchungen, ob zwischen zwei Variablen ein Zusammenhang besteht. Korrelationsvergleiche belegen zum Beispiel, daß mit zunehmendem Lebensalter die Zahl der eingereichten Verbesserungsvorschläge steigt.

Das im Ergebnis mehr oder weniger umfangreiche Zahlenwerk wird regelmäßig **aufgearbeitet,** je nach Problemstellung für den einzelnen Adressaten zusammengestellt **und graphisch dargestellt.** Für die Auswahl der geeigneten Darstellungsform ist laut *Schulte (Personal-Controlling mit Kennzahlen)* die Art des Vergleichs entscheidend. So eignen sich

Graphiken

- Kreisdiagramme für Strukturvergleiche,
- Balkendiagramme für Rangfolge- und Korrelationsvergleiche,
- Säulendiagramme für Zeitreihen- und Häufigkeitsvergleiche,
- Kurvendiagramme ebenfalls für Zeitreihen- und Häufigkeitsvergleiche,
- Punktediagramme für Korrelationsvergleiche.

Allerdings kann man beim Vergleich diversen **Irrtümern** unterliegen:

Fehlerquellen

- Nicht nur **fehlende oder ungenaue Definitionen der Basisdaten und Bezugswerte** können zu fehlerhaften Analysen und in letzter Konsequenz zu Fehlentscheidungen führen.
- Dasselbe gilt auch für saldierte Ergebnisse. *Mülder und Seibt (Methoden- und computergestützte Personalplanung)* machen das am Beispiel einer Entwicklung des Verhältnisses von Krankenstunden zu den Gesamtstunden gegenüber der Vorperiode deutlich:

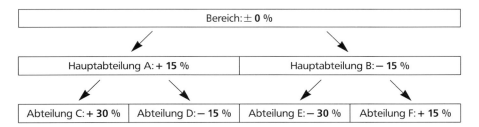

Abb. 10.6. Saldierungseffekt

In diesem Beispiel weisen die Kennzahlen auf der Abteilungs- und Hauptabteilungsebene noch deutliche Unterschiede auf, während sich auf der Bereichsebene die positive und negative Entwicklung gegenseitig aufheben. **Saldierungen** sollten folglich **nur in Ausnahmefällen** zugelassen werden.

○ Irreleitende Analysen und Fehlinterpretationen entstehen gleichfalls, wenn **organisatorische Einheiten miteinander verglichen werden, die an sich nicht vergleichbar sind.** *Mülder und Seibt (Methoden- und computergestützte Personalplanung)* berichten etwa, daß sich beim Vergleich von acht Brauereien im gleichen Marktsegment völlig unterschiedliche Kennzahlen für die Arbeitsproduktivität pro Mitarbeiter und Jahr ergaben. Ohne die Zusatzinformation, daß es sich bei zwei Brauereien um amerikanische Unternehmen mit völlig anderen Brauverfahren als in deutschen Brauereien handelt, bestand hier die Gefahr der Fehlinterpretation dieser Kennzahlen.

Computerunterstützung

Der Vergleich mit Bezugswerten kann kaum ohne die Unterstützung durch die elektronische Datenverarbeitung bewältigt werden. Obwohl das Angebot personalwirtschaftlicher **Standardsoftware** unüberschaubar ist, existieren leider bislang **kaum** Pakete, die speziell **zur Unterstützung des gesamten Personalmanagements** eingesetzt werden können.

○ Deshalb setzt man häufig **Tabellenkalkulationsprogramme** ein, die es ermöglichen, individuelle Berechnungen einschließlich erklärender Texte und Graphiken innerhalb eines elektronischen Arbeitsblattes zu formulieren.

○ **Personalinformationssysteme** beinhalten regelmäßig sogenannte **Berichtsgeneratoren.** Personalinformationssysteme sind Softwarepakete, das heißt computergestützte Verfahren, zur Erfassung, Speicherung, Verarbeitung und Bereitstellung von Informationen für personalwirtschaftliche Entscheidungen. Berichtsgeneratoren sind Auswertungswerkzeuge zur Erstellung von Statistiken und Kennzahlen. Soweit also ohnehin ein Personalinformationssystem eingesetzt wird, kann man mit Berichtsgeneratoren arbeiten.

○ Auch die bislang wenig verbreiteten **Führungsinformationssysteme,** bekannt als Executive Information Systems, könnten zum Einsatz kommen. Sie verschaffen einen direkten Zugang zu erfolgskritischen Daten aus internen und externen Quellen, die zudem benutzergerecht aufgearbeitet werden.

4. Formen des Personalmanagements

Übersicht

Die Formen des Personalmanagements sind recht verschiedenartig. So kann man bereits die Personalplanung, aber auch die Abrechnung der Entgelte als eine Aufgabe des personalwirtschaftlichen Rechnungswesens zum Personalmanagement rechnen. Zweifellos zählen jedoch die Personalstatistik, das Benchmarking und das Personalcontrolling zum Genre des Personalmanagements. Und letztlich ist auch die Organisation des Personalwesens ein Modell, bei dem die Optimierung der Steuerung von Personal als rechenbare Größe im Mittelpunkt steht.

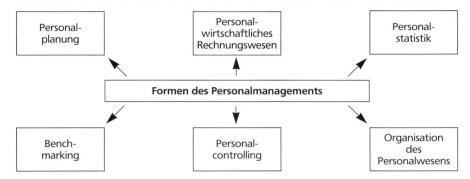

Abb. 10.7. Formen des Personalmanagements

4.1. Personalplanung

Die Personalplanung ist die Grundlage für die anderen Aufgaben der Personalwirtschaft.

○ Gegenstand der Personalplanung ist nicht nur die Ermittlung des künftigen Personalbedarfs, der sehr wohl den Kernbereich jeglicher Personalplanung darstellt, und

○ nicht nur die Wahl der Beschaffungswege, selbst wenn die notwendigen Maßnahmen der Personalentwicklung mit einbezogen werden.

○ Mit der Personalplanung werden alle zukünftigen personalwirtschaftlichen Erfordernisse eines Unternehmens ermittelt und daraus resultierende Maßnahmen für die Zukunft festgelegt.

Personalplanung

Die Personalplanung ist damit eindeutig eine Form des Personalmanagements:
– Hier steht die Steuerung des Personals als rechenbare Größe im Mittelpunkt wirtschaftlicher Überlegungen.
– Man erhebt Basisdaten über die aktuelle Situation und vergleicht sie mit Bezugswerten, etwa über die Arbeitsmarktsituation und die Entwicklung der Entgelttarifverträge.
– Das Ergebnis sind Daten, die selbst wiederum als Plan-, also Bezugswerte, für weitere Vergleiche dienen.

Eine möglichst **frühzeitige, fehlerfreie, umfassende Personalplanung** ist unumgänglich,
– da ausreichend qualifiziertes Personal selbst in Phasen hoher Arbeitslosigkeit knapp ist,
– da personalwirtschaftliche Aktivitäten oft nur langfristig Wirkung zeigen, etwa wegen der Kündigungsfristen der Beschäftigten, und
– da es um Menschen geht, deren Interessen frühzeitig berücksichtigt werden müssen, wenn Maßnahmen möglichst ohne große Konflikte umgesetzt werden sollen.

Diverse **Merkmale** geben jeder Personalplanung ihr eigenes Gepräge:

Merkmale

○ Die Personalplanung ist im Idealfall eine **integrierte, abgestimmte, gleichberechtigte Planung,** die alle Beteiligten und alle anderen Planungsbereiche einbezieht.

Eine Personalplanung, die an den Interessen der Beschäftigten und an der Produktions-, Absatz-, Investitions- und Organisationsplanung, aber auch am Arbeitsmarkt, Tarifverträgen und Gesetzen vorbeigeht, macht keinen Sinn. Der Planungsprozeß ist eine Aufnahme und Weiterverarbeitung von Informationen und daher in hohem Maße auf informative Inputs angewiesen. Umgekehrt liefert die Personalplanung eine Vielzahl von Ansatzpunkten für die übrigen Teilplanungen der Unternehmensplanung.

○ Die Personalplanung sollte regelmäßig über drei **Planungshorizonte** verfügen. Als langfristige Personalplanung bezieht sie sich auf einen Zeitraum von drei bis zwanzig Jahren, als mittelfristige Planung auf ein Jahr bis fünf Jahre und als kurzfristige Planung auf einen Monat bis ein Jahr.

○ Die **strategische Personalplanung** ist langfristig ausgerichtet und hat weitreichende Konsequenzen. Sie stellt Zusammenhänge nur in großen Zügen dar. Die **operative Personalplanung** ist eher kurzfristig. Zumeist hat sie überschaubare Folgen und ist stark differenziert.

○ Die **quantitative Personalplanung** gibt sich mit zählbaren Größen wie Köpfen, Stellen oder Kosten ab. Die **qualitative Personalplanung** beschäftigt sich mit Aspekten der Qualifikation.

○ Mit einer **Zielplanung** werden die Intentionen personalwirtschaftlicher Aktivitäten bestimmt, etwa eine ausgewogene Altersstruktur der Belegschaft. **Maßnahmenpläne** dienen der Realisierung dieser Ziele, beispielsweise durch die Anwerbung junger Menschen.

○ Die **Kollektivplanung** bezieht sich auf die gesamte Belegschaft oder Gruppen, wie zum Beispiel der Personalbestands-, Personalbedarfs-, Personaleinsatz-, Personalveränderungs- und Personalentwicklungsplan. Bei der Individualplanung stehen einzelne Mitarbeiter des Unternehmens im Mittelpunkt, beispielsweise im Laufbahn- und Einarbeitungsplan.

○ Eine **gedankliche Personalplanung** findet ausschließlich im Kopf der Planerinnen und Planer statt. Eine **schriftliche Personalplanung** ist dringend notwendig, wenn die Planungsprozesse arbeitsteilig organisiert sind. Sie liefert die gemeinsame Verständigungsgrundlage. Aufwendigere Methoden und große Datenmengen fordern eine **computergestützte Personalplanung**.

Teilplanungen

Welche Teilbereiche die Personalplanung eines Unternehmens aufweist, hängt davon ab, welche personalwirtschaftlichen Aktivitäten verfolgt werden. Es existiert also kein unabänderlich festgelegter, zwangsweise durchzuführender Kanon **personalwirtschaftlicher Teilplanungen.** In der Regel findet man

– eine Personalbestands-, Personalbedarfs- und Personalbeschaffungsplanung, die hier im Kapitel Personalbeschaffung abgehandelt werden,
– eine Personaleinsatzplanung, hier im Kapitel Personaleinsatz,
– eine Planung der Personalbeurteilung und
– der Entgelte, hier in den gleichnamigen Kapiteln,
– eine Personalentwicklungsplanung, hier im Kapitel Personalentwicklung,
– eine Personalveränderungsplanung, hier im Kapitel Fluktuation und Personalabbau, sowie
– eine Personalkostenplanung, die im folgenden thematisiert wird.

Metaplanung

Wenn die Planungsprozesse sich recht umfangreich und aufwendig gestalten, gesellt sich dazu eine **Metaplanung.** Die Metaplanung beschäftigt sich damit, die arbeitsteiligen Personalplanungsprozesse im Sinne eines einheitlichen Planungssystems zu strukturieren, zu gestalten und aufeinander auszurichten. Es geht um Entscheidungen, ob die Personalplanung lediglich operativ oder auch strategisch durchgeführt wird und mit welchen Planungshorizonten sowie ob die Unterstützung durch Computer und welche Teilplanung notwendig ist.

Das **Planungsmanagement** umfangreicher Planungen unterstützt und kontrolliert die Durchführung, setzt und überwacht Termine und legt Zusammenkünfte planender Stellen fest.

Planungsmanagement

4.2. Personalwirtschaftliches Rechnungswesen

> Das Rechnungswesen ist ein System innerhalb eines Unternehmens, in dem alle internen und externen zählbaren und mengenmäßigen Vorgänge erfaßt und für interne oder externe Adressaten offengelegt werden. Das personalwirtschaftliche Rechnungswesen konzentriert sich auf jene Vorgänge, die personalwirtschaftlicher Natur sind, in erster Linie auf den Personal- und Sozialaufwand.

Rechnungswesen

Das personalwirtschaftliche Rechnungswesen ist ein **Bestandteil des Personalmanagements,**
– da es sich zählbaren und mengenmäßigen Vorgängen widmet und auf den Personal- und Sozialaufwand konzentriert.
– Vorrangig werden Basisdaten über die aktuelle Situation erhoben und dokumentiert. In Auswertungsrechnungen findet aber auch ein Vergleich mit Bezugswerten statt.

Das personalwirtschaftliche Rechnungswesen kennt folgende Teilgebiete:

Teilgebiete

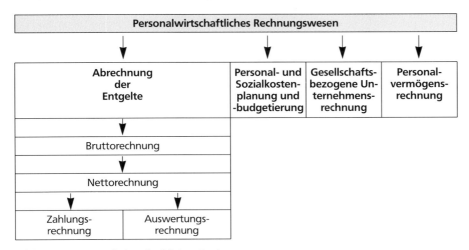

Abb. 10.8. *Personalwirtschaftliches Rechnungswesen*

Manchmal wird auch die **Personalstatistik** zum personalwirtschaftlichen Rechnungswesen gezählt. Das ist aber nur dann stimmig, wenn ausschließlich der Personal- und Sozialaufwand statistisch ausgewertet werden.

4.2.1. Abrechnung der Entgelte

Abrechnung

Die Abrechnung der Entgelte mit den Aufgabenfeldern Brutto-, Netto-, Zahlungs- und Auswertungsrechnung wird im Kapitel Entgelt thematisiert.

4.2.2. Personal- und Sozialkostenplanung und -budgetierung

Kosten und Budget

Im Rahmen der Personal- und Sozialkostenplanung werden die voraussichtlichen personalwirtschaftlichen Kosten errechnet und in Form eines Personalbudgets vorgegeben beziehungsweise vereinbart.

Die **Personal- und Sozialkosten** sind ein bedeutender Teil der Gesamtkosten des Unternehmens. Diese Kosten müssen genauso **geplant** werden wie die Anzahl der Beschäftigten, die erforderliche Qualifikation, der Zeitraum des Einsatzes und der Einsatzort.

- Allerdings basiert die Personal- und Sozialkostenplanung auf dem **geplanten zukünftigen Personalbestand mit seinen erwarteten strukturellen und qualifikatorischen Gegebenheiten.** Insofern sind sowohl die Personalstruktur als auch die Personalereignisse von Interesse. Hier nehmen die Unternehmen Veränderungen vor, sei es nun freiwillig und vorausschauend oder dem Druck des Marktes folgend. Alle derartigen Veränderungen, etwa des Personalbestandes, der Arbeitszeiten, des Betriebsablaufs, der Fertigungsverfahren, der Arbeitsstrukturierung oder der Entgeltformen, können die Personal- und Sozialkosten beeinflussen.

- Vor allem wird die Personal- und Sozialkostenplanung durch die **erwartete Entwicklung der Entgelte** bestimmt. Die wiederum ist einerseits von den Tarifverträgen abhängig, die die Tarifpartner aushandeln. Soweit ein Unternehmen dem jeweiligen Arbeitgeberverband angehört, kann es in diesem Rahmen seinen Einfluß geltend machen. Die sogenannten freiwilligen zusätzlichen Vergütungen sind vorrangig ein Ergebnis der Arbeitsmarktsituation. Im Gegensatz dazu wird die Höhe der sonstigen Personalzusatzkosten überwiegend durch gesetzliche Auflagen bestimmt. Sie unterliegen nur zu einem geringen Anteil der freien Disposition des Unternehmens.

- Der Personal- und Sozialkostenplan sollte möglichst aussagekräftig und transparent, also möglichst detailliert sein. Der **Aufbau** orientiert sich deshalb an jenen Merkmalen, die eingangs unter den Gegenständen des Personalmanagements, genauer unter den Stichworten Personal- und Sozialaufwand, aufgeführt werden, in erster Linie an der organisatorischen Gliederung des Unternehmens, an der Personalkostenstruktur und den Personalkostenarten.

Die Personal- und Sozialkostenplanung mündet in die **Personalbudgetierung.** Die Personal- und Sozialkosten werden in Form eines Gesamtbudgets oder mehrerer Teilbudgets vorgegeben oder vereinbart. Wie andere Budgets hat auch das Personalbudget eine Koordinations-, Motivations- und Kontrollfunktion. Beispielsweise werden für jeden Monat des Geschäftsjahres

- die effektiven Arbeitsentgelte
- einschließlich der Arbeitgeberbeiträge zur Sozialversicherung
- je Mitarbeiterin und Mitarbeiter,

- die zu erwartende Tarifsteigerung ab dem Stichtag,
- die jeweiligen Sonderzahlungen im Fälligkeitsmonat sowie
- die Jahressumme je Mitarbeiterin oder Mitarbeiter und
- die Jahressumme je Kostenstelle errechnet.

4.2.3. Gesellschaftsbezogene Unternehmensrechnung

> Daten zum Sozialaufwand dienen nicht nur der Beobachtung der Nutzung und Entwicklung von Sozialeinrichtungen und -maßnahmen. Von manchen Unternehmen werden diese Daten außerdem in sogenannten Sozialbilanzen, Sozialberichten oder Sozialreports für externe Empfänger aufbereitet. Man spricht in diesem Fall von gesellschaftsbezogener Unternehmensrechnung. Solche Reports beinhalten häufig auch noch Angaben über den Umwelt- und Verbraucherschutz.

Unternehmensrechnung

Die gesellschaftsbezogene Unternehmensrechnung ist eine Darstellung aller Aufwendungen mit gesellschaftlichem Nutzen. Damit soll der Öffentlichkeit deutlich gemacht werden, daß sich unternehmerisches Handeln nicht auf rein betriebswirtschaftliche Aufgabenstellungen beschränkt.

4.2.4. Personalvermögensrechnung

> Die Personalvermögensrechnung ist ein Ansatz, der bislang angesprochenen Personalaufwandsrechnung eine Personalertragsrechnung gegenüberzustellen. Deshalb
> - stellt man das Leistungs- und Qualifikationspotential der Beschäftigten im Rahmen der Personalvermögensrechnung als Aktivum und zukünftige Leistungsreserve dar und
> - weist Personalaufwendungen als zukunftsbezogene Investitionen aus.

Personalvermögensrechnung

Grundlage für diesen Ansatz des sogenannten **Human Resources Accounting** ist folgende überzeugende **Argumentation:** Der Wert eines Unternehmens liegt nicht allein in seinem Sachvermögen. Die Ertragskraft wird vielmehr vor allem durch die Beschäftigten, durch ihr Leistungspotential und ihre Qualifikationen bestimmt.

Aus diesem Grund liegt eine Aktivierung langfristiger Personalaufwendungen und eine periodengerechte Abschreibung für Aufwendungen, etwa der Personalbeschaffung, Einarbeitung und Personalentwicklung, sowie eine Rücklagenbildung für etwaige Aufwendungen für die Personalfreisetzung auf der Hand.

Freilich hat man bisher **noch keine überzeugende Lösung** für die Bewertung des Leistungs- und Qualifikationspotentials der Beschäftigten gefunden. Überdies stellt dieser Ansatz neue Anforderungen an das personalwirtschaftliche Rechnungswesen. Seine Verwirklichung würde die bisher geübte Bilanzierungspraxis revolutionieren.

4.3. Personalstatistik

Mit dem Begriff **Statistik** meint man Verfahren, mit deren Hilfe Massenerscheinungen zahlenmäßig erfaßt werden.

Personalstatistik

> Die Aufgabe der Personalstatistik besteht darin, alle Beziehungen zwischen dem Unternehmen und den Beschäftigten, die in einem Zahlenwerk ausgedrückt werden können, zu erfassen, darzustellen und auszuwerten. Die Auswertung kann auch im Hinblick auf externe Erhebungen, beispielsweise anderer Unternehmen oder der Branche, erfolgen. Denn ohne Daten der Vergangenheit kann man keine fundierte Prognose über die künftige Entwicklung abgeben und ohne gesicherte Daten der Gegenwart keine zuverlässige Entscheidung treffen.

So sind beispielsweise genaue und vollständige Informationen über den Personalbestand und die Personalstruktur vonnöten, wenn man erfolgversprechend Personalentwicklung betreiben will.

Damit liegt die **Zugehörigkeit der Personalstatistik zum Personalmanagement** auf der Hand.

- Die Personalstatistik ist ein Zahlenwerk mit großer Bedeutung für die Wirtschaftlichkeit.
- Statistische Verfahren arbeiten mit dem Vergleich von Basisdaten und Bezugswerten.

Statistische Daten können **für einzelne Beschäftigte, Gruppen von Beschäftigten und für die gesamte Belegschaft** erfaßt, dargestellt und ausgewertet werden. Personalstatistiken können prinzipiell mit dem gesamten statistischen Instrumentarium arbeiten. Regelmäßig werden indes absolute Zahlen, Zeitreihen und arithmetische Mittelwerte verwendet.

Grundsätze

In jedem Fall müssen dabei die **Grundsätze** beachtet werden, die im Zusammenhang mit der Ermittlung von Befunden im Personalmanagement erwähnt wurden:

○ Personalstatistiken sollten erst erstellt werden, wenn **Klarheit über die qualitativen und quantifizierbaren personalwirtschaftlichen Ziele** herrscht. Ansonsten wird ein Wildwuchs an Daten die Folge sein.

○ Vor jeder Erhebung ist eine **Definition der Daten und ihrer etwaigen wechselseitigen Abhängigkeiten** unverzichtbar, die schriftlich **dokumentiert** werden sollte. Dadurch können auch unterschiedliche Berechnungsgrundlagen bei **Vergleichen unterschiedlicher Perioden, Betriebe oder Unternehmen** aufgedeckt werden. Und dadurch kann auch sichergestellt werden, daß die Daten **schnell und unkompliziert zu erfassen und auszuwerten** sind.

○ Die statistischen Daten müssen aufgearbeitet, je nach Problemstellung für den einzelnen Adressaten zusammengestellt sowie **übersichtlich gegliedert und dargestellt** werden.

○ Irreleitende Analysen und Fehlinterpretationen entstehen, wenn organisatorische Einheiten miteinander verglichen werden, die an sich nicht **vergleichbar** sind. Dasselbe gilt auch für saldierte Ergebnisse.

○ Es muß entschieden werden, **welche Stellen welche Personalstatistiken zu welchen Zeitpunkten** ermitteln.

4.4. Benchmarking

Es ist seit langer Zeit üblich, daß sich Fachleute aus Unternehmen in diversen überbetrieblichen, fachbezogenen Gesprächskreisen informell austauschen, um Anregungen für die Verbesserung ihrer Arbeit zu bekommen. Das Benchmarking greift diesen Ansatz auf.

> Benchmarking ist eine Methode, mittels derer zunächst in einem systematischen Prozeß Daten im eigenen und von anderen Unternehmen erhoben und analysiert werden. Durch einen wertenden Vergleich werden in einem weiteren Schritt die sogenannten Best Practices ermittelt, die optimalen Befunde hinsichtlich der erhobenen Daten. Abschließend werden die Tätigkeiten, Funktionen oder Vorgänge des eigenen Unternehmens mit jenen Best Practices verglichen. Dieser Vergleich dient der Einschätzung der relativen Position im Wettbewerb. Hier werden sowohl die eigenen Stärken und Wettbewerbsvorteile als auch die eigenen Schwachstellen und Leistungslücken aufgedeckt.

Benchmarking

Best Practice

Je komplexer Unternehmen, Funktionen oder Prozesse sind, deren quantitative Werte einem Benchmarking unterzogen werden, desto zwingender ist die **Beschreibung der Rahmenbedingungen und des unternehmenspolitischen Umfeldes** erforderlich. Je ähnlicher sich die Vergleichsunternehmen sind, etwa hinsichtlich der Produkte, Vertriebswege, Marketingmethoden oder Datenverarbeitungssysteme, desto aussagekräftiger fällt der Erstvergleich aus und desto leichter ist die Best Practice zu ermitteln, an der sich Wettbewerber orientieren können, aber nicht müssen.

Das Benchmarking liefert also Informationen über die Leistungsfähigkeit der Wettbewerber. Dadurch wird es möglich, **Ziele zu identifizieren,** die ein Unternehmen erreichen muß, um wettbewerbsfähig zu bleiben oder wieder zu werden. Das **Benchmarking gibt keine Wege vor,** wie Unternehmen diese Ziele erreichen können. Es hilft jedoch, die Grundlagen zu schaffen, um notwendige Veränderungen zu erkennen und einzuleiten.

Das Benchmarking erfreut sich steigender Beliebtheit für alle Unternehmensaktivitäten. Auch und gerade die **Wirtschaftlichkeit der Personalwirtschaft** kann so analysiert werden:

Anwendungsgebiete

- Durch das Benchmarking können die **Kosten pro Prozeßeinheit,** zum Beispiel die Kosten des Personalbereichs pro Entgeltabrechnung, überbetrieblich einander gegenübergestellt werden, aber auch

- die **Gesamtkosten des Personalwesens.**

- Vor allem läßt sich über das Benchmarking ein **optimaler Betreuungskoeffizient** für einzelne personalwirtschaftliche Aufgaben oder das gesamte Personalwesen als Best Practice ermitteln. Wie eingangs dieses Kapitels dargelegt, ergibt sich der Betreuungskoeffizient als Zahl der für die Erledigungen von personalwirtschaftlichen Aufgabenfeldern eingesetzten Mitarbeiterinnen und Mitarbeiter auf der Basis von 1.000 zu betreuenden Beschäftigten. Dabei muß allerdings in Rechnung gestellt werden, welche Aufgaben mit welchem Tiefgang und welcher Computerunterstützung vom Personalwesen bearbeitet werden.

Nach diesen Vorgaben hat sich der Arbeitskreis Personalwirtschaft der Deutschen Gesellschaft für Personalführung des Betreuungskoeffizienten mit den Mitteln des Benchmarking angenommen. Die teilnehmenden 22 Unternehmen mit zirka 350.000 Mitarbeitern gehörten neun Branchen an. Es zeigte sich, daß der seit etwa 20 Jahren gültige Schätzwert von einem Prozent der Belegschaftsstärke als angemessene personelle Ausstattung des Personalwesens noch annähernd Bestand hat. *Seelig u. a. (Benchmarking in der Personalwirtschaft)* ermittelten folgende Besetzung für jeweils 1.000 Beschäftigte:

Betreuungskoeffizient

Personalfunktion	Kleinster Wert	Durchschnittswert	Größter Wert	Best Practice
Abrechnung	1,4	5,61	13,0	2,5
Personalbetreuung	1,5	3,83	10,5	4,0
Weiterbildung	0,3	1,38	3,6	1,0
Sozialbetreuung	0,2	0,82	2,2	0,3
Sonstiges	0,1	0,57	2,7	0,2
Leitung	0,5	1,27	3,3	1,0
Summe	**4,0**	**13,48**	**35,3**	**9,0**

Abb. 10.9. Betreuungskoeffizient

Jung (Personalwirtschaft) zitiert eine andere Untersuchung, nach der derzeit tatsächlich durchschnittlich etwa ein bis vier Prozent der Beschäftigten im Personalwesen eines Unternehmens tätig sind.

4.5. Personalcontrolling

Wie *Wunderer und Schlagenhaufer (Personal-Controlling)* betonen, erlaubt das englische Verb to control verschiedene Übersetzungsmöglichkeiten in die deutsche Sprache: kontrollieren, steuern, lenken und beherrschen. Wegen der Verwandtschaft des Wortes Controlling zum deutschen Wort Kontrolle ist man jedoch zunächst geneigt, mit Controlling lediglich die eher vergangenheitsorientierten statistischen Tätigkeiten des Prüfens und Überwachens zu assoziieren, vielleicht sogar die Anklage und Bestrafung von Schuldigen. Die dynamischen Begriffsinhalte Steuern und Lenken werden dann übersehen.

Controlling

Richtig verstanden ist Controlling der zukunftsorientierte Regelkreis aus Zielsetzung, Definition und Planung von Maßnahmen, Soll-Ist-Abgleich und Gegensteuerung in Gestalt einer Korrektur der Ziele oder besser: der Anstrengungen. Controlling obliegt damit jedem, der Verantwortung für die Erfüllung einer Aufgabe im Unternehmen trägt. Damit verläßt das Controlling

- sowohl den Bereich der externen wie internen Rechnungslegungsvorschriften
- und der Statistiken,
- als auch die bloße Prüfung der Wirtschaftlichkeit betrieblicher Prozesse,
- und wird zum Instrument einer aktiven Unternehmensführung.

Infolge der allumfassenden Konzentration auf den wirtschaftlichen Aspekt konnte sich auch die Personalwirtschaft dem Controlling-Gedanken nicht verschließen. So hat sich eine Disziplin herausgebildet, die sich **Personalcontrolling** nennt. *Gmelin (Personalcontrolling)* erkennt die **Gemeinsamkeit der mannigfaltigen Ansätze** des Personalcontrolling in folgendem: Sie wollen die Personalwirtschaft nicht über die zahllosen Einzelfälle **steuern,** deren Verschiedenartigkeit so manchen den Überblick zwangsläufig verlieren läßt, sondern **über betriebswirtschaftliche Größen** wie Sollvorgaben und Kosten oder über statistische Daten. Durch den Vergleich mit Bezugswerten gleich welcher Natur werden Erkenntnisse gewonnen, die eine Planung, Koordination und Steuerung der Personalwirtschaft ermöglichen. Dadurch wird zugleich deutlich, daß das **Personalcontrolling eine Funktion des Personalmanagements** ist.

Unter Personalcontrolling wird also die Anwendung der Controlling-Idee auf alle personalwirtschaftlichen Strukturen und Prozesse verstanden.

Personalcontrolling

○ Das Personalcontrolling hat nicht nur die systematische, detaillierte Definition personalwirtschaftlicher Ziele zum Thema und
○ nicht nur die Planung von personalwirtschaftlichen Tatbeständen.
○ Das Personalcontrolling beinhaltet darüber hinaus den Vergleich meßbarer Basisdaten und Bezugswerte.
○ Das Personalcontrolling beschränkt sich also nicht wie die Personalstatistik auf die Errechnung vergangenheitsbezogener Daten. Viel wichtiger ist die vorwärts orientierte Betrachtung durch das Aufzeigen von Trends und die Ursachenermittlung.
○ Abweichungen zwischen Basisdaten und Bezugswerten bilden die Grundlage einerseits für Korrekturen des Planungsprozesses und andererseits für die Steuerung personalwirtschaftlicher Strukturen und Prozesse mit dem Ziel der Sicherung oder gar Verbesserung der Wirtschaftlichkeit.
○ Die Personalwirtschaft soll einen positiven Beitrag sowohl zu den personalwirtschaftlichen Zielen als auch zu den Unternehmenszielen liefern. Das Personalcontrolling ist ein Bindeglied zwischen dem Unternehmen und seiner Personalwirtschaft, das Informationen über Abweichungen aufgreift, also nicht unbedingt selbst erhebt, und Aktionen veranlaßt, also nicht unbedingt selbst handelt.

Ähnlich wie *Schulte (Personal-Controlling mit Kennzahlen)* kann man den **Ablauf des Personalcontrolling** also wie folgt skizzieren:

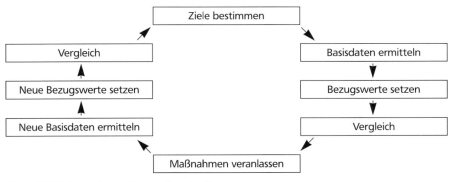

Abb. 10.10. Ablauf des Personalcontrolling

Das **taktische Personalcontrolling** betrifft ebenso wie das **operative Personalcontrolling** die **Effizienz,** allerdings mit einem unterschiedlichen Zeithorizont: Das taktische Personalcontrolling ist kurzfristig, das operative mittelfristig ausgerichtet. Im Rahmen der Effizienz wird betrachtet, **ob die personalwirtschaftlichen Instrumente richtig eingesetzt werden.** Beispielsweise muß im Rahmen der Steuerung der Personalbeschaffung sichergestellt werden, daß die Neueinstellungen nicht den Rahmen des zuvor ermittelten Nettopersonalbedarfs sprengen.

Taktisch und operativ

Strategisch	Das **strategische Personalcontrolling** befaßt sich mit der **Effektivität**, also der Frage, **ob die richtigen personalwirtschaftlichen Instrumente zum Einsatz gelangen.** Für die Personalbeschaffung heißt das etwa, die gewählten Beschaffungswege kritisch zu hinterfragen.
Kostenorientiert	Das **Personalcontrolling** ist sicherlich **kostenorientiert.** Es drängt darauf, alle institutionellen und funktionalen personalwirtschaftlichen Aktivitäten auf die Optimierung von Kosten und Leistungen auszurichten. Dementsprechend hat das Personalcontrolling beispielsweise folgende Aufgaben:

- kostenorientierte Koordination aller lang-, mittel- und kurzfristigen personalwirtschaftlichen Planungen,
- Ermittlung und Auswertung der Arbeitsproduktivität und Wertschöpfung,
- Beurteilung aller leistungs- und kostenwirksamen personalwirtschaftlichen Aktivitäten vor ihrer Realisierung, zum Beispiel Kosten- und Wirtschaftlichkeitsvergleiche, etwa hinsichtlich der Personalbeschaffung und -entwicklung mit und ohne externe Hilfe,
- Mitwirkung bei der Entwicklung und kostenbezogenen Optimierung von Systemen zur Steuerung der Personalkapazität, des Entgelts, der Personalbetreuung und der Personalentwicklung,
- Wirkungsanalysen von Entgeltanreizsystemen,
- Empfehlung kostensenkender Anpassungsmaßnahmen an veränderte personalwirtschaftliche Gegebenheiten,
- Kalkulation interner und externer Leistungsverrechnungen im Personal- und Sozialwesen.

Sozial und qualitativ	Widmet sich bereits das unternehmensweite Erfolgscontrolling **nicht nur dem Kostenaspekt,** muß das erst recht für das Personalcontrolling gelten. Ein rein kostenorientierter Ansatz würde der Personalwirtschaft auch nicht gerecht werden, denn es sind **auch soziale und qualitative Zielsetzungen** zu berücksichtigen, etwa durch

- eine qualitative Potentialentwicklungsplanung,
- die Ermittlung und Auswertung von Absenz- und Fluktuationsraten,
- Wirkungsanalysen von Personalentwicklungssystemen und Lerntransferanalysen,
- Motivations- und Identifikationsanalysen,
- Führungs- und Kooperationsanalysen.

Informationen	Das Personalcontrolling unterstützt die Unternehmensführung, das Personalwesen und die Linienverantwortlichen durch **gezielte Informationen über den Grad der Erreichung personalwirtschaftlicher Ziele.** Um derartige Informationen zu gewinnen, nutzt man **alle schriftlichen und computergestützten Datenbestände der Personalwirtschaft,** die eingangs dieses Kapitels als Quellen für Basisdaten und Bezugswerte genannt werden. Durch den Vergleich von Basisdaten und Bezugswerten entstehen Steuerungs- und Berichtsinformationen.

- ○ **Berichtsinformationen** werden meist erstellt, wenn ein bestimmter Zeitraum verstrichen ist. Im Regelfall stellen sie einen Tatbestand vollständig dar. Berichte können generiert werden, wenn und soweit aktuelle Daten vorhanden sind.
- ○ **Steuerungsinformationen** beziehen sich ebenfalls auf aktuelle Daten, zusätzlich aber auch auf Sollwerte. Steuerungsinformationen betreffen nämlich ausschließlich kritische Abweichungen der Istwerte von Sollwerten. Eine gute Steuerungsinformation ist möglichst knapp.

Das Ausmaß, in dem Berichts- durch Steuerungsinformationen verdrängt worden sind, ist ein Indikator für die Reife der Personalwirtschaft. Soweit in Ermangelung hinreichend präziser Vorstellungen über ein Soll weiterhin Berichtsinformationen zur Verfügung gestellt werden, sollte dies nachfrageorientiert geschehen.

Probleme

Die **organisatorische Einbindung des Personalcontrolling** ist von vielen Faktoren abhängig, unter anderem auch von den Widerständen des Personalwesens, denn wer will sich schon gerne in die Karten schauen lassen. Denkbar ist

Einbindung

- die Schaffung einer **Funktionsstelle Personalcontrolling innerhalb des unternehmensweiten Erfolgscontrolling** oder
- die Bildung einer **Stabsstelle Personalcontrolling innerhalb des Personalwesens**, wobei freilich dem Unternehmenscontrolling eine Richtlinienkompetenz eingeräumt werden muß.

Die letztgenannte Lösung wird den Personalverantwortlichen sympathischer sein, da sie damit auch das Personalcontrolling verantworten. Bei einer Funktionsstelle Personalcontrolling innerhalb des Unternehmenscontrolling kommt eher der subjektive Eindruck der Kontrolle auf.

Bei der Realisierung von Personalcontrolling treten häufig, zumindest zu Beginn, einige **Probleme** auf:

- Man muß mit Widerständen der Belegschaftsvertretung rechnen, der die intensive Datenerhebung und -auswertung suspekt ist, aber auch mit den besagten Widerständen des Personalwesens, soweit es nicht selbst ein Personalcontrolling initiiert.
- Manchmal zu Recht kann das Personalwesen eine Bürokratisierung und übermäßige Instrumentalisierung der Personalarbeit befürchten.
- Nicht alles, was sich Personalcontrolling nennt, ist auch Personalcontrolling. Manchmal wird der Begriff auch konventionellen Formen des Personalmanagements übergestülpt.
- Das Personalcontrolling birgt die Gefahr einer einseitigen, kurzfristigen ökonomischen Orientierung in sich, insbesondere wenn es sich ausschließlich an das Erfolgscontrolling anlehnt oder von diesem durchgeführt wird.
- Manche Führungskräfte unterliegen der Versuchung, ihr ökonomisches und soziales Gewissen auf die Institution Personalcontrolling zu verlagern. Diese Entlastungsfunktion ist ganz und gar nicht gewollt, denn gewissenlose Führungskräfte neigen zu fatalen Fehlentscheidungen.

4.6. Organisation des Personalwesens

Personalplanung, personalwirtschaftliches Rechnungswesen, Personalstatistiken, Benchmarking und Personalcontrolling bilden die Grundlage für personalwirtschaftliche Maßnahmen. Die Organisation des Personalwesens ist dagegen selbst eine derartige Aktivität, genauer eine **Aktivität zur Sicherung oder gar Verbesserung der Wirtschaftlichkeit der Personalwirtschaft**. Der Beweggrund für diese Aktivitäten könnte eine Orientierung an der Best Practice eines Betreuungskoeffizienten oder an Befunden des Personalcontrolling sein.

Organisation des Personalwesens

Wie im Kapitel Aufgabenfelder der Personalwirtschaft erläutert, handelt es sich beim **Personalwesen** um die **Sektion eines Unternehmens, die sich den personalwirtschaftlichen Aufgaben** einschließlich des Sozialwesens **widmet**.

- **In kleineren Unternehmen** ist das Personalwesen demnach ein Teilbereich, der vom Eigentümer, Geschäftsführer oder Führungskräften mit Personalkompetenz mit übernommen wird. **In mittelständischen Unternehmen** wird eine Stelle namens Personalwesen geschaffen. In beiden Fällen kann die Organisation des Personalwesens **kein bedeutsames Thema** sein.

– **Zu einem solchen wird es erst in größeren Unternehmen.** Hier ist das Personalwesen eine Personalabteilung mit einer Personalleiterin oder einem Personalleiter an der Spitze. Mancherorts existiert sogar eine Hauptabteilung Personal mit einer Bereichsleiterin oder einem Bereichsleiter und mehreren Fachgebieten oder Fachgruppen sowie den jeweiligen Abteilungsleiterinnen und Abteilungsleitern. Freilich werden dort nicht alle personalwirtschaftlichen Aufgaben erledigt. Personalwirtschaft ist immer auch eine Angelegenheit der Unternehmens- beziehungsweise Geschäftsleitung, der Führungskräfte, der Belegschaftsvertretung und schließlich aller Beschäftigten.

> Die Organisation hat zwei Aspekte. Während die Gliederung des Personalwesens den Aufbau dieser Unternehmenssektion betrifft, zeigt die Eingliederung seine Positionierung und Bedeutung im Unternehmen auf.

Gliederung

4.6.1. Gliederung des Personalwesens

Hinsichtlich der **Gliederung des Personalwesens** unterscheidet man:

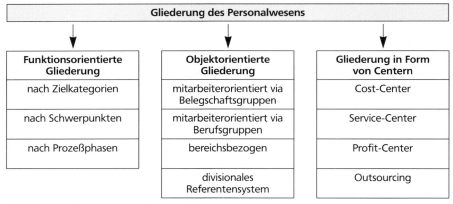

Abb. 10.11. Gliederung des Personalwesens

In der Praxis sind daneben viele Mischformen anzutreffen.

Funktionsorientierte Gliederung

Funktionsorientiert

Bei der funktionsorientierten Gliederung organisiert man das Personalwesen **entsprechend den Aufgabenfeldern der Personalwirtschaft.**

Recht simpel ist die funktionsorientierte **Gliederung nach Zielkategorien.** Hier entsteht eine Zweiteilung des Personalwesens in eine Sozialverwaltung und eine Personalabteilung, wie sie im Kapitel Personalbetreuung angesprochen wird.

Komplexer ist eine funktionsorientierte, sogenannte **aufgabenbezogene Gliederung nach Schwerpunkten.** Dabei wird das Personalwesen in Abhängigkeit vom Arbeitsvolumen gemäß den Funktionen unterteilt, die alle Beschäftigten angehen und zentral ausgeübt werden. Derartige Funktionen sind beispielsweise die Personalbetreuung und die Abrechnung der Entgelte.

Bei einer funktionsorientierten **Gliederung nach Prozeßphasen** werden die Arbeitsvorgänge in einer zeitlichen Abfolge hintereinandergereiht, etwa Personalbeschaffung, Personaleinsatz und so weiter.

Die funktionsorientierte Gliederung bringt es mit sich, daß die **Beschäftigten** für ihre Personalangelegenheiten **zu viele Ansprechpartner** haben. Zudem wird das **Arbeitsfeld der Beschäftigten im Personalwesen sehr eingeengt.** Deshalb hat man andere Gliederungsformen entwickelt.

Objektorientierte Gliederung

Die objektorientierte Gliederung richtet sich, mitarbeiterorientiert, an **Belegschaftsgruppen oder,** bereichsbezogen, an **den Strukturen des betreffenden Unternehmens** aus.

Objektorientiert

Die **klassische, mitarbeiterorientierte Gliederung nach Belegschaftsgruppen** trennt zwischen Arbeitern oder Lohnempfängern und Angestellten oder Gehaltsempfängern, eventuell ergänzt durch eine Sozialverwaltung. Der Vorteil dieser Lösung liegt in der Spezialisierung der Beschäftigten des Personalwesens auf die besonderen Belange der einzelnen Belegschaftsgruppen. Allerdings bleibt dabei das Expertenwissen für diverse Aufgabenfelder wie die Personalentwicklung auf der Strecke.

Wenig verbreitet ist die **mitarbeiterorientierte Gliederung nach Berufsgruppen.**

Als **bereichsbezogen** oder divisional bezeichnet man eine **Gliederung gemäß der Aufbauorganisation des jeweiligen Unternehmens.** Sie ist gleichfalls in der Praxis seltener anzutreffen, vor allem aber dort, wo die Unternehmensbereiche auch räumlich voneinander getrennt sind. In diesem Fall besitzen die verschiedenen Unternehmens- oder Geschäftsbereiche üblicherweise eigenverantwortliche Personalabteilungen. Solche Personalabteilungen sind in der Regel wie in mittelständischen Unternehmen gegliedert.

Alle Aufgabenfelder der Personalwirtschaft stehen in einer engen Wechselbeziehung. Deshalb wurden die beschriebenen Formen der objektbezogenen Gliederung zum sogenannten **divisionalen Referentensystem** weiterentwickelt. Die Beschäftigten einer Produktlinie, einer Sparte, eines Standortes oder einer Funktion werden von Personalreferenten vor Ort betreut. Die Beschäftigten haben dadurch einen Ansprechpartner für alle personalwirtschaftlichen Belange, der zudem über mitarbeiter- und bereichsspezifische Kenntnisse verfügt. Der Überforderung der Personalreferentinnen und -referenten wird durch die Benennung von Funktionsspezialisten für besonders komplexe und komplizierte Personalaufgaben begegnet.

Gliederung in Form von Centern

In jüngster Zeit wird das Personalwesen einiger Unternehmen als **Cost-, Service- oder Profit-Center** geführt. Logische Folge ist dann das **Outsourcing.**

Center

Mit dem Blick auf die Wirtschaftlichkeit der Personalwirtschaft wird der Personalaufwand immer detaillierter erfaßt und analysiert. Dadurch wird das Personalwesen zum **Cost-Center.**

Bietet die Personalabteilung ihre Leistungen in der Folge den anderen Abteilungen zu internen Verrechnungspreisen an, wird sie zum **Service-Center.** Die Personalabteilung hat das Ziel, ihre eigenen Kosten zu decken. Die nachfragenden Abteilungen werden als Kunden betrachtet.

Erhält die Personalabteilung zur Verantwortung für die Kosten auch noch eine Ertragsverantwortung, also die Vorgabe, einen Gewinn zu erzielen, wird sie zum **Profit-Center.** Das Profit-Center stellt Dienstleistungen bereit, die von internen und externen Kunden nachgefragt und gegen kosten- und marktorientierte Verrechnungspreise zur Verfügung gestellt werden. Funktionstüchtig ist dieses Modell nur, wenn die Personalabteilung Kosten und Erlöse unmittelbar beeinflussen kann und entsprechende Entscheidungsbefugnisse hat.

Schließlich kann man Überlegungen anstellen, ob personalwirtschaftliche Aufgaben, wie die Personalbeschaffung, Weiterbildung, Verpflegung oder Entgeltabrechnung, nicht kostengünstiger von Externen erledigt werden können. Entschließt man sich dazu, so bezeichnet man das als **Outsourcing.** Den letzten Schritt dieser Entwicklung hat man erreicht, wenn man das Personalwesen, gleich in welcher Rechtsform, verselbständigt.

4.6.2. Eingliederung des Personalwesens

Eingliederung

Mit der Gliederung des Personalwesens sind noch nicht alle organisatorischen Fragen geklärt. Offen bleiben

- die **hierarchische Positionierung** des Personalwesen als Stelle, Abteilung, Hauptabteilung oder Geschäftsbereich,
- der **Berichtsweg,** entweder direkt an die Geschäftsleitung beziehungsweise den Vorstand oder an eine andere Sektion des Unternehmens, etwa an die Verwaltung oder die kaufmännische Leitung,
- die **Bedeutung** des Personalwesens im Gefüge des Unternehmens und
- die **Stellung** sowie der **Einfluß der Personalleiterin oder des Personalleiters.**

Diesen Komplex bezeichnet man zusammenfassend als Eingliederung des Personalwesens.

Größenabhängig

Bezüglich dieser Eingliederung findet man **mehrere Varianten, die hauptsächlich von der Größe des Unternehmens abhängen.**

- Soweit **in kleineren Unternehmen** eine Stelle Personalwesen existiert, ist der Stelleninhaber in der Regel Mitglied einer kaufmännischen Abteilung. Ansonsten stellt sich lediglich die Frage, wem die personalwirtschaftlichen Aufgaben übertragen werden, etwa dem Eigentümer, dem Geschäftsführer oder Führungskräften mit Personalkompetenz.
- **In mittelständischen Unternehmen** ist das Personalwesen nur in Ausnahmefällen direkt in der Geschäftsleitung vertreten. Meist ist es auf dem direkten Berichtsweg der kaufmännischen Leitung unterstellt. Die personalwirtschaftlichen Aufgaben sind schon hier derart bedeutungsvoll, daß das Personalwesen auf der höchsten hierarchischen Ebene unter der Geschäftsleitung positioniert wird. Dementsprechend groß ist auch der Einfluß der Personalleiterin oder des Personalleiters.
- **In größeren Unternehmen** hat das Personalwesen in der Regel einen Sitz im Vorstand oder einem entsprechenden Organ. In Unternehmen des Bergbaus und der Eisen und Stahl erzeugenden Industrie mit mehr als 1.000 Beschäftigten ist nach dem Montan-Mitbestimmungsgesetz ein Arbeitsdirektor im Vorstand vorgeschrieben. Sind größere Unternehmen in Divisionen gegliedert, so besitzen die verschiedenen Unternehmens- oder Geschäftsbereiche eigenständige Personalabteilungen. Dazu gesellt sich häufig eine zentrale Personalabteilung, die die einzelnen Personalabteilungen und die Personalpolitik koordiniert und ein Weisungsrecht be-

sitzt. Ansonsten wird das Personalwesen regelmäßig als Geschäftsbereich oder doch zumindest als Hauptabteilung geführt.

C. Arbeitsaufgaben

1. Was versteht man unter Personalmanagement?
2. Welche Aufgaben sind für das Personalmanagement von Interesse?
3. Beschreiben Sie einige Kriterien, nach denen man den Personalaufwand unterteilen kann.
4. Was bringt der Betreuungskoeffizient des Personalwesens zum Ausdruck?
5. Beschreiben Sie, wie Befunde für das Personalmanagement ermittelt werden.
6. Welche Merkmale zeichnen jede Personalplanung aus?
7. Welche Teilgebiete hat das personalwirtschaftliche Rechnungswesen?
8. Welche Aufgaben haben Personalstatistiken?
9. Was ist Benchmarking und welche Bedeutung hat es in der Personalwirtschaft?
10. Was versteht man unter Personalcontrolling?
11. Wie kann man das Personalwesen gliedern, wie kann man es ins Unternehmen eingliedern?

D. Weiterführende Literatur

Gmelin, V., Personalcontrolling, in: Personal, Heft 1, 1994, S. 37–42.
Hentze, J. und A. **Kammel,** Personalcontrolling, Bern/Stuttgart/Wien 1993.
Jung, H., Personalwirtschaft, München/Wien 1995.
Kolb, M., Personalmanagement, Berlin 1995.
Metz, T., Status, Funktion und Organisation der Personalabteilung, München/Mering 1995.
Mülder, W. und D. **Seibt** (Herausgeber), Methoden- und computergestützte Personalplanung, 2. Auflage, Köln 1994.
Olfert, K. und P. **Steinbuch,** Personalwirtschaft, 6. Auflage, Ludwigshafen 1995.
Scholz, C., Personalmanagement, 4. Auflage, München 1994.
Schulte, C., Personal-Controlling mit Kennzahlen, München 1989.
Seelig, D. u. a., Benchmarking in der Personalwirtschaft, in: Personalführung, Heft 1, 1995, S. 52–59.
Von Eckardstein, D. und W. **Elšik,** Ansätze des strategischen Personalmanagements, in: Wirtschaftswissenschaftliches Studium, Heft 10, 1990, S. 485–489.
Wunderer, R. und P. **Schlagenhaufer,** Personal-Controlling, Stuttgart 1994.

Sachregister

Abfindung 391
Abgangsinterview 382
Abmahnung 374, 394
Absolventenkatalog 58
Abwerbung 58
Ältere 121, 299
Änderungskündigung 48, 374
Änderungsvertrag 47
Ängste 286, 343
–, Angstneurose 287
–, Existenzängste 287
–, Versagensängste 287
ärztliche Eignungsuntersuchung 333, 336
Akkordlohn, Akkordfähigkeit 202
–, Akkordreife 203
–, Akkordrichtsatz 203
–, Akkordzuschlag 203
–, Einzelakkord 211
–, Ermittlung 203
–, Formen 209
–, Geldakkord 209
–, Gruppenakkord 211
–, Verdienstgrenzen 210
–, Voraussetzungen 202
–, Zeitakkord 210
Alkoholismus 305
Altersteilzeit 149
Altersversorgung, betriebliche 215
Anforderungsprofil 40, 131, 330, 334
–, Fragen an Entscheidungsträger 337
–, Investitionsanalyse 338
Angestellte 12
–, leitende 12
Angstabwehr 288
–, Angsttransfer 287
–, Anpassung 288
Anlernen 321
Anpassung 264
–, anthropometrische 140
–, informationstechnische 140
–, physiologische 140
–, psychologische 140
–, sicherheitstechnische 140
Anpassungsqualifikation 323
Anreiz 264
Anreiz-Beitrags-Theorie 252
Anschreiben 63
Arbeiter/innen 12
Arbeitgeber/innen 15, 367

Arbeitnehmerähnliche 14
Arbeitnehmer/innen 12
Arbeitnehmerkündigung 368
–, außerordentliche 392
–, initiierte 399
–, ordentliche, fristgemäße 392
Arbeitnehmerüberlassung 59
Arbeitsamt 56
Arbeitsbeanspruchung 303
Arbeitsbelastung 303
Arbeitsbescheinigung 66
Arbeitsbeschreibung 136, 205
Arbeitsbewertung 187, 195
–, analytische 198
–, Lohngruppenverfahren 196
–, Methoden 196
–, Rangfolgeverfahren 196
–, Rangreihenverfahren 198
–, Stufenwertzahlverfahren 199
–, summarische 196
Arbeitsgruppe, teilautonome 138, 274
Arbeitshygiene 300
Arbeitskampf 26
Arbeitslosengeld, Erstattungspflicht 399, 414
Arbeitslosenversicherung 236
Arbeitsmarktforschung 44
–, betriebliche 44
–, überbetriebliche 45
Arbeitsplatzgestaltung 302
–, Dimensionen 139
Arbeitsproben 72
Arbeitsrecht 26
–, individuelles 26
–, kollektives 26
–, Recht der Arbeitsgerichtsbarkeit 27
Arbeitsschutzausschuß 303
Arbeitssicherheit 140, 302
Arbeitsstrukturierung 136, 274
–, Formen 138
Arbeitsstudie 136, 205, 255
Arbeitsunfähigkeit 227
Arbeitsvermittlung 56
Arbeitsvertrag 109
–, Folge von Mängeln 112
–, Inhalt 112
–, Rechtsvorschriften 110
–, Vertragsfreiheit 111, 192
Arbeitswissenschaft 146
Arbeitszeitmodelle 144

–, Bandbreiten-Modell 146
–, Baukastensystem 146
–, feste Arbeitszeit 145
–, gestaffelte Arbeitszeit 146
–, Gleitzeit 147
–, Jahresarbeitszeit 148
–, Job Sharing 147
–, Lebensarbeitszeit-Modell 149
–, rollierendes System 145
–, Sabbaticals 150, 308
–, Schichtarbeit 145
–, Teilzeit 146
–, Tele- oder Heimarbeit 147
–, variable Arbeitszeit 148
Arbeitszeitstudie 206
Arbeitszeugnis, Abgangszeugnis 66
–, einfaches Zeugnis 66
–, Grundsätze 68
–, indirekte Zeugnisaussagen 68
–, qualifiziertes Zeugnis 67
–, Zwischenzeugnis 66
Assessment Center 333, 336
–, Anforderungsanalyse 99
–, Assessoren 98, 100
–, Assessorenschulung 100
–, Durchführung 101
–, Einladung 102
–, Einzel-Assessment 98
–, Gruppe 102
–, Methodenvielfalt 99
–, Moderator 101
–, Prinzipien 99
–, Raum 102
–, Simulation 99
–, Terminplan 101 ff.
–, Transparenz 99
–, Vorauswahl 98
Aufhebungsvertrag 390, 400
Aufstiegsqualifikation 323
Ausbildungsvergütung 201
Ausgleichsquittung 385
Auslandseinsatz 121, 299, 308, 349
ausländische Mitarbeiter/innen 121, 299
Ausleihe 313
Auswertungsrechnung 238
Auszubildende 13
Autorität 249 f.
–, formelle 251
–, funktionale 250
–, personelle 250

Beamte 14
befristete Einstellung 135
Beihilfe 311

Belegschaft 11
Belegschaftsverkauf 310
Benchmarking 430
Beobachtungs- und Beurteilungsfehler 85, 178
Beratung 298, 349
Berichtsweg 438
Berufsausbildung 321
Beschaffungspotential, externes 45
–, latentes 45
–, offenes 45
Beschaffungswege 46
–, externe 52
–, interne 46
Bescheinigungen 297
Beschwerden 298
Besprechung, Dienstbesprechung 261
–, Mitarbeiterbesprechung 261
Betreuungskoeffizient 418, 431
Betrieb 15
betriebliche Übung 111, 192, 215
Betriebsarzt 301
Betriebsänderung 403
Betriebsfest 310
Betriebskindergarten 313
Betriebsklima 296, 300
Betriebskrankenkasse 309
Betriebs- oder Dienstvereinbarung 111, 191
Betriebssport 308
Betriebsübergang 367
Beurteilung 155
Bewerberverwaltung 63
Bewerbung, Absage 63, 109
–, Analyse 62
–, Auswertung 72
–, Eingangsbestätigung 63
–, Form 63
–, Initiativbewerbung 62
–, Kurzbewerbung 62
–, Mindestanforderung 63
–, mündliche 62
–, Zusage 109
–, Zwischenbescheid 63
Bewerbungsfoto 65
Bildungsbedarfsanalyse, partizipative 342
Bildungsträger 350
Bildungsurlaub 319, 346
Bottom-Up-Prinzip 253
Bruttorechnung 234
Business Reengineering 138

Cafeteria-System 151, 213
Catering 300
Coaching 324
Corporate Identity 296

Cost-Center 437

Darlehen 312
Datenfeedback 362
Datenrecherche 331, 335, 342
Deferred Compensation 235
Delegation 256
–, Kompetenz 257
–, Verantwortung 257
Deputat 311
Diensterfindung 114
Doppelbesteuerungsabkommen 234, 237
3D-Programm 280
Drogen 304

Eigenschaftstheorien 247
Eignung, Instrumente zur Ermittlung 131
Eignungspotential 337
–, Instrumente zur Ermittlung 335
Eignungsprofil 72, 131, 335, 337
–, Instrumente zur Ermittlung 331
Eignungsuntersuchung, ärztliche 104, 333, 336
Einarbeitung 349
–, Ablauf 124, 127
–, Checkliste 125
–, Einarbeitungsplan 126
–, Gründe 122
–, Mentor 126
–, Vorbereitung 126
Einigungsstelle 132
Einstellungsstopp 409
Einzelkostenentgelt 417
Empowerment 138
Entgelt 22, 255, 271
–, Abrechnung 231
–, Abtretungsverbot 229
–, Aufrechnung 229
–, Auszahlung 187
–, Bruttoentgelt 186
–, Einzelentgelt 186
–, Entgeltformen 186
–, Entgeltgerechtigkeit 187
–, Gruppenentgelt 186
- im Konkursausfall 229
–, Instrumente 187
–, Mitbestimmung 191
–, Nettoentgelt 186
–, Pfändungsschutz 228
–, rechtliche Aspekte 188
–, Sicherung 225
–, Zielvorgaben 187
Entgeltfortzahlung 114, 226, 309
Entgeltmatrix 188
Entlassung 368

–, Anhörung 380
–, außerordentliche 392
–, Bedenken 380
–, besonderer Schutz 376
–, betriebsbedingte 400
–, Entlassungsantrag 369
–, Entlassungsschreiben 370
–, krankheitsbedingte 394
–, Kündigungsschutz 373
–, Kündigungsschutzklage 387
–, Mitbestimmung 379
–, personenbedingte 394
–, Sozialauswahl 400
–, verhaltensbedingte 393
–, Widerspruch 380
Erfolgsbeteiligung 220
–, Begünstigte 221
–, Formen 221
–, Gründe 221
–, Individualbeteiligung 223
–, Kollektivbeteiligung 223
–, Verteilung der Erfolgsanteile 223
–, Verwendung der Erfolgsanteile 223
Ergänzungsqualifikation 324
Ergonomie 139
ERG-Theorie 268
Excecutive Information System 424

familienrechtliche Mitarbeit 14
Fehlzeiten 118, 296, 302
Fixum 219
Fließband 255
Fluktuation 34, 130, 388
Fragebogen 74
–, biographischer 76
–, Personalfragebogen 75
freie Mitarbeiter/innen 13
Führung durch Zielvorgaben 253
Führungsforschung 245
Führungsinformationssystem 424
Führungsmodell 246
Führungsspanne 415
Führungsstil 246, 278
–, Aufgabenorientierung 279
–, autokratischer 278
–, autoritärer 278
–, Beziehungsorientierung 279
–, bürokratischer 278
–, charismatischer 278
–, Consideration 279
–, Initiating Structure 279
–, kooperativer 279
–, Laissez faire 279
–, patriarchalischer 278

Führungstechnik 246
–, Management by Delegation 257
–, Management by Exception 258
–, Management by Motivation 271
–, Management by Objectives 253
Führungsverhalten 277

Gegenstromprinzip 253
Gehalt 200
Geheimhaltung 114
Gemeinkostenentgelt 417
Genfer Schema 198
gesellschaftsbezogene Unternehmensrechnung 429
Gespräch, Beratungs- und Fördergespräch 181, 254, 340
–, Beurteilungsgespräch 180, 261, 332, 335, 339
–, Dienstgespräch 261
–, Entlassungsgespräch 382
–, Mitarbeitergespräch 261, 306, 332, 335, 339
–, Personalentwicklungsgespräch 332, 336
Gestaltungsmodell 286
Gesundheitswesen 300
Gesundheitszirkel 308
Gewichtung 161
–, freie 162
–, Gewichtungsschlüssel 162
Gleichheitstheorie 266
Goodwill 56
graphologisches Gutachten 103
Gratifikation 215, 294
Grundannahmen, Abhängigkeit 289
–, Kampf/Flucht 289
–, Paarbildung 289
Grundvergütung, Formen 193
Gruppe 267, 272, 285
–, Arbeitsgruppe 273
–, formelle 273
–, Gruppenprozesse 289
–, informelle 273
–, Kohäsion 274, 277

Handlung 264
Hawthorne Experimente 274
Headhunting 58
Heimarbeiter/innen 14
Hochschulmarketing 58
Honorar 202
Human Relations Modell 274
Human Resource Accounting 429
Human Resource Management 18, 137

Identifikation mit dem Aggressor 289
Information 298
–, Form 259
Interaktionstheorien 285
Interessenausgleich 404
Interessengemeinschaft 313

Jahresabschluß 237 f.
Job Enlargement 138
Job Enrichment 138
Job Rotation 138, 349

Kaizen 138
Kantine 300
Kapitalbeteiligung, direkte 224
–, Eigenkapitalbeteiligung 224
–, Fremdkapitalbeteiligung 224
–, indirekte 223
Kirchensteuer 235
Komiteeprinzip 253
Kommunikation 259, 317
–, Beziehungsebene 260
–, formelle 261
–, informelle 261
–, Sachebene 260
Kommunikationsmedien 55
Konflikt 343
–, Entstehungsbereich 283
–, Gruppenkonflikt 282
–, Handhabung 283 f.
–, Intergruppenkonflikt 282
–, internationaler 282
–, Interorganisationskonflikt 282
–, Intragruppenkonflikt 282
–, intranationaler 282
–, Intraorganisationskonflikt 282
–, intrapersoneller Informationskonflikt 283
–, intrapersoneller struktureller Konflikt 283
–, intrapersoneller Verhaltenskonflikt 283
–, intrapersoneller Verteilungskonflikt 283
–, Konfliktursache 281
–, latenter 282
–, Mehrpersonenkonflikt 282
–, Organisationskonflikt 282
–, Regulierung 283 f.
–, Wirkungsfeld 283
Konfliktmanagement 284
Konfliktsituation 283
Konfliktstärke 283
Konkurs 367
Konkursausfallgeld 229
Kontingenzmodell 286
Kontrolle 257
–, Selbstkontrolle 258
–, Stichprobenkontrolle 258
Kooperation 258, 317, 326

Koordination 258
Krankengeld 227, 391
Krankenversicherung 235
Kündigung, Abwicklung 381
–, Aspekte 368
–, außerordentliche 370, 372
–, Form 369
–, Kündigungserklärung 368
–, Kündigungsfrist 371, 373
–, Kündigungstermin 371
–, Kündigungstypen 378
–, ordentliche 370, 373
–, Zugang 370
Kündigungsschutz 373
Kurzarbeit 405

Laufbahnplanung 348
Lean Management 138
Lean Production 138
Lebenslauf 64
–, Firmen- und Branchenanalyse 65
–, Kontinuitätsanalyse 65
–, Positionsanalyse 65
–, Zeitfolgeanalyse 64
Leiharbeit 59
Leiharbeitnehmer/innen 14
Leistungsbewertung 188
–, Leistungswerte 204, 219
–, Leistungsziffern 204, 216
Leistungsgeminderte 121, 299
Lernstatt 139, 274
Lohnkonto 237
Lohnsteuer 234
Lohnsteueranmeldung 237
Lohnsteuerjahresausgleich 237
Lohnsteuerkarte 127, 234, 237
Lohn- und Gehaltszuschlag 213

Macht 249 f.
–, Belohnungsmacht 252
–, Bestrafungsmacht 251
–, Expertenmacht 250
–, Identifikationsmacht 252
–, legitimierte 251
Management 242
Managementkreis der Personalführung 243
- der Unternehmensführung 242
Managementtechniken 246
Managerial Grid 279
Manipulation 252, 272, 343
Maslows Theorie 267
Massenentlassung 374
–, Ablauf 402
–, Bedingungen 401

Mehrarbeit 408
–, Arbeitsintensität 133
–, Teilzeit 133
–, Urlaubsverschiebung 133
–, Überstunden 132
Methods-Time-Measurement-Verfahren 205
Mitarbeiterabrechnung 236
Mitarbeiterbefragung 333, 341
Mitbestimmung, unternehmerische 26
Mobbing 274
Motiv 264
Motivation als Notbehelf 272
–, Arbeitsmotivation 264
–, Bedürfnisse 267
–, Grundeinstellung 262
–, Inhalte 263
–, Inhaltstheorien 264
–, Prozeßfolge 263
–, Prozeßtheorien 265
Mutterschaftsgeld 228

Nachfolgeplanung 347
Nachteilsausgleich 404
Nebentätigkeit 114
Neigungen, Instrumente zur Ermittlung 131
Nettorechnung 234
Normenhierarchie 110, 188
Normen und Werte 272, 276, 285

Objektivität 102, 175
Offenbarungspflicht 76, 82, 105
Organisationsentwicklung 24, 288
–, Ansätze 358
–, Arbeitshypothese 356
–, Interventionen 361
–, Leitbild 360
–, Merkmale 360
–, Phasenmodell 361
Organisationsplanung 356
Outplacement 385
Outsourcing 135, 438

Partizipation 258, 342
Pensumentgelt 218
Pensumlohn 218
Personal 11
Personalabbau 24
–, Anlässe 395
– der Stammbelegschaft 399
–, Maximen 396
–, Mitbestimmung 396
- mit Erhalt der Stammbelegschaft 405
–, Personalveränderungsplan 397
–, Rahmenbedingung 396

–, Restriktionen 395
–, Vorbeugung 411
Personaladministration 27
Personalakte 331, 335, 342
Personalanforderung 42
Personalarbeit 27
–, computergestützte 28
Personalaufwand 416
Personalauswahl, Entscheidung 106
–, Mitbestimmung 108
–, Urteilsfindung 107
–, Verfahren 61
Personalbedarf, Arbeitszeitbedarf 130
–, Bruttopersonalbedarf 35
–, Einsatzbedarf 35, 130
–, Ersatzbedarf 38
–, Nettopersonalbedarf 37
–, Neubedarf 38
–, qualitative Planung 38
–, Reservebedarf 37, 130
–, Verfahren zur Bestimmung 35
Personalbedarfsmeldung 42
Personalberatung 57
Personalberichtswesen 17, 25
Personalbeschaffung 20, 32
Personalbestand, aktueller 33, 129
–, künftiger 34, 129
Personalbetreuung 23
–, Aufgaben 293
–, Formen 294
–, individuelle 294
–, kollektive 294
–, Leistungen 293 f.
–, Mitbestimmung 297
–, Motive 296
–, Organisation 295
Personalbeurteilung 22, 384
–, analytische 161
–, anlaßbedingte 159
–, Beobachtung 179
–, Beschreibung 180
–, Beurteilerschulung 177
–, Beurteilungsbogen 176
–, Beurteilungsgespräch 180
–, Bewerberauswahl 170
–, Bewertung 180
- durch Externe 170
–, Durchführung 178
–, Einsatzterminierung 177
–, Einzelbeurteilung 170
–, Form 159
–, freie 159
–, gebundene 159
–, Gesamtbeurteilung 170

–, Gütekriterien 174
–, Hilfsmittel 177
–, Intention 155
–, Kennzeichnungsverfahren 164
–, Kollegenbeurteilung 169
–, Leistungsbeurteilung 170, 205, 219, 254, 332
–, Mitarbeiterbeurteilung 168
–, Mitbestimmung 174
–, Personenkreis 170
–, Planung 173
–, Potentialbeurteilung 170, 335
–, Potentialerhebung 336
–, Probleme 158
–, qualitative 160
–, quantitative 160
–, Rangordnungsverfahren 167
–, regelmäßige 159
–, Selbstbeurteilung 169
–, Skalenverfahren 164
–, summarische 161
–, Verfahren 163
–, Verwendungszweck 156
–, Vorgesetztenbeurteilung 169
–, Zeithorizont 170
–, Zuständigkeit 168
Personalbindung 123, 128
Personalbudgetierung 428
Personalcontrolling 432
–, Ablauf 433
–, operatives 433
–, organisatorische Einbindung 435
–, strategisches 434
–, taktisches 433
Personaldatei 332, 335, 342
Personaleinsatz 21, 316
–, Aufgabe 117
–, Maximen 119
–, Mitbestimmung 120
–, Restriktionen 119
–, Verfahren 120
Personalentwicklung 23, 49, 134, 294, 410
–, Ablauf 325
–, Aus- und Weiterbildung 316
–, Beteiligte 326
–, Bildungsarbeit 316
–, Budgetierung 354
–, Durchführung 350
–, Erfolgskontrolle 354
–, Finanzierung 318
–, Förderung 317
–, Inhalte 319
–, Interessen 316 f.
–, Interessenausgleich 318
–, Kontrolle 352

–, Kostenkontrolle 353
–, Maßnahmen 320
–, Merkmale 315
–, Mitbestimmung 328
–, Planung 344, 352
–, positionsorientierte 323, 345
–, potentialorientierte 324, 345
–, Rentabilitätsrechnung 355
–, Risiken 318
–, Transferproblematik 356
–, Umsetzung 348
Personalentwicklungsbedarf aus Unternehmenssicht 329 f.
– der Beschäftigten 329, 339
–, Ermittlung 329
–, Konstellationen 330
Personalentwicklungsdatei, Inhalt 343
–, Verwendungszweck 344
Personalentwicklungsplan, Finanzierung 346
–, individueller 348
–, Inhalt 345
–, kollektiver 346
–, Maßnahme 346
–, Standard 348
–, Sujets 345
–, Terminierung 346
–, Ziele 345
Personalereignisse 415
Personalforschung 44
Personalführung 22, 242
–, Aufgaben der Führungskräfte 244
–, Aufgaben des Personalwesens 244
–, Delegation 254, 256
–, Entscheidung 255
–, Erfolgskriterien 243
–, Gestaltungsempfehlungen 245
–, Gestaltungsfelder 245
–, Kontrolle 254 f., 257
–, Lokomotionsfunktion 276
–, Planung 254 f.
–, Prozeßfolge 243
–, Realisierung 254
Personalinformationssystem 424
Personalinformationswirtschaft 25
Personalkosten 416
Personalleasing 59, 134
Personalmanagement 17, 25, 239
–, Basisdaten 419
–, Begriff 413
–, Bezugswerte 421
–, Computerunterstützung 420, 424
–, Ermittlung von Befunden 418
–, Formen 424
–, Gegenstände 414

–, Handbuch 419, 422
–, Kennzahlen 421
–, operative Komponente 414
–, strategische Komponente 414
–, taktische Komponente 414
–, Vergleich 422
–, Ziele 419
–, Zuständigkeit 419
Personalmarketing 20
Personalplanung 25, 344
–, Einarbeitungsplan 126
–, Einsatzplanung 129
–, Entgeltgerechtigkeit 187
–, Merkmale 425
–, Metaplanung 426
–, Personalbedarfsplanung 35
–, Personalbestandsplanung 33
–, Personalfreisetzungsplanung 398
–, Personalveränderungsplan 397
–, Planung der Personalbeschaffung 33
–, Planung der Personalbeurteilung 173
–, Planungsmanagement 427
–, Teilplanungen 426
–, Urlaubsplanung 151
Personalpolitik 19, 327
Personalreserve 134
Personalstatistik 427, 429
Personalstruktur 414
Personal- und Sozialkostenplanung 428
Personalveränderung, autonome 34, 388
–, initiierte 34, 338
Personalvermögensrechnung 429
Personalverwaltung 27
Personalwesen 15
–, Eingliederung 438
–, Gliederung 436
–, Organisation 435
–, Wirtschaftlichkeit 418
Personalwirtschaft 16
personalwirtschaftliches Rechnungswesen, Teilgebiete 427
Personalzusatzkosten 229
Persönlichkeit 247, 285
–, Eigenschaften 247
Pflegeversicherung 235
Praktikant/inn/en 13
Praktikum 323
Prämie 217
Profit-Center 438
Projektgruppe 139, 274, 349
Provision 219
Psychoanalyse 288
Pufferprinzip 253

Qualifizierung 349
–, berufsbegleitende 323
–, berufsverändernde 325
–, berufsvorbereitende 321
Qualitätszirkel 139, 274

REFA-System 136, 205
Referentensystem 437
Referenzen 71
Rehabilitation 325
Reiz-Reaktions-Theorien 263
Reliabilität 102, 175
Rentenversicherung 235
Rollentheorien 267
Rückzahlungsklausel 319, 346
Ruhestandsvereinbarung 389

Saldierungseffekt 423
Scientific Management 255
Selbsthilfegruppe 308
Service-Center 437
Situationstheorien 275
situative Verfahren 92, 333, 336
–, Einzelübung 93
–, Entwicklung 96
–, Fallstudie 93
–, Gruppendiskussion 94
–, Gruppenübung 93
–, Informationssuche 93
–, Interaktionsanalyse 95
–, Kurzfälle 93
–, Organisationsaufgabe 94
–, Peer-Ranking 95
–, Peer-Rating 95
–, Postkorb 94
–, Präsentation 94
–, Prüfen von Schriftstücken 94
–, Rollenübung 93
–, Selbsteinstufung 94
–, Urteilsfindung 97
–, Verfassen von Schriftstücken 94
–, Videosimulation 93
–, Wirtschafts- und Planspiel 94
–, Zuordnung 96
Solidaritätszuschlag 234
Sonderzahlungen 214
Sozialaufwand 417
Sozialbericht 297
Sozialbilanz 297
Sozialeinrichtungen 295
Sozialmaßnahmen 295
Sozialplan 404
Sozialrecht 27
Sozialstation 302

Sozialversicherung 27, 235
Sozialversicherungsabrechnung 238
Sozialverwaltung 295
Sperrfrist 391
Statussymbol 299
Stellenanpassung, Formen 135
Stellenanzeige 52
–, Anzeigenart 53
–, Anzeigengestaltung 55
–, Anzeigentermin 53
–, Anzeigenträger 53
–, Aufmachung 55
–, Chiffreanzeige 53
–, Erfolgskontrolle 55
–, Fließsatzanzeige 54
–, gestaltete 54
–, Inhalt 55
–, offene 53
–, Plazierung 55
–, Stellenangebot 52
– über Personalberater 54
Stellenausschreibung, innerbetriebliche 50, 336, 341
Stellenbeschreibung 38, 160
Stellenbesetzungsplan 34
Stellenplan 34
Stellenzuweisung 128
–, Maßnahmen 132
–, qualitative Zuordnung 130
–, quantitative Zuordnung 130
Steuerabrechnung 237
Stillzeit 228
Suchtbekämpfung 304
Suchtberater 307
Survey-Feedback 362

Tabellenkalkulationsprogramm 424
Tarifpolitik 45
Tarifvertrag 26, 110
–, Allgemeinverbindlichkeit 191
–, Günstigkeitsprinzip 191
–, Öffnungsklausel 192
–, Spezialitätsprinzip 190
Task-Force-Group 139, 274
Testverfahren 333, 336
–, Intelligenztest 91
–, Leistungstest 90
–, Persönlichkeitstest 91
Theorie X und Y 262
Titel 299
Top-Down-Prinzip 253
Total Quality Management 138
Trainee 322
Training off the Job 349

– on the Job 349
Transaktionsanalyse 260

Überstunden 132
Übertragung 289
Umschulung 325
Unfallschutz 140, 302
Unfallversicherung 236
Unternehmen 15
Unternehmensführung 241
Unternehmensphilosophie 124
Unternehmenspolitik 18, 270, 327
Urlaub 226, 302, 408
–, Betriebsferien 152
–, Erholungsurlaub 151
–, Mitbestimmung 151
–, Planung 151
–, Sonderurlaub 151, 308
Urlaubsentgelt 214, 226
Urlaubsgeld, zusätzliches 214

Validität 102, 175
Vergleich 367
Vergütung, zusätzliche 211, 294
Verhaltensansatz 277
–, eindimensionaler 278
–, mehrdimensionaler 280
–, zweidimensionaler 279
Verhaltensgitter 279
Verpflegung 300
Versetzung 46, 133, 406
Vertragsauflösung durch das Arbeitsgericht 390
Vertragsstrafe 114
VIE-Theorie, Erwartung 265
–, Instrumentalität 265
–, Valenz 265
Volontariat 13, 323
Vorgabezeit 207
Vorgesetztenbefragung 332
Vorruhestand 149, 399
Vorschlagswesen, betriebliches 218, 336, 341
Vorstellungsgespräch, Auswertung 85
–, Dokumentation 89

–, Fragen 81
–, Gesprächsteilnehmer 81
–, Gesprächsvorbereitung 78
–, Strukturierung 80
–, thematischer Aufbau 82
–, Vorstellungskosten 79

Weg-Ziel-Ansatz 286
Weihnachtsgeld 214
Weisung 46
–, Anweisung 256
–, Auftrag 256
–, Befehl 256
Wettbewerbsverbot 114
wissenschaftliche Betriebsführung 255
Wohnungswesen 311
Work-Factor-Verfahren 205

Zahlungsrechnung 236
Zeitarbeit 59
Zeiterfassung 142, 232
Zeitlohn 193
–, Anwendungsfelder 195
–, Ermittlung 194
- mit Leistungsbewertung 220
Zeitstudie 255
Zeitwirtschaft 302
–, Arbeitszeitrahmen 143
–, Mitbestimmung 143
–, Modalitäten 142
–, Rahmenbedingungen 142
–, Ziele 141
Zeugnis 66
–, Arbeitszeugnis 66, 384
–, Ausbildungszeugnis 66
zusätzliche Vergütung 294
–, Formen 212
–, Gründe 211
–, Zielvorgaben 212
Zwei-Faktoren-Theorie, Dissatisfiers 270
–, Hygienefaktoren 270
–, Motivatoren 270
–, Satisfiers 270